KB068778

증권범죄의
이론과 실무

조두영 저

SECURITIES CRIME

박영사

머 리 말

민형사법 등 실체법은 일상생활에서 접할 수 있는 사회현상이나 사건을 다루는 법률이므로 그 개념이 머리에 쉽게 들어옵니다. 그렇지만 '자본시장과 금융투자업에 관한 법률'은 인간이 고안해낸 가상의 제도나 기능을 전제하고 그 제도, 기능 및 공간을 규제하는 법률이므로 법조인들로서는 그러한 시장을 직접 접해보지 않고서는 그 개념을 파악하는 것이 쉽지 않습니다. 또한 금융이나 자본시장은 법조인들이 전문적으로 일하는 분야도 아니어서 국내에는 관련 문헌도 많지 않으며 논문들도 일부 주제에 편중되어 있고, 판례도 아직은 많이 축적되어 있지 못합니다.

그런 의미에서, 법조인이나 관련 실무자들이 이론적인 면과 실무적인 면에서 쉽게 개념을 파악하고 실무에도 유용하게 사용할 수 있는 책자를 항상 머리에 그려 왔습니다.

다행히 금융감독원에서 7년간 실무국장으로서, 담당임원으로서 자본시장 규제에 대한 업무를 총괄하면서 많은 것을 익힐 수 있었고, 그러한 실무경험을 바탕으로 증권범죄 등 자본시장 규제에 관한 책을 집필하게 되었습니다. 물론, 업무 분야에 따라서는 실무나 학계에서 아직 의견이 정리되지 않은 부분도 있고 학설의 대립이 있는 부분들도 더러 있습니다만, 실무자의 업무처리 기준, 양정례 등에 맞추어 핵심적인 내용을 정리하였습니다.

또한 최근까지 나온 국내 판례를 모두 망라하였으므로 수사나 소송실무를 담당하는 법조인들의 업무처리나 법률적 판단에 도움이 되고, 학계에서도 실무의 관점을 파악할 수 있을 것이라고 생각됩니다.

금융감독원에서 일하게 된 것은 우연에서 비롯되었지만 햇수로 7년을 보내고 나니, 그간 작은 법률 지식만으로 세상을 대했던 것이 부끄러웠고, 법과 현실이 실체적 진실에서 얼마나 괴리되었었나 하는 점도 절실하게 느꼈습니다. 물론 우리나라는 법치국가이므로 법에 따라 움직이는 것은 당연한 것이지만, 일상생활에서부터 국가 경제에까지 금융이 미치는 엄청난 영향력과 파급력을 생각해보면 세상을 움직이는 또 다른 힘은 금융이고 경제라는 점을 배웠다고 하겠습니다.

그런 의미에서, 이 자리를 빌려 처음 금융감독원에 들어갈 때는 이방인이었으나, 마치 자신들의 동료, 선후배인 것처럼 따뜻하게 대해 준 금융감독원 임직원들에게 깊은 감사와 사랑의 마음을 전하고 싶습니다.

요즘 금융감독원은 매우 힘든 시기를 보내고 있어 무거운 마음이지만, 금융감독원 직원들의 금융 산업의 발전과 감독을 위해 애쓰고 노력하는 참된 마음이 반드시 국민들에게도 전해질 날이 오리라고 믿습니다.

나아가, 금융위원회나 감사원 등 유관 공무원들이나, 금융업계도 금융감독원을 편향된 시각이 아니라, 금융업무의 한 축을 담당하는 동등한 파트너로서 온당하게 대해주었으면 하는 작은 바람도 있습니다.

11월 늦은 가을 금융감독원을 떠난 뒤 본 원고의 집필을 시작하여 동장군의 계절을 거쳐 이제 초여름을 앞두고 출간을 하게 되었습니다. 예전에 박영사에서 저의 졸저 『소송물론』을 출간하여 학술원 우수도서로 선정된 바 있어서 그 기억으로 무턱대고 박영사 안종만 회장님께 출간을 부탁드렸는데 흔쾌히 허락해주셨습니다. 이 자리를 빌려 다시 한 번 감사드리고 표지디자인부터 세세한 곳까지 의견 주신 조성호 이사님께도 감사드립니다.

끝으로, 이 모든 일을 지켜보시고 돌보아주신 주님께 감사드리며, 어머님, 제 아내 및 아이들과 이 책의 출간으로 인한 작은 기쁨을 함께 하고자 합니다.
감사합니다.

2018. 4.
새로 둥지를 튼 역삼동 변호사 사무실에서

참고문헌

김건식(2006), 『증권거래법』, 두성사

김성준, 정준혁, 장철웅(2007), 『증권형사법』, 산경

김정수(2011), 『자본시장법원론』, 서울파이낸스앤로그룹

박정호, 김영삼, 이경훈, 이수창, 이상민(2012), 『증권범죄론』, 형설출판사

사법연수원(2007), 『경제범죄론』, 사법연수원

윤승한(2011), 『자본시장법강의』, 삼일인포마인

임재연(2008), 『증권거래법』, 박영사

임재연(2012), 『자본시장법』, 박영사

하은수(2009), 『증권 불공정거래 조사』, 에세이퍼블리싱

금융감독원(2011a), 『자본시장 불공정거래 조사실무』, 금융감독원

금융감독원(2011b), 『조사업무매뉴얼』, 금융감독원

금융감독원(2012), 『자본시장 불공정거래 판례분석』, 금융감독원

한국증권법학회(2009), 『자본시장법(주석서I)』, 박영사

목 차

제1장 서론

제2장 시세조종

제1절 개념

제2절 위장거래에 의한 시세조종

제3장 사기적 부정거래

제1절 개념

제2절 적용대상

제3절 구성요건

제4절 벌칙 등

제4장 미공개 중요정보 이용행위

제1장 서론

1. 증권범죄의 개념

가. 개념

(1) 증권범죄는 주식회사가 발행한 증권 자체를 대상으로 하거나, 증권의 발행·유통·처분행위 등과 관련하거나 이에 파생되는 일체의 범죄를 말한다. 일반적으로는 자본시장과 금융투자업에 관한 법률[1]에서 언급하고 있는 주식 등 유가증권에 대한 불공정거래행위를 대상으로 한다.

증권범죄를 '(증권)불공정거래행위'라고 말하기도 하므로, 형식적으로는 자본시장법에 규정된 벌칙조항 중 주식 등 유가증권과 관련된 범죄를 증권범죄라고 말할 수 있고, 실질적으로는 유가증권의 발행 및 유통과 관련하여 발생하는 모든 범죄를 지칭할 수도 있다[2]. 그러므로 자본시장법에서 규정한 법규 위반을 '협의의 증권범죄'라고 볼 수 있다. 협의의 증권범죄에 대해서는 금융감독원[3] 등에서 조사할 권한이 있지만 이를 벗어나는 '광의'의 증권범죄에 포함되는 행위에 대해서는 금감원 등에서 조사할 권한은 없다[4]. 참고로, 증권거래법이 시행될 당시에는 '증권거래법위반' 사범을 일반적으로 증권범죄라고 통칭하였다.

(2) 증권범죄를 규율하는 방식은, 예전에 일본 법체계를 참고했던 것과 달리, 최근에는 미국식 법체계를 따르고 있다. 그 주된 이유는 미국이 세계 금융시장의 중심지이고, 불공정거래 규제와 관련하여 가장 활발한 움직임을 보이기 때

---

1) 이하 '자본시장법'이라고 함
2) 김성준 외(2007), 18쪽. 자본시장법 이외에 형법 등 각종 법규위반행위도 포함되므로 적용되는 범위는 더 크다.
3) 이하 '금감원'이라고 함
4) 다만, 광의의 증권범죄라고 판단할 경우에는 실무상 참고사항이나 정보사항으로 고발, 통보서에 첨부하고 있음

문이다.

증권범죄(불공정거래)에 대한 규제를 담당하고 있는 미국의 SEC(Securities and Exchange Commission)는 투자자 보호를 최우선 목표로, 영국의 FSA(Financial Services Authorities)는 시장의 신뢰를 최우선 목표로 하고 있다. 그러므로 기구의 설립 '목표'라는 관점에서 보자면 영국의 FSA가 우리나라 금감원과 더 유사한 목적으로 설립되었다고 볼 수 있다. 그렇지만, 우리나라 증권범죄에 관한 '법률체계'나 제도는 거의 미국과 유사하게 운영하고 있다[5].

나. 증권범죄의 종류

증권범죄 개념을 어떻게 구별하느냐에 따라 그 종류의 범위도 크게 달라진다. 광의로는 투자자가 정상적인 투자판단을 함에 있어 착오를 불러일으킬 수 있는 모든 사기적 행위를 말하고, 협의로는 '시세조종, 미공개정보이용, 부정거래행위' 등 일반적으로 증권시장에서 일어나는 사기적 행위로 분류하기도 한다[6].

반면, 형식적으로는 구증권거래법이 요구하는 각종 인·허가, 신고, 보고, 공시의무 등을 이행하지 않거나 불공정한 방법으로 유가증권의 발행 및 유통하는 행위, 증권업 등에 관한 규제를 위반하는 행위와 실질적으로는 증권거래법, 선물거래법뿐만 아니라 상법 등 각종 관련 법규위반행위로 구분하는 견해[7]도 있다.

자본시장법에서 규정한 유가증권에 관한 범죄를 기본적인 개념으로 보게 되면 '시세조종, 미공개정보이용, 사기적 부정거래, 보고의무위반' 등을 기본적인 불공정거래행위로 정의할 수 있다.

다. 보호법익

(1) 증권범죄는 '일반투자자의 재산 또는 재산상 이익'을 보호법익이라고 볼

---

5) 하은수(2009), 28쪽 이하 참고
6) 박정호 외(2012), 10쪽
7) 김성준 외(2007), 18쪽

수도 있고[8]), '증권시장의 건전성 보호'를 보호법익으로 볼 수도 있으며 2개의 보호법익이 모두 혼합된 것으로 볼 수도 있다. 이러한 개념 구분은 죄수론 판단 등에서 법률적으로 중요한 의미가 있다.

자본시장법에서 규정한 범죄들은, 위 2개의 보호법익을 모두 보호하는 것을 개념적으로 전제한 것으로 보인다. 그렇지만, 실무와 연계하여 보면 증권시장에서 발생하는 불공정거래행위로 인해 침해된 모든 일반투자자의 재산이나 재산상 이익을 보호법익으로 구성하는 것은 논리적으로 타당하지 않고, 현실적으로도 실무상 취급이 거의 불가능하기 때문에 '증권시장의 공정성, 투명성'을 보호법익으로 보는 것이 맞다. 따라서 일반투자자의 재산이나 재산상 이익을 보호하게 되는 것은 증권시장의 공정성, 투명성 보호에 따른 반사적인 이익 또는 부차적, 2차적인 보호법익으로 보아야 한다.

이에 대해 1차적인 목적은 투자자 보호, 2차적인 목적은 국민경제 발전이며 거래의 공정성, 증권시장의 공정성 등은 투자자 보호를 위한 부수적인 법익에 불과하다는 견해[9])도 있다. 그렇지만, 법규 해석상이나 실무상, 자본시장법을 총괄하는 보호법익은 일반투자자 보호보다는 '증권시장의 보호'라고 보는 것이 맞다.

(2) 자본시장법에서는 '금융투자상품시장'이라고 표현하는데 이는 증권 또는 장내파생상품의 매매를 하는 시장을 말하고, '증권시장'과 '파생상품시장'을 통칭한다. 증권시장이란 증권의 매매를 위하여 거래소가 개설하는 시장이라고 명시되어 있으므로, 유가증권시장(코스피), 코스닥을 말하고, 그 외에도 코넥스 시장도 증권시장에 속한다[10]).

증권 외에 개별 상품에 대한 독자적인 시장(market)도 많이 존재하는데 이러한 시장의 운영이나 시스템, 가격조절 기능에 대한 침해행위에 대해서는 일반 형사법이나 개별 법령에 의한 일반적인 규제조항이 적용된다.

그런데, '증권시장'의 경우에만 유독 별도의 강력한 규제 법안을 두고 있다. 즉, 증권시장은 다른 시장들과는 달리 그 거래행위 자체로 개개인의 재산상 이익과 손실이 즉시 발생하는 특성이 있어 일반투자자는 '의도적'으로 이익을 꾀하고

---

8) 금감원(2011a), 67쪽
9) 김성준 외(2007), 20쪽
10) 금융위원회(이하 '금융위'라고 함) 유권해석(2014. 3. 16.)

손실을 회피하고자 하는 강한 욕구를 가지게 되어 있다. 이러한 의도적인 욕구가 악의적으로 작용하면 시장가격 시스템에 인위적으로 개입하게 되고, 이는 곧 다른 투자자의 이익이나 손실과 직결되는 구조를 가지고 있기 때문에 증권시장에서는 이러한 '악의적 목적의 의도적인 행위'를 반드시 규제하여야 한다.

또한 증권시장의 작동을 통해 주요 기업이나 물건의 가격, 가치 등이 정해지게 대규모 자본이 이동하는 등 국가 경제에 있어서도 매우 중요한 역할을 하게 되므로[11], 증권시장에 대해 강력한 규제가 필요한 또 다른 이유라고 할 수 있다.

2. 증권범죄의 규제 목적

가. 주식의 가치

주식은 법상으로는 그 증권을 발행한 법인에 대한 권리가 화체된 유가증권을 의미한다. 다른 한편으로는 그 회사의 재산적 가치를 반영한 재화로 볼 수 있으며 이러한 성격 때문에 주식 자체는 경제적인 관점에서는 '금융투자상품'이다.

따라서 증권의 가치는 이를 발행한 회사의 가치와 밀접하게 연동되기 때문에 주식시장에서는 해당 주식을 발행한 상장법인의 가치가 그 법인이 발행한 주식에 반영된다고 보아야 한다. 그러므로 해당 상장법인에 대한 재무상태, 영업실적, 사업전망 등 일반적으로 공개 또는 비공개로 분류되는 모든 정보는 그 상장법인에서 발행한 주식의 가치를 반영하는 중요한 근거자료라고 할 수 있다.

나. 주식시장의 작동 원리

(1) 주식에는 주주로서의 권리가 화체되어 있기도 하지만, 재화로 보자면 금융투자상품이므로 주식의 가격이 결정되는 '주식시장'이 어떠한 방식으로 움직이

---

11) 금감원(2011a), 70쪽

고 관리되는가 하는 점은 주식의 재화로서의 가치면에서는 보자면 매우 중요한
문제다.

그러므로 주식시장에서 주식의 가격이 제대로 결정되게 하기 위해서는, 당연
히 공정하게 작동되어야 하고(공정성), 그 움직임은 투명해야 한다(투명성). 주
식시장이 공정하고 투명하게 작동될 때에 주식의 가치가 정확하게 반영되지만,
증권시장이 '비정상적으로 작동되거나 인위적으로 조작이 가해질 경우'에는 증권
의 가치가 증권시장에 정확하게 반영되지 않는다. 그러므로 이러한 '비정상적 작
동 및 인위적 조작'은 건전한 주식시장의 작동을 위해서 규제대상이 될 수밖에
없다.

자본시장법에 규정된 규제대상인 행위는 그 행위로 인해 증권시장에 실질적
으로 어떠한 영향을 미쳐 증권의 가치에 인위적인 조작이 가해질 것을 요건으로
하는 '구체적인 결과'를 필요로 하지는 않는다. 즉, 주식의 가치에 영향을 줄 수
있는 그러한 인위적인 조작 등의 행위 자체가 존재하면 충분하므로 그러한 존재
행위를 규범으로 규제하는 것이다.

즉, '증권의 가치'를 왜곡하는 차명거래, 통정거래 및 미공개중요정보 이용행
위 등은 그 행위 자체로 증권시장의 공정성, 투명성을 해한다는 것은 분명하다.
따라서 그러한 행위가 있었음에도 증권시장에서 주식의 가치가 우연히 정확히 일
치하는 값이 되었다고 해서 규제대상인 행위가 정당화되는 것은 아니다[12].

(2) 판례도 증권의 가치를 왜곡하거나 증권시장의 작동원리에 반하는 행위
는 그 자체가 시장의 공정성을 해한다고 판단하고 있다. 즉, "유가증권시장이 기
업의 자금조달과 국민의 증권투자를 통한 자산운용이라는 양측면의 요구를 서로
연결시키는 터전으로서 자금을 효율적으로 배분하는 국민경제상 중차대한 기능
을 적절하게 수행하기 위해서는 무엇보다도 일반투자자들이 유가증권의 거래가
공정하게 이루어지는 것으로 믿고, 유가증권시장의 건전성을 전제로 안심하고 유
가증권의 거래에 참여할 수 있게 하는 것이 필요하다. 그런데 상장법인의 내부자
가 당해 법인의 업무 등과 관련하여, 접근이 허용되었던 법인의 공개되지 아니한
내부정보 중 유가증권의 투자판단에 영향을 미칠 수 있는 중요한 정보를 이용하

---

12) 김성준 외(2007), 24쪽 이하에서는 시장에서 증권가격이 어떻게 결정되고 증권가격을 결
   정하는 요소가 무엇인지에 대해 효율적 시장가설(EMH, Efficient Market Hypothesis)을
   들어 설명하고 있다.

여 유가증권의 거래에 관여할 경우에는, 그 내부자에게 부당한 이익을 용이하게 취득하게 하고 그로 인하여 유가증권시장에서의 거래당사자의 평등을 해치게 되어 유가증권거래의 공정성과 유가증권시장의 건전성에 대한 일반투자자들의 신뢰를 손상시킴으로써 유가증권시장이 국민자금을 효율적으로 배분하는 기능을 저해하는 결과를 초래하게 되는 것이므로, 유가증권시장이 그 기능을 다하여 국민경제의 발전에 적절하게 기여하도록 하기 위해서는 이와 같은 내부자거래에 대한 엄격한 규제가 필요불가결하기 때문에 '법'이 위와 같이 내부자의 거래를 금지하고 있는 것"이라고 판시한 바 있다13).

물론 판례에서는 유가증권거래의 '공정성'과 '건전성'이라는 표현을 사용하였지만 기본적인 맥락은 주식거래는 공정해야 하고, 이러한 거래가 이루어지는 주식시장은 건전, 즉 투명해야 한다는 점에서 동일한 설명이라고 하겠다14).

3. 증권범죄의 수사·조사 절차

가. 개요

(1) 자본시장법에서 언급하는 증권과 관련된 범죄 중, 일반적인 것은 시세조종, 미공개중요정보 이용, 보유주식 보고의무위반, 사기적 부정거래, 시장질서 교란행위라고 할 수 있고, 이와 관련된 범죄로서는 상법에서 규정하고 있는 주식가장납입 등이 있다.

이러한 증권 관련 범죄는 '행정형법'으로 구분할 수 있다15). 일반 형사법과 달리 행정법규로서의 성격을 갖고 있으므로 행정절차를 거치는 특징 이외에도 행

---

13) 대법 1994. 4. 26. 선고 93도695 판결
14) 유가증권 시장에서 '관리종목 지정 및 상장폐지의 요건'은 '정기보고서 미제출, 감사의견 미달, 자본잠식, 주식분산 미달, 거래량 미달, 지배구조 미달, 공시의무위반, 매출액 미달'이 있다. 이중 '전액 자본잠식'의 사유가 발생할 경우에는 이의신청대상이 아니므로 즉시 상장폐지가 되고 나머지 사유의 경우에는 '이의신청 대상'이 될 수 있다.
15) 김성준 외(2007), 44쪽 이하 참고

정벌이 부과되기도 하고, 형사벌이 병과되기도 한다. 그러므로 형벌적인 절차 외에 행정구제절차를 별도로 진행할 수 있다.

증권 관련 범죄는 '형사법'의 특징을 가지고는 있지만 이와 구별되는 특징도 있다. 첫째, 증권사범이 자본시장법 등에 저촉될 경우에 형법이나 형사특별법과의 관계에 있어서 죄수론16)이 문제되는 경우가 많다. 둘째, 일부 구성요건사실의 개념이나 정의 등을 하위법령에 위임하는 경우가 많다. 물론 이러한 위임이 포괄적 위임이 아닌 경우에는 별다른 문제가 없으나 범죄의 구성요건사실에 대해 하위법령에 포괄적으로 위임하여 구성요건의 명확성이 침해될 경우에는 죄형법정주의에 반할 수 있다17). 이와 같이 행정형법이기는 하지만 동시에 형사법으로서의 법률적인 성격도 갖고 있으므로 형사법의 일반적인 원칙이 적용되고, 그 사법절차는 형사소송법이 적용된다.

(2) 증권범죄는 친고죄나 반의사불벌죄가 아니므로 기관고발 등이 없다고 해도 수사기관에서 바로 인지하여 수사를 할 수 있고, 사건 관련자가 검찰, 경찰 등 수사기관에 고소·고발이나 신고를 하여 수사가 시작될 수도 있다.

전국의 각 지방검찰청에는 금융조사부를 설치하여 증권금융 등 사범에 대한 수사를 전담하고 있고 그 외 검찰청·지청에는 금융조세전담 형사부서가 정해져 있거나 담당 검사가 정해져있다. 또한 대형 금융사범이나 증권사범에 대해서는 특별수사부에서 수사를 하기도 한다. 경찰에는 수사과에서 고소고발사건을 주로 처리하므로 증권사범도 이 부서에서 주로 처리하게 된다.

2013년부터 증권범죄의 신속한 처리를 목적으로 금감원과의 수사 및 조사 연계성을 높이기 위해 서울남부지방검찰청에 '증권범죄합동수사단'을 설치하고 서울중앙지검에 있던 '금융조사부'도 이전하여 '금융범죄 중점 조사청'으로 지정하여 운영하고 있고, 금융위에는 자본시장조사단18)을 설치하여 검찰, 금감원으로부터 인력을 지원받아 일부 조사 관련 업무를 수행하고 있다19).

---

16) 죄수론은 범죄의 개수에 대한 문제로서 당해 행위가 증권형사법에 저촉할 경우 형사법규와의 관계에 관한 이론이다.

17) 헌재 2005. 5. 26. 신고 2003헌가17 결정 등

18) 이하 '자조단'이라고 함

19) 금융위는 자본시장법위반행위에 대해 금감원에 조사를 위탁한 상태이고, 사실상 금융위 자조단의 활동은 검찰로부터 파견 받은 검사나 수사관, 금감원 파견 직원이 거의 업무를 담당

현재 자본시장법상 불공정거래행위에 대한 공적 규제기관으로서는 금융위(증권선물위원회)와 금감원이 있다. 그러나 이러한 공적규제기관만으로는 방대한 시장에서 일어나는 불공정거래행위를 적시에 적발하기 어렵기 때문에 일반적인 시장 감시 활동은 한국거래소[20])와 같은 자율규제기관이 담당하고 있다. 공적규제기관을 조사기관으로, 자율규제기관을 심리기관으로 구분하기도 하지만 2개의 기관이 중대사건의 경우에는 조사와 심리를 동시에 진행하거나 협조하는 등 유기적 협조체제를 유지하고 있다[21].

금융위는 내부기관인 증권선물위원회에 조사권한을 위임하고 있고, 그 업무의 구체적인 집행은 금감원에 위탁되어 있어 실질적인 대부분의 조사는 금감원에서 이루어진다[22]. 조사권의 법적 성질은 청문(hearing)적 성격의 임의조사권과 압수 · 수색 등 강제력을 가진 강제조사권이 혼합되어 있다. 자본시장법은 임의조사권의 행사는 금감원 직원이 수행하도록 하고, 강제조사권은 금융위 소속 공무원(조사공무원)이 행사하도록 규정하고 있다[23]. 2015년에 사법경찰관리의 직무를 수행할 자와 그 직무범위에 관한 법률 개정을 통해 금융위 공무원도 자본시장법에 규정된 범죄에 대하여 사법경찰관 직무를 수행할 수 있게 되었고(제5조 제49호), 금감원 직원도 자본시장법에 규정된 범죄에 대해 사법경찰관의 직무를 수행할 수 있게 되었다(제7조의 3).

(3) 검찰, 금감원 등의 증권범죄에 대한 수사 및 조사절차는, 형식상은 금감원 등에서 조사하되 중요사건은 신속히 검찰로 송치(fast track)하는 방식으로

하고 있으므로 자조단은 불필요한 중복 조직이라고 하겠다. 그에 반해 '증권범죄합동수사반'은 금감원이 강제수사권이 없는 점을 고려하여 신속한 수사를 위한 fast track을 위해 설치한 조직으로서 그 의미가 크다.

20) '한국거래소'는 자본시장법에 의해서 증권 및 장내파생상품의 공정한 가격 형성과 그 매매, 그 밖의 거래의 안정성 및 효율성을 도모할 목적으로 증권거래소, 선물거래소, 코스닥위원회, (주)코스닥증권시장 등 기존 4개 기관이 통합되어 2005. 1. 27. 설립되었음

21) 금감원(2011a), 347쪽

22) 자본시장법 제426조 제1항 "금융위(제172조부터 제174조까지, 제176조, 제178조 및 제180조를 위반한 사항인 경우에는 증권선물위원회를 말한다)는 이 법 또는 이 법에 따른 명령이나 처분을 위반한 사항이 있거나 투자자 보호 또는 건전한 거래질서를 위하여 필요하다고 인정되는 경우에는 위반행위의 혐의가 있는 자, 그 밖의 관계자에게 참고가 될 보고 또는 자료의 제출을 명하거나 금감원장에게 장부 · 서류, 그 밖의 물건을 조사하게 할 수 있다."

23) 금감원(2011a), 71쪽

운영한다. 금융위 조사단은 거래소 심리사건의 배정, 중요사건 조사 등의 업무를 담당하고 있으나 정책적인 부분을 주로 담당하고 실제로 처리하는 사건은 많지 않다. 다만, 불공정거래조사는 시장에 대한 감독, 감시의 일환으로 이루어지는 기능이므로 금융정책기구인 금융위 자조단을 두는 것은 법리적으로나 이론적으로 적절하지는 않아 보인다. 오히려 예전에 검찰과 금감원 간에 이루어지던 2단계 법률적 절차를 3단계로 늘리는 바람에 주가조작 사범에 대한 신속한 처리라는 원래의 명분이 퇴색된 점이 있다.

나아가, 자본시장법상 임의조사권을 금감원에 위탁하였으므로 금융위 자조단은 법률상 임의조사권한을 행사할 수도 없고, 압수·수색이라는 제한된 강제조사권만을 가지고 있다. 그럼에도 실제로 자조단은 대부분 임의조사를 하는 상황이므로 이러한 불법적인 절차도 시정될 필요가 있다. 또한, 금융위 자조단이 검사의 청구로 발부받은 압수·수색영장으로 조사에 착수하였다면 그 사건은 형사소송법상의 절차에 따라 조사 종결 후 검찰로 사건송치가 이루어져야 하는데도24) 실무상은 일반 자본시장법위반 사건의 절차(자조심, 증선위 의결)를 밟고 있어서 헌법이나 형사소송법상 피의자에 대한 적법절차위반의 문제도 야기된다. 따라서 법률상, 이론상의 관점에 보면 금융위에 설치된 자본시장조사단은 폐지되는 것이 옳다.

(4) 일반적으로 증권범죄의 조사 및 수사 절차는 다음과 같다.
① 한국거래소의 이상거래에 대한 심리결과, 금감원의 시장 감시, 제보 등을 통한 사건, 검찰 의뢰 사건 등을 접수
② 접수된 사건에 대한 '매매자료 등 분석(혐의계좌 추출, 연관성 분석, 공시·뉴스 분석), 자금·주권 추적, 혐의자, 참고인 문답' 실시
③ 조사결과 심의, 의결(조사보고서 작성, 자조심 심의, 증선위 심의)을 거쳐 행정처분·형사조치(검찰고발, 통보, 무혐의, 과징금 부과, 단기차익반환 등)25)

---

24) 금융위 자조단과 비교할 수 있는 것으로서 세무공무원이 있다. 즉, 세무공무원이 조세범처벌법상의 혐의를 조사하기 위해 검사를 통해 발부받은 압수·수색영장으로 조사를 시작하게 되면 세무공무원은 특별사법경찰관리가 아님에도 그 사건은 형사소송법에 따라 일반 형사사건으로 인지되어 처리된다.
25) 미국은 SEC(Securities and Exchange Commission)에서 증권범죄를 담당한다. 다만, SEC는 연방조직으로서 금감원과는 다르다. 영국은 FSA(Financial Services Authority)에서 담

④ 고발 및 통보받은 사건에 대한 검찰 등 수사기관에서의 수사 및 내사, 수사기관에서의 수사 및 재판 절차는 일반 형사사건과 동일하다.

(5) 불공정거래조사 제도는 미국의 영향을 크게 받았다. 미국은 1929년 10월 미국 증권시장 붕괴로 증권규제에 대한 국민적인 요구가 있자, 의회에서 1933년 증권법(Securities Act)에 이어 1934년 증권거래법(Securities Exchange Act)을 제정하였으며, 이에 따라 1934년 7월 2일 증권 관련 규제를 총괄할 조직으로 SEC가 설립되었다. 이 조직의 성격은 미국 중앙정보국과 같은 독립적인 정부기관이다[26]. 다만, 우리나라의 금감원은 관치금융의 폐해로부터 금융시장의 독립성, 자율성을 보호하기 위해 '특별민간기구'로 운영하고 있고 이러한 제도 운영방식은 대부분의 서구자본주의 국가에서 채택하고 있는 방식이다.

나. 한국거래소의 심리 및 감리

한국거래소는 주식시장의 공정한 거래 및 일반투자자 보호를 위하여 상장주식 등 거래상황, 주식시장의 풍문, 제보 등을 실시간으로 분석하는 시장 감시를 하게 된다(시장감시위원회)[27].

'시장감시'란 협의로는 모든 상장종목 및 현선연계 상품 등 매매거래내역에 대해 시장감시시스템을 통하여 실시간으로 모니터링 분석한 후에 예방조치요구 또는 조회공시를 의뢰하거나 해당부서에 심리 또는 감리를 의뢰하는 업무를 말한다. 광의로는 불공정거래 예방활동, 분석대상의 적출, 불공정거래 혐의조사, 분쟁조정 등 한국거래소 시장감시위원회가 수행하는 모든 업무를 통칭하기도 한다[28].

당하며 양 기관은 최우선 감독목표, 주요규제대상 등에서 차이를 보이고 있다.

26) 하은수(2009), 188쪽

27) 근래 들어서는 이러한 사후 시장 감시보다는 예방조치요구제도, 조회공시의뢰제도, 시장경보제도 등 사전적 예방활동에 주력하고 있다.

28) 이를 위해 '시장감시시스템'이 설치되어 있는데, 이는 시장감시위원회의 상장주식 및 파생상품시장의 시장가 및 매매심리 등을 지원해주는 전산시스템을 말하며 이 시스템은 유가증권시장과 코스닥시장의 주식감리시스템, 지수선물 · 옵션감리시스템, 파생상품감리시스템, 현선연계시장감시시스템으로 구성되어 있다.

시장감시를 통해 이상거래를 적출하고 적출된 종목에 대하여 거래소가 정한 기준에 따라 일정기간 주시를 한 후 '이상거래의 징후'가 발견된 경우에는 심리 관련부서에서 추적조사를 실시하는 등 관련 사항을 심리하게 된다. 또한 회원의 감리를 통해서 이상거래 혐의 종목의 거래상황을 파악하고, 거래소 규정을 준수 하였는지 등을 확인할 목적으로 회원의 업무, 재산상황, 장부, 서류, 그 밖의 물건 을 조사하기도 한다.

시장감시위원회는 매매심리 또는 회원감리결과, 시세조종 등 불공정거래, 미 공개정보이용 등 내부자거래 그 밖에 공정거래질서를 저해한 회원(증권선물회 사) 및 그 임직원이나 위탁자에 대하여 관계법규에 의하여 적절한 조치를 취하거 나 금감원(금융위)에 통보, 이첩하게 된다.

다. 금감원·금융위 사건처리 절차

(1) 개관

시세조종 등 불공정거래사건은 주로 한국거래소 등 자율규제기관의 주가감 시활동의 결과로 혐의단서가 포착되는데 자율규제기관은 위법혐의가 있다고 인 정할 경우에는 금융위에 그 사실을 통보한다.

한편, 금감원 자체의 시장감시시스템과 공시감독 업무수행 중 발견되는 종합 주가지수·업종별지수와의 괴리를 나타내는 주가 및 거래량의 변화관찰, 증시풍 문, 신문기사, 공시내용 및 기타 정보사항에 의하거나 검찰청 등 수사기관으로부 터의 조사의뢰 등에 의하여 조사기관에서 자체 인지를 하거나 또는 기획조사를 하는 경우도 많다[29].

금감원은 한국거래소에서 이첩[30]된 사건, 자체 인지 또는 민원이나 제보, 시 장감시를 통해 사건들을 적발하고, 자본시장조사1국에서 이를 수리하여 사건을 배정한다. 그리고 사건을 배정받은 자본시장조사1, 2국 및 특별조사국은 매매분 석, 자금추적, 혐의자 및 참고인 문답 등의 조사를 실시하며 관계자에 대해 참고

---

29) 금감원(2011a), 349쪽
30) 2012년도 기준으로 한국거래소에서 금감원에 통보한 사건은 전체 금감원 사건의 63% 정 도임

가 될 만한 보고 또는 자료제출을 명할 수 있고 장부, 서류 기타의 물건을 조사할 수 있다[31]. 금융위 자조단에서의 조사과정도 거의 동일하다. 금감원 자본시장조사국과 특별조사국의 차이는 조사하는 사건의 인지경위 및 중요도 여부이다.

조사기관은 조사과정에서 조사사항에 관한 사실과 상황에 대한 진술서 제출, 증언을 위한 출석, 장부 · 서류 기타 물건의 제출, 제출된 장부 등의 영치, 관계자의 사무소 또는 사업장에의 출입을 통한 업무 · 장부 · 서류 그 밖의 물건에 대한 조사 등을 할 수가 있으며, 금융위 조사공무원의 경우에는, 법원으로부터 영장을 발부받아 압수 · 수색 등 강제조사권을 발동할 수도 있다(자본시장법 제426조)[32].

(2) 금감원 내부 절차

금감원 조사국에서 조사가 종결되면, 1차적으로 부서 내에서 자체 심사 · 조정을 한다(조사결과 처리의견서 및 자조심 부의 안건의 기술방법, 양식 등 형식적인 면을 심사하고 조사팀에 내용이나 결론에 대해 수정을 요구하기도 함). 자체 심사 과정에서 위법사실에 대한 법적 구성요건의 타당성 여부를 심사하고, 조치양정이 과거 조치 및 양정과 다른 경우 해당 조사팀에 의견을 제시할 수 있으며 조정결과 조사팀과 견해를 달리하는 경우 소속 부서장에게 보고하여 조정할 수 있다.

2차로 금감원 제재심의국에서 심사조정을 한다. 제재심의국에서는 자조심 심의가 필요한 사항에 대하여 ① 조사결과 및 처리안(재심사항 포함), ② 관련 입증자료, ③ 기타 심사 · 조정에 필요한 참고자료를 첨부하여 심의제재 담당부서장에게 심사 · 조정을 의뢰하게 된다[33]. 다만, 증선위원장의 요청에 의한 합동조사를 실시하는 경우와 감리위원회가 심의하는 경우에는 심사 · 조정을 생략할 수 있다.

제재심의국에서는 위법행위에 대한 적용법규의 적정성 등 실질적 사항, 입증자료의 확보 및 제재보고서의 기술방식 등 형식적인 사항과 처리의견의 형평 타당성 여부를 심사하고, 심사 · 조정결과 의견이 있는 경우에는 사건담당 부서장에게 통보하여 내용의 보정을 요구할 수 있다. 그리고 심사 · 조정이 필요한 경우 해당 사건담당 부서장에게 추가 자료의 제출이나 의견진술을 요청할 수도 있다. 사

---

31) 금감원(2011a), 348쪽
32) 금감원(2011a), 348쪽
33) 조사업무규정 시행세칙 제15조

건담당부서장은 심의제재실의 보정요구에 대하여 이견이 있는 경우에는 조사담당부서장의 재정절차를 거쳐 심사·조정결과의 수용 여부를 결정하고 그 결과를 심의제재담당부서장에게 통보하여야 한다.

(3) 자본시장조사심의위원회, 증권선물위원회 절차

(가) 금감원은 조사한 안건은 금융위 자문기구인 자본시장조사심의위원회(이하 '자조심'이라고 함)에서 심의한다.

자조심[34]은 불공정거래, 공시 등 조사결과 보고 및 처리안을 사전 심의하기 위한 증선위 위원장의 자문기구[35]로서 법적 기구는 아니고, 업무상 필요에 의해 만든 임의적 성격의 자문기구라고 할 수 있다[36].

자조심은 자본시장조사업무규정에 의하여 조사한 결과에 대한 처리사항과 이의신청사항, 직권재심사항을 심의한다[37].

자조심은, 증선위 상임위원, 금융위 자본시장국장 또는 자본시장조사단 단장[38], 금융위 법률자문관, 금감원 공시·조사 담당 부원장보 및 금융관련법령에 전문지식이 있거나 증권·선물에 관한 학식과 경험이 있는 변호사, 교수 등 전문가 중에서 증선위위원장이 위촉하는 사람 6명, 금융위 자조단 조사담당관(대개는 현직 검사)으로 구성된다. 자조심 의장은 증선위 상임위원이 맡으며, 부득이한 사유로 직무를 수행할 수 없을 때에는 금융위 공무원, 금융위 법률자문관, 금감원 부원장보 순으로 직무를 대행한다. 위원의 임기는 2년으로 하되 연임이 가능하고, 당해직의 임기는 당해직에 재직하는 기간 동안이다[39].

자조심은 의장이 필요하다고 인정하는 때에 날짜를 정하여 그 회의날짜 2일

---

34) 이와 비교되는 기구로는 '제재심의위원회'가 있는데 이는 금융위 사전심의기관으로 금융회사 및 그 임직원 위반사항의 제재(금융회사 검사결과)를 처리한다.

35) 과거에는 금감원장의 자문기구였으나 2002. 3. 금융위에 조사기획과가 신설되면서 증선위위원장 자문기구로 변경

36) 자본시장조사 업무규정 제21조 이하에 규정

37) 그 외에 위법사항이 재무제표의 허위기재 또는 중요한 사항의 누락 등과 관련된 경우에는 감리위원회를 자조심으로 본다(조사업무규정 제21조 제3항).

38) 규정 개정 전에는 '금융위 3급 이상 공무원 중에서 금융위원장이 지명하는 1인'이었으나 개정하면서 4급인 자조단장이 참석하게 되었는데 이러한 개정은 제도 취지상 격에 맞지는 않는다.

39) 증선위위원장은 위원의 임기만료 2주 전까지 후임자를 위촉하고, 위원이 임기 중에 궐위된 때에는 궐위된 날로부터 30일 이내에 후임자를 위촉한다.

전까지 회의 일시, 장소 및 부의사항을 서면으로 통지하여 소집한다(긴급하거나 부득이한 경우 예외). 회의는 재적위원 2/3 이상의 출석과 출석위원 과반수 이상의 찬성으로 의결하되 가부동수일 경우 의원장이 결정한다. 위원과 혐의자가 특별한 관계에 있어서 제척, 기피사유가 있을 경우 심의 제척을 할 수 있다. 예전에는 외부위원이 3인으로 한 달 1회 회의개최를 원칙으로 하였으나, 조치안 상정이 늘어나고 이해관계자들의 진술 증가로 회의 시간이 길어지는 단점을 극복하기 위해서 외부위원을 6인으로 늘려 2팀으로 나누어 한 달에 2회 개최한다.

금융위 담당자(대개 자조단 직원)나 금감원 사건담당 부서 책임자는 심의회에 출석하여 조치안에 대해 설명하고 위원들의 질문에 답변할 수 있다.

그런데, 자조심은 금감원 등의 불공정거래에 대한 행정조사에 따라 제시된 고발 또는 통보에 관해 심의하는 절차에 불과한데도 이해관계자의 진술을 청취하는 등 사실상 '의결기구'처럼 운영하는 점은 문제라고 하겠다.

(나) 자조심 심의 후에 증권선물위원회(이하 '증선위'라고 함)에 안건을 송부하고, 증선위는 해당 안건에 대해 의결하게 된다. 증선위는 증권선물시장에 대한 '불공정거래 조사, 기업회계의 기준 및 회계감리에 관한 업무, 금융위가 심의 · 의결하는 증권 · 선물시장의 관리 · 감독 및 감시 등과 관련된 주요사항에 대한 사전심의, 증권 · 선물시장의 관리 · 감독 및 감시 등을 위하여 금융위로부터 위임받은 업무, 기타 다른 법령에서 증선위에 부여된 업무' 등을 수행한다.

증선위는 위원장 1인을 포함한 5인의 위원으로 구성되어 있고, 위원장을 제외한 위원 중 1인은 상임위원으로 하는데 위원은 당연직 2명(금융위 부위원장, 증선위 상임위원)과 외부전문가 3명으로 구성된다. 위원장은 금융위 부위원장이 맡는다. 위원장이 아닌 기타 위원의 임기는 3년으로 하되 연임이 가능하다. 회의는 위원장 필요시 또는 위원 2인 이상의 요청이 있을 때 열리며 통상 월 2회(2, 4째 주 수요일 14:00) 개최한다[40].

증선위는 고발, 수사기관통보, 과징금 · 과태료의 부과, 단기매매차익의 통보, 경고, 증권발행제한 등의 조치를 결의한다.

---

[40] 안건 처리절차는, 금감원에서 최종 결재를 한 후 금융위 부위원장, 증선위 상임위원에게 안건들을 요약해서 보고하고 기획조정국으로 송부하며, 기획조정국에서는 금융위 의사국제과에 안건을 송부하고 금감원의 임원들에게 배포하며, 의사국제과에서는 안건배포 업무와 증선위 의결결과를 금감원 앞으로 공문발송 처리업무를 맡게 된다.

(다) 증선위는 불공정거래조사·심리기관협의회를 운영할 수 있는데, 이는 증권·파생상품시장의 불공정거래에 대한 조사 또는 심리를 담당하는 기관 간 원활한 업무협조를 위하여 증선위, 금감원 등 조사기관과 심리기관인 거래소의 관계자가 참여하여 불공정거래조사, 심리 등에 대해 논의하며 필요할 경우 금융조사부서의 검사가 참석하기도 한다.

(라) 이해관계자 등의 진술 및 변호인의 참여

자조심, 증선위 논의과정에서 혐의자 등 이해관계자는 서면, 구술 또는 정보통신망을 이용하여 자신의 의견을 제출할 수 있다41).

금융위 자조단 조사과정에서는 현장조사권이나 압수·수색 등 강제조사절차가 허용되므로 금감원 조사절차와 다른 특례가 인정된다. 첫째, 증권범죄혐의자 또는 관계자가 작성하여 제출한 확인서 등에 대하여 제출인의 열람·복사 요구가 있는 경우, 조사공무원은 이에 지체 없이 응하여야 한다(증거인멸이나 조사비밀 누설 등 조사를 방해할 우려가 상당한 경우는 예외)42). 둘째, 자조단 조사과정에서 변호사 등의 참여가 허용된다. 그러므로 조사공무원은 증권범죄혐의자의 신청이 있는 경우 조사를 방해하는 경우43) 등을 제외하고 증권범죄혐의자가 선임한 변호사 또는 민법상 법정대리인(민법상 성년후견인 포함)을 증권범죄혐의자에 대한 조사과정에 참여하게 할 수 있다. 그러나 증거인멸 우려 등의 사유로 조사의 시급을 요하는 조사와 관련하여서는 증권범죄혐의자의 변호사 등의 참여요청과 관계없이 조사의 개시 및 진행을 할 수 있다.

---

41) 자본시장조사 업무규정 제37조 제1항(증선위도 동일)
42) 단기매매차익 반환 및 불공정거래 조사·신고 등에 관한 규정 제21조 제3항
43) 단차규정 제22조의2 제1항 단서
   1. 증권범죄혐의자의 변호사 등의 참여요청이 조사의 개시 및 진행을 지연시키거나 방해하는 것으로 판단되는 경우
   2. 조사공무원의 승인 없이 심문에 개입하거나 모욕적인 언동 등을 하는 경우
   3. 증권범죄혐의자에게 특정한 답변 또는 부당한 진술 번복을 유도하는 경우
   4. 심문내용을 촬영, 녹음, 기록하는 경우. 다만, 기록의 경우 증권범죄혐의자에 대한 법적 조언을 위해 변호사 등이 기억 환기용으로 메모하는 것은 제외한다.
   5. 기타 제1호 내지 제4호 이외의 경우로서 조사목적 달성을 현저하게 어렵게 하는 경우

(4) 의결

의결내용은 형사고발 또는 수사기관통보 등 '형사조치'와 과징금 부과, 시정명령, 면직요구 등 문책, 경고, 주의 등 '행정조치' 등이 있다(제426조, 시행령 제376조)[44]. 증선위의 결정사항에 대하여 이의가 있는 피조치자는 1월 이내에 재심을 청구할 수 있으나 형사조치사항에 대해서는 증선위가 최종 사법적 권한을 가진 기관이 아니기 때문에 재심을 청구할 수 없다[45].

① 고발 · 수사기관 통보 및 참고사항, 정보사항

조사결과 자본시장법위반 행위로서 형사벌칙의 대상이 되는 행위에 대해서는 고발을 하거나 수사기관에 통보한다(자본시장법 제426조 제5항, 시행령 제376조 제1항 제11호).

'고발'은 형사소송법 등에 따라 수사처리기한, 고발인 통지의무 등이 명시되어 있으므로 해당 규정에 따르면 된다.

'수사기관 통보'는 형사소송법에 따른 별도규정이 없으나 검찰 수사 실무상 고발사건의 처리와 큰 차이는 없다. 즉, 수사기관 통보사건이 고발사건에 비해, 상대적으로 경한 범죄라든가 혐의 인정이 어려운 사건으로 취급되지 않는다는 뜻이다. 수사기관통보는 '일반통보'와 '수사의뢰성 통보'로 개념상 구별할 수 있는데, 전자는 위반의 결과가 '사회적 물의야기[46]'에 이르지는 않으나 '중대'에 해당하고 증거가 확보되어 검찰에 범죄사실을 알리는 조치라고 할 수 있고, 후자는 위법행위가 구체적으로 특정되는 등 상당한 혐의가 있으나 증거가 불충분하여 수사기관의 수사가 필요하다고 판단되는 경우[47]로 볼 수 있다.

고발이나 수사기관통보에 해당하지는 않더라도, 조사결과 혐의자와는 별도로 일부 관련자의 경우 행위사실이 자본시장법상 불공정거래행위에 해당할 것으

---

44) 기관경고, 기관주의 등 일부 사항은 금감원장에게 위탁되어 있고(제438조 제4항, 령 제387조 제3항 별표20), 증선위 위원장의 긴급조치사항도 별도로 규정되어 있음(금융위설치 등에 관한 법률 제22조, 규칙 제12조, 자본시장조사 업무규정 제19조 제2항)

45) 금감원(2011a), 348쪽

46) 자본시장법 제426조 제5항, 시행령 제376조 제1항 제11호 다목 및 자본시장조사업무규정 제24조

47) 수사의뢰성 통보 시에 '사회적 물의야기' 및 '중대'인 경우 모두 수사의뢰성 통보가 가능하지만 '경미'에 해당할 경우에는 주의나 경고로 종결할 수 있음

로 보이나 임의조사권의 한계 등으로 인해 위법행위가 구체적으로 특정되지 않고
증거자료 확보가 사실상 불가능하여 혐의입증이 어려운 경우 관련내용을 '(수사)
참고사항48)'으로 검찰에 제공할 수 있다. 이는 자본시장법상의 조치는 아니고,
실무상 고발, 통보의 조치에 부수하여 이루어진다. 그런데 개념상 수사의뢰성 통
보는 참고사항과 명확히 구별49)은 되지만 구체적인 사례에 들어가게 되면 이를
구별하기란 간단치 않다.

또한, 자본시장법위반이 아닌 가장납입, 횡령·배임 등 상법, 형법 등 타법령
위반사항이 발견된 경우 조사의 실효성 확보를 위해 증선위 위원장 또는 금감원
장이 그 위반사실을 '수사기관 정보사항50)'으로 제공할 수 있다. 수사참고사항과
수사기관 정보사항은 수사기관 통보와 검찰 실무상 취급에 있어서 유사하다.

② 행정조치

증권선물위원회는 고발 등 조치 이외에 자본시장법에 의한 명령이나 금융위
의 규정 또는 명령에 위반한 사실이 있을 경우 행정조치를 취할 수 있다(자본시
장법 제426조 제5항). 또한 고발, 수사기관 통보 등과 함께 행정제재 등의 조치
를 병과할 수도 있다(금감원 조사업무규정 제31조).

③ 불조치, 무혐의

조사결과 자본시장법상 위법사실이 발견되어 행정처분 등의 조치가 가능하
지만 회사가 부도발생 후 폐업, 해산, 폐쇄, 전 직원 퇴사 또는 잔존재산이 전무
하여 사실상 회사의 실체가 없어진 경우에는 '불조치'를 하게 된다51).

조사국에서 조사에 착수하여 조사한 결과, 자본시장법 등 관련 법규상의 위
법사실이 발견되지 않는 경우에는 사건을 '무혐의 처리' 종결한다.

---

48) 자본시장조사 업무규정 제49조
49) 수사의뢰성 통보는 혐의가 특정되고 자본시장법상의 조치이고, 참고사항은 혐의가 특정되
   지 않고 자본시장법상의 조치에 해당하지 않음
50) 자본시장법 제426조 제5항, 시행령 제376조 제1항 제11호 라목
51) 자본시장조사업무규정 별표제3호 증권·선물조사결과 조치기준 8. 조치기준 적용의 특례

④ 조치의 병과

조사결과 위법행위를 한 자가 상장법인인 경우에는 고발 등의 조치와 증권의 발행제한 조치를, 감독원의 검사대상기관 또는 그 임직원인 경우에는 고발 등의 조치와 각종 행정조치를 병과할 수 있다(자본시장조사 업무규정 제31조).

⑤ 조치 병과의 특례

조치의 병과규정에 불구하고 고발 등의 조치를 하는 경우에는 동일 위법행위에 대한 과징금 및 과태료 부과를 면제하거나, 과징금을 부과하는 경우에는 고발 등의 조치와 과태료의 부과를 면제할 수 있다(자본시장조사 업무규정 제32조).

⑥ 조치의 가중 · 감면 등

종전의 규정에 따라 조치를 받은 사실이 있거나 위법행위가 둘 이상 경합하는 자에 대하여는 '증권 · 선물조사결과 조치기준'에 따라 그 조치를 가중할 수 있고, 위법행위를 자진하여 신고하거나 위법행위 발견에 결정적인 제보 · 단서 등을 제공하는 등 정상참작 사유가 있는 자에 대하여는 그 조치를 감경하거나 면제할 수 있다. 또한, 정당한 사유 없이 출석요구에 2회 이상 불응하는 위법행위 혐의자에 대해 수사기관통보 이상의 조치를 할 수 있다(자본시장조사 업무규정 제33조).

⑦ 양벌규정

법인의 대표자나 법인 또는 개인의 대리인, 사용인, 그 밖의 종업원이 그 법인 또는 개인의 업무에 관하여 위반행위를 하면 그 행위자를 벌하는 외에 그 법인 또는 개인에게도 해당 조문의 벌금형을 과한다(자본시장법 제448조). 다만, 법인 또는 개인이 그 위반행위를 방지하기 위하여 해당 업무에 관하여 상당한 주의와 감독을 게을리하지 않은 경우에는 벌금형을 부과하지 않는다.

⑧ 공시위반에 대한 과징금 부과

증권신고서(정정신고서 및 첨부 서류를 포함)와 투자설명서(예비투자설명서 및 간이투자설명서 포함)의 신고인 및 발행인의 이사 등이 신고서 · 설명서, 그 밖의 제출서류 중 중요사항에 관하여 거짓의 기재 또는 표시를 하거나 중요사항을 기재 또는 표시하지 않은 때에는 증권신고서상의 모집가액 · 또는 매출가액의 100

분의 3(20억 원을 초과하는 경우에는 20억 원)을 초과하지 않는 범위에서 과징금을 부과할 수 있다(자본시장법 제429조, 자본시장조사 업무규정 제25조).

공개매수신고서(그 붙임서류를 포함), 정정신고서(그 붙임서류를 포함)의 신고인(신고인의 특별관계자를 포함하며, 신고인이 법인인 경우 그 이사를 포함) 및 공개매수설명서의 작성자와 그 대리인이 신고서·설명서, 그 밖의 제출서류 또는 공고 중 중요사항에 관하여 거짓의 기재 또는 표시를 하거나 중요사항을 기재 또는 표시하지 아니한 때, 신고서·설명서 그 밖의 제출서류를 제출하지 않거나 공고하여야 할 사항을 공고하지 않은 때에는 공개매수신고서에 기재된 공개매수예정총액의 100분의 3(20억 원을 초과하는 경우에는 20억 원)을 초과하지 아니하는 범위에서 과징금을 부과할 수 있다.

사업보고서 제출대상법인이 사업보고서 등 중요사항에 관하여 거짓의 기재 또는 표시를 하거나 중요사항을 기재 또는 표시하지 아니한 때, 사업보고서 등을 제출하지 않은 때에는 직전 사업연도 중에 증권시장에서 형성된 그 법인이 발행한 주식(그 주식과 관련된 증권예탁증권을 포함)의 일일평균거래금액의 100분의 10(20억 원을 초과하거나 그 법인이 발행한 주식이 증권시장에서 거래되지 않은 경우에는 20억 원)을 초과하지 않는 범위에서 과징금을 부과할 수 있다. 과징금은 위반행위가 있었던 때부터 3년이 경과하면 이를 부과할 수 없다.

라. 검찰 수사 등

검찰 등 수사기관에 금융위, 금감원으로부터 고발되거나 수사참고사항, 수사기관 정보사항 등이 이첩되면, 고발의 경우는 형사소송법, 검찰청법 등에 따라 처리되지만, 수사참고사항이나 수사기관 정보사항은 검찰 내사사건 처리규정에 따라 처리된다.

고발사건은 수사개시의 단서이므로 피고발자는 형사소송법상 피의자의 지위에서 조사를 받지만 수사참고사항 등의 대상자는 피내사자의 지위에서 조사를 받게 된다. 고발사건은 형사소송법상 고발에 관한 규정(처리기한, 종결 후 처리 등)이 적용되지만 수사참고사항 등은 그 적용을 받지 않는다. 그러나 참고사항일지라도 범죄혐의가 인정되어 입건되었을 경우에는 일반 형사사건의 처리절차와 동일하다.

그러므로 수사기관의 입장에서는, 고발사건과 비교해서 중요도가 덜한 수사참고사항 등에 대해 상대적으로 수사상 큰 비중을 두지는 않지만, 그렇다고 해서 고발사건에 비해 이첩된 수사참고사항이 혐의가 경미하거나 가볍게 처벌한다는 것을 의미하지는 않는다.

제2장 시세조종

제1절 개념

1. 의의

(1) 시세조종행위(manipulation)란 악의적인 목적으로 유가증권 시장에서 유가증권 시세를 인위적으로 조작하여 증권시장 다른 일반투자자들에게 조작된 시세가 유가증권 시장의 시스템에 따라 공정하게 결정된 것으로 믿게 하는 행위 등을 말한다. 따라서 그 조작된 시세를 다른 사람으로 하여금 공정한 시세로 오인하게 함으로써 '불법적인 방법으로 자신의 경제적 이익을 부당하게 꾀하는 일체의 행위'라고 할 수 있다[52]. 보통 언론에서는 '주가조작'이라는 표현을 사용하는데 법률용어는 아니다[53].

시세조종범죄는 증권시장에서 이루어지는 대표적인 범죄로서 증권시장의 가격결정시스템을 왜곡하고 투자자들에게 피해를 주어 결국 증권제도의 실효성을 침해한다[54].

자본시장법 제176조 제1항 내지 제4호에서 시세조종행위의 유형을 '위장거래에 의한 시세조종, 현실거래에 의한 시세조종, 시세의 고정·안정에 의한 시세조종, 현선연계에 의한 시세조종'으로 구분하고 있다[55].

시세조종 방법에 따른 구분으로서 '허위표시에 의한 시세조종'과 '현실거래에 의한 시세조종'이 있다. 전자는 특정주식을 사전에 저가에 매집해 놓은 다음 그럴

---

52) 윤승한(2011), 779쪽
53) 임재연(2012), 856쪽 ; 한국증권법학회(2009), 893쪽. '주식회사 지앤지 대표이사 OOO 의 주가조작 횡령 사건 및 이와 관련된 정관계로비 의혹 사건 등의 진상규명을 위한 특별 검사의 임명 등에 관한 법률(2001. 11. 26. 법률 제6250호)'에서 '주가조작'이라는 용어를 사용한 예가 있음
54) 김성준 외(2007), 250쪽
55) 벌칙규정은 자본시장법 제443조 제1항 제4호 내지 제7호에서 규정함

듯한 허위정보를 퍼뜨려서 그 정보가 허위인지 모르고 따라오는 매수세력을 통해 주가를 상승시키고 어느 정도 주가가 상승한 시점에서 보유물량을 처분하고 빠져 나온 뒤 주가가 폭락하는 형태를 말하고, 후자는 조작자가 직접 거래에 참여하여 주가를 끌어올리는 유형을 말한다56).

(2) 유가증권의 가격(시세)은 그 유가증권 시장에서의 수요와 공급에 따라 가격이 결정되는데, 시세조종이란 그러한 가격결정의 메커니즘에 인위적인 조작을 통하여 가격결정에 영향을 미치는 행위를 말한다. 유가증권 중 주식시장에서의 주가조작행위가 대표적인 사례라고 할 수 있다.

주식시장의 주가는 주식보유자, 투자자 및 기타 주식시장 참여자들의 수요와 공급에 맞춰 유가증권 시장의 작동원리에 따라 자연적으로 형성되어야 하며 이는 증권시장을 지배하는 기본적인 원리다. 또한 일반투자자들은 다양한 정보를 바탕으로 투자결정을 하지만 그중에서 가장 기본이 되는 것은 '증권 시세(주가)'이고 이는 일반투자자들에게는 강력한 신호로 작용한다57).

따라서 자연스럽게 형성되어야 할 주식의 가격을 개인의 경제적 이득만을 목적으로 인위적인 조작을 가하여 가격형성에 영향을 미치려는 행위는 증권시장의 공정성과 투명성을 침해하는 것이므로 규제하는 것이 당연하다58).

(3) 자본시장법에서는 불공정거래행위로서 '시세조종행위'와 '사기적 부정거래행위'를 개념상 구분하여 금지하고 있는데, 이 2가지는 자본시장법상 불공정거래라는 공통점은 있지만 적용범위와 대상은 다르다.

'시세조종행위'에 관한 규정은 상장증권 또는 장내파생상품의 매매거래에 대하여 적용된다. '사기적 부정거래행위59)'는 시세조종을 대상으로 하지 않더라도

---

56) 김정수(2011), 1,090쪽
57) 김성준 외(2007), 250쪽
58) 미국 연방대법원에서는, 이러한 시세조종행위의 유형을, 가장매매(wash sales), 통정매매(matched orders), 가격고정·안정화를 통한 시세조종으로 구분하여 유가증권 시장의 메커니즘에 인위적인 영향을 미침으로써 투자자를 오도하고자 하는 행위로 본다(윤승한(2011), 779쪽).
59) 이는, 구증권거래법상의 '기타 사기적 거래'행위에 해당한다. 자본시장법은 '기타 사기적 거래'의 유형 외에도 '부정한 수단, 계획 또는 기교를 사용하는 행위(제178조 제1항 제1호), 금융투자상품의 매매, 그 밖의 거래를 유인할 목적으로 거짓의 시세를 이용하는 행위

장내 및 장외 거래를 불문하고 모두 그 적용대상이 된다는 점에서 차이가 있다. 시세조종행위에 관한 규정은 구증권거래법의 규정과 거의 유사하고 그 해석 및 판례 등 사례도 충분히 축적되어 있어 실무에 적용하는 데에 큰 어려움은 없으나, '사기적 부정거래행위'는 자본시장법을 제정하면서 전면적으로 개편하여 규정하였고 그 내용이나 개념 등이 일부 추상적이며 실무 사례도 아직은 많지 않아 앞으로 판례나 실무 등을 통해 정립되어야 할 필요가 있다.

한편, 시세조종은 불법적인 목적을 가지고 주가에 영향을 미치거나 미치려는 행위이기 때문에 기업경영 등과 관련된 공개되지 않은 중요정보를 이용하여 '기히 결정'된 주식 가격에 따라 주식을 처분하거나 취득함으로써 이득을 보거나 손실을 회피하게 되는 '미공개중요정보 이용행위'와는 개념적으로 구별된다. 이러한 미공개정보 이용행위는 시세조종과 함께 증권범죄의 핵심을 이루고 있다[60].

2. 규제 필요성 및 연혁

가. 규제 필요성

(1) 시세조종은 범죄행위에 해당할 뿐만 아니라 그로 인해서 주식시장의 공정성과 투명성이 파괴될 수 있으며 이는 일반투자자, 기타 주식시장의 참여자들의 증권시장에 대한 신뢰를 상실하게 되는 결과를 가져온다.

그 결과, 첫째, 투자대상으로서의 주식에 대한 투자를 위축시켜 주식시장의 활성화를 침해하고, 둘째, 상장회사의 가치를 왜곡하여 잘못된 정보를 제공함으로써 기업의 정상적인 영업활동이나 기업의 운영자금 조달에 큰 지장을 초래하며, 셋째, 주식시장이 갖는 경제상황에 대한 척도로서의 기능을 상실하게 되므로 올바른 거시경제적 분석이 어렵게 되어 국가경제에 큰 손해를 야기할 수 있다. 그러므로 이와 같이 주식시장의 정상적인 작동 메커니즘을 침해하는 주가에 대한

(제3호)'도 규정하고 있다.
60) 박정호 외(2012), 72쪽

인위적인 조작활동은 반드시 규제되어야 한다.

이에 반해서, 시세조종의 정의나 정당한 거래를 어떻게 개념할 것인지 등 여러 기술적인 문제점 등을 이유로 들어 미국 시카고대학 Fishel, Loss 교수 등은 '시세조종규제 불필요'를 주장[61]한 바 있다[62]. 그러나 법적인 개념을 특정하기 어렵다는 이유로 주식시장과 개인의 재산권에 대한 명백한 침해행위가 합법화될 수는 없으므로 동의할 수 없는 주장이다.

(2) 시세조종은 유가증권의 가격결정 과정에 인위적으로 조작(manipulation)을 가하는 것이지만, 유가증권의 매입, 매도 행위 그 자체는 해당 유가증권의 가격에 많든 적든 영향을 미치기 때문에 유가증권의 처분행위가 불법인지 합법인지를 구분하는 것은 결국 해당 유가증권 처분권자의 주관적인 면 즉, '의도, 목적, 동기'에 따라 달라진다. 따라서 시세조종행위는 이를 적발하기가 쉽지 않을 뿐만 아니라 합법과 불법을 구분하는 것도 간단치 않은 일이다.

우리나라 증권시장에서도 소위 작전세력에 의해서 은밀히 이루어지는 시세조종(주가조작) 외에 기업들이 '주가 관리'라는 이름으로 사실상 시세조종을 공공연히 하고 있다고 보는 견해도 있다[63]. 또한 증권시장이 경제에 미치는 영향력 때문에 국가도 기관투자자들에게 가이드라인을 제시하거나 순매수원칙을 지키라든가 하는 방식으로 주식관리, 조종행위에 사실상 관여하고 있다고 볼 수도 있다.

이러한 행위가 목적에 따라서는 불법이 아닐 수도 있고, 일시적으로는 해당 종목의 주가에 도움이 되거나 경기부양이나 경기침체 탈출[64] 등의 단기적으로는 긍정적 효과를 가져올 수는 있겠지만, 장기적으로는 주식시장의 자연스러운 가격결정 기능을 침해함으로써 주식시장의 기능을 훼손한다는 사실은 변함이 없다.

근래 인터넷, SNS 등 디지털기술 및 소셜미디어의 발달로 주가조작 사건이 급증하고 있다. 이는 시간과 장소를 뛰어넘어 허위정보를 더욱 빠르게 유포하거나, 불특정다수의 세력을 주가조작에 쉽게 동원할 수 있는 사이버공간의 무제한

---

61) 한국증권법학회(2009), 901쪽 이하 참고
62) 김정수(2011), 1,098쪽 ; 김건식(2006), 288쪽
63) 임재연(2008), 568쪽
64) 예를 들어, 정부가 기관투자자들로 하여금 순매수원칙(매도하는 주식의 양보다는 매수하여 보유하고 있는 주식의 양이 더 많도록 하는 것)을 유지하라고 가이드라인을 설정하여 경기침체에 대비하는 것 등

적인 접근성이나 익명성 등을 이용한 것으로서 기존 시세조종과는 전혀 다른 새로운 기법들이 나타나기 때문이다[65].

나. 연혁

(1) 시세조종과 관련된 최초의 사건은 1814년 영국에서 있던 'de Berenger case'다[66]. 미국에서는 1934년 증권거래법 제2조에서 '규제의 필요성'이라는 제목으로 유가증권 시장 이외에 장외거래에 이르기까지 시세조종 등 유가증권에 대한 불공정거래행위를 규제하였지만, 사실상 시세조종의 역사는 증권시장의 역사와 뿌리를 같이 한다. 1929년 미국 대공황 이후 증권법(The Security Act), 증권거래법(Securities Exchange Act) 등이 제정되었고 이러한 미국의 입법례는 서유럽, 일본 등을 비롯한 많은 국가에 영향을 끼쳤다[67].

미국에서는 1931년까지 '가장매매'에 문제가 있다고 인식은 하였으나 오랫동안 불법으로 보지 않다가 State v. Brown case(1933년)에서 처음으로 불법이라고 판단하였다. '통정매매'는 거의 논의가 되지 않다가 1931년에 이르러 사기적인 허위거래(fictious transaction)로 간주하였는데 가장매매의 일종으로 보았다. 다만 1934년 법령이 제정되기까지는 합법적인 거래로 취급받았다[68].

우리나라를 비롯한 영국, 독일 등 유럽 여러 국가에서도 시세조종은 증권범죄에서 중요한 위치를 차지한다[69]. 다만, 시세결정에 관여하는 모든 행위를 무조건 불법으로 간주하기보다는 원칙적으로 시세조종행위는 불법이지만 예외적인 경우에 시세조종 목적의 합법성, 합목적성에 따라 허용하는 규정을 두고 있다.

(2) 구증권거래법에서는 1962년 제정 당시부터 시세조종행위를 금지(제105조)하였고, 수차례 개정을 거쳐 1997년 개정 시 제188조의4에 '시세조종 등 불

---

65) 한국증권법학회(2009), 895쪽
66) de Berenger case에 대해서는 한국증권법학회(2009), 893쪽 이하 설명 참조
67) 미국과 영국에서의 법령, 판례에 대해서는 김정수(2011), 1,094쪽 이하 ; 한국증권법학회(2009), 898쪽 이하 ; 임재연(2012), 858쪽 이하 참고
68) 하은수(2009), 57쪽 이하 참고
69) 김성준 외(2007), 253쪽 이하 ; 임재연(2008), 569쪽 이하 참고

공정거래의 금지'라는 제목으로 이를 규정하였다.

1980년대부터 성장하기 시작한 주식시장이 IMF 직후 2000년을 전후하여 코스닥시장을 중심으로 작전세력, 이른바 머니게임을 하려는 세력들로 인해 주가조작이 빈번히 일어났고 그로 인해 주식시장의 원래 역할이 훼손되거나 주식시장 메커니즘이 침해됨으로써 선량한 일반투자자들이 피해를 입는 등 주식이 투자가치로서의 존재 의미를 상실할 정도로 심각한 상황에 이르게 되자, 금감원, 한국거래소 등을 중심으로 주가감시 시스템(Stock Watch System)을 개선하고, 주가조작사범에 대한 강력한 조사를 통하여 주식시장에 대한 시장감시 및 사후처벌을 강화하였다.

일반적으로 주요국 증권거래법은 시세조종을 금지하면서도 시세조종의 개념에 대한 정의를 내리지 않는데 이는 시세조종의 행위가 매우 다양하며 기술적인 측면들이 많아 정확한 정의를 내리기 어렵기 때문이다[70]. 이러한 문제점으로 인해 대부분 국가들의 입법례를 보면 특정한 유형의 거래행위를 시세조종행위로 열거함으로써 시세조종을 금지하는 형식을 취하고 있고 구증권거래법도 그러한 형태의 입법방식을 따랐었다[71].

자본시장법은 구증권거래법과 선물거래법을 통합하면서 양 법률이 기존에 규제하고 있던 시세조종 부분들을 자연스럽게 계수, 통합하였기 때문에 구법들과 크게 다르지 않다. 다만 자본시장법 제178조에서 '포괄적 사기금지조항'을 규정한 것과, 연계불공정거래와 관련하여 현물과 선물을 연계한 불공정거래행위를 규제할 수 있도록 보완한 점, 통정매매와 가장매매의 '목적성' 요건 부분[72]이 다르다는 점 등에 차이가 있다[73].

---

70) 김정수(2011), 1,092쪽
71) 한국증권법학회(2009), 896쪽
72) 이 부분은 구증권거래법과 구선물거래법상의 '목적범'에 관한 요건을 통일한 것이 다른데, 이에 대해서는 입법론상 타당하지 않다고 보는 견해도 있다(김정수(2011), 1,102쪽 참고).
73) 김정수(2011), 1,093쪽 ; 한국증권법학회(2009), 897쪽

3. 법적 성질

가. 보호법익 및 사기죄와의 관계

(1) 보호법익

시세조종행위는 유가증권시장의 가격결정기능을 훼손하여 공정성을 해치고 이로 인하여 유통의 원활성을 저해하므로 본죄는 이들을 보호법익으로 하며[74] 판례도 같은 입장이다. 그런 이유로 뒤에 보는 바와 같이 시세조종으로 인해 개별 투자자들이 재산상 피해를 입었다고 할지라도 이는 포괄하여 1죄에 해당할 뿐이지 실체적 경합으로 보지 않는다.

즉, 시세조종 행위가 있으면 범죄가 성립되므로 실질적으로 행위자에게 이득이 발생하거나 반드시 제3자의 손해가 있어야 하는 것은 아니다. 왜냐하면 거래행위가 시세조종 혐의의 구성요건을 충족한다면 시세조종으로 처벌받을 것이며 부당한 이득을 취하는 것은 그 결과일 뿐이지 시세조종의 요건은 아니기 때문이다[75]. 그러므로 시세조종행위라는 범죄의 보호법익은, 유가증권시장 또는 협회중개시장에서의 유가증권 거래의 공정성 및 유통의 원활성 확보라는 사회적 법익이고 각각의 유가증권 소유자나 발행자 등 개개인의 재산적 법익은 직접적인 보호법익이 아니다[76].

판례도, "구증권거래법 제188조의4 제1항은 공개경쟁시장에서의 자연적인 수요공급에 따른 거래가 아닌 통정매매 또는 가장매매로 인한 거래량 또는 가격의 변화가 자유로운 공개경쟁시장에서의 자율적인 수요공급에 따른 정상적인 것인 양 타인을 오도하여 현실적인 시세조종을 용이하게 하는 위장거래행위를 금지하는 데에 그 취지"가 있다고 판시[77]하고 있다.

---

74) 김성준 외(2007), 256쪽
75) 동일한 견해로는 박정호 외(2012), 93쪽
76) 대법 2009. 4. 9. 선고 2009도675 판결, 2011. 1. 13. 선고 2010도9927 판결

그러나 구증권거래법은 "유가증권의 유통을 원활히 하고 투자자를 보호함으로써 국민경제의 발전에 기여"하는 데 목적(제1조)이 있고, 투자자의 재산을 보호하는 것이 사회적으로 바람직하기 때문에 1차적인 목적을 '투자자 보호'로 보아야 하며 '유가증권의 원활한 유통'은 그러한 목적을 달성하기 위한 수단에 불과하다고 해석하는 견해78)도 있다.

물론 시세조종행위를 처벌하여 유가증권시장의 시스템을 보호하는 것이 결과적으로 일반투자자 보호를 위한 측면이 있다는 것과, 그로 인해 실제로 보호되는 주된 이해관계자는 주식시장의 일반투자자들임을 부정하기는 어렵다. 또한 헌법재판소도 "시세조종행위 등이 사실상 형법의 사기죄와 유사한 성격을 지니고 있고 그 피해가 증권시장에 참여하는 불특정 다수인에게 미치므로 비난의 정도가 형법상 사기죄에 비해 작지 않다"고 판단79)한 바 있으므로 일반투자자 보호의 관점도 고려되고 있는 것은 틀림없다. 그러나 보호법익이란 구체적으로 침해되는 결과물을 말하는 것이 아니고, 실제로 시세조종이 있더라도 일반투자자들 중에서는 이익을 얻는 경우도 있기 때문에 투자자 보호보다는 '유가증권시장의 공정성 보호'가 보호법익이라고 보는 것이 타당하다.

시세조종행위는 '위험범'이다. 일정한 행위를 실행하면 성립하고 실제로 투자자가 오해를 하여 그릇된 판단을 하거나 투자자에게 손해가 발생할 필요는 없고, 시세조종행위로 재산상 손해를 입을 가능성이 발생하면 족하다80). 물론 위험범이기 때문에 시세변동의 결과 내지 시세차익이 필요치 않고, 시세조종으로 인한 주가변동의 결과가 행위자의 주식거래가 유일한 원인일 필요도 없다. 그러나 해당 종목의 시세변동이 다른 원인이 직접적일 경우, 예를 들어, 행위자 이외에도 다른 투자자들이 상한가나 그에 근접한 고가매수주문을 활발하게 하는 상황이거나, 전반적인 상승국면에서 매수물량을 확보하기 위하여 공격적으로 고가 매수 또는 상한가 매수 주문을 할 만한 동기가 충분하였거나, 다른 투자자들이 한 매수 주문이 행위자의 매수주문으로 유인된 매수주문에 해당한다고 볼 수 없다면 위험범의 법리에도 불구하고 시세조종의 범의를 인정할 수는 없다81).

---

77) 대법 2001. 11. 27. 선고 2001도3567 판결
78) 김성준 외(2007), 258쪽 ; 임재연(2008), 3쪽
79) 헌재 2003. 9. 25. 선고 2002헌바69 결정
80) 김성준 외(2007), 259쪽
81) 서울고등 2014. 5. 30. 선고 2014노465 판결. 이 사건에서 시세조종에 사용된 주식거래량

(2) 사기죄와의 관계

시세조종행위는 부당한 재산적 이익을 얻고자 하는 점, 그러한 이익을 얻고자 위장거래, 현실거래, 허위정보 유포 등 위계행위를 한다는 점, 일반투자자인 제3자의 착오에 의한 행위를 유도한다는 점, 사기죄의 법정형과 동일하다는 점, 이익의 규모에 따라 처벌에 차등을 둔다는 점[82] 등 사기죄와 유사한 면이 많다. 다만, 민형사상 사기에 해당하지만 실제로는 이들 민형사상 규정에 의한 규제가 효과적이지 않거나 더 상세히 규율할 필요성이 있어 특별히 자본시장법에 시세조종에 대한 행위유형과 그에 대한 법률적 민형사상 책임을 규정한 것[83]이라고 볼 수 있다. 다른 한편으로는 시세조종행위를 사기죄로 규율하기가 효과적이지 않거나 용이하지 않기 때문에 특별법에서 시세조종에 대한 행위유형과 그에 대한 민형사상 책임을 규정하고 있는 것으로 볼 수도 있다[84].

이러한 점에 비추어, 시세조종이란 '주식거래의 사기행위'라고 볼 수도 있으므로 자본시장법에서 규정하는 시세조종에 관한 규정은 형법상 사기죄의 특별구성요건으로 이해될 수도 있다.

따라서 시세조종행위는 기본적으로 다른 유가증권 참여자를 직접 기망하기보다는 부당한 이득을 얻을 목적으로 '유가증권의 가격'을 지배하거나 인위적으로 조작하는 의도적 또는 고의적인 행위에 집중되어 있기 때문에 사기죄와는 분명히 다르다.

또한, 시세조종행위는 유가증권시장의 불특정 수요자와 공급자에 대한 범죄로서 일종의 기망행위에 의한 사기죄에 해당한다고 볼 수 있으나, 사기죄는 특정 피해자에 대한 기망행위와 그러한 기망행위로 피해자가 착오에 빠져 재산을 출연하는 행위가 있어야 하며 그 행위 사이에 인과관계가 존재해야 하지만, 시세조종행위란 불특정한 일반투자자들에 대한 행위이고, 상대방의 착오를 의도하기는 하지만 직접적인 피해자의 출연행위를 필요로 하지는 않기 때문에 순수한 사기이론이 적용될 수는 없다.

은 전체 주식 매매량 중 1% 미만이었고, 실무상 이런 경우는 대개 '호가관여율'이 낮아 형사사건화되기는 어려울 것임

82) 구증권거래법 제188조의4의 법정형 및 특정경제범죄가중처벌 등에 관한 법률에서 규정한 사기죄의 법정형

83) 임재연(2012), 856쪽

84) 임재연(2008), 568쪽

보호법익을 '투자자의 재산권 보장'이라고 한다면, 시세조종행위와 사기죄는 법조경합관계 또는 상상적 경합관계라고 보아야 하겠지만, 유가증권시장의 공정성을 보호법익으로 보게 될 경우에는 시세조종행위와 사기죄는 '실체적 경합관계'라고 해석하게 된다. 그렇지만 시세조종행위로 인해 부당한 이득을 실제로 얻는지 여부는 본죄의 성립과 직접적으로 관련이 없으므로 시세조종의 보호법익은 '유가증권시장의 공정성'이라고 보는 것이 타당하다.

나. 행위 태양

(1) 시세조종의 방법, 동기나 목적, 대상, 결과 등에 따라 몇 가지 유형으로 구분할 수 있다.

우선은 부당이익의 적극적 취득과 소극적 취득으로 구별할 수 있다. 시세조종의 목적이 적극적으로 금전적 이익을 얻기 위한 경우와 주가하락 국면에서 손실을 회피하고자 할 목적으로 시세조종을 하는 경우로 구별할 수 있다.

또한, 시세조종의 직접적인 대상이 주식인지 여부에 따라 구분할 수 있다. 즉, 주식물량에 대해 직접적으로 매매하여 주가를 조작하려는 방법과, 간접적인 방법으로 주가를 조작하려는 방법으로도 구분할 수 있다. 전자는 위장거래, 현실거래 등에 의한 경우가 해당하고, 풍문을 유포한다든가 위계를 사용하는 경우는 후자에 해당한다.

요즘처럼 주식거래에서 홈트레이딩시스템(HTS, home trading system)[85]이 발달되어 있고 거래량의 상당부분을 차지하는 경우에는 단독으로도 시세조종이 가능하기 때문에 시세조종에 관여하는 인원이 단독인 경우와 다수인 경우의 형태로도 구분할 수 있다. 반드시 2인 이상이 있어야만 성립이 가능한 시세조종의 태양은 '통정매매'를 들 수가 있다.

(2) 일반적으로 시세조종은 시간적 순서로 구분하면 3가지 형태의 국면을 예상할 수 있다. 첫째 주식매입 단계, 둘째 시세조종 단계, 셋째 주식처분 단계로

---

85) 인터넷의 발달과 시세조종의 수단에 대한 내용으로는, 김정수(2011), 1,158쪽 이하 참조

구분할 수 있다[86]. 다만 보유주식의 하락으로 인한 손실회피를 목적으로 시세조종을 할 경우라면 첫째 단계가 없다(주가하락을 목적으로 공매도를 이용한 시세조종이라면 첫째 단계가 있어야 함).

주식매입 단계에서는 시세조종을 위해서 주식을 매입하게 되는데, 해당 주식이 활황국면에 이르렀다는 느낌을 주기 위해서 의도적으로 일시에 대량으로 매입할 수도 있고, 그와는 반대로 시세조종 대상이나 작전주라는 의심을 피하기 위해서 여러 사람 명의로 분산하여 매입할 수도 있다.

시세조종 단계에서는 통정매매·가장매매나 고가매수주문, 허수매수주문 등의 방법이나 허위사실 또는 풍문 등을 유포하여 주가에 직간접적으로 영향을 끼치고자 하는 행위를 하게 된다. 그리고 이러한 시세조종이 성공하게 되면 당연히 해당 주식의 주가가 오르게 된다.

주식처분 단계에서는 해당 주식을 매각하여 부당한 이익을 실현하게 된다. 그런데 주식을 대규모로 일시에 매각할 경우에는 주가하락을 불러오거나 시세조종의 대상이었다는 의심을 불러일으켜 해당 주식의 대규모 투매로 인한 주가폭락을 야기할 수 있으므로 주가를 유지하거나 주가하락의 폭을 최소화한 상태를 유지하면서 매각하는 방법(CD주문)을 취하게 된다[87]. 예를 들면, 매수의 경우 시장가주문처럼 가격을 지정하지는 않지만 운용사의 매수주문 시점부터 운용사가 지정한 매수물량을 지정한 시간까지 매도1호가(현재가) 가격으로 계속하여 분할매수하도록 하는 경우를 들 수 있다. 그렇지만 이러한 CD주문도 시장의 수급에 영향을 미치므로 CD주문을 이유로 시세조종이 무조건 부인되는 것은 아니다. 즉, 대량의 CD 매수주문은 수십, 수백 회에 걸쳐 매도1호가 수량을 분할매수하여 주가변동이 그 횟수만큼 서서히 일어나지만 일련의 계속거래로 시장의 수급을 왜곡시키고 주가를 변동시킨다. 즉, '가격상한선'이 없으면 증권사가 물량확보를 위한 고가매수 주문이 가능하여 가격을 상승시킬 가능성이 상존한다.

판례도 "주문을 위탁하는 기관의 의도가 주가를 인위적으로 변동하고자 하는 데 있는 이상, 비록 CD주문으로 매수가 체결되었다고 하더라도 증권사의 재량의

---

86) 동일한 견해로는, 박정호 외(2012), 73쪽 이하 참조
87) 이러한 매각방식을 재량주문(careful discretion, 줄여서 CD)이라고 함. 이는 운영사가 '가격, 수량, 매매시간' 등을 포괄적으로 일임하여 증권사에 위탁한 것이 아니라, '가격, 수량, 매매시간' 등을 지정하여 제출한 것으로 가격 및 매매수량의 결정주체는 운영사임

여지는 별로 없어 보이는 점 등으로 보아 시세고정 또는 주가안정을 목적으로 하는 시세조종"이라고 인정한 바 있다[88].

(3) 시세조종을 동기별[89]로 보면 매우 다양하다. 우선, 작전세력에 의한 경우에는 저가에 주식을 매집한 후 주가를 끌어올려 부당이득을 취하려는 동기를 갖고 있다. 대주주가 개입된 경우에는, "주식담보대출(무자본)로 코스닥기업을 인수한 자가 주가하락에 따른 반대매매를 방지하여 경영권을 유지하면서 제3자에게 고가로 회사를 팔기 위한 경우, 비상장회사와 합병하면서 주가하락에 따른 합병반대주주의 주식매수청구권행사를 최소화하기 위해 행사가격 이상으로 주가를 유지하는 경우, 코스닥상장 또는 전환사채 발행 후 주가가 심하게 하락하여 투자자들로부터 주가부양의 압력을 받고 시세를 상승시키려는 경우, 유상증자 참여를 유인하여 청약률을 제고하기 위한 경우, 가장납입(제3자 배정)을 통해 발행된 신주를 고가로 처분하기 위한 경우" 등을 들 수 있다.

(4) 수탁거부

불공정거래에 대해 증권회사의 예방조치로서 '수탁거부 제도'가 있다. 즉, 증권회사는 시장의 공정한 거래질서를 유지할 책임이 있으므로 위법한 주문 등의 위탁이 있을 경우에는 수탁을 거부하여야 한다(유가증권시장업무규정 제84조).

예를 들어, 자본시장법상 내부자의 단기매매차익 반환의무, 미공개정보이용, 시세조종, 부정거래행위, 시장질서 교란행위 등의 주문이 있을 경우 및 공매도호가 제한, 공매도호가 가격제한 규정 위반 주문의 경우가 여기에 해당하며 실무상은 시세조종에서 수탁거부 사례가 제일 많이 발견된다.

---

88) 서울중앙 2012. 11. 16. 선고 2012고합270 판결
89) 금감원(2011a), 20쪽

4. 시세조종 행위의 대상

(1) 자본시장법 제176조에서는 시세조종의 대상을 '상장증권 또는 장내파생상품'이라고 명시하고 있으므로, 원칙적으로는 코스피시장에 상장되었거나 코스닥시장, 코넥스시장에 등록된 유가증권 및 장내 파생상품만이 시세조종행위의 대상이라고 본다.

그러므로 상장증권 등이 아닌 기타 유가증권, 비상장증권 등의 경우에는 그 유가증권이 비록 장외시장에서 거래되고 있고, 그러한 장외시장에서 불법적인 시세조종행위를 하였다고 할지라도 자본시장법에 의율할 수는 없다.

또한, 시세조종행위에서 대상이 되는 상장증권의 현재 '시세'가 변동(상승 또는 하락)이 되어야만 그로 인해 부당한 이익을 얻게 되는 것을 말하므로 공식적인 증권시장에서 시세가 형성되지 않는 장외 증권의 경우에는 시세조종행위의 대상이 될 수가 없다.

시세조종의 대상이 상장증권이기 때문에 그 거래장소를 장내거래로 국한할 것인지 장외거래도 포함할 것인지 문제가 된다. 법문상 장외거래를 제한하는 명시적인 규정은 없다. 장내거래에 국한한다는 주장은 ① 위장거래는 자유롭게 수요공급이 만나 가격이 형성되는 공개시장의 거래 메커니즘을 근본적으로 부정하는 거래이며, ② 비록 상장증권 또는 장내파생상품의 위장거래라 하더라도 장외거래까지 법이 개입할 필요는 없고, 특히 장외거래는 통정매매가 거래의 기본이며, ③ 위장거래의 주관적 요건으로 거래가 '성황을 이루고 있는 듯이'라는 목적범의 요건을 충족하는 장외 통정, 가장매매는 성립 자체가 불가능하고, ④ 이러한 주관적 요건의 요구가 선의의 투자자를 오인시키지 않기 위한 것인 점을 고려할 때 거래소시장을 전제로 하는 것이라고 해석한다[90].

위장거래가 그 거래행위를 지켜보는 제3자의 존재를 전제해야 성립하는 개념이므로 공개시장이 아닌 경우에는 의미가 없기 때문에 장내거래에 국한된다고 볼 수도 있겠지만, 법조문상 이를 제한하고 있지 않을 뿐만 아니라 장외거래의 결과가 주식시장에 반영되므로 이를 제한할 이유는 없다.

---

90) 임재연(2012), 865쪽 ; 김정수(2011), 1,104쪽 ; 한국증권법학회(2009), 908쪽

(2) 상장법인의 주식 시세결정 방식은 원칙적으로 경쟁매매방식으로서 수요와 공급에 의하여 시세와 거래 여부가 결정되고 정확한 시세와 거래량이 공개되지만 반면에 '시장에 등록되지 않은 증권'은 다양한 거래방법에 의하여 매매가 이루어지고 투자자로서는 정확한 시세와 거래량을 알 수 없는 경우가 많기 때문에91) 시세조종의 대상이 되지 않는다. 다만, 사기적 부정거래행위(자본시장법 제178조)에서는 금융투자상품이라고만 명시하고 있어 상장이나 등록된 유가증권이라는 제한이 없다.

시세조종행위에서 조종하고자 하는 직접적인 대상은 상장증권의 가격, 즉 시세라고 할 수 있다. 시세란, 증권시장 또는 파생상품시장에서 형성된 시세, 전자증권 중개회사가 상장주권의 매매를 중개함에 있어서 형성된 시세, 그 밖에 대통령령으로 정하는 시세를 말한다(자본시장법 제176조 제2항 제1호).

구증권거래법에서는 공식적인 시세가 있을 수 없는 최초 상장 직후의 유가증권에 대한 사전의 시세조종행위의 개념을 인정하지 않았으나92) 현행 자본시장법에서는 '상장되는 증권에 대하여 증권시장에서 최초로 형성되는 시세'도 시세조종의 대상으로 규율하고 있다.

또한 구증권거래법에서는 '상장 유가증권'이라고 되어 있어 유가증권의 상장이 요건일 뿐, 발행인이 상장법인 또는 코스닥상장법인일 것은 요구하지 않으므로 국공채 기타 발행인등록이 면제된 유가증권도 상장된 것이면 규제대상이 되는 것으로 해석하였다93).

---

91) 김성준 외(2007), 251쪽
92) 구증권거래법에서는 "시세를 변동시키는 거래란, 유가증권시장에서 수요공급의 법칙에 따라 형성된 유가증권의 가격을 인위적으로 상승 또는 하락시키는 등의 조작을 가하는 매매거래를 말하므로 시세가 아직 존재하지 않는 경우에는 시세조종이 성립될 수 없기 때문에 최초로 상장되는 주식의 경우에는 이미 형성된 주식가격이 없으므로 비록 상장당일 매매거래의 가격 제한폭의 적용기준인 상장기준가에 영향을 미치는 매매거래라 할지라도 이에 해당한다고 할 수 없다"고 보았다(대법 1994. 10. 25. 선고 93도2516 판결). 구법에서는 마찬가지로 기히 형성된 주식가격이 없는 '분할로 인해 재상장되는 주식'의 경우도 대상이 아니라고 해석하였다(서울중앙 2004. 9. 10. 선고 2004고합700 판결). 구법하에서 위 판례에 대해서 상장시초가 형성과정에서도 정상적인 수요공급의 원칙에 의한 가격이 아니라 매매거래를 유인할 목적으로 왜곡된 주문으로 비정상적인 시초가를 형성한 경우도 넓은 의미의 시세조종이라는 비판이 있었다(임재연(2008), 582쪽).
93) 임재연(2008), 573쪽

사례 : A자기관리부동산투자회사(소위 '리츠'회사)의 신규상장에서 신규상장종목의
경우 신규상장일 08:00~09:00 사이에 기초가격(배정가격)의 90~200%의 범위 내에서
매수·매도 호가를 접수하여 기준가격이 결정된다는 점을 이용하여, 2010. 9. 9.
08:00:00~08:00:41에 B증권 계좌를 통하여 최고가격인 2,000원에 370만 주의 허위매
수주문을 4회 제출하여 예상체결가격이 2,000원에 형성되도록 하고, 08:20:41~08:58:24
에 최고가격인 2,000원에 210만 주를 추가매수주문하여 매수세를 유인한 후, 매수세
가 유입되며 최고가격 매수주문 잔량이 증가하자 매수주문수량 중 580만 주를 접속
매매 시작 직후에 취소함과 동시에 100만 주를 전량매도하여 신규 상장되는 증권에
대하여 증권시장에서 최초로 형성되는 시세를 1,000원에서 2,000원으로 인위적으로
상승시킨 혐의가 있음[94]

5. 시세조종 행위의 요건사실[95]

시세조종은 ① 객관적인 요건으로서 시세조종혐의자가 법규에서 금지하고
있는 매매를 행하고, ② 주관적인 요건으로서 혐의자 역시 그러한 사실을 인식하
고 있었다는 것이 증명되어야 한다. 그리고 그러한 인식(미필적 고의 등)은 특정
한 목적을 요건으로 하고 있으므로 혐의자의 고가매수 주문 등 특정 매매주문이
목적을 지닌 시세조종 주문이라고 판단하기 위해서는 그 매매와 관련한 상황에
대한 분명한 설명이 있어야 한다.

그러므로 시세조종이 성립되기 위해서는, 비정상적인 매매주문이 수차례 반
복적이고 지속적으로 일어나고 이를 통계적인 방법으로 분석한 결과, 혐의자의
매매양태가 분명히 특정 목적을 위한 의도적인 행위였고 따라서 법이 금지하고
있는 시세조종금지 규정을 고의로 위반했다고 판단할 수 있어야 한다.

기재례(가장매매) : 2004. 2. 3. 시가가 O원으로 시작한 이후 점차 하락하는 추세이고
매매 간 호가간격이 커 매매거래가 거의 발생하지 않던 시점인 14:20:57 주가가

94) 2014. 12. 금감원, 검찰 고발(증선위 의결)
95) 금감원(2011a), 276쪽 이하

1,270원으로 전일 종가(1,300원) 대비 30원 하락하자 14:20:57부터 14:25:20까지 사이에 갑 계좌, 을 계좌에서 직전가(1,270원) 대비 40원 내지 50원 높은 1,310원 내지 1,320원의 가격에 3회에 걸쳐 68,001주를 매도주문하였으나 매수수량이 거의 없고 호가간격 차이(10원~20원)로 동 매도주문이 체결되지 않고 오히려 저가의 매도주문으로 현재가가 더욱 하락하는 추세(1,280원→1,260원)를 보이자 14:29:08 및 14:29:26에 병 증권 병 지점 병 계좌에서 직전가(1,305원)보다 15원 높은 1,320원의 가격에 2회에 걸쳐 70,000주를 매수주문하여 이중 64,400주를 상호 체결시켜 동 주가를 1,305원에서 1,320원까지 15원 상승시킴과 동시에 매매거래가 성황을 이루고 있는 듯 오인하게 하였다

기재례(고가매수, 물량소진 주문) : 2003. 12. 4. 시가 860원으로 시작하였던 동 주가는 매수 세력의 약세로 점차 하락하는 추세를 보였으며 12:40:20 이후로 매매체결이 없었고, 매도1호가~매도10호가의 매도물량 합계가 2,000주에 불과할 때 12:56:29 동 주가가 845원이고 매도1순위 호가가 845원(1,829주), 매수1순위 호가가 840원인 상태에서 O계좌에서 직전가 대비 10원(상대호가 대비 10원) 높은 855원의 가격에 3,000주를 매수주문하여 동 주가를 10원 상승시키고, 이러한 주가상승 매수주문 후 또다시 주가가 840원으로 하락하고 매도1호가(840원)에 1,000주 매도주문이 나오자 매도1호가인 840원에 1,000주 매수할 수 있었음에도 매도2호가에 해당하는 850원으로 1,100주 매수주문하여 재차 현재가를 850원으로 상승시켰고, 2003. 12. 5. 09:15:13 동 주가가 855원이고 매도1순위 호가가 855원(812주), 매수1순위 호가가 850원인 상태에서 09:08:12부터 7회에 걸쳐 매도1호가에 해당하는 매도물량을 지속적으로 매수(25,000주)하여 매도물량을 소진시켰으나 지속적으로 소량의 매도물량이 계속 나오자 매수6호가(800원)에 8,000주, 매수7호가(790원)에 10,000주 매수주문하여 매수 세력이 대량으로 유입되는 상황을 만든 후 O계좌에서 직전가 대비 20원(상대호가 대비 20원) 높은 875원의 가격에 1,000주를 매수주문하여 동 주가를 20원 상승시켰고, 이후 37초 뒤에 직전가 대비 10원(상대호가 대비 10원) 높은 가격에 1,000주를 추가 매수주문하여 주가를 재상승 시키는 등 동 주식의 시세를 직접 상승시킬 목적으로 일련의 고가매수를 지속적으로 실행하였으며 이러한 매매가 있자 09:15:30부터 일반투자자들이 대량의 매수주문으로 전일 대비 25% 증가하는 매수세를 유인하였다

제2절 위장거래에 의한 시세조종

1. 개념

(1) 위장거래(가장거래, 위장매매 fictious transaction)에 의한 시세조종이라 함은 '그 매매가 성황을 이루고 있는 듯이 잘못 알게 하거나, 그 밖에 타인에게 그릇된 판단을 하게 할 목적으로 매매를 하는 행위'를 말한다.

구체적으로 살펴보면 첫째, 자기가 매도하는 것과 같은 시기에 그와 같은 가격 또는 약정수치로 타인이 그 증권 또는 장내파생상품을 매수할 것을 사전에 그 자와 서로 짠 후 매도하는 행위, 둘째 자기가 매수하는 것과 같은 시기에 그와 같은 가격 또는 약정수치로 타인이 그 증권 또는 장내파생상품을 매도할 것을 사전에 그자와 서로 짠 후 매수하는 행위, 셋째, 그 증권 또는 장내파생상품의 매매를 함에 있어서 그 권리의 이전을 목적으로 하지 아니하는 거짓으로 꾸민 매매를 하는 행위, 넷째 위와 같은 3가지 행위를 위탁하거나 수탁하는 행위로 구별할 수 있다. 첫째, 둘째의 형태를 가리켜 '통정매매(matched orders)'라고 하며, 셋째의 경우를 가리켜 '가장매매(wash sales)'라고 한다. 이 두 가지 형태의 매매를 통칭하여 위장거래라고 한다.

이러한 위장거래(가장매매, 통정매매)를 금지하는 근본적인 이유는 현실의 수요에 근거하지 않은 거래이기 때문이 아니라, 이러한 매매를 반복함으로써 현실수요를 반영하지 않는 거래량 및 가격변동을 초래하기 때문이다[96].

(2) 자본시장법 제176조 제1항 제1, 2호(각 통정매매), 제3호(가장매매)에서는 위장거래에 의한 시세조종행위를 금지하고 있으며 구증권거래법 규정과 거의 같다.

이러한 가장매매와 통정매매는 방식은 다르지만, 모두 매매거래가 성황을 이

---

96) 금감원(2011a), 242쪽

루고 있는 듯 한 외관을 보임으로써 일반투자자들로 하여금 해당 주식의 가치에 대한 착오를 일으키게 할 목적으로 이루어진다. 즉, 이러한 수법을 통해 주가를 올리거나 거래량을 늘리거나 거래횟수를 인위적으로 증가시켜 주가에 대해 오해를 한 일반투자자들의 주식매매를 유도하게 하는 것이다.

이러한 시세조종은 한정된 자금을 반복하여 사용할 수 있어 많은 자금이 소요되지 않기 때문에 '현실거래에 의한 시세조종'에서도 이러한 위장거래에 의한 시세조종 기법이 자주 동원된다[97].

또한 위장거래에 의한 시세조종의 경우에는 1주 이상의 매매체결이 있어야만 가장 또는 통정매매로 볼 수 있기 때문에 아무런 매매체결이 발생하지 않아도 시세조종이 성립할 수 있는 '허수주문'과는 개념상 구별된다[98].

사례 : 피고인은 2005. 5.부터 P사 주식을 매집하기 시작하여 6. 7.부터 7. 20.까지 타인으로 하여금 고가매수주문 66회, 통정매매주문 8회, 종가관여주문 5회를 내어 주가를 1,445원에서 2,930원으로 상승시켰고 영업일 1일 기준으로 평균 2.45회 정도 빈번한 거래주문을 낸 점, 기업 인수·합병의 의사가 있다면 통상 주가상승을 최대한 억제하면서 물량을 매집할 텐데 피고인은 타인 등을 통해 매집 단계에서부터 고가주문, 통정매매주문을 반복하면서 주가를 상승시키고 그 과정에서 P사의 예상 실적, 주가가 과대평가된 기업분석보고서 주요 내용을 인터넷에 유포시켜 주가상승을 유도하려한 점, P사의 인수·합병을 의뢰한 병이 제공한 자금과 계좌로 160만 주가량을 매집하고 그와 별도로 지인들로부터 유치한 자금과 계좌로 140만 주가량을 매집하였는데 피고인 입장에서 별도로 유치한 자금에 대해 이익을 배당하려면 주가를 끌어올려 수익을 창출할 필요가 있었던 점, 그 후 병이 수사를 받게 되면서 자금 회수를 요청하자 피고인은 143만 주를 사채업자에게 담보로 제공하여 20억 원을 융통하였으나 주식을 처분하지는 않은 채 주가 유지를 위해 시세조종에 나섰고 2005. 8. P사 대주주 측에 주식 인수를 제의하는 등 매매차익을 실현하려 했던 점, 총주식의 5% 이상 보유하고서도 대량보유신고를 하지 않아 의결권 행사가 제한된 점, 기업 인수·합병을 위한 통상의 법률적, 회계적 준비를 하지 않았던 점 등을 종합하면, 피고인은 2005. 6. 7.부터 시세조종의 범행을 시작한 것임[99]

---

97) 임재연(2012), 863쪽 ; 임재연(2008), 571쪽
98) 금감원(2011a), 244쪽

(3) 실무상 시세조종행위가 있었는지를 판단하는 몇 가지 자료들이 있다. 우선, 문제가 된 해당 주식의 전체 발행 주식 총수 및 유통 주식의 숫자, 실제로는 체결되지 않은 총 매수주문량과 그 액수, 조종대상이었던 주식량의 시세관여율, 실제로 거래가 체결될 가능성이 없는 매수주문 행위 및 직후 매수주문 취소, 마감시간 직전 상한가로 매수주문을 하는 등 대량의 허수매수주문과 종가관리를 통한 매수잔량 혹은 매수주문량의 변동을 의도적으로 심화시키는 행위, 시세조종에 동원된 자금의 정도, 차명계좌 여부 등이 그러한 판단자료라고 할 수 있다. 이러한 자료들은 시세조종 여부를 판단하는 기준이 된다[100].

시세조종이란 범죄는 '시세를 변동시킬 가능성'에 대한 입증만 있으면 충분하므로 어느 정도의 가격변동이 실제로 발생하였는지를 개개의 거래마다 엄밀하게 증명할 필요는 없다. 또한 이익을 실현하였는지 여부도 구성요건과는 무관하므로 시세조종이 이루어진 기간 전체로 볼 때 실제로는 오히려 손해가 발생하였다고 할지라도 범죄가 성립한다[101].

이러한 외형상 객관적인 자료도 중요하지만 시세조종행위자의 고의(주관적 구성요건)도 범죄성립을 좌우하는 중요한 요건이며, 사실 이런 주관적 구성요건은 범행을 자백하지 않는 한 증명이 어렵기 때문에 결국 객관적인 사실로부터 추단할 수밖에 없다. 예를 들어, 매매분석의 결과, 주문과 체결 간격이 매우 짧다면 주문자가 시세조종을 하려했다는 내심의 의사를 강하게 반영하는 것이라고 할 수 있지만, 주문과 체결간격이 수십 분이 되는 등 상당히 길다면, 그리고 이와 함께 그 종목의 매매가 아주 활발한 종목일 경우에는 혐의자가 아주 많은 매매주문을 하고 혐의자간 매매주문이 서로 체결되었다고 하더라도 그 사실만으로 가장(통정)매매라고 단정하기는 어렵다[102].

---

99) 대법 2007. 11. 29. 선고 2007도7471 판결
100) 대법 2006. 5. 11. 선고 2003도4320 판결
101) 대법 2008. 12. 11. 선고 2006도2718 판결
102) 금감원(2011a), 243쪽

2. 목적범

가. 개념

(1) 형법상 '목적범'에 해당한다. 그러므로 주관적 구성요건사실인 '고의'라는 범의 이외에 '목적'이라는 또 다른 주관적 구성요건을 필요로 한다. 즉, 시세조종은 외부에서 볼 때는 비경제적인 모습103)을 보이고 있지만 우리가 시세조종이라고 판단하기 위해서는 일견 비경제적인 행위로 보이는 매매양태가 순전히 비경제적인 목적 내지 의사에서 비롯된 것이 아니라 다른 그 무엇, 즉 인위적으로 주가에 영향을 미쳐서 의도하는 바를 달성하고자 하는 의도에서 비롯된 것이어야만 한다. 그러므로 행위태양만을 보는 것이 아니기 때문에 시세조종혐의자의 특정 주문이 정상적인 주문이 아닌 것만으로는 부족하고, 그러한 매매의 이면에 시세조종혐의자의 특정 목적이 있었다는 것이 입증되어야만 한다104).

자본시장법에서 통정매매에 의한 시세조종이 성립하려면, 우선 '매매가 성황을 이루고 있는 듯이 잘못 알게 하거나, 그 밖에 타인에게 그릇된 판단을 하게 할 목적'이 존재하여야 한다(제176조 제1항). 이 내용은, '현실매매에 의한 시세조종(제176조 제2항)'에서도 규정하고 있으나, 목적범으로서의 요건이 아니라 객관적 구성요건 사실로 규정하고 있다는 점이 다르다.

실무상 정상적인 대량거래로 시세가 변동하여 재산상 이득을 본 경우와 시세조종행위로 인해 부당한 이득을 본 경우를 외형상 구분하기가 쉽지 않기 때문에 이러한 주관적인 '목적'을 구성요건으로 한 것은 법률적으로 중요한 의미가 있다. 즉, 선의의 투자자 또는 선의의 대량매매 등으로 인해 주가상승이 초래된 경우에는 그러한 선의의 거래가 통정매매나 가장매매의 형태로 이루어질 수 있기 때문에 이러한 거래들을 규제대상에서 제외하기 위한 것이라고 할 수도 있다105).

---

103) 주가하락 시 대개는 저가로 매수를 하지만 주가유지를 위해서 고가매수주문을 내는 등 비경제적인 모습을 보인다.
104) 금감원(2011a), 281쪽
105) 김정수(2011), 1,103쪽

(2) "매매가 성황을 이루고 있는 듯이 잘못 알게 하거나, 그 밖에 타인에게 그릇된 판단을 하게 할 목적"이란, 인위적인 통정매매에 의하여 거래가 일어났음에도 불구하고 투자자들에게는 유가증권시장에서 자연스러운 거래가 일어난 것처럼 오인하게 할 내심의 의사를 말한다[106].

그러한 목적의 존재외에, 그러한 목적으로 인하여 투자자의 투자판단에 실질적인 영향을 미칠 정도여야 한다고 해석하는 견해[107]도 있고, 매매의 성황 혹은 오도하는 외양을 만들었다고 보기 어려운 경우에는 시세조종으로 볼 수 없다는 견해[108]도 있으나 그렇게 제한적으로 해석할 근거가 없으므로 동의하기 어렵다.

여기서 '매매가 성황을 이루고 있는 듯이 잘못 알게 하는 행위'는 '타인에게 그릇된 판단을 하게 할 목적'에 대한 하나의 예시[109]이므로 시세조종과 관련하여 일반투자자들에게 그릇된 판단을 하도록 할 목적을 갖고 있으면 그 착오에 빠지게 하려는 대상이 '시장의 성황'이 아니라고 해도 범죄성립에는 지장이 없다.

(3) "매매가 성황을 이루고 있는 듯이 잘못 알게 하거나, 그 밖에 타인에게 그릇된 판단을 하게 할" 불법적인 목적이 없이 통정매매나 가장매매를 한다면 범죄가 성립하지 않는다. 예를 들어, 순수하게 지분을 확대하기 위하여 단기간에 대량으로 증권을 매수하는 경우에도 가격의 급상승이 초래되지만 이러한 목적이 없는 한은 시세조종행위에 해당하지 않는다[110].

나. 판단 방법

(1) 이러한 목적은, 다른 목적과의 공존 여부나 어느 목적이 주된 것인지는 문제가 되지 않으므로 다른 조항에서 요구하는 '매매거래를 유인할 목적'이나 '그

---

106) 대법 2002. 7. 22. 선고 2002도1696 판결. 선물거래법에서도 '선물거래를 유인할 목적' 및 '당해 선물거래가 성황을 이루고 있는 것으로 오인하게 하거나, 선물거래의 시세를 고정 또는 변동시키는 거래행위'를 규정하고 있고 그 해석은 자본시장법과 동일하다(대법 2008. 12. 11. 선고 2006도2718 판결 등).
107) 임재연(2012), 865쪽
108) 하은수(2009), 64쪽
109) 김성준 외(2007), 269쪽
110) 임재연(2012), 866쪽

밖에 시세조종을 통하여 부당이득을 취득할 목적' 등은 필요하지 않다[111].

그러므로 통정매매 및 가장매매의 직접적인 동기가 다른 목적이 있었다고 할지라도, 예를 들어, 주식의 추가매수 또는 금원 대여를 위한 자금 확보 등이었다고 하더라도, 해당 상장법인에 대한 주식의 매매가 성황을 이루고 있는 듯이 잘못 알게 하거나 기타 타인에게 그릇된 판단을 하게 할 목적이 있었다면 그러한 또 다른 동기와는 무관하게 시세조종이 성립한다.

이러한 주관적 구성요건인 목적은 행위자의 내심에 있는 것으로서 행위자의 자백이 없다면 간접증거나 방증 등을 종합하여 이를 증명해야 한다. 즉, 그 유가증권의 가격 및 거래량의 변화, 전후의 거래상황, 거래의 경제적 합리성 및 공정성 등 간접사실을 종합적으로 고려하여 사안별로 판단할 수밖에 없다[112].

이러한 통정·가장매매만으로 시세조종을 하는 경우는 드물고 다른 시세조종의 형태, 특히 현실거래에 의한 시세조종과 결합되어 등장하는 것이 일반적이다. 현실거래에 의한 시세조종과 결합되어 있을 경우에는 그 불법목적성 요건을 입증하는 것은 어렵지 않다.

그러나 단독으로 이루어진 통정매매 또는 가장매매의 경우에는 타인을 유인할 목적이 아니라 독립된 거래 자체로서 특정한 목적을 달성할 수도 있기 때문에 통정이나 가장매매거래가 있었다는 사실 자체만으로 시세조종이 있었다고 단정할 수는 없다. 예를 들어 갑이 을에게 자신이 보유한 주식을 특정가격에 특정수량을 매수해줄 것을 청약하고 을이 승낙하여 갑 계좌에서 을 계좌로 이체되었을 경우에는 일반적인 주식의 매매에 불과하기 때문에 갑, 을 간의 통정거래가 있었다고 해서 불법이 되지는 않는다. 다만, 이 경우 갑, 을이 그러한 계좌 간 이체를 통해 일반투자자들에게 마치 그 종목의 거래가 활황이라고 오해를 불러일으킬 목적이나 그릇된 판단을 하게 할 목적이 있었다면 시세조종행위에 해당한다.

형사소송법상 '목적'은 범죄성립을 위한 주관적 구성요건이기 때문에 검사가 입증책임을 부담한다[113]. 이에 대해서 "사실상 위장매매가 불법목적을 가지지 않고 행해지는 경우는 거의 없을 것이므로 일정한 경우에는 그릇된 판단을 하게

---

111) 대법 2001. 11. 27. 선고 2001도3567 판결, 대법 2004. 7. 9. 선고 2003도5831 판결, 대법 2004. 3. 26. 선고 2003도7112 판결 등
112) 대법 2001. 11. 27. 선고 2001도3567 판결 등
113) 민사상 입증책임에 관한 설명은, 임재연(2008), 575쪽 참조

하는 목적을 가지는 것으로 보고 그 행위자에 대하여 이러한 목적이 없었음을 증명할 책임을 부담하도록 입법론적으로 해결해야한다."는 견해114)도 있으나 현행 형사소송법의 대원칙상 동의할 수 없다.

(2) 실무상은, 행위자가 제3자로 하여금 오인이나 착각을 일으키도록 할 목적이 없었다거나 그러한 결과를 인식하지 못했다고 부인하는 경우가 많다. 그러나 그 목적에 대한 '인식의 정도'는 적극적 의욕이나 확정적 인식임을 요하지 않으며 미필적 인식이 있으면 족하고 투자자의 오해를 실제로 유발하였는지 여부나 타인에게 손해가 발생하였는지 여부 등은 문제가 되지 않는다115).

(3) 구선물거래법에서는 선물거래에 대한 통정매매와 가장매매의 성립요건으로서 '목적성'을 요건으로 하지 않았다. 왜냐하면, 선물거래는 주식거래와 달리 제로섬 게임이며, 거래의 한 상대방이 이익을 얻는 만큼 다른 상대방이 반드시 손해를 입는 거래로서 주식거래처럼 '오인목적'이나 '그릇된 판단을 하게 할 목적'이 아닌 다른 불법적인 목적을 가지고 위장거래가 이루어질 가능성이 크기 때문이다116).

그런데 자본시장법은 구증권거래법과 선물거래법을 모두 흡수하면서, 구선물거래법과 달리 장내파생상품에 대해 목적성 요건을 새로이 추가했는데, 이는 건전한 투자자들의 거래 보호를 목적으로 한 것으로 보이지만 장내파생상품의 특성상 적절하지 않다는 지적이 있다117).

법령개정 부분과 관련하여 판례118)는 가장매매에 목적성을 추가하여 규정한 것이 종전의 처벌규정에 대한 반성적 고려에 기한 것이라고 보지 않으므로 자본시장법 제정 전의 선물거래에 관한 것일지라도 무죄가 아니라고 본다.

---

114) 임재연(2012), 868쪽
115) 대법 2007. 11. 29. 선고 2007도7471 판결, 2001. 11. 27. 선고 2001도3567 판결, 2004. 7. 9. 선고 2003도5831 판결, 2004. 3. 26. 선고 2003도7112 판결, 2005. 11. 10. 선고 2004도1164 판결, 서울고등 2003. 12. 16. 선고 2003노2316 판결
116) 김정수(2011), 1,106쪽. 임재연(2012), 866쪽에서는 "목적의 존재는 증권에 비하여 매우 폭넓게 인정하여야 한다."고 설명함
117) 한국증권법학회(2009), 911쪽
118) 서울남부 2012. 1. 19. 선고 2010고단3627 판결

사례1 : 피고인은 자신의 계좌에서 같은 지점에 개설된 피고인의 자식들인 갑, 을 명의의 각 증권계좌로 주식을 매도한 사실은 있으나, 이는 피고인이 갑, 을에게 주식을 증여하여 그들로 하여금 이를 장기보유하게 할 목적으로 행한 것이고, 피고인의 계좌에서 갑, 을의 계좌로 매도한 거래는 단 3회에 불과하며, 갑, 을의 계좌에서 피고인의 계좌로 매도하는 거래는 전혀 없었으므로 시세조종의 목적에서 행하여진 것이 아니라고 주장하였으나, 피고인의 주장과 같이 갑, 을에게 주식을 증여하여 장기보유하게 할 목적, 계좌관리를 쉽게 하기 위한 목적, 반대매매를 피하기 위한 목적, 대량보유자의 보고의무를 회피할 목적으로 통정매매내역 및 가장매매내역 기재 각 거래를 하였다고 하더라도, 피고인에게 위와 같은 목적이 있었다거나 또는 그 목적이 주된 것이었다는 점은 피고인에게 이른바 시세조종의 목적도 함께 있었다고 인정하는 데 장애가 되지 않는다[119)

사례2 : 피고인1은 총 주식수가 480만 주(납입자본금 240억 원)에 불과하고 관리대상종목인 A주택의 주가가 주당 1,000원 이하이고 일평균거래량이 10,000주 이하로 거래가 활성화되어 있지 않으나 제3자 인수가 이루어지면 주당 7,000원 이상 상승할 수 있으므로 주기를 상승시키기 위한 매수세력을 섭외하기로 하고, 피고인2와 공모하여, 피고인1 관리의 처 명의 계좌로 주당 1,390원 10만 주 매도주문을 내면 피고인2 관리의 계좌로 주당 1,400원에 10만 주의 매수주문을 하기로 통정한 후, 위 회사 주식이 관리종목이어서 1일 2회 동시호가에 의해 계약이 체결됨에 따라 피고인1은 통정 매도행위, 피고인2는 통정 매수행위를 하고, 피고인1이 갑에게 주식을 매수토록 권유하여 피고인2 관리의 갑의 계좌에서 주당 1,460원에 10만 주 매수 주문을 내고 피고인2가 관리하던 피고인1 명의 계좌로 주당 1,430원에 90,960주의 매도 주문을 내기로 사전에 통정한 후 매매가 이루어지게 함으로써 피고인1은 통정 매도행위, 피고인2는 통정매수행위를 하고, 피고인1 처 명의 계좌로 10만 주 매도주문을 내고, 피고인1 관리 차명계좌로 77,000주 및 피고인1 소유로서 피고인2 처 명의 계좌로 23,000주 매수주문을 하여 매매가 이루어지게 함으로써 각 권리의 이전을 목적으로 하지 않는 가장된 매매거래를 하였다면, A주택의 자본금 규모, 발행주식 총수, 피고인1의 주식 매수 경위, 매매거래의 동기와 태양, 피고인1의 주식보유량과 그 변동, 시장관여 정도, 주가 추이, 종전 및 당시 거래상황, 피고인들이 서로 다른 증권

---

119) 서울지법 2002. 10. 9. 2002노1793 판결

회사에 차명계좌 수개를 개설운영하면서 매수, 매도 주문을 분산시킨 점, 통정 및 가장매매에 있어 폐장시각으로부터 불과 수분 전에 매도 및 매수주문을 내는 이른바 종가관여 방법을 구사한 점, 통정매매에서의 가격은 증권시장에서의 정상적인 거래에서 결정될 수 있는 주가보다 상당한 정도로 경제적 합리성과 공정성을 결하고 있는 점 등을 고려하면, 비록 **통정매매 및 가장매매의 직접 동기가 주식의 추가매수 또는 금원 대여를 위한 자금의 확보 등이었다 하더라도**, 피고인들은 위 수법으로 주식을 주가 폭락 없이 매도하여 자금을 손쉽게 조달하고, 일반투자자들에게 A주택의 주식거래가 증권시장에서의 정상적인 수요공급에 의하여 빈번하고 대량으로 행하여지고 있는 것같이 잘못 알게 한다는 점에 대한 인식을 지니고 있었으므로 시세조종의 목적이 있었다[120]

사례3 : 피고인은 다수의 차명계좌를 이용하여 상당기간 동안 1,300여 회의 고가허수매도주문으로 주가를 저가에 고정한 후 A사 주식을 대량매수한 점, 그 후 특수관계인 주식 등을 고가에 매도하면서 생긴 수익으로 다시 차명계좌를 이용해 A사 주식을 매수한 점, 2003년 말경 주주명부 폐쇄 직후 단기간에 고가매수주문, 허수매수주문, 상한가 매수주문, 가장매매 등의 적극적인 변칙거래를 하고 C사모펀드를 이용하여 허위 가장표시를 함으로써 주가를 인위적으로 상승시킨 다음 그 주식을 고가에 매도하여 상당한 이득을 취한 점, 그 밖에 A사의 총 발행주식수, 주식 거래가격 및 거래량의 동향, 전후의 거래상황 등에 비추어 보면, 피고인의 주된 의사가 A사에 대한 인수합병에 있었고 그 과정에서 주식의 다량매수 및 기타 인수합병의 반사적 효과로서 주가가 일부 상승하는 측면이 있었다고 하더라도, 피고인의 행위는 주식시장에 참여한 타인으로 하여금 마치 그 거래량 또는 가격의 변화가 자유로운 공개경쟁시장에서의 자율적인 수요공급에 따른 정상적인 것으로 오인하게 하여 주식매매거래에 이르게 하고 결과적으로 매매거래를 유인하거나 그릇된 판단을 하게 할 목적이 있었다[121]

---

120) 대법 2001. 11. 27. 선고 2001도3567 판결
121) 대법 2008. 4. 24. 선고 2007도9476 판결

다. 착오 · 오인의 목적

통정매매와 가장매매가 시세조종이 성립되기 위한 목적은 "매매가 성황을 이루고 있는 것"처럼 꾸미거나 "그릇된 판단을 하도록"하는 것이다.

여기서 "매매가 성황을 이루고 있는 듯"의 개념은, 거래규모나 횟수가 많은 경우를 말하며, 이와 같이 거래규모 및 그 횟수가 많아지면 자연히 시세를 변동시키게 되므로 위 2가지 행태는 결국 밀접하게 연결되는 셈이다. 구증권거래법상 '유가증권의 매매거래가 성황을 이루고 있는 듯이 잘못 알게 하거나 그 시세를 변동시키는 매매거래'라 함은 본래 정상적인 수요 · 공급에 따라 자유경쟁시장에서 형성될 시세 및 거래량을 시장요인에 의하지 아니한 다른 인위적인 요인으로 변동시킬 가능성이 있는 거래라고 해석하였다122).

매매가 성황을 이루고 있는 듯이 오인시키는 행위였는지 여부를 판단하는 기준은 "법인의 자본금 규모와 그 발행주식의 총수, 투자자가 그 법인의 주식을 매수한 경위, 매매거래의 동기와 태양, 투자자의 주식보유량과 그 변동, 그의 시장 관여 정도, 그 주가의 추이, 종전 및 당시의 거래상황, 투자자들이 서로 다른 증권회사에 수개의 차명계좌를 개설, 운영하면서 매수 및 매도 주문을 분산시킨 점, 투자자들이 폐장시각으로부터 불과 수분 전에 매도 및 매수주문을 내는 이른바 종가관여의 방법을 구사한 점, 이 사건 거래 가격은 증권시장에서의 정상적인 거래에서 결정될 수 있는 주가보다 상당한 정도로 경제적 합리성과 공정성을 결하고 있는 점 등 제반 사정"을 종합적으로 고려해야 한다123).

물론 시세조종으로 일반투자자들이 착오나 기망에 빠지도록 할 목적이 있으면 족한 것이지 실제로 일반투자자들이 착오나 기망에 빠질 것을 요건으로 하는 것은 아니다124). 일반투자자 또는 타인이란, 특정투자자가 아닌 일반적인 투자자 집단을 대표할 만한 평균적 수준의 합리적인 투자자를 말하고, 그릇된 '판단'이란 유가증권의 매매에 관한 잘못된 '의사결정'을 말한다125).

---

122) 대법 2004. 3. 26. 선고 2003도7112 판결, 2001. 6. 26. 선고 99도2282 판결 등
123) 대법 2001. 11. 27. 선고 2001도3567 판결
124) 대법 2005. 11. 10. 선고 2004도1164 판결
125) 임재연(2012), 867쪽

3. 통정매매

가. 개념

통정매매(matched orders)란, 사전에 자기가 매도·매수하고자 하는 동일한 시점에 그와 동일한 가격으로 타인이 그 유가증권을 매수·매도할 것을 모의(통정)하여 매매를 하는 행위를 말한다.

자본시장법에서는 "상장증권 또는 장내파생상품의 매매에 관하여 그 매매가 성황을 이루고 있는 듯이 잘못 알게 하거나, 그 밖에 타인에게 그릇된 판단을 하게 할 목적으로, 자기가 매도(매수)하는 것과 같은 시기에 그와 같은 가격 또는 약정수치로 타인이 그 증권 또는 장내파생상품을 매수(매도)할 것을 사전에 그자와 서로 짠 후 매도(매수)하는 행위"라고 규정(제176조제1항제1, 2호)하고 있으며, 4가지 형태의 통정매매를 제시하고 있다.

자기가 매도하는 것과 같은 시기에 그와 같은 가격 또는 약정수치로 타인이 그 증권 또는 장내파생상품을 매수할 것을 사전에 그자와 서로 짠 후 매도하는 행위(1호), 자기가 매수하는 것과 같은 시기에 그와 같은 가격 또는 약정수치로 타인이 그 증권 또는 장내파생상품을 매도할 것을 사전에 그자와 서로 짠 후 매수하는 행위(2호), 그 증권 또는 장내파생상품의 매매를 함에 있어서 그 권리의 이전을 목적으로 하지 아니하는 거짓으로 꾸민 매매를 하는 행위(3호), 위 세 가지의 행위를 위탁하거나 수탁하는 행위(4호)로 구분한다.

통정매매는 동일한 시간에 동일한 가격으로 사전에 의도적인 의사의 연락이 있어야 한다. '사전에 모의'한다는 것은 시간적인 선후를 말하는 것이므로 사후 모의는 있을 수 없고 다만 사후에 가담한 경우에는 그와 같이 가담한 이후의 행위에 대해서는 사후가담자도 통정거래자 또는 공범으로서 책임을 부담하게 된다.

나. 자전거래

(1) 통정매매와 구별해야 할 개념으로서 자전거래(cross trading)126)가 있다. 이는 의사의 연락은 있지만 일정한 조건하에 매매가 허용되는 거래를 말한다. 자전거래는 법령상 용어가 아니라 시장에서 관행상 사용되는 용어로서 매매의 쌍방 당사자가 동일한 가격과 동일한 수량의 매도, 매수 주문을 내어 매매계약을 체결시키는 행위다. 이는 경쟁매매관계에서 처리하기 곤란하거나 경쟁매매에 의하면 주가의 급등락이 우려될 정도의 대량거래를 하려는 경우에 주가에 영향을 미치지 않고 매입, 매도가격을 안정적으로 유지하면서 신속하게 주문을 처리하는 거래방식이다. 다만, 주식시장의 가격결정 메커니즘 반하는 것이지만 거래성황 오인 등의 목적이 없으므로 시세조종행위에 해당하지는 않는다127).

실무상, 자전매매는 동일 증권사가 같은 종류의 거래에서 동일 종류, 동일 수량, 동일 가격의 매도와 매수를 동시에 실시하는데, 한 증권사가 고객들로부터 한 주식에 대해 같은 수량의 매입과 매도주문을 동시에 받았을 때 주로 이루어진다.

예를 들어, 대형 재벌그룹과 연기금은 계열사 간의 지분조정과 투자목적으로 빈번하게 대량의 지분거래를 해야 하는데, 시장가치가 수천억, 수조 원에 이르는 회사라면 1회에 회사 지분 1%만 거래해도 그 금액은 수백억에서 수천억 원에 이른다. 따라서 거래당사자들이 이를 시장에서 전부 매매하게 되면 주가의 급등락이 반복되므로 매매가격을 안정적으로 유지하는 데에 주된 목적이 있다. 그런 이유로 자전거래를 이용하게 되지만 외형상 통정거래의 형태를 갖추고 있으므로 그 허용범위는 제한적일 수밖에 없고 '대량 지분거래를 위해 거래소에 사전 신고하고 이뤄지는 매매128)'로 국한한다.

---

126) 대량매매(장중대량매매와 시간외 대량매매)라고도 함

127) 임재연(2012), 864쪽(임재연(2008), 572쪽)

128) 해당거래가 거래단위의 500배 이상인 경우 대량매매로 할 수 있다. 현행 규정상 5만 원 미만인 주식은 10주, 5만 원이 넘으면 1주가 거래단위다. 따라서 5만 원이 안 되는 주식은 5,000주, 5만 원이 넘으면 500주가 대량거래의 최소단위인 셈이다. 이 기준에 미달해도 거래금액이 1억 원을 넘으면 대량매매로 신고할 수 있다. 자전거래가 가능한 시간대는 장중인 오전 9시~오후 3시, 장외시간을 가리지 않는다. 다만 약정이 가능한 대량매매의 거래가격은 당일 가격제한폭으로 제한된다. 이는 해당종목 전일가격의 상하 15% 수준을 한계로 하기 때문에 사실상 30%까지 차등을 두는 것이 가능한 셈이다.

자전거래는 3가지 방법이 있다. 첫째, 신고대량매매방법으로 자전거래를 하는 당사자들이 장 개시시점에 시가로 매매하거나 장 종료시점에 종가로 매매하겠다고 신고한 뒤 거래하는 방법, 둘째, 시간외 대량매매방법으로 장이 끝난 뒤 오후 3시 10분에서 3시 40분까지 30분 동안 종가를 기준으로 상하 5호가 범위 내에서 매매를 체결하는 방법으로서 위 두 가지 경우에는 거래 당사자가 매매에 합의한 후 신고서를 증권거래소에 제출해야 한다. 셋째, 보통 주식거래와 마찬가지로 장중에 호가를 내서 매매를 체결하는 장중 대량매매방법이다. 주로 기업이 장부가격을 현실화하기 위해 보유 중인 주식을 판 뒤 곧바로 동일한 가격과 동일한 수량으로 되사는 경우 또는 그룹 계열사끼리 지분을 주고받을 때 나타난다.

미국은 ERISA rule[129)]에 의해 'Securities Cross-Trading'을 정의하고, 가격 공정성 및 수익자 간 형평성 하에 명문화된 규정과 절차를 갖추고, 준법감시인의 감독을 받도록 규정하고 있다. 그러나 기본적으로 자전거래를 자유로이 허용할 경우 펀드 간 수익률 조작이 가능한 만큼, 미국 등에서는 원칙적으로 금지하고 있다.

또한, 자전거래는 하나의 계좌(거래대행자)를 통해 하나의 주식매매가 대량으로 이뤄진다는 점에서 외형상 가장매매와 유사하다. 그러나 인위적인 가격부양을 위해 동일인이 주식을 사고 팔기를 반복하는 가장매매와 달리, 자전거래는 사전신고와 거래의 목적에서 개념상 명확히 구분된다.

(2) 자본시장법에서는 펀드 간 자전거래[130)]에 대해 불건전 영업행위로 보아 원칙적으로 허용하지 않지만 시행령과 금융투자업 규정에서 정한 일정한 요건을 충족하는 경우 제한적으로 허용하고 있다.

자전거래가 법규에 부합하는지 여부를 점검하기 위해서는 법규상 자전거래의 요건이 명확해야 한다.

첫째는, '불가피성'이다. 자본시장법시행령(제87조 제1항 제3호)에서는 자전거래가 '불가피할 것'을 요건으로 규정하고 있다. 그러나 어떤 경우가 불가피한

---

129) 미국의 퇴직소득보장법(Employee Retirement Income Security Act)으로 선관주의 등 펀드운용자의 각종 의무사항을 명시하고 있음

130) 같은 집합투자업자가 운용하는 집합투자기구 상호 간의 거래를 말하는 것으로, 집합투자기구 간 이해상충 우려가 있어 원칙적으로 금지되고 불가피한 사유가 있는 경우에 제한적으로만 허용한다.

경우인지에 대해 구체적인 예시를 하지 않고 있어 실무상 혼란이 빚어지고 있다[131].

둘째는, '공정가격'이다. 금융투자업규정(제59조 제3항)에서는, 자전거래시 가격은 일반적으로 평가한 가액이 투자자의 이익에 반한다고 준법감시인이 판단하는 경우에는 집합투자재산평가위원회가 시장상황을 감안하여 평가하도록 규정하고 있다. 그러나 이는 개별 운용회사 또는 감독기관의 감독방향에 따라 자의적인 기준으로 평가될 소지가 높다. 더군다나 이전 간접투자업법 하에서 자전거래시 준법감시인의 사전확인을 요하였으나, 현행 자본시장법은 준법감시인의 사전확인을 요하지 않고 자전거래 점검을 자율에 맡김에 따라 점검절차가 부실하게 운영될 수 있다.

실제 사례에서도, 증권사 운용역들이 연기금을 운영하는 랩(wrap)과 일반투자자들이 맡긴 자금을 운영하는 랩을 함께 운영하면서 연기금 자금의 운영규모 확대를 목적으로[132] 수익률 제고를 위해 연기금 운영 랩의 CP 등을 시장가격보다 고가로 일반투자자들의 랩으로 구입하는 경우가 있었다. 이러한 행위는 투자일임재산으로 자기가 운용하는 다른 투자일임재산, 집합투자재산 또는 신탁재산과 거래하는 불건전영업행위로서 자본시장법위반에 해당한다(법제98조 제2항 제5호).

다. 구성요건

(1) 행위 주체

자본시장법에서는 '누구든지'라고 규정하여 주체를 제한하고 있지는 않으며, 이는 구증권거래법에서도 동일하다(제176조, 제178조에서는 모두 동일하게 '누

---

131) 금감원에 대한 감사원의 감사결과, 해당 요건 해석을 매우 경직되게 해석함으로써 불가피한 상황이라는 전제가 원천적으로 충족할 수 없게 되었으나, 법원이나 검찰의 유권해석 등을 통해 정정해야 될 것임

132) 증권업계 및 자산운영업계에서 연기금의 자금을 운용하는 것은 회사 입장에서 운용규모 확대나 회사평판을 위해서 매우 중요하게 생각하고, 연기금은 수익률 제고가 목적 중 하나이기 때문에 특정업체와 계약을 하지 않고 여러 회사들에게 경쟁 입찰을 하여 높은 수익률을 제시하는 업체와 계약을 체결한다. 그리고 업체에서는 그 수익률을 맞추는 것을 업계의 불문율로 생각하여 자전거래를 통한 위법행위가 발생하게 된다.

구든지'라고 규정하고 있음)133). 그러므로 유가증권회사의 임직원이든 아니든, 해당 유가증권의 보유자이든 아니든 범죄성립에는 차이가 없으며 그 유가증권의 시세차익이나 손실회피의 경제적 효과가 귀속되지 않아도 범죄가 성립한다.

(2) 통정행위

'통정', 즉 사전 모의 방법에는 제한이 없으며, 대부분의 경우에는 명시적인 의사에 의하여 이루어지겠지만 묵시적으로도 통정이 이루어질 수 있다134). 자본시장법에서는 "사전에 그자와 서로 짠 후"라고 규정하고 있는데(제176조 제1항), 여기서 '사전에 짠 행위'가 '통정'인데 통정이라는 개념은 형법상 공동정범의 성립요건인 '공모, 모의'라는 개념과 같다. 그러므로 같은 일시에 한 장소에서 의사의 연락이 있는 경우뿐만 아니라 서로 순차적인 의사의 연락 하에 이루어진 경우도 '통정'의 개념에 해당한다.

대개 친인척, 직장 동료, 친구 등 사이에 유가증권 거래행위가 있었을 경우에는 자연스럽게 통정이 의심되기는 하겠지만, 그렇다고 해서 반드시 그러한 지위나 관계에서 통정이 추정되는 것은 아니다. 반면에 통정행위를 주문자와 상대방의 의사연락이 필요 없다고 보는 견해135)도 있으나 법문상 동의할 수 없다.

판례는, 계산주체가 다른 여러 계좌의 매매를 동일인이 위임받아 각 계좌 사이에 매매하는 경우에, 그 매매를 위임받은 사람이 매매시간, 가격, 수량 등 다른 계산주체 사이의 매매조건을 미리 계획하고 그에 따른 매매를 한 이상 '타인과 통정'한 경우에 해당136)하고 이 경우 각 계좌의 개설명의인 사이에 통정매매가 성립되고 피고인이 쌍방대리인으로서 이를 실행하는 것으로 해석137)한다. 그러나 법문상 법인격이 다른 2인 이상을 전제하므로 이러한 해석은 수긍하기 어렵다. 결론에 있어서 차이는 없지만 차명계좌를 이용한 가장매매로 보는 것이 논리적이다.

---

133) 내부자거래처럼 특정지위나 자격이 있는 사람들에 한하여 규제가 필요한 법률적 의미가 있지 않는 한은 '누구든지'라는 요건은 법률적으로 무의미한 표현이다.
134) 임재연(2012), 864쪽 ; 김성준 외(2007), 267쪽 ; 임재연(2008), 571쪽
135) 하은수(2009), 63쪽
136) 서울고등 2009. 1. 6. 선고 2008노1506 판결(대법 2009. 4. 9. 선고 2009도675 판결로 확정)
137) 서울중앙 2002. 10. 16. 선고 2002노5285 판결

사례1 : 피고인은 반도체 전원장치를 제조하는 A사의 주식시세를 유망하다고 판단하고 인터넷상에서 주식투자 동호회를 결성하여 피고인의 추천에 따라 동호회원들이 A사 주식을 매수하였으나 거래량이 많지 않아 이를 처분하기 어렵게 되자 이를 매도하기 위하여 피고인이 계산주체인 9개의 계좌를 이용하여 2003. 4. 3. 09:15:18경 피고인이 관리하던 을 명의의 계좌를 이용하여 A사 주식 1,920주를 5,450원에 매도 주문하고, 09:15:29경 피고인이 관리하고 있던 병 명의의 계좌를 이용하여 A사 주식 2,000주를 5,470원에 매수주문하여 1,920주를 체결되게 한 것을 비롯하여 4. 1.경부터 7. 24.경까지 73회에 걸쳐 164,033주를 체결되게 하여 통정·가장매매를 한 사안에서, 피고인은 73회의 거래 중 11회 부분은 피고인이 3일 이내에 주식매수대금을 입금시키지 못하자 증권사가 임의로 피고인 매수주식을 처분하여 대금을 확보하기 위하여 매도처분한 소위 '반대매매'에 기한 것이므로 피고인의 의사에 의한 주문이 아니어서 피고인의 책임이 없다고 주장하였으나, 반대매매를 위한 증권사의 매도주문 자체는 피고인의 의사에 기한 것이 아니라고 하더라도, 증권사 반대매매 물량이 시장에 유통되어 주가가 하락하는 것을 방지하기 위하여 피고인은 미리 증권사 직원으로부터 반대매매의 시점과 수량을 통보받은 상태에서 반대매매 물량을 받기 위하여 매도주문 시점에 맞추어 매수주문을 하여 거래가 체결되게 한 사실을 인정하여 통정매매로 판단하였음[138]

사례2 : A사가 2004. 11. 24. 발행가액 합계 81억 원 상당의 유상증자를 실시함에 있어 대부업체인 B사로부터 32억 원, C사로부터 24억 원 등 총 74억 원 상당의 사채자금을 차용하여 주금을 납입하고 2004. 11. 25. B사에 대한 사채상환 명목으로 35억 원을 지불하고, C사에 대하여 사채담보 목적으로 13억 원 상당의 양도성예금증서(CD)를 교부하는 등으로 A사에 납입된 증자대금 중 대부분이 반출되어 2004. 12. 3. 발행될 신주 770만 주 상당 중 700만 주 상당을 사채업자들에게 담보로 제공하고 자금을 차용하여 회사에 입금함으로써 유출된 증자대금 중 일부라도 보전해야하므로 주가가 하락할 경우 사채업자들의 반대매매에 의하여 주가 폭락으로 이어져 막대한 피해가 발생할 것이 명백한 상황이었는바, (이를 타개할 목적으로) 12. 8. 13:40:00 L명의의 계좌로 A사 보통주식 35,000주를 1,610원에 매도주문하고, 그 직후인 13:40:14 K명의의 계좌로 A사 보통주식 35,000주를 1,610원에 매수주문하여, 위

---

138) 서울중앙 2007. 1. 12. 선고 2006고합770 판결

각 주문 상호 간에 A사 보통주식 33,230주를 주문가격대로 매매체결하는 등 28회에
걸쳐 통정매매를 하였음[139]

(3) 같은 시기

통정매매에서 '같은 시기'라 함은 반드시 동시가 아니더라도 쌍방의 주문이
거래시장에서 대응하여 성립할 가능성이 있는 시간이면 충분하다[140].

물론 이는 마치 "매매가 성황을 이루는 듯한" 외관을 보이기 위한 매매이기
때문에 반드시 똑같은 시간에 똑같은 가격일 필요는 없고 근접한 시간에 근접한
가격으로 매매가 이루어질 가능성이 있는 것이라면 족하며 매도, 매수 호가가 다
르더라도 동일하다[141]. 왜냐하면 비록 다소 차이가 있을지라도 그 차이가 경미
하여 실질적으로 동일하고, 통정하고자 하는 의도대로 주식시장의 가격결정 체계
가 왜곡될 가능성이 있다면 본죄의 규제대상이 되기 때문이다[142]. 다만, 자기가
매도, 매수하는 것과 '같은 시기'는 대개 사전에 약속된 시점으로서 그 전후를 포
함하는 것과 거의 동일한 시점을 의미하고 해당 유가증권의 가격에 영향을 미쳐
조작하기 위한 것이므로 일반적으로는 거의 동시에 이루어지는 경우가 많다. 단
지 불공정행위로서의 의심을 피하기 위해 시간적 간격을 둘 수는 있지만, 그렇다
고 해도 범행수법상 시간적으로 매우 근접할 수밖에는 없을 것이다.

그러므로 매도주문이 체결되지 않고 남아 있는 상황에서 통모한 상대방이 매
수주문을 내서 매매가 성립하게 되면 동시기의 주문에 의한 매매는 아니지만 통
정매매에 의한 시세조종이 성립한다[143]. 그러나 통상적인 매매거래 관행의 관점
에서 볼 때, 그 시간적 간격이 크다면 통정매매가 아닐 개연성도 있다[144].

이러한 '시간대'는 정상적인 거래시간대에 국한하는 것이 원칙이다. 왜냐하면
"매매가 성황을 이루고 있는 듯이 잘못 알게 하거나, 그 밖에 타인에게 그릇된 판

---

139) 서울중앙 2006. 12. 19. 선고 2006고합729 판결
140) 대법 2004. 7. 9. 선고 2003도5831 판결
141) 김성준 외(2007), 266쪽 ; 한국증권법학회(2009), 908쪽
142) 김성준 외(2007), 267쪽
143) 임재연(2012), 869쪽
144) 미국법에서는 'at the substantially the same time'이라고 규정하고 있는데, 이는 정확히
      같은 시기의 주문제출을 요구하는 것이 아니라 상당한 시간 내에 제출된 주문은 통정매매
      의 요건을 충족하는 의미로 본다(임재연(2008), 576쪽 ; 김정수(2011), 103쪽)

단"을 하게 하려면 장외블록딜처럼 정상적인 거래시간 외의 경우에는 그러한 목적이 있다고 보기는 어렵기 때문이다. 또한, 블록딜의 경우에는 통상적으로는 당일 종가보다 낮은 가격으로 거래를 하게 되므로, 미공개정보 이용의 목적(손실회피 등)으로 사용될 수는 있지만, 시세조종의 목적으로 사용되는 경우는 예상하기는 어렵다.

> 사례 : 피고인은 갑에게 매도주문을 낼 것을 지시하는 한편, 을에게는 매수주문을 내도록 하여 매매거래를 성사시켰던 점, 위 매매거래가 시간외 거래로 이루어졌다고는 하나, 피고인은 처음에 장내에서 매매거래를 성사시키려고 하였으나 을의 매수주문이 제대로 처리되지 않는 바람에 부득이하게 시간외 거래로 이루어진 것이라는 점에 비추어 처음부터 주가에 충격을 주지 않으려는 의도하에 성사되는 시간외 대량매매와는 그 성격이 다른 점, 더구나 시간외 대량매매는 거래소에 신고한 경우에 한하여 예외적으로 허용되는 것으로서, 그와 같은 신고를 거치지 않은 매매를 시간외 대량매매와 같다고 할 수 없는 점, 또한 전산시스템에 A증권계좌만 표시된다고 하더라도 A증권계좌는 주로 해외투자자가 이용한다고 알려져 있으므로 일반투자자들로서는 A증권이 아니더라도 해외투자자가 투자한 것으로 오인할 가능성이 충분히 있다고 보이는 점, 더구나 B그룹 일가인 피고인이 다음날 모회사 유상증자에 참여하고 그 다음날 신주인수권부사채를 인수함으로써 일반투자자의 오인을 더욱더 강화시킨 측면도 있다고 보이는 점, 피고인은 C회사로부터 자금을 조달하여 자신의 명의 또는 C회사 명의로 갑의 주식을 매수할 수 있었음에도 A증권 명의로 주식을 매수하였던 점 등에 비추어 보면, 피고인에게는 일반투자자들로 하여금 해외투자자들의 자연스러운 거래가 일어난 것처럼 그릇된 판단을 하게 할 목적이 있었다[145]

(4) 같은 가격

같은 가격(또는 약정수치)이란 쌍방의 주문이 대응하여 거래가 성립할 가능성이 있는 범위 내의 가격을 말한다[146].

매수주문과 매도주문의 수량이 반드시 일치할 필요는 없으므로 이미 시장에

---

145) 서울중앙 2009. 1. 22. 선고 2008고합569, 720(병합), 721(병합) 판결
146) 미국은 '실질적으로 동일한 수량, 시기, 가격'을 요건으로 규정함(임재연(2012), 869쪽)

나와 있는 주문에 대해서 통정한 다음 대응하는 주문을 내어 매매를 성립시키는 것도 모두 시세 및 거래량을 인위적으로 변동시킬 가능성이 있는 거래로서 통정매매에 해당하고, 매도주문량과 실제 매매체결량의 차이가 있는 경우도 통정매매에 해당할 수 있다[147].

따라서 '같은 가격'이라 함은 사전에 모의한 가격과 동일하거나, 그와 비슷한 가격으로 매도, 매수 주문을 하면 이를 사전에 통정한 상대방이 그 가격으로 매입, 매도하는 경우를 말하지만 반드시 동일한 가격일 필요는 없으며, 매도주문과 매수주문의 가격에 다소 차이가 있더라도 상호 간에 통정한 가격에 매매거래가 실제로 체결되거나, 그와 유사한 가격대에서 체결된다면 '가격의 동일성'을 갖춘 것으로 볼 수 있다[148].

마찬가지로, 매매 거래량도 일치하는 경우가 많겠지만 반드시 필요한 요건은 아니다. 즉, 사전에 통정행위(모의, 의사의 연락)가 필요한 것이기 때문에 특정한 가격이나 동일시간의 거래가 이를 추정하는 것뿐이지 그러한 사실은 필수요건이 아니다. 이에 대해서, 실제 통정매매에서는 주문수량이 일치하는 경우가 대부분이겠지만 주문자가 의도적으로 주문수량이 일치하지 않도록 주문하는 경우도 있으므로 통정매매의 요건으로는 '같은 시기'와 '같은 가격'만 요구된다고 해석하는 견해[149]도 있다. 그러나 통정의 의사가 구성요건이고 시기나 가격은 이를 추정하는 자료일 뿐이므로 동의할 수 없다.

(5) 매도, 매수

실제로 매도, 매수하는 행위가 존재하여야 한다. 그러므로 단순히 매도, 매수하고자 하는 의사의 연락이나 청약의 표시가 있는 것만으로는 부족하고, 실제로 해당 유가증권을 매도하거나 매수하는 행위가 있어야 한다. 또한 매매행위가 규율대상이므로 매매 이외의 증여, 담보제공 등은 여기에 해당하지 않는다.

그러나 거래의 실질적인 형태와 외관이 다른 경우에는 외관을 기준으로 매매 여부를 판단하여야 하므로 실질은 증여이지만 매매의 형태를 취한 경우에는 규제

---

147) 서울고등 2009. 1. 6. 선고 2008노1506 판결(대법 2009. 4. 9. 선고 2009도675 판결로 확정)
148) 김정수(2011), 1,103쪽
149) 임재연(2012), 869쪽

대상으로 보아야 한다150).

> 사례 : 피고인이 R증권사 회장으로부터 R증권 주식 매집을 부탁받았는데, 그 취지가
> K증권 유상증자를 위하여 R증권 주가를 상승시키기 위한 것이라는 점을 알고 있었
> 고, 피고인이 매집을 의도한 미화 1,000만 달러 상당의 R증권 주식물량은 당시 발행
> 된 R증권 전체주식 860만 주 중 K증권이 소유하고 있는 주식 69.95%와 증권금융에
> 서 보유하고 있는 5%를 제외한 시중에 유통 중인 주식 약 25% 중 절반가량을 매입
> 할 수 있는 막대한 규모였으며, 피고인이 시세조종을 위한 거래기간 중 실제로 R증
> 권 주식을 거래한 양은 총 2,788,160주(매수 1,641,020주, 매도 1,147,140주)로서, 이
> 는 총 거래량의 각 33.13% 및 23.16%에 달하고, 실제로 피고인의 주식매집으로
> 1999. 10. 7.부터 11. 17. 사이 R증권 주가는 13,000원대에서 34,000원대까지 상승한
> 사안에서, 이는 통정매매, 매매유인에 의한 시세조종, 직전가 또는 전일 종가 대비
> 현저히 낮은 가격으로 대량 허위매수주문하는 방법으로 매수세가 성황을 이루는 것
> 처럼 잘못 알게 한 것임151)

(6) 통정행위의 고의

통정행위의 주관적 구성요건으로서 목적범으로서의 '목적' 이외에도 '고의'가 있어야 한다. 즉, 매매거래에 있어서 통정행위를 한다는 사실 및 시세조종행위를 한다는 사실에 대한 고의가 존재하여야 범죄가 성립한다. 이러한 주관적 구성요건으로서의 고의는 형법상 '고의'의 개념과 동일하고 가장매매, 현실거래유인의 시세조종 등의 경우에도 모두 동일한 요건이다.

그런데 고의라는 주관적 범죄성립요건은 행위자의 내심의 의사이기 때문에 이를 자백하기 전에는 외부에서 쉽게 알 수 있는 것은 아니므로 이러한 고의를 판단하기 위해서는 행위자의 해당 유가증권 거래행태뿐 아니라, 그 행위자의 직업이나 지위, 경력 등도 중요한 판단기준이 된다. 예를 들어, 증권사 임직원 출신이라면, 일반적인 투자자들의 고의를 판단하는 것보다는 그 범위를 더 넓게 보아야 한다.

---

150) 임재연(2008), 573쪽
151) 대법 2002. 7. 22. 선고 2002도1696 판결

사례1 : 피고인들은 A사의 2002. 11. 19. 350억 원 유상증자 실시과정에서 고액의 수익을 올려주겠다며 투자자들을 모은 후 유상증자를 마무리하고 주권교부일인 12. 13.경 주권을 교부받기 위해 모인 투자자들에게 '유상증자가 끝났는데 주식을 잘 팔아서 수익을 내려면 주가를 관리하면서 팔아야 하고 그에 필요한 자금이 필요하니 각자 투자한 금액 중 15%에 상당하는 주식을 받아가지 말고 자신들에게 각출해주고, 일괄적으로 주식을 매도해야 하니 주식거래를 위한 계좌번호, 아이디, 패스워드를 자신들에게 위탁하고, 개별적으로 주식매도를 하지 말라'고 하였고 피고인 갑 등 투자자들은 주식 및 아이디, 패스워드 등을 건네준 사안에서, 피고인 갑은 15% 주식 각출부분은 피고인 을 측이 일방적으로 입고시켜주지 않은 것이고 주식을 다 같이 한꺼번에 팔게 되면 손해가 나기 때문에 위험분산 차원에서 통제를 하자는 취지로 알고 아이디 등을 교부하였던 것으로 그 당시에는 주가관리가 이루어질 것을 짐작하지 못했다는 취지로 주장하였으나, 피고인 갑의 주장 자체에 의하더라도 이러한 물량통제는 정상적인 수요공급을 인위적으로 조종하는 시세조종행위에 해당하고 **전직 증권회사 직원이었던 피고인 갑이 15% 물량을 입고시켜주지 않는 방법으로 각출**하여 물량 통제를 한다는 설명을 듣고도 손해를 보지 않기 위해 아이디 등을 넘겨주었고, 그 후 피고인 병으로부터 2억 원을 보전 받아 9,500만 원 상당의 이익을 실현하였다면 피고인 갑은 시세조종행위에 대한 공동정범이다[152]

사례2 : 피고인은 호가관여율이 5% 이하면 금감원에서 수사기관에 통보를 하지 않는 것이 원칙이고 자신의 호가관여율은 그 기준에 미달하는 점, 시초가 거래 중 일부는 실제로 매수할 의사로 매수주문을 내었으나 상대방이 매도주문을 취소하는 바람에 계약이 체결되지 않았던 점, 시세조종 목적의 주문수량이 매우 적었던 점, 시세조종기간이 한참 지난 후 주식을 처분하였던 점을 들어 범의를 부인하였으나, **피고인이 다년간 증권거래업무에 종사해온 투자상담사인 점** 등을 고려하면 사전에 금감원 고발기준을 숙지하고 형사처벌을 회피할 목적으로 그 기준 내에서 주식거래를 하였을 가능성도 있고 호가관여율이 5% 기준에 미달하는 시세조종 거래는 무조건 시세조종의 목적을 인정할 수 없거나 형사처벌이 면제되는 것이 아니라 전체 매매 체결수량 대비 점유율, 부당이득금의 총액 등을 종합하여 얼마든지 시세조종의 목적을 인정할 수 있으며 총유통 주식의 수나 일일 평균거래량 등을 고려할 때 피고인

---

152) 서울중앙 2004. 4. 29. 선고 2004고합114 판결

이 한 정도의 시세조종거래에 의하더라도 주가가 상당한 영향을 받을 수 있다고 생각되고 시세조종행위가 끝난 후 주식을 일시에 매각하려고 했다면 주가의 급격한 하락이나 금감원 등의 주목 등을 피할 수 없기 때문에 이를 염두에 두고 처분하였다고 볼 수 있으므로 시세조종의 의사가 있었다[153]

4. 가장매매

가. 개념

(1) 가장매매(wash sales)란, 주식의 매매거래에 있어서 그 권리의 이전을 목적으로 하지 않는 허위로 꾸민 매매거래를 말한다. 자본시장법에서는 "상장증권 또는 장내파생상품의 매매에 관하여 그 매매가 성황을 이루고 있는 듯이 잘못 알게 하거나, 그 밖에 타인에게 그릇된 판단을 하게 할 목적으로, 그 증권 또는 장내파생상품의 매매를 함에 있어 그 권리의 이전을 목적으로 하지 아니하는 거짓으로 꾸민 매매를 하는 행위"라고 규정하고 있다(제176조 제1항 제3호).

가장매매는 표면적으로 매매거래가 있는 형태를 갖추고 있지만 실질적으로는 '권리의 이전'을 목적으로 하지 않는 매매거래를 말하는 것이므로 동일인 명의 계좌 간의 매매뿐만 아니라, 매도 및 매수계좌 명의는 서로 다르더라도 같은 사람이 이를 실질적으로 소유하고 있는 이른바 차명계좌의 경우에도 여기에 해당한다[154]. 따라서 형식적으로는 유가증권 거래의 모습을 보이고 있으나 실질적으로는 유가증권의 매매로 인한 '권리 이전'을 목적으로 하지 않는 거래를 말한다. 권리 이전의 목적이 있었는지 여부는 매매거래 이후 그 유가증권이 표창하는 '사용수익권 및 처분권한의 변경'이 있었는지를 기준으로 판단한다[155].

실무에서는 동일인이 마치 유가증권에 대한 매매를 원하는 것처럼, 매도주문

---

153) 서울고등 2008. 11. 26. 선고 2008노1251 판결
154) 대법 2004. 7. 9. 선고 2003도5831 판결
155) 김성준 외(2007), 268쪽

과 매수주문을 내는 방식으로 실질적인 이해관계자가 동일인이거나 매매 후 반대매매를 행하여 권리 이전의 효과를 상쇄시키는 경우를 포함한다.

그러므로 외견상 가장매매로 보이지만 실질적으로는 권리 이전을 목적으로 하는, 양도담보로 제공된 주식의 환매권 행사나 원소유자의 매입과 같은 거래는 '권리의 이전을 목적'으로 하는 것이기 때문에 가장매매가 아니다.

(2) 가장매매는 유가증권의 매매 당사자 간에 실질적인 거래가 있는 외형을 갖추고 있지만, 시세조종을 목적으로 사전에 모의한 후 당사자들 사이에 유가증권을 매매하는 통정매매와는 외형적인 면에서 범행 방법, 행위 주체에 있어서 차이가 있고, 실질적인 면에서는 권리의 이전을 목적으로 하지 않는 거짓으로 꾸민 매매를 한다는 점에서 구별된다156).

현실거래에 의한 시세조종에서 '고가매수'의 경우에는 그 고가매수주문이 많이 있어도 시세조종이 아닐 수 있지만 가장매매의 경우에는 단 한 번의 매매가 있다고 하더라도 시세조종에 해당한다(통정매매도 동일)157).

나. 구성요건

(1) 통정매매에서 설명한 일반적인 구성요건에 대한 설명이 여기에도 그대로 해당한다. 그러므로 행위주체, 행위대상, 고의, 매도·매수행위에 관한 설명이 가장매매에서도 동일하다.

우선, 가장매매에서도 '매매가 성황을 이루고 있는 듯이 잘못 알게 하거나, 그 밖에 타인에게 그릇된 판단을 하게 할 목적'이 범죄성립의 주관적 구성요건이므로 목적범에 해당하고 고의를 주관적 요건으로 한다. 따라서 그러한 목적이나 고의가 없는 가장매매는 범죄를 구성하지 않는다. 그러므로 증권회사가 고객에 대한 채권실행을 위하여 담보로 잡고 있던 고객의 주식을 처분하는 경우에는 당해 고객이 그 주식을 매수한다고 할지라도, 즉, 외형상 가장매매처럼 동일인의 소유에서 변동이 없는 것이지만 실질적인 처분권자가 달라지는 것이기 때문에 권리

---

156) 임재연(2012), 864쪽
157) 금감원(2011a), 242쪽

의 이전이 있는 경우여서 가장매매가 성립하지 않는다.

실무에서는 "미수로 매수한 주식(증권사에 예치해놓은 현금과 주식을 담보로 주식을 외상으로 매입)의 반대매매를 피하기 위해 자신 혹은 관리하는 다른 계좌로 넘긴 것"이라는 변명158)을 많이 하는데 일단 시세조종 혐의가 있는 매매주문과 병행되어 있을 경우에는 그러한 답변은 사실이 아닐 가능성이 높다.

(2) 가장매매에서는 차명계좌를 이용한 거래가 흔히 존재하고 이 경우 차명계좌를 실질적으로 사용하는 자가 행위자가 된다고 하겠지만 명의를 대여한 사람도 행위 정도에 따라서는 공범이 될 수도 있다. 또한 통정거래에서 시세변동의 효과를 극대화하기 위해서 공범들 상호 간에 차명계좌를 이용한 거래도 있을 수 있다.

실무상 차명계좌의 명의대여자는 대개 행위자의 배우자, 친인척, 친구 등 가까운 지인들이 대부분인데, 이들 명의대여자들이 공범인지 여부를 파악하기란 쉽지 않다. 대개 해당 유가증권의 경제적 이익을 분배받거나 금전적인 대가를 받았다면 공범으로 보아도 상관없겠으나, 그러한 대가가 없이 단순히 계좌개설에 필요한 명의만을 빌려주거나 명의대여자가 개설한 계좌를 전적으로 사용하도록 빌려준 것에 불과하다면 공범으로 보기는 어렵다.

5. 위탁 및 수탁행위의 금지

(1) 통정행위나 가장행위가 성립하는 경우에만 처벌하는 것이 아니라 '통정매매'나 '가장매매'를 위탁하거나 수탁하는 행위만으로도 처벌하고 있다(제176조 제1항 제4호). 대표적인 것은 증권회사 직원에게 그러한 주문을 부탁하는 경우라고 하겠다. 일반적으로는 투자중개업자, 증권회사나 증권회사 직원이 수탁자가 될 가능성이 높기는 하겠지만 행위 주체에 제한이 있는 것은 아니다.

한편, 이러한 주문을 '수탁'하는 행위 자체도 금지대상이므로 매매거래주문을 수탁하는 증권회사 직원도 통정매매나 가장매매에 해당한다는 사실을 인식하여

---

158) 하은수(2009), 99쪽

야만 처벌대상이 된다159). 그러므로 만약에 증권회사 직원이 위장거래라는 사실을 인식하지 못하였다면 위탁한 자의 행위는 본조 위반으로 처벌할 수 없지만160) 그 직원은 간접정범에 해당하고 위탁자는 가장매매나 통정매매의 본범으로서의 책임을 지게 된다.

이러한 규정을 둔 이유는, 주식시장에서는 위·수탁 받은 증권회사가 해당 주식의 거래를 할 경우에 일반투자자들의 관심을 끌게 되는데 증권시장에서는 거래 사실뿐만 아니라 주문 사실도 투자자의 판단에 영향을 줄 수 있기 때문이다161).

통정매매나 가장매매를 위탁하거나 또는 그러한 매매를 조건으로 수탁하는 행위 자체를 금지하는 것이기 때문에 실질적으로 "매매가 체결되지 않더라도" 범죄는 성립한다. 즉, 자본시장법 제176조 제1항 제1호 내지 제3호의 매매는 그 계약이 체결될 것을 전제로 하는 것이지만, 제4호에서는 '제1호부터 제3호까지의 '행위'를 위탁하거나 수탁하는 행위'라고 규정하고 있으므로 위탁 후 매매거래가 성립하지 않더라도 규제대상이 된다162).

다만, 위탁을 하였다는 것만으로는 의미가 없고 실제로 거래소 시장에서 호가되어야 하고 실제로 체결되지 않은 경우라도 다르지 않다163). 왜냐하면 실제로 체결이 이루어지지 않았다고 해도 주문이 시장에 들어와 호가되는 것 자체만으로도 다른 일반투자자들로 하여금 해당 주식의 매매가 성황을 이루고 있는 것으로 오인하게 하거나 그릇된 판단을 하게 할 수 있기 때문이다. 그런 면에서 자본시장법에서 미수범 처벌규정을 두고 있지는 않지만 위탁행위 또는 수탁행위에 대한 처벌규정은 사실상 시세조종행위의 미수범을 처벌할 수 있는 근거규정의 역할을 한다고 보는 견해164)도 있다.

(2) 위탁자나 수탁자는 통정매매나 가장매매의 '고의(범의)'를 가지고 있어야 한다. 위탁자가 그와 같은 통정이나 가장의 의사가 없었는데 수탁자가 마침 해당 유가증권에 대한 주가조작을 위한 통정이나 가장매매 의사가 있었다고 한다

---

159) 임재연(2012), 864쪽 ; 한국증권법학회(2009), 912쪽 ; 임재연(2008), 572쪽
160) 김정수(2011), 1,108쪽
161) 동일한 견해로는 박정호 외(2012), 87쪽
162) 임재연(2008), 573쪽
163) 김정수(2011), 1,108쪽 ; 한국증권법학회(2009), 911쪽
164) 임재연(2012), 865쪽

면 그러한 범의가 없는 위탁자에게는 죄책을 물을 수 없다. 또한, 수탁자가 아무런 의사도 없이 악의적인 불공정거래를 꾀하는 위탁자의 부탁을 받았다고 할지라도 그 수탁행위만으로도 처벌할 수는 없다.

제3절 현실거래 · 표시 등에 의한 시세조종

1. 개념

가. 종류

현실거래에 의한 시세조종이라 함은 "매매를 유인할 목적으로, 그 증권 또는 장내파생상품의 매매거래가 성황을 이루고 있는 듯이 잘못 알게 하거나 그 시세를 변동시키는 매매거래 또는 그 위탁이나 수탁을 하는 행위(자본시장법 제176조 제2항 제1호), 그 시세가 자기 또는 타인의 시장 조작에 의하여 변동한다는 말을 유포하는 행위(제2호), 그 매매를 함에 있어서 중요한 사실에 관하여 거짓의 표시 또는 오해를 유발하는 표시를 하는 행위(제3호)"를 말한다.

제1호의 위반행위를 '현실거래에 의한 시세조종'이라고 하는데 이는 직접 호가 또는 매매행위를 통하여 인위적으로 주가를 상승 또는 하락시키기 때문이다[165]. 제2, 3호의 위반행위를 '표시 등에 의한 시세조종'이라고 한다. 그리고 제1호에서 규정하고 있는 전단과 후단은 서로 다른 행위유형으로 구분하여, 판례는 전단을 '거래상황 오인행위', 후단을 '시세변동 거래행위'라고 한다[166].

객관적 구성요건인 '오인, 허위사실, 거짓, 오해야기' 등은 사기죄에서의 기망행위와 유사하며, 제1호 내지 제3호는 모두 주식매매로 유인하기 위한 기망행위의 구체적인 예시라고 할 수 있다.

제1호의 경우에 매매거래의 위탁도 금지되므로 '매매 성립'은 요건이 아니고, 제2호와 제3호의 경우에는 구성요건의 내용상 행위자의 매매거래나 그 위탁은 요건이 아니며, 행위자의 매매거래 유인행위에 의하여 타인이 실제로 매매거래를

---

165) 김정수(2011), 1,108쪽
166) 대법 2002. 7. 26. 선고 2001도4947 판결

하거나 또는 위탁할 것을 요건으로 하는 것도 아니다167).

현실거래 등에 의한 시세조종은 정상적인 거래로 매매가 성황을 이루고 있는 듯이 잘못 알게 하거나 시세를 변동시킨다는 특징이 있으므로 외관상으로는 증권 시장의 가격결정 메커니즘을 이용하여 정상적인 거래인 것처럼 보이지만, 실제로 는 경쟁매매 원칙에 의한 수요, 공급을 왜곡하여 다른 일반투자자들에게 착오를 일 으키거나 증권시세를 변동시켜 매매거래를 유인하려는 목적을 갖고 있어야 한다168).

이러한 시세조종은 타인과 매매를 공모하지 않는다는 점에서 통정매매와 다 르고, 실질적인 권리 이전을 동반한다는 측면에서 가장매매와 구별된다169).

적극적인 기망수단을 담고 있는 통정 · 가장매매를 가리켜 조잡한(crude) 형 태의 시세조종 유형이라고 한다면, 현실거래에 의한 시세조종은 실제 증권시장에 서의 거래를 통해 시세조종을 하는 것이어서 상대적으로 정교한 형태의 시세조종 유형이라고 설명하기도 한다170).

나. 주가관리와 시세조종

(1) 이론상 유가증권시장에서의 거래는 거래규모나 시점에 따라 많든 적든 시세에 영향을 줄 수밖에는 없으므로, '결과적으로' 시세에 영향을 준 행위에 대 해서 무조건 시세조종이라고 처벌할 수는 없다. 예를 들어, 기관투자자들처럼 대 량으로 매수, 매도 주문을 하는 경우에는 시세형성에 반드시 영향을 주게 되고, 유가증권 시장에서는 그와 같은 대량의 매매행위에 대해 호재 또는 악재로 판단 함에 따라 더욱 큰 변동을 가져올 수 있는데, 그러한 상황을 예측할 수 있었다는 이유만으로 현실거래에 의한 매매를 모두 시세조종으로 볼 수는 없기 때문이다.

그러므로 유가증권의 현실매매가 결과적으로 시세형성에 변동을 주었다는 요건만으로는 부족하고 그 외에 '매매를 유인할 목적'이 존재하여야만 비로소 시 세조종행위로 보게 된다.

---

167) 임재연(2012), 870쪽
168) 김성준 외(2007), 273쪽
169) 박정호 외(2012), 88쪽
170) 하은수(2009), 65쪽. 본래 미국 증권거래법에서 초기에는 통정가장매매를 위법한 행위라 고 보았고 현실거래에 의한 시세조종은 위법한 행위로 보지 않았음

(2) 이러한 내심의 의사에 따라 범죄성립 여부가 결정되기 때문에 이른바 '주가관리(stock price management)'가 시세조종에 해당하는지는 의문점이 있다. 일반적으로 주가관리는 시세조종(manipulation), 주가안정조작(stabilization), 인위적인 주가부양(boosting)을 포괄하는 것으로 이해하는데 이러한 행위를 적법한 것으로 볼 경우 시세조종과 구별하는 것은 쉽지 않다171).

사실 우리나라에서는 그동안 주가관리라는 명목으로 공공연하게 시세조종이 이루어졌음에도 금융감독당국이나 일반투자자들이 다른 종류의 시세조종에 비하여 그 불법성에 대하여는 관대한 입장을 취해왔다. 그러나 엄밀한 의미에서 보자면, 주가관리는 분명한 시세조종이며 단지 대부분 반공개적으로 행해지기 때문에 그 위법성의 정도가 중하지 않다는 이유만으로 규제의 범위에서 벗어나 있었을 뿐이다172). 그러므로 주가관리라고 하여 무조건 시세조종의 대상에서 제외되는 것은 아니다.

사례1 : 피고인은 2001. 12.경 코스닥상장법인인 A사의 대표이사로 취임한 이래 채무탕감, 대주주 차등감자, 주요채권의 출자전환 등을 통해 재무구조개선을 추진하여 왔는데, 2002. 6. A사가 최대주주에 대한 채권에 관하여 대규모 충당금을 적립하면서 자본이 전액 잠식됨에 따라 A사 주식은 2002. 7. 2. 자본잠식률 50% 이상의 사유로 관리종목으로 지정되었고, 2002. 7. 2.에는 종가가 액면가 5,000원의 20%인 1,000원을 미달하는 상황이 30일 이상 지속되었다는 이유로 관리종목 지정사유가 추가된 상황에서 2002. 7.경 A사가 위와 같이 관리종목으로 지정되어 등록 취소될 위기에 놓이자, 피고인은 주가를 부양하여 등록취소를 막기로 하고 을에게 1,000원 이상으로 고정시킬 수 있도록 부탁하는 등 시세조종을 하였다173)

사례2 : 갑과 을이 체결한 이면계약서에는 '보통주 장내매집, 주식 가격을 7,000원 수준으로 형성, 7,000원의 가격을 2주 동안 유지' 등 시세조종과 관련된 표현들이 있고, 갑은 을과 2차 계약을 체결한 후 주가를 다시 주당 10,000원까지 올린 뒤 시세조종으로 매집한 주식을 블록딜을 통해 매도하는 방법으로 궁극적인 이익을 얻으려고 계획했던 것인데, 2차 계약을 체결하려면 그 전제로 이면계약서에서 정한 것과

---

171) 김성준 외(2007), 274쪽 참조
172) 임재연(2012), 878쪽
173) 서울고등 2005. 7. 12. 선고 2004노2874 판결. 일종의 주가관리행위라고 볼 수 있음

같이 60일 이내에 주가를 7,000원 수준을 형성, 유지해야 했던 점, 발행주식 중 55% 이상을 병과 그 특별관계자들이 소유하고 있었고 실제 시장에서 유통되는 물량은 약 300만 주에 불과하였음을 고려할 때 갑이 단순히 주식을 매수하는 것만으로는 60일 이내에 주가를 7,000원 수준으로 형성시킨 뒤 이를 2주 동안 유지하는 것이 어려웠을 것으로 보이는 점, 갑은 주식을 매수하는 과정에서 시세조종성 주문을 한 점 (고가매수 99회, 시가관여 4회, 종가관여 10회, 허수매수 3회, 통정매매 24회, 호가관여율 3.04%), 일평균 64,200여 주에 불과하던 주식거래량이 시세조종기간에는 108,400여 주까지 급증하였고, 주가도 4,500원에서 6,880원까지 급증하였던 점 등에 비추어 매매거래를 유인할 목적으로 시세조종을 한 것임[174]

(3) 실무상 현실거래에 의한 시세조종은 소위 작전세력들이 주로 사용하는 기법이라고 할 수 있고, 대개 짧은 기간 내에 시세형성에 더 큰 영향을 주기 위해서 위장거래에 의한 시세조종과 현실거래에 의한 시세조종이 서로 뒤섞인 상태에서 조작행위가 이루어지는데, 위장거래보다는 현실거래에 의한 시세조종이 주된 주가조작행위라고 할 수 있다. 즉, '현실거래에 의한 시세조종'은 주가결정 시스템에 들어가 매매주문을 내어 시세결정에 직접적으로 영향을 주게 되므로 주가조작을 하는 데에는 가장 강력한 방법이다.

그러므로 통정매매나 가장매매도 현실거래에 의한 시세조종 행위의 보조적 행위에 불과한 경우가 대부분이고 허위표시에 의한 시세조종도 현실거래에 의한 시세조종행위와 연계될 때 더욱 효과적이기 때문에, 현실거래에 의한 시세조종은 주가조작의 유형 중 가장 핵심적이라고 할 수 있다[175]. 통정·가장매매에 의한 시세조종과 현실거래에 의한 시세조종행위가 결합되어 있을 경우에는 전자의 행위로 인해 후자의 시세조종행위가 추정된다고 할 수 있다.

이에 대해 정상적인 거래와 구별이 쉽지 않고, 현실거래만으로는 시세조종이 쉽지 않으며 자칫 잘못하면 적법한 거래까지도 위축시킬 가능성도 있기 때문에 이러한 형태의 시세조종에 대한 규제는 폐지하자는 견해도 있다[176]. 그러나 단순히 '매매를 유인할 목적'만으로는 범죄를 구성하는 것이 아니고 그러한 목적 외

---

174) 서울중앙 2011. 11. 18. 선고 2011고합441 판결
175) 김정수(2011), 1,109쪽 ; 한국증권법학회(2009), 912쪽
176) 김건식(2006), 291쪽 참고

에 '매매가 성황을 이루고 있는 듯이 잘못 알게 하거나 그 시세를 변동시키는 매
매 등의 행위'를 구성요건으로 하고 있으며 실제로 현실거래에 의한 시세조종이
이루어지고 있고 정상적인 매매주문과 시세조종성 주문은 명확히 구별되기 때문
에 폐지하자는 주장은 동의할 수 없다.

　물론 실무상 현실거래방식에 따른 시세조종 행위는 정상적인 거래행위와 외
견상 구별이 되지 않으므로 적발하기가 어렵다. 예를 들어, 행위자가 호가를 점차
상승시키며 계속적으로 매매주문을 내고 빈번하게 매매주문을 취소 또는 정정하
거나 통정·가장매매를 하였다면 비록 물량을 확보하기 위한 매수라고 할지라도
고가매수주문을 이용한 시세조종에 해당할 가능성이 크다[177].

　이와는 달리, 행위자가 매수한 주식의 대부분을 그대로 보유하고 있는 상태
에서 물량확보를 위한 저가 분할 매수주문을 하는 경우 또는 행위자의 매수로 인
한 실제 주가변동이 미미하거나 적대적 인수를 위해 주식을 매매하는 과정에서
주가가 오르는 경우에는 시세조종으로 보기는 어려울 것이다. 따라서 행위자의
매매주문이 시세조종성 주문인지, 적법한 주문인지를 구별하는 데는 제반 여러
상황을 고려하여 신중하게 판단하여야 한다.

> 사례 : 피고인들이 일부 고가매수주문을 한 사실 등은 인정되지만, 상당수 주식을
> 그대로 보유하거나 추가로 매수한 점 등으로 볼 때 피고인들은 주식이 내재가치에
> 비하여 저평가된 것으로 판단하고 적극적으로 주식을 매수하기 위하여 다소 고가의
> 매수주문을 하거나 실제 매수가 가능하다고 판단되는 호가에 매수하고자 저가의 분
> 할 매수주문을 하였을 가능성이 높은 점, 시세차익을 얻은 후에도 주가하락폭이 근
> 소할 뿐만 아니라 다시 주가가 상승하고 거래량이 급증한 점, 매수주문량이 시가에
> 큰 영향을 줄 정도라고 보기 어려운 점, 펀드 운영방법으로 주식을 매수하였으므로
> 매수규모가 클 수밖에 없었던 점, 주가관리를 할 만한 시간적인 여유가 없었던 점
> 등에 비추어 시세조종을 인정할 수 없다[178]

　물론, 주식거래에 수반되는 보편적인 결과인 '시세변동'을 규제의 측면에서
과도하게 제한할 경우 주식시장과 거래가 위축되고, 기업의 자금조달이 어려워질

---

177) 임재연(2012), 879쪽
178) 서울고등 2005. 10. 19. 선고 2005노1123 판결

위험성이 높은 것은 사실이지만 급격한 인위적인 주가변동이 공공연히 이루어질 경우에도 그로 인한 시장의 손실은 더 크므로 그대로 방치할 수도 없다. 따라서 적법과 불법의 한계를 정하는 것은 미묘하고 어려운 문제라고 할 것이다[179].

2. 목적범

가. 매매유인의 목적

(1) 현실거래에 의한 시세조종이 성립하기 위해서는 상장증권 또는 장내파생상품의 '매매거래를 유인할 목적'이 존재해야 한다[180]. 그러므로 형사상 '목적범'의 법리가 적용된다.

자본시장법 제443조 제1항 제5호에서는 이러한 목적의 시세조종행위를 처벌하고 있으며 제176조 제2항 제1호에서는 위와 같은 시세조종행위를 금지하고 있다[181].

앞서 언급한 것처럼 이러한 '유인의 목적'이라는 주관적 구성요건을 별도로 필요로 하는 것은 주식거래와 이에 수반된 시세변동간의 밀접한 관계를 무조건 위법할 것으로 볼 것인지 아니면 적법한 것으로 볼 것인지를 구분하는 중요한 척도가 된다[182].

사실 "증권시장에서의 모든 거래는 시장에 영향을 미쳐 주가의 변동을 가져올 수 있고 자기의 매매가 주가변동을 가져올 수 있다고 일반투자자들은 누구나 쉽게 인식할 수 있는데, 그러한 인식이 있다고 해서 시세조종에 해당한다고 볼 수는 없다. 또한 자신이 매입한 주식의 가격이 상승하기를 원하는 것은 일반투자

---

179) 김성준 외(2007), 275쪽
180) 미국 증권거래법상의 "for the purpose of inducing the purchase or sale of such security by others"에 해당하는 것으로 본다(김성준 외(2007), 288쪽 참조).
181) 구증권거래법 제188조의4 제2항 제1호에서도 동일하게 규정하고 있었다.
182) 이러한 위법행위의 구분을 위한 기준을 어디에 둘 것인가에 관해서는, 김성준 외(2007), 278쪽 참조

자들의 일반적인 희망이기 때문"에183) 이러한 희망이나 의도와 분명히 구별될 수 있는 '범죄의 목적'이 필요한 것이다.

'매매를 유인할 목적'이라 함은, 행위자가 인위적인 조작을 가하여 시세를 변동시켰음에도 불구하고, 다른 일반투자자에게는 그 시세가 유가증권 시장에서의 자연적인 수요공급의 법칙에 의하여 형성된 것으로 오인시켜 유가증권의 매매거래에 끌어들이려는 목적을 말한다184).

그러므로 일반투자자가 정상적인 시장작동에 의해서 시세가 형성이 되었다고 오인하도록 하고, 그러한 오인상태하에서 유가증권 거래를 하도록 유인하는 2단계의 과정을 필요로 한다고 볼 수 있고, 반대로 비록 시세를 변동시키는 매매라 할지라도 타인을 매매에 유인하려는 목적이 없는 선의의 매매는 제외시키기 위한 것이라고 볼 수 있다185).

(2) 매매를 유인할 목적(매매유인의 목적)이 성립하려면 단순히 유가증권의 매매로 인하여 시세가 변동될 수 있다는 가능성을 인식하는 정도만으로는 곤란하고 '행위자가 다른 투자자들의 착오, 착각, 오인을 의도적으로 야기하여 그로 인해 매매를 하도록 할 의사'가 필요하다.

그러므로 매매유인의 목적이란 시세의 인위적 조작 목적과는 직접적으로 일치하지도 않고 필연적으로 결합되어 있을 필요는 없다. 왜냐하면, 유가증권 시장에서 대규모 유가증권 거래를 금지하지 않고 있고 대규모 유가증권에 대한 매매는 유가증권시장에서 필연적으로 시세의 변동을 가져온다는 것은 일반투자자라면 누구나 인식할 수 있기 때문이다. 따라서 큰 폭의 시세변동을 가져올 수 있는 대량의 매매거래에 대해 '매매를 유인할 목적의 존부'를 따진다는 것은 쉽지 않은 일이므로 주가를 상승시킬 목적의 거래와 그러지 않은 거래를 구분하는 기준은 위와 같이 '다른 투자자들의 착오, 착각, 오인을 의도적으로 야기하여 그로 인해 매매를 하도록 할 의도'가 있는지 여부에 따라 결정된다고 할 것이다.

자본시장법 제176조 제2항 제2호, 제3호의 경우에는 각각 규정된 각각의 행

---

183) 하은수(2009), 68쪽
184) 대법 2001. 6. 26. 선고 99도2282 판결, 2002. 7. 22. 선고 2002도1696 판결, 2003. 12. 12. 선고 2001도606 판결, 2004. 3. 26. 선고 2003도7112 판결, 2005. 11. 10. 선고 2004도1164 판결 등
185) 김정수(2011), 1,114쪽

위가 있으면 그로부터 행위자에게 유인목적이 있었다고 인정하는 데 무리가 없지만 제1호의 경우에는 외관상으로 정상적인 매매거래와 구분하기 곤란하므로 매매거래유인의 목적은 행위자의 자백이 없는 한 직접적인 증명은 쉽지 않다[186].

  (3) 매매를 유인할 목적이 유일한 목적이 아닐지라도 그러한 목적이 여러 목적 중의 하나로 존재한다면 범죄는 성립된다. 그러므로 현실거래에서 시세를 변동시키려는 조작방법을 택한 경우에도 그 범행동기에 따라서는 '매매를 유인할 목적' 이외에 위장거래에서 요구되는 '매매가 성황을 이루고 있는 듯이, 또는 타인에게 그릇된 판단을 하게 할 목적'도 혼용되어 있는 사례도 많다. 또한, 그 동기가 시세조종의 목적을 초점으로 하지 않고 사채나 신주인수권부 사채의 원활한 발행을 위한 다른 목적으로 시세조종을 한 경우[187]일지라도 범죄는 성립한다.

  다만, 시세를 변동시키는 것이 주된 목적이고 '매매유인의 목적'은 부수적일 경우에 이를 어떻게 처리할 것인가라는 문제가 있다[188]. 고의적인 시세조종의 결과로 매매유인의 결과를 가져왔을 경우에는 애당초에 매매유인의 목적이 없었음이 확인되면 처벌하기는 어렵겠지만 앞서 설명한 것처럼 시세조종의 목적이 주된 결과였을지라도 그로 인해 매매유인이 있으리라는 사실을 미필적으로라도 인식했다면 목적범으로서의 목적을 갖춘 것이라고 보아야 한다.

  즉, 이러한 유인목적은 별개의 목적이 동시에 존재하거나 그중 어느 목적이 주된 것인가를 문제 삼지 않고 목적에 대한 인식의 정도 역시 적극적 의욕이나 확정적이 아닌 '미필적 인식'만으로도 충분하다[189]. 또한 투자자의 오해를 실제로 유발하였는지 여부나 타인에게 손해가 발생하였는지 여부 등도 문제가 되지 않는다[190].

  사례1 : 피고인들이 1999. 10. 7.부터 11. 17.까지 8개 계좌를 통하여 A증권사 주식을 매매거래하는 과정에서 9회에 걸쳐 통정매수한 점, 유가증권시장에서의 직전가(전일

---

186) 임재연(2012), 871쪽
187) 대법 2004. 1. 27. 선고 2003도5915 판결. 전환사채의 발행을 원활히 하기 위해 시세조종을 한 사례로는 서울중앙 2000. 5. 12. 선고 2000고단2008 판결 참고
188) 한국증권법학회(2009), 920쪽
189) 대법 2006. 5. 11. 선고 2003도4320 판결, 2009. 4. 9. 선고 2009도675 판결
190) 임재연(2012), 871쪽

종가) 및 상대호가 대비 고가매수주문하는 방법으로 매매거래를 유인하여 주가를 상
승시킬 목적으로, 1999. 10. 7.부터 11. 9.까지 사이에 303회에 걸쳐 직전가(전일 종
가) 및 상대호가 대비 고가매수주문 등을 함으로써 그 시세를 상승시키는 매매거래
한 점, 그 거래가 성황을 이루고 있는 듯이 잘못 알게 하여 매수세를 유인하여 주가
를 상승시킬 목적으로, 1999. 11. 1.부터 9. 사이에 19회에 걸쳐 직전가 또는 전일종
가 대비 현저히 낮은 가격으로 대량 허위매수주문하는 방법으로 매수세가 성황을
이루는 것처럼 잘못 알게 한 사안에서, 이러한 매매거래는 A증권사의 주가를 인위
적으로 조작하여 상승시킴으로써 A증권사의 지분 매각 또는 유상증자를 원활하게
하기 위하여 행하여진 변칙적 거래로서 '유가증권의 시세를 변동시키는 매매거래'에
해당하고 이처럼 인위적인 조작으로 주가를 상승시킨 것은 **비록 일반투자자들을 오
인시켜 유가증권 매매거래를 유인하는 것을 직접 목적으로 하는 경우는 아니더라도
A증권사의 지분 매각 또는 유상증자를 원활하게 할 목적으로** 시세를 조종하는 과정
에서 위 주식이 유망한 것처럼 오인시켜 그 주식의 매매거래를 유인하게 된다는 것
도 알 수 있었던 이상 매매거래를 유인할 목적도 있었다[191)

사례2 : 갑, 을은 피고인이 A사를 적대적이나마 인수합병하려고 한다는 사실을 알면
서도 자신들의 주식을 주당 9,000원에 매도하겠다는 의사를 밝혔던 점, 따라서 피고
인은 갑, 을의 주식을 시간외 거래로 매수할 수 있었고 지분 확보를 목적으로 하였
다면 시간외 거래가 더 유리함에도 불구하고, 굳이 차액보전까지 약속하면서 장내에
서 주식을 매도하게 하였던 점, 피고인은 2006. 9. 27. 13:00경부터 갑, 을에게 가격
을 낮춰서 조금씩 주식을 매도할 것을 지시하고, 갑, 을은 주당 7,500원 내지 주당
8,000원에 100주에서 10,000주까지 매도주문을 내기 시작하였으나, 장 종료 10분을
남기고 갑, 을에게 대량으로 매도할 것을 지시하고, 갑, 을은 14:49:30경 주당 7,610
원에 69,430주, 14:39:42경 주당 6,900원에 80,355주, 14:49:58경 주당 6,800원에
68,000주, 14:50:41경 주당 6,900원에 26,000주, 14:52:31경 주당 6,800원에 10,707주,
주당 6,900원에 12,000주의 매도주문을 집중적으로 냈고, 피고인 자신도 14:04경부터
주당 7,500원 내지 7,760원에 30주에서 3,000주까지 매도주문을 내다가 14:59:20경에
이르러 34,646주의 매도주문을 냈는바, 장 종료 10분 전이 당일 종가를 결정짓는 주
요시간대라는 측면에서 이는 주가를 하락시키기 위한 의도적인 행태로 보이는 점,

---

191) 대법 2002. 7. 26. 선고 2001도4947 판결

2006. 9. 27. 피고인, 갑, 을이 매도주문한 물량은 전체 발행주식수의 약 10%에 이르고, 특히 14:49:30경부터 14:59:20경까지 집중적으로 매도주문한 물량은 약 8.6%에 이르는 점, 실제로 위 매도주문으로 인하여 당일 A사의 주가는 8,190원에서 6,800원까지 하락하기도 하였던 점에 비추어보면, 피고인에게 신주의 발행가격을 낮게 결정하기 위해 시세를 하락시킬 의도가 있었다고 봄이 상당하고, **설령 피고인에게 갑, 을의 지분을 확보할 목적이 있었다고 하더라도** 시세조종의 목적이 인정된다[192]

사례3 : 피고인은 갑의 부탁으로 을에게 갑이 A회사 주식 1,000만 달러 상당을 구입해주면 2달 이내에 원금에 연 15%의 금리를 가산하여 되사주겠다고 한다면서 지금 해외에서 자신이 회장으로 있는 그룹 로드쇼 중이고 주가가 높아야 높은 가격에 펀딩할 수 있는데 지금 주가가 너무 낮아 힘들다며 전화한 사실, 이에 을은 10. 7.경부터 11. 17.경 사이에 미화 1,000만 달러 이상의 A회사 주식을 매집하면서 전일 종가 또는 직전가보다 고가 매수주문을 하고 장중거래에서도 직전가 또는 상대호가에 비하여 고가 매수주문을 하는 등 고가 매수거래를 하여 주가를 인위적으로 고가로 형성시키는 등 을의 A회사 주식 매집으로 그 기간 중 주가는 13,000원대에서 34,000원대까지 상승한 사실이 인정된 사안에서, 위 시세조종행위는 **A회사의 지분 매각 또는 유상증자를 원활하게 하기 위하여 행하여진 변칙적 거래로서** '유가증권의 시세를 변동시키는 매매거래'에 해당하고, 이러한 인위적인 조작으로 주가를 상승시킨 것은 비록 유가증권시장에서의 일반투자자들을 오인시켜 유가증권 매매거래를 유인하는 것을 직접 목적으로 하는 경우는 아니더라도 일반투자자로 하여금 A회사 주식이 유망한 것처럼 오인시켜 그 주식의 매매거래를 유인하게 된다는 것도 알 수 있었으므로 매매거래를 유인할 목적도 있었다[193]

사례4 : D사는 매출액에 비해 자본금이나 발행주식 총수가 적고 증권시장 유통량도 많지 않으며 주가도 2만 원대에 머물렀으나 M&A 소문이 나돌면서 주가가 크게 오르고 거래량도 급증하였음. 이에 피고인은 이를 매수하였으나 오히려 주가가 하락하자 공범1에게 D사 인수합병이 추진되고 있어 주가가 크게 오를 것이니 주식 매집에 참여하라고 권유하여 공범2의 예탁금으로 D사 주식을 매입하도록 권유하였음. 피고인은 본인과 직원 등의 명의로 개설된 7개의 증권계좌로 거래하면서 전·후장의 각

---

192) 서울중앙 2009. 1. 22. 선고 2008고합569 판결
193) 대법 2002. 7. 26. 선고 2001도4947 판결

시가 결정을 위한 거래에서부터 전일의 종가 또는 직전가보다 고가 매수주문을 하고 장중거래에서도 직전가 또는 상대호가에 비하여 고가 매수주문을 하며 종가 결정을 위한 거래에서도 직전가보다 고가의 매수주문을 하는 등 매매거래를 하여 그 주가를 인위적으로 고가로 형성시켰고 공범1, 공범2도 그들 관리의 계좌 사이에서 가장매매함과 아울러 37회에 걸쳐 21,150주를 직전가 내지 상대호가보다 고가의 매수주문을 하는 등에 의한 매매거래를 하였고 그 결과 D사 주가가 3개월 사이에 43,000원에서 115,000원으로 급등하였다가 급락한 사실을 인정할 수 있는바, 그렇다면, 본 거래는 D사 주가를 인위적으로 조작하여 상승시킴으로써 **종전의 주가하락으로 인한 손해를 보전하고 담보부족 등을 해소하기 위하여 행하여진 변칙적 거래(속칭 '작전'행위)**로서 유가증권의 매매거래가 성황을 이루고 있는 듯이 잘못 알게 하거나 그 시세를 변동시키는 매매거래에 해당하고 이와 같이 인위적인 조작으로 주가를 상승시킨 것은 일반투자자로 하여금 D사의 주식이 유망한 것처럼 오인시켜 그 주식의 매매거래에 끌어들이려는 목적에서 비롯된 것이다[194]

사례5 : 피고인들은 증권사 설립을 위한 자본금을 A사의 일반공모 유상증자 대금으로 자금조달하기로 마음먹었으나 A사에 대한 청약이 저조할 것으로 예상되자 유상증자 투자자들에게 '원금보장 및 수익을 보장한다'는 내용의 구두 또는 서면계약을 체결하면서 유상증자에 참여할 투자자를 적극적으로 유치하였고, 피고인들은 A사의 증권사 설립자금 마련을 위해 유상증자청약을 성공시키고 유상증자 발행가액을 상승시켜 유상증자 대금을 최대한 많이 취득하기 위하여 유상증자 발행가액을 높이기 위한 전제로서 유상증자 청약일 이전에 A사 주가를 상승시키기 위해 차명계좌를 이용하여 2008. 3.경부터 4. 18.경까지 A사 주가를 상승시켰으며 또한 2008. 6.경 A사의 증권사 설립이 무산되어 A사 주가가 하락하자 A사 유상증자 참여자들로부터 원금 및 수익보장을 위한 유상증자 참여주식의 현금화 요청이 있자 피고인들은 유상증자 참여자들의 주식을 시장에서 매도할 경우 A사의 주가가 유상증자 발행가액 1,375원보다 높아야 손실보전을 해주지 않을 수 있으므로 A사 주식의 시세조종을 한 사례[195]

---

194) 대법 2001. 6. 26. 선고 99도2282 판결
195) 서울중앙 2010. 9. 3. 선고 2010고합280 판결. '유상증자 청약 유인'을 위해 시세조종행위를 한 사안임

나. 판단 방법

(1) '매매유인의 목적'이 존재하는지 여부를 판단하는 것은 해당 유가증권의 거래와 관련된 여러 사항들, 즉, 거래의 동기, 거래의 태양, 거래 방식, 거래 전후 사정 등을 종합적으로 판단할 수밖에는 없다.

주관적인 요건, 행위자의 내면의 목적의 존재는 직접적으로 이를 증명할 수는 없으므로 간접적인 사실들로 추정이 가능할 뿐이다. 즉, 이러한 목적은 당사자가 이를 자백하지 않더라도 그 유가증권의 성격과 발행된 유가증권의 총수, 매매거래의 동기와 태양(순차적 가격상승주문 또는 가장매매, 시장관여율의 정도, 지속적인 종가관여 등), 그 유가증권의 가격 및 거래량의 동향, 전후의 거래상황, 거래의 경제적 합리성 및 공정성 등 간접사실을 종합적으로 고려하여 판단할 수 있다[196].

그 외에 혐의자 간 인적 연계성, 매매거래 참여자 상호 간 역할 분담내역 및 이들의 과거 매매경력, 동원된 자금의 규모 및 성격, 매매를 위해 동원한 인원 및 전자적 수법, 허위사실 유포 혹은 중요한 사실의 공시생략 등의 유무 등도 시세조종 목적을 추정할 수 있는 중요한 요인으로 고려해야 한다[197]. 다만, 이러한 요인들은 추상적이고 광범위하여 결정적인 증거자료라고 볼 수는 없다.

그러므로 건전한 투자자의 거래패턴과 확연히 구분되거나, 시세조종의 의도가 없었다면 그러한 거래를 하지 않았을 것이라고 추정되는 통상의 거래관행을 벗어난 주문을 한 경우에는, 그리고 거래행위자의 특정한 거래행위에 의해 주가가 이상(異狀)적으로 상승하였다는 사실이 증명되면 이러한 '간접사실'로부터 행위자의 거래행위가 매매를 유인할 목적을 가졌다는 사실이 추정되므로 행위자는 책임을 면하기 위해서는 유인목적을 수반하지 않은 정상적인 매매주문이었음을 소명하여야 한다[198].

---

196) 대법 2003. 12. 12. 선고 2001도606 판결, 2006. 5. 11. 선고 2003도4320 판결, 2004. 3. 26. 선고 2003도7112 판결 등
197) 하은수(2009), 79쪽
198) 한국증권법학회(2009), 918쪽 ; 임재연(2012), 871쪽 ; 김정수(2011), 1,115쪽. 동서 116쪽 이하에서는 '일응의 추정(prima facie doctrine)'에 대해 설명하고 있으나 이는 민사소송에서의 입증책임전환에서 논의될 내용이다.

예를 들어, "순차적으로 오른 가격으로 연속적으로 대량으로 매수주문을 내는 행위, 대량보유자와 특정가격에 도달하기 이전에는 매도하지 않을 것을 사전에 약속하고 주식을 계속해서 매입하는 행위, 오해를 유발하기 위해서 호재성 정보를 다룬 문건을 유포하는 행위, 증권 또는 장내파생상품의 매수를 강권하는 행위, 고객을 거래에 유인하기 위하여 브로커에게 추가적인 보상을 약속하는 행위, 현재의 시장가격 이상으로 고가의 매수주문을 계속해서 제출하는 행위, 매수자에게 손해배상을 보장하는 행위, 주가조작의 과정 중 중요한 시점에 발행자로 하여금 중요사항의 공시를 사전에 모의하는 행위, 증권의 공급을 고갈시키는 행위, 증권의 과잉공급을 줄이거나 축소시키는 행위" 등을 '간접사실'이라고 하겠다[199].

또한, 거래의 동기라는 면에서는 단순히 해당 유가증권의 매매로 인한 '경제적인 이해관계'의 면만을 고려하므로 범행의 목적을 직접적으로 확증할 수는 없겠지만 그러한 경제적인 이해관계, 금전적인 손익이 동기였는가라는 점은 중요한 판단 요소이다. 그 외에, 거래의 태양, 절차, 방식이 일반적인 여타 유가증권의 거래와 유사한 것인지, 아니면 무언가 다른 점이 있는지도 비교하여야 하고, 거래 전후 주식을 대량으로 매각하여 시세차익을 얻었는지 여부도 따져보아야 한다.

그런데 이러한 판단방법에 대해서는 순환논리에 빠진 것이라는 비판[200]이 있다. 즉, "특정 매매행위가 시세조종이 되기 위해서는 목적이 선행되어야 하는데 이를 증명하려면 행위자의 자백이나 또는 해당 매매거래에 대한 분석을 통해 목적을 추론하기 때문에 결과적으로 '이런 저런 매매를 한 것을 보니 시세조종 목적이 있는 것으로 본다.'라는 식의 결론에 도달하기 때문"이라는 것이다. 물론 목적의 존재는 논리적, 시간적으로 우선해야겠지만 그 판단의 순서도 이와 동일할 필요는 없으므로 적절한 비판은 아니다.

(2) 이러한 매매유인의 목적은 구성요건 사실이기 때문에 엄격한 증명을 요하며 검사에게 입증책임이 있다.

일부 학자들은, 미국처럼 객관적인 상황증거에 의하여 매매를 유인하는 동기가 인정되는 경우에는 일단 유인목적을 추정하고 행위자가 유인목적이 없었음을 입증하도록 피의자 또는 피고인에게 입증책임을 전환시켜야 한다는 견해[201][202]

---

199) 한국증권법학회(2009), 920쪽
200) 하은수(2009), 69쪽

가 있으나 우리 형사소송법 체계와는 맞지 않는 주장이다.

이러한 주장이 나오는 것은 수사나 재판 과정에서 유인목적은 일반적인 목적범에서와 마찬가지로 행위자의 내심인 주관적 구성요건이기 때문에 행위자의 자백이 없는 경우에는 사실상 이를 입증하기는 쉽지 않기 때문인 듯하다. 그렇지만 입증이 어렵다는 이유로 입증책임을 전환한다는 것은 무죄추정의 법칙에 반하는 것이므로 동의할 수 없는 견해다.

또한 미국 검찰 실무에서는 시세조종의 목적을 구성요건사실로서 기소하는 경우는 드물고 그러한 목적 요건이 필요 없는 행위, 즉, 시세조종적 혹은 사기적 의사나 중과실 등으로 기소[203]하므로 입증책임 전환주장은 별로 설득력이 없다.

사례1 : 피고인은 실명계좌를 통하여 주식을 매수하면서 주식시장에서의 자연스러운 수요공급에 의하여 주가가 상승할 것을 기대하였을 뿐 매매거래를 유인할 목적이 없었다고 주장하나, 피고인과 가족들이 실명 또는 차명을 통하여 상장법인인 A사의 주식 대부분을 보유하고 있어 A사 주식의 저평가 문제해결을 위해서는 대주주 측의 지분 일부를 시장에 매도함으로써 시장 내에서 거래되는 유통물량을 늘려 주식의 유동성과 환금성을 제고시켜 줄 필요가 있다는 K자산운용회사의 조언에 따라 피고인 측이 2007. 4. 2.부터 11. 6.까지 사이에 시간외 대량매매를 통하여 보유주식을 대량으로 매도한 것에서 볼 수 있듯이, 이미 대량의 주식을 보유하고 있던 피고인으로서는 경영권 확보나 그 밖의 사유로 A사의 주식을 대량으로 매집할 필요가 없었기 때문에, 피고인이 2006. 10.경 A사의 주식을 매수한 것과 2008. 7.부터 11.경까지 A사의 주식을 매수한 것은 오로지 주가상승이나 주가하락방지를 위한 것으로 볼 수 있다[204]

사례2 : 피고인이 이 주식을 2008년경부터 약 3년 이상 꾸준히 매수하여 왔으므로

---

201) 김건식(2006), 292쪽. 이 책에서는, 일본 하급심 판결 중 "유인목적을 당사자의 진술에 의하지 않고 거래의 동기, 매매거래의 태양, 매매거래 전후의 사정 등으로부터 미루어 판단하는 것이 충분히 가능하고 … (후략) …" 부분을 인용하고 있는데 이는 입증책임의 전환에 관한 판결이 아니다.

202) 임재연(2008), 578쪽에서는 "거래관행을 벗어난 주문을 한 경우에는 유인목적의 존재가 사실상 추정되므로 행위자는 책임을 면하기 위하여는 유인목적을 수반하지 않은 정상적인 매매주문이었음을 증명하여야 한다."고 서술하고 있으나 '소명'의 정도로 족하다고 할 것이다.

203) 하은수(2009), 70쪽

204) 서울고등 2010. 8. 6. 선고 2010노565 판결

비교적 장기적인 관점에서 위 주식에 투자를 해온 것으로 보일 뿐만 아니라 피고인 본인과 그 가족들 명의로 개설된 다수의 계좌들은 피고인 혼자서 단독으로 사용하였을 뿐 다른 공범자가 관여한 정황이 없고, 피고인이 일정한 직장을 가지고 있었으며(전업 투자자가 아님), 실거래 비율이 높은 주식거래를 하였던 점(호가관여율은 4.8%에 불과) 등에 비추어보면, 피고인의 주식거래 형태는 단기간에 투자자를 유인하여 치고 빠지거나 여러 명의 가담자들을 동원하여 실거래 없는 주문량만을 폭발적으로 늘리는 전형적인 시세조종(통상 호가관여율이 20% 내외인 경우가 많음)의 모습과는 상당히 거리가 있다[205]

3. 현실거래에 의한 시세조종

가. 서론

현실거래에 의한 시세조종행위는 주가를 조작하는 행위 자체를 규제대상으로 하는 것이 아니라 불법적인 방법으로 주식매매를 하도록 유인하는 '전제되는 행위'를 규제한다. '주식매매로 유인하는 것'을 목적으로 하는 것이므로 반드시 주식매매가 이루어질 것을 요건으로 하는 것은 아니다. 따라서 그러한 주식매매를 유인하도록 하는 행위(매매가 성황을 이루고 있는 듯 착오토록 하는 행위 등)를 범죄성립의 요건으로 한다.

현실거래에 의한 시세조종행위에서의 규제대상자[206]는 원칙적으로 당해 매매거래에 따른 손익이 귀속되는 자가 규제대상이라고 하겠지만 경우에 따라서는 당해 매매거래를 실행한 자도 포함된다. 왜냐하면 실무상 주식거래계좌의 명의자

---

205) 수원지법 2013. 1. 31. 선고 2012고합699 판결
206) 자본시장법에서 행위 주체를 '누구든지'라고 표현한 것은 법률적으로 의미는 없다. 구증권거래법에서의 "단독으로 또는 타인과 공모하여"라는 문구도 미국법조문을 직역한 것으로서 현행법 체계에 맞지 않아 자본시장법에서는 삭제되었다(김성준 외(2007), 279쪽 참조). 현행법상으로는 단독범으로도 가능하고 공범으로도 가능한 범죄 형태이기 때문에 이를 삭제한 것은 지극히 당연하다.

와 실제 매매를 주관하는 자가 다른 경우가 많아 실제 거래명의자가 시세조종을 지시한 것이 아니라 계좌관리자가 임의로 시세조종에 나선 것이라면 명의자에게 시세조종의 책임을 묻기는 어렵기 때문이다[207].

나. 시세변동 등 조작행위

(1) 개념

인위적으로 유가증권의 시세를 변동시키는 행위를 일반적인 시세조종행위라고 하고 이를 가리켜 '현실거래에 의한 시세조종'이라고 한다. 유가증권의 시세를 변동시키는 매매거래 또는 그 위탁이나 수탁을 하는 행위라 함은 '유가증권 시장에서 수요·공급의 원칙에 의하여 형성되는 유가증권의 가격을 인위적으로 상승 또는 하락시켜 왜곡된 가격을 형성하는 매매거래 또는 그 위탁이나 수탁을 하는 행위'를 말한다[208].

현실거래에 의한 시세조종이 성립하려면 '매매가 성황을 이루고 있는 듯이 잘못 알게 하거나 그 시세를 변동시키는 매매 또는 그 위탁이나 수탁을 하는 행위'가 전제되어야 한다. 그러므로 행위자는 '(다른 투자자들의) 매매를 유인할 목적으로 매매가 성황을 이루고 있는 듯 잘못 알게 하거나 또는 시세를 변동시키는 행위'를 하여야 본 죄가 성립한다. 물론 어떠한 매매가 '성황을 이루고 있는 듯이 잘못 알게 아는 행위'인지를 명확히 정의하기는 어렵다.

자본시장법의 조문 내용으로는 2가지 행태를 예상하고 있지만, 전단의 '매매가 성황을 이루고 있는 듯 잘못 알게 하는 행위'는 주식 매매 거래량의 증가와 직접 관련이 있고 주식 매매 거래량의 증가는 필연적으로 주식 등 '시세의 변동'을 가져오거나 인위적인 조작에 의해 이루어지므로 사실상 전단은 후단의 사례 중의 하나라고 볼 수 있다[209].

물론 매매가 성황을 이루더라도 시세가 변동되지 않을 수 있고, 시세를 변동시키는 행위로 인해 반드시 매매가 성황을 이룬 것처럼 보이지 않을 수도 있지만

207) 박정호 외(2012), 91쪽
208) 대법 1994. 10. 25. 선고 93도2516 판결
209) 김성준 외(2007), 282쪽 ; 임재연(2008), 580쪽

매매 성황의 목적을 달성하기 위해서는 다수의 주식 매매를 동원하는 수밖에는 없고 이러한 행위는 주식시장에서 시세변동을 가져오게 되며 그러한 시세변동을 위한 의도적인 다수의 주식 매매는 매매 상황의 착각을 일으킬 수밖에는 없으므로 전단과 후단을 별개의 독립적인 행위 태양으로 보기는 어렵다. 오히려 실무상 전단과 후단의 행위들은 상호 연계되어 나타난다고 할 수 있다. 그러므로 개념적으로는 구별되지만 실질적으로는 별다른 차이가 없다고 하겠다.

자본시장법에서는 '상장되는 증권에 대하여 증권시장에서 최초로 형성되는 시세'도 시세조종의 대상으로 규율하고 있고 시행령에서는 그 '시세'의 개념에 대해 상장(금융위 고시)되는 증권에 대하여 증권시장에서 최초로 형성되는 시세를 말한다고 규정하고 있다.

> 사례 : 갑이 차명계좌 1개로 주당 8,500원으로 100주 매수주문을 내고, 을이 차명계좌 6개를 통해 주당 12,000원 내지 15,000원으로 640주 매수주문을 냈던 사실, 당일 피고인들을 제외하고는 공소외1인이 주당 8,500원으로 단 10주 매수주문을 냈으며, 그나마 매매계약이 체결된 것은 총 750주 매수주문 중 540주에 불과하였던 사실, 상장 당시 회사 총 발행주식수는 184만 주에 이르렀던 사실을 인정한 다음, 설령 위 회사가 일반인들에게 잘 알려지지 않은 회사이고 상장 초기에는 주식거래가 많지 않은 것이 보통이라고 하더라도 총 발행주식수가 184만 주에 이르는 회사의 주식에 대하여 고작 740주의 매수주문을 냈을 뿐 그 후 계속적인 거래행위에 관여한 바 없고, 당일 총매수주문이 750주인데도 매매계약이 체결된 것은 그에도 못 미치는 540주 정도의 수준이라면, 갑, 을의 행위를 유가증권의 매매거래가 성황을 이루고 있는 듯이 오인하게 한 행위로 볼 수 없다[210)]

(2) 매매의 개념

(가) 현실거래에 의한 시세조종에서 '매매'란, 실제로 체결된 매매가 아니라 매매를 위한 유도행위, 이른바 청약 등도 포함하는 유가증권시장 거래의 일반적인 행태를 말한다.

그러므로 시세조종은 한 번의 매매에 의해서 이루어지기보다는 일련의 의도

---

210) 대법 1994. 10. 25. 선고 93도2516 판결

된 계속적인 매매거래를 통해 이루어지므로 미국이나 일본에서는 '일련의 매매거래(a series of transaction)'라고 규정하고 있다211).

물론 자본시장법은 '일련의 매매'라고 규정하고 있지 않으므로 주가변동을 위한 단일거래만으로도 시세조종행위로 인정될 수 있다212). 주문형태에 어떠한 제한이 있는 것은 아니기 때문에 '일련의 연속적인 거래'를 요건으로 하는 것이 아니므로 '동시호가 시간대의 1회의 매도 주문행위라고 하더라도 그 행위로 인하여 시세를 변동시킬 개연성'이 있으면 족하다. 판례도 "행위자가 그러한 목적(시세조종)을 가지고 매매거래를 한 것이라면 그 매매거래가 일정한 기간 계속 반복적으로 이루어져야 하는 것이 아니라 한 번의 매매거래도 증권거래법 제188조의4 제3항의 구성요건을 충족한다"라고 판시하고 있다213). 그러므로 소량주문이라고 해서 시세조종행위에 해당되는 매매가 아니라고 볼 수는 없을 것이다.

그렇지만 대체로 발행주식 총수에 비추어 볼 때 주문량이 매우 적고 주문행위 또한 단 한두 차례에 불과하였다면 이러한 주문행위를 두고 '유가증권의 매매거래가 성황을 이루고 있는 듯이 오인하게 한 행위'라고 쉽게 인정할 수는 없다214).

따라서 단일거래를 시세조종으로 보려면 목적의 존재 여부를 계속적인 매매거래에 비하여 더 엄격하게 판단하여야 한다215). 왜냐하면 현실거래에 의한 시세조종은 대부분 일련의 매매를 통해 시세조종이 이루어지므로 처음 주가조작 혐의를 포착할 때 어느 정도의 물량을 매집하고 있는지, 어느 정도 시세상승에 관여하고 있는지를 보게 되는 것은 이러한 이유에서이며 매매가 성황을 이루고 있는 듯이 오인하게 하는 행위인지 여부도 일련의 매매상황을 종합적으로 고려하여 판단하게 되기 때문이다216).

(나) 매도인과 매수인 간의 청약과 승낙에 의하여 실제로 체결된 매매에 국

---

211) 김정수(2011), 1,112쪽 ; 김건식(2006), 294쪽. 미국 SEC 해석상으로는 "2일에 걸쳐 3회의 매매가 있었다면 충분하다"고 보고 있다(하은수(2009), 66쪽 참고).
212) 대법 2004. 10. 28. 선고 2002도3131 판결. 이 판결은 특정한 가격에 대량의 물량을 자전거래하기 위하여 먼저 주가를 인위적으로 상승시켜 고정시켜 놓은 후에 그 고정시킨 가격으로 대량의 물량을 자전시킨 사건인데, 한 번의 매매에 의해서도 시세조종이 이루어질 수 있다고 인정한 판례다(김정수(2011), 1,113쪽).
213) 대법 2004. 10. 28. 선고 2002도3131 판결
214) 박정호 외(2012), 93쪽
215) 임재연(2012), 874쪽
216) 한국증권법학회(2009), 916쪽

한하지 않으므로 매매가 실제로 체결될 것을 요건으로 하지 않는다217). 만약 '매매'의 개념을 '실제 체결'된 매매를 의미하는 것으로 좁게 해석하면 허수주문이나 허수호가는 실제로 체결된 거래가 아니기 때문에 '매매가 성황을 이루고 있는 상태'라는 개념에서 제외될 수밖에 없다. 법문상 그렇게 협의로 해석할 이유가 없을 뿐만 아니라 그렇게 해석하게 되면 실제 주식시장의 거래에서 시세조종행위를 인정할 수 있는 경우란 거의 존재하지 않는다. 왜냐하면, 주식시장에서의 가격이란 실제로 체결된 거래에서 특정된 주식의 수량 및 액수에 의해서만 결정되는 것이 아니라 시장참여자나 일반투자자들이 주문한 매매의 수요 및 현황에 따라 영향을 받고 거래소를 통해서 그러한 주문 현황이 공개되므로 그러한 거래 상황을 통하여 투자자들은 앞으로 전개될 '매매거래'의 상황을 예상하고 투자결정을 하게 되므로 실제 체결된 매매에 국한할 필요가 없기 때문이다.

따라서 법률 개념상 매매는, 매매의 청약 및 유인에 따라 매매가 체결되는 일련의 단계를 모두 포함하는 것으로 보아야 하므로 매매체결에 이르지는 않았으나 매매'주문218)'을 한 경우도 시세조종행위에 해당한다. 예를 들어, 동시호가시간대에는 거래가 체결되지 않고 주문만 나타나기 때문에 '거래' 자체가 존재하지 않으며 매수주문으로 인해 실제로 매수주문이 유발되었다고 볼 수는 없지만, 매매유인을 목적으로 하는 시세조종성 주문이 인정되기 때문이다.

자본시장법에서도 매매와 매매주문을 구분하지 않으며 시세조종 관련 매매주문을 규제한다는 직접적인 내용은 없지만 매매주문의 위탁과 수탁을 금지하는 규정이 존재하는 것에 비추어 허수주문도 규제한다고 본다219). 그러므로 실제 매매체결이 일어나지 않은 매매주문도 주가에 영향을 미치므로 매매의 개념에 포함되며 이는 미국 증권법상 거래(transaction)의 개념에 매매주문을 포함하는 것과 동일하다220). 따라서 매매와 매매주문을 구분할 실익은 없으나, 이 부분에 대해서는 입법적으로 해결해야 한다는 견해221)도 있다.

---

217) 임재연(2012), 873쪽
218) '주문'이란 투자자가 주식을 매매하기 위해 증권회사에 위탁하는 행위를 말한다. 증권회사가 투자자 주문을 받아 거래소에 제출하는 행위를 '호가'라고 한다. 과거에는 주문행위와 호가행위가 시간상, 개념상 구분되었지만 HTS의 등장으로 이 구분은 의미가 없어졌다(김정수(2011), 1,121쪽. 그러므로 허수주문과 허수호가는 동일한 개념으로 사용됨).
219) 하은수(2009), 103쪽
220) 하은수(2009), 102쪽
221) 하은수(2009), 67쪽

한편, 매매거래가 장내에서만 이루어진 것을 대상으로 할 것인지 장외거래도 포함할 것인지에 대해서는 논란의 여지가 있겠으나 장외거래라고 할지라도 상장시장에서의 매매거래에 영향을 미쳐 장내거래를 유인할 목적이 있었다면 본죄의 대상이 된다[222].

(3) 매매성황 착오 및 시세변동의 개념

"매매가 성황을 이루고 있는 듯"이라는 개념은 통정·가장매매에서 언급한 것과 같고 허수주문 내지 허수호가(fictious quote or order)가 그 대표적인 경우다. "시세를 변동시키는"이라는 개념은 경쟁매매의 원칙에 따라 이루어지는 주식시장의 가격결정 기능을 왜곡하여 인위적으로 주식 가격을 조종하는 것을 의미한다.

시세를 변동시키는 매매행위란 정상적인 수요·공급에 따라 자유경쟁시장에서 형성될 시세 및 거래량을 시장요인에 의하지 아니한 다른 요인으로 변동시킬 가능성이 있는 거래를 말하는 것일 뿐이고, 그로 인해 실제로 시세가 변동될 필요까지는 없으며 일련의 행위가 이어진 경우에는 전체적으로 그 행위로 인하여 시세를 변동시킬 가능성이 있으면 충분하다[223][224]. 그러므로 시세 변동은 당해 매매거래로 정상적인 가격이 형성되지 못하는 것을 의미할 뿐이고 반드시 기존 가격과 왜곡된 가격을 비교하여 변동이 있었는지를 판단할 필요는 없다[225]. 즉, 이는 외견상 거래활성을 만드는 행위와 가격의 등락과는 별개의 문제라는 것을 의미한다. 판례도 '변동될 가능성 또는 개연성'만 있으면 족하다고 판단한다[226].

'직전가와 동일한 가격의 매수주문이나 호가관여율이 적은 경우'라고 할지라도 일련의 행위 전체에 비추어 시세조종행위가 성립할 수도 있다[227]. 물론 보통은 주문가격이 직전가 혹은 상대호가와 대비하여 '높지 않은 가격'으로 매수주문을 한 경우는 이를 시세조종을 목적으로 하는 고가매수주문이라고 보기는 어려울

---

222) 김성준 외(2007), 281쪽
223) 대법 2004. 7. 9. 선고 2003도5831 판결, 2009. 4. 9. 선고 2009도675 판결, 2002. 6. 14. 선고 2002도1256 판결 등
224) 김정수(2011), 1,111쪽 ; 하은수(2009), 67쪽
225) 김성준 외(2007), 285쪽 ; 임재연(2008), 582쪽
226) 대법 2002. 6. 14. 선고 2002도1256 판결. 이전에는 '단순히 시세를 변동시킬 가능성이 있는 행위만으로는 부족하고 인위적으로 조작을 가하는 매매거래인지 여부를 기준으로 판단한다'고 보았었다(대법 1994. 10. 25. 선고 93도2516 판결).
227) 서울고등 2009. 1. 6. 선고 2008노1506 판결

것이다.

행위자가 고가매수주문을 전후하여 상승된 주가에 매수물량을 소화시키는 방법으로 주가를 상승 내지 유지시키고자 하는 경우에는 그와 같은 목적을 가지고 '주가를 유지시키는 행위'도 시세를 변동시키는 행위에 포함된다[228]. 다만, 시세조종행위자가 의도하고자 하는 시세변동의 방향(가격 상승, 하락 또는 변동)과 반대로 작동하였을 경우에는 조문상 시세를 변동시키는 거래가 있었다면 그 시세변동의 결과가 의도한 목적에 반하더라도 범죄가 성립되는 데는 변함이 없다.

(4) 시세변동 거래의 판단 방법 · 기준

'매매거래의 성황을 이루는 듯 착오를 일으키거나 시세를 변동시키는 거래'에 해당하는지 여부는 당사자가 이를 자백하지 않더라도 그 유가증권의 성격과 발행된 유가증권의 총수, 가격 및 거래량의 동향, 전후의 거래상황, 거래의 경제적 합리성과 공정성, 가장 혹은 허위매매 여부, 시장관여율의 정도, 지속적인 종가관리 등 거래의 동기와 태양 등의 간접사실을 종합적으로 고려하여 이를 판단한다[229].

즉, 전체적으로 행위자의 거래를 유가증권의 시세가 비정상적으로 작동하였는지, 일반적인 유가증권 거래와 달리 비정상적이거나 상식에 반하는 거래형태였는지, 그러한 투자가 다른 악의적인 의도, 다른 투자자들에게 시세에 대해 혼돈을 일으키기 위한 것이었는지 등에 따라 해당 시세조종이었는지 여부를 판단하는 기준이 된다.

일반적인 행위 유형으로는 "시초가 결정 시에 전일종가 대비 고가매수주문, 직전가 또는 상대호가 대비 고가매수주문, 종가결정시 직전가 대비 고가매수주문, 매수주문량이 많은 것처럼 보이기 위해 매수의사 없이 하는 저가 주문, 주문을 수차례에 걸쳐 나누어 하는 행위, 주문을 점차적으로 높은 가격에 내는 행위" 등을 들 수 있다.

한편, 시세조종을 판단함에 있어 '기간의 장단'은 하나의 기준이 될 수는 있

---

228) 서울중앙 2010. 2. 5. 선고 2009고합690 판결
229) 대법 1994. 10. 25. 선고 93도2516 판결, 2005. 11. 10. 선고 2004도1164 판결, 2006. 5. 11. 선고 2003도4320 판결, 2007. 11. 29. 선고 2007도7471 판결, 2001. 6. 26. 선고 99도2282 판결 등. 김정수(2011), 1,110쪽

지만 절대적인 기준은 아니며 시세조종의 기간이 하루에 불과하더라도 시세조종이 성립할 수 있다[230]. 반대로 기간이 지나치게 장기간이거나 장시간 이를 처분하지 않고 보유하고만 있었다면 시세조종성 주문이 있었다고 할지라도 쉽게 시세조종이라고 단정하기도 어렵다.

사례1 : 피고인은 갑으로부터 을이 R증권회사 주식의 매집을 원한다는 의사를 전달받으면서 그 취지가 K사의 유상증자를 위해 R증권회사의 주가를 상승시키기 위한 것이라는 점을 알고 있었고, 피고인이 매집을 의도한 1,000만 달러 상당의 R증권 주식물량은 당시 발행된 R증권 전체주식 860만 주 중 K회사가 소유하고 있는 주식 69.95%와 증권금융에서 보유하고 있는 5%를 제외한 시중에 유통 중인 주식 약 25% 중 절반가량을 매입할 수 있는 막대한 규모인 사실, 피고인이 시세조종을 위한 거래기간 중 실제로 R증권 주식을 거래한 양은 총 2,788,160주(매수 : 1,641,020주, 매도 : 1,147,140주)로서 이는 총 거래량의 33.13%(매수) 및 23.16%(매도)에 달하는 사실, 실제로 피고인의 주식매집으로 40일 사이에 R증권의 주가는 13,000원대에서 34,000원대까지 상승한 사실이 인정되므로 이러한 주식의 전반적인 거래상황과 주가 추이, 기타 증권시장의 상황 등에 비추어 시세조종에 해당한다[231]

사례2 : B사 자금팀장으로 근무하던 피고인은 2004. 2. 19. H은행 주식 종가가 낙아웃 가격(15,784원)으로 형성되는 것을 방지함으로써 B사에 금전적 이득을 취하게 할 목적으로 매매거래를 유인하기 위하여 종가결정을 위한 동시호가시간대 마감직전인 14:59:37경 H은행 주식의 예상체결가격이 15,800원인 상황에서 시장가로 35만 주의 대량매도주문을 제출하여 예상체결가격이 급락(15,800원→15,300원)한 사안에서 B사에서 H은행 주식 35만 주를 시장가(매도주문의 경우 하한가를 의미하며, 당시 하한가는 12,500원)에 대량매도 주문하였고, 이는 매도주문은 (다른 거래와 비교하여) 이례적인 규모인 점, 매도주문으로 인해 예상체결가격이 15,800원에서 15,300원으로 급락하였으며, 예상체결수량은 251,960주에서 420,680주로 크게 증가한 점, 당일 종가 동시호가시간대의 총 예상체결수량은 621,880주로서 B사가 매도한 H은행의 주식 35만 주의 종가관여율이 56.28%에 이르는 점을 알 수 있다. 그렇다면, 35만 주 매도

---

230) 대법 2005. 4. 15. 선고 2005도632 판결
231) 대법 2002. 7. 22. 선고 2002도1696 판결

주문은 일련의 거래가 아닌 동시호가 시간대의 1회의 대량매도 주문이기는 하나, 이로 인하여 예상체결가격이 인위적으로 변동되었고, 이러한 행위는 H은행 종가를 낙아웃 가격 이하로 변동시키려는 의도하에 이루어진 시세조종 주문이다[232]

다. 시세조종 주문의 유형

이하에서 설명하는 허수주문, 고가매수주문, 물량소진 매수주문, 시종가 관여 매수주문, 상한가 매수주문들은 각 개별적인 주문만으로 시세조종의 수단이 될 수도 있지만, 실제로는 여러 개의 시세조종성 주문방법을 혼용하거나 위장거래와 함께 이루어지는 것이 일반적이다.

실제 사안에서도 "직전체결가 대비 고가매수주문, 시세변동을 위한 상대매도 호가대비 고가매수주문, 시세급변을 유도하기 위한 상한가매수주문, 거래성황 또는 타인의 그릇된 판단을 유도하기 위한 운용계좌 상호 간 매매주문, 매일 한정된 물량을 계속적·반복적·계좌별·시간대별로 번갈아 가면서 소량·대량·분할·집중·매수하는 방법으로 시초가 고가매수·당일최고가 형성을 위한 고가매수·종가 상승을 위한 고가매수·시가고정을 위한 분할 또는 집중매수" 등 여러 시세조종 주문이 혼합된 경우 시세조종으로 판단하는 게 일반적이다[233].

(1) 허수주문

(가) '허수주문'이란, 매매의사가 없거나 매매체결 가능성이 희박한 호가를 대량으로 하는 행위 또는 직전 가격과 유사한 가격으로 호가를 대량으로 한 후 주가 변동으로 체결가능성이 발생할 때 호가를 정정하거나 취소하여 매매체결을 회피하는 행위를 과다하게 하는 매매주문을 말한다[234].

대개는 매수의사 없이 직전가 혹은 상대호가와 대비하여 체결가능성이 없는 저가의 주문을 반복적으로 내어 '매수잔량이 많이 쌓인 것처럼 보이게 하는 것'을 말한다. 그렇게 함으로써 매수세력이 많은 것처럼 보이게 하여 마치 매매거래가

---

232) 서울중앙 2011. 1. 28. 선고 2010고합11 판결
233) 서울지법 1999. 5. 12. 선고 98고단13351 판결
234) 금감원(2011a), 245쪽 ; 박정호 외(2012), 83쪽

성황을 이루고 있다고 일반투자자들로 하여금 그릇된 판단을 하게 하여 매매거래를 유인하게 된다[235].

매수1호가보다 매우 낮은 가격으로 매수주문을 함으로써 매매체결 가능성이 거의 없는 주문을 대량으로 하는 행위 또는 직전의 가격과 유사한 가격으로 대량으로 매수주문한 후 주가의 변동으로 체결가능성이 발생할 때 호가를 정정하거나 취소하여 매매체결을 회피하는 행위를 과다하게 하는 경우가 전형적인 사례라고 할 수 있다[236]. 또한 매수(매도) 1호가 이하(이상)에 매수(매도)주문을 제출하여 시장의 호가잔량을 증가시키는 주문을 할 경우에는 거의 대부분을 취소할 경우도 이러한 허수주문에 해당한다.

그와 같이 허수주문을 하게 되면, 거래소에서는 체결되지 않은 호가의 잔량을 공개하기 때문에 그 잔량이 어느 정도인지에 따라 다른 투자자 또는 매매하고자 하는 사람들의 의사결정에 영향을 주어 오인하도록 함으로써 매매를 유인하게 된다. 이를 '허수호가[237]'라고도 하는데, 결국 이러한 행위는 타인으로 하여금 매매에 참여하도록 유인하기 위한 행위일 뿐이므로 매매체결로 이어지지 않는다는 특징을 가지고 있다[238]. 다른 한편으로는, 시가보다 낮은 일정한 가격에 대량의 매수주문을 하게 되면, 자연스러운 주가의 하락을 인위적으로 방지하는 효과가 있을 수 있으므로, 그러한 매수주문도 인위적으로 시세를 변동시키는 매수주문으로 볼 수 있다[239].

허수주문은 현실거래에 의한 시세조종행위의 대표적인 사례라고 할 수 있다. 판례도 "매매계약의 체결에 이르지 아니한 매수청약 또는 매수주문이라 하더라도 그것이 유가증권의 가격을 상승 또는 하락시키는 효과를 가지고 제3자에 의한 유가증권의 매매거래를 유인하는 성질을 가지는 이상 여기에 해당하고, 단지 매수주문량이 많은 것처럼 보이기 위하여 매수의사 없이 하는 허수매수 주문도 본조 제2항 제1호가 금지하는 이른바 현실거래에 의한 시세조종행위의 유형에 속한

---

235) 대법 2002. 6. 14. 선고 2002도1256 판결, 서울고등 2009. 1. 6. 선고 2008노1506 판결
236) 하은수(2009), 103쪽
237) 한국거래소는, "거래성립 가능성이 희박한 호가를 대량으로 제출하거나 직전가격 또는 최우선호가의 가격이나 이와 유사한 가격으로 호가를 제출한 후 당해 호가를 반복적으로 정정취소하여 시세 등에 부당한 영향을 미치거나 미칠 우려가 있는 행위"로 규정하고 있다
238) 김정수(2011), 1,121쪽 ; 한국증권법학회(2009), 923쪽
239) 서울고등 2010. 8. 6. 선고 2010노565 판결

다"라고 판시240)하고 있다.

우리 증권시장은 최근 인터넷의 확산과 함께 온라인 트레이딩(On-line trading)의 증가에 따라 이를 이용한 데이-트레이딩(day-trading) 또한 급증하면서 허수호가나 허수주문을 이용한 시세조종이 등장했는데, 이런 유형은 다른 나라 시장에서도 더러 발견되기는 하지만 우리나라에서만 나타나는 현상이라고 할 수 있다241).

최근에는 일반투자자들의 허수주문에 대한 인식이 높아졌고 이러한 주문에 대한 단속이 강화됨에 따라 실제 체결 가능한 가격대에 허수주문을 제출하여 매수세를 유인하는 등 그 기법이 점차 다양화되고 고도화되고 있어서 하나의 매매만을 가지고 허수주문인지 여부를 판단하기는 어렵고, 행위자의 전체적인 매매패턴을 파악한 상태에서 접근해야 시세조종의 본 모습을 찾아낼 수 있다242).

즉, 허수주문으로 매수세를 유인하는 기법은 점차 다양해지는 추세이므로 하나의 매매를 가지고 판단할 것이 아니라 혐의자의 전체적인 매매패턴을 파악한 상태에서 접근하여야 하며 전체가 파악되지 않고 특정 부분(단일매매건 등)의 매매만 가지고 판단할 경우 시세조종에 대한 증명이 어려울 수 있다243).

예를 들어, 당일 고가 매수주문이 존재하는 등 상반된 주문양태를 보이고 있는지, 저가의 대량 매수주문을 내고 그 이후 주문을 취소하는 등의 경우를 들 수 있다.

(나) 허수주문(허수호가)인지 여부는 주문을 하는 거래자의 속마음에 따라 결정되는 것이므로 제3자로서는 그것이 허수주문인지 여부를 알 수는 없다. 대개 매매가 성황을 이루고 있는 듯이 잘못 알게 한다는 것은 유가증권의 거래량이 증가하는 것을 의미하겠지만 단순히 거래량만을 고려하여 이를 판단할 것은 아니고 그 매수주문 가격이 당시의 직전가 또는 상대호가, 거래량 및 주문잔량과 대비하여 즉시 체결될 가능성이 있었는지, 저가에 대량의 매수주문을 분할하여 연속하여 반복적으로 내는 태양을 보이고 있는지, 당일 고가 매수주문이 존재하는 등 상반된 태양을 보이고 있는지, 당일 고가 매수주문 수량이 당시의 거래량, 매수·매도 주문잔량 등과 비교하여 매수세가 유입되는 것으로 보이지는 않았는지 등

---

240) 대법 2002. 6. 14. 선고 2002도1256 판결
241) 김정수(2011), 1,121쪽
242) 금감원(2011a), 250쪽
243) 하은수(2009), 107쪽

거래 당시의 제반 상황을 종합적으로 판단해야 한다.

그러므로 전체적인 상황을 파악해야 하므로 단순히 당일의 주가나 일정기간 동안의 평균 매매가격을 뜻하는 이동평균가격보다 낮은 가격의 매수주문인지 여부 등 획일적인 기준으로 판단할 수는 없다. 더군다나 매도 · 매수 호가 총잔량 공개제도가 폐지되고 최우선 호가 10개만이 공개되는 상황에서 위와 같은 획일적인 기준을 적용할 수도 없다[244].

또한, 매매주문 이후 '매수(매도)주문의 취소'라는 행위는 모든 투자자가 자유롭게 할 수 있고, 또한 잦은 주문행위와 잦은 취소가 필연적으로 반복되는 거래 전략이 모두 위법하다고 볼 수도 없으므로 단지 주문의 취소가 잦다는 이유만으로 허수주문에 해당한다고 단언할 수는 없다[245]. 그러나 일반적인 거래에서는 그와 같이 매수주문과 취소행위가 반복적으로 이루어진다면 특별한 사정이 없는 한은 시세조종성 주문으로 간주한다.

매수호가가 당일 최저 시세보다 높았다거나 하루 중의 가격 변동폭이 큰 경우에는 단순히 거래가 체결되지 않았다고 하여 시세조종으로 보기도 곤란하고, 일부 허수주문으로 보이는 주문이 있었다고 할지라도 대부분의 고가매수주문에 의하여 매매가 체결되었다면 허수주문이라고 볼 수도 없다[246].

그렇지만, 시장관여율, 호가관여율의 정도나 거래량의 많고 적음을 요건으로 하지 않으므로 비록 행위자가 거래한 종목의 주식이 소량이라든가 주문한 가격폭이 작다고 할지라도 법에서 규정한 불법목적이 존재한다면 시세조종에 해당한다[247].

(다) 주식을 매매하고자 할 때 매매호가 단위는 주가수준에 의해 결정되므로 보통 각 호가 단계에 따라 매매주문이 이루어질 것이라고 생각되지만 실제로 매매가 진행되다가 보면 매매호가간 상당한 괴리가 발생하는데 이를 가리켜 '**호가공백**'이라고 한다.

그런데 매수1호가와 매도1호가 사이에 호가공백이 커서 주가가 횡보하고 있는 상태에서 이러한 호가공백을 싫어하여 체결이 되지 않은 상태가 일정기간 지속되는 것을 그대로 두지 않고 그 중간 가격으로 소량의 매수매도 주문을 반복적

---

244) 서울고등 2011. 8. 18. 선고 2010노3506 판결
245) 대법 2008. 12. 11. 선고 2006도2718 판결, 선물거래법위반 사건임
246) 임재연(2012), 877쪽
247) 일반적으로는, 호가관여율이 매우 낮고 거래량이 매우 적다면 시세조정성 주문이라고 보기는 어려움

으로 끼워 넣는 '호가공백 메우기 주문'으로 매매체결을 유도하여 시세조종을 꾀하는 경우가 있다.[248] 이러한 주문 자체가 시세조종성 주문은 아니지만 시세조종의 전단계로서의 가능성은 충분히 있고, 이러한 매매패턴이 되풀이 된다면 이는 시세조종의 고의를 추정해볼 수 있는 근거자료가 될 수도 있다[249].

사례1 : 피고인의 매매거래의 동기와 태양, 그 주가의 추이 및 당시 거래상황 등을 모아보면, 비록 피고인의 거래가 소량에 지나지 않았고 직전가 또는 상대호가에 대비하여 차이가 거의 없는 주문을 하기도 하였으며 전체매매에 대한 가장매매의 비율이 비교적 낮다고 할지라도, 피고인이 시세조종기간 중 고가매수주문, 허수주문, 가장매매 등 여러 가지 기법을 동원하여 일정한 패턴을 가지고 시세조종성 주문을 수차례 반복하였고, 또한 소량의 주문이라도 근접한 시간에 이를 연속적으로 주문하면서 직전가를 체증시키고 주문수량을 증가시켜 거래가 성황을 이루는 듯이 보이게 한 점 등으로 미루어 볼 때에 주가를 인위적으로 조작하여 상승시키기 위하여 행하여진 변칙적 거래를 함으로써 투자자들로 하여금 주식이 유망한 것처럼 오인시켜 그 주식의 매매거래에 끌어들이려는 목적에서 비롯된 것이다[250]

사례2 : 피고인은 2002. 8. 26. 11:47:45경 병 명의의 증권계좌를 통하여 A캐피탈 주식에 대한 매매거래를 함에 있어서 1순위 매수호가 980원, 1순위 매도호가 990원으로 직전체결가 990원인 상황에서 10원의 호가공백이 발생하자 1,000원에 1,000주를 매수주문하여 체결가를 1,000원으로 상승시킨 것을 비롯하여 2002. 7. 31.경부터 2003. 1. 20.경까지 822회의 고가매수주문을 통하여 시세를 변동시키는 매매거래를 하고, A캐피탈 주식의 종가가 액면가(5,000원)의 20%인 1,000원대를 유지할 수 있도록 시세를 고정하고, 2002. 8. 23. 09:19:01경 A캐피탈주식에 대한 매매거래를 함에 있어 1순위 매수호가 970원, 1순위 매도호가 990원으로 20원의 호가공백이 발생하여 매매체결이 되지 않는 상황에서 1순위 매도호가보다 140원 낮아 체결 가능성이 거의 없는 가격인 850원에 20,000주를 매수주문한 것을 비롯하여 2002. 7. 31.부터 2003. 1. 22.경까지 231회의 허수매수주문(2,757,648주)을 통하여 A캐피탈 주식의 매매거래가 성황을 이루고 있는 듯이 잘못 알게 하거나 그 시세를 변동시키는 매매거

---

248) 금감원(2011a), 251쪽
249) 하은수(2009), 109쪽
250) 서울고등 2003. 12. 16. 선고 2003노2316 판결

래를 하고 A캐피탈 주식의 종가가 액면가의 20%를 유지할 수 있도록 시세를 고정시켰음251)

(라) 허수호가의 행위 태양은 크게 6가지로 구분할 수 있다. ① 일반형으로서 하한가 근접가격에 대량의 허수성 호가를 제출하여 매수호가 유인 후에 보유물량을 매도하고, 매도가 완료되면 즉시 매수호가를 취소하는 유형, ② 공격형으로서 대량의 허수호가를 직전가 근접가격대에 단계적으로 가격을 상승시키면서 연속하여 제출하여 추종 매수세력을 유인한 후에 매도목적을 달성하면 매수호가 전량을 취소하는 유형252), ③ 전장 동시호가에 보유물량을 매도할 때 대량의 저가(하한가 주변) 매수호가와 함께 제출하여 고가에 매도되도록 투자자를 유인하고 전장 동시호가를 마감 직전 혹은 직후에 매수호가 전량을 취소하는 행위, ④ 종가관여형으로서 종가결정을 위한 동시호가시에 대량의 허수성 매수호가로 유리한 종가형성을 유도한 후 시간외 매매 혹은 익일 시초가에 보유물량을 매도하는 행위, ⑤ 대량의 허수성 호가를 제출하여 시세상승을 유도한 후 공매도하고 그 직후 매수호가 전량을 취소하여 시세하락을 유도한 뒤 저가에 공매분을 취소하는 경우, ⑥ 하한가 주변에 대량의 허수성 매수호가를 제출한 후 취소하지 않고 지속적으로 시세에 영향을 미치게 하는 행위 등이다253).

매매계약이 체결되는 경우와 허수주문을 하는 경우로 구분하여 전자는 '시초가 결정시 전일종가 대비 고가매수주문, 종가결정시 직전가 대비 고가매수주문, 수회 분할매수, 시장이 상승하면 지체 없이 반복매수, 1일에 동일 계좌로 반복거래'로, 후자는 '직전가, 상대호가 대비 고가매수주문, 매매체결 불가능 가격으로 대량의 허수주문, 점차적으로 높은 가격으로 주문하는 행위, 동시호가시 대량의 허수매수주문으로 유리한 종가형성 유도한 후 익일 시초가로 보유물량 매각행위, 매수지정가 주문으로 주가하락을 막는 행위'로 구분하는 견해254)도 있으나 별 의미는 없어 보인다.

장중거래시간 외에 '시종가 시간대'에 제출된 허수주문도 해당한다. 판례도

---

251) 대법 2005. 12. 9. 선고 2005도5569 판결
252) 이 유형은 거액의 투자자들이나 투자상담사들이 자주 사용하는 방법으로서 가장 문제가 심각함
253) 김정수(2011), 1,124쪽 ; 박정호 외(2012), 91쪽
254) 김성준 외(2007), 287쪽

'시초가 형성을 위한 동시호가시 호가잔량만 공개되는 점을 이용하여 매매체결 가능성이 없는 낮은 가격에 대량의 허위 매수주문을 내어 매수세가 성황을 이루고 있는 듯이 보이게 하여 유가증권의 매매가 성황을 이루고 있는 듯이 잘못 알게 하는 행위를 허수주문을 이용한 시세조종행위'라고 판시255)한 바 있다.

크게 구분하자면, 실제로 계약을 체결하여 조금씩 가격을 변동시키는 행위를 반복하여 시세조종을 하든가, 실제 계약체결은 하지 않고 허수주문으로 일반투자자들을 현혹하는 행위로 구별된다(협의로 보면 후자가 '허수주문'에 해당).

주가하락으로 인한 손실회피나 공매도를 통한 부당한 이득을 위해서는 위와 같은 매수유인을 위한 허수주문과 반대의 매도주문 유형을 예상할 수 있다256).

사례1 : ① 피고인은 시황의 변화에 따라 사후에 매수주문을 취소한 것일 뿐 허수매수주문을 한 적은 없다고 주장하였으나, 허수주문으로 지적된 매수주문의 단위당 평균 규모가 같은 기간 동안의 피고인의 평균 매수주문규모의 수배 이상에 이르고 그 당시 피고인이 다른 매수주문과 달리 대량의 매수주문을 할 특별한 사정도 인정할 수 없으므로 피고인이 실제 매수할 의사를 가지고 갑자기 이례적으로 대량의 매수주문을 한 것이 아니라 실제 매수의사 없이 매매거래가 성황을 이룬 듯이 보이기 위하여 직전가보다 저가의 매수주문을 하였다가 적당한 시기에 이를 철회한 것으로 볼 수 있고, ② 피고인은 자신의 하락방어 매수주문에 대해서도 시가보다 낮은 일정한 가격에 주식을 매수하고자 하는 자연스러운 매수주문이었다고 주장하나 주가가 하락추세였다면 시가보다 낮은 일정한 가격에 대량의 매수주문을 하는 경우 자연스러운 주가의 하락을 인위적으로 방지하는 효과가 있을 수 있으므로 그러한 매수주문도 인위적으로 시세를 변동시키는 매수주문이라고 할 것임257)

사례2 : A사 대표이사 겸 최대주주인 갑은 2000. 6.경 B증권사 상무와 해외 BW발행에 대하여 협의를 하면서 신주인수권의 행사가격을 3,000원으로 결정하였는데 당시 A사 주식가격은 3,100원대에 머물러 있었고 7.초순에도 3,500원대까지 유지하였으나 2000. 7.말 약 2,400원대로 하락하여 당초 계획대로 해외 BW발행을 추진하는 것이

---

255) 서울지법 2001. 1. 17. 선고 99노11300 판결
256) 서울고등 2009. 1. 6. 선고 2008노1506 판결(대법 2009. 4. 9. 선고 2009도675 판결로 확정)
257) 서울고등 2010. 8. 6. 선고 2010노565 판결

어렵게 되자, 사채발행을 원활하게 하기 위하여 A사 주식 가격을 인위적으로 올릴 목적으로 A사 우리사주 조합장인 병에게 A사 주식을 매수할 것을 지시하여 병은 2000. 8. 2. 13:52경 A사 사무실에서 HTS를 통해 자신 명의의 증권계좌를 이용하여 A사 주식 4,000주에 대하여 직전가보다 10원 높은 2,720원에 고가매수주문을 한 것을 비롯하여 그때부터 2000. 8. 29.까지 사이에 185회에 걸쳐 A사 주식 1,035,700주 고가매수주문을, 56회에 걸쳐 225,550주 현재가 고정주문을, 4회에 걸쳐 53,000주 종가결정주문을, 16회에 걸쳐 40만 주 허위매수주문을 각 함으로써 유가증권의 매매거래가 성황을 이루고 있는 듯이 잘못 알게 하거나 그 시세를 변동시키는 매매거래를 하였음[258]

사례3 : 피고인은 2001. 5. 30. 매수할 의사도 없이 A사 주가가 비교적 낮고 관리종목으로 지정되어 주가 변동폭이 크며, 가격결정방법이 동시호가방식으로 30분마다 체결되어 시세조종이 용이할 것으로 판단하고, …(중략)… 직전가 또는 전일 종가보다 현저히 낮아 체결 가능성이 전혀 없는 가격을 제시하며 54회에 걸쳐 대량의 저가매수주문을 한 사실, 실제로 보유수량이 없거나 아니면 보유주식을 증가시키려고 하는 경우에는 대부분 시세나 직전 체결가에 비슷한 가격으로 매수주문을 하다가 어느 정도 수량이 매수된 이후에는 당시 시세보다 훨씬 낮은 가격으로 대량의 매수주문을 내서 매수호가잔량을 증가시켜 일반투자자의 매수세를 유인하고, 주가가 어느 정도 오르고 난 후에는 다시 저가 매수주문을 내서 주가가 떨어지지 않도록 한 후 자기가 보유하고 있는 주식을 매도해온 사실, 자신이 낸 저가 매수주문을 대부분 취소하지 않고 주가상승 또는 주가유지를 위해 당일 종가까지 그대로 유지시켰는데 주식거래 마지막 날인 7. 13.에는 저가 매수주문을 집중적으로 내면서 보유주식을 처분하다가 자신이 주문한 930원대로 떨어지자 저가 매수주문을 전부 취소한 사실, 피고인의 일별 매매관여율이 최저 3.56%에서 최고 28.08%에 달한 사실 및 주가가 1,000원에서 최고 1,150원으로 상승한 사실이 인정되므로 피고인의 거래는 매입한 주식을 고가에 매도할 목적으로 실제 매수의사 없이 대량의 허수매수주문을 내어 매수호가잔량을 증가시키거나 매수호가잔량의 변동을 심화시켜 일반투자자의 매수세를 유인하여 주가를 상승 또는 유지시킨 다음 매수주식을 고가에 매도하는 방식의 현실거래에 의한 시세조종행위에 해당한다[259]

---

258) 대법 2004. 1. 27. 선고 2003도5915 판결

사례4 : 피고인들은 체결가능성이 적은 최우선 3~6단계의 호가에 200계약 내지 1,000계약(1계약 단위 금액은 1억 원)에 달하는 허수주문을 한 후 그 주문 전부를 취소하거나 정정하는 행위를 빈번하게 하였고, 체결가능성이 상대적으로 높은 최우선 1~2단계 호가에 속하는 주문을 제시한 후 즉시 취소하는 행위를 반복하였는바, 피고인들 운영의 회사는 국채선물시장에서 거래량 기준 1위 투자 주체였고 2002. 6. 19.부터 9. 17.까지 피고인들이 거래에 동원한 계좌는 7개로서 시장 전체 주문량의 12.6%, 체결량의 5.1%를 차지했으며 일자별로는 시장 주문량 대비 최대 32%를 차지할 정도로 시장에 큰 영향력을 행사한 점, 시장참여자들에게는 현재가의 아래위로 5단계 호가 범위 내260) 매수매도 주문 물량이 각 호가별로 공개되며 시장참여자들이 사용하는 국채선물매매용프로그램은 호가창에 위 정보가 실시간 현출되도록 구성되어 있는 점, 피고인들은 호가창에 나타나게 할 수 있는 5단계 호가 범위 내의 허수주문을 주로 시도하였는데 허수주문 수량이 시장에 공개되는 총 주문수량(5단계 호가)에서 차지하는 비율이 20.1% ~ 71.7%에 이르며 주문 회수 대비 취소 비율이 평균 34.5%로 높게 나타났고 그중에서도 특히 500계약 이상의 대량주문의 취소비율이 72.6% ~ 100%로 매우 높았던 점 등을 종합하면 … (중략) … 거래가 성황을 이루고 있는 것으로 오인케하여 시세를 변동시킬 가능성이 큰 행위이다261)

(2) 고가 매수주문

고가매수주문이란 직전가 혹은 상대호가와 대비하여 고가로 매수주문을 반복적으로 내어 시세를 인위적으로 상승시키는 것으로서 매매거래가 성황을 이루고 있는 듯이 보이게 하고 특정 매수세력이 유입되어 주가가 강한 상승을 하고 있는 것처럼 보이게 함으로써 일반투자자들로 하여금 그릇된 판단을 하도록 하여 매매거래를 유인하는 행위를 말한다262).

직전가(직전체결가)란 매매주문을 하기 바로 직전에 체결된 주식의 가격을

---

259) 대법 2005. 2. 25. 선고 2004도7479 판결
260) 5단계까지 호가 잔량을 공개하는 이유는 수요와 공급 상황에 관한 정보를, 시장참여자라면 누구나 실시간으로 접할 수 있도록 하여 가격결정에 도움을 주기 위한 것이다.
261) 대법 2008. 12. 11. 선고 2006도2718 판결
262) 서울고등 2009. 1. 6. 선고 2008노1506 판결(대법 2009. 4. 9. 선고 2009도675 판결로 확정)

말한다. 그러므로 직전가(직전체결가) 대비 고가매수주문이란 직전체결 가격보다도 더 고가로 매수하겠다는 주문을 말한다. 즉, 충분히 낮은 가격에 주식을 살 수 있음에도 현재가보다 높은 가격으로 주식을 매수하여 주가를 인위적으로 상승시키는 것이다263).

따라서 현재 형성된 주가(현재가)보다 높은 가격에 매수주문을 반복적으로 냄으로써 주가를 상승시키는 것을 말하며 고가주문을 통하여 체결가격을 직접적으로 상승시키는 동시에 거래량과 거래횟수를 증가시켜 매매거래가 성황을 이루고 있는 듯이 보이게 하거나 특정 매수세력이 유입되어 주가가 강한 상승을 하고 있는 것처럼 보이게 하여 일반투자자의 매매거래를 유인할 목적으로 이용되며 가장 빈번하게 사용되는 주문 형태이다264). 예를 들어, 허수매수 주문을 제출하여 매수세를 유인하고 고가매수 주문을 순차적으로 제출하여 주가를 상승시킨 후 다른 계좌로 매도주문을 제출하는 행태를 지속하는 경우를 들 수 있다.

그렇지만 직전가 대비 고가매수 주문을 했다고 해서 반드시 시세조종의 범의가 있다고 단정할 수는 없다. 즉, 해당 주식에 대한 수요가 급증할 경우에는 물량 확보를 목적으로 직전가보다도 더 높은 가격일지라도 매입하고자 하는 일반투자자가 많기 때문이다. 따라서 고가매수주문이 시세조종의 목적인지 여부는 고가로 매수할 만한 유인이나 상황이 있었는지, 고가로 매수할 필요가 있었는지, 고가매수 주문이 대량인지 등을 종합적으로 따져보아야만 비로소 시세조종성 주문이었는지 여부를 판단할 수 있다.

실무상 대개 그와 같은 다소 비정상적인 주문에 대한 합리적인 설명이 가능한지 여부를 따지게 된다. 그러므로 더 낮은 가격으로 주식을 매수할 수 있었음에도 비싼 가격(고가)으로 주식을 매수하였다면 매수자가 일부러(주가를 올려 타인의 매매를 유인할 목적) 그렇게 한 것인지 여부를 매매분석을 통해 살펴보아야 한다265). 단순히 매도1호가보다 고가의 매수주문을 하였다고 해도 그것이 증권사 직원이 고객의 요청에 의한 것이었다든가, 나름대로 종목분석을 통해 주가가 상승할 것을 예측하고 수량을 확보하고자 수차례의 고가매수 주문을 통해 주식을 선매집한 경우라면 매매유인의 목적이 있었다고 볼 수 없다266).

263) 하은수(2009), 83쪽
264) 박정호 외(2012), 77쪽
265) 하은수(2009), 83쪽

주문가격이 직전가 혹은 상대호가와 대비해도 높지 않은 가격으로 매수주문을 한 경우에는 이를 고가매수주문이라고 볼 수는 없지만, 직전가와 동일한 가격의 매수주문이나 호가관여율이 적은 매수주문의 경우라고 할지라도 일련의 행위 전체에 비추어 시세조종 행위에 해당할 수도 있다[267].

사례1 : 피고인은 고가매수주문과 종가관여매수주문은 주식시장에서 유통되는 주식 물량이 소량[268]인 상황에서 대량의 주식을 일시에 매수하기 위해 불가피하게 선택한 매수주문형태로서 매매거래 유인목적이 없었다고 변명하지만 피고인이 A사 주가가 하락하는 추세에 있었던 2006. 10. 9.경과 2008. 7. 3.경부터 각각 A사 주식을 매수하면서 직전가보다 고가로 매수주문을 하거나 동시호가시기에 예상체결가보다 고가로 매수주문을 함으로써 주가를 상승시키거나 주가하락추세를 반전시키며 주식을 매수하였던 점에 비추어 보면, 피고인이 유통되는 주식 물량이 소량인 상황에서 대량의 주식을 일시에 매수하려고 불가피하게 고가매수주문을 하였다고 볼 수 없고 오히려 주가를 상승시키고자 고가매수주문과 종가관여매수주문을 한 것이다[269]

사례2 : 피고인은 대학동창으로부터 D회사 인수합병이 진행되고 있어 주가가 크게 오르니 매수하라는 권유를 받고 주식을 매수하였으나 주가가 폭락하여 큰 손해를 보게 되었고 이를 수습하는 과정에서 인수합병 정보가 허위라는 사실을 알고 그 손해를 만회하고자 자신과 직원들 명의로 개설된 7개의 계좌로 주식을 거래하면서 전후장의 각 시가 결정을 위한 거래에서부터 전일의 종가 또는 직전가보다 고가의 매수주문을 하고, 장중거래에서도 직전가 또는 상대호가에 비하여 고가의 매수주문을 하며, 종가 결정을 위한 거래에서도 직전가보다 고가의 매수주문을 하는 등 51회에 걸쳐 합계 11,430주의 매매거래를 하여 그 주가를 인위적으로 고가로 형성시켰고, 그 무렵 공범인 증권회사 직원들도 같은 방법으로 매매거래를 한 결과 D회사 주가

---

266) 하은수(2009), 84쪽

267) 서울중앙 2010. 2. 5. 선고 2009고합690 판결

268) 발행주식수 대비 유통주식수가 적은 종목을 '품절주'라고 한다. 유통주식수가 10만 주 미만이거나 총발행주식수의 2%(유가증권시장 1%) 미만인 경우 거래 정지 대상인데 이러한 속칭 품절주를 대상으로 단기 차익을 노린 투기성 수요 등에 의해 주가가 과열되는 경우가 있는데 2016년 '코데즈컴바인'의 경우 투기적 매수세가 유입되면서 단기간(3.13.~3.15.)에 주가가 6.5배 증가한 바 있다.

269) 서울고등 2010. 8. 6. 선고 2010노565 판결

가 3개월 사이에 43,000원에서 115,000원으로 급등한 사실을 인정할 수 있는데, 이러한 매매거래는 D회사의 주가를 인위적으로 조작하여 상승시킴으로써 종전의 주가하락으로 인한 손해를 보전하고 담보부족 등을 해소하기 위하여 행하여진 변칙적 거래(속칭 '작전'행위)임[270]

(3) 물량소진 매수주문

물량소진 매수주문이란 매도1호가에 나온 매도물량을 소화하기 위하여 반복적으로 매수주문을 하여 일반투자자에게 지속적으로 매수세가 유입되는 것처럼 그릇된 판단을 하게 하여 매매거래를 유인하거나[271] 또는 매도 1호가 잔량을 전부 매수하여 소진하고 2, 3호가 잔량의 전부 내지 일부를 매수함으로써 시세를 2, 3호가 이상으로 상승시키는 행위를 말한다. 실무상은 '연속적으로' 매도(매수)주문을 제출하여 매수(매도) 1호가 잔량을 모두 소진하는 경우에만 시세조종의 의도가 있는 것으로 판단하게 된다. 왜냐하면 정상적인 시장가매매는 1호가 매도물량을 전부 매수하는 경우가 많이 있으므로 외형상 시세조종성 주문인지 정상적인 거래인지 구분이 안 되기 때문이다.

매도1호가의 수량을 모두 매수하지 못하는 경우라도 매도1호가의 변화를 가져오지는 못하지만 매도1호가의 수량을 지속적으로 흡수함으로써 거래량이 늘어나고 주가가 매도1호가 아래로 떨어지지 않은 채 인위적으로 지지되는 경우에도 시세조종행위에 해당할 수 있다.

사실, 이러한 형태의 매도1호가 소진의 매수행위는 그 자체만으로는 시장가매수의 형태로서 정상적인 주식거래로 보이기 때문에 이를 시세조종이라고 쉽게 단정하기는 어렵다. 그렇지만, 금감원이나 수사기관의 매매분석이 정형화된 것을 노리고 이러한 정상적인 매매를 가장한 시세조종행위가 많이 등장하고 있으므로 과거에 시세조종 주문으로 구분하지 않았던 형태라고 해서 여전히 시세조종 주문이 아니라고 단정할 수는 없다[272]. 물량소진 매수주문 외에도 시장가매수주문이 그러한 경우라고 할 수 있다.

---

270) 대법 2001. 6. 26. 선고 99도2282 판결
271) 서울고등 2009. 1. 6. 선고 2008노1506 판결
272) 금감원(2011a), 225쪽 이하

사례1 : 2008. 7. 7. 13:20:34경 현재가 1,265원, 매도1호가 1,265원에 252주의 매도주문이 있는 상황에서 H계좌에서 1,265원에 3,000주를 주문하고, 그 무렵부터 같은 날 14:49:47경까지 같은 계좌에서 고가매수 6회 18,148주와 동시에 물량소진 8회 17,250주를 지속적으로 매도1호가에 동호가의 매도 잔량 이상의 수량으로 매수주문하여 주가를 1,265원에서 1,300원까지 상승시킨 것을 비롯하여 2008. 3. 14.경부터 2008. 7. 24.경까지 같은 방법으로 총 126회에 걸쳐 736,393주의 물량소진 주문을 하여 A사 주식의 매매거래가 성황을 이루고 있는 듯이 잘못 알게 하거나 시세를 변동시키는 행위를 하였음[273]

사례2 : 갑은 병에게 B사, D사 주가가 하락하고 있으니 장내에서 B사, D사 주식 6억 원 상당을 매수해주면 주가의 등락에 관계없이 원금에 이자를 가산하여 지급하겠다며 금전대여를 부탁하자, 병은 6억 원을 대여해주어 그 자금으로 장내에서 매수해주고 주가상승으로 인해 원리금을 상회하는 이익은 갑에게 반환하겠다며 그 제의를 승낙하였다. 갑과 병은 갑 및 D사를 채무자 겸 연대보증인, P를 투자자로 하여 '제안서, 투자수익보장약정서, 잉여투자수익 처분합의서' 등을 작성하였고 갑은 을을 통해 D사 발행 약속어음을 병에게 제공한 후 금전소비대차계약서를 공증해주었다. 갑과 이러한 약정을 체결하고 그 약정에 따라 현금 2억 원을 담보로 수수한 병은 자신의 회사 직원 등으로 하여금 장내에서 차명계좌로 B사 주식 47,176주를 2억3,200여만 원에 매수하여 소액투자자들의 매도물량을 지속적으로 흡수한 후 일일 매수현황을 피고인에게 매수 다음날 보고하였다. 갑, 을은 병과 공모하여 코스닥 시장에서의 매매거래를 유인할 목적으로 일반투자자들로 하여금 정상적으로 투자하는 매수세가 꾸준히 유입되는 것으로 오인하게 당해 주식의 매매거래가 성황을 이루고 있는 듯이 잘못 알게 하는 시세조종행위를 하였음[274]

(4) 시종가 관여 매수주문

'시가 관여 매수주문' 및 '종가 관여 매수주문'은 시가결정을 위한 호가 접수

---

273) 서울중앙 2010. 9. 3. 선고 2010고합280 판결. 이 건은 '유상증자 청약을 유인'할 목적으로 시세조종한 사안임
274) 서울고등 2011. 6. 9. 선고 2010노3160 판결(대법 2011. 10. 27. 선고 2011도8109 판결로 확정). 이 사건은 '투자수익 보장을 약정'하고 대량매수주문을 낸 사안임

시간(08:50~09:00)과 종가결정을 위한 호가 접수시간(14:50~15:00)에 각각의 호가와 주문수량은 공개되지 않고 예상 체결가격과 예상 체결수량만이 공개되는 상황에서 예상 체결가격보다 높은 가격에 매수주문을 하는 것을 말한다.

이렇게 함으로써, 예상 체결가격을 상승시켜 마치 주가가 상승하는 것으로 오인하게 하고 일반투자자들의 매수세를 유인함으로써 시가 혹은 종가가 높은 가격에 결정되도록 유도한다[275]. 즉, 시종가 관여 매수주문으로 인하여 예상체결가격이 상승하지 않을 뿐 예상체결수량을 증가시키거나 매수호가 잔량을 증가시켜 일반투자자들로 하여금 매수세가 유입되는 것으로 오인하게 하거나 실제로 매수세를 유인할 수 있다.

이를 제한하는 이유는, 시종가 관여 매수주문을 지속적으로 반복적으로 한다면 이는 경제적 합리성을 가지지 못한 행위로 볼 수밖에 없고, 종가 거래량의 대부분을 매수한다면 다른 일반 시장참여자의 투자기회를 현저히 제한할 수 있다는 점에서 시장의 공정성을 저해한다고 볼 수 있기 때문이다[276].

시가에 대한 정보는 장 개시 전 호가접수 개시(08:00) 이후 10분이 경과한 시점(08:10)부터 예상 체결가격 및 수량이 공개되며 매도매수별 예상 최우선호가의 가격을 포함한 3단계 우선호가의 가격 및 수량이 공개되는데 시가조종은 이러한 예상 체결가격에 직접적인 영향을 미치는 주문을 통해 이루어진다[277].

판례도 "피고인이 동시호가 시간대에 대량의 최고가 매수주문을 냈기 때문에 일반투자자들 입장에서 보면 A사 주식의 매매거래가 성황을 이루고 있는 것으로 오인하여 상한가로 주문을 내거나 기존에 주문을 낸 사람이 취소하지 않을 수도 있어 피고인의 주문이 다른 사람들의 매매거래를 유인했을 가능성도 있으므로 피고인이 동시호가 시간대에 매매거래를 유인할 목적으로 고가매수주문을 낸 경우 주식의 매매거래가 성황을 이루고 있는 듯이 잘못 알게 하는 매매거래"라고 판시하고 있다[278].

예상 체결가격과 같은 가격에 매수주문을 한 경우에도 그 주문으로 인하여 예상 체결가격이 상승하지 않을 뿐 예상 체결수량을 증가시키거나 매수호가 잔량

---

275) 서울고등 2009. 1. 6. 선고 2008노1506 판결
276) 서울남부 2011. 10. 7. 선고 2011고합2267 판결
277) 하은수(2009), 90쪽
278) 서울고등 2005. 1. 14. 선고 2004노2572 판결

을 증가시켜 일반투자자들로 하여금 매수세가 유입되는 것으로 오인하게 할 수 있으므로 예상 체결가격과 같은 가격에 매수주문을 하였다는 점만으로 시세조종 행위에 해당한다고 할 수는 없고 일련의 행위 전체에 비추어 시세조종 행위에 해당할 수 있다[279].

이러한 시종가관여 시세조종은 '낮은 가격에 대량의 허수주문'을 내는 경우도 성립할 수 있다. 즉, 시초가 형성을 위한 동시호가시 호가잔량만 공개되는 점을 이용하여 매매체결 가능성이 없는 낮은 가격에 대량의 허위매수주문을 내어 매수세가 성황을 이루고 있는 듯이 보이게 함으로써 매매가 성황을 이루고 있는 듯이 잘못 알게 한 행위[280]가 여기에 해당한다[281].

또한 시종가 관여주문을 내었다가 이를 '취소'하는 행위를 반복적, 지속적으로 하였을 경우에도 시종가 관여 시세조종행위에 해당할 수 있다[282].

실무상으로도 시종가 관여로 보기 위해서는 해당 주문으로 인해 '실제로' 시종가가 왜곡된 주문과, 시가형성 과정에 수일에 걸쳐 '지속적'으로 시가형성에 개입한 경우만을 문제 있는 주문으로 보는 것이 혐의입증하는 데 더 확실하다고 판단한다[283].

시종가 관여와 밀접한 관련이 있는 것으로서 '윈도우 드레싱(Window Dressing)' 이 있다. 이는 기관투자자 등이 좋은 평가를 받기 위하여 결산기 즈음에 실적악화 종목은 처분하고 실적호전종목은 매수하여 자산운영의 외관이 좋게 보이도록 하는 행위를 말한다.

예를 들어, 일부 기관투자자들의 경우 연·기말의 결산일 직전에 수익률 제고를 위하여 펀드편입 종목의 종가를 인위적으로 관리하는데, 이러한 행위는 시세조종에 해당한다. 즉, 기관투자자들이 종가 무렵에 대량매수한다는 사실은 일반투자자들의 투자판단에 영향을 미쳐 매매가 유인될 수 있고, 장중에는 매수하지 않다가 종가 시간대에 집중하여 매수하는 것은 경제적 합리성이 없는 거래로

---

279) 서울중앙 2011. 1. 28. 선고 2010고합11 판결(대법 2012. 11. 29. 선고 2012도1745 판결로 확정)
280) 서울지법 2001. 1. 17. 선고 99노11300 판결
281) 매수종가 상승관여의 기준은 종가결정 시간대 체결된 주문을 대상으로 '종가의 직전가 대비 상승률, 계좌 매수체결 관여율, 계좌매수 체결량'의 일정한 조건을 동시에 충족되는 경우를 말한다.
282) 금감원(2011a), 239쪽
283) 하은수(2009), 96쪽

서 시세조종으로 볼 수 있다[284].

사례1 : A증권 이사인 갑은 2004. 2. 19. 당시 H은행 주가가 15,800원 전후로 등락하자 낙아웃 옵션계약[285]과 관련하여 주식 종가를 낙아웃가격(15,784원) 이상으로 형성시켜 A은행의 금전적 손실을 회피케 할 목적으로, 매매거래를 유인하기 위하여 14:45경 10만 주 매수주문을 제출하면서 동시호가시간대 들어가기 직전 가격이 15,800원으로 끝날 수 있도록 의도적으로 4만 주의 고가매수주문을 제출하고(실제로 동시호가 직전가격 15,800원으로 형성되었음), 종가 동시호가 마감직전인 14:59:43경 낙아웃 옵션계약을 낙아웃시키기 위하여 15,800원(지정가)에 93만 주의 대량매수주문을 제출하여 종가관여 매수주문을 제출하였고, B사 자금팀장으로 근무하던 피고인 을은 2004. 2. 19. H은행 주식 종가가 낙아웃 가격(15,784원)으로 형성되는 것을 방지함으로써 B사에 금전적 이득을 취하게 할 목적으로, 매매거래를 유인하기 위하여, 종가결정을 위한 동시호가시간대 마감직전인 14:59:37경 H은행 주식의 예상체결가격이 15,800원인 상황에서 시장가로 35만 주의 대량매도주문을 제출하여 예상체결가격 급락(15,800원→15,300원)한 사안에서 피고인 갑이 H은행 주식을 15,800원에 93만 주 대량매수 주문한 것은 공매도 청산의 의도가 있기는 하나 고가매수 주문과 연계하여 전체적으로 보면 H은행 주가를 낙아웃 가격 이상으로 연동시킬 의도로 주문한 것으로서 그 주문으로 인하여 예상 체결가격이 상승하지 않을 뿐 예상체결수량을 크게 증가시켜 일반투자자들로 하여금 매수세가 유입되는 것으로 오인하게 하는 종가관여주문에 해당한다[286]

사례2 : 피고인은 펀드매니저로서 일정 기간 내에 계획된 매수물량을 최대한 낮은 가격에 확보하기 위해 종가 동시호가 시간대에 주식을 매수하는 방식을 택하였을 뿐 매매를 유인할 목적으로 종가관여 주문을 한 것이 아니라고 변명하지만, ①…(중략)… ② 피고인은 장종료 동시호가 시간대에 대량의 주식을 집중적으로 매수하

---

284) 서울중앙 2011. 10. 7. 선고 2011고합2267 판결
285) A은행은 2003. 4. 23. B사로부터 H은행 주식 2,859,370주를 주당 7,930원에 매수하는 동시에 "2003. 6. 27.부터 2004. 6. 28.까지 H은행 주가(종가기준)가 행사가격의 200%(15,784원) 이상인 경우 모든 옵션계약은 소멸한다."는 내용의 낙아웃옵션계약을 체결하였음
286) 서울중앙 2011. 1. 28. 선고 2010고합11 판결. 그러나 다른 유사 사안에서는 knock-out 옵션 계약기간 동안 델타헤지에 따라 매도주문을 한 경우 정상적인 헤지거래에 의한 것이라고 보아 시세조종행위가 아니라고 판단한 것도 있음

여 그 결과 예상체결가 내지 동시호가 직전가 대비 종가를 상승시켰는바, 시장관여율 등에 의하면 피고인이 거의 대부분 장종료 직전인 14:59:50 전후로 대량의 시장가 매수주문 혹은 고가의 지정가 매수주문을 통해 동시호가 체결수량의 4/5에 이르는 주식을 매수한 점을 보면 시세조종 기간 중 67%나 되는 날의 종가가 사실상 피고인의 의사에 따라 형성되었다고 보아야 하고, ③ 장중에 적정가로 주식을 매수하기 위한 어떠한 시도도 없이 오로지 종가매수만 시도한다는 것은 그 자체로서 합리성을 가지지 못한 행위로 보이며 기관투자자인 피고인이 지속반복적으로 장마감 직전인 14:59:50 전후로 시장가 매수주문 등을 통해 동시호가 체결수량의 대부분을 매수한다면 이는 다른 일반 시장참여자의 투자기회를 현저히 제한할 수 있다는 점에서 시장의 공정성을 저해한다고 볼 수 있다[287]

사례3 : 주식회사 갑 주식의 전체 발행 및 유통 주식수, 피고인이 주식을 매수하여 처분하기까지 4일간 실제 거래의 체결 없이 행한 총 1,000만 주 이상의 매수주문량과 그 액수, 약 30%에 이르는 시세관여율, 장중의 매수·매도주문량 및 계속적인 상한가 장세에 비추어 실제로 거래가 체결될 가능성이 없음을 알면서도 14회에 걸쳐 8,944,306주를 상한가에 매수주문하였다가 그 직후 대부분의 매수주문에 대한 취소를 반복하는가하면 마감시간 직전에 6회에 걸쳐 1,312,945주를 상한가로 매수주문하는 등 사실상 대량의 허수매수주문과 종가관리를 통해 매수잔량 혹은 매수주문량의 변동을 심화시킨 점 등을 종합하면 시세조종에 해당한다[288]

(5) 상한가 매수주문

(가) 상한가 매수주문이란 주가가 상한가를 시현하고 있을 때 상한가로 대량의 매수주문을 내어 상한가가 지속되도록 하는 것인데, 일반투자자들이 상한가 매수잔량을 보고 투자판단을 하는 상황에서 상한가가 익일에도 이어지도록 하는 효과가 있다[289]. 매도주문이 없는 상태에서 상한가 매수주문을 한 경우에도 매도물량이 나오게 되면 이를 지속적으로 흡수함으로써 거래량이 늘어나고 이에 따라 주가가 상한가에서 인위적으로 지지되는 것이므로 일련의 행위 전체에 비추어

---

287) 서울남부 2011. 10. 7. 선고 2011고합2267 판결
288) 대법 2006. 5. 11. 선고 2003도4320 판결
289) 서울고등 2009. 1. 6. 선고 2008노1506 판결

시세조종행위에 해당한다.

일반적으로 시세조종을 위한 상한가 매수주문인지 단순히 상한가를 기록하기에 해당 종목을 추종 매수했을 뿐인지 여부가 명확하지 않을 경우에는 '추종매수 증가율'을 확인하게 된다. 추종매수 증가율이란, 상한가 매수주문 직후에 장중시장의 매수호가 총 잔량과 10분 후 총 잔량을 비교하는 것으로서 상한가 주문후 매수호가 총잔량이 감소하였다면 단순 추종매수주문에 불과하다고 보게 된다. 판례도 "피고인이 상한가 등으로 대량의 물량을 확보하고 나아가 그 다음에도 추가적으로 매수주문을 한 것도 해당 종목의 시장상황 등에 따라 당일 상한가가 유지되고 익일 주가가 추가로 상승할 것이라는 판단에 따라 그 물량을 확보하기 위한 경우"에는 추종매수에 불과하여 매매를 유인한 것으로 보지 않았다290).

(나) 상한가 굳히기와 상한가 따라잡기

상한가 굳히기의 경우도 시세조종성 주문이라고 할 수 있다. 즉, 이른바 '상한가 따라잡기'로 주식거래를 하는 일반투자자들의 투자심리를 이용하여 막대한 자본으로 매도물량을 흡수한 후 인위적으로 상한가를 만들고 계속적으로 상한가 매수주문을 허수성으로 넣어 상한가를 유지시킴으로써 다른 투자자들의 매수세를 유인한 후 시세차익을 노리는 방식이다291).

예를 들어, 대량의 고가매수주문 및 물량소진 매수주문을 내어 상한가를 형성한 뒤 체결가능성이 희박한 상황에서 대량의 매수주문을 반복적으로 내고, 장종료 후 시간외 종가 및 시가단일가 시간대와 다음날 장개시 전 시간외 종가 시간대에 매도물량이 거의 없는 상황에서 대량의 매수주문을 내어 매수세가 성황을 이루는 것처럼 오인케 하는 경우292)를 말한다.

이는 상한가에서 매도세와 매수세가 공방을 벌이거나 상한가에 근접한 상황에서 상한가에 매도물량을 압도하는 대량의 매수주문을 내어 일시에 매도물량을 모두 소진시키고 상한가에 매수잔량을 쌓거나, 주가가 상한가를 시현하고 있는 상황에서 상한가에 대량의 매수주문을 내어 상한가 매수잔량을 쌓아 인위적으로 상한가가 지속되도록 하는 시세조종성 주문이다. 이러한 주문은 일반투자자들이

---

290) 서울고등 2014. 5. 30. 선고 2014노465 판결
291) 서울고등 2014. 5. 30. 선고 2014노465 판결
292) 서울고등 2014. 9. 19. 선고 2014노800 판결

상한가 매수잔량을 보고 투자판단을 하는 것을 염두에 두고 상한가가 다음날에도 계속 이어지도록 하는 효과를 목적으로 한다. 따라서 통상 매도잔량이 전혀 없고, 상한가에 매수잔량만 쌓여 있는 상황에서 추가로 매수주문을 하더라도 체결가능성이 희박한 경우, 체결의사 없이 상한가 매수잔량을 쌓아 일반투자자로 하여금 매수세가 성황을 이루는 듯이 잘못 알게 할 의도로 행해지는 허수주문과도 유사하다. 그러나 그와 동시에 매도물량이 나오게 되면 이를 지속적으로 흡수함으로써 주가를 상한가에서 인위적으로 유지되도록 하려는 의도가 있다는 점에서 통상의 허위매수주문과 구별되므로, 이를 '상한가 굳히기 매수주문'이라고 호칭한다.

반대로 "전반적인 상승국면에서 매수물량을 확보하기 위하여 공격적으로 고가매수 또는 상한가 매수주문을 할 만한 동기가 충분한 것으로 보이고, 매수주문 이후에 다른 투자자들이 한 매수주문이 피고인의 매수주문으로 유인된 매수주문에 해당한다고 볼 만한 객관적인 자료가 없는 경우"에는 상한가 굳히기가 아니라 **'상한가 따라잡기'**로 보아 시세조종성 주문으로 보지 않는다[293]. 구체적으로 보면, ① 상한가 매수주문을 내었더라도 압도적인 매수우위의 시장양태를 형성하기 위한 것이 아니라 '시장이 전반적으로 매수세로 돌아선 이후 추가적인 주문'으로 보거나, ② 시간외종가 매매시간 중 상한가매수주문을 했더라도 일반투자자가 추가적인 시세상승을 기대하도록 유인하기 위한 목적이 아니라 익일 주가가 상승할 것이라는 판단에 따라 물량을 확보하기 위한 것으로 보고(특히 다수의 투자자들이 동시다발적으로 매수주문을 하는 상황이 있을 경우), ③ 매수주문 중 미체결 부분에 대해서도, 매수의사 없이 매매가 성황을 이루는 듯이 보이게 하기 위한 허수성 매수주문이 아니라, 추가적인 매도물량이 나올 경우 이를 선점하기 위한 것으로 볼 경우(특히 그 주문 자체가 체결가능성이 없는 저가의 주문이 아닐 경우), ④ 상한가 주문 후 일부 매도를 했더라도 거래가 성황을 이루는 것 같은 외관을 형성하기 위한 것으로 보지 않고 상한가가 유지되지 않을 가능성에 대비한 손실방지 목적으로 해석한다면 상한가 굳히기가 아니라 상한가 따라잡기에 불과하여 시세조종으로 보지 않는다.

사례1 : 혼자서는 상한가를 조성·유지하기가 용이하지 않았고, 해당기간 중 피고인

---

293) 서울고등 2014. 5. 30. 선고 2014노465 판결. 이른바 '정치테마주'에 관한 판결임

의 전체주식 매매량 중 극히 일부인 1% 미만에 불과하고 속칭 정치테마주로서 당시 수많은 투자자들이 활발하게 매매거래에 참여하였던 점, 시장이 전반적으로 매수세에 돌아선 이후에 추가적으로 주문을 제출한 점에 비추어 피고인이 인위적으로 상한가를 만들고 이를 유지시켰다고 단정할 수 없다고 하여 무죄를 선고한 사례[294]

사례2 : 피고인이 주식 물량 대부분(95%)을 보유한 자로서 매매관여율이 비교적 높은 편이기는 하나(일평균 6.3%, 전체거래량 중 57.4%), 피고인의 매매양태는 실거래를 전제로 한 주문이 높고 호가관여율(4.8%)이 낮은 편이어서 매매가 성황을 이루고 있는 듯이 잘못 알게 할 위험성의 정도는 실거래 없는 주문 비중이 높은 경우에 비하여 상대적으로 낮다고 볼 수밖에 없고, 기간 중 매도하거나 매수한 주식의 수량을 합해도 전체 발행주식총수의 1/3 정도밖에 되지 않으며, 피고인이 순매수한 주식수도 1,355주에 불과하므로 주가에 미친 영향력이 크지 않다. 또한 고가매수주문의 경우 시장전체의 매수주문량에 비하여 비중(약 2.3%)이 매우 낮고, 상대호가와 동일한 가격으로 이루어지거나 체결가능성이 높은 가격 범위에서 주문이 이루어진 경우가 대부분을 차지하여 그 주문양태에 있어 시세조종적 요소가 나타나지 않으며, 기간 중 가장매매가 이루어진 비중(약 14%)이나 가장매매로 인한 규모(대부분 하루 10주 이하)가 낮으며, 단주매도나 주식거래비용 절감을 위한 차원에서 가장매매가 이루어진 주식도 상당수를 차지하고 있고, 시종가 관여주문의 횟수나 수량도 비중이 매우 낮으므로 일반적인 시세조종의 양태와는 다르다. 더욱이 이 기간 대규모 공사수주 등 호재성 공시를 다수한 바 있고 유사한 우선주들의 테마주 바람이 불면서 주가가 급등하는 등의 주식시장 분위기나 시장흐름이 유사한 형태의 종목인 이건 주식에도 일정한 영향을 미쳤을 가능성이 있으므로 시세조종을 인정하기 어렵다[295]

(6) 시장가 매수주문

시장가 매수주문이란 매수주문 제출 시에 종목과 수량은 지정하지만 가격을 지정하지 않는 주문으로서 매매주문이 시장에 도달했을 때에 체결 가능한 가격

---

294) 서울고등 2014. 5. 30. 선고 2014노465 판결. 그 외에 '시세조종으로 적시한 기간의 주식매매량이 피고인의 전체 주식매매기간의 1% 미만에 불과한 점, 통정 · 가장매매 및 허위사실유포 등에 대한 증거가 없는 점, 자신의 자금으로 단독으로 매매한 점, 다른 투자자들도 당시 유사한 가격으로 비슷한 규모의 매수주문을 낸 점' 등도 무죄의 근거로 판시했음
295) 수원지법 2013. 1. 31. 선고 2012고합699 판결

(가장 유리한 가격)으로 매매를 체결시키는 주문을 말한다[296].

이러한 시장가주문은 매매거래가 신속히 이루어지고 매도주문이 충분하지 않은 상태에서 시장가 매수주문만 계속 접수되면 가격이 급등할 우려가 있고 이러한 경우는 상한가 주문과 일치하게 되므로 시세조종이라고 할 수 있다[297]. 그러나 이러한 시장가 주문 자체는 자신에게 가장 유리한 가격으로 해당 종목을 확보하게 되므로 시장가 매수주문만을 가리켜 시세조종성 주문이라고 단정할 수는 없다.

그러므로 시장가 매수주문도 다른 주문과 마찬가지로 매매분석을 통해 그 거래 패턴이 합리적인 투자자로서는 설명할 수 없는 것일 경우에 한하여 시세조종의 범의를 추단할 수 있을 뿐이므로 이를 인정하려면 그 외의 여러 요인을 종합적으로 고려하여야 한다.

사례 : 2009. 6. 18. 14:49:27경 현재가 2,190원, 매도1호가 4,299주의 매도주문이 있는 상황에서 갑은 을로부터 건네받은 병 명의 계좌에서 50,000주를 시장가 매수주문하여 주가를 2,240원까지 상승시키고, 18초 후인 14:49:45경 다시 30,000주를 시장가 매수주문하여 주가를 2,250원으로 상승시킨 것을 비롯하여 2008. 11. 24.경부터 2009. 6. 29.경까지 동일한 수법으로 총 3,709회에 걸쳐 4,236,789주의 시장가 매수주문을 한 사안에서 행위자가 A회사 주식의 매매거래가 성황을 이루고 있는 듯이 잘못 알게 하거나 그 시세를 변동시키는 행위를 하였다[298]

라. 고의 및 호가관여율

(1) 고의

주관적 범죄성립요건으로서, 목적범으로서의 '목적' 이외에도 '고의'가 있어야 한다. 즉, 매매거래가 성황을 이루고 있는 듯이 잘못 알게 하거나, 그 시세를 변동시키는 매매거래라는 사실에 대한 고의가 존재하여야 범죄가 성립한다. 이러

---

296) 반대되는 개념으로는 '지정가 주문'이 있음
297) 서울중앙 2010. 9. 3. 선고 2010고합280 판결
298) 서울중앙 2010. 9. 3. 선고 2010고합280 판결

한 주관적 구성요건으로서의 고의는 형법상 '고의'의 개념과 동일하고 위장거래에 의한 시세조종 등의 경우에도 모두 동일한 구성요건이다.

그런데 고의라는 주관적 범죄성립요건은 행위자 내심의 의사이기 때문에 이를 자백하기 전에는 외부에서 쉽게 알 수 있는 것은 아니므로 이러한 고의를 판단하기 위해서는 행위자의 해당 유가증권 거래행태뿐만 아니라, 그 행위자의 직업이나 지위, 경력 등도 매우 중요한 판단기준이 된다. 예를 들어, 증권회사의 임직원 출신일 경우에는 일반적인 투자자들의 고의를 판단하는 것보다는 더 그 범위를 넓게 보아야 할 것이다[299].

사례1 : A, B사가 속해있던 업종별지수 모두 2003. 3. 17.을 최저점으로 지속적인 상승세를 유지하였고 거래 당시 A, B사는 탄탄한 재무구조를 가지고 있었으며 2003년도 영업이익과 순이익이 전년도에 비해 상당히 증가될 것으로 기대되어 증권사에서 투자전망을 대체로 밝게 보고 있었던 사실, 종전거래량, 발행주식수 등에 비추어 피고인들의 매수주문량이 시가에 큰 영향을 줄 정도라고 보기는 어려운 점, 당시 침체되었던 거래가 다시 정상수준을 회복해가는 과정이었고 피고인들이 담당한 펀드 운용방법으로 주식을 매수하였으므로 그 규모가 클 수밖에 없었던 점, … (중략) … 시세조종혐의가 있는 것으로 보고 있는 매수주문은 … (중략) … 거의 발견되지 않는 점, 고가매수주문도 시초가나 종가형성을 위한 단일가격 매매 시 고가매수주문을 집중하는 등의 특징적인 매수형태는 보이지 않고 적극적으로 주식을 매수하고자 직전 체결가에 비하여 다소 높은 가격의 매수주문을 하거나 상대1호가보다 높은 가격의 매도주문량까지 매수하기 위한 것으로 보이는 점, 저가의 매수주문을 한 경우에도 피고인들의 총 매수주문량이나 전체 거래량에 비하여 극히 적은 양이어서 주식시세를 인위적으로 상승시키거나 하락을 저지할 수준이라고 보기 어려운 점, 주식매매 거래기간을 고려해볼 때 주식가격을 인위적으로 상승시키거나 지속적으로 주가를 관리할만한 시간적인 여유가 있었다고 보기 어려운 점, 집중적으로 주식을 매수한 후 일부 매도한 것도 있지만 상당수 주식을 그대로 보유하거나 추가로 매수한 점 등을 볼 때 주식이 내재가치에 비해 저평가된 것으로 판단하고 적극적으로 주식을

---

299) 서울고등 2008. 11. 26. 선고 2008노1251 판결 참고. 이 건은 수년간 증권거래업무에 종사하여 온 '투자상담사'였음

매수하고자 다소 고가 매수주문을 하거나 실제 매수가 가능하다고 판단되는 호가에 매수하고자 저가 분할 매수주문을 하였을 가능성이 높고 시세차익을 취하고 난 후 주가가 일시 하락하기는 하였으나 하락폭이 근소할 뿐 아니라 얼마 후 다시 주가가 상승하고 거래량이 급증한 점, 피고인들 간에 이익을 분배하였다고 볼 만한 증거가 없으므로 시세조종의 범의가 없다[300]

사례2 : 피고인이 시세조종을 시작할 당시 H전자 발행 주식총수는 5,600만 주인데 그룹 수장 등 4,450만 주, 기관투자자 등 법인주주 245만 주, 개인주주 559만 주, 기타 법인주주 2인 344만 주를 소유하고 있었으므로 유통가능한 주식의 최대물량은 800만 주 정도였고 주식매수에 동원하기로 한 자금은 2,200억 원으로서 H전자 주가로 환산하면 1,486만 주 상당이 되며 이는 최대 유통가능 주식물량의 1.84배에 이르는 점, H계열사들은 1차 주식매집기간에는 520만 주를 매수하여 주가를 14,800원에서 32,000원까지 상승시키고 2차 매집기간 중에는 374만 주를 매수하여 주가를 24,200원에서 31,300원까지 상승시켰으며 H계열사들이 사들인 주식 규모는 894만 주, 2,134억 원 상당이 되는 점, H증권은 시세조종 시작 무렵 회사의 대외적 신인도를 높일 필요성이 있었고 실제 시세조종행위 시작 당시 H증권이 보유하던 H전자 주식은 64만 주였는데 시세조종행위 종료시점에 77만 주로 13만 주가 늘었고, 주식의 매매로 인한 수익은 총 58억 원에 이르는 점, 보유하던 H전자 전환사채 2,500억 원도 90억 원의 평가이익을 보았고 나중에 이를 324억 원에 계열사에 매각하여 827억 원의 매각차익을 얻은 점, 자사의 상품계정 및 역외펀드 등에서 H전자 주식 거래로 상당한 수익을 거둔 점, 이러한 이익으로 영업용 순자본 비율이 상당부분 개선된 사실이 있으므로 시세조종의 범의와 유인 목적을 인정하였음[301]

---

300) 서울고등 2005. 10. 19. 선고 2005노1123 판결
301) 대법 2003. 12. 12. 선고 2001도606 판결

4. 허위표시에 의한 시세조종

가. 개념

(1) 자본시장법에서는 "증권 또는 장내파생상품의 시세가 자기 또는 타인의 시장 조작에 의하여 변동한다는 말을 유포하는 행위"(제176조 제2항 제2호, 시세조작 유포 행위)와 "그 증권 또는 장내파생상품의 매매를 함에 있어서 중요한 사실에 관하여 거짓의 표시 또는 오해를 유발시키는 표시를 하는 행위"(제3호, 허위표시 행위)를 금지하고 있다. 이러한 두 경우를 가리켜 '허위표시에 의한 시세조종'이라고 한다302).

허위표시에 의한 시세조종이란 거짓의 표시 또는 오해를 유발시키는 표시 등을 통하여 투자자를 기망에 빠뜨려 매매를 유인하는 행위를 말한다303). 즉, 시장에서 주가조작 행위가 있다는 말을 유포하거나 상대방과 매매를 하면서 중요한 사실에 대해 상대방에게 허위로 표시하거나 또는 오해를 유발하도록 하는 것인데 이러한 행위를 하는 목적은 상대방이나 다른 일반투자자들로 하여금 매매를 하도록 유인하기 위한 것이다.

(2) 이러한 행위를 규제하는 이유는 상장회사 또는 기초자산의 가치에 대한 정보는 증권 또는 장내파생상품의 가격을 움직이고 시세에 강력한 영향을 미치는 요소304)이기 때문이다.

시세조작 유포행위는 이른바 작전세력들에 의하여 행해지기도 하지만, 최근에는 증권사 애널리스트나 투자자문사, 증권방송, 심지어는 증권회사 직원들도

---

302) 구증권거래법 제188조의4 제2항 제2호는 '시세조작 유포행위(유가증권의 시세가 자기 또는 타인의 시장조작에 의하여 변동한다는 말을 유포하는 행위)'를, 제3호는 '허위표시 행위(유가증권의 매매에 있어서 중요한 사실에 관하여 고의로 허위의 표시 또는 오해를 유발하게 하는 표시를 하는 행위)'를 규정하고 있었다.
303) 김정수(2011), 1,125쪽. '시세조작 유포행위'라고도 함
304) 김정수(2011), 1,125쪽

일반투자자에게 특정종목을 허위로 추천하여 시세조작을 꾀하는 경우도 많다[305].

이러한 행위를 규제하게 된 배경에는, 팍스넷 등 인터넷 증권포탈 사이트의 발달로 시세변동 사실의 유포를 쉽게 효과적으로 할 수 있다는 점도 있다. 그러므로 본죄는 장소나 방법을 불문하고 이루어질 수 있으므로 '유포'에는 인쇄물, 통신, ARS, SNS 기타 공개적인 매체에 의한 것뿐만 아니라 개별접촉에 의한 구두전달행위도 포함되는데 소위 작전종목에 대한 정보를 유포하는 행위가 대표적인 사례라고 하겠다[306].

나. 시세조작 유포행위(제176조 제2항 제2호)의 구성요건

(1) 객관적 구성요건

(가) 시세 및 유포하는 말

'시세조작 유포행위'는 주식시장에서의 인위적인 조작행위를 통하여 주식이나 장내파생상품의 시세가 변동될 것이라는 사실을 유포하는 것을 말한다. 예를 들면 증권시장에서 소위 '작전'이 준비·진행 중에 있다는 말을 고의적으로 유포하는 것을 말한다[307].

이러한 시세변동행위는 자기가 조작하든, 타인에 의해서 조작되든 상관하지 않는다. 왜냐하면 시세조작사실의 유포는 일반투자자들에게 유가증권가격 동향에 대한 잘못된 신호를 보내고 이에 따라 일반투자자들이 잘못된 판단에 이르게 할 수 있기 때문이다[308].

'시세'란 유가증권시장에서 형성되는 구체적인 가격을 말하지만[309], 본죄는 증권시장의 가격결정기능을 왜곡하는 행위를 막는 데에 그 목적이 있으므로 그 왜곡행위가 반드시 시장 내에서 이루어질 필요는 없다[310].

또한 시세조작 유포행위의 범의가 있다면 '시세를 상하로 변동시키는 행위뿐

---

305) 대개 이런 사안에서 증권사 임직원 등은 '선행매매'도 문제가 될 수 있다.
306) 임재연(2008), 583쪽
307) 김정수(2011), 1,125쪽 ; 임재연(2012), 879쪽
308) 김성준 외(2007), 291쪽
309) 임재연(2012), 879쪽
310) 김성준 외(2007), 281쪽

만 아니라 변동하는 시세를 인위적으로 고정시키거나 일정한 주가 이상으로 유지시키는 등의 행위'를 하였을 때도 모두 시세조작 유포행위에 포함된다311). 물론 그러한 경우에도 주가를 안정시켜 상대방으로 하여금 '매매에 끌어들이려는(유인)' 목적이 있어야 한다.

(나) 유포 행위

'자기 또는 타인의 시장 조작에 의하여 변동한다는 말'을 유포해야 하는데 이러한 말은 상당히 구체적인 내용이 요구되며 단순히 어느 주식의 가격이 어느 정도까지 상승할 것이라는 정도의 발언이나 일반적인 풍문 수준의 말만으로는 부족하고(이 점에 있어서 제178조제2항의 '풍문의 유포'와 개념적으로 구별할 수 있음) 자기 또는 타인의 시세조작에 의한 시세변동임을 명시적이든 묵시적이든 표시하는 경우에만 제재의 대상이 된다312).

시세조작행위가 있다는 '사실'을 유포하는 행위 자체를 말하므로 시세조작행위가 진실이든 허위든 차이가 없으며313), 이 점에 있어서 제3호와 내용상 구별된다. 그러므로 실제로 주가 등이 조작될 필요도 없고 시세가 변동되는 결과나 실제로 매매가 체결될 것 등을 요건으로 하지 않는다. 즉, 유가증권의 시세를 변동시키는 시장조작을 할 의도나 능력을 갖고 있는지, 이를 이용하여 실제로 유가증권의 매매를 할 것인지, 실제로 유가증권의 시세가 변동되었는지 여부는 본죄의 성립과는 무관314)하다. 그러므로 유포행위가 있으면 그 유포행위의 결과가 어떻든 그 자체만으로 처벌할 수 있다.

'유포행위'는 불특정 다수인에게 알리거나 불특정다수인에게 전파될 것을 예상하고 특정인에게 알리는 행위를 모두 포함한다. 따라서 전파될 것을 예상하지 못하였거나 용인하지 않았을 경우에는 여기에 해당하지 않는다315).

다만 이러한 허위의 사실을 유포하여 제3자를 기망하여 이득을 취하는 경우에는 사기죄가 성립할 수 있으며 이 경우 사기죄와 자본시장법위반(시세조작 유포행위)간에는 실체적 경합관계에 해당한다316).

---

311) 서울중앙 2010. 2. 5. 선고 2009고합690 판결
312) 임재연(2012), 880쪽
313) 김성준 외(2007), 292쪽 ; 김정수(2011), 1,125쪽 ; 임재연(2012), 880쪽
314) 동일한 견해로는 김성준 외(2007), 292쪽 ; 사법연수원(2007), 186쪽
315) 대법 2010. 9. 30. 선고 2010도74 판결

제2호에서는, 제3호에서 규정한 "매매를 함에 있어서"라는 요건이 없으므로 반드시 매매가 수반되어야 하는 것이 아니며 '시장조작에 의하여 변동한다는 말을 유포하는 행위'라고 규정하고 있으므로, 행위자가 그러한 말을 유포하는 것만으로 제2호에서 규정하는 범죄가 성립한다[317].

사례1 : 1997. 9.중순 피고인들 및 당시 B증권 지점장으로 근무하는 정이 함께, 피고인들이 정에게 약 20억 원 상당의 관리하고 있는 고객의 주식을 빌려주면 이를 담보로 주식투자 기금을 마련하고 기관투자가 등과 연계하여 A사의 주가를 인위적으로 상승(소위 작전)시킬 것이니 동 회사의 주식을 매수하라는 취지로 권유하고, 위 사실을 정으로 하여금 자신의 고객들에게 전파되게 하여 A사의 주가를 피고인들이 시장조작에 의하여 인위적으로 변동시킬 것이라는 말을 유포하였다[318]

사례2 : 피고인은 2002. 9. 사실은 A사 주가를 조작하여 끌어올리기 위한 조직과 아무 관련도 없었고 주가조작을 위해 50억 원을 마련해놓지도 않았으며 A사와 B사측으로부터 담보금 1억 원을 제공받기로 약속한 바도 없어 A사 주가를 한 달 안에 8,000원에서 2만 원으로 끌어올릴 능력이나 의사가 없었고, 자신의 지시대로 피해자 갑이 A사 주식매매에 투자를 하였다가 원금손실이 발생하면 갑에게 이를 전액 보전해주거나 원금 보장을 위한 담보로 투자금액의 20%에 해당하는 금액을 지급할 의사나 능력이 없음에도, 을을 통해 갑에게 "A사 사장과 A사를 구조조정했던 B사 사장의 부탁에 따라 우리팀에서 A사 주가를 끌어올리기로 했다. 이를 위해 내가 50억 원을 마련해놓았는데 A사와 B사 측에서 담보금으로 15억 원을 곧 제공하면 즉시 50억 원을 집행하여 우리팀에서 A사 주가를 한 달 안에 8,000원에서 2만 원으로 끌어올릴 것이다. 여유자금이 있으면 A사 주식에 투자하여 내 지시대로 매매를 하면 틀림없이 수익이 날 테니 수익금을 절반씩 나누자. 주가가 하락하여 원금 손실이 발생하면 이는 전액 보전해주겠다. 원금 보장을 위해 투자 금액의 20%에 해당하는 금액을 담보로 당신 계좌에 입금하겠다."라고 거짓말하여 이에 속은 피해자 갑으로 하여금 A사 주식 12,000주를 주당 8,100원에 매수주문하게 하고, 그에 맞추어 병으로 하여금 주식 1만 주를 주당 8,100원에 매도주문하게 하여 즉석에서 매매계약이 체결되

---

316) 서울고등 2004. 6. 23. 선고 2004노714 판결
317) 임재연(2012), 880쪽
318) 서울지법 2002. 3. 6. 선고 2002고단1118 판결

도록 함으로써 병으로 하여금 동액상당의 재산상 이익을 취하게 하고, 피해자 을에게 A사 주식시세가 자기 또는 타인의 시장조작에 의하여 변동된다는 말을 유포하였다[319)

사례3 : 피고인은 A사 경영을 사실상 법적으로 통제하여 주가에 미칠 수 있는 악재를 관리하겠다는 취지의 글을 증권포탈사이트에 지속적으로 게시하고, A사 대표이사와 대학동문임을 강조하면서 A사 경영에 참여하면서 일반인은 알 수 없는 내부정보를 보유하고 A사 주가를 회원들에게 유리한 방향으로 관리하여 안정적인 수익을 얻을 수 있을 것이라고 생각하게끔 글을 게시하였으나, 대표이사는 피고인을 알지 못하였고 대표이사를 만난 자리에서도 피고인은 직접 경영에 참여할 의사를 밝히지 않았으며 내부자정보로 볼 수 있는 이야기도 전혀 없었던 점, 법상 규정된 주총의결권 행사를 위임받기에 물리적으로 시간이 부족하였다고 주장하지만 동 규정은 이 건에 적용되는 것이 아닌 점, 주총소집 통지서 수령 후 불과 3시간 만에 '통지서를 검토하고 금감원에 질의하여 회신 받았다'고 답변한 것으로 보아 유관기관에 질의를 한 것으로 보이지는 않는 등 애초부터 피고인은 의결권위임을 받아 주총에서 행사할 의사가 없었던 것으로 보이는 점 및 피고인이 게시한 글의 서술방식 등 사정을 종합하면 시세조종행위가 인정된다[320)

(2) 주관적 구성요건

현실거래 등에 의한 시세조종에서 언급한 것처럼 매매유인의 목적을 요건으로 하는 '목적범'이다. 또한 매매거래의 개념도 동일하므로 장외거래일지라도 상장증권에서의 매매거래에 영향을 미쳐 장내거래를 유인할 목적이 있었다면 여기에 해당한다.

또한 목적 이외에 '시세가 인위적으로 시장조작에 의하여 변동한다는 말'을 유포하는 행위에 대한 고의가 필요하다. 그러한 인위적인 시장조작이 진실로 믿든 그렇지 않든 차이가 없다. 그러므로 시장조작에 의해 시세가 변동된다는 말을 유포하고 그러한 유포행위로 제3자의 매매거래 등으로 인해 부당한 이득을 보았다면 일단 그러한 범의는 추정된다.

---

319) 서울고등 2004. 6. 23. 선고 2004노714 판결
320) 서울중앙 2012. 11. 29. 선고 2012고합142 판결

따라서 '유포행위'라는 사실의 존재가 입증이 된다면 그러한 간접사실을 통해 매매유인의 목적 및 범의의 존재를 증명하는 데에는 어려움이 없다[321]. 또한 그러한 유포행위가 있으면 족하고 행위자가 실제로 시장조작, 시세조작의 의도가 있을 필요는 없다[322].

다. 거짓표시 또는 오해유발행위(제3호)의 구성요건

(1) 객관적 구성요건

(가) 자본시장법은 "거래소시장에서 증권 또는 장내파생상품의 매매를 함에 있어 중요한 사실에 관하여 거짓의 표시 또는 오해를 유발시키는 표시를 하는 행위"를 금하고 있다(제176조 제2항 제3호). 즉, 거짓의 표시 또는 오해를 유발시키는 행위를 통해서 일반투자자들로 하여금 특정증권 또는 장내파생상품의 시세가 상승 또는 하락할 것이라는 기망에 빠뜨려 매수 또는 매도를 유인하는 행위를 금지하고 있다[323].

본죄 역시 증권시장의 가격결정 기능을 왜곡하여 시세를 조종하는 것을 처벌하는 데에 그 취지가 있으므로[324] 그 왜곡행위가 반드시 시장 내에서 이루어질 필요는 없고[325], 거짓표시를 반드시 매매 상대방에게 하여야 하는 것도 아니다[326]. 매매를 하는 전(全) 과정에서의 행위를 말하므로 매매를 유인하기 위한 단계에서의 허위표시나 오해유발행위를 모두 포함할 뿐만 아니라 매매가 반드시 체결되지 않더라도 범죄가 성립한다.

'거짓의 표시'란 진실이 아닌 허위사실의 표시를 의미하고, '오해를 유발시키는 표시'는 비록 표시된 내용 자체는 진실이지만 다른 사회통념상 일반적인 시장 참여자가 판단하기에 유가증권의 매매와 관련하여 잘못된 결정을 내릴 수 있는

---

321) 김성준 외(2007), 293쪽
322) 임재연(2008), 584쪽
323) 한국증권법학회(2009), 927쪽. '허위표시 유발행위'라고도 함(임재연(2012), 880쪽)
324) 김성준 외(2007), 294쪽
325) 김성준 외(2007), 281쪽
326) 임재연(2012), 881쪽

사실을 의미한다327). 다만, 거짓의 표시가 적극적인 기망행위를 필요로 한다고 보인다는 점에서 오해를 유발시키는 표시가 더 광의의 개념328)이라고 해석되므로 적극적인 허위표시는 아니더라도 공시를 하되 오해를 유발시키기 위해 '필요한 정보를 누락시키는 행위' 또는 부분적 '불공시(non-disclosure)'행위도 여기에 포함될 것이다329).

허위표시나 오해유발행위는 반드시 거래상대방을 향하지 않고 허위사실을 공시하는 등의 방법이나 허위의 기사나 인터넷 자료 등을 생산하여 이를 가지고 직접 오해를 하도록 하거나 또는 상대방이 오해를 한 상태를 이용하는 행위도 당연히 범죄행태에 포함된다고 해석한다. 그러므로 그 행위의 상대방은 특정 소수인이든 불특정다수인이든 모두 해당된다.

또한, 그러한 허위표시나 오해유발은 자신이 직접 생산한 것을 말하겠지만 제3자의 허위표시나 오해유발행위를 이용하는 것도 상관하지 않는다. 다만 그러한 대상이 '중요한 사실에 관한 것'으로 국한됨은 물론이다. 그 대상인 사실이 사소한 것인지 중요한 것인지 여부는 엄격한 증명에 의해서 이를 입증하여야 한다. 또한, 이러한 허위표시 행위나 상대방으로 하여금 오해를 일으키는 행위는 사기죄에 있어서 기망 및 착오의 구조와 유사하므로 사기죄도 구성할 수 있고 이 경우 실체적 경합관계에 있음은 앞에서 설명한 바와 같다.

(나) 거짓의 표시나 오해를 유발하는 행위가 성립되려면 '중요한 사실'에 관한 것이어야 한다. 중요한 사실이란 유가증권의 시세에 상당한 영향을 줄 수 있는 사실로 매매를 결정하는 데에 있어 판단의 기초가 되는 사실을 의미하며 일반투자자의 투자판단에 영향을 미칠 수 있는 것이어야 한다330). 판례는 "중요한 사항이란 미공개정보 이용행위 금지조항에서 정한 '일반인에게 공개되지 아니한 중요한 정보'와 궤를 같이 한다"라고 판시하고 있다331).

중요성 여부를 판단하려면 당해 기업고유의 정보만이 아니라 동종업종의 전망 또는 경쟁업체의 동향 등 기업 외적 정보도 포함된다332). 구증권거래법에서

---

327) 김성준 외(2007), 295쪽
328) 임재연(2012), 881쪽
329) 김정수(2011), 1,126쪽
330) 김정수(2011), 1,127쪽.
331) 대법 2009. 7. 9. 선고 2009도1374 판결
332) 임재연(2012), 881쪽

는 공시사항 중 투자자의 투자판단에 중대한 영향을 미칠 수 있는 정보를 중요정
보라고 규정하였지만, 자본시장법은 허위표시에 관한 시세조종에 있어서 중요정
보에 대한 정의가 없어 수시공시와의 연관관계가 없다. 그렇기 때문에 내부자거
래를 규제하는 제173조의 정의가 그대로 적용되므로 '투자자의 투자판단에 영향
을 미칠 수 있는 정보인지 여부'에 달려 있다고 해석하여야 한다[333].

판례는 "법인경영에 관하여 중대한 영향을 미치는 사실들 중에 합리적인 투
자자라면 그 정보의 중대성과 실제로 그 사실이 발생할 개연성을 비교평가하여
유가증권의 거래에 관한 의사결정을 함에 있어서 중요한 가치를 지닌다고 생각되
는 정보를 말하고, 그 정보가 반드시 객관적으로 명확하고 확실할 것까지 필요로
하지는 않는다"라고 판시[334]하고 있다. 결국 문제된 '허위표시 사실'이 중요한 정
보인지 여부는 특정표시를 둘러싼 여러 상황을 종합적으로 고려하여 사안에 따라
개별적으로 판단할 수밖에는 없다[335].

(다) 제178조 제1항 제2호와의 관계

자본시장법 제178조 제1항 제2호에서도 '중요한 사항에 관하여 거짓의 기재
또는 표시를 하거나 타인에게 오해를 유발시키지 아니하기 위하여 필요한 중요사
항의 기재 또는 표시가 누락된 문서, 그 밖의 기재 또는 표시를 사용하는 행위'를
금지하고 있는데 기본적으로 본조와 동일한 규제이념을 가지고 있다[336].

구성요건만 두고 비교한다면, 중요사항에 관한 '거짓 표시행위'로서 시세조종
규정(제176조 제2항 제3호)과 부정거래규정(제178조 제1항 제2호)이 모두 적
용이 가능한 것으로 보이고 법정형도 동일(10년 이하 징역, 5억 원 이하 벌금)하
다. 다만, 제178조는 제176조에 비해 상대적으로 구성요건 등이 완화되어 있기
때문에 실무적으로는 제178조를 주로 활용하여 왔다. 판례에서도 자본시장법 제
정 이후에 제176조 제2항 제3호의 시세조정규정은 적용된 사례가 없어 사실상
사문화된 조항이라고 할 수 있다[337].

---

333) 김정수(2011), 1,129쪽
334) 대법 1996. 4. 26. 선고 93도695 판결
335) 한국증권법학회(2009), 929쪽
336) 김정수(2011), 1,128쪽
337) 구증권거래법하에서는 "5% 이상 보유 보고 시 주식투자자들의 매수세를 유발하여 시세
    상승의 요인이 된다는 점을 이용하여 거짓 주식대량보고서를 제출한 경우"에 대한 판결이
    1건 있었음(서울지법 1999. 5. 12. 선고 98도13351 판결)

제178조 부정거래는 제176조와는 달리 '매매유인의 목적'이 필요 없으며, 금융투자상품이나 거래장소도 제한을 받지 않고, 매매 이외의 다양한 유형의 거래까지 규제대상으로 하고 있어 제176조의 규제 공백을 보완하는 기능을 한다고 볼 수 있다[338].

(2) 주관적 구성요건

본죄도 역시 매매유인의 '목적'이 존재하여야 한다. 거짓의 표시나 오해유발 행위가 증명이 된다면 그러한 목적이 입증되는 것은 어렵지 않을 것이다.

또한 다른 시세조종과 마찬가지로 '고의'가 구성요건이므로 중요한 사실인데도 거짓의 표시를 하고 오해를 유발시키려는 범의가 존재해야 한다. 따라서 거짓의 표시 및 오해를 유발한다는 점에 대해 명확히 인식해야 하므로 허위인 사실을 진실된 사실이라고 믿고 표시하였을 경우에는 본죄를 구성하지 않는다.

반대로 허위인 사실이라고 믿고 표시하였는데 실은 진실인 사실로 밝혀졌을 경우에는 매매유인의 목적이 있었다고 할지라도 '거짓의 표시'가 아니기 때문에 구성요건상 범죄가 성립되지 않는다고 해석해야 한다. 그러나 대개 후자의 경우에는 본인이 의도한 결과와는 반대의 결과가 나타나기 때문에 상대방이 재산상의 손실을 보지 않거나 또는 부당한 이득을 얻지 못하게 될 것이므로 애당초 범죄 자체가 적발되지 않을 가능성이 높다[339].

구증권거래법에서는 '고의로'라는 요건을 두고 있었지만 법문상 사족에 불과하여 자본시장법에서는 이를 삭제하였다(과실에 의한 행위는 주관적 요건을 결하므로 범죄가 성립되지 않기 때문에 구증권거래법과 동일하다). 다만, 과실에 의한 허위표시는 민사상 책임의 대상이 될 수 있다고 해석하는 견해도 있다[340].

---

338) 서울고등 2011. 6. 9. 선고 2010노3100 판결. 임재연(2012), 881쪽 ; 김정수(2011), 1,151쪽
339) 동일한 견해로는 김성준 외(2007), 295쪽. 동서에서는 '불능미수'에 해당하나 미수범처벌에 관한 규정이 없으므로 범죄가 성립하지 않는다고 설명하고 있다.
340) 김정수(2011), 1,126쪽

5. 위탁 및 수탁행위의 금지

매매가 성황을 이루고 있는 듯이 잘못 알게 하거나 시세를 변동시키는 주문을 제출하는 것뿐만 아니라 이러한 주문을 수탁하거나 위탁하는 행위도 금지된다 (제176조 제2항 제1호). 위장거래에 의한 시세조종에서의 설명이 여기에도 그대로 적용되고, 증권회사 직원이 그와 같은 주문을 부탁받는 경우가 대표적인 사례라고 하겠다.

이러한 규정을 둔 이유는, 주식시장에서는 위수탁받은 증권회사가 해당 주식의 거래를 할 경우에 일반투자자들의 관심을 끌게 되는데, 그러한 이유로 증권시장에서는 거래 사실뿐만 아니라 주문 사실도 일반투자자들의 판단에 영향을 줄 수 있기 때문이다341).

수탁할 당시에 수탁자가 그 주문이 '매매가 성황을 이루고 있는 듯이 잘못 알게 하거나 시세를 변동시킬' 의도를 가지고 행해지고 있다는 사실을 인식해야만 처벌이 가능하다342).

위탁행위만으로도 처벌이 가능하기 때문에 실질적으로 '매매가 체결되지 않더라도' 매매가 성황을 이루고 있는 듯이 타인에게 그릇된 판단을 하게 하는 행위만 있으면 구성요건에 해당되어 처벌이 가능하다. 다만, 위탁을 하였다는 것만으로는 의미가 없고 실제로 거래소 시장에서 호가되어야 하고, 실제로 체결되지 않은 경우라도 다르지 않다343). 대표적인 사례로는 허수호가를 들 수 있다.

---

341) 동일한 견해로는 박정호 외(2012), 87쪽
342) 김정수(2011), 1,120쪽
343) 김정수(2011), 1,108쪽

제4절 시세고정 · 안정을 목적으로 하는 시세조종

1. 개념

(1) 자본시장법에서는 상장증권 또는 장내파생상품의 시세를 고정시키거나 안정시킬 목적으로 그 증권 또는 장내파생상품에 관한 일련의 매매 또는 그 위탁이나 수탁을 하는 행위를 금지하고 있다(제176조 제3항)[344].

이러한 행위를 규제하는 것은, 비록 적극적으로 시세를 상승시키거나 하락시키는 행위는 아니지만 인위적으로 시세를 고정(fixing) 또는 안정(stabilizing)시키기 위한 매매거래 등도 증권시장의 가격결정기능을 왜곡한다는 점에서 시세조종에 해당하기 때문이다[345]. 즉, 적극적으로 시세를 변동시키는 것은 아니고 소극적으로 시세를 특정 수준에 유지시키는 것이라고 할지라도 자유로운 수요와 공급을 통한 공정한 가격형성을 저해하기 때문이다[346].

이러한 규정을 둔 취지는 안정조작에 대한 별도의 처벌규정을 두어 다른 시세조종 행위와는 구별하여 처벌하려는 목적도 있겠지만, 안정조작을 원칙적으로 법에 의하여 금지하되 다른 시세조종행위와는 달리 안정조작이 필요한 경우 법에서 규정한 요건을 충족하는 때에는 이러한 안정조작을 일정한 범위 내에서 허용하려는 목적도 있다고 할 수 있다[347].

(2) 안정조작이란 유가증권시장에서 유가증권의 시세에 영향을 미치는 행위이므로 시세조종행위의 한 태양이지만 유가증권의 시세를 적극적으로 조작하거나 변동시키는 것이 아니라 현재의 시세를 소극적으로 유지시킨다는 면에서 개념상 구별된다. 또한 소극적 목적인 형태이기 때문에 현실거래에 의한 시세조종과

---

344) 구증권거래법 제188조의4 제3항에서 규정한 내용과 거의 동일함
345) 한국증권법학회(2009), 930쪽 ; 김성준 외(2007), 296쪽
346) 김정수(2011), 1,130쪽
347) 서울중앙 2010. 2. 5. 선고 2009고합690 판결

는 달리 시세 고정이나 안정의 목적만을 요할 뿐 유인할 목적까지는 필요하지 않
다는 점에서도 차이가 있다.

다만, 자발적인 수요와 공급에 의해 형성되어야 할 시세에 명백히 영향을 주
는 행위이기 때문에 원인과 결과에 있어서는 시세조종행위와 큰 차이는 없으므로
원칙적으로 금지한 것이다.

이에 대해서는 시세를 소극적으로 유지하려는 안정조작을 시세의 적극적인
변화를 노리는 현실거래에 의한 시세조종보다 엄격히 규제하는 태도가 합리적인
것인지에 대해서는 의문을 표시하는 견해348)도 있다.

(3) 시세고정이나 안정조작행위에 대해서 원칙적으로 금지하고 있으나(광의
의 안정조작), 특별한 상황에서 시세를 고정 또는 안정시키는 것이 오히려 투자
자보호를 위해서 또는 해당 증권의 안정적인 가격형성을 위해서 바람직하기 때문
에349) 예외적으로 허용하는 경우가 있는데 이를 가리켜 '협의의 안정조작'이라고
한다.

예외적으로 이를 허용하는 이유는 다른 시세조종과는 달리, 증권발행 전이나
상장 후 증권가격이 하락하여 증권을 매수한 투자자들이나 회사가 막대한 손해를
입는 것을 방지하기 위해서350) '제한된 조건'을 충족하는 경우에는 일정한 범위
내에서 이를 허용하려는 것이다. 그 '제한된 조건'에 따라 안정조작을 했다면 시
세조종행위의 성립요건인 '매매거래 유인 목적'이 인정되지 않을 것이다351).

자본시장법에서는 '협의의 안정조작(stablilzation)'과 '시장조성(market making)'
이라는 2가지 형태의 예외를 허용한다. 다만, 안정조작과 시세조종은 시장에 대
한 인위적인 간섭으로 투자자의 오해를 야기할 위험이 크므로 행위주체, 공시, 가
격제한 등 상세한 규정을 두고 있다352). 따라서 이 규정은 안정조작과 시장조성
을 원칙적으로 금지하면서도 동시에 엄격한 조건하에 예외적으로 허용하는 근거
규정이 되기도 한다353).

---

348) 김건식(2006), 297쪽
349) 한국증권법학회(2009), 930쪽 ; 김정수(2011), 1,130쪽
350) 김성준 외(2007), 296쪽
351) 서울중앙 2010. 2. 5. 선고 2009고합690 판결
352) 구증권거래법에서도 동일한 규정(시행령 제83조의8 제1항)이 있었음
353) 대법 2004. 10. 28. 선고 2002도3131 판결

이러한 협의의 안정조작, 시장조성의 법적인 성격에 대해서 구성요건해당성 조각사유, 위법성조각사유, 처벌조각사유라는 견해들[354]이 있다. 그러나 법문구 성상 단서조항으로서 예외사유를 규정하고 있는 점으로 볼 때는 위법성조각사유 가 아니라 구성요건해당성이 없다고 보아야 한다. 그러므로 이러한 예외사유에 해당할 경우에는 그 부존재의 입증책임은 검사에게 있고, 검찰 내부 결정과정에 서는 '죄안됨'이 아니라 '무혐의' 처분을 하여야 한다[355].

가격고정(pegging)과 관련해서는 미국의 Harris v. US(1931) case가 있다. 이 판결에서 법원은 임의적인 가격고정은 내부 거래로서 공공의 시장에서 형성된 가격으로 볼 수 없기에 그 자체가 부실표시라고 판단한 바 있다[356].

2. 구성 요건

가. 주관적 구성요건 ; 목적범

'시세를 고정시키거나 안정시킬 목적'이 있어야 한다. 이러한 '목적'은 엄격한 증거에 의하여 증명되어야 하며 목적범에 관한 형사법의 법리가 여기에도 그대로 적용된다.

시세의 '고정'은 어느 특정 가격으로 시세를 유지하여 변동하지 않게 하려는 것을 말하며, '안정'은 어느 특정 범위 내의 가격으로 시세를 유지시키려는 것을 말한다. 그렇지만, 증권시장에서의 시세란 거래가 없을 경우를 제외하고는 계속 해서 변동하는 것이기 때문에 사실상 고정이나 안정이라는 개념보다는 시세를 어 느 범위 내에서 일정하게 '유지'한다는 의미가 강하다.

---

354) 김성준 외(2007), 304쪽에서는 "원칙적으로 위법한 행위지만 법령이 정한 바에 따라 일 정한 절차를 준수한 경우 이를 허용해준다는 점을 고려할 때 위법성조각사유로 보는 것이 타당"하다고 설명한다.

355) 구증권거래법상 규정의 위임에 대해, 죄형법정주의의 원칙에 반하므로 헌법에 위반된다 고 결정한 바 있음(헌재 2005. 5. 26. 선고 2003헌가17 결정)

356) 하은수(2009), 58쪽

주식의 시세를 고정시키거나 안정시킬 목적은 주식의 현재 시장가격을 고정시키거나 안정시키는 경우뿐 아니라, 행위자가 일정한 가격을 형성하고 그 가격을 고정시키거나 안정시키는 경우에도 인정된다[357]. 따라서 주식을 높은 가격으로 자전거래시키기 위하여 시장조작을 통해 높은 가격을 형성하는 매매거래를 하고 그 가격으로 자전거래를 하였다면 그 매매거래행위는 주식의 시세를 고정시킬 목적으로 한 것이라고 인정할 수 있으므로 규제의 대상이 된다[358].

사례1 : 피고인은 BIS비율을 맞추려는 A은행의 요청에 따라 그 은행이 보유하고 있는 P회사의 주식 133,198,370주와 L회사의 주식 3,778,920주를 높은 가격으로 자전거래시키기 위하여 1997. 12. 23. 전장 동시호가에서 P회사의 주식 25만 주를 1주당 전일 종가보다 3,600원이 높은 50,600원에, L회사의 주식 10만 주를 1주당 전일 종가보다 1,200원 높은 18,100원에 각 매수주문을 내고, 주문가대로 매매거래를 성사시켜 그날 전장 시초가를 주문가대로 형성시킨 다음, A은행이 보유한 L회사의 주식을 그 가격으로 자전거래시키고, 같은 날 오후 동시호가에서 P회사의 주식 19만 주를 위와 같은 가격인 50,600원에 매수주문을 내어 주문가대로 매매거래를 성사시켜 후장 시초가를 주문가대로 형성시킨 다음, A은행이 보유한 P회사의 주식을 그 가격으로 자전거래시킨 사실을 인정할 수 있는데 주식을 높은 가격으로 자전거래시키기 위하여 시장조작에 의하여 높은 가격을 형성하는 매매거래를 하고 그 가격으로 자전거래를 하였다면 그 매매거래 행위는 유가증권의 시세를 고정시킬 목적으로 한 것이라고 인정할 수 있다[359]

사례2 : 갑은 을과 투자일임계약을 체결하면서 갑은 자금을 자사주펀드와 같은 개념으로 운용해달라고 요청하였는데 자사주펀드는 본질적으로 주가 안정을 목적으로 하는 것이므로 주가 안정을 부탁한 것으로 보이는 점, 다른 종목은 매수하지 않고 B주식 한 종목만 사는 내용이어서 일반적인 투자일임매매와는 다른 점, 주식운용역들은 매일 회의를 통해 주식을 매수하고 그 수익률을 을에게 보고하고 을은 B주식에 관한 자금운영을 자산운용역인 병에게 담당하도록 하면서 병으로부터 매일 매수현

---

357) 임재연(2008), 589쪽 ; 김성준 외(2007), 299쪽. 시세의 고정과 안정은 미국 증권거래법에서의 "fixing or stabilizing prices"라는 개념을 도입한 것이라고 설명한다.
358) 대법 2004. 10. 28. 선고 2002도3131 판결
359) 대법 2004. 10. 28. 선고 2002도3131 판결

황을 보고받은 점, B주식의 경우 전체거래량이 적어 상대적으로 장마감전 동시호가 매매체결량의 비중이 높아 종가에 행하여지는 주문은 장중보다 주가에 미치는 영향력이 크다고 할 수 있는데 시세조종성 주문의 호가관여율은 평균 3.5%이고 장마감전 동시호가 시간대의 호가관여율 평균은 31%에 달하여 장마감전 동시호가에서 매수 체결된 비중이 전체 32.27%를 차지하는 등 종가관여주문을 반복해서 내거나 물량소진 매수주문으로 장중에 주가를 올려놓고 다시 종가관여 주문을 하여 종가를 상향 고정시키려는 행위가 반복적으로 이루어진 점, 주문을 위탁하는 기관의 의도가 주가를 인위적으로 변동하고자 하는 데 있는 이상 계약체결이 어떠하더라도 증권사 재량의 여지는 별로 없는 점 등 시세고정 또는 주가안정 목적 시세조종을 인정하였음[360]

나. 객관적 구성요건

행위의 객체는 상장증권 또는 장내파생상품이고, 이러한 대상에 대한 '일련의 매매 또는 그 위탁이나 수탁을 하는 행위'를 구성요건으로 한다. 따라서 장외거래는 그 대상에서 제외되지만 위탁, 수탁의 경우는 장외에서 행해지더라도 위탁, 수탁의 대상이 되는 매매거래가 장내에서 이루어진다면 범죄가 성립한다[361].

구증권거래법에서는 단순히 '매매'라고만 규정하였으나 자본시장법에서는 '일련의 매매'라고 구성요건을 다르게 규정하였다. 그러므로 1회의 매매만으로도 범죄를 구성하는지 여부가 문제가 되는데 구증권거래법상 판례는 "유가증권의 시세를 고정시키거나 안정시킬 목적은 유가증권의 현재의 시장가격을 고정시키거나 안정시키는 경우뿐 아니라 행위자가 일정한 가격을 형성하고 그 가격을 고정시키거나 안정시키는 경우에도 인정되고 행위자가 그러한 목적을 가지고 매매거래를 한 것이라면 그 매매거래가 일정한 기간 계속 반복적으로 이루어져야 하는 것이 아니라 한 번의 매매거래만으로도 구증권거래법 제188조의4 제3항의 구성요건을 충족한다"라고 판시[362]한 바 있다. 이러한 구증권거래법상의 판례 해석은 자본시장법에도 동일하게 적용된다고 해석하므로 1회의 매매만으로도 범죄가

---

360) 서울중앙 2012. 11. 16. 선고 2012고합270 판결
361) 김성준 외(2007), 298쪽
362) 대법 2004. 10. 28. 선고 2002도3131 판결

성립한다고 보아야 한다[363].

또한, 구증권거래법에서는 '단독 또는 공동으로'라는 문구로 인해 공동정범에 관한 법리가 적용되는지 의문점이 있었으나[364], 자본시장법에서는 이러한 문구가 없으므로 일반 형사범의 공동정범에 관한 법리가 적용된다.

사례1 : A사 대표이사인 피고인은 A사에서 발행한 해외전환사채의 전환신청이 임박한 상태에서 회사 주가가 하락국면에 있자, 주가가 하락하면 추가 조정전환 가격조건(Refixing 조건)으로 인해 전환주식 수가 대폭 증가하고 이로 인해 피고인의 지분율을 유지하기 위한 추가 주식매수에 수십억 원이 소요될 것이 예상되자 주가 하락을 인위적으로 저지할 것을 마음먹고, 피고인은 자금을 대고 을은 주가조작 전문가를 물색하여 피고인에게 연결시켜주며 병, 정은 위 돈으로 3개 계좌를 이용하여 시세조종주문을 내기로 공모하여, 주식 거래가 성황을 이루고 있는 듯이 잘못 알게 하고 매매거래를 유인할 목적으로 … (중략) … 총 31회 114,250주를 직전가 또는 상대호가 대비 고가매수주문하는 방법으로 주가를 인위적으로 상승시키는 등 6. 16.경부터 24.경까지 A사 주가하락을 방지하거나 매매거래가 성황을 이루고 있는 듯이 잘못 알게 하여 주가를 11.3% 상승 상태로 인위적으로 조작하여 3억700만 원의 부당이득을 취하였음[365]

사례2 : 2003. 8. 11. 갑이 운영하던 A사와 B사 사이에 주식교환 방법의 합병에 대한 이사회 개최 및 공시가 있었고 2003. 9. 23. 합병을 위한 임시주주총회가 예정되어 있었던바, 당시 이사회 결의 후 A사 주가가 합병을 반대하는 주주들의 주식매수청구권 행사 예정가격 1,884원에 미치지 못하여 다수 주주들의 주식매수청구권 행사가 예상되자, 주식매수청구권행사를 최소화시키는 한편, 두 회사의 합병 시 발생되는 합병신주물량으로 인해 주가가 하락하는 것을 방지하기 위해 을에게 주식매수청구권 행사가격 이상으로 주가가 유지될 수 있게 주가를 부양해달라고 부탁하면서 3,000만 원과 A사 주식 36만 주를 건네주고, 을은 주가부양에 성공할 경우 A사 주식

---

363) 김정수(2011), 1,131쪽 ; 한국증권법학회(2009), 932쪽
364) 김성준 외(2007), 299쪽에서는 형법 제30조의 공동정범 규정이 적용되지 않는다고 설명한다. 그러나 이 용어는 앞서 언급한 것처럼 미국법을 번역해서 도입하는 과정에서 불필요하게 삽입된 용어에 불과하므로 삭제하는 것이 타당하고, 설령 그런 문구가 있더라도 형법상 공범규정이 적용되는 것은 당연하다.
365) 서울중앙 2004. 4. 16. 선고 2004고합261 판결

50만 주를 받는 조건으로 승낙한 뒤 갑으로부터 받은 주식 중 10만 주를 사채업자에게 담보로 제공하고 주식 5만 주와 7,760만 원이 입금된 증권계좌와 주식 5만 주와 9,700만 원이 입금된 증권계좌를 개설받고, 을의 처 명의 증권계좌 등 3개 계좌에 주식 일부를 분산 입고하는 등 5개 계좌를 이용하여 A사 주가를 시세조종하였음[366)

사례3 : A사 대표이사인 갑은 2002. 9. 23. 회사 주식을 주당 공모가 8,500원에 코스닥에 등록한 후 9. 25.부터 주식매매가 시작되었으나 주가가 계속 하락하여 주간사 회사의 시장조성가격(공모가의 80%)인 6,800원 이하로 떨어지려는 상황에 처하자 2002. 10. 2.을 명의의 위탁계좌를 이용하여 2,000주를 직전가 6,800원 대비 10원 높은 6,810원에 매수주문하여 전량 6,800원에 체결시켜 주가를 상승시킴으로써 시장조성가격 이상으로 끌어올리는 매매거래를 하는 등 A사의 주식시세를 안정시킬 목적으로 9. 26.부터 10. 9.가지 사이에 6,810원부터 7,020원 사이의 가격에 27,630주를 매수하였음[367)

3. 예외 - 협의의 안정조작 및 시장조성

가. 협의의 안정조작

(1) 개념

협의의 안정조작이란, 증권의 모집 또는 매출의 청약기간의 종료일 전 30일의 범위에서 대통령령으로 정하는 날부터 그 청약기간의 종료일까지의 기간 동안 증권의 가격을 안정시킴으로써 증권의 모집 또는 매출을 원활하도록 하기 위한 거래를 말한다[368).

협의의 안정조작을 허용하는 이유는 증권을 공모하기 전에 유가증권시장에

---

366) 서울중앙 2007. 6. 22. 선고 2007고합11 판결
367) 대전지법 2004. 4. 23. 선고 2003노3303 판결
368) 김정수(2011), 1,132쪽 ; 임재연(2012), 882쪽 ; 김성준 외(2007), 300쪽. 협의의 안정조작을 '안정조작'이라고 표현하기도 함

서 기존 거래증권의 가격안정을 통해 새로이 발행되는 증권을 원활히 소화하도록 하기 위한 것이다. 즉, 이러한 조작을 통해서 선의의 투자자가 피해를 입지 않도록 하기 위한 장치라고 할 수 있다[369].

여기서 '유가증권'이란 신주발행 시에는 상장된 구주이고 전환사채 발행 시에는 전환대상유가증권을 말하는데, 구주 또는 전환대상 유가증권의 가격이 일정 수준에 미치지 못하면 신주발행에 있어서 대량실권이 발생할 것이고 전환사채의 모집이 거의 이루어지지 않을 것이다[370].

이러한 안정조작은 유가증권시장에서 자연스럽게 형성된 유가증권의 시세에 대해서 인위적으로 간섭한다는 점에서 볼 때 일반적인 시세조종행위, 특히 현실거래에 의한 시세조종행위에 속한다고 볼 수 있다. 그러나 유가증권시장에서 유가증권을 공모할 경우 그로 인해 발생할 수 있는 시장으로부터의 충격을 완화시킬 필요가 있으므로, 안정조작이나 시장조성을 목적으로 한 유가증권 거래일지라도 법령에서 정하는 기간·가격 및 주체 등에 관한 엄격한 조건하에 예외적으로 허용하고 있는 것이다[371].

즉, 유가증권의 모집, 발행 과정에서 증권가격이 급격히 하락한다면 기존 주주나 새로운 주주들 모두 손실을 입게 되고, 이처럼 신주 인수의 위험성이 증가할수록 투자자들은 신주인수를 꺼리게 될 것이며 회사는 신주발행을 통한 자금확보가 어렵게 되고 심지어 신주발행 계획이 알려지면 주가가 하락하는 현상도 발생할 수 있는데 이는 주식시장 전체에 악영향을 미쳐 유가증권 발행시장의 기능을 마비시킬 수 있다. 따라서 예외적으로 시장조성을 허용함으로써 유가증권 발행 후 가격이 급락하는 것을 막을 수 있고 투자자들을 쉽게 유인[372]함으로써 결과적으로 발행시장의 안정을 꾀할 수 있는 것이다.

물론, 유가증권의 모집, 매출을 원활히 하기 위한 목적이 있었다거나 주가를 고정시키려는 목적이었을 뿐이라고 할지라도 다른 시세조종의 불법적인 목적이나 불법적인 방법이 동원되었을 경우에는 이러한 예외에 해당하지 않는다. 즉, 이와 같이 예외적으로 허용되는 시장조성이나 안정조작의 요건을 갖추지 아니한 채

---

369) 한국증권법학회(2009), 932쪽
370) 임재연(2008), 586쪽
371) 대법 2004. 10. 28. 선고 2002도3131 판결
372) 김성준 외(2007), 303쪽

특정 회사의 주식을 주가폭락 없이 매도 또는 매수할 수 있도록 거래 당사자들과 미리 통정하여 주식을 대량으로 매매하는 행위에 가담하고, 그 행위 시에 그러한 불법목적이 있었다면 시세조종행위로서 범의가 인정된다[373].

(2) 방법 및 절차

자본시장법에서는, 투자매매업자가 일정한 절차와 방법에 따라 그 증권의 모집 또는 매출의 청약기간의 종료일 전 30일의 범위 내에서 어느 날부터 그 청약기간의 종료일까지의 기간 동안 증권의 가격을 안정시킴으로써 증권의 모집 또는 매출을 원활하도록 하기 위한 매매거래를 허용한다. 이와 같이 요건을 엄격하게 제한하는 것은 안정조작 또는 시장조성을 명분으로 내세워 증권의 공정한 가격형성과 유통저해를 유발하는 것을 방지하기 위한 것이다[374].

투자매매업자란 모집 또는 매출되는 증권의 발행인 또는 소유자와 인수계약을 체결한 투자매매업자로서 "① 증권신고서(모집, 매출)를 제출하는 경우에는 그 신고서에 안정조작이나 시장조성을 할 수 있다고 기재된 투자매매업자, ② 증권신고서(모집, 매출)를 제출하지 않는 경우에는 인수계약의 내용에 안정조작이나 시장조성을 할 수 있다고 기재된 투자매매업자"를 말한다(시행령 제203조). 시장조성의 경우에도 투자매매업자의 개념은 동일하다.

모집 또는 매출되는 증권 발행인의 임원 등 일정한 자가 투자매매업자에게 안정조작을 위탁하는 경우에도 안정조작을 허용하는데, 이 경우 '안정조작을 위탁할 수 있는 자'는 별도로 정해져 있다(시행령 제206조).

투자매매업자는 투자설명서에 "안정조작을 할 수 있다는 뜻, 안정조작을 할 수 있는 증권시장의 명칭"을 모두 기재해야 한다. 다만, 위 ②의 투자매매업자의 경우에는 인수계약의 내용에 이를 기재하여야 한다(시행령 제204조 제1항).

투자매매업자는 투자설명서나 인수계약의 내용에 기재된 증권시장 외에서는 안정조작을 하여서는 아니 된다(제2항).

또한, 투자매매업자는 안정조작을 할 수 있는 기간(안정조작기간) 중에 최초의 안정조작을 한 경우에는 지체 없이 일정한 사항을 기재한 안정조작신고서를

---

373) 대법 1998. 12. 8. 선고 98도3051 판결
374) 임재연(2012), 884쪽

금융위와 거래소에 제출하여야 한다(제3항).

투자매매업자는 특정한 경우, 그 정하는 가격을 초과하여 안정조작의 대상이 되는 증권(안정조작증권)을 매수하여서는 안 된다(제4항). 이는, 안정조작을 하는 증권회사가 자의적으로 가격을 조작하여 시장을 교란하는 것을 방지하고 부당한 안정조작이 없었더라면 모집, 매출되는 유가증권을 매수하지 않았을 투자자를 보호하기 위한 것이다[375].

투자매매업자는 안정조작을 한 증권시장마다 안정조작 개시일부터 안정조작 종료일까지의 기간 동안 안정조작증권의 매매거래에 대하여 해당 매매거래를 한 날의 다음 날까지 일정한 사항[376]을 기재한 안정조작보고서를 작성하여 금융위와 거래소에 제출하여야 한다(제5항). 그리고 금융위와 거래소는 안정조작신고서와 안정조작보고서를 3년간 비치하고[377], 인터넷 홈페이지 등을 이용하여 공시하여야 한다(제6항).

안정조작에 관한 법 제176조제3항제1호에서 '대통령령으로 정하는 날'이란 모집되거나 매출되는 증권의 모집 또는 매출의 청약기간의 종료일 전 20일이 되는 날을 말한다. 다만, 20일이 되는 날과 청약일 사이의 기간에 모집가액 또는 매출가액이 확정되는 경우에는 그 확정되는 날의 다음 날을 말한다(제7항).

나. 시장조성

(1) 개념

시장조성(market making)이란, 투자매매업자가 대통령령으로 정하는 방법에 따라 모집 또는 매출한 유가증권의 수요·공급을 그 증권이 상장된 날로부터 1개월 이상 6개월 이하의 범위에서 조성하는 매매거래를 말한다(제176조 제3항 제2호)[378].

---

375) 임재연(2008), 590쪽
376) 1. 안정조작을 한 증권의 종목, 2. 매매거래의 내용, 3. 안정조작을 한 투자매매업자의 상호
377) 초일은 다음과 같음 1. 안정조작신고서 : 접수한 날, 2. 안정조작보고서 : 안정조작 종료일의 다음 날
378) 김정수(2011), 1,133쪽

즉, 일정기간 동안 유가증권의 시장가격 하락 등을 방지하여 유가증권의 수요와 공급을 원활히 함으로써 그 가격이 일정한 시세 이하로 하락하는 경우 당해 유가증권의 인수인이 일정가격을 유지하기 위하여 당해 유가증권을 매입하는 것을 말한다379). 협의의 안정조작과 마찬가지로 자본시장법에서는 엄격한 조건하에 이를 허용하고 있다. 여기서 '일정기간'이란 모집되거나 매출되는 증권이 상장된 날부터 1개월 이상 6개월 이하의 범위에서 인수계약으로 정하는 날까지의 기간을 말한다(시행령 제205조 제4항).

이러한 시장조성을 합법적으로 허용하는 이유는 공모발행으로 대량의 물량이 시장에 공급됨에 따라 가격이 급격히 하락할 가능성이 있기 때문에 이러한 위험을 사전에 예방하기 위해서이다.

판례도 "시장조성이라는 제도는 우리의 유가증권 발행과 유통시장이 매우 취약함을 전제로 유가증권의 모집 및 매출 업무를 담당하는 주간증권사에 특별히 부과하는 의무로서 시장경제와 자유경제적 원칙에 비추어 예외적으로 인정하는 것"이라고 판시380)함으로써 이러한 위험을 사전 예방한다는 점을 지지하고 있다.

(2) 방법 및 절차

시장조성을 할 수 있는 투자매매업자 및 이를 위탁하는 주체는 안정조작의 경우와 동일하고(시행령 제203조), 이러한 투자매매업자가 시장조성을 하려는 경우에는 일정한 사항을 기재한 시장조성신고서를 미리 금융위와 거래소에 제출하여야 한다(시행령 제205조 제1항).

투자매매업자는 시장조성의 대상이 되는 증권의 모집 또는 매출가격을 초과하여 매수하거나 모집 또는 매출가격을 밑도는 가격으로 매도하여서는 안 된다. 다만, 권리락 · 배당락 또는 이자락이 발생한 경우에는 이를 고려하여 계산한 가격을 기준으로 한다(제2항). 이는 시장조성 자체가 모집 또는 매출한 증권이 상장되어 시장에서 거래가 될 때 그 가격을 최소한 보호해주고 또한 모집 또는 매출한 가격을 일정기간 보장한다는 취지이기 때문이다381).

---

379) 김성준 외(2007), 300쪽 ; 임재연(2008), 586쪽
380) 대법 2002. 9. 24. 선고 2001다9311 판결. 이 제도의 변천에 관해서는 김정수(2011), 1,134쪽 이하 참조
381) 한국증권법학회(2009), 934쪽

안정조작에서 언급한 '투자설명서, 안정조작보고서, 안정조작보고서 비치기간' 등에 관한 규정은 시장조성에서도 이를 그대로 준용하고(제3항), 그 외에 시장조성신고서·시장조성보고서의 서식과 작성방법 등에 관하여 필요한 사항은 금융위가 정하여 고시한다(제5항).

제5절 현·선 연계에 의한 시세조종

1. 개념

(1) 자본시장법 제176조 제1항 내지 제3항에서는 증권시장과 장내파생상품시장에서 개별적으로 일어나는 시세조종행위를 금지하고 있다. 그런데, 증권시장(현물시장)과 장내파생상품시장(선물시장)은 서로 밀접한 연관성을 가지고 움직이기 때문에 두 개의 시장을 연계하여 시세를 조종할 수 있다[382].

즉, 장내파생상품은 증권시장에서 거래되는 상품을 기초자산으로 해서 파생된 상품들이기 때문에 장내파생상품의 가격은 그 자체로서의 가치보다는 기초자산의 가격변동에 의해 직접적인 영향을 받을 수밖에 없고, 그런 이유로 기초자산의 가격에 대한 인위적 조작행위를 규제할 필요가 있다(제1호, 제2호).

또한 현물시장과 선물시장의 연계 외에도 각 시장 내에서 현물과 현물, 장내파생상품과 장내파생상품을 각각 연계한 시세조종도 가능하므로 같은 이유로 규제할 필요가 있다(제3호).

자본시장법 제176조 제4항에서는 ① 장내파생상품의 매매에서 부당한 이익을 얻거나 제3자에게 부당한 이익을 얻게 할 목적으로 그 장내파생상품의 기초자산의 시세를 변동 또는 고정시키는 행위(제1호), ② 장내파생상품의 기초자산의 매매에서 부당한 이익을 얻거나 제3자에게 부당한 이익을 얻게 할 목적으로 그 장내파생상품의 시세를 변동 또는 고정시키는 행위(제2호), ③ 증권의 매매에서 부당한 이익을 얻거나 제3자에게 부당한 이득을 얻게 할 목적으로 그 증권과 연계된 증권으로서 대통령령으로 정하는 증권의 시세를 변동 또는 고정시키는 행위(제3호) 등을 금지하고 있고, 제443조 제1항 제7호에 이에 대한 처벌규정을 두고 있다.

---

382) '연계시세조종'이라고도 함(임재연(2012), 888쪽)

(2) 본래 2000년 선물거래법 개정 시에 현선연계 시세조종행위를 규제하는 조항을 신설하였고 자본시장법에서는 이를 그대로 도입하였다[383]. 이는 구증권거래법에는 없었던 규정이지만, 주식연계증권(ELS)[384], 주식워런트증권(ELW)[385]과 같은 파생상품결합증권의 거래가 매우 활발해졌고 이들을 기초자산으로 하는 개별주식과 연계하여 시세를 조작할 개연성이 커졌기 때문에 앞으로는 장내파생상품끼리 연계한 즉, 선·선 연계 시세조종행위에 대한 규제조항도 신설하여야 할 것이다[386].

이처럼 현·선 연계 등에 의한 시세조종은 가격 조작의 대상이 되는 상품과 그 결과로서 부당한 이득을 얻게 되는 상품이 각기 분리되어 있어 이를 적발하기란 매우 어렵고, 또한 적발하더라도 서로 분리된 거래자의 동일성 또는 연계성의 파악도 매우 어렵다[387]. 따라서 가격조작상품과 이익획득상품이 동일한 전통적인 시세조종행위와는 많은 면에서 차이가 있다[388].

---

383) 임재연(2012), 889쪽 참조
384) 주가연계증권(Equity Linked Securities)은, 주가지수 연계증권이라고도 하는데 주가 또는 지수의 변동에 따라 만기 지급액이 결정되는 증권으로서 투자자는 만기 시에 원금과 일정 이윤을 받게 된다. 투자자금의 일부는 채권투자를 통해 원금을 일정부분 보장하고 나머지는 주가지수 또는 개별 종목의 등락에 연동해 수익률을 결정하는 옵션 등으로 구성된 파생상품의 일종이다.
385) 주가워런트증권(Equity Linked Warrant)은, 개별 주식의 가격이나 주가지수와 연계해서 미리 매매시점과 매매가격을 정한 뒤 약정된 방법에 따라 해당 주식 또는 현금을 사고 팔수 있는 권리가 주어진 증권을 말한다.
386) 김정수(2011), 1,141쪽에서는, "실제로 개별주식선물과 KOSPI200 선물 또는 옵션을 연계하거나 개별주식선물과 개별주식옵션을 연계한 불공정거래의 가능성이 존재하기 때문에 이를 입법화해야 한다."고 설명한다.
387) 김정수(2011), 1,137쪽 ; 한국증권법학회(2009), 934쪽
388) 임재연(2012), 889쪽

2. 구성요건

가. 주관적 구성요건 : 목적범 및 고의

자본시장법에서 열거하는 3가지 형태의 현·선 연계 시세조종행위는 다른 시세조종 범죄처럼 목적범이므로 형사법상의 목적범의 법리가 그대로 적용된다. 자본시장법 제176조 제3항의 경우에는 '시세를 고정시키거나 안정시킬 목적'만으로 요건으로 하는 데 비해, 제176조 제4항에서는 3가지 형태의 행위를 금지하면서 모두 '부당한 이익을 얻거나 제3자에게 부당한 이익을 얻게 할 목적'을 요건으로 하고 있으므로 이러한 목적이 없을 경우에는 범죄가 성립하지 않는다.

제1호에서는 '장내파생상품의 매매에서 부당한 이익을 얻거나 제3자에게 부당한 이익을 얻게 할 목적'이 있어야 하고, 제2호에서는 '장내파생상품의 기초자산의 매매에서 부당한 이익을 얻거나 제3자에게 부당한 이익을 얻게 할 목적'이 있어야 하며, 제3호에서는 '증권의 매매에서 부당한 이익을 얻거나 제3자에게 부당한 이익을 얻게 할 목적'으로 구별되어 있다.

이러한 3개 행위에서는 시세를 변동하거나 고정하는 행위를 모두 금지한다는 공통점이 있기는 하지만 그러한 행위의 목적에서 요구하는 행위의 객체는 각기 '장내상품, 장내파생상품의 기초자산, 상장이나 등록 여부와 관계없는 증권'을 대상으로 한다는 점에서 차이가 있다.

나. 객관적 구성요건

(1) 개념

장내파생상품[389]의 개념상 그 기초자산의 시세를 변동하거나 고정시키는 행

---

389) 장내파생상품이란, 파생상품으로서 한국거래소가 개설하는 거래시장에서 거래되는 것 또는 대통령령이 정하는 해외 파생상품시장에서 거래되는 것을 말한다. 대통령령으로 정하는 해외 파생상품거래란 ① 런던금속거래소의 규정에 따라 장외(파생상품과 비슷한 시장으로

위 자체는 불법이라고 볼 수는 없지만 그러한 변동이나 고정시키는 행위가 '부당한 이익'을 얻을 목적으로 이루어진 경우에는 불법이다.

따라서 '장내파생상품의 매매' 과정에서 불법적인 목적으로 그 장내파생상품의 기초자산의 시세를 변동하거나 고정시키는 행위가 존재하여야 한다(제1호).

본래 파생상품이란 "1. 기초자산이나 기초자산의 가격·이자율·지표·단위 또는 이를 기초로 하는 지수 등에 의하여 산출된 금전 등을 장래의 특정 시점에 인도할 것을 약정하는 계약, 2. 당사자 어느 한쪽의 의사표시에 의하여 기초자산이나 기초자산의 가격·이자율·지표·단위 또는 이를 기초로 하는 지수 등에 의하여 산출된 금전 등을 수수하는 거래를 성립시킬 수 있는 권리를 부여하는 것을 약정하는 계약, 3. 장래의 일정기간 동안 미리 정한 가격으로 기초자산이나 기초자산의 가격·이자율·지표·단위 또는 이를 기초로 하는 지수 등에 의하여 산출된 금전 등을 교환할 것을 약정하는 계약"에서의 각 권리를 말하므로(제5조 제1항), 그러한 기초자산의 시세를 변동이나 고정시키는 행위를 구체적으로 열거하기는 곤란하다.

자본시장법에서 말하는 '기초자산'이란 "① 금융투자상품, ② 통화(외국 통화 포함) ③ 일반상품(농산물·축산물·수산물·임산물·광산물·에너지에 속하는 물품 및 이 물품을 원료로 하여 제조하거나 가공한 물품, 그 밖에 이와 유사한 것), ④ 신용위험(당사자 또는 제삼자의 신용등급의 변동, 파산 또는 채무재조정 등으로 인한 신용의 변동), ⑤ 그 밖에 자연적·환경적·경제적 현상 등에 속하는 위험으로서 합리적이고 적정한 방법에 의하여 가격·이자율·지표·단위의 산출이나 평가가 가능한 것"을 말한다(제4조 제10항).

(2) 장내파생상품의 매매에서 기초자산의 시세변동(고정) 행위

장내파생상품의 매매에서 부당한 이익을 얻을 목적 등으로 그 장내파생상품의 '기초자산의 시세를 변동 또는 고정'시키는 행위를 규제하고 있다(제176조 제

해외에 있는 시장)에서 이루어지는 금속거래, ② 런던귀금속시장협회의 규정에 따라 이루어지는 귀금속 거래, ③ 미국선물협회의 규정에 따라 장외에서 이루어지는 외국환거래, ④ 일본의 상품거래소법에 따라 장외에서 이루어지는 외국환거래, ⑤ 선박운임선도거래업자협회의 규정에 따라 이루어지는 선박운임거래, ⑥ 그 밖에 국제적으로 표준화된 조건이나 절차에 따라 이루어지는 거래로서 금융위가 정하여 고시하는 거래(대륙 간 거래소의 규정에 따라 장외에서 이루어지는 '에너지 거래') 중 어느 하나에 해당하는 거래를 말한다.

4항 제1호). 제1호에서 장내파생상품의 '기초자산의 시세'를 변동(고정)시키는 행위를 규제하는 것과는 달리 장내파생상품 '자체의 시세'를 변동(고정)시키는 행위를 금지하고 있다는 점에서 차이가 있다.

이는 현물을 이용하여 선물시장에서 이익을 취하는 행태이므로 '현·선 연계에 의한 시세조종' 또는 '순방향 연계 시세조종'이라고 하며, 대표적인 유형의 시세조종이라고 할 수 있다. 그러므로 시세조종행위는 현물시장에서 이루어지고 이익은 선물시장에서 얻게 되는 것이다.

예를 들어, 선물의 포지션을 취한 후 현물시장에서 집중적인 매도 또는 매수를 함으로써 지수를 변동시키고 그 변동으로 인해 선물시세의 변동을 유도하여 이전에 선물에서 취해놓은 포지션을 통해 이익을 취득하는 연계거래를 말한다[390].

'시세 변동 또는 고정'의 개념은 앞서 시세고정 또는 변동을 위한 시세조종에서 언급한 내용과 같다.

여기서는 '매매'에 있어서의 시세조종행위를 규제하는 것이기 때문에 그러한 매매가 반드시 체결되지 않아도 범죄는 성립하며 부당한 이익이 발생할 가능성만 있으면 족하므로 실제 부당한 이득이 발생할 것을 요건으로 하지도 않는다.

KOSPI200 지수선물이나 지수옵션이 장내파생상품시장에서 주도적이었던 과거의 경우와는 달리 최근에는 개별주식을 기초자산으로 하는 다양한 파생상품들이 상장되어 거래되고 있고, 삼성전자와 같은 KOSPI200 지수에 대한 영향력이 매우 큰 종목은 대량매수 또는 매도에 의하여 KOSPI200 지수의 급등락을 초래할 수 있기 때문에 양 시장을 연계한 시세조종의 개연성은 상대적으로 매우 커지고 있다고 볼 수 있다[391].

(3) 장내파생상품의 기초자산의 매매에서 해당상품의 시세변동(고정) 행위

제176조 제4항 제2호에서는, 장내파생상품의 기초자산의 매매에서 부당한 이익을 얻을 목적 등으로 그 장내파생상품의 시세를 변동 또는 고정시키는 행위를 규제하고 있다. 이는 선물을 이용하여 현물시장에서 이익을 취하는 행위를 금지하는 조항이다. 양 시장을 이용한 시세조종의 경우 대부분은 현물시장에서 시

---

390) 김정수(2011), 1,137쪽 참조
391) 한국증권법학회(2009), 935쪽 ; 임재연(2012), 891쪽

세조종을 하고 이익은 선물시장에서 취하는 형태이기 때문에 이 경우를 '선·현 연계 시세조종' 또는 '역방향 연계 시세조종'이라고 한다.

'시세 변동 또는 고정'의 개념은 앞서 시세고정 또는 변동을 위한 시세조종에서 언급한 내용과 같다.

다만, 파생상품은 증권에 비해 시세를 변동시키기가 어렵고 선물시장의 규모상 선물시장에서 시세를 변동시켜 현물시장에서 이익을 얻기 위하여는 필요한 비용이 너무 커서 시세조종의 실익이 거의 없기 때문에 그 가능성은 크지 않다[392].

(4) 현물시장에서의 서로 연계된 현물의 시세변동(고정) 행위

제176조 제4항 제3호에서는 증권의 매매에서 부당한 이익을 얻을 목적 등으로 그 증권과 연계된 증권으로서 대통령령으로 정하는 증권의 시세를 변동 또는 고정시키는 행위를 금지하고 있다(제3호). 현물시장에서의 연계된 증권 간의 시세조종이므로 '현·현 연계 시세조종'이라고 한다.

현물시장에서 거래되는 증권들 중 가격의 변동이 직접 연계된 증권들이 있어 특정 증권의 시세를 조작하여 다른 증권의 거래를 통해 얻은 이익을 취하는 행위가 가능하기 때문에 이를 규제하는 조항으로서 자본시장법에서 새롭게 도입된 유형이다[393].

시세조종이 가능한 연계증권의 범위는 시행령에 별도로 규정하고 있다(시행령제207조). 시행령에서는 그 유형을 구체적으로 열거하고 있으나 실제로 현재 우리 주식시장에서 우려가 큰 것은 시행령 4호의 유형이고[394] 주가연계증권 (ELS)이 여기에 해당한다.

다만, 이에 대해서는 ELS에 적용하는 것은 죄형법정주의의 원칙에 반하고 금융공학의 발전을 입법이 따라가지 못하는 것을 이유로 반대하는 견해[395]도 있다.

---

392) 임재현, 자본시장법, 891쪽
393) 김정수(2011), 1,138쪽. ELS와 관련된 문제에 대해서는 임재현, 자본시장법, 893쪽 참고
394) 김정수(2011), 1,139쪽.
　　시행령 제4호. 파생결합증권의 매매에서 부당한 이익을 얻거나 제3자에게 부당한 이익을 얻게 할 목적인 경우에는 그 파생결합증권의 기초자산으로 되는 다음 각 목의 어느 하나에 해당하는 증권, 가. 전환사채권이나 신주인수권부사채권, 나. 교환사채권(가목, 다목 또는 라목과 교환을 청구할 수 있는 것만 해당한다), 다. 지분증권, 라. 증권예탁증권
395) 임재현, 자본시장법, 895쪽

제6절 벌칙 등

1. 공범

가. 개념

(1) 미공개중요정보를 이용하여 부당한 이득을 얻는 경우에는 단독범행이 가능하지만, 주식시장처럼 비교적 완전경쟁이 이루어지는 곳에서 시세조종을 통해 부당한 이득을 얻으려는 행위는 단독범행으로는 쉽지는 않다. 따라서 시세조종 불공정거래행위에는 공범들에 의해 이루어지는 경우가 흔한데 이러한 공범들에 의한 시세조종행위에 대해서는 형법상의 공모공동정범, 교사범, 방조범(종범)의 개념이 그대로 적용된다[396].

구성요건의 내용에 따라 공범 유무를 따지자면, 통정거래에 의한 경우에는 당연히 2인 이상의 존재를 전제로 하는 필요적 공범인 범행 형태지만 차명계좌를 이용하거나 현실거래유인을 위한 시세조종의 경우에는 단독범행도 가능하다. 그렇지만 단기간에 특정종목이나 특정 유가증권의 시세를 조작하는 데에는 여러 명이 동시에 역할이나 행위를 분담하여야 시세조종의 효과를 극대화할 수 있으므로 시세조종범죄에서는 공범으로 이루어지는 범행이 많다.

(2) 자본시장법에서는 시세조종에 대해 따로 공범에 관한 규정을 두고 있지는 않다. 다만, 시세조종와 관련된 거래를 '위탁하거나 수탁하는 행위(제176조 제1항 제4호 등)'에 대해서 규정을 두고 있는데 이 경우 위탁자와 수탁자간에는 사전에 시세조종이라는 목적을 공유하거나 이를 인식할 경우에는 공범이 될 수도

---

396) 공범이라 함은 공동정범, 교사범, 방조범(종범)을 포함하는 광의의 개념이지만 협의로는 공모공동정범(형법 제30조)을 말한다. 형법각론의 제규정은 단독범을 전제한 것이지만 2인 이상이 반드시 존재해야만 성립하는 범죄는 필요적 공범이라고 한다.

있다.

그러나 그러한 시세조종에 대한 인식이 없는 증권회사 직원에게 해당 주식 거래에 관한 위탁만 하는 경우에는 '간접정범397)'의 형태로도 범행이 이루어지는 것이기 때문에 그 경우에는 공범이 성립되지는 않는다. 위탁과 달리 '수탁'의 경우에는 수탁자가 그러한 위탁자의 시세조종의 목적을 인식하여야만 비로소 범행이 성립하므로 개념상 수탁자의 경우에는 공범이 성립될 수밖에는 없다.

나. 시세조종의 공동정범

(1) 의사의 연락

(가) 공동정범이란 '2인 이상이 공동하여 죄를 범한 때'에 성립하는 범죄를 말하며, 2인 이상이 공동하여 죄를 범할 때 각각의 관여자를 공동정범이라고 한다. 공동정범은 각자를 그 죄의 정범으로 처벌하도록 규정하고 있다(형법 제30조). 교사범은 타인을 교사하여 죄를 범하게 하는 자를 말하며 이때 교사란 타인에게 범행의 결의를 일으키는 행위를 말한다. 그러므로 이미 범행의 결의를 갖고 있는 자에 대해서는 교사범이 성립하지는 않는다. 교사범은 피교사범, 즉 정범과 동일한 형으로 처벌한다(형법 제31조 제1항). 방조범이란 타인의 범죄를 방조하는 자를 말하는데 '방조'란 타인의 범죄실행을 물질적 또는 정신적으로 돕는 자를 말하고 그 형을 정범의 형보다 감경하도록 되어 있다(형법 제32조 제2항).

공범 관계에서 공모는 법률상 어떤 정형을 요구하는 것이 아니고, 2인 이상이 공모하여 어느 범죄에 공동가공하여 그 범죄를 실현하려는 의사의 결합만 있으면 되는 것으로서, 비록 전체 모의과정이 없었다고 하더라도 수인 사이에 순차적으로 또는 암묵적으로 상통하여 그 의사의 결합이 이루어지면 공모관계가 성립하고 공모자 중 일부가 구성요건적 행위 중 일부를 직접 분담하여 실행하지 않은 경우라 할지라도 전체 범죄에 있어서 그가 차지한 지위, 역할이나 범죄과정에 대

---

397) 간접정범은 크게 보면 공범의 범위에 속하기는 하겠지만 단독범의 형태이기 때문에 엄밀히 말하면 공범은 아니다. 이는 '어느 행위로 인하여 처벌되지 않는 자 또는 과실범으로 처벌되는 자를 교사 또는 방조하여 범죄행위의 결과를 발생하게 한 경우(형법 제34조 제1항)'를 말한다.

한 지배 내지 장악력 등을 종합해볼 때 단순한 공모자에 그치는 것이 아니라 범죄에 대한 본질적 기여를 통한 기능적 행위지배가 존재하는 것으로 인정된다면 공모공동정범으로 인정된다[398].

따라서 이러한 공모나 모의행위는 범죄사실을 구성하는 것으로서, 범죄구성요건 사실처럼 이를 인정하려면 직접증거로서 엄격한 증명을 필요로 한다[399]. 만약 행위자가 그 실행행위에 직접 관여한 사실을 인정하지만 공모 및 범의를 부인하는 경우에는 이러한 주관적 요소로 되는 사실은 사물의 성질상 범의와 상당한 관련성이 있는 간접사실을 증명하는 방법에 의하여 이를 입증할 수밖에 없고 무엇이 상당한 관련성이 있는 간접사실에 해당할 것인가는 정상적인 경험칙에 바탕을 두고 치밀한 관찰력이나 분석력에 의하여 사실의 연결상태를 합리적으로 판단하여야 한다[400].

공범 간에 의사의 연락이란, 수인 사이에 순차적으로 또는 암묵적으로 상통하여 의사의 결합이 이루어지면 공모관계가 성립하기 때문에 명시적인 의사의 연락을 요건으로 하는 것은 아니다. 따라서 주식매집을 통한 주가상승의 부분에 대하여 공모가 인정된다면, 이를 위하여 실행한 구체적인 행위 중 시세변동 거래행위 이외에 부수적으로 수반될 것으로 예상되는 거래상황 오인·오판 목적의 통정매매 및 매매거래 유인목적의 거래상황 오인행위 부분도 모두 공모자들 사이에 묵시적으로 의사의 연락이 있었다고 보아야 한다.

(나) '**포괄일죄의 일부에 공모공동정범으로 가담한 경우**'에는 비록 그 가담한 때에 이미 이루어진 종전의 범행을 알았다고 할지라도 그 가담 이후의 범행에 대해서만 공모공동정범으로서 책임을 지는 것이 원칙[401]이다.

그러나 허위매수주문, 통정매매 등에 의한 시세조종의 경우에는 불공정거래행위에 해당하는 수개의 행위를 단일하고 계속된 범의하에 일정기간 계속하여 반복한 범행이라고 할 것이므로 다수의 공범들이 상당한 기간에 걸쳐 주식의 매수, 매도를 반복하면서 시세조종을 하는 범죄의 경우에는 선행자가 후행자의 매도를 전제로 주식을 매수하고 후행자 역시 선행자의 매수 없이 그 주식을 매도할 수

---

398) 대법 2009. 2. 12. 선고 2008도6551 판결. 우리 판례는 공모공동정범에 관해서 '행위지배설'의 입장이다.
399) 대법 2002. 7. 26. 선고 2001도4947 판결
400) 대법 2000. 3. 14. 선고 99도4923 판결
401) 대법 1997. 6. 27. 선고 97도163 판결

없으며 주가조작이 행하여진 전체기간의 중간에 범죄에 개입하였더라도 이들은 선행자의 행위를 인식하고 이를 이용하려는 의사의 연락이 있었다고 보아야 한다 (공동가공 의사의 존재). 또한 선행자의 선행행위로 만들어진 상황을 이용하면서 (공동가공 행위의 존재) 실행에 참가한 것이라고 보아야 하므로 전체기간 동안의 시세조종행위로 인한 책임을 부담한다402).

사례1 : 피고인이 을, 병 등과 공모하여, 1999. 10.초 A증권사 주식 매집을 원하는 병의 의사를 피고인이 을에게 전달하여, 을이 1999. 10. 7.부터 11. 17.까지 8개 계좌로 시세조종을 하였는바, 피고인과 을, 병의 공모내용은 'A증권사의 주가상승을 위한 주식매집'으로 요약할 수 있는데, 주식매집은 모회사의 사모유상증자를 고가에 하고자 자회사인 A증권사 주가상승이 필요하였다는 점 외에도 A증권사 주식 70%를 보유 중인 모회사 대주주 입장에서 주가상승으로 인한 차익을 얻자는 것도 전제되어 있다고 볼 수 있는 점, 병이 피고인을 통해 을에게 매집을 부탁한 주식물량은 당시 유가증권 시장에서 유통 중이던 주식물량의 50%에 해당하는 것으로서 정상적인 유통시장에서 이러한 물량을 단순히 시장에서 매입만 하는 방법으로는 원하는 물량을 확보하지도 못한 채 주식 가격이 비정상적으로 급등하는 등 부작용으로 원하는 가격대로 도저히 매입할 수 없는 점, 이를 잘 알고 있는 을로서는 통정매매와 허수주문 등의 방법을 고가매수와 병행하여 진행하는 방법으로 일반투자자들로 하여금 A증권사 주식을 매도하도록 하고 다시 이를 매수한 후 일정한 고가에 다시 매도한 후 다시 이를 매수하는 등 일정 기간에 걸쳐 매도와 매수를 반복하면서 A증권사 주식 물량을 비교적 저가에 확보하면서 아울러 주가 상승도 시도한 점, 피고인은 증권회사에서 직장생활을 시작하여 직접 주식 매매를 담당하는 펀드매니저 등으로 장기간 근무한 경력이 있고 범행 당시 A증권사 대표이사로 근무하고 있었으므로 피고인이 을과 더불어 공모할 당시 을이 이러한 방식으로 A증권사 주가를 상승시키는 주식매집을 할 것인지 잘 알고 있었다고 보는 것이 경험칙에 부합한 점 등 주식매집 공모과정과 그 이유, 을의 주식 매집과정, 일반적인 유가증권 유통시장에서의 시제조종수법 등 제반사정을 종합하면, 주식매집을 통한 주가상승이라는 부분에 대한 공모를 인성하는 이상, 이를 위한 구체적인 행위 중 시세변동 거래행위 이외에 이에

---

402) 서울고등 2004. 2. 9. 선고 2003노3094 판결

부수적으로 수반될 것으로 예상되었던 통정매매 및 매매거래 유인목적의 거래상황 오인행위 부분도 공모자들 사이에 묵시적으로 의사의 연락이 있었다고 보아야 한다[403](원심은, 피고인 등이 시세조종행위의 수법에 대하여까지 구체적으로 공모하였다거나, 을에게 시세조종행위의 방법에 관하여 포괄적으로 일임하였다는 점을 인정할 만한 증거가 없다는 이유로 무죄를 선고하였음)

사례2 : 피고인은 갑 등과 공모하여 시세조종을 한 사실이 없고 갑 등이 시세조종을 하고 있다는 사실을 전혀 모른 채 갑의 지시에 따라 증권사 직원으로서 매매주문을 냈을 뿐이라고 주장하였으나, 피고인이 경찰에서, "주식 시세조종이나 통정매매를 한다는 것을 말해주지 않아 몰랐으나 일하면서 알게 되었는데 특정 시세조종 대상 주식을 의뢰받아 일정한 주가를 유지시켜주거나 의뢰인이 당일 몇 주를 얼마에 매수, 매도하도록 의뢰한 것에 대해 갑이 을이나 병이 모집한 증권계좌 자금을 이용하여 증권사에 매매주문을 하는 방법이었다."라고 진술하였고, 검찰에서는, "갑이 대형주를 매매하지 않고 코스닥 저가주 위주로 매매를 하였기 때문에 주식거래를 정상적으로 하지 않고 있다는 것을 알았다."라고 진술한 점, 을은 경찰에서, "제가 아는 바로는 갑이 외부에서 다른 사람들과 계약하여 돈을 받아와 그 돈으로 특정종목을 매매하고 주가를 올려주거나 유지시켜 주는 것으로 보입니다. 제가 증권계에 몸담고 있었고 갑이 주식을 정상적인 방법으로 거래하지 않는다는 느낌은 충분히 갖고 있었기 때문에 의도적으로 알려고 하지 않았다."라고 진술하고 있는 점 등을 종합하면, 피고인이 갑, 을 등과 암묵적으로 상통하여 시세조종행위를 하였음을 충분히 인정할 수 있다[404]

사례3 : 피고인들의 A주식에 대한 공모여부에 대하여, 첫째 피고인들 간에 매수기간이 조금씩 달라 매매행태에 적지 않은 차이가 있고, 둘째 주문IP(유동)가 같다고 하여 같은 컴퓨터에서 주식 매매주문을 냈다고 단정하기 어려우며, 셋째 피고인들 사이에 이익금 분배가 이루어졌다는 점을 인정할 증거가 없고 넷째 피고인들이 A주식이 저평가되었다고 판단하고 독자적인 판단에서 주식매매를 하였다고 볼 여지가 있는 점에 비추어 보면 공모하였다고 보기 어렵다[405]

403) 대법 2002. 7. 26. 선고 2001도4947 판결
404) 서울고등 2010. 4. 1. 선고 2010노215 판결
405) 서울중앙 2012. 12. 28. 선고 2011고합414 판결. 판결이유에서 설시하고 있는 내용대로라면 공범으로 보아도 무방하다고 보이므로 이 판결의 결론은 수긍하기 어렵다.

사례4 : 을은 2001. 9. 갑과 공모하여 시세조종을 하여 처벌받은 전력이 있고, B은행에서 지금까지 B은행 계열 저축은행 주식관련 업무를 총괄하는 지위에 있었던 자로서 주식거래 분야에 있어서는 오랜 경력과 지식이 있었던 점, 을은 갑의 지시에 따라 B은행 주식을 매매하고 나머지 저축은행 담당자들에게 갑의 매매지시를 전달하였으며, 주식거래가 끝나고 나면 각 저축은행별 매매보고서를 취합해서 이를 보고하는 역할까지 담당하였으므로, 매일 이루어지는 주식매매패턴과 주가 상승효과 등에 대하여 충분히 인식할 수 있었던 점 등을 종합해보면 을은 비록 갑과 A은행이 보유하고 있는 B은행 주식 및 B은행 계열 저축은행이 보유하고 이는 13개 종목 주식의 시세조종에 관하여 미리 모의한 것은 아니라고 하더라도, 갑의 지시에 따라 주식매매를 할 경우 시세조종에 해당할 수 있다는 점을 인식하고 있었음에도 그에 따른 주식매매 주문을 함으로써 시세조종행위에 결정적인 역할을 수행하였으므로 공동정범이 성립한다[406]

(2) 실행행위의 분담

공동정범은 공동가공의 의사라는 주관적 요건과 공동가공의 사실이라는 객관적 요건이 구비되어야 한다. 공동가공의 사실은 실행행위 분담이라는 형태로 나타나는데 실행행위의 분담은 원칙적으로 구성요건의 일부를 실행하는 것을 말한다. 공동정범 중에서, 공범들 사이에 공동의 의사연락은 있으나 범죄의 실행행위에 직접 가담하지 않는 자를 공동정범으로 인정하는 경우를 공모공동정범이라고 한다. 그러므로 실제로 주가조작을 지시만 하고 구체적인 시세조종행위에 가담하지 않은 대주주나 경영진 등의 경우에도 시세조종의 공동정범으로 처벌할 수 있다.

사례1 : 피고인은 코스닥상장법인 A사, 비상장법인 B, C사 등 4개사 대표이사임과 동시에 비상장법인 9개 회사 대주주로서, 2006. 10. 15. 100억 원 상당의 A사 주식 1,105,000주를 H공대 등에 기부하기로 발표하였는바, 발표 후 주가가 하락할 경우 하락분만큼 추가로 주식을 출연해야 하는 부담을 회피하고자 B사 이사 을에게 B사 자금으로 A사 주식을 매수하여 주가하락을 방지할 것을 지시하고 다시 2008. 7.초

---

406) 서울중앙 2013. 7. 19. 선고 2012고합766(병합) 판결

을에게 B, C사 등 관계사 자금으로 A사 주식을 매수하여 주가하락을 방지할 것을 지시하였는데 피고인이 시세조종기간 중 을에게 1주일에 2, 3회 주가를 물어보거나 시세표를 본 적이 있고, 을은 피고인으로부터 주식이 저평가되어 있다는 말을 듣고 피고인의 지시로 주식을 매집하기 시작하였으며 금융위기로 주가가 4,000원 이하로 떨어지자 피고인이 주가방어를 거론하거나 주가방어 일환으로 주식을 사서 받치라고 지시한 것 같다고 진술하고, 피고인이 내근 중일 때는 일자별로 주가를 피고인에게 보고하였으며 주가가 하락할 때는 피고인이 추가로 노력해보자면서 무리하게 주문을 낸 적이 있었고, 피고인이 장중에 갑자기 현황을 보고하라든가 공격적으로 매수하라고 지시하면 부하직원에게 좀 더 공격적으로 매수하라고 지시하였던 사실 등을 고려하면 피고인이 을의 시세조종행위에 관여하였다고 봄이 상당하다[407]

사례2 : 피고인은 자금조달에 어려움을 겪고 있는 갑에게 코스닥 상장회사를 인수하여 증자를 통해 사업자금을 조달할 수 있다는 제안을 하였고, 갑은 을, 피고인과 협의를 거쳐 J사 경영권을 인수하기로 한 후 사채업자들을 끌어들여 대규모 유상증자를 추진한 사실, 피고인은 그 과정에서 갑에게 유상증자 시 주가방어의 필요성을 제기하고 시세조종 전문가인 정을 갑에게 소개해준 사실, 피고인은 J사 주가조작을 위한 모임에 수차례 참석하여 의견을 개진하였고 정과의 연락도 피고인이 주로 담당한 사실, 갑은 피고인 등과의 협의를 거쳐 정에게 시세조종 대가로 30억 원을 주기로 하였고 정에게 돈을 주는 자리에 피고인도 같이 있었던 사실, 피고인은 그 대가로 돈을 요구하여 갑으로부터 컨설팅 비용 명목으로 3억 원을 교부받은 사실이 인정되는바, 피고인은 J사 유상증자 및 그에 따른 주가조작과 시세조종 대가의 지급 등에 관해 협의에 참석하여 의견을 개진하거나 시세조종 전문가인 정을 연결시키는 등으로 깊이 관여하였고, 그 대가로 거액을 지급받는 등 단순히 조언하는 차원을 넘어서 공동가공의 의사를 갖고 기능적 행위지배를 통한 범죄실행에까지 나아갔다고 봄이 상당하다[408]

---

407) 서울중앙 2010. 2. 5. 선고 2009고합690 판결(대법 2011. 6. 30. 선고 2010도10968 판결로 확정)
408) 서울남부 2010. 8. 2. 선고 2010고합27 판결

(3) 공범의 범행 중단

범죄의 실행에 착수하였으나 범죄의 완성에 이르지 못한 경우를 미수라고 하며 그러한 미수의 원인이 무엇이냐에 따라 형법상 중지미수, 장애미수, 불능미수로 구분한다409). 이러한 미수범의 법리는 공범의 경우에도 동일하게 적용된다. 그러나 사전에 공모, 모의 등의 의사 연락이 있기는 하였지만 공범 중 일부는 범죄의 완성에 나아갔으나 일부는 범죄를 중단한 경우에 완성된 범죄의 결과에 대해 범행을 중단한 공범을 어떻게 처벌할 것인가라는 문제가 있다410).

일반적인 형법이론에 따르면 1죄의 경우, 그 범행의 일부라도 실행에 착수하여 관여하였다면 그 나머지 관여하지 않았던 결과에 대해서도 공범은 그 범행의 결과에 대해 전부 책임을 부담하여야 한다. 그렇지만 실체적 경합 관계에 있는 사건이라면 자신이 가담하여 완성된 범죄 이후에 일어난 다른 공범의 범행에 대해서는 책임을 물을 수 없다.

시세조종의 경우에는 이론상 1회의 거래로 범행이 성립될 수는 있지만 그런 경우는 드물다. 대개는 장기간에 걸쳐 범행을 하게 되므로 시세조종행위에 관여한 공범들 중 일부가 그 기간 중 일부에만 가담하였다가 중단하거나 중간에 모의 관계에서 탈퇴하였다면 중단하거나 탈퇴한 이후에 일어난 시세조종행위에 대해 죄책을 물을 수 있는지가 문제가 된다. 시세조종 불공정행위에서의 보호법익은 유가증권시장 등에서의 거래 공정성, 유통 원활성 확보이고 개개인의 재산적 법익은 직접적인 보호법익이 아니므로411), 일정한 기간에 걸친 시세조종행위는 포괄일죄에 해당하고 피고인이 포괄일죄의 관계에 있는 범행의 일부를 실행한 후 공범관계에서 이탈하였으나 다른 공범에 의하여 나머지 범행이 이루어진 경우 피고인이 관여하지 않은 부분에 대해서도 공범으로서의 책임을 부담한다412).

---

409) 중지미수(중지범)는 행위자가 자의로 실행행위를 중지하였기 때문에 구성요건의 객관적 요소가 실현되지 못할 때 인정되는 미수범이고, 불능미수(불능범)는 구성요건의 객관적 요소를 실현시키는 것이 처음부터 불가능한 경우를 말하며, 장애미수는 제3의 요인(타의)에 의하여 중단되는 경우를 말한다. 이러한 미수범에 대하여 형법총론에서는 임의적 감경 또는 면제사유로 규정하고 있다.

410) 실행의 착수 전에 공모관계에서 탈피할 경우에는 공모관계의 이탈이라고 하며 공동정범의 죄책을 부담하지 않음

411) 대법 2002. 7. 26. 선고 2001도4947 판결

412) 대법 2002. 8. 27. 선고 2001도513 판결

사례 : 갑, 을은 A제지 주식의 물량을 통제한 상태에서 주가조작을 통하여 시세를 고가로 형성한 후 매집한 주식을 팔아 이익을 취득하기로 공모하고, A제지 우선주 상장일인 2001. 8. 10.부터 14.까지 통정매매거래를 하여 주가를 높게 형성시킨 뒤 묶어두었던 물량을 풀어 이익을 취득한 후 시세조종행위를 중단하였으나 그 후에도 을은 주가가 하락하자 고가매수주문을 하여 주가하락을 저지하려고 하였는바, 위 통정매매거래와 고가매수거래는 포괄일죄의 관계에 있으므로 갑은 을이 갑과 논의 없이 고가매수주문을 하였다고 하더라도 **갑이 이를 제지하였음에도 불구하고 을이 단독으로 고가매수주문을 하였다는 등의 특별한 사정이 없는 한** 공범으로서의 책임을 부담한다[413)]

2. 방조범(종범)

　형법상 방조행위란 정범(본범)이 범행을 한다는 사실을 알면서도 그 실행행위를 용이하게 하는 직간접의 행위를 말한다(형법 제32조).

　방조범은 정범의 실행을 방조한다는 방조의 고의와 정범의 행위가 구성요건에 해당하는 행위인 점에 대한 정범의 고의가 있어야 하는데, 이러한 고의는 내심의 사실이므로 방조범이 이를 부정하는 경우에는 사물의 성질상 고의와 상당한 관련성이 있는 간접사실을 증명하는 방법에 의하여 증명할 수밖에 없고, 이때 무엇이 상당한 관련성이 있는 간접사실에 해당할 것인가는 정상적인 경험칙에 바탕을 두고 치밀한 관찰력이나 분석력에 의하여 사실의 연결상태를 합리적으로 판단할 수밖에 없다. 또한 방조범에 있어서 정범의 고의는 정범에 의하여 실현되는 범죄의 구체적 내용을 인식할 것을 요하는 것은 아니고 미필적 인식 또는 예견만으로도 족하다[414).]

　방조의 방법은 작위나 부작위, 모두 가능하며 물질적인 방조나 정신적 방조도 가능하다. 물질적인 방조는 물리적, 객관적으로 본범의 행위에 도움을 주게 되는 것인데 그것이 '공동정범에 있어서 공범으로서의 행위 분담'에 이르지 않은 정

---

413) 서울중앙 2004. 9. 10. 선고 2004고합305 판결
414) 대법 2005. 4. 29. 선고 2003도6056 판결

도여야 한다. 그렇지만 물리적, 객관적인 방조는 일반 공동정범에서 행위분담을 하고 있는 공범의 행위와 매우 유사하므로 실무상 이를 구분하기란 쉽지 않다.

사례1 : 피고인은 증권가 인맥을 통해 다수의 증권계좌를 관리해오면서 속칭 작전세력이 특정 종목 주가를 시세조종성 주문을 통해 인위적으로 설정한 목표주가로 상승시킨 후 이익실현을 위해 보유물량을 매도할 때 대량의 매수세로 참여하여 일반투자자의 매수를 유인하고 작전세력의 매도물량을 1차 매수하여 이를 일반투자자들에게 재매도하는 완충역할을 함으로써 주가 하락폭을 완만하게 하여 시세조종 적발 감시스템에 적발되지 않도록 해주고 작전세력으로부터 시세조종으로 인한 이익금의 20~30%를 물량처리비로 교부받는 일명 설거지작업을 담당하는 '데이계약'을 체결하고 2002. 10.초부터 A사 주식의 매도물량을 매수하기로 했는데 작전세력 갑의 작전 실패로 예정한 목표주가까지 오르지 못한 상태에서 주가가 급락하여 데이계약을 이행하지 않았고 10. 10.경 갑으로부터 2,000원대 중반이라도 하한가를 풀어달라는 부탁을 받았으나 피고인이 소화할 수 있는 물량 이상의 주식이 매도물량으로 쏟아져 데이계약을 결국 실행하지 않은 사실, 피고인은 A사 주식이 13번의 하한가를 맞고 1주당 1,135원이었을 때인 10. 23.경 자신이 거느린 데이 트레이더 세력들을 독촉하여 A사 주식 7~800만 주를 매수하였고 그로 인해 주가는 하한가가 풀리면서 그날 상한가로 반전된 후 5일 동안 상한가를 치며 2,150원까지 올라갔던바, 피고인은 데이계약을 통해 갑이 시세차익 실현물량을 처분할 수 있도록 해주고 그 대가로 시세조종 행위로 얻을 시세차익 중 일부를 받기로 하였으므로 이러한 공모는 피고인이 갑의 시세조종행위를 인식하고 용인하는 정도를 넘어 그들의 시세조종행위로 인한 시세차익을 공유하고자 그들의 행위를 이용하여 자신의 시세조종 의사를 실행에 옮기는 것이라고 보아야 하므로 피고인이 갑의 구체적인 시세조종행위에는 관여한 바 없더라도 그들의 시세조종행위에 대하여 공모공동정범으로서의 책임을 부담한다[415]

사례2 : 피고인이 2001. 4.초 갑으로부터 '다른 피고인들이 A회사의 주식을 대상으로 주가조작을 시도하고 있는데 대주주인 피고인의 도움이 필요하다'는 요청을 받고 보유주식의 처분금지 등 적극적인 협조를 약속한 사실, 또한 2001. 8.경 다른 피고인의 요청에 따라 보유주식의 처분금지를 약속하고 이를 담보하는 취지에서 보유주식 5

---

415) 대법 2005. 1. 28. 선고 2004도6805 판결

만 주를 다른 피고인에게 교부하였고, A회사의 주주인 B은행 직원을 찾아가 보유주식 처분을 자제해줄 것을 요청하기도 하였으며 시세조종행위 과정에서 수회에 걸쳐 을 등 특수관계인 명의의 주식을 처분하여 상당한 이득을 얻은 사실, 한편 다른 피고인이 이익 분배를 요구하며 주식 5만 주의 반환을 거부하자 피고인은 주권인도청구소송을 제기하였는데 그 과정에서 주식을 돌려받는 조건으로 다른 피고인에게 7,500만 원을 주기로 하는 내용의 조정안을 마련하기도 한 사실이 인정되는바, 그렇다면 피고인이 2회에 걸쳐 다른 피고인 등과 시세조종행위에 관하여 공모한 사실이 충분히 인정된다고 할 것이고 A회사의 1대주주인 피고인의 보유주식처분금지가 시세조종행위의 성공을 위하여 필수적이라는 점, 이를 담보하기 위하여 보유주식까지 교부한 점 등 가담정도에 비추어 단순 방조행위로 보기는 어렵다[416]

시세조종행위의 방조범이 성립하려면 본범이 시세조종행위를 하는 데 있어서 이를 용이하게 도움을 주어야 하고, 직접적으로 시세조종의 행위에 가담한 정도의 조력을 제공해서는 안 된다. 그러한 조력에 해당하는 것으로는, 시세조종에 필요한 금원을 대여하거나 시세조종을 위한 증권계좌, 주식거래방법, 장소 제공 등의 편의를 하는 경우를 예상할 수 있다. 이러한 편의를 제공한 경우라고 할지라도 그러한 조력의 제공이 본범의 시세조종행위에 일정한 역할을 분담하였다고 볼 여지가 있을 경우에는 종범이 아니라 공동정범에 해당할 것이다.

앞서 언급한 것처럼 공동정범이 성립하려면 공동가공의 의사와 기능적 행위지배를 통한 범죄실행의 사실이 필요하고, 공동가공의 의사는 타인의 범행을 인식하면서도 이를 제지하지 않고 용인하는 것만으로는 부족하며 공동의 의사로 특정한 범죄행위를 하기 위하여 일체가 되어 서로 다른 사람의 행위를 이용하여 자신의 의사를 실행행위에 옮기는 것을 말하기 때문에[417] 그러한 공동가공의 의사나 기능적 행위지배에 따른 행위분담이 없다면 공범으로 볼 수 없다.

물론 이러한 경우 주관적 요건인 내심의 의사는 외부에서는 알 수 없고 사후에 확인할 수 있는 것도 아니기 때문에 범죄전후, 수단, 과정 등에서 드러난 행위자의 객관적인 행위결과를 통하여 주관적 의사를 판단할 수밖에는 없다. 그러한 객관적인 행위결과 중에서 타인의 시세조종으로 인하여 발생한 부당한 이득을 서

---

416) 서울지법 2003. 1. 15. 선고 2002노9639 판결
417) 대법 2006. 3. 9. 선고 2004도206 판결

로 공유하려 했는지 여부에 따라 공범과 방조범을 구별할 수 있을 것이다.

사례1 : 갑, 을은 모두 전문적인 사채업자로서 갑은 을을 통하여 병에게 A통신 주식 140만 주를 담보로 하여 '엔드바이' 하루 전인 2002. 8. 22. 26억 원을 대출하여 주었는데 갑은 대출일 이전에 대출부탁을 받고 담보가치 평가를 위해 이미 A통신 주가와 거래량을 확인하였고 대출 당시 차주인 병은 주식을 바로 누군가가 매수하여 갈 것이라고 하였으며 주식이 매도되면 그 대금 역시 증권회사 결제일 이전에 선이자 공제하고 대출해달라는 요청을 했던 사실, 당시 A통신 주가는 비정상적으로 급등과 급락을 반복하고 있어 속칭 작전 중의 주식임을 쉽게 알 수 있었던 사실, 갑이 A통신 주식 140만 주를 매도하고 증권회사 결제일 이전에 대금을 지급하여 줌으로써 결국 병이 주가조작으로 인한 이익을 용이하게 조기 회수할 수 있었던 사실이 인정되는바, 갑, 을의 경력과 신분, 대출 및 주식 매도 당시 사정 등을 종합해보면, 갑, 을에게는 병이 A통신 주식을 대상으로 속칭 작전을 하여 증권거래법을 위반하고 있다는 정을 알면서도 범행을 용이하게 하고 이자 및 수수료 등의 이익을 취하려는 고의가 인정된다[418]

사례2 : 갑이 피고인의 시세조종 사실을 알면서 6억 원이 입금되어 있는 을, 병 명의의 증권계좌를 피고인에게 전달해주고 피고인은 그 증권계좌를 시세조종에 이용한 사실은 인정된다. 그러나 갑이 피고인과 구체적 범행방법에 대하여 공모하였다거나 피고인의 구체적인 지시에 따라 시세조종 주문을 제출하는 등 구체적인 실행행위를 분담하였다는 점을 인정할 아무런 증거가 없고 피고인과 사이에 시세조종을 통한 이득액을 분배하기로 약정하였다고 볼 자료도 없는 이상, 갑의 증권계좌 전달행위는 피고인의 범행을 인식하면서 그 실행행위를 용이하게 하는 방조행위에 불과하고 이를 피고인과 일체가 되어 피고인의 행위를 이용하여 자신의 시세조종 의사를 실행에 옮긴 것이라고 평가할 수는 없다. 그렇다면 갑에게 공동가공의 의사가 있었다거나 공동가공의 의사에 기한 기능적 행위지배를 통한 범죄의 실행행위가 있었다고 볼 수 없으므로 공범이 아니라 방조범으로 인정하였다[419]

사례3 : 갑이 2000.경 을이 A사 발행주식 등에 대한 시세조종 범행을 할 당시, 을에

---

418) 서울지법 2003. 4. 10. 선고 2002고합1086 판결
419) 대법 2007. 3. 30. 선고 2007도877 판결

게 27억 원을 제공하였다가 시세조종이 실패하여 20억 원 정도 손실을 본 적이 있었더라도 그 후 을이 또다시 A사 주식에 대한 시세조종 범행을 하면서 갑이 을의 시세조종 범행을 도와주어 그 범행으로 얻은 이익으로 과거의 손실을 회복하고자 할 수도 있는 것이므로 갑이 반드시 을과 일체가 되어 공동정범으로 가담할 필요가 있다고 단정할 수 없고, 을이 시세조종 범행에 이용한 계좌 및 계금은 갑이 제공한 것을 제외하고는 모두 을이 지인들로부터 유치한 것인데 갑은 그 유치에 관여한 바 없었으며 시세조종 범행에 있어 대상 주식 선정, 매매 시기, 수량 등은 전적으로 을의 판단과 지시 및 병의 매매에 의하여 이루어졌다. 시세조종 범행에 갑의 계좌를 포함한 다수 계좌가 이용되었는데 갑은 자신의 계좌 외의 다른 계좌에서 하는 매매에는 관여하지 않았고 자신의 계좌에서 시세조종 대상 주식 외의 다른 주식만을 거래하였다. 갑이 시세조종 기간 중 을에게 5,000~6,000만 원을 3차례 빌려주었다가 1주일쯤 후 모두 돌려받았고, 그 외에 을이 갑으로부터 받았다는 자금은 주식회사 수익금 일부를 2005. 하반기에 2, 3회에 걸쳐 3억 원 정도를 받았거나 2005.에 몇 회에 걸쳐 3억 원 정도를 받은 것이어서 시세조종 범행을 위한 자금으로 볼 수 없다. 그렇다면, 갑은 을, 병의 시세조종 범행을 인식하면서 그들에게 사무실이나 계좌를 제공하는 등 범행을 용이하게 하여 방조한 것이다[420)

3. 죄수론

가. 개념

(1) 형사법에서의 범죄는 기본적으로 1인이 1회의 행위로 기수에 이르는 것을 전제하고 그러한 행위를 1죄라고 한다. 그리고 1인이 여러 개의 범죄를 범하였을 경우에 그러한 수 개의 범죄상호 간의 관계를 법리적으로 어떻게 구성할 것인가에 관한 문제를 '죄수론'이라고 한다[421).

---

420) 서울고등 2009. 1. 6. 선고 2008노1506 판결
421) 죄수론은 형사소송법에서 논의되는 '소송물(심판의 대상)'과 밀접한 관련이 있는 개념으

그런데 주식시장에서 불공정거래행위, 특히 시세조종은 1회의 행위로 완성되기보다는 수개의 행위가 반복되거나 또는 결합하여 범죄를 구성하는 경우가 대부분이고 또한 시간적으로도 어느 정도 소요될 것을 전제하기 때문에 과연 어느 범위까지 1회의 불공정거래행위로 볼 것인지라는 법리적으로 복잡한 문제가 발생한다.

예를 들어, 동일 유가증권 종목에 대한 수개의 불공정행위가 장기간 반복되었더라도 그 기간의 중간에 별도의 불공정거래행위에 착수하였다고 볼 경우에 그 시점을 전후한 각각의 행위를 어떤 관계로 볼 것인지, 장시간 이루어진 불공정행위간의 구성을 어떻게 해석할 것인지 등의 문제를 말한다.

(2) 1개의 행위로 범죄가 완성되면 1개의 범죄이므로 죄수론이 문제될 여지가 없으나 수개의 행위가 있었더라도 이를 포괄하여 1개의 범죄로 보는 경우가 있다. 이를 가리켜 '포괄일죄'라고 한다. 즉, 동일죄명에 해당하는 수개의 행위를 단일하고 계속된 범의하에 일정기간 계속하여 행하고 그 피해법익도 동일한 경우에는 이들 각 행위를 통틀어 포괄일죄라고 말한다. 그리고 주식시장에서의 시세조종 등 불공정행위에는 그 행위 태양상 일정기간 동안 불공정행위를 위한 서로 다른 여러 행위가 있었다고 할지라도 '포괄일죄'에 해당하는 경우가 많다.

이와 같이 수개의 행위일지라도 포괄일죄에 해당한다고 해석하는 것과, 여러 개의 각기 다른 범죄행위라고 해석할 경우(실체적 경합범)에는 법적인 취급에 있어서 큰 차이가 있다. 즉, 포괄일죄는 1죄에 해당하지만 실체적 경합범에 해당할 경우에는 수개의 범죄이고 형법 제37조에 의하여 형량이 가중된다. 또한, 포괄일죄의 경우에는 그 시세조종행위로 얻은 이익은 그 기간 동안 행하여진 모든 거래를 통하여 산정을 하여야 하지만, 어느 기간 동안에 단일한 범의하에서 시세조종행위를 한 후 그와 다른 범의하에서 별도의 시세조종 행위를 행하여 각 범행이 경합범의 관계에 있는 경우에는 시세조종행위로 얻은 이익은 각 범행별로 따로 산정을 하여야 한다[422].

로서 법해석 및 실무상 매우 중요한 위치를 차지하고 있다. 졸저, 소송물론(2007, 박영사) 참조
422) 서울지법 2002. 10. 30. 선고 2002노2509 판결

(3) 동일한 시세조종의 목적으로 통정매매 등 수개의 행위를 반복한 경우 그 행위가 자본시장법 제176조에 해당하는 수개의 행위를 단일하고 계속된 범의 아래 일정기간 계속하여 반복한 범행이라고 판단하게 된다면 포괄일죄에 해당한다.

판례도 "동일 죄명에 해당하는 수개의 행위를 단일하고 계속된 범의하에 일정기간 계속하여 행하고 그 피해법익도 동일한 경우에는 이들 각 행위를 통틀어 포괄일죄로 처단해야 한다"라고 해석하고 있다423). 이러한 판례의 결론은 보호법익이 유가증권 시장의 보호라는 사회적 법익이라는 것을 전제로 한다. 그런데, 만일 본죄를 사기죄의 특별구성요건으로 보게 되면, 그 보호법익은 개별 투자자의 재산권으로 보게 되므로 피해자별로 범죄가 성립하게 되어 상상적 경합관계에 있다고 해석하게 된다424).

사례 : 피고인은 2000. 8. 1.경부터 2001. 2. 1.경까지 사이에 실제 매수의사가 없는 대량의 허수매수 주문을 내어 매수잔량을 증가시키거나 매수잔량의 변동을 심화시켜 일반투자자의 매수세를 유인하여 주가를 상승시킨 후 매수주식을 고가에 매도하고 허수매수주문을 취소하는 동일한 방법으로 합계 7,542회에 걸쳐 168개 종목에 관하여 시세조종행위를 하였는바, 이는 동일 죄명에 해당하는 수개의 행위를 단일하고 계속된 범의하에서 일정기간 계속하여 반복한 범행이라 할 것이고, 이 사건 범죄의 보호법익은 유가증권시장 또는 협회중개시장에서의 유가증권거래의 공정성 및 유통의 원활성 확보라는 사회적 법익이며 각각의 유가증권 소유자나 발행자 등 개개인의 재산적 법익은 직접적인 보호법익이 아닌 점에 비추어 위 각 범행의 피해법익의 동일성도 인정되므로 포괄일죄로 보아야 한다425)

나. 시세조종에서의 포괄일죄 형태

(1) 여러 유형을 반복한 경우

주식을 대량으로 매집하여 그 시세를 조종하려는 목적으로 여러 차례에 걸쳐

---

423) 대법 2002. 7. 22. 선고 2002도1696 판결
424) 김성준 외(2007), 335쪽
425) 대법 2002. 6. 14. 선고 2002도1256 판결, 2002. 7. 26. 선고 2001도4947 판결

통정매매행위, 허위매수주문행위, 고가매수주문행위 등의 불공정거래 행위를 반복한 경우에는, 시세조종 등 불공정거래의 금지를 규정하고 있는 자본시장법 제176조에 해당하는 수개의 행위를 단일하고 계속된 범의하에서 일정기간 계속하여 반복한 범행이라 할 것이다. 또한 시세조종에서의 보호법익은 증권시장 등에서의 거래 공정성, 투명성 확보라는 사회적 법익이고 주식소유자 등 개개인의 재산적 법익은 직접적인 보호법익이 아니므로 자본시장법 제176조의 각 행위는 모두 포괄하여 일죄가 성립된다고 해석한다.

판례도 "동일 주식에 대한 시세조종의 목적으로 허위매수주문행위, 고가매수주문행위 및 통정매매 등을 반복한 경우에는 시세조종 등 불공정거래의 금지를 규정하고 있는 구증권거래법 제188조의4에 해당하는 수개의 행위를 단일하고 계속된 범의 아래 일정기간 계속하여 반복한 범행이기 때문에 전형적인 포괄일죄에 해당한다"고 동일하게 해석하고 있다[426].

사례 : 피고인들은 공모하여, R증권의 주식을 대량으로 매집하여 시세를 조종하려는 목적으로 여러 차례에 걸쳐 통정매매행위, 허위매수주문행위, 고가매수주문행위 등의 불공정거래 행위를 반복하였는바 이는 포괄일죄에 해당한다[427]

(2) 시차가 있는 경우

시세조종의 목적으로 행한 수개의 행위가 단일하지 않거나 범의가 분리되어 있다면 포괄일죄에 해당하지 않는다. 그럴 경우 범의나 행위로 인해 분리된 전후의 범행은 실체적 경합관계로 해석한다.

예를 들어, 별개의 종목이라든가 시간적으로 유가증권거래행위가 장시간 떨어져 있었다거나 해당 종목을 처분하여 시세조종으로 인한 부당이익을 얻은 이후 새로이 매매를 시작하였다면 전후의 각 불공정거래행위는 실체적 경합관계에 있다. 다만, 그와 같은 경우라도 투자자의 의사가 단일한 것이었는지 여부, 개개의

---

426) 대법 2005. 1. 28. 선고 2004도6805 판결, 2002. 7. 22. 선고 2002도1696 판결, 2002. 7. 26. 신고 2002도1855 판결, 2009. 4. 9. 선고 2009도675 판결. 서울지법 2002. 10. 16. 선고 2002노5285 판결에서는 원심에서 실체적 경합범이라고 판단한 것이 잘못된 것임을 확인하였음

427) 대법 2002. 7. 22. 선고 2002도1696 판결, 2002. 7. 26. 선고 2002도1855 판결

범죄가 완성되거나 종료된 이후 새로운 범죄가 시작된 것인지 여부에 따라 그 결론은 달라진다.

사례1 : 피고인은 2000. 1. 17.경부터 8. 8경까지 A약품에 관하여, 9. 22.경부터 10. 16.경까지 B화장품에 관하여, 10. 16.경부터 10. 26.경까지 C사료에 관하여, 12. 8.경부터 2001. 2. 21.경까지 A약품에 관하여, 2001. 2. 2.경부터 4. 24.경까지 D제약에 관하여 4. 3.경부터 6. 28.경까지 E사에 관하여 7. 2.경부터 10. 31.경까지 A약품에 관하여, 2002. 8. 1.경부터 11. 22.경까지 C사료에 관하여 각 주식을 시세조종하였는바, 각 시세조종 당시 동원된 증권계좌들이 일부 중복되기는 하지만 상당 부분 상이할 뿐만 아니라 거의 모든 경우 한 종목에 대한 시세조종이 종료하고 매수주식을 전량 가까이 처분한 후에 비로소 다른 종목의 시세조종에 착수하였으며 특히 C사료 2차 시세조종은 이전 시세조종 범행이 끝난 지 9개월 정도가 경과한 뒤에 시작되었다. 나아가 피고인은 검찰에서 "전주들로부터 자금을 모을 때 수익금을 5대5로 분배하기로 구두약정을 하였는데 B화장품, C사료(1차), D제약에 대한 각 시세조종이 끝난 뒤 전주들로부터 각 이익금을 분배받았다"라는 취지로 진술한 바 있으므로 피고인이 단일하고 계속된 범의 아래 각 종목에 대한 시세조종을 계속하여 반복하였다고 볼 수 없어 위 각 시세조종 범행은 실체적 경합관계에 있다[428]

사례2 : 피고인들은 공모하여 2000. 1.부터 5.까지 A사 주식 및 B사 주식의 시세를 변동시킬 목적으로 주식거래행위(1차 시세조종)를 한 이후 5개월이 경과한 시점에 또다시 B사 주식의 시세를 변동시킬 목적으로 주식거래(2차 시세조종)를 한 경우, 1차 시세조종행위인 A사 주식거래와 B사 주식거래는 포괄하여 일죄를 이루고, 1차 시세조종행위와 2차 시세조종행위는 경합범관계에 있다[429]

---

428) 대법 2007. 3. 30. 선고 2007도877 판결
429) 서울지법 2002. 10. 30. 선고 2002노2509 판결

4. 부당이득액 산정

가. 개념

(1) 시세조종 불공정거래행위는 개인적 재산권을 보호법익으로 하는 범죄가 아니므로 그 행위로 얻은 부당한 이득액이 얼마인지, 실제로 재산상 손해가 발생하였는지 여부는 범죄성립에 영향을 주지 않는다. 그러나 자본시장법 제443조에서는 '그 위반행위로 얻은 이익 또는 회피한 손실액'에 대해 규정하고 있고, 그 이익 또는 손실액의 금액에 따라 법정형이 달라지기 때문에 그와 같이 얻은(회피한) 액수는 범죄성립을 위한 구성요건사실이라고 할 수 있다.

여기서 말하는 '그 위반행위'란 제443조 각항, 즉 미공개중요정보 이용행위, 시세조종 등 행위를 말하므로 그러한 위반행위가 성립되는 것을 전제하고 있다. 그 위반행위로 '얻은 이익 또는 회피한 손실액'이란 유가증권의 처분으로 인한 행위자의 개인적이고 유형적인 경제적 이익에 한정하지 않고, 기업의 경영권 획득, 지배권확보, 회사 내에서의 지위상승 등 무형적 이익 및 적극적 이득뿐 아니라 손실을 회피하는 경우와 같은 소극적 이득, 아직 현실화되지 않은 장래의 이득도 모두 포함하는 포괄적 개념이다[430].

그러므로 예를 들어 유상증자의 성공을 위해 액면가 미만으로 거래되는 주식의 가격을 조작하여 액면가 이상으로 시세조종함으로써 유상증자에 성공하였다면, 그 시세조종으로 인한 직접적인 이익(상승된 주가만큼의 이득) 외에도 그로 인해 성공한 유상증자 총액도 얻은 이익에 포함시켜야 한다[431].

실현이익과 미실현이익을 합하여 '이득액, 얻은 이익, 획득이득(profit gained)'이라고 하고, 손실을 회피한 경우를 '손실회피액, 회피 손실(loss avoided)'이라고도 한다[432].

---

430) 서울고등 2011. 6. 9. 선고 2010노3160 판결(구증권거래법에서 대법 2002. 7. 22. 선고 2002도1696 판결과 같은 내용임)
431) 이에 대해서는 인과관계의 범위를 벗어난다고 보아 반대하는 의견이 있을 수 있음
432) 금감원(2011a), 50쪽 이하

(2) 주식취득의 방법을 불문하므로 장내에서의 거래 외에도 장외 거래로 취득한 주식일지라도 시세조종의 일환으로 매입한 것이 확인되면 시세조종으로 인한 부당이익의 계산에 포함된다. 이 경우 장내외에서 각각 매입한 시세에 따라 이득액을 평가, 산정하여야 할 것이다.

따라서 시세조종에 사용된 계좌를 통한 거래에서는 손실이 발생하였고 다른 계좌들은 불공정거래에 제공된 바 없다고 하더라도 다른 계좌로 얻은 이익이 시세조종행위 등이 개입된 거래로 인하여 얻은 이익으로 평가되는 이상 위반행위로 인한 이익에 해당한다고 본다[433].

그러므로 시세조종 관여 전에 보유주식의 매수단가는 최초관여일 전일 종가를 기준으로 하는 것이 원칙이나, 다만 이는 시세조종과 무관하게 취득하여 보유 중인 주식에 대한 산정근거일 뿐이고 시세조종 직전에 취득한 주식과 같이 시세조종과 직접적인 관련성이 인정되는 주식의 경우에는 실제 매수단가를 적용하여야 한다[434]. 마찬가지로, 시세조종행위에 의하지 않고 취득한 주식도 시세조종행위로 인하여 주가가 상승한 경우 그 상승한 이익은 시세조종행위로 인하여 취득한 이익에 포함된다[435].

그러나 시세조종과는 무관하게 경영권을 유지할 목적으로 보유하고 있는 주식들까지 시세조종의 종기에 매도한 것으로 추정하여 미실현이익의 액수에 포함시킬 수는 없을 것이다[436].

사례1 : 피고인은 을, 병, 정과 공모하여 2009. 6.부터 12. 30.까지 A사 주식에 대하여 고가매수주문, 허수매수주문, 시·종가관여주문, 통정매매를 하는 방법 등으로 A사 주식의 매매거래가 성황을 이루고 있는 듯이 잘못 알게 하거나 그 시세를 변동시키는 행위를 함과 동시에 A사 주식의 매매 기타 거래와 관련하여 부정한 수단, 계획 또는 기교를 사용하는 행위를 하여 반대매매를 막음으로써 피고인 소유 주식의 가치를 일정 수준으로 유지함과 동시에 경영권을 유지하는 액수미상의 부당이득을 취했다[437]

---

433) 대법 2005. 4. 15. 선고 2005도632 판결
434) 대법 2005. 4. 15. 선고 2005도632 판결
435) 서울중앙 2010. 10. 7. 선고 2009고합1489 판결
436) 서울중앙 2006. 1. 12. 선고 2005고합420 판결, 서울고등 2012. 9. 21. 선고 2012노1380 판결

사례2 : 피고인은 처음부터 재상장이 예정된 회사주식을 장외에서 저가에 대규모로 매수하고 재상장 후 주식시장에서 시세조종 등을 통하여 주가를 높게 형성시킨 다음 보유 주식을 처분하여 이익을 얻기로 계획하고 그 계획하에 회사 주식의 장외매수를 포함한 시세조종행위를 하였다고 보아야 하므로, 피고인이 시세조종행위를 통하여 얻은 이익을 계산함에 있어 장외에서 매수한 전체주식의 가격을 기초로 장내에서 거래한 전체 주식의 시세조종행위 등으로 인한 이익액을 산정하는 것이 합리적이다(438)

사례3 : 피고인은 2002. 11. 11.부터 12. 4.까지 사이에 주식을 장내매매하여 279,987,918원의 손실을 보았으나, 11. 1. 장외에서 개인투자자들로부터 매수한 1주당 1,170원을 기준으로 하여 장내 매매한 전체 거래량을 살펴보면 같은 기간 동안에 모두 2,028,610주를 매수하고 10,494,200주를 매도하여 2,663,785,366원의 부당이득을 취하였다(439).

사례4 : A사의 자기주식취득은 시세조종기간 중에 실시되기는 하였으나, 외자유치와 관련된 경영권방어 등을 위한 독자적인 경영상 판단에 따라 행하여진 정상적인 기업활동으로 봄이 상당하고, 주가를 인위적으로 부양, 유지시킨다는 시세조종의 본래 목적을 위해 모든 경우에 반드시 자기주식취득이 수반되는 것도 아니며 … (중략) … A사가 취득한 자기주식 90만 주는 처음 매수된 이래 지금까지 처분되거나 추가 시세조종성 거래 등에 사용된 사실이 일체 없고, 이는 A사가 회사 차원의 경영상 판단에 따라 자기주식을 취득한 것이며, 피고인 갑 등이 시세조종행위를 통하여 개인적 이득을 취할 목적으로 보유하게 된 것이 아님을 보여주는 것이므로 A사가 취득한 자기주식 90만 주는 피고인 갑과 공범들이 범행으로 얻은 이익에 해당되지 않는다(440)

(3) 자본시장법에서는 시세조종행위를 하였을 경우에는 징역 10년 이하 또는 5억 원 이하의 벌금형에 처하되, 그 '위반행위로 얻은 이익 또는 회피한 손실액'의 3배에 해당하는 금액이 5억 원을 초과하는 경우에는 그 이익 또는 회피한 손실액의 3배에 상당하는 금액 이하의 벌금에 처하도록 규정하고 있다(제442조

---

437) 서울중앙 2011. 9. 22. 선고 2011고합268 판결
438) 대법 2005. 4. 15. 선고 2005도632 판결, 서울중앙 2006. 1. 13. 선고 2005고합238 판결
439) 대법 2005. 4. 15. 선고 2005도632 판결
440) 서울고등 2012. 9. 21. 선고 2012노1380 판결

제1항). 또한 시세조종행위로 얻은 이익 또는 회피한 손실액이 5억 원 이상 50억 원 미만인 경우에는 3년 이상의 유기징역에 처하고(제442조 제2항 제2호), 그 액수가 50억 원 이상인 경우에는 무기징역이나 징역 5년 이상에 처할 수 있도록 규정하고 있다(제442조 제2항 제1호).

> 사례 : 피고인들의 시세조종행위가 종료된 11. 14. 이후에도 12. 11.까지 거의 한 달 가량 거래량이 크게 늘어났고 주가도 1,000원대 이상을 유지하고 있었는데 코스닥시장본부에서 조회공시를 요구한 이후 12. 15. 1,000원 이하로 하락하고 12. 30.에는 705원, 금감원 조사기간 마지막 날에는 620원으로 하락하였다. 이와 같이 12. 15.부터 주가가 폭락한 것은 피고인들의 시세조종행위의 영향력이 사라져서 폭락한 것이라기보다는 회사내부사정에 의한 것인데 공소사실에서는 시세조종행위의 영향력이 사라진 12. 18. 종가인 620원을 매수가로 이익을 산정하였으나 이는 합리적인 근거가 없으며, 시세조종 전일의 종가를 매수가격으로 추정하는 방법, 시세조종행위 종료 후 최초로 형성된 최저가격을 매수가격으로 추정하는 방법, 12. 18. 형성된 주가의 평균을 매수가격으로 추정하는 방법에 의하면, 모두 그 이득액이 5억 원 미만이 되므로 구증권거래법 제207조의2 제2항이 아니라 제1항을 적용한 것에 위법이 없다[441]

따라서 시세조종행위로 얻은 이익이나 회피한 손실액은 '벌금액수의 산정 기준 및 징역형에 대한 가중처벌 사실'에 해당하므로 범죄구성요건이기 때문에 엄격한 증명을 요한다. 또한, 구성요건사실의 일부이므로 "공소장에 위반행위로 얻은 이익액이 명시되어 있지 않고, 그 이익액을 산정할 수 있는 거래가액 등 기초적인 자료조차 공소장에 기재되어 있지 않으며 공소제기 후 공소장변경도 안되었다면" 비록 사실관계상 그러한 가중처벌의 요건에 해당한다고 할지라도 불고불리의 원칙상 가중처벌할 수 없다[442].

반면에 "공소사실 본문에 시세조종 등의 행위로 얻은 이익 또는 회피한 손실액의 3배에 해당하는 금액이 2,000만 원을 초과한다는 점이 명시되어 있지 않으나 공소장에 첨부된 별지에 이익 등을 산정할 수 있는 기초자료가 명시되어 있고 그 기재를 종합하면, 이익 등의 3배액이 2,000만 원을 초과한 것으로 볼 수 있으

---

441) 서울고등 2006. 9. 21. 선고 2006노59 판결
442) 대법 2004. 3. 26. 선고 2003도7112 판결, 2003. 11. 28. 선고 2002도2215 판결 등

며 검사 또한 이를 전제로 하여 구형하였다면 공소사실에는 시세조종 등의 행위로 얻은 이익 등의 3배에 해당하는 금액이 2,000만 원을 초과한다는 사실이 포함되어 있다고 볼 수 있고, 이렇게 보더라도 피고인의 방어권 행사에 실질적인 불이익을 초래할 염려가 없다 할 것이므로 공소장변경절차를 거치지 아니하고 피고인이 시세조종 등 행위로 얻은 이익 등의 3배에 해당하는 금액이 2,000만 원을 초과함을 전제로 하여 피고인을 처단한 것이 불고불리의 원칙에 위배되지 않는다"라고 판시한 사례도 있다. 그러나 앞서 언급한 것처럼 벌금액은 엄격한 증명을 요하는 구성요건인 사실에 해당하므로 공소장변경 절차 없이 이를 유죄로 인정하는 것은 수긍할 수 없다[443].

사례1 : 경영권 양수도계약이 체결되고 증권업계 유명인사가 최고경영자로 영입되었다는 보도(2002. 10. 18.)가 난 이후 최대주주 변경공시, 10개 자회사 모두 흑자를 거두고 있는 알짜 기업이라는 보도(12. 12.) 등이 있는 기간 동안 400% 이상의 주가상승이 꾸준히 있었던 사안에서, 법원은 허위공시 다음날인 12. 13. 주가가 전날보다 100% 이상 상승했다는 사정만으로는 그 주가상승에 허위공시가 어느 정도의 영향을 미쳤는지 알 수 있는 자료가 없으므로 주가상승이 전적으로 허위공시로 인한 효과임을 전제로 이득액이 증권거래법 제207조의2 제2항 소정의 가중적 처벌요건인 5억 원을 넘는지 여부는 물론 그 이익액이 얼마인지를 따져보는 것 자체가 불가능하다고 판단하였다[444]

사례2 : A사 주가 상승의 원인이 피고인들의 시세조종, 부정거래행위 등 행위, 재벌 3세인 피고인 갑의 투자공시로 인한 주식시장의 기대심리, B사의 A사를 통한 우회상장으로 인한 주가상승 요인 등이 복합적으로 작용한 결과이므로 부당이득에 대한 범죄의 증명이 없는 경우에 해당한다[445]

---

443) 대법 2002. 7. 26. 선고 2002도1855 판결
444) 서울고등 2005. 10. 21. 선고 2005노684 판결
445) 서울고등 2011. 8. 18. 선고 2010노3506 판결

나. 산정 방식

(1) 불공정거래 등 위반행위로 얻은 이득액의 산정은 구성요건사실로서 중요한 의미를 갖고 있지만 이를 산정하는 기준이나 방법에 대해 명시적인 규정이 없다. 자본시장법에서는 시세조종의 배상책임(제177조), 미공개중요정보 이용행위의 배상책임(제175조)을 규정하고 있지만 민사상 손해배상책임을 규정한 것이기 때문에 형사상 범죄사실로 준용할 수도 없다[446].

시세조종 위반행위로 얻은 이익의 산정방식은 그 개념에 따라 단순히 산술적으로 보면 '시세조종으로 주가가 상승한 주식의 총 매도대금에서 그 주식을 매입한 총 매입대금 및 비용을 공제한 금액'으로 표현할 수 있다. 따라서 주가상승의 경우에는 부정거래행위로 인하여 상승한 주식의 평가액을 말한다[447]. 기본산식은 '(가중평균 매도단가 − 가중평균 매수단가) × 매매일치수량'으로 표시할 수 있다[448].

판례도 "위반행위로 얻은 이익이라 함은 거기에 함께 규정되어 있는 '손실액'에 반대되는 개념으로서 당해 위반행위로 인하여 행위자가 얻은 이윤, 즉 그 거래로 인한 총 수입에서 그 거래를 위한 총 비용을 공제한 차액을 말하고, 따라서 현실거래로 인한 시세조종행위로 얻은 이익은 그 시세조종행위와 관련된 유가증권거래의 총 매도금액에서 총 매수금액 외에 그 거래를 위한 매수수수료, 매도수수료, 증권거래세 등의 거래비용도 공제한 나머지 순매매이익을 의미한다고 할 것이고, 그와 같은 이익의 산정은 시세조종행위 개시 후 종료시점까지의 구체적 거래로 인한 이익 및 시세조종행위 종료 시점 당시 보유 중이던 시세조종 대상 주식의 평가이익 등이 모두 포함되어야 할 것이다"라고 판단하고 있다[449].

위 판결의 원심에서는 "시세조종기간 동안의 총매수량과 총매도량의 일치수량에 평균매도단가와 평균매수단가의 차액을 곱한 금액에서 거래비용을 공제한 금액으로 계산한 다음 이를 토대로 한 처단형의 범위 내에서 벌금형을 선고"하였

---

446) 김성준 외(2007), 326쪽
447) 서울중앙 2011. 9. 22. 선고 2011고합268 판결
448) 금감원(2011a), 61쪽
449) 대법 2004. 3. 11. 선고 2002도6390 판결, 2002. 6. 14. 선고 2002도1256 판결, 2003.
　　12. 12. 선고 2001도606 판결 등

는데 이러한 계산방법은 시세조종행위 개시 이전부터 보유하고 있던 주식이나 그 종료 시점 이후에도 계속 보유한 주식은 고려하지 않았다는 오류도 있고, 대법원 판례에 반한 계산방법이어서 받아들여지지 않았다. 또한, 다른 하급심 판결들 중 에서는 시세차익으로 얻은 금액에 시세조종 관여율($\frac{\text{시세조종행위자의거래량}}{\text{전체거래량}}$)을 곱하여 이익액을 산출한 사례450)도 있으나 이러한 계산방법도 대법원은 인정하지 않고 있다.

판례 및 학설에서 인정하는 계산방법은, 비교적 간단명료하면서도 시세조종 의 개념에 부합한다. 다만, 시세조종 행위자를 기준으로 그가 얻은 이익액만을 계 산하는 것이므로 민사손해배상액 산정과는 달리 다른 일반투자자들이 얼마의 손 해를 입었는지는 고려하지 않는다. 또한 시세조종이 주가변동에 영향을 주었다면 다른 원인이 주가변동에 영향을 미쳤더라도 그러한 점은 고려하지 않게 되는데 이러한 점에서 시세조종으로 얻은 이익을 지나치게 크게 볼 위험성이 있다면서 반대하는 견해451)도 있다.

사실 이러한 문제점을 고려하여 순수하게 시세조종으로 인한 부당이득액수 만을 산정해보자는 의도에서 영미법상의 Event-study452)를 도입하려는 시도도 있지만 더 나은 방법이라고 단정하기도 어렵다.

(2) '위반행위로 얻은 이익'은 당해 위반행위로 행위자가 얻은 인과관계 있 는 이익 전부를 의미하므로 시세조종행위를 한 사람이 매도·매수한 주식은 물 론, 시세조종행위 개시 이전부터 보유하고 있던 주식이나 시세조종의 종료시점 이후에도 계속 보유한 주식도 고려해야 한다453). 즉, 시세조종기간 중의 구체적 거래로 인하여 이미 발생한 이익(실현이익)과 시세조종행위 종료 시점 당시에 보 유 중인 시세조종 대상 주식의 평가이익(미실현이익)을 모두 포함한다.

여기서 '미실현이익'은 특별한 사정이 없는 한 시세조종행위가 종료될 당시 를 기준으로 산정한다454). 즉, 시세관여기간 종료일에 형성된 종가를 '가중평균

---

450) 부산지법 2002. 4. 4. 선고 2001노3778 판결
451) 김성준 외(2007), 330쪽
452) 불공정거래 위반행위(event)가 없었을 경우의 주가(정상적인 거래 시의 주가)를 추정하 기 위한 경제·통계학적 방법론을 말한다.
453) 대법 2004. 3. 11. 선고 2002도6390 판결, 서울중앙 2008. 8. 14. 선고 2008고합164 판결
454) 대법 2013. 7. 11. 선고 2011도15056 판결 등

매도단가'로 간주하여 실현이익 산정방식으로 계산한다.

부정거래의 경우 호재성 정보를 생성시켜 주가에 영향을 미친다는 측면에서 미공개정보 이용행위와 유사한 측면이 있으므로 부정거래 행위 종료시점 이후 최초 형성된 최고가를 간주매도단가로 보고 미실현이득을 계산한다455). 기본산식은 '(시세조종 종료일 매도단가 - 가중평균 매수단가) × 매매일치수량(잔여수량)'으로 표시할 수 있다456).

미실현이익은 처분을 전제로 하지 않고 보유하고 있는 주식의 가치를 평가하여 위반행위로 인하여 발생한 위험과 인과관계가 인정되는 이익을 산정하는 것이므로 장래 처분 시 예상되는 거래비용은 공제하지 않는다457).

시세조종행위 종료 당시에 주식의 가격이 매수가격보다도 낮아 시세조종행위자가 오히려 손실을 입었다면 이 부분은 이익에서 공제한다. 다만 그러한 경우라도 시세조종행위의 범죄는 성립된다.

또한 시세조종행위 종료시점 당시 보유 중이던 시세조종 대상 주식의 평가이익(미실현이익) 등이 모두 포함되는 것이므로 시세조종행위 종료 후 피고인 등이 보유하고 있던 주식을 매도하여 손실을 보았다는 사정은 산정 대상이 아니다458).

이러한 이익의 산정과정에서 그 거래를 위한 '총 비용'은 공제해야 하므로 매수수수료, 매도수수료, 증권거래세(거래소의 경우 농어촌특별세를 포함) 등의 거래비용은 공제하여야 한다459).

시세조종행위를 위해 외부청약 과정에서 청약자들에게 지급하기로 한 청약환불금 등의 비용은 주식매도 및 매수에 관련된 거래비용이라고 볼 수 없어 현실거래로 인한 시세조종행위로 얻은 이익에서 공제되는 비용에 포함된다고 볼 수 없다460). 해당 주식의 처분과정에서 생기는 양도소득세461)나 대출금 이자462)도 비용에 포함하지 않는다.

또한 증권계좌에서 주식이 현물로 입출고되었다는 사정만으로는 해당 주식

---

455) 금감원(2011a), 52쪽
456) 금감원(2011a), 61쪽
457) 대법 2013. 7. 11. 선고 2011도15056 판결 등
458) 대법 2010. 6. 24. 선고 2010도4453 판결
459) 대법 2004. 5. 28. 선고 2004도1465 판결, 2002. 6. 14. 선고 2002도1256 판결 등
460) 대법 2004. 5. 28. 선고 2004도1465 판결
461) 대법 2003. 11. 14. 선고 2003도686 판결
462) 대법 2005. 12. 9. 선고 2005도5569 판결

이 증권계좌에서 유상으로 취득되거나 처분되었다고 판단할 수는 없으므로 현물로 입출고된 것만으로는 이득액을 산정할 수 없다[463].

법인의 대표자가 법인의 기관으로서 그 법인의 업무에 관하여 시세조종위반행위를 한 경우 그 법인에 대하여 병과되는 벌금형은 그 법인이 대표자의 위반행위로 인하여 얻은 이익 또는 회피한 손실액을 기준으로 그 상한이 정해진다[464].

사례1 : A사 대표이사인 피고인이 시세조종행위를 통하여 A사에 대한 주식매수청구권 행사규모를 줄임으로써 절감된 주식매수비용 상당 이익(9,040,901,457원)이 발생하였고 여기에서 이 거래에 투입된 비용(4,115,203,835원)을 공제하면 4,925,697,622원의 이익을 취득하였다고 기소된 사안에서, 우선 A사의 손실 회피액을 대표이사인 피고인의 손실회피액과 동일시 할 수 없고, 가사 견해를 달리하더라도 주식매수청구권이 행사되는 경우에는 A사가 그 주식을 취득하게 되고 그 주식의 시가상당액은 손실에서 공제되어야 할 것이므로 주식매수청구권이 행사되지 않는 금액 상당을 모두 이득하였다고 보기 어려운 점, 피고인이 증권예탁원으로부터 주주들이 10,222,278,621원 상당의 주식을 매수청구할 예정이라는 '이사회 결의사항 반대의사 통지서'를 송달받았다고 하더라도 실제 매수청구권의 행사규모가 얼마가 될지 여부는 확정된 것이 아니므로 위 금액 전부에 대하여 매수청구권이 행사되었을 것이라는 가정하에 위반행위로 인한 이익 등의 액수를 산정하는 것은 부당하다[465]

사례2 : 피고인이 매각제한을 받지 않는 A사의 합병신주를 취득한 것이 자본시장법위반행위로 얻은 이익이라고 한다면 그 이익액은 매각제한을 받지 않는 A사의 합병신주의 가치에서 매각제한을 받는 A사의 합병신주의 가치를 공제한 금액이라고 보아야지 B사 구주 인수대금을 공제한 금액으로 볼 수는 없다. 가사 A사 합병신주를 취득한 그 자체를 자본시장법위반행위로 얻은 이익으로 보아 공소제기한 것으로 보더라도, 합병신주가 상장되는 경우 그 상장 자체의 효과로 인하여 주가에 상당한 정도의 변동이 발생할 여지가 있는 점, 상장 전일 종가를 기준으로 합병신주의 가치를

---

463) 서울중앙 2010. 9. 3. 선고 2010고합280 판결(대법 2011. 7. 14. 선고 2011도3180 판결로 확정)
464) 대법 2003. 12. 12. 선고 2001도606 판결
465) 서울고등 2011. 6. 9. 선고 2010노3160 판결(대법 2011. 10. 27. 선고 2011도8109 판결로 확정)

산정하는 것이 반드시 피고인에게 유리하다고 볼 수도 없는 점, 피고인이 매각제한이 없는 합병신주를 상장 즉시 처분할 의사를 가지고 있던 것도 아니고 실제 주식시장에서 단기간에 처분이 가능하다고 보이지도 않으므로 합병신주 자체가 상장직후 처분이 될 수 있다는 가정하에 그 가치를 산정하는 것은 부당한 점을 고려할 때 합병신주의 상장 전일 종가를 기준으로 합병신주의 가치를 산정한 것은 합리성이 없다[466]

사례3 : 허위 보도자료 또는 필요한 표시가 누락되거나 과장된 보도자료를 배포하여 경제신문에 보도되도록 함으로써 시세조종을 한 사안에서 보도자료가 작성, 배포되기 전 거래일의 종가는 3,380원이고 보도자료가 작성, 배포된 마지막 날 종가는 5,460원인 사실이 인정된다면, 피고인 갑이 취득한 A사 주식의 매수단가는 허위사실 유포 이전에 취득한 A사 주식에 대한 평균매수단가를 적용할 것이 아니라 허위사실 유포 등 최초 관여일 전의 종가를 적용하여 부당이득액을 산정하여야 한다[467]

사례4 : 피고인이 시세조종행위로 얻은 이익을 산정하여 보면 ① 피고인이 시세조종 행위로 매수한 주식 4,002,793주의 총 매수금액은 22,984,934,300원이고, ② 그중 시세조종 종료시점까지 매도한 주식 2,962,560주의 총 매도금액은 17,579,073,770원이며, ③ 거래로 인한 수수료, 거래세 등 거래비용은 93,301,229원이고, ④ 피고인이 시세조종 종료 시점에 매도하지 않고 보유하고 있던 주식 1,040,233주의 당일 종가인 주당 5,500원(매수단가 5,742원보다 주가가 하락하여 오히려 손실이 발생)을 고려한 평가이익은 5,721,281,500원인 사실을 인정할 수 있으므로 피고인이 시세조종행위로 취득한 총 이익은 합계 222,119,741원(계산식 : ② + ④ - ① - ③)이다[468]

(3) '시세조종기간'이란 매집기에서 주가상승기, 매도기에 이르는 일련의 기간 전체를 의미하는 것을 말하며 주가상승기에서 매도기에 이르는 이익실현기간만을 따로 떼어내어 지칭하는 것은 아니므로 시세조종이 시작된 '시기'는 최초로 시세조종성 주문이 시작된 때로 보아야 한다[469].

---

466) 서울고등 2011. 6. 9. 선고 2010노3160 판결(대법 2011. 10. 27. 선고 2011도8109 판결로 확정)
467) 서울고등 2009. 1. 22. 선고 2008노2315 판결
468) 대법 2005. 11. 10. 선고 2005도6523 판결
469) 서울중앙 2006. 1. 12. 선고 2005고합420 판결. 이 사안에서는 '고가매수주문, 허수주문'

또한 '시세조종 이전에 취득한 주식'의 매수단가는 처음 취득 당시의 매수가격이 아니라 최초 시세조종 관여일 전일 종가를 기준으로 하는 것이 원칙이다(간주매수단가470)). 다만, 이는 시세조종과 무관하게 취득하여 보유 중인 주식에 대한 산정근거일 뿐, 시세조종을 의도한 뒤에 시세조종 직전 취득한 주식의 경우에는 실제 매수단가를 적용하여야 한다471). 다만, 그러한 내심의 의사를 증명하기란 쉽지 않을 것이다.

이러한 산정 시에는 "시세조종행위 자체가 종료된 시점이 아니라 시세를 상승시키는 행위와 상승된 시세를 통하여 이익을 실현하는 행위 사이의 시간적 계속성과 상호연관성을 고려하여 그러한 주식의 처분이 종료된 시점을 기준으로 실현이익을 파악"하는 것이 합리적이며 따라서 실제로 주식을 처분하여 얻은 이익을 토대로 산정하는 것이 원칙이다472).

구조조정과 관련한 제3자 배정 방식의 신주 발행 및 청약자 모집을 의미하는 발행시장 부분과, 구조조정 완료 후 확보한 신주 및 이를 담보로 취득한 자금 등을 이용하여 주가를 조작하는 것을 의미하는 유통시장 부분을 연계시켜 시세조종하기로 처음부터 계획하고 그 계획에 따라 구주 매집과 신주발행 단계를 포함한 시세조종을 하였다면, 신주 발행이 주가조작을 위한 수단으로 이용되었다고 볼 수 있으므로 시세조종을 통하여 얻은 이익을 계산함에 있어 발행시장을 통하여 입고된 주식의 평균 취득단가를 신주발행가로 보는 것이 합리적이다473).

(4) 이러한 산정방식을 따르더라도, 시세조종행위와 그 이익 또는 회피한 손실액 사이에는 '인과관계'가 있어야 한다. 즉, 이러한 위반행위로 얻은 이익(회피손실)은 그 위반행위와 관련된 거래로 인한 이익(회피손실)을 말하는 것으로서 위반행위로 인하여 발생한 위험과 인과관계가 인정되는 것을 의미한다474).

그리고 반드시 그 위반행위와 직접적인 인과관계가 있는 것만을 의미하는 것

이 시작되었음

470) 금감원(2011a), 50쪽
471) 대법 2005. 4. 15. 선고 2005도632 판결, 서울고등 2009. 1. 22. 선고 2008노2315 판결
472) 서울고등 2010. 6. 18. 선고 2010노514 판결(대법 2010. 10. 15. 선고 2010도8297 판결로 확정)
473) 대법 2004. 5. 28. 선고 2004도1465 판결
474) 대법 2009. 7. 9. 선고 2009도1374 판결, 2011. 10. 27. 선고 2011도8109 판결

은 아니고 상당인과관계에 있으면 족하므로 그 위반행위가 개입된 거래로 인하여 얻은 이익에 해당하는 것이면 모두 포함된다고 보아야 한다[475].

통상적인 경우에는 위반행위와 관련된 거래로 인한 총수입에서 그 거래를 위한 총비용을 공제한 차액을 산정하는 방법으로 인과관계가 인정되는 이익을 산출할 수 있으나 이러한 방법이 부당하다고 볼만한 특별한 사정이 있는 경우에는 위반행위의 동기, 경위, 태양, 기간, 제3자의 개입여부, 증권시장 상황 및 그 밖에 주가에 중대한 영향을 미칠 수 있는 제반요소들을 전체적, 종합적으로 고려하여 인과관계가 인정되는 이익을 산정해야 한다[476]. 그렇기 때문에 시세조종행위 외에 다른 제3의 요인이 주식시세 변동에 복합적으로 작용한 결과라면 시세조종액수를 산정할 수 없는 경우에 해당하므로[477] 이때는 가중처벌규정에 의율할 수는 없다.

사례1 : A사 주식은 조류독감 테마주식에 해당하고 사스나 조류독감 발병 시 주가가 오른 적이 있는 사실, 조류독감의 예방 및 치료와 관련이 있는 업체의 주가동향을 살펴보면 2005. 9.부터 10. 사이에 장차 조류독감이 발생할 가능성이 높은 사정에 의하여 A사 주가는 265%, B사 주가는 261%, C사 주가는 251% 각 상승한 사실, A사는 2005. 10. 5. RFID Tag 시제품 개발 중인 D대학교 모 교수와 기술이전 협약을 체결하였고 같은 날 이에 대한 공시가 이루어진 사실, A사 주식은 다음날부터 폭등하기 시작해서 연속 7회 상한가를 기록하였는데 당시 조류독감 관련업체의 주식 중 연속해서 상한가를 기록한 주식은 A사 주식뿐이었던 사실을 인정할 수 있다. 그렇다면 A사 주가상승에 RFID Tag 기술개발 완료 및 이전 이외에 조류독감 등 다른 요인이 작용하였더라도 피고인이 얻은 이익은 RFID Tag 기술개발 협약 체결 사실 발표와 직접적인 인과관계가 있는 이익에 한정할 것은 아니고 증권거래법위반행위와 관련된 A사 주식거래로 인하여 얻은 이익 모두에 대하여 형사책임을 부담하여야 한다[478]

사례2 : 을이 2007. 5.경부터 A사 대표이사 갑의 언론 인터뷰 내용을 기초로 강연 등을 통하여 A사 주식의 매수를 권유한 사안에서 당시 을이 운영하는 투자연구소의

---

475) 대법 2002. 6. 14. 선고 2002도1256 판결, 2005. 4. 15. 선고 2005도632 판결 등
476) 대법 2010. 12. 9. 선고 2009도6411 판결
477) 서울고등 2011. 8. 18. 선고 2010노3506 판결
478) 광주고등 2008. 7. 10. 선고 2007노281 판결

회원수 및 회원의 매수비 중 2007. 9.경부터 A사 주가의 비정상적 상승 움직임이 가속화되었던 점 등을 종합적으로 고려할 때 을의 강연으로 A사의 주가상승에 어느 정도 영향을 미쳤더라도 8. 31.경까지는 이전의 주가상승은 모두 갑의 허위사실 유포 및 허위부실 표시 문서이용행위와 인과관계가 인정되어 이로 인한 이득액 전부에 대하여 피고인의 죄책이 인정된다. 다만, 9.경부터는 을이 강연을 통하여 주가상승에 개입한 것으로 보이므로 2007. 9. 1. 이후의 주가상승은 그 전부가 갑의 행위와 인과관계가 인정된다고 볼 수 없고 달리 인과관계가 인정되는 이득액을 특정할 방법이 없다[479]

사례3 : 피고인이 유상증자에서 원금보장약정과 차명을 이용하여 부정하게 A사 신주를 취득함으로써 부당한 이익을 취득하였다고 기소된 사안에서 피고인이 주식을 처분하기 직전인 2009. 6. 2. 이명박 대통령이 아세안 특별정상회의 행사장에서 수소연료전지 자동차 기술에 대하여 "This is our dream"이라고 설명했다는 소식이 전해지면서 수소에너지 관련주들의 거래량과 주가가 급등한 사실이 있어 피고인이 주식을 처분한 6. 4.과 6. 5.의 주가상승분에는 대통령의 위 발언으로 인한 상승분도 포함되어 있으므로 이를 제외해야 하지만 당시 주가 중 피고인의 위반행위와 인과관계가 인정되는 부분만을 분리하여 그 이익액을 산정하기에 충분하지 않으므로 결국 위반행위로 인한 이익액을 산정할 수 없다[480]

사례4 : 피고인은 A사가 무상증자를 한다는 사실을 알고 주식 639주를 매수하고, A사의 무상증자 실시에 관한 내용이 공시된 후 954주(미공개정보를 알기 전에 매수한 주식 포함)를 매도하였는데 무상증자 실시에 관한 내용이 공시된 후 주식가격이 큰 폭으로 상승하였는바, 피고인이 무상증자 사실을 알고 주식을 매수한 후 무상증자의 실시에 관한 내용이 공시된 이후 주식을 매도함으로써 얻은 차액을 이 사건 위반행위가 개입된 거래로 인하여 얻은 이익이라고 봄이 상당하다[481]

사례5 : 피고인들이 시세조종을 한 주된 동기는 회사의 부담을 최소화시키고 합병을 성사시키고자 하는 것이었고 그로 인해 피고인들이 개인적으로 얻게 되는 궁극적

---

479) 대법 2010. 4. 15. 선고 2009도13890 판결
480) 서울고등 2011. 6. 9. 선고 2010노3160 판결(대법 2011. 10. 27. 선고 2011도8109 판결로 확정)
481) 서울중앙 2008. 12. 10. 선고 2008노3093 판결

이익은 결국 A사와 B사의 합병을 통한 합병평가차익인 사실은 인정되나, 이는 시세조종을 하기 이전에 외부기관의 평가에 의해 산출된 것이며 합병절차는 여러 절차가 필요하고 이러한 합병에 필요한 모든 절차들 중 어느 하나라도 흠결할 때에는 합병이 성공할 수 없다는 점에서 위와 같은 동기의 존재만으로는 합병평가차익과 시세조종행위로 인하여 발생한 위험사이의 인과관계를 인정하기에 부족하다[482]

(5) 시세조종에 사용된 계좌에서 발생한 이득은 원칙적으로 시세조종으로 인한 부당이득액에 포함한다고 보아야 한다. 그러므로 그 차명계좌이든, 공범의 계좌이든 시세조종행위자가 시세조종에 해당 증권계좌를 이용하였으면 그 계좌에서 발생한 이득은 부당이득액에 전부 포함된다[483].

다. 특수한 경우의 산정 방식

(1) 시세조종행위가 법령의 제·개정 전후에 걸쳐 있고, 법령의 제·개정 이후 가중처벌 구성요건이 신설되었을 경우에는 형벌불소급의 원칙상 원칙적으로는 구법이 우선 적용되어야 한다. 물론 시세조종행위가 범의나 종목, 범행내용을 완전히 달리하였을 경우에는 법령의 제·개정 전후의 행위는 각각 실체적 경합관계에 있다. 그러나 일반적인 시세조종행위는 포괄일죄로 보기 때문에 법령 제·개정 전후에 그러한 행위가 걸쳐 있을 경우 법령 적용의 문제가 발생하지만 구법이 적용되는 것이 옳다고 할 것이다.

판례도 "증권거래법 개정 법률 시행 이후에 시세조종행위에 동원된 주식을 매도함으로 인하여 발생한 이익은 그 매수시기에 상관없이 모두 증권거래법 시행 이후의 '위반행위로 얻은 이익'에 포함된다고 평가한다면 증권거래법 시행 이전에 시세조종행위가 시작되어 시행 이후까지 계속하여 주가가 상승하고 있는 경우 증권거래법 시행 이전에 매수하였으나 증권거래법 시행 당시 매도하지 않고 보유하고 있는 주식에 대하여도 증권거래법 시행 이전에 이미 발생한 주가 상승으로 인한 평가이익까지 모두 증권거래법 시행 이후 발생한 이익으로 산정하게 됨으로

---

482) 서울중앙 2012. 12. 28. 선고 2011고합414 판결
483) 서울중앙 2011. 4. 7. 선고 2010고합775 판결

써 이익액을 기준으로 가중처벌 규정을 두고 있는 증권거래법의 적용에 있어 피고인에게 불이익한 결과를 초래하게 되어 부당하고, 따라서 시세조종행위에 동원된 주식 중 증권거래법 시행 이전에 매수 및 매도가 모두 이루어져 구체적으로 발생한 이익(실현이익)은 물론 증권거래법 시행 이전에 매수하였으나 증권거래법 시행 당시 매도하지 않고 보유하고 있는 주식의 평가이익(미실현이익)까지도 증권거래법 시행 이전의 이익으로 봄이 상당하다"라고 판단하고 있다[484].

따라서 법령의 개정으로 인한 시행 이후의 범행으로 인하여 얻은 이익 또는 회피한 손실액이 가중처벌 구성요건을 충족하는 경우에만 가중처벌 규정의 적용이 가능하다. 그러므로 "포괄일죄인 시세조종행위가 개정법 시행 전후에 걸쳐 있는 경우 개정법 시행 이후의 범행으로 인하여 얻은 이익 또는 회피한 손실액이 개정법 소정의 가중처벌 구성요건을 충족하는 때에는 가중처벌할 수 있으나 그렇지 않은 경우에는 구법을 적용"하여야 한다[485].

(2) 시세조종으로 인한 이득액 산정에 관해서 자본시장법이나 기타 법령에 명시적인 규정이 없고, 사실상 판례 해석에 따라 액수가 정해지게 되므로 구성요건사실을 법률에서 명확하게 규정하지 않은 것은 죄형법정주의의 원칙에 반하므로 입법론적으로 해결해야 한다는 주장[486]이 있다.

이러한 주장에 대해 판례는, 처벌법규의 입법목적이나 그 전체적 내용, 구조 등을 살펴보아 사물의 변별능력을 제대로 갖춘 일반인의 이해와 판단으로서 그의 구성요건 요소에 해당하는 행위유형을 정형화하거나 한정할 합리적 해석기준을 찾을 수 있다면 죄형법정주의가 요구하는 형벌법규의 명확성의 원칙에 반하는 것이 아니므로[487], 이러한 이득액 산정방법은 "구증권거래법 제207조의2 규정상의 이익액을 산출해낼 합리적 해석기준이 분명하여 처벌규정으로서의 명확성을 지니는 것이어서 죄형법정주의에 위반되지 않는다"라고 판시한 바 있다[488].

---

484) 대법 2005. 3. 24. 선고 2004도8651 판결, 2004. 5. 28. 선고 2004도1465 판결 등
485) 대법 2005. 3. 24. 선고 2005도44 판결
486) 김성준 외(2007), 331쪽
487) 대법 2000. 11. 16. 선고 98도3665 판결
488) 대법 2002. 7. 26. 선고 2002도1855 판결

(3) 시세조종행위자가 자신이 직접 관리하는 '제3자의 계좌나 차명계좌'를 이용하여 시세조종을 하였을 경우에도 그 계좌에서 발생한 이익이나 손실액도 당연히 이익액에 포함되지만 제3자로부터 일임 받아 자신이 관리하는 계좌(일임계좌)의 경우에는 그 계좌를 일임한 사람이 시세조종 행위자(수임인)의 행위를 인식하거나 알지 못하였다면, 비록 수임인이 관리하고 시세조종에 사용된 계좌일지라도 일임계약의 법률적 성격상 그 계좌의 수익은 수임인이 아니라 제3자인 위임인에게 바로 귀속되는 것이므로 그 계좌에서 발생한 금액은 이득이나 손실액에 포함시켜서는 안 된다489).

즉, 범행에 가담하지 않은 제3자에게 귀속되는 이익은 포함되지 않는다490). 또한 시세조종행위자와 이에 가담하지 않은 제3자의 자금이 혼재되어 있는 증권계좌의 경우에는 행위자에게 귀속되는 액수를 특정할 수 없으므로 그 부분에 대한 혐의는 인정할 수 없다491).

사례 : 갑이 시세조종에 이용한 계좌 중 을 명의의 계좌는, 갑이 B증권에 근무할 당시에 계좌를 개설하여 갑에게 일임매매를 부탁하였던 점, 갑이 그 후 C증권으로 이직하여 그곳에 을 명의 계좌를 개설하고 B증권에 남아 있던 주식을 모두 C증권으로 이전한 사실, 갑이 그 계좌를 이용하여 시세조종거래를 하였고 계속 일임매매약정에 따라 주식거래를 한 사실, 을은 시세조종행위가 종료되고 한참 지난 뒤 갑과의 일임매매약정을 해지하고 C증권 계좌에 남아 있던 주식을 모두 인출하였는바, 그렇다면 그 계좌의 수익은 갑이 아니라 을에게 바로 귀속되므로 그 계좌를 통해 발생한 부당이득의 귀속주체는 을이라고 할 것이다492)

다만, 그 위임인이 공범일 경우에는 그렇지 않다. 왜냐하면 공동하여 시세조종 등 불공정거래를 범한 경우 그 범행으로 인한 이익은 범행에 가담한 공범 전

---

489) 서울고등 2008. 11. 26. 선고 2008노1251 판결, 서울중앙 2010. 9. 3. 선고 2010고합 280 판결. 미공개 중요정보이용행위에서 위임계좌에서 발생한 이익을 포함시켜야 한다고 판단한 판결도 있음(2011. 4. 7. 선고 2010고합775 판결)
490) 대법 2011. 7. 14. 선고 2011도3180 판결, 2011. 4. 28. 선고 2010도7622 판결, 2011. 10. 27. 선고 2011도8109 판결, 2013. 7. 11. 선고 2011도15056 판결 등
491) 대법 2011. 2. 24. 선고 2010도7404 판결
492) 서울고등 2008. 11. 26. 선고 2008노1251 판결(확정)

체가 취득한 이익을 말하는 것이지 범행에 가담한 각 범인별로 얻은 이익을 말하는 것은 아니기 때문이다[493]. 그러므로 공범 각자 실질적으로 분배받은 이익만을 벌금형 산정의 기초가 되는 이득액으로 보지 않는다[494]. 또한, 시세조종에 가담한 공범 중 일부 범인의 거래계좌에서는 손실이 발생하였더라도 다른 공범의 거래계좌에서 발생한 이익이 그 손실액을 초과하여 전체로서는 이익이 발생하였다면 손익을 정산한 전체 이익을 기준으로 하여 공범 전체가 법정형의 책임을 부담한다[495].

또한 피고인이 시세조종범행에 가담할 때에 이미 그전에 이루어진 공범들의 시세조종행위의 범행을 알고 있었을 경우에는 그 가담 이후의 범행에 대해서만 공동정범으로서의 책임을 부담하므로 가담 이후에 발생한 시세차익에 대하여만 그 책임을 부담한다[496].

이와는 반대로 "주가조작이 행하여진 전체기간의 중간에 범죄에 개입한 자라고 하더라도 이들은 선행자의 행위를 인식하고 이를 이용하려는 의사의 연락이 있었다고 할 것이고(공동가공의 의사의 존재), 선행자의 선행행위로 만들어진 상황을 이용하면서(공동가공의 행위의 존재) 실행에 참가한 것이라고 볼 것이어서 전체 기간 동안의 시세조종행위로 인한 책임을 져야 한다"라고 판단한 사례[497]도 있는데, 앞의 사안은 이미 '기수'에 이른 가담 이전의 시세조종행위에 대해서 승계적 공동정범이 책임을 부담하지 않는다는 것이고, 뒤의 사례는 포괄일죄나 범죄가 진행 중(기수에 이르지 않은)에 가담한 경우이기 때문에 내용이 다른 사안이므로 결론이 다를 수밖에 없다.

사례 : 피고인 갑이 을과 사이에 A사 주가를 끌어올려 주기로 하고 을로부터 위 회사의 자수주 약 37만 주를 피고인 갑이 관리하는 차명 증권계좌로 넘겨받기로 한 것은 2002. 6.초순경인 사실을 인정할 수 있으므로, 피고인 갑이 을 등과 순차 공모하여 A사 주식의 시세조종행위 범행에 공동정범으로 가담한 시점은 2002. 6.초순경으로 을에게 A사의 주가를 끌어올려 주겠다고 한 이후라고 보아야 한다. 따라서 위

---

493) 대법 2005. 8. 16. 선고 2005도2710 판결
494) 대법 2005. 12. 9. 선고 2005도5569 판결
495) 대법 2008. 6. 26. 선고 2007도10721 판결
496) 대법 2005. 1. 28. 선고 2004도6805 판결
497) 서울고등 2004. 2. 9. 선고 2003노3094 판결

시점 이전의 시세조종행위에 대해서는 피고인 갑에 대하여 공동정범으로서의 책임
을 지워서는 안 된다[498]

5. 양벌규정

가. 개념

(1) 양벌규정은 임직원의 위법행위에 대해 임직원(행위자)을 처벌하는 외에
법인도 처벌하거나 법인의 위법행위에 대해 당해법인 이외에 임직원도 처벌하는
규정을 말한다. 후자는 예를 들어 법인이 의무의 주체(공시의무, 지분보고의무)
인 경우에 실제 행위자(대표자, 실제사주 등)도 양벌이 적용되는 경우를 들 수
있다.

자본시장법에서는 다른 법규와 마찬가지로 양벌규정을 명시하고 있다. 즉,
"법인(단체를 포함)의 대표자나 법인 또는 개인의 대리인, 사용인, 그 밖의 종업
원이 그 법인 또는 개인의 업무에 관하여 제443조부터 제446조[499]까지의 어느
하나에 해당하는 위반행위를 하면 그 행위자를 벌하는 외에 그 법인 또는 개인에
게도 해당 조문의 벌금형을 과(科)한다. 다만, 법인 또는 개인이 그 위반행위를
방지하기 위하여 해당 업무에 관하여 상당한 주의와 감독을 게을리하지 아니한
경우에는 그러하지 아니하다."라고 규정하고 있다(제448조). 즉, 이러한 양벌규
정의 취지는 법인이나 개인이 그들의 업무와 관련하여 법인의 대표자, 대리인, 사
용인 및 종업원 등 자연인이 위법행위를 하였을 경우에는 그 자연인을 처벌하는
외에 해당 법인이나 개인도 처벌하는 데 목적이 있다. 다만, 해당 법인이나 개인
이 그 업무에 관하여 상당한 주의와 감독을 게을리하지 않았다는 것이 소명될 경
우에는 처벌하지 않는다.

---

498) 대전고등 2005. 12. 9. 선고 2005노66 판결
499) 양벌규정에 대한 설명은 시세조종뿐만 아니라 미공개정보이용, 사기적 부정거래 등에도
   동일하게 적용된다.

이 경우 '벌하는 외에'라고 규정하고 있고 '벌하는 경우'라고 규정하지 않으므로, 대표자나 대리인, 사용인, 그 밖의 종업원을 반드시 처벌할 것을 요건으로 하지는 않는다. 따라서 해당 자연인에 대해 기소유예, 공소권없음(피의자 사망 등) 등 불기소처분을 하더라도 법인이나 그 개인을 처벌할 수 있다.

(2) 양벌규정이 적용되려면, 첫째, 법인 대표자, 임직원 등의 위반행위 여부 (행위 주체), 둘째, 위반행위가 법인의 업무와 관련이 있는지 여부(업무 관련성), 셋째, 법인이 위반행위를 방지하기 위하여 상당한 주의·감독을 하였는지 여부(법인의 주의·감독)를 요건으로 한다. 다만, 대표자의 업무 관련성 있는 위반행위는 법인의 행위로 간주되므로 별도로 법인의 주의·감독 여부를 고려하지 않는다.

나. 행위주체

(1) '대표자나 대리인, 사용인, 그 밖의 종업원'에 해당하는지 여부는 직책이나 명칭, 위임, 고용계약의 사법상 효력 등 형식적인 기준에 의하여 판단할 것이 아니라 그가 일정한 권한을 가지고 실제로 본인을 위하여 행위를 하였느냐는 실질적인 관점에서 판단하여야 한다[500].

그러므로 '법인의 대표자'라 함은 어떠한 명칭이든지 실제로 법인을 대표하는 자로서 보통 대표이사(각자 대표, 공동대표 포함), 관리인, 파산관재인, 업무집행사원 및 업무집행지시자, 즉, 대표이사 등에게 업무집행을 지시하는 실질사주를 포함한다. '법인의 임직원 등'이라 함은 법인과 정식 고용계약으로 근무하는 자, 법인과 정식 고용계약을 체결하지 않더라도 법인의 대리인, 사용인 등이 자기의 보조자로서 사용하고 있으면서 직접 또는 간접으로 법인의 통제, 감독하에 있는 자도 포함한다[501].

(2) 공시의무나 법인이 보유한 지분보고의무 등 위반처럼 법인이 의무의 주체인 경우에는 실제로 위반행위를 한 행위자도 양벌규정을 적용한다. 그리고 원칙적으로 법인의 대표이사를 행위자로 보아 양벌규정을 적용한다. 다만, 대표이

---

500) 서울중앙 2008. 2. 1. 선고 2007고합71 판결
501) 대법 1993. 5. 14. 선고 93도344 판결

사가 실질적으로 법인의 업무에 관여하지 않는 명목상의 대표이사에 불과하여 공시의무 불이행 및 허위공시 등을 전혀 인식하지 못한 경우에는 대표이사가 아니라 공시담당 임원 등에게 실제로 업무를 지시하는 실질사주를 행위자로 보아 양벌규정을 적용한다. 그러므로 법인의 대표이사나 실질사주를 조치하는 경우에는 별도로 공시·보고 담당 임직원에 대해 양벌규정을 적용하지는 않는다.

사례1 : 피고인 회사의 안동지점 대리 갑은 지점의 업무가 폭주하자 지점에 상시 출입하는 고객이었던 을로 하여금 지점 업무인 투자상담, 주식 매도매수 주문 수령, 전화 받기, 그 밖의 심부름 등을 하게 하여 지점의 업무를 보조하였으며 을이 지점장 이하 직원들의 통제, 감독하에 있음으로써 피고인 회사의 간접적 통제감독하에 있었고, 따라서 을이 피고인 회사의 직원 또는 임원으로 채용된 적은 없다고 하더라도 범행기간 동안 피고인 회사의 명시적 또는 묵시적 승인하에 피고인 회사의 직원과 동일한 업무를 수행하면서 사실상 그 직원으로 행세하여 온 사실을 인정하였다[502]

사례2 : 피고인 갑이 여러 명의 주식을 관리하던 중 주요주주인 을의 사용인 내지 대리인으로 일하면서 A카드의 중요한 정보를 취득한 다음, 피고인 병의 대리인으로서 피고인 병이 보유하고 있는 A카드의 주식을 매도하면서 위 정보를 이용하였다면 피고인 병은 양벌규정에 의하여 처벌할 수 있다[503]

다. 업무관련성

법인(개인)의 '업무에 관한 행위(업무관련성)'로 보기 위해서는, 객관적으로 법인의 업무를 위하여 하는 것으로 인정할 수 있는 행위가 있어야 하고, 주관적으로는 대표자가 법인의 업무를 위하여 한다는 인식을 가지고 행위를 해야 한다[504].

이러한 요건을 판단함에 있어서는 법인의 적법한 업무의 범위, 피용자 등의 직책이나 직위, 피용자 등의 범법행위와 법인의 적법한 업무 사이의 관련성, 피용

---

502) 대법 1993. 5. 14. 선고 93도344 판결
503) 서울고등 2008. 6. 24. 선고 2007노653 판결. 이 판례는 '미공개정보'를 이용한 사안에서 양벌규정이 적용된 것임
504) 대법 1997. 2. 14. 선고 96도2699 판결, 서울고등 2011. 10. 6. 선고 2011노806 판결

자 등이 행한 범법행위의 동기와 사후처리, 피용자 등의 범법행위에 대한 법인의 인식 여부 또는 관여 정도, 피용자 등이 범법행위에 사용한 자금의 출처와 그로 인한 손익의 귀속 여하 등 여러 사정을 심리하여 결정하여야 한다505).

유형별로 살펴보면, 첫째, 법인의 자금 또는 증권이 불공정거래에 이용되고, 이에 따른 손익이 법인에 귀속되는 경우로서 업무관련성이 인정되는 사례로는 "A은행 투자금융부 부부장이 B사의 악재성 정보를 듣고 공시 전 A은행이 보유한 B사 주식을 매도한 경우506), 기업의 재무담당 임직원이 호재성 미공개정보를 이용하여 법인자금으로 상장주식을 매수한 경우, 금융기관의 임직원이 법인 계산으로 투기적(long 또는 short)포지션의 파생상품을 보유한 상태에서 KOSPI200 지수를 상승 또는 하락시키는 대량 주식매매를 한 경우, A증권 대표이사 갑이 A증권이 보유하고 있던 B전자 발행 전환사채 및 주식을 처분하고자 계열사 자금을 동원하여 B전자의 주식을 시세조종한 경우507)"를 들 수 있다. 이에 반하여 "대표이사 등이 법인의 자금 또는 증권을 임의로 유용하여 불공정거래를 함으로써 개인적인 이득취득을 한 경우(다만, 이득액의 대부분을 법인에 귀속시킨 경우에는 업무관련성 인정)"는 업무관련성을 인정할 수 없다.

둘째, 불공정거래를 통해 상장법인에 외부자금이 조달되는 경우로서 업무관련성이 인정되는 사례로는 "상장법인의 유상증자 시 임직원이 허위의 공시 또는 보도자료를 게시하여 유상증자를 성공시켜 외부자금을 조달한 경우, A사의 대표이사가 해외BW 발행을 원활하게 하기 위해서 A사 주식의 가격을 인위적으로 올릴 목적으로 A사의 우리사주조합장에게 시세조종을 지시한 경우508)"를 들 수 있다. 불인정사례로는 "임직원이 상장법인에 납입된 주금을 인출하여 횡령한 경우(상장법인에 실질적으로 외부자금이 조달되지 않은 개인적인 범죄행위이므로 업무관련성을 인정할 수 없음)를 들 수 있다.

셋째, 법인에게 무형의 경제적 이득이 귀속되는 경우로서 무형의 경제적 이득은 법인의 평판 제고, 상장폐지 모면, 합병 원활 등을 의미한다. 이러한 사례로는 "자산운용사의 펀드 수익률 제고, 환매청구 방지, 평판 제고 등을 위해 펀드매

---

505) 대법 1997. 2. 14. 선고 96도2699 판결
506) 서울중앙 2006. 8. 18. 선고 2006노1559 판결
507) 대법 2003. 12. 12. 선고 2001도606 판결
508) 대법 2004. 1. 27. 선고 2003도5915 판결

니저가 펀드계좌로 미공개정보를 이용한 경우, 상장법인의 합병 시 주식매수청구권 행사 방지, 상장폐지를 모면하기 위해 대표이사가 시세조종을 한 경우" 등을 들 수 있다.

> 사례1 : 회사의 대주주 측 이사가 이사로서의 업무를 수행하는 과정에서 법 위반행위를 한 경우 그것이 자신을 이사로 선임해준 대주주의 이익을 위한 것이라 하더라도 이를 가지고 곧바로 그 대주주의 업무에 관한 것으로 볼 수는 없다고 할 것이나 그 대주주가 회사에 대한 자신의 영향력을 이용하여 이사에게 업무집행을 지시하는 이른바 '업무집행지시자'에 해당하고 그 대주주에게 회사의 이익과 구별되는 독자적인 이익이 존재하는 등과 같은 특별한 사정이 있는 경우에는 이를 객관적으로 그 대주주의 업무에 관한 것으로 볼 수 있다[509]

> 사례2 : 이사회를 통하여 피고인 등 이사들이 회사의 주요 경영사항을 결정한다고 하여 이사들을 하나로 묶어 사실상의 대표자로 인정하는 것은 회사의 의사결정기능을 수행할 뿐인 이사회의 행위를 대외적인 업무집행행위인 대표행위로 의제하는 것으로 회사의 기관체계에 관한 상법규정에 반하며 형사처벌의 범위를 무리하게 확대하는 것으로 허용될 수 없으므로 피고인 등을 법인의 대표자로 볼 수 없으므로 양벌규정을 적용하지 않음[510](이 판례는 갑 펀드에서 A은행과 B카드사의 합병을 추진키로 결정하면서 감자 없는 합병을 결정하고도, 합병발표 시 감자검토계획을 발표하여 주가를 급락시킨 뒤 부정거래를 한 사안임)

라. 법인의 주의·감독

(1) 법인의 '업무에 관하여' 이루어진 행위라고 할지라도, 법인 또는 개인이 그 위반행위를 방지하기 위하여 해당 업무에 관하여 상당한 주의와 감독을 게을리하지 않은 경우에는 법인이나 그 개인을 처벌하지 않는다.

이 단서조항이 신설된 것은 "단순히 법인이 고용한 종업원 등이 업무에 관하

---

509) 서울중앙 2008. 2. 1. 선고 2007고합71 판결
510) 서울고등 2011. 10. 6. 선고 2011노806 판결

여 범죄행위를 하였다는 이유만으로 법인에 대하여 형사처벌을 과하는 것은 다른
사람의 범죄에 대하여 그 책임유무를 묻지 않고 형벌을 부과하는 것으로서, 헌법
상 법치국가의 원리 및 죄형법정주의로부터 도출되는 책임주의원칙에 위배된다."
는 헌법재판소의 결정에 따른 것이다511). 참고로 증권거래법에서는 법인의 주의·
감독 여부와 관계없이 법인에 양벌을 적용하도록 규정(제215조)하고 있었다.

(2) '법인의 상당한 주의·감독'을 판단하기 위해서는 ① 위반행위의 양태 및
피해·결과의 정도 ② 법인의 영업규모 ③ 법인의 감독가능성 또는 지휘·감독관
계 ④ 위반방지를 위한 법인의 조치 등에 대한 고려가 필요하다512). 다음 유형
중에 하나라도 해당될 경우에는 법인이 상당한 주의·감독을 게을리 한 것으로
본다.

첫째, 대표자(대표이사 등)가 불공정거래를 한 경우. 대표자의 행위는 곧바
로 법인의 행위이므로 별도로 법인의 주의·감독 여부를 따질 필요가 없다. 둘째,
임직원이 조직적으로 불공정거래를 한 경우. 법인의 임직원이 조직적으로 역할을
분담하여 불공정거래에 가담한 경우도 마찬가지다. 셋째, 경영진 등이 불공정거
래를 묵인·방치한 경우. 법인의 경영진 또는 준법감시 파트가 임직원의 불공정
거래를 인식하고도 이를 묵인하거나 방치한 경우를 말한다. 넷째, 법인(특히 금
융기관)의 내부통제가 이루어지지 않은 경우. 불공정거래가 장기간에 걸쳐 반복
적으로 발생하거나513), 불공정거래 예방을 위한 준법감시 및 내부통제 시스템이
제대로 갖추어져 있지 않거나, 형식적으로만 내부통제 시스템이 존재할 뿐 내부
통제가 사실상 작동하지 않는 경우514) 등을 말한다.

반대로, 업계 평균적인 수준의 기본적인 내부통제 전산시스템을 갖추고 있
고, 금융감독당국에서 제시하는 점검항목보다 더 강화된 내부통제 기준을 적용한
다든가, 위반 적발 시 내부절차에 따른 조치를 취하거나 준법교육을 철저히 시키
는 등의 방법으로 통제를 해왔다면 혐의를 인정하기는 어려울 것이다515).

---

511) 헌재 2011. 4. 28. 선고 2010헌가66 결정
512) 대법 2010. 2. 25. 선고 2009도5824 판결
513) 이에 대해서는 불공정거래 방지를 위한 내부통제 시스템 운영 여부, 업무 매뉴얼 준수 여
   부, 정기적인 예방교육 실시 여부 등을 종합적으로 고려하여 판단한다.
514) 금융기관의 규모 대비 불공정거래 임직원의 수, 직위, 매매금액, 부당이득액 등을 종합적
   으로 고려하여 판단한다.

사례1 : 운전 차량이 제한높이 초과 차량으로 계측된 후 도로관리청 직원으로부터 차량높이제한의 위반 여부를 확인하기 위한 정지요구를 받고도 그대로 검문소를 통과하였다는 갑의 행위가 구도로법 제83조 제1항 제3호 위반죄에 해당한다는 이유만으로 갑 소속 법인의 주의의무 내용이나 그 위반 여부에 관하여 살피지 않고 양벌조항에 따라 갑 소속 법인을 처벌한 원심판결은 양벌조항의 사업주 책임에 관한 법리오해 또는 심리미진의 위법이 있음516)

사례2 : 지입회사가 매월 실질적인 교육을 실시하고 수시로 문자메시지를 전송하는 등의 방법으로 과적행위의 위법성과 그 방지요령 및 필요성 등을 충분히 주지시켰다면 지입차주들의 과적행위를 방지하기 위한 상당한 주의와 감독을 한 것이므로 지입회사의 면책을 인정517)

사례3 : 피고인은 불법추심행위 근절 교육, 민원예방 특별교육, 사무실 보안 교육, 정보보호 및 전산보안 교육 등을 실시하기는 하였으나, 대체로 공문을 채권추심원에게 회람시킨 후 확인서명을 받는 형식적 방법으로 교육이 이루어졌다면 법인으로서의 주의와 감독의무를 다하였다고 볼 수 없음518)

6. 매매분석 및 호가관여율

가. 매매분석의 개념 및 작동원리

(1) 시세조종의 혐의유무를 확인하기 위해서는 '매매분석'이 필수적이다. 이를 위해서 금감원에서는 자체적으로 개발한 매매분석 프로그램519)을 활용하고

---

515) 서울남부지검 2016. 12. 27. 결정 2016형제57698호 결정, 2017. 4. 26. 결정 2016형제58273호 결정 등
516) 대법 2010. 2. 25. 선고 2009도5824 판결
517) 대법 2010. 4. 15. 선고 2009도14605 판결
518) 수원지법 2012. 6. 21. 선고 2011노5174 판결
519) 구 증권감독원 조사국에서 처음에는 스프레드시트로 작성한 간단한 프로그램으로 시작하였으나 점차 발전을 거듭하면서 2000년 이후에는 매년 많은 예산으로 서버, 대용량 저장장

있다. 이러한 매매분석은 1차적인 시세조종행위를 쉽게 적발할 수 있는 도구이기
는 하지만 조사자의 숙련도나 경험에 따라 결과에 있어서 많은 차이가 있을 수
있다.

매매분석 프로그램은 의심스러운 매매내역을 처음부터 끝까지 다 가져와 매
매를 재현하는 기능이 있으며 이러한 기능이 고전적인 방법이기는 하지만 시세조
종을 입증하고자 할 때에 매우 유익하게 사용된다[520].

매매분석은 증권회사를 통하든 HTS(Home Trading System)를 통하든 전산
저장장치 내에 남게 되는 매매주문 및 체결자료를 담은 틀, 매매장(또는 호가장)
과 체결장에 관한 자료를 분석함으로써 이루어진다.

매매장에는 '매매일(체결일), 증권사, 지점, 계좌번호, 접수번호(투자자가 매
매주문을 한 순서), 원접수번호, 접수시간(매매주문이 접수된 시간), 시장가(시
장가에서는 대개 '시장가주문'이 의미가 있음), 매도(수)주문한 내역 및 결과[521],
직전(주문을 내기 전의 현재가격인 직전체결가와의 대비), 상대[522], 선후[523],
수총잔량(매수총잔량), 가격 관련 자료[524], 매도(수)관여율[525], 주문매체, 예상
체결가격(수량)'등으로 구성되어 있다. 체결장은 '체결된 일자, 체결된 순서를 나
타내는 체결번호, 매도증권, 매도지점, 매도투자자, 비고' 등으로 구성되어 있다.

매매장은 누가 어떠한 주문을 하였는지 그 주문 당시의 상황에 대한 정보가

치 및 user-friendly interface로 발전한 프로그램임. 이 프로그램은 금감원의 고유한 지적
재산임. 한국거래소도 심리적출을 위한 유사한 프로그램을 자체적으로 개발하여 운용하고
있음

520) 하은수(2009), 81쪽

521) '수주량(매수주문수량), 수주가(매수주문가격), 수체량(매수체결수량), 수체가(매수체결
가격)' 및 '도주가(매도주문가격), 도주량(매도주문수량), 도체가(매도체결가격), 도체량
(매도체결수량)'을 말함

522) 해당주문이 매수인 경우 가장 싸게 매도하고자 하는 주문가격(매도1호가), 매도인 경우
가장 비싸게 매수하고자 하는 가격(매수1호가)과의 대비를 말함

523) 선, 양, 후를 말하며 '선'은 본인의 주문보다 먼저 나와 있는 주문과 체결된 경우, '양'은
먼저 나와 있는 주문을 보고 주문하였지만 본인의 주문수량이 전부 체결되지 않고 일부만
체결되고, 남아 있는 수량은 나중에 가격변동으로 인해 그 나머지 주문수량이 체결된 경우,
'후'는 주문을 내었지만 가격대가 맞지 않아 체결되지 않다가 나중에 낸 주문과 가격이 합
치되어 체결된 경우를 말하는데 시세조종성 주문을 판단하는 데 중요한 의미가 있음

524) '시가, 고가, 저가, 종가, 거래량, 거래금액' 등이 있음. '시가'는 특정 매매일의 시초가를
말하는데 오늘 하루 매매 시 제일 먼저 형성(체결)된 가격이다. '고가'는 오늘 하루 중 가장
높게 체결된 가격, '저가'는 가장 낮았던 가격, '종가'는 하루를 마감할 때의 가격을 말함

525) 해당 주문이 그 날짜의 총주문수량(취소, 정정 포함)에 대한 비중을 말함

들어 있고, 체결장은 그 주문이 어떻게 체결되었는가에 관한 정보를 담고 있다. 이러한 매매장과 체결장의 각 개별 자료의 내용을 통해 매매분석을 하게 된다.

(2) 매매분석은 시세조종 혐의자의 혐의내역을 확인하는 것이 그 목적이므로, 혐의자의 매매내역과 일반투자자의 매매내역에 대한 전체적인 개관이 반드시 선행되어야 한다.

이러한 작업을 하기 위해서는 우선적으로 혐의자 그룹을 확정해야 하는데, 그 방법으로는 첫째, 거래소가 통보한 혐의자 그룹을 그대로 인정하여 그룹별로 이들의 매매내역을 전체 시황에 비추어 해석하는 방법, 둘째, 어느 정도 조사를 진행한 후에 혐의자 그룹을 확정하고 최종적으로 이들 매매내역을 개관하는 방법이 있으며 이들 2가지 방법을 혼용하여 사용되기도 한다.

이를 위해서는 혐의계좌를 조사하는 것이 우선적이고 중요하며, 매매장과 체결장에서의 혐의자(혐의그룹)의 매매내역을 매매분석프로그램을 활용하여 비교·판단하게 되는데, 때로는 SEC에서도 이미 사용하고 있는 통계적 분석기법(event analysis)도 동원하기도 한다.

따라서 단순히 대량의 주식매수라고 해서 바로 시세조종이라고 볼 수도 없는 것이기 때문에 그 주식매수의 원인을 파악해야 하고, 행위자들의 매수관여 수준이 시장을 장악할 정도의 영향이 있었는가도 매매분석을 통해 따져보아야 한다. 또한, 단순히 고가매수 행위가 있었다고 할지라도 매수 동기 등을 통해 인위적으로 주가를 상승시키려는 등의 고의가 있었음을 증명해야 한다. 나아가 시세조종 이후의 주가변동에 대해서도 그 원인 등이 시세조종과 별개의 것인지 등 인과관계도 분석해야 한다.

사실 이러한 매수원인, 동기 등은 모두 형사상 고의나 목적범에서의 목적에 해당하는 것으로서 주관적 구성요건에 관한 부분이기 때문에 수사, 재판상 증거에 의해 엄격하게 증명되어야 할 부분들이므로 매매분석에서뿐만 아니라 혐의기술에서도 구체적으로 적시되어야 할 부분이다.

(3) 이러한 시세조종의 혐의입증을 위한 보조지표들이 있다.

'상대호가(매도) 소진율'은 혐의자의 매수주문과 상대호가 총수량을 비교한 것(혐의자매수주문 : 상대호가 총수량)으로서, 시장전체 상대호가(매도)잔량 대

비 혐의자 매수주문 규모가 압도적으로 커서 혐의자의 주문으로 인하여 상대호가
(매도)가 전부 또는 대부분 소진되며 상하가가 형성·유지되었음을 나타내는 자
료로 사용된다.

'추종매수 증가율'은 혐의자가 제출한 상한가 주문 이후 약 10분간의 시장전
체 매수대기 잔량의 증가분(혐의자의 주문 10분 뒤 매수 총잔량 증가분526))으로
서 일반투자자들의 추종매수 강도를 나타내는 지표로 사용된다.

'매수 잔량 점유율'은 장종료 시까지 혐의자가 제출한 미체결 매수주문의 누
적잔량이 전체 미체결 매수주문 잔량에서 차지하는 비중($\frac{혐의자\,미체결\,잔량}{매수대기\,총잔량}$)으로서
혐의자의 '시장지배력'을 나타내는 지표로 사용된다.

이러한 보조지표는 혐의자의 시세형성에 대한 영향력을 보여주는 자료이기
는 하지만 모두 혐의자의 해당 매수주문 당시의 순간적인 상황만을 기초로 한 것
이므로, 그 당시 및 전후에 이루어진 다른 투자자들의 주문을 비교하여 혐의를
인정할 만한 압도적인 수치가 아닐 경우(다른 투자자들의 주문도 혐의자와 비슷
하거나 더 클 경우 등)에는 시세조종성 주문으로 보지 않을 수도 있다527).

나. 호가관여율

(1) 시세조종을 판단하는 데 있어서 겉으로 드러난 주문행태만을 가지고 시
세조종의 범의를 단정하기는 쉽지 않다. 왜냐하면 일반적인 주식투자자라면 저가
에 주식을 매수하여 고가에 매도함으로써 시세차익을 남기려 하고 이러한 행위는
일반적인 시세조종 혐의자의 주문행태와 외관상 다르지 않기 때문이다.

예를 들어, 고가매수주문이나 허수주문을 자주했다고 해서 매매유인을 위한
시세조종성 주문이라고 단정할 수는 없다. 왜냐하면 그러한 행위는 해당 종목의
주식을 급히 대량으로 확보할 의도에서 비롯될 수도 있고 주가의 낙폭이 클 경우
에는 저가에 매수할 가능성도 존재하기 때문이다.

따라서 실무상은 그러한 혐의자의 주문 등으로 인해 '호가에 관여하게 된 비
율(호가관여율)'을 중요한 자료로 판단한다. 즉, 혐의자의 주문행위가 해당 종목

---

526) 혐의자가 매수한 직후 시장의 매수호가 총 잔량과 10분 후 총 잔량을 비교함
527) 인천지법 2014. 1. 28. 선고 2013고합327 판결

의 시세를 형성하는 데에 상당히 높은 비율을 차지하였고, 그것이 시세상승을 강력히 견인하였거나 상한가를 굳히기 위한 방편으로 사용된 것이 분명하다면 매매유인의 목적을 추정할 수 있기 때문이다. 그러므로 실무에서는 범의를 판단하는데 있어 '호가관여율'은 매우 중요한 지표라고 하겠다.

따라서 해당 종목의 거래비중이 크다고 무조건 시세조종의 고의를 인정하기는 어렵다. 그러므로 전체거래량 대비 거래 비중이 큰 당사자가 지위를 이용하여 거래의 공백상태나 침체상태, 미묘한 균형상태 등을 틈타 순간적인 충격이나 거래상황에 관한 허위정보를 가함으로써 가격결정에 일시적으로 영향을 미치는 행위마저 불가능하다고 볼 수는 없고, 이러한 행위가 지속적으로 반복되는 경우에만 시세를 인위적으로 변동시킬 가능성이 있는 거래라고 볼 수 있다[528].

(2) 그런데 '조건부 주문'이 있으면 호가관여율을 계산할 때 실질호가관여율이 왜곡될 수가 있다. 조건부 주문[529]이란 투자자가 주문 시점에 매매계약의 체결 및 주문의 취소에 대해 일정한 조건을 부여한 것을 말한다[530].

첫째는, 조건부 주문이 제출되었으나 취소된 경우 해당 주문수량을 전체 매수(매도)주문에 포함하게 되면 분모를 과대계상하게 되고, 취소된 주문수량은 호가잔량에 반영되지 않으므로 일반투자자는 해당 주문이 있었는지 알 수 없어 시세에 영향이 없는데도, 실무에 있어서는 조건부 주문을 호가관여율의 분모인 전

---

528) 대법 2008. 12. 11. 선고 2006도2718 판결
529) 조건부주문은 2가지다. ① 해당 주문과 관련된 호가의 접수시점에서 호가한 수량 중 매매계약을 체결할 수 있는 수량에 대해서는 매매거래를 성립시키고, 매매계약이 체결되지 않은 수량은 취소시키는 조건(IOC조건, Immediate Or Cancel), ② 해당 주문과 관련된 호가의 접수시점에서 호가한 수량의 전부에 대해 매매계약을 체결할 수 있는 경우에는 매매거래를 성립시키고 그렇지 않은 경우에는 당해 수량의 전부를 취소하는 조건(FOK조건 Fill Or Kill)
530) 이러한 조건부 주문이 전체 시장에서 차지하는 비중은 2013년 이전에는 5% 정도에 불과하였으나, 2013년 2분기 이후 크게 증가하는 추세를 보이고 있다(코스닥 시장은 2014. 2분기에는 전체 주문 대비 최고 57.7%까지 급증). 이는 최근 개인투자자들의 증권사 홈트레이딩시스템(HTS) API를 이용한 프로그램 매매가 활성화됨에 따라 조건부 주문 수량이 크게 증가하고 있는 것으로 추정된다. 왜냐하면 API 이용자들은 매매주문 시 IOC 또는 FOK 조건을 부여하여 프로그램 매매에 따른 체결 위험을 최소화하는 경향이 있기 때문이다. 조건부 주문 중 절대 다수(99.86%)는 IOC주문이며, 이들 조건부 주문 상당수는 주문 즉시 취소되어 실제 체결되는 수량은 미미하다. 특히 코스닥 시장의 경우 조건부 주문 중 실제 체결되는 비중은 1% 미만에 불과하다.

체 매수(매도)주문 수량에 포함531)하여 산정하게 되므로 시세의 형성과 무관한
조건부 주문으로 인하여 시세조종 혐의자의 호가관여율이 크게 하락, 조치수준이
낮아질 우려가 있다532).

둘째는, 혐의계좌에서 제출된 조건부 주문 전체를 허수매수, 고가매수 등의
시세조종 혐의 주문수량으로 포함하게 되면 호가관여율 분자를 과대계상할 우려
가 있다. 즉, 취소된 조건부 주문수량은 호가잔량에 반영되지 않으므로 일반투자
자들에게 매매유인의 효과가 있다고 볼 수 없어 취소수량은 혐의주문으로 보기
곤란한데, 조건부 주문이 미리 설정한 혐의주문 조건에 해당하는 경우 전체 수량
을 혐의주문으로 표기할 수도 있기 때문이다.

따라서 조건부 주문을 다수 이용하는 프로그램매매 투자자의 호가관여율을
높게 산정하여 시세조종이 아닌 행위에 대하여 처벌할 우려가 발생한다. 이러한
모순점을 개선하기 위해서 금감원은 기존의 호가관여율 외에 '실호가관여율'을
별도로 산정하여 조치수준 양정에 반영하여 운영하고 있다.

---

531) 조건부 주문이 취소된 경우 원래 주문 자체를 전체 매수(매도)주문에서 제외하여 산정하
여야 함
532) 조건부 주문 비중이 높은 사건이 증가하면서 실제 조건부 주문을 분모에서 제외하고 호
가관여율을 산정한 사례도 일부 확인됨

제3장 사기적 부정거래

제1절 개념

1. 의의

사기적 부정거래533)란 금융투자상품의 매매 및 그 밖의 거래와 관련하여 부정한 수단, 계획 또는 기교를 사용하는 행위(제178조 제1항 제1호), 중요사항에 관하여 거짓의 기재 또는 표시를 하거나 타인에게 오해를 유발시키지 아니하기 위하여 필요한 중요사항의 기재 또는 표시가 누락된 문서, 그 밖의 기재 또는 표시를 사용하여 금전, 그 밖의 재산상의 이익을 얻고자 하는 행위(제2호), 금융투자상품의 매매, 그 밖의 거래를 유인할 목적으로 거짓의 시세를 이용하는 행위(제3호), 금융투자상품의 매매, 그 밖의 거래를 할 목적 또는 그 시세의 변동을 도모할 목적으로 풍문의 유포, 위계의 사용, 폭행 또는 협박을 하는 행위(제2항)를 말한다.

주식이나 이와 관련된 거래 등 과정에서 부당하거나 불법적인 방법을 사용하거나 그 질서를 어지럽히는 일체의 행위들을 규제할 필요성과 죄형법정주의와의 조화를 위해서 제1호는 포괄적으로 규정하고 있고, 다소 구체성을 가진 나머지 3개 유형들이 다시 제1호를 뒤받침 해주는 형태로 구성되었다고 볼 수 있다534).

---

533) 간단히 '부정거래행위'라고도 함(김정수(2011), 1,147쪽). 구증권거래법에서는 사기적 거래죄(김성준 외(2007), 309쪽), 일반적 사기(임재연(2008), 593쪽) 등의 표현을 사용하였으며, 판례는 사기적 거래행위(대법 2001. 1. 19. 선고 2000도4444 판결)라고 하고 있음. 그러나 '부정거래'라는 표현이 지나치게 포괄적이므로 본서에서는 '사기적 부정거래'라고 함

534) 김정수(2011), 1,150쪽

2. 규제의 필요성 및 특성

가. 규제 필요성

(1) 사기적 부정거래를 금지하는 이유는, 이러한 행위가 다수인에게 영향을 미치고 주식시장 전체를 불건전하게 할 수 있기 때문에 주식거래에 참가하는 개별 투자자의 이익을 보호함과 동시에 투자자 일반의 주식시장에 대한 신뢰를 보호하여 유가증권 시장이 국민경제 발전에 기여할 수 있도록 함에 그 목적이 있다.

판례도 "(본죄의 보호법익은) 증권거래의 공정성 및 유통의 원활성 확보라는 사회적 법익이고, 각각의 증권소유자나 발행자 등 개개인의 직접적인 보호법익이 아니다"라고 판단하고535), 동시에 "증권거래에 관한 사기적 부정거래가 다수인에게 영향을 미치고 증권시장 전체를 불건전하게 할 수 있기 때문에 증권거래에 참가하는 개별 투자자의 이익을 보호함과 함께 투자자 일반의 증권시장에 대한 신뢰를 보호하여 증권시장이 국민경제의 발전에 기여할 수 있도록 함에 그 목적이 있다"라고 설명한다536).

그러므로 본 조항에서 보호법익은 주식 등 거래의 공정성 및 유통의 원활성 확보라는 사회적 법익이고, 그 실질적인 침해를 요건으로 하지 않고 위험성만 있으면 실제 재산상 손실이 없더라도 범죄가 성립하므로 위험범에 해당한다537).

금융투자상품의 매매 등 거래와 관련한 행위인지 여부나 허위의 여부 및 부당한 이득 또는 경제적 이익의 취득 도모 여부 등은 그 행위자의 지위, 발행회사의 경영상태와 그 주가의 동향, 그 행위 전후의 제반 사정 등을 종합적으로 고려하여 객관적인 기준에 의하여 판단하여야 한다538).

(2) 구증권거래법에서는 '부당한 이익을 얻기 위하여'라든가 '금전 기타 재산

---

535) 대법 2002. 7. 22. 선고 2002도1696 판결
536) 대법 2001. 1. 19. 선고 2000도4444 판결
537) 임재연(2012), 913쪽
538) 대법 2002. 7. 22. 선고 2002도1696 판결, 2003. 11. 14. 선고 2003도686 판결

상의 이익을 얻고자 하는 (목적)'을 규정하여 간접적으로 목적성을 요건으로 함으로써 포괄적 사기금지규정으로서의 기능이 반감되었지만539) 현행법에서는 그러한 제한이 없다고 볼 수 있다.

증권 관련 범죄는 고전적인 수법부터 기술의 발달로 인한 첨단수법에 이르기까지 다양한 형태의 범죄기법이 존재한다. 그런데 이러한 다양한 증권 관련 범죄행위는 기본적으로 '일반투자자들에 대해 주식의 거래나 시세 등에 대한 착오를 야기하려는 사기적 행위'라는 것을 전제하고 있지만, 그 결과에 이르는 범행방법, 즉, 구성요건적 행위를 몇 개의 열거된 행위만으로 제한하는 것은 입법적으로 불가능하다. 따라서 이러한 현실적인 문제점을 고려하여 포괄적으로 사기행위를 금지하는 조항, 즉 사기적 부정거래를 금지하는 규정을 신설하게 된 것이다540).

나. 특성

사기적 부정거래는 회사의 경영권 양수도, M&A, 가장납입, 허위공시, 분식회계, 횡령, 배임 등과 수개의 범죄행태가 뒤섞여서 행해지는 범죄행위로서, 시세조종이나 미공개정보 이용행위에 비해 사건구조가 복잡한 특성이 있다. 또한 다양한 범죄수단과 인터넷 통신수단 등 첨단기법을 이용하여 범죄가 이루어지고 있으므로 실무상 이를 조사하려면 다양한 조사기법이 필요하고 조사의 대상도 광범위하다고 할 수 있다.

그러므로 이를 입증하려면 한국거래소, 한국예탁원, 기타 금융기관을 통한 증거수집뿐만 아니라 공시내용 및 보도내용의 진실여부, 사인 간 계약내용, 대화내용, 통신기록, IP주소, 문자메시지, 이메일 등 다양한 증거를 확보하여야 한다.

사기적 부정거래 규정이 추상적이거나 포괄적인 특징이 있기는 하지만 이를 실제 사례에 적용할 때는 확대해석이나 유추해석 내지 법령에 근거가 없는 해석을 해서는 안 된다.

통상적으로 생각할 수 있는 요건은, 그 해당 행위가 ① 금융투자상품의 거래

---

539) 임재연(2012), 898쪽
540) 박정호 외(2012), 108쪽 ; 김정수(2011), 1,148쪽. 미국 증권법과 일본법상의 포괄적 사기금지규정에 대해서는 임재연(2012), 903쪽 이하 참고

와 관련하여 부당한 이익을 얻거나 손실을 회피하기 위한 수단으로 이용되어야 하고, ② 그 행위로 인해 다수의 일반투자자에게 손해를 야기할 수 있거나 시장의 가격형성기능에 영향을 미칠 수 있어야 하며, ③ 다른 법령에서 그 행위에 대해 의율하고 있다면 그 규정이 우선적으로 적용되고 사기적 부정거래 조항도 경합하여 적용될 수 있다(이에 대해서는 '보충적'으로 적용해야 한다는 반대의견이 있음). 다만, 그 다른 법령에서 규정하고 있는 보호법익 외의 중대한 법익이나 새로운 법익을 침해하는 것이 분명할 경우에는 사기적 부정거래행위로 조치할 수 있다.

다. 적용 원칙

(1) 시세조종 규정과의 관계

사기적 부정거래는 자본시장법에서 사실상 새로이 도입한 규정이다. 시세조종에 관한 규정에서는 '상장유가증권 등'을 대상으로 규정[541]하고 있으나, 사기적 부정거래에 관한 규정에서는 '금융투자상품'에 대한 부정거래행위를 대상으로 규정하고 있으므로 시세조종과는 행위의 객체(대상)가 다르다. 또한, 사기적 부정거래는 유가증권의 매매를 함에 있어서 '특정한 행위' 자체를 금지(제1항)하거나 특정한 유가증권의 거래를 유인하거나 시세변동을 도모할 목적을 가진 행위를 금지(제2항)하고 있다는 점에서도 구성요건에 있어서도 차이가 있다[542].

광의로 보아 사기적 부정거래는 시세조종행위의 한 유형에 포함되지만 협의로 보면 시세조종행위와 개념상 명백히 구분되므로 시세조종에 대해 보충적 성격을 갖는다고 보는 견해[543]도 있다. 만약 독립적인 규정으로 볼 경우에는 시세조종에 관한 행위와는 경합관계가 될 것이고 보충적인 규정에 불과하다면 시세조종과는 포괄일죄의 관계에 있다고 해석하게 될 것이다[544]. 그러나 사기적 부정거

---

541) 벌칙규정은 자본시장법 제443조 제1항 제4호 내지 제7호에서 규정함
542) 시세조종에 관한 제176조 제2항 제3호(허위표시 시세조종)나 사기적 부정거래에 대해서는 앞서 언급한 바와 같음
543) 김성준 외(2007), 310쪽
544) 임재연(2012), 900쪽

래에서 규정한 행위 유형을 살펴보면 '부정한 수단, 계획, 기교, 거짓의 기재나 시세, 풍문의 유포, 위계의 사용, 폭행 또는 협박' 등 다양하게 규정하고 있고 구성요건이 명백히 다르기 때문에 독립적인 규정으로 보아야 한다[545].

구증권거래법 제188조의4 제1항 내지 3항은 시세조종행위에 관한 규정으로서 자본시장법의 시세조종 규정과 유사하지만 사기적 부정거래행위를 위와 같이 시세조종 태양의 하나로 규정하고 있었다[546]. 그러나 자본시장법에서는 사기적 부정거래를 제178조로 별도로 구분하고 있고, 구증권거래법에서 요건으로 규정한 '부당한 이득이나 재산상 이득'을 자본시장법에서는 구성요건으로 규정하지 않고 있으므로 시세조종에 대한 보충적인 성격이라고 볼 수 없다. 결국, 사기적 부정거래조항은 구증권거래법에서 지적되었던 한계를 극복하기 위해 보완한 조항이라고 할 수 있다[547].

구증권거래법에서의 사기적 부정거래가 '부당한 이득'을 얻는 것을 제한하고자 하는 데에 주된 목적이 있었지만 현행 자본시장법에서는 거래 자체에서의 '불법적인 수단'을 사용하는 것 자체를 규제하는 데 목적이 있다고 보는 것이 타당하다.

사실 이 규정은 일본 금융상품거래법 제157조, 제158조를 받아들인 것이고, 일본은 미국 증권거래법 10b-5조(포괄적인 사기금지조항)를 그대로 복사한 규정이다. 다만, 미국은 이러한 포괄적 사기금지조항을 실무에서 폭넓게 사용하는 데에 비해 일본이나 우리는 다소 소극적으로 적용했다는 점에서 차이가 있다[548]. 그러나 근래 들어 시세조종행위는 감소하는 데에 비해서 사기적 부정거래를 적용한 적발사례는 점차 증가하는 추세라고 할 수 있다.

---

545) 동일한 견해로는 김성준 외(2007), 310쪽, 비슷한 견해로는 임재연(2008), 593쪽
546) 구증권거래법 제188조의4 제4항에서는 유가증권의 매매 기타 거래와 관련하여 '부당한 이득을 얻기 위하여 고의로 허위의 시세 또는 허위의 사실 기타 풍설을 유포하거나 위계를 쓰는 행위(제1호)'를 금지하고 있었고, '중요한 사항에 관하여 허위의 표시를 하거나 필요한 사실의 표시가 누락된 문서를 이용하여 타인에게 오해를 유발하게 함으로써 금전 기타 재산상의 이익을 얻고자 하는 행위(제2호)'를 금지하였다.
547) 임재연(2012), 857쪽 ; 김정수(2011), 1,148쪽
548) 하은수(2009), 73쪽

(2) 사기적 부정거래 규정 상호 간의 관계549)

사기적 부정거래 규정 상호 간에 있어서 제178조 제1항 제1호(객관적 부정
거래라고도 함)는 다른 규정들과 특별 · 일반관계에 있다고 볼 수 있다. 즉, 객관
적 부정거래는 '부정한 수단, 계획, 기교' 등을 규율하는 포괄적 성격의 규정이다.
나머지 규정들은 주관적 부정거래라고 할 수 있는데, 부실표시의 금지(제178조
제1항 제2호), 허위시세 이용금지(제178조 제1항 제3호) 등 구체적 부정거래와
위계의 사용(제178조 제2항) 등 추상적 부정거래로 개념상 구분할 수 있다. 이들
규정은 죄형법정주의의 명확성의 원칙에 따라 구성요건이 더 구체적인 주관적 ·
구체적 부정거래규정을 우선 적용한다(부실표시 > 위계사용 > 부정한 수단).

판례는 포괄규정인 객관적 부정거래를 주관적 부정거래와 중복 적용하더라
도 법정형이 동일하고 각 부정거래행위는 포괄일죄의 관계에 있으므로 위법한 것
이 아니라고 보고 있다550).

따라서 부정거래 규정 상호 간에는 주관적 · 구체적 부정거래 규정을 우선 적
용하고 이 규정으로 포섭할 수 없는 경우 또는 적용하기 곤란한 경우에 객관적
부정거래 규정을 보충하여 적용하여야 한다. 예를 들어, 부정한 수단, 계획, 기교
등의 부정거래규정(제178조 제1항 제1호)은 시세조종이나 미공개정보이용행위
등으로 포섭하기 어려운 경우에 적용되고, 부실표시 부정거래행위(제178조 제1
항 제2호), 허위시세 이용금지(제178조 제1항 제3호), 시세변동 목적 등 위계사
용(제178조 제2항)이 적용되기 어려운 경우에 적용된다고 보아야 한다.

---

549) 금감원은 부정거래행위에 대해 명확성원칙에 반하거나 자의적 집행을 방지하기 위해 '부
　　정거래행위 규제 가이드라인(2010. 6.)'을 제정하여 운영하고 있음
550) 대법 2011. 10. 27. 선고 2011도8109 판결

제2절 적용대상

1. 금융투자상품

(1) 자본시장법 제176조에서는 '상장증권 또는 장내파생상품'을 대상으로 하고 있으나, 제178조에서는 이러한 제한이 없이 '금융투자상품'을 대상으로 하고 있어 비상장주식 등도 대상이 될 수 있다[551].

제178조는 제176조에 대한 일반규정으로서 주식 등 금융투자상품의 매매 기타 거래와 관련하여 불공정행위를 포괄적으로 금지하고 있을 뿐, 거래객체를 '상장유가증권 또는 협회중개시장에 등록된 유가증권'으로 한정하거나 거래장소를 '유가증권시장 또는 협회중개시장'으로 제한하고 있지 않다. 그러므로 사기적 부정거래는 상장유가증권 또는 협회중개시장에 등록된 유가증권은 물론 자본시장법에서 정의한 유가증권에 포함되는 모든 유가증권의 매매 기타 거래에 적용되며, 유가증권시장 또는 협회중개시장에서의 거래와 장외시장에서의 직접·대면거래에 대해서도 모두 적용된다[552].

이러한 해석에 대해 통상 유가증권 시장이나 코스닥시장에서 거래되는 증권의 경우에만 적용된다고 해석하는 견해[553]도 있으나 조문에 명백히 반하는 해석이어서 수긍할 수 없다.

또한, 대면거래일지라도 사기적 부정거래는 다중을 대상으로 주식가격에 대하여 오해를 가지게끔 하는 행위를 금지하는 취지로 보고, 어느 특정인이 제시하는 주식매도가격만을 허위로 알린 경우에는 부정거래가 성립하지 않고 사기죄만 성립한다고 본 판례[554]가 있으나 법조문을 그렇게 제한적으로 해석할 이유가 없

---

551) 이러한 규정 형식은 구증권거래법 제188조의4 제4항과 유사한 형태인데, 상장이나 등록된 유가증권일 것을 요건으로 하지 않으므로 좀 더 포괄적인 개념이다.
552) 대법 2006. 4. 14. 선고 2003도6759 판결, 박정호 외(2012), 109쪽
553) 김건식(2006), 301쪽
554) 서울지법 2002. 10. 15. 선고 2002고단6347 판결

으므로 동의하기 어렵다(또한 반대되는 판례555)도 있음).

따라서 개별투자자 간의 장외거래와 관련된 행위는 형법상 사기죄만 성립할 뿐이고 사기적 부정거래행위에는 해당하지 않는 것이 원칙이겠지만 거래당사자가 상당한 숫자에 이르거나 그 거래규모 등 시장의 기능에 영향을 미치거나 기관투자자 등이 개입하는 등 시장이나 일반투자자들에게 중대한 의미가 있을 경우에는 부정거래규정이 적용된다고 보아야 한다.

유가증권시장 및 코스닥시장에 상장되지 않은 주식의 매매거래를 위하여 금융투자협회가 개설운영하는 시장인 '프리보드(free board)'에서 시세조종을 한 행위에 대해 사기적 부정거래로 볼 수 없다는 견해가 있을 수 있으나 프리보드 등 장외시장이라 하더라도 일반투자자의 보호가 필요한 사안에 대해서는 부정거래행위에 해당된다고 해석해야 한다. 다만, 시세조종행위가 성립하지 않을 경우 보충적으로 적용하게 될 것이다.

사례1 : 대표이사가 분식결산의 방법으로 작성된 허위의 재무제표에 기초하여 그 회사의 재무에 관하여 허위의 사항을 기재한 사업보고서 등을 증권거래위원회나 증권거래소에 제출하고, 불확실한 사업전망을 마치 확정되었거나 곧 착수할 것처럼 공표하면서 그 내용을 신문보도나 유인물을 통하여 홍보하여 그 회사의 주가가 상승하자 자신이 지배하는 주식을 매도하여 상당한 경제적 이득을 얻었고, 그에 앞서 미리 사모전환사채를 인수하는 방법으로 주식의 매도에 대비하였다가 주식을 매도한 후 그 전환사채를 주식으로 전환하여 그 회사에 대한 자신의 지분율을 유지한 경우 사기적 부정거래행위에 해당한다556)

사례2 : 피고인은 A사의 전환사채를 인수하거나 해외인수자를 물색해줄 능력이 없어 A사의 전환사채가 정상적으로 발행될 가능성이 없자 A사가 정상적으로 전환사채를 발행하고 홍콩의 회사가 전환사채를 인수한 것처럼 가장한 후 이를 이용하여 국내투자자들을 기망하여 자금을 조달하기로 마음먹고, A사와 전환사채 인수계약을 체결하고 코스닥시장을 통해 1,200만 달러의 해외전환사채를 역외펀드가 인수한다는 사실을 일반투자자에게 허위공시되도록 하고 국내투자자 6명에게 전환사채인수계약

---

555) 서울지법 2000. 2. 11. 선고 99고단13171 판결
556) 대법 2001. 1. 19. 선고 2000도4444 판결, 2002. 7. 22. 선고 2002도1696 판결

서, 역외펀드 사업자등록증을 보여주며 이들과 전환사채 매입계약을 체결하고 대금 명목으로 49억 원을 교부받은 행위는 사기적 부정거래에 해당한다[557]

사례3 : 피고인은 2001. 8. 8. 피해자로부터 A사 주식을 3만 주를 매입해달라는 부탁을 받고 사실은 을을 통하여 A사 주식을 1주당 70,000원에 3만 주를 매입하기로 약정하였음에도 이를 숨기고 피해자에게 주식을 1주당 77,000원에 3만 주를 매입하는 것으로 약정되었다고 허위의 시세를 말하며 A사 주식이 며칠 사이에 가격이 오르니 바로 매입하라고 거짓말하여 피해자로부터 매입대금 명목으로 23억1,000만 원을 받아 편취하였음[558](이 판결에서는, 사기적 부정거래행위와 사기죄와의 상상적 경합관계를 인정하였음)

(2) 유상증자 등 공모 시 증권신고서의 허위표시에 대하여 사기적 부정거래에 의율하고 있다. 즉 공모할 때에 증권신고서에 허위기재가 있는 경우에는 구증권거래법 제207조의3 제2호에 의하여 처벌하고, 증권신고서 기재사항과 별도의 공시사항이 허위로 드러난 경우에는 사기적 부정거래에 해당함을 이유로 처벌하고 있다.

그러나 증권신고서의 허위기재(주로 과징금 대상)보다도 사기적 부정거래가 법정형이 더 중하므로 유통시장에서의 모든 부실공시행위에 대해 사기적 부정거래 규정을 무조건 적용하는 것은 적절하지 않으며, 허위기재된 부분의 중요성 정도에 따라 선별적으로 적용 여부를 검토하는 것이 타당하다.

2. 파생상품거래에서의 사기적 부정거래

(1) 파생상품시장에서 이루어지는 통정매매가 있다. 시세조종을 목적으로 이루어지는 경우도 있지만, 당사자 간에 특수한 목적을 위해서 계좌를 통한 손익이 전거래에 해당하는 경우도 더러 있다. 이와 같은 파생상품시장에서의 통장매매에 대해 사기적 부정거래에 관한 일반적인 기준이 적용되는지 문제가 될 수 있다.

---

557) 서울지법 2000. 2. 11. 선고 99고단13171 판결
558) 서울지법 2000. 2. 11. 선고 99고단13171 판결

　자본시장법은 구증권거래법을 토대로 증권 관련 법령을 통합하는 과정에서 증권거래와 선물거래의 차이를 간과하여 장내파생상품(선물·옵션)거래에서의 가장, 통정매도 주관적 '목적'이 있는 경우에만 시세조종행위에 해당하도록 규정하였다. 물론 모든 장내 금융투자상품에 대해 입법기술상 시세조종의 구성요건을 일관되게 규정할 수밖에 없는 사정이 있지만, '불법목적의 선물 가장·통정매매'는 구선물거래법과 달리 시세조종으로 규율할 수 없는 규제의 공백(loophole)559)이 발생하게 되었고, 이러한 불공정거래의 규제의 공백을 방지하기 위하여 포괄적 사기행위 금지조항으로서의 사기적 부정거래(제178조 제1항 제1호)를 적극 활용할 필요가 있다.

　(2) 실무상, 파생상품시장의 특수성으로 인해 혐의자 간 거래만 존재하고, 혐의자와 일반투자자 사이 또는 일반투자자간의 체결, 호가사실 등이 없을 경우에는 일반투자자들에 대한 피해 가능성이 희박하므로 횡령, 배임만을 적용한다. 물론 혐의자와 일반투자자 간 체결사실이 다수 존재하는 경우, 일반투자자의 직접적인 피해가 존재한다면 사기적 부정거래행위가 적용된다. 따라서 통정거래로 인해 일반투자자들 사이에 시장가격보다 높거나 낮은 가격으로 체결된 사실이 존재하는 경우, 왜곡된 가격, 물량정보를 이용함으로써 일반투자자의 간접적인 피해가 있다면 부정거래행위를 적용한다.

　그러나 일반투자자 간 체결사실은 없으나 일반투자자의 호가 참여가 있는 경우에는 두 가지 형태로 구분하여 판단한다. 첫째, 일반투자자가 호가를 조정하지 않는 단순한 매매형태인 경우, 일반투자자들의 피해 가능성이 희박하므로 횡령, 배임죄만을 적용하고, 일반투자자가 호가를 조정하는 등 복잡한 매매형태인 경우에는 일반투자자의 피해 가능성이 존재하므로 사기적 부정거래행위가 적용된다.

　물론 이와 같은 파생상품시장에서의 통정매매에 대해 사기적 부정거래행위에 해당한다고 해석하는 것에 대해 반론이 있을 수는 있겠지만 위와 같은 행위가 부정한 수단임을 부인하기 어렵고, 왜곡된 호가를 제출하는 과정에서 일반투자자의 피해발생의 우려가 높다는 점에서 규제의 실익이 있다. 아직까지 이러한 사례에 대한 확립된 판례는 없다.

---

559) ELW와 같은 파생결합증권도 손익목적 이전의 경우 동일한 문제가 발생한다.

제3절 구성요건

1. 부정한 수단, 계획, 기교

가. 개념

(1) 사기적 부정거래에 대해서는 4개의 유형을 규정하고 있는데, 그중 제1호가 가장 근간이 된다. 즉, 제1호를 통해 포괄적 규제가 가능하도록 하면서 다소 구체성을 지닌 나머지 3개 유형들이 다시 제1호를 뒷받침해주는 형태로 포진하여 전체적으로 '포괄적 사기금지 조항'을 완성하고 있다[560].

자본시장법 제178조 제1항 제1호에서 규정하고 있는 '부정한 수단, 계획, 또는 기교'라 함은 사회통념상 부정하다고 인정되는 일체의 수단, 계획 기교를 말한다[561]. 거래상대방 또는 불특정투자자를 기망하여 부지 또는 착오상태에 빠뜨릴 수 있는 모든 수단, 계획, 기교 또는 행위자의 지위·업무 등에 따른 의무나 관련 법규에 위반한 수단, 계획, 기교로서 자본시장법 제176조 및 178조에서 정하고 있는 나머지 행위들을 포괄하는 개념이다[562].

(2) 원칙적으로 금융투자상품의 매매 및 거래에 있어서 부정한 수단이나 계획, 기교를 사용하지 못한다. 그러므로 부정하지 않은 수단, 계획, 기교를 사용하는 것을 금지하지는 않는 것으로 해석되지만 '부정한' 등의 개념을 정립하기란 쉽지 않으므로 결국 개개 사건별로 판단할 수밖에는 없다.

판례는 "유가증권의 매매 등 거래와 관련한 행위인지 여부나 허위의 여부 및 부당한 이득 또는 경제적 이익의 취득 도모 여부 등은 그 행위자의 지위, 발행회

---

560) 한국증권법학회(2009), 955쪽
561) 대법 2011. 10. 27. 선고 2011도8109 판결
562) 서울중앙 2010. 10. 29. 선고 2010고합305, 412 판결

사의 경영상태와 그 주가의 동향, 그 행위 전후의 제반 사정 등을 종합적으로 고
려하여 객관적인 기준에 의하여 판단하여야 한다"라고 판시하고 있다563).

여기서 '부정한 수단, 계획, 기교'라 함은 법률상 허용되지 않는 방법 외에도
절차나 규정에 위반한 행위도 포함하는 개념이라고 할 것이며, 그 행위의 개별단
계만을 두고 볼 것이 아니라 전체적인 행위를 조감하여 판단해야 한다. 또한 수
단, 계획, 기교는 일반적인 의미로 해석하면 충분하고, 그 3개의 개념을 모두 포
함할 수도 있고 1, 2개의 의미만 포함하는 경우에도 모두 구성요건에 해당한다.
본래 '수단, 계획, 기교'란 미국법상의 'device, scheme or artice'를 번역한 것이
다564). '계획'이란 범죄행위를 시간적인 단계로 구분할 경우 범죄실행의 사전 단
계에 해당하고, '수단, 기교'란 명확하지는 않지만 굳이 따지자면 범행방법에 해
당한다고 볼 수 있다.

(3) 법률에서 '부정한 수단, 계획, 기교'라고만 규정되어 있으므로 별도의 '기
망행위'를 요건으로 하는 것은 아니지만 일본법의 해석과 관련해서 '기망행위'를
요건으로 한다고 주장하는 견해들이 있다565). 그러나 기망행위를 또 다른 구성
요건이라고 해석할 근거는 전혀 없다.

판례도 "부정한 수단, 계획, 기교란 사회통념상 부정하다고 인정되는 일체의
부정한 수단, 계획 또는 기교"라고 판시함으로써 기망행위를 요건으로 하지 않음
을 간접적으로 확인한 바 있다566). 또한, 단순한 절차규정위반 등 위법사실은 있
지만 시장의 기능을 침해했다고 보기 어렵거나 일반투자자에게 피해가 발생했다
고 보기 어려운 행위는 사기적 부정거래행위에 해당한다고 볼 수 없다.

어떠한 행위를 '부정하다'고 할지는 그 행위가 법령 등에서 금지된 것인지,
다른 투자자들로 하여금 잘못된 판단을 하게 함으로써 공정한 경쟁을 해치고 선
의의 투자자에게 손해를 전가하여 자본시장의 공정성, 신뢰성 및 효율성을 해칠
위험이 있는지를 고려해야 한다567).

---

563) 대법 2001. 1. 19. 선고 2000도4444 판결, 2002. 7. 22. 선고 2002도1696 판결, 2003.
    11. 14. 선고 2003도686 판결
564) 임재연(2012), 912쪽 참고
565) 임재연(2012), 911쪽 참고
566) 대법 2011. 10. 27. 선고 2011도8109 판결
567) 대법 2014. 1. 16. 선고 2013도9933 판결

금융투자업자가 특정 투자자에게 투자기회나 거래수단을 제공한 경우에는 그 금융거래시장의 특성과 거래참여자의 종류와 규모, 거래구조와 방식, 특정투자자에게만 투자기회를 제공하게 된 동기와 방법, 이로 인해 다른 일반투자자들의 투자기회가 침해됨으로써 다른 일반투자자들에게 손해를 초래할 위험이 있는지 여부, 이로 인해 금융상품 거래의 공정성에 대한 투자자들의 신뢰가 중대하게 훼손되었다고 볼 수 있는지 등 제반사정을 자본시장법의 목적·취지에 비추어 판단하여야 한다568).

'부정한 기교'에 관한 일반적인 실무상 대표적인 사례로는 회사의 재산적 가치를 실제 가치보다도 더 높게 부풀리는 행위를 통해 시장에서 유통되는 주식의 가치를 속이는 경우라고 할 것이다.

'유상증자'가 성공한 것처럼 보이거나 실제로 회사에 투자가 일어난 것처럼 보이기 위한 일련의 행위들이 이런 경우에 해당한다. 이러한 부정한 기교를 통해서 일반투자자들은 회사의 가치가 높아 주식에 투자할 만하다는 착각을 일으키게 되고 그 결과 행위자들은 부당한 이득을 얻게 된다.

물론 유상증자를 통한 가장납입 그 자체만으로 사기적 부정거래로 볼 것은 아니고 가장납입을 통해 발행된 주식이 처분되거나 거래가 이루어질 때 부정거래가 성립된다. 그러므로 가장납입 사실만으로 사기적 부정거래가 성립되는 것은 아니지만 상법상 가장납입죄가 성립한다고 해서 사기적 부정거래의 적용이 전적으로 배제되는 것은 아니다. 즉, 일련의 계획에 따라 주식을 처분할 목적으로 발행되었음이 명백하지만 보호예수 등 처분이 제한된 상태이거나 상장요건 충족·상장폐지 모면 등을 목적으로 발행되어 별도의 처분행위가 필요 없는 경우에는 가장납입으로 발행된 주식이 처분되기 전에도 부정거래행위의 적용이 가능하다.

사례1 : 스위스 회사 갑은 A종금 대주주 보유 주식 860여만 주를 미화 10달러에 매수하여 A종금 경영권을 인수하고, 피고인은 위 계약을 중개하면서 A종금 자사주 620만 주를 204억 원에 매수하고 매입대금 중 200억 원은 A종금 자회사로부터 대출받아 충당하였으며, 갑은 자신들이 인수한 A종금에 대한 주주로서의 권리와 경영권

---

568) 서울고등 2014. 4. 8. 선고 2013노2769 판결. 이 사안은 소위 '스캘퍼'에 관한 판결로서 증권회사에서 피고인들에게 홈트레이딩 프로그램과 관련하여 주문 속도가 다른 고객들에 비해 상대적으로 빠른 서비스를 제공한 행위에 대해 '부정한 수단'인지 여부가 쟁점이었음

을 모두 피고인에게 위임하여 피고인이 A종금 경영권을 장악하였다. 이미 피고인은 인수 전에 A종금 재무상황에 대한 자료를 넘겨받아 검토하였고 회계법인을 통해 A종금을 실사하였으며 위 계약 당시 갑은 존재하지도 않았고 갑 대표인 외국인B는 계약 후 20일 뒤 자본금 한화 3,000만 원 정도에 불과한 스위스 소재 소규모 무역회사인 'OO제이드'의 법인등기부상 상호를 갑으로 변경하였다. 그런데도 피고인은 계약 직후 "갑이 A종금 대주주 지분을 매수하기로 합의하였다. 갑은 3달 안에 A종금에 3,000만 달러 증자를, 하반기에 5,000만 달러 증자 계획"을 언론에 발표하였고, 금감원에서 갑에게 요구한 A종금 사업계획서도 떠넘기고, 증자금도 피고인이 마련하여 송금하려 했으며, A종금 주가가 상승하면 피고인은 보유주식으로 막대한 주가 상승 이익을 얻을 수 있었던 사안에서, 갑은 A종금에 외국자본이 들어오는 것처럼 가장하기 위하여 피고인이 내세운 페이퍼컴퍼니에 불과하고, 사실은 피고인이 A종금 주식을 모두 매수하여 이를 인수하였으면서도 부당한 이득을 얻을 목적으로 갑이 A종금을 인수하고 증자하기로 하였다고 사실과 달리 허위사실을 유포하였다[569]

사례2 : A사 대표이사이자 실질적 사주인 피고인은 2009. 1. 23.경 A사의 144억 원 상당의 제3자배정 유상증자를 성공시키고자 을로부터 10억 원을 차입하고 병으로부터 30억 원을 차입하여 차명으로 유상증자금을 납입하였고, 이와 별도로 병에게는 A사의 당좌수표 및 현금담보를 제공하면서 원금보장 약정을 한 후 병이 유상증자에 참여하였는데, 40억 원의 유상증자금 납입은 A사의 실질적인 사주인 피고인의 계산으로 차입하여 납입한 것이고 병의 30억 원 유상증자 참여 역시 통상적인 투자판단에 따라 원금손실 위험을 부담하면서 참여한 것이 아니므로 모두 정상적인 제3자의 유상증자 참여로 볼 수 없는 점, 2009. 2. 2.자 A사 유상증자에 총 129억 원 상당의 주금이 납입됨으로써 위 유상증자가 제3자의 참여로 성공한 듯한 외양이 형성되었으나 그중 위와 같이 납입된 금액이 전체 납입금의 절반을 초과하는 70억 원에 이르므로 피고인의 이러한 행위가 없었다면 144억 원 상당으로 예정되어 있던 유상증자는 사실상 실패하였을 것으로 보이는 점, 제3자배정 유상증자의 성공은 코스닥시장에서 일반투자자들에게 공개되어 A사의 재무구조가 좋아지고 신규사업진출 실현 가능성이 높아진 것이라는 평가를 받게 되고 유상증자 참여자들 및 일반투자자들에게 A사가 투자할만한 가치가 있는 회사라는 인상을 주는 등 주식시장에서 일반적으

---

569) 대법 2002. 7. 22. 선고 2002도1696 판결

로 호재로 작용하는 반면, 제3자배정 유상증자 실패는 주식시장에서 중대한 악재로 작용하는 점 등을 종합해볼 때, 피고인의 이러한 행위는 부정한 기교에 해당한다[570]

사례3 : 피고인은 A사 대표이사로서 2009. 11.경 A사 주가하락으로 인해 담보로 제공된 자신의 A사 주식이 반대매매될 우려가 있자 2009. 11.중순 을에게 A사 발행 약속어음을 제공할 테니 X사 대표이사 병이 이를 담보로 20억 원의 자금을 마련한 후 그 자금으로 장내에서 A사 주식을 매집하여 2개월간 보유해주면 주식 매각 후 이익금은 피고인이 30%, X사가 70% 비율로 나누어 갖자고 제의하여 을이 승낙하였고, 이후 을과 병은 이 약정에 따라 14개의 증권계좌를 이용하여 합의 후 2,3일 내에 A사 주식 20억 원 어치를 장내에서 매집하여 이를 2개월간 보유한 결과 A사 주가는 하락국면에서 벗어나 반등하여 결국 피고인은 을과 공모하여 투자원리금 보장약정에 따라 대여금 회수가 보장된 상태에서 을이 주식을 매수하였을 뿐임에도, 코스닥시장에서 일반투자자들로 하여금 정상적인 매수세가 꾸준히 유입되고 있는 것으로 오인하게 하여 당해주식의 매매거래가 성황을 이루고 있는 듯이 잘못 알게 하였으므로 A사 주식의 매매 기타거래와 관련하여 부정한 수단, 계획 기교를 사용하는 행위를 하였다[571](이와 유사한 사안에서 **자본시장법 제176조 제2항 제1호의 시세조종을 적용한 판결**[572]**도 있음**)

사례4 : 피고인 등 A은행의 갑 측 사외이사들은 B카드에 대한 감자가 사실상 불가능하다는 사정을 알면서도 실제 감자를 실행할 의사 없이 그리고 감자에 대한 진지한 검토 없이 B카드의 주가를 떨어뜨림으로써 A은행과 갑에 부당한 이익을 얻게 하는 것을 주된 목적으로 마치 감자 가능성이 크거나 감자가 진지하게 검토되고 있는 것처럼 발표하여 A은행이 B카드에 대한 흡수합병을 추진하는 과정에서 B카드의 주가를 떨어뜨린 후 합병결의를 함으로써 주식매수청구권 비용을 절감하여 합병비율을 유리하게 하여 A은행 최대주주인 갑의 지분희석을 줄이는 등의 부당한 이익을 얻었다[573]

---

570) 서울고등 2011. 6. 9. 선고 2010노3160 판결
571) 서울중앙 2011. 9. 22. 선고 2011고합268 판결
572) 서울고등 2011. 6. 9. 선고 2010노3160 판결
573) 서울중앙 2008. 2. 1. 선고 2007고합71 판결

나. 규정의 취지

이 규정은 주식시장에서의 거래구조의 변화나 시장의 환경변화에 따라 다양하고 새로운 유형의 부정거래행위가 발생할 수 있는 개연성은 높은 반면에 모든 부정거래행위 유형을 사전에 일일이 열거하여 규제하는 것은 입법기술상 한계가 있는 점을 고려하여 만들어진 규정이다.

그런데 이러한 입법기술상의 한계를 고려하더라도 이 규정에서 '부정한'에 대한 정의가 명확하지 않고 문언 자체가 지나치게 포괄적, 추상적이어서 자칫 형사법의 대원칙인 죄형법정주의와 충돌할 우려가 있다574). 물론, 판례의 해석에 따르거나 범죄행태를 개별적으로 규정하기 힘들다고 해서 모호한 개념을 용인할 수는 없으나 주식시장에서의 일반적인 규칙이나 관행 등을 기준으로 부정한 행위의 개념을 설정할 수 있으므로 죄형법정주의의 원칙에 반하는 것은 아니다.

따라서 이 규정을 적용함에 있어서는 자본시장에서의 금융혁신과 공정한 경쟁을 촉진하고 투자자를 보호하며 금융투자업을 건전하게 육성함으로써 자본시장의 공정성·신뢰성 및 효율성을 높여 국민경제의 발전에 이바지한다는 자본시장법의 목적(자본시장법 제1조)에 유념하면서, 제2호, 제3호 및 제2항을 통하여 더욱 구체화된 부정거래행위의 내용, 그 밖에 당해 행위의 불법성의 정도가 다른 규정을 통하여 처벌하더라도 자본시장법의 목적 달성에 지장을 초래하지 않는지 등을 종합적으로 고려하여 죄형법정주의와 최대한 조화를 이룰 수 있도록 신중을 기하여야 한다575).

학계에서는 "미공개 정보이용에 있어서 2차 이후의 정보수령자는 현행법상 정보수령자로서 처벌할 수는 없겠지만 본조의 부정한 수단, 계획, 기교에 해당하는 것으로 해석하여 처벌할 수 있다."고 볼 수 있다는 소수의견이 있다. 그러나 죄형법정주의의 원칙에 따른 법리해석상 '2차 정보수령행위 및 그 정보를 이용한 주식거래'가 부정한 수단, 계획, 기교에 해당한다고 해석할 수 없고, 그렇게 해석할 근거도 없을 뿐만 아니라 과도한 확장해석이어서 동의할 수도 없다576).

---

574) 임재연(2012), 902쪽 ; 하은수(2009), 74쪽
575) 서울고등 2011. 6. 9. 선고 2010노3160 판결
576) 임재연(2012), 913쪽 참고

2. 거짓의 기재, 표시, 문서 등 이용[577]

가. 개념

(1) 금융투자상품의 매매에 있어서 '중요한 사항에 관하여 거짓의 기재 또는 표시를 하거나 타인에게 오해를 유발시키지 않기 위해 필요한 중요한 사항의 기재 또는 표시가 누락된 문서, 그 밖의 기재 또는 표시를 사용하여 금전, 그 밖의 재산상 이익을 얻고자 하는 행위'는 소위 '부실표시'인 부정거래행위로서 금지된다(제178조 제1항 제2호).

자본시장법 제176조 제2항 제3호와 규제 이념적으로는 동일하지만 규제대상, 거래장소, 목적 유무라는 차이[578]가 있고, 궁극적으로는 제176조 제2항 제3호에 의한 규제의 공백을 보완하는 기능을 한다는 점에서 의미가 있다[579].

(2) 기본적으로 이러한 행위의 대상인 문서들이나 기재나 표시는 제1호에서 규정한 '부정한 수단이나 계획, 기교' 중의 한 태양에 속하는 것이지만 '문서 등'에 관한 것이므로 이를 좀 더 세부적으로 특정한 것이라고 볼 수 있다.

금융투자상품의 매매나 그 밖의 거래와 관련하여 행위를 할 것을 요건으로 하고 있으며, 이러한 거래와 관련한 행위인지 여부나 허위 여부 및 부당한 이득 또는 경제적 이익의 취득 도모 여부 등은 그 행위자의 지위, 발행회사의 경영상태와 그 주가의 동향, 그 행위 전후의 제반 사정 등을 종합적으로 고려하여 객관적인 기준에 의하여 판단하여야 한다[580].

(3) 자본시장법 제178조 제1항 제2호의 규정은 구성상 다소 문제가 있어 보

---

577) '중요정보 관련 부실표시'(한국증권법학회(2009), 956쪽), '부실표시 사용행위'(임재연(2012), 914쪽)라고도 한다.
578) 한국증권법학회(2009), 956쪽 ; 박정호 외(2012), 112쪽
579) 임재연(2012), 914쪽
580) 대법 2003. 11. 14. 선고 2003도686 판결

인다. 구증권거래법에서는 '중요한 사항에 관하여 허위의 표시를 하거나 필요한 사실의 표시가 누락된 문서를 이용하여 타인에게 오해를 유발하게 함으로써 금전 기타 재산상의 이익을 얻고자 하는 행위'라고 되어 있어서 특정 문서를 범행수단 으로 사용하여 다른 사람의 오해를 유발함으로써 부당한 이익을 얻는 것을 규제 하고 있다는 것을 확실히 알 수 있었다.

그런데 자본시장법에서는 전반부는 '(거짓 기재된) 특정 문서를 사용하여 부 당한 이익을 얻고자 하는 행위'를 규정한 것으로서 특별히 문제는 없지만, 중반부 는 '기재 또는 표시'를 서술하는 내용이 '오해 유발방지에 필요한 기재'일 뿐만 아 니라 동시에 '중요사항인 기재'가 누락된 문서를 이용한 행위로 규정하고 있는데 이는 중요사항이 아닐지라도 기재나 표시가 누락되어 타인에게 오해를 유발시키 는 경우를 범죄대상에서 제외한다고 해석할 여지가 있다(실무상은 이렇게 해석 하지는 않음).

나. 객관적 행위 태양

(1) 중요사항

거짓의 기재 및 표시 등과 관련하여 '중요사항'만이 규제대상이 된다. 중요사 항이란 제176조 제2항 제3호에서 설명한 '중요성'에 관한 개념과 동일하고, 미공 개정보 이용행위에서 정한 '일반인에게 공개되지 아니한 중요한 정보'와 그 궤를 같이 한다고 볼 수 있다[581].

중요사항은 금융투자상품의 매매 등을 함에 있어서 중요한 사실을 의미하므 로 해당 기업 고유의 정보만이 아니라 동종업종의 전망 또는 경쟁업체의 동향 등 기업외적 정보도 포함한다[582]. 따라서 당해 법인의 재산·경영에 관하여 중대한 영향을 미치거나 유가증권의 공정거래와 투자자 보호를 위하여 필요한 사항으로 서 투자자의 투자판단에 영향을 미칠 수 있는 사항을 의미한다[583].

원칙적으로 상장법인의 신고공시의무 사항에 해당하는 사실들은 '중요한 사

---

581) 대법 2009. 7. 9. 선고 2009도1374 판결. 한국증권법학회(2009), 958쪽
582) 임재연(2012), 914쪽
583) 대법 2006. 2. 9. 선고 2005도8652 판결

항'에 해당한다고 해석하므로 이를 위반하였을 경우에는 허위표시에 해당한다고 볼 수 있다. 허위공시에 관한 부분은 자본시장법 제178조 제1항 제2호에도 해당하지만 광의로 보면 제178조 제2항의 '위계의 사용'에도 해당한다.

증권신고서의 중요사항의 예로서, ① 회계년도 연간 재무제표가 진실한 것처럼 기재한 경우에 그 후 유상증자행위는 '투자자의 판단에 영향을 미칠 중요한 사항에 대해 허위의 표시를 하거나 필요한 사실의 표시가 누락된 것'이라고 판단하였다584). 그러므로 자산총액이 224억 원인 회사에서 '단순히 주식교환신고'를 하면서 대표이사 가지급금 16억 원 정도를 은폐한 허위의 재무제표를 제출한 경우에는 일반투자자의 투자판단에 영향을 미칠 수 있는 사안에 해당한다고 보기 어렵다585). ② 증권신고서를 작성하면서 유상증자로 조달된 자금을 회사의 신규 설비투자 등에 사용할 의사가 없는데도 신규설비투자와 노후화기계설비 교체를 위해서 사용할 예정이라고 '자금사용 목적'을 허위로 기재한 경우에는 이에 해당한다586).

구증권거래법에서는 허위표시나 필요한 사실의 누락 대상이 모두 '중요한 사항'임을 규정하였으나 자본시장법에서는 전반부의 '중요사항에 관하여'라는 표현과 중반부의 '중요사항'이라는 두 개의 문구를 두고 있는데, 모두 동일한 개념이다.

(2) **'분식회계'**가 이루어진 재무제표가 첨부된 증권신고서가 제출된 경우에 사기적 부정거래행위가 성립할 수 있다. 물론 분식회계가 이루어진 재무제표를 이용한 유상증자를 모두 사기적 부정거래행위로 볼 수는 없다. 왜냐하면, 일단 분식회계가 이루어지면 투자자에 대한 기망의사가 없어도 유상증자 시 그 재무제표를 첨부할 수밖에 없는데 이를 모두 사기적 부정거래행위로 보면 모든 분식회계 사건이 전부 사기적 부정거래로 귀결될 수밖에 없다는 불합리한 결론에 도달하기 때문이다.

그러므로 분식회계가 이루어진 재무제표를 이용하여 유상증자를 실행한 경우에는 당해 분식회계의 목적 등 제반사정을 고려하여 일정한 조건하에 적용 여부를 구분해서 판단하여야 한다. 첫째, 유상증자 성공을 직접적인 목적으로 분식

---

584) 서울중앙 2005. 4. 28. 선고 2005고합65 판결
585) 서울중앙 2007. 12. 21. 선고 2007고합569 판결
586) 서울중앙 2011. 9. 22. 선고 2011고합268 판결

회계를 하여 재무제표를 작성한 후 이를 증권신고서에 첨부한 경우에는 유상증자로 발행된 주식이 매도되었는지 여부를 불문하고 부정거래행위가 성립한다. 둘째, 유상증자 계획이 없는 상태에서 횡령을 은폐하는 등의 목적으로 분식회계를 하였는데, 상당기간 경과 후 증자를 실시하게 되어 기존 분식회계가 이루어진 재무제표를 이용하는 경우에는 분식회계 당시에는 유상증자 등에 이용할 의도가 없었으므로 분식회계 자체의 거래관련성이 미약하고, 회계분식 및 공시의무위반 규제조항을 적용하면 족하므로 사기적 부정거래로 보지 않는다.

결국 분식회계의 목적이 유상증자 등을 직접적인 목적으로 하고 그 범의가 명백한 경우에 한하여 분식회계 행위로 인한 사기적 부정거래가 성립된다고 할 것이다. 다만, 유상증자 계획이 없는 상태에서 분식회계를 하였으나 그 후 부당이득을 얻기 위한 수단으로 증자를 실시하면서 분식회계된 사실을 알면서도 그 기존 재무제표를 적극적으로 이용하려한다면 애당초 분식회계는 증자 목적이 아니었을지라도 다른 부정한 수단 등과 함께 전체적으로 사기적 부정거래에 해당할 수 있다.

따라서 사기적 부정거래의 목적이나 범의가 없거나, 분식회계나 허위의 회계 내용이 존재할지라도 그 내용이 지극히 미미하여 주식거래에 이용한다는 의식이 희박하거나 일반투자자에게 별다른 의미가 없을 경우에는 사기적 부정거래행위가 성립하지 않는다.

사례1 : A사 대표이사인 피고인은 회사 신주 발행, 모집 및 유상증자를 통하여 회사 가치 및 피고인 보유주식의 가치를 높여 재산상 이익을 얻고자 2000. 3. 6.경 경제신문들에 주식공모 광고를 게재하면서 회사 자본금이 5,000만 원임에도 5억 원이라고 허위표시하고, 자신의 학력이 국제대학교 경영학과 졸업뿐임에도 서울대학교, 하버드대학교를 졸업하고 경제학 박사학위를 보유한 것으로 허위표시하고, 4. 24. 경제신문들에 주식공모 광고를 게재하면서 사실은 720억 원 상당의 납품계약을 체결한 사실이 없음에도 '신규사업 내용 및 향후전망란'에 720억 원의 납품계약을 체결한 것으로 허위표시하고, 7. 26. 주주들에게 회사운영상황 및 유상증자 실시에 관한 안내문을 우송하면서 사실은 회사의 매출실적 및 순이익이 2억1,600만 원 및 2,900만 원에 불과함에도 매출액 95억 원, 순이익 16억 원으로 허위표시하고, 11. 8.경 주주들에게 회사 운영상황 및 유상증자실시에 관한 안내문을 우송하면서 사실은 B증권을

유상증자 주관사로 선정한 사실이 없음에도 B증권이 주관사로 선정된 것으로 허위
표시함으로써 유가증권의 거래상 중요한 사항에 관하여 타인에게 오해를 유발하였다[587]

사례2 : 유가증권신고서에는 A사가 CNT사업과 관련한 신규설비투자 및 노후화기계
설비 교체에 73억 원을 사용할 예정이라고 밝히면서 그 계획이 항목별로 기재되어
있음에도, 실제 A사가 CNT사업과 관련한 설비투자에 지출한 금액은 8억 원에 불과
하고 유상증자금은 기존 대출금 변제에 모두 사용된 점, 피고인은 '사전에 구체적인
투자계획이 없었고, 샘플테스트를 통과하여 납품이 실제 진행되는 단계에서 투자를
하면 되는 것으로 생각을 하였다'고 진술하여 A사에서 유가증권신고서를 제출할 당
시 막연히 CNT사업에 투자할 계획은 있었을지 모르나 실제 유가증권신고서에 기재
한 것과 같은 내용의 구체적인 설비투자계획은 없었던 것으로 보이는 점, 한편 '샘
플테스트를 통과하여 납품이 실제 진행되는 단계에서 투자를 할 생각이었다'라고 주
장하고 있고 이는 상용화에 성공하는 것을 조건으로 투자하겠다는 것인데 신규사업
에 진출하는 과정에서 설비투자계획이 조건부 계획인지 아니면 확정적 계획인지 여
부는 그 사업의 진행 정도, 경영자의 사업의지 등을 가늠할 수 있는 것으로서 투자
자의 투자판단에 영향을 미칠 수 있는 중요한 사항임에도 조건부 투자계획임을 알
수 있는 내용은 없고 자금이 마련되면 유가증권신고서에 기재된 대로 설비투자를
하겠다는 내용으로 보일 뿐인 점에 비추어 보면 유상증자금 사용목적에 관하여 허
위의 사실이 표시된 것이다[588]

(3) '거짓'의 기재 또는 표시

'거짓(허위)[589]'인지 여부는 객관적 기준에 의하여 판단해야 하므로 행위자
가 거짓이라고 생각한 사실이 실제로는 진실이었다면 금지대상이 아니다. 물론
법이론상은 '범의'의 발현이 있으므로 실행의 착수에는 해당하겠지만 자본시장법
에서는 미수범 처벌규정을 두고 있지 않고, 범의를 자백하지 않는 한(거래상대방

---

587) 서울서부 2001. 12. 6. 선고 2001고단2003 판결
588) 서울중앙 2011. 9. 22. 선고 2011고합268 판결(대법 2012. 6. 28. 선고 2012도3782 판
　　결로 확정)
589) 자본시장법이나 구증권거래법에서는 '거짓'이 아니라 '허위'라는 문구를 사용하였는데 형
　　법상 허위공(사)문서작성 등의 죄명을 유추하면 '거짓'보다는 '허위'라는 표현이 적절한 것
　　으로 보인다.

은 진실과 부합된 것을 인지하였으므로)은 실제 수사대상이 되는 경우가 없기 때문에 제제의 대상이 되기는 어렵다.

또한, 그 공시된 내용이 실제 객관적인 사실과 부합하는지 여부에 따라 진위 여부가 판명되는 것이므로 실제 사실에 부합하게 공시하였다면 그 실제 사실 뒤에 다른 의도를 가지고 있었다고 할지라도 '거짓의 기재나 표시'를 한 것이라고 단정할 수도 없기 때문이다[590]. 그와는 반대로, 실제로는 거짓사실이었다 하더라도 행위자가 거짓이라는 사실을 몰랐다면 마찬가지로 제재를 할 수는 없다[591]. 왜냐하면 이 경우는 범의 자체가 없기 때문이다.

또한, 거짓의 기재나 표시를 하였는지 여부는 공시내용 자체가 거짓인지 여부에 따라 결정되고, 실제로 그러한 거짓 기재나 표시된 내용을 할 만한 의사와 능력이 있었는지 여부에 따라 결정되는 것은 아니다.

사례1 : A사는 몽골 보하트 금광에 대하여 몽골정부의 확인을 받아 매장량을 등록하고 몽골정부로부터 금광에 대한 채광면허를 발급받았으나 2010. 7.경까지도 금 생산에 필요한 설비를 발주하지 못하였고, 기술개발타당성 평가 보고서 및 환경영향평가 보고서의 심의를 위한 절차도 지연되고 있었기 때문에 2009년경에는 금을 생산하는 것이 불가능함에도, 피고인은 A사와 업무협약을 체결한 2009. 4.경부터 인터넷 언론 매체 등을 통해 자신이 대주주로 있는 B사가 몽골의 금광개발사업에 진출한다는 것을 적극적으로 알리기 시작하였고, B사 주가는 몽골 금광에서 시험생산을 개시하였다는 취지의 2009. 6. 5.자 기사가 보도되면서 급등하여 9. 1.경 2,650원에 이른 사안에서, 피고인은 매매를 유인할 목적으로 매매를 함에 있어 중요사실인 B사의 몽골 보하트 금광개발사업의 진행상황에 대하여 거짓의 표시를 하였다[592]

사례2 : 갑이 실제로 유상증자에 참여하면서 A사 주식을 취득하되 이에 대하여 매수 청구권과 확정수익을 보장하였다면 단순히 갑이 유상증자금과 명의만을 대여하는 것이라거나 유상증자 참여 자체가 허위인 것으로는 볼 수 없으므로 갑이 3자배정을

590) 서울고등 2011. 6. 9. 선고 2010노3160 판결. 유상증자에 참여하여 주식을 취득하면서 매수청구권과 확정수익을 보장한 사안으로서, 유상증자 참여자체는 허위가 아니므로 거짓의 기재에 해당하지 않는다고 판단하였다. 그러나 일반투자자들에게는 호재성 정보라는 잘못된 인식을 심어주었기 때문에 그러한 행위는 '부정한 기교'에 해당한다고 보았음
591) 임재연(2008), 596쪽
592) 서울중앙 2012. 5. 4. 선고 2011고합440, 514 판결(병합)

통해 A사의 주식을 취득한 것으로 공시한 것 자체가 자본시장법 제178조 제1항 제2호에서 규제하는 '중요사항에 관하여 거짓의 기재를 하는 행위'에 해당하지 않는다[593]

사례3 : 피고인 갑은 다수의 차명계좌를 동원하여 대량의 허수고가 매도주문을 내는 방법으로 주가를 하락시켜 저가에 주식을 매집하면서 보유목적을 'M&A'로 공시하는 한편, 자본금 전액을 자신이 투자하여 실질적으로 지배하고 있는 B사모펀드 명의로 A사 주식을 매집하면서 보유목적을 'M&A'로 공시하고, 언론을 상대로 마치 자신과는 무관한 별개의 인수합병세력인 B사모펀드와 공동으로 A사를 인수하기로 한 것처럼 허위사실을 유포함과 동시에, 주가를 끌어올리기 위한 시세조종성 주문을 병행하는 방법으로 주가를 인위적으로 상승시켜 부당한 차익을 실현할 것을 마음먹고, 2004. 2. 12. A사 주주들에게 '2대주주 B사모펀드 및 3대주주 갑 외 예상 우호지분현황'이 포함된 B사모펀드 명의로 의결권대리행사 권유서류를 우편으로 발송하고, 인터넷 언론사인 C사와 전화인터뷰에서 "2대 주주인 B사모펀드를 우호지분으로 확보하였으므로 정기 주총에서 표대결 승리를 하겠다."라고 말하고 며칠 뒤 다시 언론사인 C사와 전화인터뷰에서 "B사모펀드와는 아무런 관계가 없는데 회사 측에서 문제를 삼으려 한다."라고 말하여 이를 기사화되게 함으로써 B사모펀드는 피고인과 별개의 독립된 인수합병세력인데 우연히 공동으로 A사를 인수하는 것처럼 가장함으로써 A사 주식의 매매에 있어서 중요한 사실에 관하여 고의로 허위의 표시 또는 오해를 유발하였다[594]

중요사항에 관한 거짓 기재나 표시 문서를 이용한 이상 그로써 바로 위 조항 위반죄가 성립하는 것이고, 문서 이용행위로 인하여 실제 '타인에게 오해를 유발'하거나 '금전 기타 재산상의 이익을 얻을 것'을 요하지 않으므로 거짓 기재나 표시 문서 이용행위와 타인의 오해 사이의 인과관계 여부는 사기적 부정거래의 성립에 아무런 영향을 미치지 않는다[595]. 그러므로 본죄는 이러한 거짓의 기재나 표시 등의 행위만 있으면 범죄의 기수에 이른다[596].

---

593) 서울고등 2011. 6. 9. 선고 2010노3160 판결. 다만, 이 사건에서 자본시장법 제178조 제1항 제1호의 성립은 인정하였음(대법 2011. 10. 27. 선고 2011도8109 판결로 확정)
594) 서울중앙 2006. 1. 12. 선고 2005고합420 판결. 구증권거래법 제188조의4 제2항 제3호를 적용한 사안이다(대법 2008. 4. 24. 선고 2007도9476 판결로 확정).
595) 대법 2009. 7. 9. 선고 2009도1374 판결, 2006. 4. 14. 선고 2003도6759 판결
596) 김성준 외(2007), 318쪽에서는 '타인에게 오해를 유발하는 것'이 주관적 구성요건인지

그런데 이러한 행위태양들은 자본시장법 제178조 제2항에서 규정한 '위계'와
도 일치한다. 다만 후자가 목적범이라는 차이가 있을 뿐인데 실무상 이를 구분하
기란 쉽지 않다.

(4) 타인의 오해를 유발하지 않는 데 필요한 중요사항의 기재 표시 '누락'

'타인에게 오해를 유발시키지 않기 위하여 필요한 중요사항의 기재 또는 표
시가 누락된 것'은 거짓의 기재 또는 표시보다는 더 포괄적인 개념이라고도 볼
수 있지만[597], 적극적인 행위가 아닌 부작위에 의한 소극적인 행위로도 사기적
부정거래를 야기할 수 있다는 점을 적시한 것이라고 보는 것이 맞을 것이다[598].

그러나 구증권거래법에서는 특정행위의 결과로서 '오해를 유발'함으로써 부
당한 이득을 얻게 되는 것을 요건으로 하였지만, 자본시장법에서는 '오해 유발 방
지에 필요한 표시'라는 뜻에 불과하므로 중요도에 있어서는 차이가 있다. 즉, 구
증권거래법에서는 허위표시 등의 행위가 있더라도 오해를 유발할 만한 것이 아니
었다면 범죄가 성립되지 않았지만, 자본시장법에서는 문서의 내용 중에서 표시나
기재의 성격에 관련된 객체에 관한 규정일 뿐이므로 실제로 상대방이 오해를 한
사실이 있을 것을 필요로 하지 않는다.

사실 '중요사항'에 관하여 그 기재나 표시를 누락할 경우에는 그 자체로 타인
에게 오해를 유발시킬 가능성이 있는 것이므로 오히려 '타인에게 오해를 유발시
키지 아니하기 위하여 필요한'이라는 구절은 개념상 불필요한 부분이다. 그러므
로 '중요사항'이라는 표현을 삭제하거나 '타인에게 오해를 유발시키지 아니하기
위하여 필요한'이라는 문구를 삭제하는 것이 맞을 것이다. 그러므로 '중요사항에
관해 허위 기재(표시)를 하거나 중요사항의 기재를 누락한 문서 그 밖의 기재 또
는 표시를 사용하여 금전, 그 밖의 재산상의 이익을 얻고자 하는 행위'라고 규정
하는 것이 적절하다고 생각된다. 판례도 "실제로 타인의 오해를 유발할 필요까지
는 없다"고 판단하고 있다[599].

객관적 구성요건인지를 언급하고 있으나 사기죄에 있어서 피해자의 착오와 마찬가지로 객
관적 구성요건일 뿐만 아니라 자본시장법에서는 구성요건 내용이 달라 논의의 실익은 없다.
597) 임재연(2012), 916쪽
598) 구증권거래법에서는 '타인에게 오해를 유발하게 함으로써 금전 기타 재산상의 이익을 얻
기 위하여'라고 규정하고 있었는데 규정을 의식하고 본조항을 만들었다고 생각된다.
599) 대법 2006. 4. 14. 선고 2003도6759 판결

사례1 : 경영 상황이 점차 악화되고 있던 주식회사가 새로운 사업으로 추진 중이라고 홍보한 규사광산 개발사업 계속 진행 의지와 전망 등에 대하여 투자자들의 관심이 집중된 상황에서, 피고인이 차명주식을 누락한 채 공시되어 있던 임원·주요주주 소유 주식 보고서의 내용을 바로 잡지 않고 여전히 차명주식을 누락한 추가 보고서를 제출하는 방법으로 투자자들로 하여금 피고인이 보유 중이던 주식을 순차 처분하고 있다는 사정을 알지 못하게 함으로써, 주가에 영향을 미치지 아니한 채 보유 주식을 처분하여 상당한 이익을 취한 행위는 허위 또는 부실 표시된 위 보고서들을 이용한 행위에 해당한다600)

사례2 : 회사의 대주주가 주식 및 신주인수권부사채 취득자금을 '차용금'이 아니라 '자기자금'으로 공시하는 것은 시장에서 대규모 매도물량에 대한 공포심을 해소하고 향후 주가가 안정적으로 유지될 것이라는 기대를 불러옴으로써 일반투자자들의 투자판단에 영향을 미친다는 것이 경험칙상 명백하다는 점 등을 들어, 피고인이 일반투자자들의 투자판단에 영향을 미치는 중요한 사항인 주식취득자금 조성내역 등에 관하여 사실과 다른 내용을 공시한 것은 구증권거래법 소정의 '오해를 유발하는 행위'에 해당한다601)

사례3 : 감사보고서상 특기사항으로 '계속기업으로서 존속 여부에 불확실성이 존재할 수 있다'고 기재되어 있음에도 발행회사가 유가증권신고서에 이를 표시하지 아니하고 '해당사항 없음'으로 기재한 것은 유가증권신고서 중 허위의 기재 또는 표시가 있거나 발행인이 중요한 사항을 기재 또는 표시하지 않은 경우에 해당한다602).

(5) 문서, 그 밖의 기재 또는 표시603)

'문서'란 문자 또는 이에 대신하는 부호에 의하여 관념, 의사가 화체되어 표

---

600) 대법 2009. 7. 9. 선고 2009도1374 판결
601) 대법 2010. 12. 9. 선고 2009도6411 판결
602) 서울중앙 2000. 11. 23. 선고 2000나32740 판결
603) 구증권거래법에서는 '문서를 이용'한 행위를 규제하고 있었지만 자본시장법은 이와 달리 '문서, 그 밖의 기재 또는 표시를 사용'한 행위까지 규제수단 및 대상을 확대하였다. 즉, 구증권거래법상 판례도 "중요한 사항에 관하여 허위·부실 표시 문서를 이용하는 방법으로 타인의 오해를 유발하여 재산상의 이익을 얻고자 하는 행위를 처벌하는 것으로 그 행위의 매체는 문서에 국한되므로 이러한 구성요건 위반행위에 해당하기 위해서는 문서의 이용이라는 요건이 충족되어야 한다"라고 판시하여 문서가 행위객체임을 분명히 하였다.

시된 어느 정도 계속성이 있는 물체로서 법률관계 또는 사회생활상 중요한 사실을 증명할 수 있는 것을 말한다[604].

본죄에서의 문서란 주로 법령에 규정되었거나 공시와 관련된 법인의 문서들을 예상할 수 있겠지만 반드시 그러한 문서로 국한되지는 않는다. 예를 들어, 장외거래 또는 대면거래에서 정형화되지 않은 서류 또는 문서도 포함되므로 이러한 문서에 중요한 사항에 관한 거짓 기재 또는 누락행위도 당연히 금지된다[605].

'그 밖의 기재나 표시를 사용'이란 부분은 해석상 다소 애매하지만 본조의 전반부와 중반부에서는 '문서'임을 명확히 규정하고 있으므로 후반부인 '그 밖의 기재나 표시'는 '문서가 아닌 그 밖의 것'으로 해석된다. 그러므로 다른 유형의 문서나 다른 전달매체[606], 예를 들어 방송이나 인터넷상의 기재나 표시가 여기에 해당될 수 있다.

인터넷이나 SNS, 인터넷이나 TV, 라디오 등을 통하여 부실표시를 하였을 경우에는 '풍문의 유포'나 '부정한 수단' 등에 해당하는 것으로 해석하는 견해[607]와, 본조의 그 밖의 기재 또는 표시에 해당한다고 해석하는 견해[608]가 있다. 문리해석상 후자의 견해가 맞는 것으로 보인다. 다만, 그 기재나 표시가 거짓이 아닐 경우에는 범죄가 성립될 수는 없으므로 그 밖의 '거짓' 기재나 표시를 이용한 경우를 의미하는 것이 되는데 개념상 제1호나 제2항과 명확하게 구별되지는 않는다.

반면에, 기재나 표시 자체가 독립적으로 존재하기는 어렵기 때문에 중요사항에 대한 거짓기재를 하거나 중요한 기재를 누락한 경우 이외의 경우, 즉 '중요하지 않은 사항(덜 중요한 사항)'에 대해 거짓기재하거나 누락된 문서를 이용한 범죄도 해당한다고 해석할 여지는 있지만 법규정 취지상 중요사항에 관한 것이 제2호 전체를 관통하는 개념이므로 '중요하지 않은 사항'에 대한 거짓기재나 기재누락은 사기적 부정거래에 해당하지 않는다고 해석하여야 할 것이다.

사례 : 피고인 갑, 을이 외국법인 명의로 병회사의 주식을 대량으로 매매하고서도

---

604) 대법 1995. 9. 5. 선고 95도1269 판결
605) 김정수(2011), 1,154쪽 ; 한국증권법학회(2009), 958쪽
606) 한국증권법학회(2009), 958쪽
607) 동일한 견해로는 김성준 외(2007), 317쪽
608) 임재연(2012), 916쪽

주식의 대량보유보고 및 소유주식상황 변동보고를 하지 않는 방법으로 일반투자자들로 하여금 외국인들의 정상적인 투자나 지분변동이 있는 것과 같은 오해를 유발하였다는 내용으로 기소된 사안에서 위 행위가 문서의 이용에 관한 것이라 할 수 없으므로 증권거래법 제188조의4 제4항 제2호에 정한 사기적 부정거래행위에는 해당하지 않는다고 판단하였다(**구증권거래법 제210조 제5호의2 위반행위에 해당하는 것은 별론**)609)

(6) 금전, 그 밖의 재산상 이익

(가) 중요사항에 관하여 거짓기재, 중요사항에 관한 표시 누락행위 등은 '금전, 그 밖의 재산상의 이익'을 얻고자 하는 것이다. 즉, 재산상 이익을 얻기 위한 사기적 행위를 대상으로 하고 있다. 그러므로 재산상 이익을 얻고자 하는 것에 불과하므로 반드시 현실적으로 재산상 이익을 얻을 것을 요건으로 하는 것은 아니다610).

여기서 '재산상 이익'이란, 단순히 금전적 이익 등에만 국한하지는 않으며, 유가증권의 처분으로 인한 행위자의 개인적이고 유형적인 경제적 이익에만 한정되는 것이 아니라, 기업의 경영권 획득, 지배권 확보, 회사 내에서의 지위상승 등 무형적 이익 및 적극적 이득뿐만 아니라 손실을 회피하는 경우와 같은 소극적 이득, 아직 현실화되지 않는 장래의 이득도 모두 포함하는 포괄적인 개념이다611). 나아가, 이익의 실질적 귀속 주체에 관해 명문의 규정은 없지만 자기의 이익뿐만 아니라 타인의 이익도 포함하는 것으로 보아야 한다612).

'금전, 그 밖의 재산상의 이익'이라는 개념은 구증권거래법 제188조의4 제4항 제1호의 '부당한 이득'이라는 개념과 유사하지만, 법조문의 명문 해석상 '부당한' 이득에 국한하는 것이 아니기 때문에 비록 행위자가 '정당한' 이득을 얻을 목적이었다고 할지라도 풍문을 유포하는 등의 불법적인 수단을 사용하였다면 그 책임을 면할 수는 없다613).

---

609) 대법 2010. 12. 9. 선고 2009도6411 판결
610) 임재연(2008), 595쪽
611) 대법 2002. 7. 22. 선고 2002도1696 판결, 2003. 11. 14. 선고 2003도686 판결, 2009. 7. 9. 선고 2009도1374 판결
612) 김정수(2011), 1,154쪽
613) 실무상은 이러한 목적이 있었다면 행위자가 정당한 이득이라고 주장한다고 할지라도 구

사례 : 갑 회사의 실질적 경영자와 대표이사인 피고인들이 공모하여 갑 회사가 실시할 예정인 유상증자 관련 증권신고서 등을 작성하면서 실제와 다른 자금 사용계획을 기재하여 부정거래를 한 사안에서 증권신고서 등의 거짓기재로 피고인들이 얻은 이익에는 갑 회사가 유상증자로 납입한 대금도 포함된다[614]

(나) 그런데, '금전, 그 밖의 재산상의 이익을 얻고자'라는 표현은 법률적인 표현은 아니다. 차라리 '금전, 그 밖의 재산상의 이익을 얻을 목적으로'라고 규정함으로써 구성요건을 명확히 설시하는 것이 맞다고 생각된다[615]. 구증권거래법상 판례에서는 "부당한 이득을 얻으려는 목적은 그것이 행위의 유일한 동기일 필요는 없는 것이므로 다른 목적과 함께 존재하여도 무방하고 그 경우 어떤 목적이 행위의 주된 원인인지는 문제되지 않는다"고 보았는데[616] 이러한 해석은 현행법에도 그대로 적용된다.

사실 제178조의 사기적 부정거래에 관한 행위를 모두 목적범이라고 해석하는 것이 실무 관행이고(결과적으로 엄격한 해석이 이루어지는 셈임), 판례도 이 규정을 해석상 목적범으로 보고 있다[617]. 그 목적이란, 재산상의 이익취득 목적(제1항 제2호), 금융투자상품의 매매 등 거래유인 목적(제1항 제3호), 금융투자상품 거래 목적 또는 시세변동 목적(제2항)을 말한다[618].

따라서 목적범에서의 목적이라는 주관적 구성요건이 필요할 뿐만 아니라, 문언의 해석상 일단 "타인에게 오해를 유발하게 함으로써 금전 기타 재산상의 이익을 얻기 위하여(~ 얻을 목적으로)" 중요한 사항에 관한 허위·부실 표시 문서를 이용하였다면 그 행위로써 바로 위 조항 위반죄가 성립하는 것이다.

그러므로 문서 이용행위의 결과, 실제로 타인에게 오해를 유발하게 하거나 금전 기타 재산상의 이익을 얻을 것을 요하지 않기 때문에, 허위·부실 표시 문서

증권거래법상의 '부당한 이득'을 얻기 위한 행위와 동일하게 판단하게 될 것임
614) 대법 2011. 12. 22. 선고 2011도12041 판결
615) 구증권거래법에서는 본죄가 '목적범'이라고 보는 견해가 있음(김성준 외(2007), 319쪽)
616) 대법 2003. 12. 12. 선고 2001도606 판결
617) 대법 2006. 4. 14. 선고 2003도6759 판결
618) 구증권거래법에서는 '중요한 사항에 관하여 허위의 표시를 하거나 필요한 사실의 표시가 누락된 문서를 이용하여 타인에게 오해를 유발하게 함으로써 금전 기타 재산상의 이익을 취득하는 것'이라는 결과범 형식으로 규정하였는데, 자본시장법에서는 목적범 형식으로 변경하였다.

이용행위와 타인의 오해 사이의 인과관계 여부는 위 죄의 성립에 아무런 영향을
미치지 않는다[619].

재산상 이익을 얻을 목적이 존재하지 않았음을 행위자가 증명해야 한다는 견
해[620]가 있으나 형사상 입증책임은 전환되지 않으므로 부당한 주장이다.

3. 매매 등 유인 목적으로 거짓의 시세를 이용하는 행위

(1) 자본시장법은, "금융투자상품의 매매, 그 밖의 거래를 유인할 목적으로
거짓의 시세를 이용하는 행위를 금지"한다(제178조 제1항 제3호). 즉, 거짓의 시
세를 사용하는 행위를 금지하고 있다. 다만 "금융투자상품의 매매, 그 밖의 거래
를 유인할 목적"이 존재하여야만 성립하는 범죄이다.

'매매유인의 목적'을 규정하고 있으므로 시세조종에 관한 자본시장법 제176
조 제2항에서 규정하고 있는 '매매를 유인할 목적'과 개념적으로 차이가 없어 보
인다. 그러나 제176조 제2항과 달리 '성황을 이루고 있는 듯이' 오인하게 하는 요
건을 요구하지 않기 때문에 더 넓게 적용이 가능하고, 상장증권이나 장내파생상
품에 제한되거나 거래소시장에 국한되지 않는다는 점에서도 차이가 있다[621].

또한, 이 조항은 그 구성이나 내용이 제178조 제2항과 유사하지만, 제178조
제2항에서는 위와 같은 목적 이외에 '시세의 변동을 도모할 목적'이 포함되고 '유
인'의 목적이 아니라 단순한 매매나 거래를 목적으로 한다는 점에서 차이가 있다.

제178조 제1항 제3호는 목적을 위해 '거짓의 시세를 이용'하여 범행을 하게
되지만 제178조 제2항은 목적을 위해 '풍문의 유포, 위계의 사용, 폭행 또는 협
박'이라는 범행을 해야 하므로 행위태양에 있어서도 차이가 있다.

시세조종행위와 비교해보면, 시세조종행위는 '적극적으로 허위의 시세를 만
들어내는 행위'이지만, 본조는 '이미 만들어진 허위의 시세를 이용하는 행위'를
규제한다는 점에서 차이가 있다[622].

---

619) 대법 2006. 4. 14. 선고 2003도6759 판결, 2009. 7. 9. 선고 2009도1374 판결
620) 임재연(2008), 596쪽
621) 김정수(2011), 1,154쪽 ; 임재연(2012), 919쪽
622) 박정호 외(2012), 115쪽

거짓의 시세란, 그것이 자신이 꾸며낸 것이든 제3자가 꾸며낸 시세이든 또는 제3자의 착오나 과실에 의한 것이어도 상관없으나, 거래를 하고자 하는 자는 적어도 그 시세가 '거짓'이라는 점은 인식하고 있어야 한다. 그러므로 거짓이란 사실을 인식하지 못했을 경우에는 범죄가 성립하지 않는다.

4. 풍문의 유포, 위계 등의 사용(제178조 제2항)

가. 개념

(1) 자본시장법에서는 금융투자상품의 매매, 그 밖의 거래를 할 목적이나 그 시세의 변동을 도모할 목적으로 풍문을 유포하거나, 위계를 사용하거나, 폭행 또는 협박을 하는 행위를 금지하고 있다(제178조 제2항).

'풍문의 유포, 위계의 사용, 폭행 또는 협박'이라는 행위는 범행동기가 '거래목적이나 시세변동을 도모'하는 사기죄 또는 공갈죄에 해당하는 특수한 형태를 입법화한 것으로 볼 수 있다.

제178조 제1항 제2호에서는 '중요한 사항에 관하여' 거짓의 표시 등을 하는 경우 범죄가 성립하는 데에 비해 본죄는 중요한지 여부를 대상으로 하지 않는다. 물론 기본적인 틀은 제1항 제1호와 유사하나, 풍문의 유포나 폭행 또는 협박까지 포함하고 있어 제1호를 보완하는 기능을 하고 있다623).

제178조 제2항에서 규정하고 있는 '위계의 사용'이란 그 개념이 매우 광범위해서 목적범이라는 점을 제외하면 제1항에서 언급한 행위태양(거짓의 기재, 필요한 사항의 기재가 누락된 문서 등)을 포함한다.

(2) 본죄는 '목적범'이다. 즉, '금융투자상품의 매매, 그 밖의 거래를 할 목적이나 그 시세의 변동을 도모할 목적'의 존재를 구성요건으로 한다. 그러므로 행위 당시에 그러한 목적이 존재해야 한다. 다만, 그 목적이 구체적이고 확정적일 필요

---

623) 김정수(2011), 1,155쪽

는 없다.

판례도 "여기서 허위의 사실을 유포하는 행위 당시에 그러한 포괄적인 의미의 부당한 이득을 얻으려는 목적이 있으면 족하고, 그 행위 당시부터 장차 유가증권을 처분하여 이득을 얻겠다는 목적이 구체적이고 확정적으로 존재하여야 하는 것은 아니다"라고 판시624)한 바 있다.

금융투자 상품의 '매매'에는 증권의 경우 모집, 사모, 매출을 모두 포함하는 개념이고, 시세변동의 개념은 제176조에서 명시한 시세변동의 개념과 같다. 따라서 그러한 목적으로 '풍문의 유포, 위계의 사용, 폭행 또는 협박'을 하는 경우 본죄를 구성한다. 위와 같은 목적이 행위의 유일한 동기일 필요는 없으므로 다른 목적과 함께 존재하여도 무방하고 그 경우 어떤 목적이 행위의 주된 원인인지는 문제되지 않는다625).

이러한 목적의 존재가 범죄성립의 요건이므로 이러한 목적이 없이 위에서 열거한 행위를 하였다면, 그러한 행위만으로는 범죄를 구성하지 않는다. 혐의자가 그와 같은 목적의 존재를 부인한다면 이러한 주관적 구성요건 요소인 사실은 상당한 관련성이 있는 간접사실 또는 정황사실을 분석하는 방법에 의하여 그 존부를 판단할 수밖에 없으며, 이때 무엇이 목적의 존재를 뒷받침할 수 있는 상당한 관련성이 있는 간접사실 또는 정황사실에 해당하는 것인지는 정상적인 경험칙에 바탕을 두고 치밀한 관찰력 및 분석력에 의하여 합리적으로 판단하여야 한다626).

(3) 증권거래법은 '부당한 이익을 얻기 위하여 고의로'라는 요건을 두었으나 자본시장법에서는 이를 삭제하였고 '고의로'라는 용어는 법규정상 무의미하다.

'풍문의 유포, 위계의 사용, 폭행 또는 협박'으로 얻게 되는 이득은 그 자체로 '부당한' 이득을 얻을 목적을 전제하기 때문에 '부당한 이득을 얻기 위하여'라는 요건이 불필요하여 삭제된 것이라고 보는 견해627)도 있지만 자본시장법에서는 구성요건을 달리하므로 삭제된 것이라고 보는 게 맞다.

증권거래법에서는 '허위의 시세 또는 허위의 사실 기타 풍설'을 요건으로 했

---

624) 대법 2009. 7. 9. 선고 2009도1374 판결
625) 대법 2003. 12. 12. 선고 2001도606 판결
626) 대법 2009. 7. 9. 선고 2009도1374 판결
627) 임재연(2012), 919쪽

지만 허위시세나 허위사실 자체가 '풍문 유포'의 한 사례에 불과하므로 자본시장법에서는 이를 삭제하였다. 또한, 증권거래법과 달리 유포한 사실이 '허위'일 필요도 없다. 증권거래법상 '풍설'에 대해서 허위의 시세와 허위의 사실을 제외한 일체의 거짓소문을 의미한다고 해석하는 견해628)가 있었으나 그렇게 제한적으로 해석할 이유는 없다.

사례 : 증권회사 투자상담사로 근무하던 피고인 갑은 직원용 컴퓨터와 그에 저장된 관리계좌들의 계좌번호와 아이디, 비밀번호가 기록된 파일을 보관하고 있음을 기화로 자기 계좌에 보유하고 있던 제3시장 거래주식을 고가에 매매하기 위하여 2002. 3. 20. 09:24경 인터넷을 통해 자신의 계좌에 있던 제3시장 종목들로서 각 거래시가 1,000원 미만인 A사 주식 2주를 9,999,000원, 9,990,000원에, B사 주식 4주를 각 9,999,000원, 9,990,000원, 9,000,000원에 매도주문을 낸 다음에 자신이 관리하던 을의 아이디와 비밀번호로 다시 위 거래시스템에 접속하여 을 명의의 계좌로 위 각 매도주문이 상응하는 매수주문을 내어 위 각 가액으로 매매계약이 체결되도록 하여 유가증권의 매매와 관련하여 부당한 이득을 얻기 위하여 위계를 사용하였음629)

나. 풍문의 유포

(1) '풍문의 유포'란 객관적인 사실이 아닌 소문에 불과하거나, 확인되지 않거나 또는 그 내용이 사실인지 여부를 따지지 않고 널리 퍼뜨리는 행위를 가리킨다. '풍문'이라 함은 시장에 알려짐으로써 주식 등 시세의 변동을 일으킬 수 있을 정도의 사실로서 합리적 근거가 없는 것을 의미한다630). 그러므로 그러한 풍문이 객관적인 사실에 부합한다고 할지라도 이러한 사실에 대한 진위를 파악하지 않고 유포하였을 경우에는 이에 해당한다. 반대해석상 유포한 사실이 허위일지라도 이를 유포한 사람이 사실임을 나름대로 확인하고 이를 확신한 채 유포하였다면 범의가 없기 때문에 풍문의 유포에 해당하지는 않는다.

---

628) 임재연(2008), 596쪽
629) 서울지법 2003. 1. 8. 선고 2002고단11557 판결
630) 서울고등 2013. 3. 22. 선고 2012노3754 판결

판례631)도 "주가변동에 별다른 영향을 미칠 위험이 없는 사소한 내용의 풍문유포까지 처벌한다면 지나치게 개인의 표현의 자유를 억압하고 처벌의 범위가 확대되기 때문에 자본시장법 제178조 제2항에서 규정하고 있는 '풍문'이라 함은 시장에 알려짐으로써 주식 등 시세의 변동을 일으킬 수 있을 정도의 사실로서 합리적 근거가 없는 것을 의미"한다고 판시하면서 "반드시 객관적으로 허위일 필요는 없다"고 보고 있다.

예를 들어 선거와 관련한 속칭 '정치테마주632)'가 전형적인 풍문유포의 대상이다. 그렇지만 정치테마주와 관련된 풍문일지라도 특정 정치인에 대한 게시물이 기업의 공식적인 공시자료, 언론사 홈페이지 보도자료로서 객관적인 근거가 있으면 해당 종목을 추천했다는 사실만으로는 풍문의 유포에 해당하지 않는다633). 이 판례에 따르면, "첫째, 게시글의 기초사실이 기업이 공시자료 또는 언론사 보도자료로 객관적인 근거가 있고, 둘째, 개인의 전망이나 예측을 가필한 부분은 보도자료 등과 색깔이나 필체가 달라 혼선을 일으키지 않으며, 셋째, 종목 게시판은 추천 의결을 개진하기 위한 공간으로 자신이 보유한 주식을 누구나 추천하는 곳"이라는 이유로 풍문유포가 인정되지 않았다.

구증권거래법에서는 '허위의 사실 기타 풍설'을 금지대상으로 규정하고 있었으므로 규정상 '풍설'도 '허위성'을 요건으로 한다고 해석할 여지가 있었다. 그러나 자본시장법에서는 단순히 '풍문'이라고만 규정할 뿐이므로 반드시 객관적으로 허위여야만 구성요건에 해당하는 것으로 볼 수는 없으며 유포된 사실의 출전(出典)이 있는지 여부 역시 합리적 근거유무 판단의 한 요소에 지나지 않는 것이기는 하지만 적어도 공간된 자료나 기업의 공시자료, 관련 신문기사의 내용을 그대로 전재하는 것은 해당자료의 허위성을 명백히 인식하고서 그에 편승하기 위한 것이라는 등의 특단의 사정이 없는 한 풍문의 유포로 볼 수는 없다. 또한 사후적으로 우연히 진실에 부합하는 것으로 밝혀지더라도 유포 당시 합리적 근거를 갖

---

631) 서울중앙 2012. 9. 21. 선고 2012고합662 판결(서울고등 2013. 1. 17. 선고 2012노 3290 판결로 확정)

632) 정치테마주는 선거 등을 앞두고 회사의 실적과 상관없이 유력 선거후보자인 특정 정치인과의 혈연, 지연, 학연이 있는 회사의 주식을 말하거나, 특정 정치인의 선거공약이나 정책 방향과 관련이 있는 기업의 주식을 말한다. 전자를 가리켜 '정치인 테마주'라고 하고 후자를 가리켜 '정책 테마주'라고 호칭하기도 한다.

633) 서울중앙 2012. 9. 21. 선고 2012고합662 판결

추지 못하였고 유포자 자신도 이를 인식하고 유포하였다면 '풍문'에 해당한다[634]. 다만, 실제로 증권시장에서 도는 풍문이란 대부분 확인되지 않거나 확인될 수 없는 것, 또는 허위사실일 가능성이 매우 높다고 하겠다.

'유포'란 불특정 다수인에게 전파되는 행위를 의미하며 특정인에게만 전파하더라도 전파가능성이 있다면 유포에 해당한다[635]. 단순한 의견이나 예측을 표시하는 행위는 풍문의 유포에 해당하지 않지만 그것이 허위사실과 결합하여 단정적인 의견이나 예측을 피력하였다면 여기에 해당한다[636].

풍문의 '유포'는 그 행위방법에 제한이 없으므로 단순히 구두로 전하는 것 외에 인터넷, TV, 라디오 등을 이용한 경우도 가능하며 불특정다수인을 상대로 하는 것이 일반적이겠지만 특정인을 대상으로 하는 경우도 포함된다. 또한 위계의 상대방과 부당한 이득을 얻으려는 상대방이 동일할 필요도 없다[637].

사례1 : 피고인들은 인터넷 게시판에 글을 게시하면서 자신이 직접 글을 작성한 것이 아니라, 대부분 다른 인터넷 기사나 인터넷 사이트에서 캡처한 화면을 게시하고 그중 강조하고자 하는 부분에 빨간색으로 밑을 긋거나 캡처한 화면 중간이나 하단 글상자에 해당기사와 관련이 있는 회사명, 왜 그 회사 주가가 상승할 것인지 등을 기재하는 방식을 사용하여 해당 회사의 임원 등이 대선 출마가 유력한 정치인과 관련이 있거나 당해 회사의 사업이 유력 정치인이 강조하는 정책과 관련이 있으며 그 정치인이 대선을 향한 행보를 계속하고 있음을 보임으로써 대선 테마주로 상승할 것이라고 글을 게시하였는데, 이러한 게시물은 첫째, 대선후보 정치인과 당해 회사 임원과의 인맥관계, 정치인의 정책관련 발언과 행보, 당해 회사의 사업내용 등의 기초사실이 기업의 공식적인 공시자료이거나 신문 등 언론사의 홈페이지에 게시된 보도자료로서 나름대로 객관적인 근거를 갖고 있으며 둘째, 거기에 가필된 부분은 피고인들 개인의 전망이나 예측에 해당하는바, 색깔이나 필체를 달리하여 캡처된 내용과 혼선을 일으킬 우려가 없음을 알 수 있으므로 공시자료나 보도자료의 게시 자체를 합리적 근거가 없다고 볼 수 없고, 거기에 부과된 피고인들의 단순한 의견제시나

634) 서울중앙 2012. 9. 21. 선고 2012고합662 판결(서울고등 2013. 1. 17. 선고 2012노 3290 판결로 확정)
635) 서울고등 2009. 1. 22. 선고 2008노2315 판결
636) 대법 2011. 3. 10. 선고 2008도6355 판결
637) 임재연(2012), 920쪽 ; 김성준 외(2007), 314쪽

미래에 대한 예측만 가지고서 풍문에 해당한다고 단정할 수 없다[638]

사례2 : 피고인1은 피고인3, 4 등과 함께 자기자금이 전혀 없는 상태에서 M&A를 가장하여 A사 주주들로부터 주식을 인수한 다음 증권회사 직원, 사이버 애널리스트 등 작전세력을 동원하여 주가를 상승시키고, 가격이 상승한 위 주식을 담보로 사채업자 등으로부터 금원을 차용하여 그 차용금으로 대주주들에 대한 주식인수대금을 지불하고 위와 같이 사채업자 등에게 담보로 맡긴 주식이나 자신들이 취득한 주식 등은 기관투자자의 펀드매니저를 매수하여 소위 앤드바이(End Buy)[639] 방식으로 처분하고 그 처분대금으로 사채업자 등에 대한 차용금을 변제하고 나머지는 서로 배분하기로 결의한 후, 피고인1은 전체적으로 총괄 지휘하고 피고인5, 7은 피고인8로부터 대주주들이 소유한 주식의 인수자금을 조달하는 역할을 하고, 피고인13, 14는 피고인1 등의 원활한 주가조작을 위하여 거액의 주식인수자금을 지원하고 또 주가조작으로 확보한 부당이익의 조기환수를 지원하고, 피고인2, 3, 4, 6, 8, 9 등은 A사 주식을 시세조종하는 역할을 수행하고, 피고인7은 인터넷 증권사이트 팍스넷에 허위사실을 유포하여 일반투자자들로 하여금 위 주식의 매수를 유인하는 역할을 하고, 피고인2, 3은 기관의 펀드매니저를 매수하여 엔드바이를 성사시키고 그 대가로 매수대금의 약 10%에서 20%를 받기로 한 다음, 각자 업무분담을 통해 시세조종을 하였다[640]

   (2) 또한 단순한 의견표시나 예측의 표현과는 구별되어야 하는 개념이다[641]. 그러나 단순한 의견이나 예측의 표현일지라도 허위내용이 객관적 사실과 결합되어 전체적으로는 허위사실에 해당하는 경우에는 '풍문의 유포'에 해당하게 될 가능성이 있다[642].

   궁극적으로 풍문의 내용이 투자자의 투자판단에 영향을 미칠 수 있다면 규제대상이 될 것[643]이므로 '투자판단에 영향을 미칠 의도'가 있었는지 '허위임을 인

---

638) 서울중앙 2012. 9. 21. 선고 2012고합662 판결
639) 기관투자자에 속한 펀드매니저들이 소위 '한 건'을 하기 위해서 주식 보유자로부터 부정한 청탁을 받고 정상거래를 가장하여 당해 주식을 시가보다 고가로 매수주문을 하여 주식거래가 이루어지도록 하고 주식매도자로 하여금 거래 차익을 남기도록 하며 그 대가를 받는 것을 말함. 속칭 '물량털기'라고도 함
640) 서울지법 2003. 4. 10. 선고 2002고합1086 판결. 이 판결은 이른바 '무자본 M&A'를 위한 시세조종 행위로서 요즘 흔히 발견되는 불공정거래 유형이다.
641) 박정호 외(2012), 115쪽
642) 서울지법 1998. 12. 15. 선고 98노7566 판결

식'하였는지 여부는 중요한 요건이다. 왜냐하면, 일반적으로 회사 경영자는 회사 장래에 관한 예측의 자유가 보장되어야 하고 이를 발표하는 것도 정당한 업무의 일환으로 보아야 할 뿐만 아니라 일반투자자도 자신이 투자하였거나 투자할 회사의 주가전망을 예측하고 이를 표현할 자유가 보장되어야 한다.

따라서 원래부터 투자자의 주가전망이나 견해를 게시하도록 구축된 공간(예를 들어 '종목토론을 위한 게시판[644])에서 유포자 자신의 장래 주가전망에 대한 예측이나 유포자의 단순한 개인적인 의견을 제시하는 행위는 유포자의 동일성을 밝히고 그것이 단지 유포자 개인의 견해라는 점을 혼선의 여지없이 명확히 표시한다면 이러한 행위를 풍문유포행위로 볼 수 없다.

> 사례 : '강 추이 종목'이라는 게시판은 주로 개인투자자들이 어떤 특정종목의 가격상승이 예상되니 추천한다는 취지의 의견을 개진하기 위한 공간으로서 대부분 글을 올리는 투자자가 자신이 보유하고 있는 주식을 추천할 것이라는 점은 어렵지 않게 예상할 수 있으므로 … (중략) … 이 게시판의 특성상 별다른 의미 없이 쓰게 되는 과장된 표현들, 예를 들어 '세력 매집' 등은 주식 등 시세의 변동을 일으킬 수 있을 정도의 허위 또는 합리적 근거가 없는 사실이라고 볼 수 없다[645]

(3) 풍문을 유포하였다고 하여 그 행위만으로 처벌하는 것은 아니고 금융투자상품의 매매, 그 밖의 거래를 할 목적이나 그 시세의 변동을 도모할 목적을 가진 경우에 한하여 처벌이 된다.

따라서 당연히 금융투자상품이나 금융시장에 영향을 줄 만한 주제를 가진 풍문이 이에 해당할 것이지만 그와 같이 직접적인 것은 아닐지라도 간접적이라도 영향을 줄 수 있는 풍문이라면 여기에 해당한다(예를 들어 북한 김정일의 사망이라든가, 대통령 선거를 앞두고 소위 정치테마주와 관련된 소문 등).

---

643) 한국증권법학회(2009), 960쪽
644) 예를 들어 '팍스넷' 게시판은 투자자들이 글을 게시하면 다른 투자자들의 추천 수에 따라 인기글(24시간 이내에 10건 이상의 추천)로 분류되어 조회수가 증가하고 이런 형태가 반복되면 게시판에서 인지도가 높아 시세에 영향을 줄 수 있다고 볼 수 있지만 추천수가 미미하다면 다른 투자자들에게 영향을 미쳤다고 보기는 어렵다.
645) 서울중앙 2012. 9. 21. 선고 2012고합662 판결

다. 위계의 사용

(1) 개념

자본시장법 제178조 제2항에서는 '위계의 사용'을 금지하고 있는데, '위계'란 거래 상대방이나 불특정 투자자들을 '기망'하여 오인, 착각, 부지 또는 교착상태에 빠뜨려 일정한 행위를 유인할 목적의 수단, 계획, 기교 등646)을 말한다647). 이러한 위계의 사용은 풍문의 유포와 분리되어 개별적으로 사용될 수도 있으며, 풍문의 유포가 위계의 수단으로 동시에 복합적으로 사용될 수도 있다648).

위계를 쓰는 행위인지 여부는 "유가증권의 매매 등 거래와 관련한 행위인지 여부나 허위 또는 위계인지 여부, 부당한 이득 또는 경제적 이익의 취득 도모 여부 등은 행위자의 지위, 행위자가 특정 진술이나 표시를 하게 된 동기나 경위, 그 진술 등이 미래의 재무상태나 영업실적 등에 대한 예측 또는 전망에 관한 사항일 때에는 합리적인 근거에 기초하여 성실하게 행해진 것인지 여부, 그 진술 등의 내용이 거래 상대방이나 불특정투자자들에게 오인, 착각을 유발할 위험이 있는지 여부, 행위자가 그 진술 등을 한 후 취한 행동과 주가 동향, 행위 전후의 제반상황 등을 종합적, 전체적으로 고려하여 객관적인 기준에 따라 판단"해야 한다649).

위계를 쓰는 행위인지 여부를 판단함에 있어서는 그 객관적인 사정에 의하여 그것이 위계에 해당하는지 여부를 가려야 할 것이고, 그 행위자의 내심의 의사를 기준으로 판단할 것은 아니다650).

풍문의 경우와 마찬가지로 매매나 시세 변동을 도모할 목적으로 하는 범죄이기 때문에 그 풍문의 유포나 위계사용의 대상은 경우에 따라서는 불특정다수인이

---

646) 대법 2010. 12. 9. 선고 2009도6411 판결, 2008. 5. 15. 선고 2007도11145 판결
647) 구증권거래법 제188조의4 제4항 제1호에서는 '위계를 쓰는 행위'라고 규정하고, 허위의 시세 또는 허위의 사실 등을 유포하는 행위를 '고의로'하는 경우로 규정하였다. '고의로'라 는 개념은 행위자가 허위의 시세 또는 허위의 사실 기타 풍설을 유포하거나 위계를 쓰는 행위라는 객관적 구성요건을 충족하였음을 인식하면서도 이를 용인한다는 주관적 구성요 건을 의미(대법 2008. 5. 15. 선고 2007도11145 판결 등)했으나, 자본시장법에서는 '고의 로'라는 용어를 삭제하였다.
648) 동일한 견해로는 한국증권법학회(2009), 960쪽
649) 대법 2011. 3. 10. 선고 2008도6335 판결
650) 서울고등 2007. 12. 3. 선고 2006노2304 판결

될 수도 있고 특정인을 대상으로 할 수도 있다. 그러므로 그 범행수법의 대상은 제한이 없다.

일정한 목적을 가지고 위계를 사용하면 곧 기수에 이른다. 그러므로 행위자가 실제로 부당한 이득을 취득할 필요도 없고[651], 금융투자상품의 매매, 그 밖의 거래가 실제로 체결될 것을 요건으로 하지도 않으며, 위계를 사용함으로써 시세가 변동되는 결과를 필요로 하지도 않는다.

> 사례1 : 피고인 갑은 주식의 시세를 인위적으로 조종하여 주가를 상승시키기로 계획하고 그 계획의 일환으로 2008. 7.중순 해외법인 명의 계좌를 보유하고 있는 을에게 K사 등의 주식을 매수해주면 주가 등락에 관계없이 원금(주식매수자금)에 일정액의 이자를 가산한 돈을 대출원리금 명목으로 지급하겠다고 제의하였고 이에 따라 피고인 갑과 을은 주로 위 해외법인 명의 계좌를 이용하여 코스닥시장에서 K사 등의 주식을 매수함으로써 정상적인 해외투자를 가장하는 사기적 부정거래를 하고 시세조종을 하는 방법으로 주가상승을 유도한 다음 일정기간을 단위로 그 주식의 처분으로 인한 손익을 정산하기로 약정하였고, 공모한 바에 따라 해외법인들 명의로 되어 있는 국내 외국인투자 전용계좌 등을 이용하여 K사 등 주식을 대규모로 매수하는 등의 방법으로 정상적인 외국인 투자를 가장함과 동시에 시세조종행위를 하는 등 2008. 7. 24.부터 2009. 8. 17.까지 지속적으로 K사 등 주식의 주가를 인위적으로 부양하는 범행을 한 사안에서, 피고인들이 행한 주식거래의 실질은 K사가 계열사의 주식을 취득하거나 대주주가 주식을 취득하는 것임에도 주식시장에서는 제3자의 자금이 정상적으로 투자, 유입되었거나 외국인 자금이 투자, 유입되는 것과 같은 외관이 형성되어 인위적 주가관리가 가능하게 되었고, 이러한 거래는 주식거래 시장에서 투자자들로 하여금 잘못된 판단을 하게 함으로써 자본시장에서 공정한 경쟁을 해치고 선의의 투자자에게 손해를 전가하여 자본시장의 공정성, 신뢰성 및 효율성을 해치게 되므로 자본시장법에서 규정한 부정한 수단이나 기교를 사용하는 행위, 위계의 사용에 해당한다[652](**유사한 사안으로서 '피고인이 갑과의 사이에 투자수익보장약정을 체결하고 갑으로 하여금 외국법인인 P사 명의의 A사의 유상증자에 참여하도록**

---

651) 김성준 외(2007), 314쪽
652) 대법 2011. 7. 14. 선고 2011도3180 판결

한 행위'가 자본시장법 제178조 제1항 제1호 위반죄 및 제178조 제2항에 해당한다고 판단한 사례[653]도 있음)

사례2 : 피고인 갑은 D사(모회사) 대표이사 겸 E사(자회사) 이사로 재직하면서 2009. 5.경 병에게 2009. 6.경까지 해외자본지분 10%를 확보하여 송도경제자유구역 내 공장허가를 받지 못하면 분양받은 공장부지를 분양가로 몰취당할 수 있으니 외국법인인 P명의로 40억 원의 E사 제3자배정 유상증자에 참여해주면 주가 등락에 관계없이 원금에 이자를 가산해 지급하겠다며 참여를 부탁하고, 병은 자금을 투자하되 P명의로 유상증자에 참여한 후 주가 상승으로 인해 원리금을 상회하는 이익은 피고인 갑에게 반환하겠다며 그 제의를 승낙하였으며 피고인 갑은 병과 2009. 5. 20. 피고인 갑 및 D사를 채무자겸 연대보증인, P를 투자자로 하여 주식매수청구권 행사에 관한 약정서, 투자수익보장약정서, 투자약정서 등의 서류를 작성하였고, 피고인 갑은 을을 통해 D사 발행 약속어음을 병에게 담보로 제공한 후 금전소비대차계약서를 공증해 주었다. E사의 제3자배정 유상증자와 관련하여 병은 갑과의 약정에 따라 5. 21. P명의로 540만 주를 각 청약한 후 P명의로 40억 원을 납입하였다. 이 사안에서, 병의 유상증자 참여는 피고인 갑과 모회사인 D사의 투자원리금 보장을 조건으로 이루어진 것이어서 정상적인 유상증자로 볼 수 없고, D사는 5. 20. 자기자본의 10/100 이상인 75억4,000만 원의 담보제공 또는 채무보증에 관한 결정 또는 사실이 있으므로 그 내용을 금융위와 거래소에 신고하여야 한다. 결국 피고인 갑, 을, 병은 공모하여, 일반투자자들로 하여금 외국인의 정상적인 투자나 지분변동이 있는 것과 같은 오해를 유발하여 E사의 제3자배정 유상증자와 관련하여 부정한 기교를 사용하였고, 외국법인인 P 명의로 E사의 유상증자 신주를 취득하고 공장허가 취득 실패로 인한 주가하락을 방지할 목적으로 마치 정상적으로 외국인 자본을 유치한 듯한 외양을 갖추는 위계를 사용하였다[654]

사례3 : 2000. 4. 19. 사실은 B종금을 인수하기 위한 스위스 민간은행들의 컨소시엄은 존재하지 않음에도 C방직, B종금 관계자들과 국내 투자자들로 하여금 스위스 민간은행들이 컨소시엄을 구성하여 B종금을 인수하는 것처럼 오인하도록 하기 위해

---

653) 대법 2011. 10. 27. 선고 2011도8109 판결
654) 서울고등 2011. 6. 9. 선고 2010노3160 판결(대법 2011. 10. 27. 선고 2011도8109 판결로 확정)

2000. 4.말 자본금 5만 스위스프랑에 불과한 스위스의 소규모 무역회사인 '오리엔탈 제이드' 명칭을 SPBC로 변경하였을 뿐이므로 SPBC가 B종금을 인수하더라도 B종금에 투자하거나 경영할 의사와 능력이 전혀 없었고 피고인 경영의 A사가 B종금 경영권 일체를 SPBC로부터 위임받은 후 B종금 자금을 인출하여 SPBC에 송금하였다가 다시 B종금으로 유입시키는 형식을 취하여 마치 외국자본이 투자된 것처럼 가장할 의사였음에도 당시 인수합병 업무를 담당하던 B종금 임원 및 C방직 임원들에게 "SPBC는 스위스계 은행을 중심으로 유럽 6개 은행이 공동출자하여 설립한 투자컨소시엄 업체로서 B종금의 경영권을 SPBC에 넘겨주면 2000. 7.까지 미화 3,000만 불, 11월까지 미화 5,000만 불을 B종금에 투자하여 경영을 정상화시키고 C방직이 B종금으로부터 차명으로 대출받은 1,250억 원의 변제기한을 3년 동안 연장해주겠다"고 거짓말하여 이에 속은 C방직 등으로부터 보유 중인 B종금 주식 100억 원 상당을 미화 10만 불에 넘겨받고 계열사인 B종금으로부터 200억 원을 신용대출받아 A사의 자회사인 D명의로 B종금이 차명으로 보유 중인 자사주 620만 주를 매수하였음에도 B종금 및 A사 직원들로 하여금 "스위스 은행들로 구성된 컨소시엄이 B종금의 대주주인 C방직 지분을 매수하기로 합의하였다. 스위스은행 컨소시엄은 석 달 안에 1차적으로 3,000만 불을 들여와 B종금 증자에 이용하고 하반기에 5,000만 불 추가 증자할 계획이다."라고 언론에 발표하게 하는 등 부당한 이득을 얻기 위하여 고의로 허위사실을 유포하였다[655]

(2) '언론'을 통한 허위사실 유포

언론을 통해 허위사실을 유포하는 행위는 '위계의 사용'에 해당한다고 볼 수도 있고 의도적인 '풍문의 유포'에 해당한다고 볼 수도 있지만 목적범으로 구성되어 있으므로 위계의 사용에 더 가깝다.

언론을 통하여 기업의 사업 추진 현황이나 전망 등에 관한 인터뷰 기사 등이 보도되도록 한 경우 그것이 단순히 사업과 관련된 의견 또는 평가 내지 단순한 홍보성 발언에 불과한 것이 아니라 허위 사실을 유포하는 행위에 해당하는지 및 그러한 행위가 부당한 이익을 얻기 위한 것인지 등은 위 금지 조항의 취지를 염두에 두고 행위자의 지위, 해당 기업의 경영 상태와 그 주가의 동향, 인터뷰 및

---

655) 대법 2002. 7. 22. 선고 2002도1696 판결

보도 내용의 구체적인 표현과 전체적인 취지, 보도의 계기 및 그 계속·반복성 여부, 보도 내용과 관련된 기업의 여러 실제 사정 등을 전체적·종합적으로 고려하여 객관적인 기준에 따라 판단하여야 한다[656].

보도자료의 내용은 일반적으로 호재성 정보인 것처럼 꾸미기 위해 언론을 이용하는 경우[657]가 많겠지만 악재성 정보를 숨기기 위한 경우도 있을 것이다.

또한, 위계의 상대방은 특정인을 대상으로 할 때보다는 불특정다수인을 대상으로 할 경우가 더 많다고 할 것이므로 '언론'을 통하여 기업의 사업추진 현황이나 전망 등에 관한 '인터뷰 기사' 등의 경우에도 그것이 단순히 사업과 관련된 의견 또는 평가, 단순한 홍보성 발언에 불과한 것이 아니라 허위사실을 유포하는 경우라면 사기적 부정거래 행위에 해당한다[658].

'허위사실의 유포'에는 행위자가 직접 불특정다수인에게 허위사실 등을 전파하는 경우뿐만 아니라 불특정 다수인에게 허위사실 등이 전파될 것을 인식하면서 기자들과 같은 특정인[659]에게 전파하는 것도 포함된다. 따라서 허위의 보도자료를 기자들에게 배포하였더라도 기자들이 이를 언론에 보도하지 않거나 보도자료와 다르게 축소 보도했더라도 허위사실 유포에 영향을 미치지 않는다[660].

사례1 : 피고인이 인터뷰 등을 통하여 자신이 대표이사 겸 대주주인 A주식회사가 추진 중인 우즈베키스탄 내 규사광산 개발사업의 추진 현황과 전망에 관하여 실제와 다른 내용을 계속·반복적으로 언론에 보도되도록 한 행위는 A주식회사의 주가 상승을 통한 부당한 이익을 얻기 위한 허위사실 유포행위에 해당한다[661]

사례2 : K익스프레스 명의로 신주인수권부사채를 시세보다 훨씬 고가로 매매하는 계약을 체결하고 그 내용을 공시하면서 언론에 그 매매 경위 및 매수 주체에 관한 내용을 공개한 부분은 주가상승을 유도하거나 주가하락을 방지하기 위해 해외펀드의

---

656) 대법 2009. 7. 9. 선고 2009도1374 판결. 사실 "여러 사정을 전체적·종합적으로 고려하여 객관적인 기준에 따라 판단"하여야 한다라는 말은 "잘 판단해야 한다."라는 설명에 불과하기 때문에 아무런 기준도 제시하지 못한 것이다.
657) 서울중앙 2012. 11. 29. 선고 2012고합142 판결
658) 대법 2009. 7. 9. 선고 2009도1374 판결
659) 속칭 증권가 '애널리스트'도 이와 같다(서울중앙 2011. 9. 22. 선고 2011고합268 판결)
660) 서울고등 2009. 1. 22. 선고 2008노2315 판결(대법 2011. 10. 27. 선고 2009도1370 판결로 확정)
661) 대법 2009. 7. 9. 선고 2009도1374 판결

정상적인 투자를 유치한 듯한 외양을 갖추고 언론을 통해 허위사실을 퍼뜨린 것으로서 위계사용 및 허위사실의 유포에 해당한다662)(이 사건은 '속칭 진승현 게이트'로서, 피고인이 외국자본이 A종금에 유입되는 것처럼 가장하기 위해 페이퍼컴퍼니인 스위스 민간은행 컨소시엄이 A종금을 인수한다고 언론에 발표하였으며 이러한 행위에 대해 허위사실을 유포한 사기적 부정거래행위에 해당한다고 판단하였음663). 그러나 외국자본이 유입되는 경우에 실제로 외국국적자가 외국인 명의로 주식을 매입한 경우에는 위계사용에 해당하지 않는다고 본 사안664)도 있음)

사례3 : 피고인들은 줄기세포 치료제 등 바이오산업에 대한 사회적 열풍이 불어 바이오테마가 주가에 미치는 영향력이 커진 점을 이용해 B사의 진단용 칩, 제대혈 보관, 성체 줄기세포 치료제의 연구·사업 계획, 실적에 대해 허위사실인 보도자료를 계속적으로 배포하여 A사 주가를 인위적으로 부양하기로 하고, 2005. 5. 30. 사실은 B사의 필리핀 내 수출을 담당하던 C사가 필리핀 식품의약국으로부터 진단용 칩은 별도 등록을 필요로 하지 않는 품목임을 확인받았을 뿐 진단용 칩의 우수성 또는 품질을 인정받아 수출판매허가를 받은 것이 아니고 C사 담당자로부터 필리핀 수출사업추진 포기를 통지받아 수출, 판매가 불가능했음에도 경제신문 기자들에게 "A사 계열사인 B사가 1. 25. 진단용칩의 판매허가를 필리핀 식품의약국으로부터 받았으며 2005. 7.부터 검사실 설치와 함께 검사가 실시될 예정이다."라는 허위 보도자료를 배포하여 경제신문 등에 보도되도록 한 것을 비롯하여 12회에 걸쳐 허위보도자료 또는 과장된 보도자료를 배포하여 경제신문 등에 보도되도록 함으로써 부당한 시세차익을 취득하였음665)

사례4 : 피고인은 2008. 1.초순 사실은 당시 CNT에 대한 투자 및 개발정도에 비추어 CNT사업부분에서 높은 매출을 달성하는 것이 불가능함에도 갑과 A사 직원 을로 하여금 증권사 애널리스트 병, 정에게 2008년도 CNT 사업부분에서 546억 원의 매출이 예상된다는 기업홍보자료를 제공하여 2008. 1. 15.자 기업탐방보고서에 "A사가 CNT 사업부분에서 2008년도 350억 원의 매출을 올릴 것으로 예상된다."는 내용을 기재케 함으로써 허위사실을 유포하였다666)

---

662) 대법 2010. 12. 9. 선고 2009도6411 판결
663) 대법 2002. 7. 22. 선고 2002도1696 판결
664) 대법 2010. 12. 9. 선고 2009도6411 판결
665) 수원지법 2008. 8. 29. 선고 2008고합112 판결

사례5 : 피고인들은 A사 주가가 2006. 9. 28.경부터 12거래일 연속 상한가를 기록하면서 주당 7,300원에서 38,500원까지 급등하자 10. 18.경 B해외펀드 명의로 피고인 갑이 인수한 신주인수권부사채 180만 주 중 90만 주를 주당 45,000원 합계 405억 원에 인수함으로써 해외펀드를 유치하는 듯한 외양을 갖추었으나 이에 대해 언론 등에서 B해외펀드의 정체에 대해 의혹을 제기하자, 피고인 갑은 대변인을 통해 언론사 기자들을 상대로 '갑과 함께 등장하는 외국투자자들은 갑이 과거 유학 시 사귀어 놓은 대만계 인맥을 통해 홍콩펀드를 끌어들여 와서 공동투자하는 것'이라는 취지로 해명하여 외국법인의 실체에 대해 허위사실을 발표하였는데, 이러한 행위는 피고인들이 "B해외펀드 명의로 신주인수권부사채를 시세보다 훨씬 고가로 매매하는 계약을 체결하고 그 내용을 고시하면서 언론에 그 매매경위 및 매수주체에 관한 내용을 공개한 부분"은 주가상승을 유도하거나 주가하락을 방지하기 위해 해외펀드의 정상적인 투자를 유치한 듯한 외양을 갖추고 언론을 통해 허위사실을 퍼뜨린 것이다[667]

사례6 : A사 대표이사인 피고인은 1999. 9. 17. M경제신문에 "공모금액 9억 원, 모집 예정 주식수 3만 주, 주당 모집가액 3만 원"이라고 된 A사 주식공모안내 광고를 내면서 실제로는 A사 주식가격이 50만 원에 이를 수 있다는 점에 대한 명확한 근거가 없고 주식공모에 청약한 투자자들에게 증자에 참여할 수 있는 독점적 권리를 부여할 수도 없으며 투자자들을 A사의 계열사인 B사 주주로 등재해주는 것도 아님에도, "A사 1주당 가격이 앞으로 50만 원이 될 수밖에 없는 3가지"라고 기재하고 광고 참고사항란에 "주식공모에 참여하는 주주에게는 1999. 10.중 유상증자, 11-12월 중 무상증자에 참여할 수 있는 권리를 드립니다."라는 등 기재하고, 12. 3. M경제신문에 "공모가격 1주당 3만 원, 발행주식수 33,000주" 등으로 된 주식추가 공모안내 광고를 내면서 실제로는 의향서만을 체결한 것에 불과함에도 "E사이버 중국과 500만 불 사이버무역계약 체결"이라고 기재하는 등으로 허위사실을 유포하였음[668]

위 사례들에서 볼 수 있는 것처럼 불특정 다수인에게 허위 사실 등을 전파하는 경우뿐만 아니라 불특정다수인에게 허위사실 등이 전파될 것을 인식하면서 기

---

666) 서울중앙 2011. 9. 22. 선고 2011고합268 판결. 이 판결은 '허위사실의 표시'에 관한 내용도 판시하고 있음
667) 대법 2010. 12. 9. 선고 2009도6411 판결
668) 서울고등 2004. 4. 2. 선고 2003노3374 판결

자들과 같은 특정인에게 전파하는 것도 당연히 포함된다. 그리고 언론에 '보도자료'를 배포하는 경우가 후자의 대표적인 사례에 해당한다.

또한, 기자들에게 허위의 사실을 담은 보도자료를 배포하였으나 실제로는 보도가 안 되거나 보도자료와 다르게 허위의 사실을 다소 축소하여 보도하였다고 하더라도 허위사실의 유포로 해석한다669). 그러나 활자화된 보도자료가 아닌 언론사와의 '인터뷰'한 내용이 실제로 보도되면서 다소 과장된 정도에 불과하다면 위계의 사용이라고 보기는 어려울 것이다. 그러므로 적극적으로 보도자료를 배포하는 등의 행위가 있었는지, 기자나 리포트의 질문에 대해 소극적으로 응대한 것에 불과한지 여부에 따라 결론이 달라질 것이다.

사례 : 피고인이 A사를 상대로 적대적 M&A를 할 의사가 없고 외국인 투자자들이 시도할 의사가 있는지도 확인하지 않았음에도 미리 A사 주식을 매수한 뒤 홍보담당 상무에게 A사가 보유하고 있는 B사 주식 매각, 우선주의 소각 등을 요구하면서 A사를 압박하는 한편, A사 관계자와의 접촉사실 및 요구사항을 신문사 기자에게 알려 보도되게 하는 등 수차례의 언론접촉을 통해 A사 주식이 테마주로 부각되거나 인식되도록 하고 2004. 11. 29. D일보 기자와의 전화인터뷰에서 "누군가 적대적 M&A를 한다면 우리는 지금 경영진을 지지하지 않을 것이다. 예를 들어 S가 A사와 M&A를 한다면 피고인은 S를 지지할 것이다."라고 언급함으로써 "A사, 외국인에 M&A될 수도"라는 제목으로 보도되게 한 뒤 주식을 매각하여 부당한 이득을 취득하였다고 기소된 사안에서, 갑의 발언은 기자가 준비한 질문에 대한 답변과정에서 나온 내용의 일부로서 보도된 발언 전후로 "다른 주주들과 A사 M&A에 관하여 논의한 사실이 없다.", "경영진이 올바른 방향으로 움직이기 시작했고, 우리는 경영진과 같이 일하기를 선호한다.", "다른 외국인 투자자나 기업의 M&A 시도에 대하여는 알지 못한다."고 수차례 말한 점 등 인터뷰의 구체적인 내용과 전체적인 맥락에 비추어 보면 'A사 주식이 매우 저평가되어 있기 때문에 경영진이 주주가치를 높이는 방안을 검토하지 않는다면 M&A가 시도될 가능성이 있고 실제로 시도될 경우 피고인이 현 경영진을 지지하지 않을 수도 있다'는 정도의 가정적, 원론적 발언에 불과하고 인터뷰 직후의

---

669) 서울고등 2009. 1. 22. 선고 2008노2315 판결(대법 2011. 10. 27. 선고 2009도1370 판결로 확정)

발언 등에서 의심스러운 정황은 있으나 인터뷰의 내용에 아무런 허위나 기만적 요소가 있다고 볼 수 없는 이상 그러한 내심의 목적을 가지고 인터뷰에 응했다는 사정만으로 위계에 해당하지 않는다[670](피고인 갑은 인터뷰를 통해서 의도적으로 주가부양을 노린 사실이 간접적으로 인정되고, 실제로 언론보도 직후 주가가 오르자 주식을 매각하여 72억 원 이상의 차익을 얻었던 사정 등에 비추어 보아 판결의 결론이 수긍하기 어려움)

언론 매체나 기자, 애널리스트 등에게 주가 상승이나 하락에 '직접적'으로 영향을 미치는 허위정보를 제공함으로써 위계를 사용하는 경우가 일반적인 사례라고 할 것이다. 그렇지만 언론이나 인터넷 매체의 전파성을 이용하여 '간접적'인 방법으로 언론을 악용하는 경우도 있다. 이런 경우에는 직접적인 정보가 아니라 다른 숨겨진 목적을 위해서 언론을 이용하는 것이기 때문에 주가에 직접적인 영향력을 미치는 허위사실보다는 간접적인 영향력을 이용하는 경우라고 할 것이다. 물론 그것이 직접적인 방법이든, 간접적인 방법이든 그와 같은 불법적인 목적과 범의가 있었다면 위계에 해당한다.

예를 들어, M&A에 관한 허위사실을 보도되도록 하거나 또는 공시하는 등의 방법을 통하여 주가에 간접적으로 영향을 미치는 행위를 하였다면 비록 직접적으로 보도자료를 배포하거나 언론사와 접촉한 것은 아닐지라도 위계를 사용하는 행위에 해당한다고 보게 된다.

또한, 증권방송에 출연한 애널리스트나 증권전문가들이 방송에서 추천할 종목을 저가에 사전에 미리 매수하여 둔 다음, 방송에 출연하여 그 종목을 추천하는 방송을 하고 자신의 유료회원들에게 인터넷 방송이나 문자메시지 등을 통해 계속하여 이를 매수하도록 추천하면서 자신은 주가가 오르면 곧바로 이를 되파는 수법으로 부당한 이익을 얻는 사례도 있었다.

다만, 사전에 해당 종목 주식을 매수한 사실을 공개하지 않고 방송에 출연해 매수추천한 사실은 인정하면서도 그 방송의 내용 중 허위의 사실이 없고, 미리 주식을 투자한 사실을 정규방송 시청자에게 고지할 의무가 없으며(유사투자자문업자의 선행매매를 금지하는 법령, 내부규정 등 부존재, 불특정 다수의 정규방송

---

670) 서울중앙 2006. 9. 29. 선고 2006고합115 판결

시청자와 거래관계가 없으므로 고지의무 없음), 증권방송 유료회원들에게 문자메시지 등을 통해 추천하였다는 증거가 없어 '기망행위'를 인정하지 않고(제178조 제2항의 위계), 유사투자자문업자의 경우 일반적 영업행위 규제 조합이 전혀 없고, 시청자는 매수추천을 듣더라도 본인의 판단하에 거래에 임하는 것이 일반적이며, 다른 시세조종 세력과의 공모도 없었으므로 '부정한 수단, 계획, 기교'도 없었다고 판단한 판결[671]도 있으나, 지나치게 기교적인 법해석일 뿐만 아니라 유사사안에 대한 대다수 다른 판례[672]의 결과와도 달라 수긍하기는 어렵다.

사례1 : 피고인 갑은 M&A 의사 없이 차명으로 A사 주식을 매수하였고, 피고인 을은 자신의 처, 지인 명의로 A사 주식을 장내에서 매수하였음에도 마치 지분 경쟁을 통하여 경영권을 확보하려는 것처럼 가장하여 주가를 상승시킬 것을 마음먹고, 피고인 갑은 인터넷 언론매체, 인터넷 경제지 D를 통하여 명의만을 빌린 일본인 병이 자금을 투자하여 경영에 참가할 것이라고 보도하게 하고, 금감원 전자공시시스템을 이용하여 병이 주식을 장외에서 매수하였다는 식의 공시를 하고, 피고인 을은 D신문사 및 인터넷 경제지 D를 통하여 마치 경영권을 방어하려는 것처럼 허위의 사실을 보도하게 함으로써 부당한 이득을 취하였다[673]

사례2 : 증권방송에 출연하며 증권방송 전문가로 활동해온 피고인은 2011. 2. 10.경 차명계좌를 통해 방송에서 추천할 S사 주식 2만 주를 매수한 다음 2. 13.경 정규방송에 출연하여 S사에 대하여 "도로 방음벽 국내 1위 기업으로서 정부지원으로 태양광EVA시트를 개발, 양산 체제에 들어갔으며 중국에 이를 초도 수출하는 등의 이유로 2011년도에는 매출액이 1,700억 원, 영업이익이 200억 원에 달하는 등 창사 이래 최대 실적 예상"된다는 취지로 일반투자자들에게 추천하고, 2. 14.경 인터넷 증권방송을 통해서도 유료회원들을 대상으로 그 종목을 오늘의 공략주로 설정하여 수회 매수추천을 하고, 그 과정에서 그러한 사정을 모르는 매수추종자들의 유입에 따라 주가가 단기간에 상승하자 미리 매수해두었던 주식을 전량매도하면서 인터넷 방송

---

671) 서울중앙 2014. 6. 13. 선고 2013고합17 판결
672) 대법 2014. 2. 4. 선고 2013도16236 판결, 서울중앙 2014. 1. 28. 선고 2014고약900 판결, 서울남부 2014. 5. 28. 선고 2014고단991 판결 등
673) 서울고등 2008. 10. 15. 선고 2008노1447 판결(대법 2008. 10. 15. 선고 2008도9866 판결로 확정)

을 통해 계속하여 매수추천하는 등 위계를 사용하여 9,700만 원의 부당이득을 취하였다[674)

(3) 기망행위

위계의 수단으로서 대표적인 것은 '기망'이라고 할 수 있다. 기망이라 함은 객관적인 사실과 다른 내용의 허위사실을 내세우는 등의 방법으로 타인을 속이는 것을 의미한다[675).

물론 자본시장법이나 구증권거래법에서는 '위계의 사용'을 부정거래행위로 규정하고 있고 기망을 범죄성립 요건으로 명시하고 있지는 않았지만 타인을 속이는 행위로서의 의미라고 보면 적정할 것이다. 물론 이 경우 기망행위란 사기죄에 있어서 '편취'의 정도에 이르는 기망을 요건으로 하는 것은 아니다.

사례 : 피고인 갑과 피고인 을(외국 국적)은 A사 인수과정에서 해외자금 및 해외계좌를 이용하여 해외 페이퍼컴퍼니 명의로 유상증자 등에 참여하여 마치 외국인 투자자들이 A사에 정상적인 투자를 하는 것과 같은 외양을 갖춰 주가상승을 통한 시세차익을 얻을 목적으로, 2006. 9. 27.경 피고인 을의 자금으로 외국계 투자은행 C사 명의로 A사 주식 29만 주를 매수하고, 9. 28.경 제3자배정 유상증자에 해외 페이퍼컴퍼니 명의로 참여하여 A사 주식 50만 주를 인수함으로써 마치 해외기관투자자나 다수의 해외펀드 투자를 유치한 듯한 외양을 갖추고, 9. 27.경부터 2007. 4. 3.경까지 C사 명의로 A사 주식 55만 주를 매매하고, 페이퍼컴퍼니 명의로 A사 주식 72만 주를 매매하였음에도 대량보유보고 및 소유주식 상황변동보고를 하지 않거나 대량보유보고를 하면서 누락, 보고하여 외국인들의 정상적인 투자나 지분변동이 있는 것과 같은 오해를 유발하였다고 기소된 사안에서 원칙적으로 주식거래에서는 실명에 의한 거래가 강제되지 않을 뿐만 아니라 투자자가 자신의 투자 동기나 계획 등을 스스로 시장에 공개할 의무가 없으므로 외국인인 을이 자신의 자금으로 그의 계산하에 실재하는 외국법인 명의나 계좌를 이용하여 일반적인 주식시장에서 A사 주식을 매수한 행위는 객관적인 측면에서 모두 사실에 부합하므로 기망행위에 해당하지

---

674) 서울중앙 2013. 7. 5. 선고 2013고합55, 97 판결(병합)
675) 대법 2010. 12. 9. 선고 2009도6411 판결, 2008. 5. 15. 선고 2007도11145 판결

않고 외국법인의 실체를 과장하거나 그에 관한 허위의 정보를 제공하는 등 허위사실을 내세웠다는 특별한 사정이 없는 한 위계의 사용에 해당한다고 단정할 수 없다[676)]

유가증권거래로 부당한 이득을 얻기 위한 것이므로 그 행위의 대상은 일견 불특정다수인을 상대로 위계를 사용하여야 성립하는 것처럼 보이기는 하지만, 위계의 상대방은 '특정인'일지라도 성립한다.

특정인을 대상으로 할 경우에는 그 특정인을 기망하는 수단이 반드시 존재할 수밖에 없다. 다만, 죄수론상 사기죄와의 관계가 문제될 것인데 보호법익 및 기수시기가 다르므로 실체적 경합관계에 해당한다고 보아야 한다.

사례 : 상장회사 A의 대표이사이자 대주주인 피고인 갑은 자본금을 잠식할 정도로 매출이 부진하고 수익성이 악화되어 새로운 투자자를 물색하던 중 B그룹 회장인 을 등과 갑이 보유하고 있는 A사 지분 및 경영권을 양도 협상을 진행하였는데 A사 주식을 을에게 양도하면 A사 주가가 크게 상승할 것으로 확신하고 갑의 보유지분 일부를 은닉한 채, 2000. 1. 31. 을과 '주식매매 및 경영권 인수 계약서'를 작성하면서 사실은 갑의 실질적인 보유지분은 차명지분 및 특수관계인 지분을 합하면 66.22%, 235,079주에 달함에도 을에게 "내 보유지분은 53.96%에 불과하여 특수관계인의 지분을 합하면 총 59%이다."라고 거짓말하여 갑의 지분 중 7.22%, 25,631주를 은닉하고 이를 진실로 믿은 을에게 갑의 보유지분을 9억9,000만 원에 매도계약을 체결하고 2000. 3.초경부터 7.말경까지 사이에 15,785주를 시장에 매도하여 부당이득을 취했는데 회사의 경영권을 인수하고자 기존 대주주로부터 주식을 양도받는 경우 통상적으로 대주주의 기존 보유지분 및 양도 후 남게 되는 잔여지분은 양도계약에 있어 가장 중요한 사항 중의 하나이므로 주식을 양도하는 기존 대주주는 신의성실의 원칙상 주식 양수인에게 자신의 보유지분에 대하여 정확히 알려야 할 의무가 있고, 갑이 자신의 보유지분을 제대로 알렸다면 위 양도계약과 같은 내용이나 조건으로 계약이 체결되지 않았으리라는 것이 분명하므로 갑이 을 등에게 자신의 보유지분을 정확하

---

676) 대법 2010. 12. 9. 선고 2009도6411 판결. 그러나 피고인들의 주식거래의 목적이나 의도를 고려하면 위계의 사용에 해당하지 않는다는 판결의 결론은 수긍하기 어려움

게 고지하지 않은 것만으로도 위계를 사용한 것이다[677]

(4) 채무증권 발행 관련 기망의 요건

채무증권 발행과 관련된 사기적 부정거래행위의 판단기준은 다음과 같다.

① **채무증권 상환가능성** : 각 발행회사가 채무상환 불능사태를 은폐하고 법정관리 준비 중 채무증권을 발행한 경우를 들 수 있다. 다만, GS건설의 채무증권 발행 사례에서는 채무상환에 충분한 유동성을 보유하였고(현금성 자산 보유, 우량부동산 매각 추진, 주주배정 유상증자 진행), 증권 발행 직전까지 무난한 영업실적을 실현[678]하였던 점에 비추어 채무증권 상환가능성이 있다고 판단하였다.

② **중요사항 고지 시 발행가능성** : 중요사항을 고지할 경우 그러한 사실이 고지되었어도 채무증권의 발행이 가능하였다면 기망행위로 볼 수는 없다. 그러므로 공시위반을 통한 기망행위가 없었다면 그러한 채무증권의 발행 자체가 불가능하였을 사정이 있다면 공시위반으로 인한 사기적 부정거래에 해당한다.

예를 들어, '담보로 제공된 대주주 보유 계열회사 주식 회수자금 마련 시까지 연명할 목적, 법정관리 내부결정 후 그룹 전체에 대한 파급효과 최소화할 목적, 채무상환불능 사태 회피를 통한 그룹 지배권 유지를 목적' 등 그러한 중요한 사실을 공시하였다면 발행 자체가 불가능하였을 것이므로 기망행위를 구성한다. 그러나 당해 채무증권보다도 신용등급이 낮아도 정상적으로 발행되었거나, 실적악화를 반영한 뒤 영업이익이 실현되었거나, 중요사항을 고지하더라도 즉시 투자부적격으로 신용등급이 하락할 가능성이 없다면 기망행위가 있다고 보지 않는다.

③ **위반행위의 지속성** : 위와 같은 중요사항의 미고지나 허위공시 등의 행위를 법정관리 신청 시까지 투자자들에게 은폐하는 행위를 요한다. 따라서 자금조달 이후에 정기공시, 수시공시, 자율공시 등을 통해 투자자들에게 고지하거나 공시하였다면 기망행위가 있다고 보기는 어렵다.

---

677) 서울지법 2002. 8. 14. 선고 2001노12288 판결. 피고인은 을이 갑의 보유지분에 상관없이 회사 경영권 확보를 원하였기 때문에 피고인이 보유지분을 정확히 알리지 않았다고 해서 위계가 아니라고 주장하였음

678) 2012년도 영업이익 1,604억 원, 실적악화부분(해외플랜트) 이외 부문(주택, 토목, 발전)은 지속적 영업이익 실현, 증권발행(2013. 2. 5.) 이후에도 현재까지 정상적인 영업활동 지속(매출액은 95,815억 원으로 전년대비 3.14% 증가, 신규수주는 90,087억 원으로 전년대비 1.1% 감소)하였음

④ **채무증권 발행 실패 시 회사에 미치는 영향** : 채무증권의 발행이 실패하고 그 즉시 채무상환 불능상태에 돌입하였다면 기망의 자료로 볼 수 있다. 따라서 기존 만기도래 차입금 상환에 충분한 현금성 자산 보유로 정상적인 경영, 영업활동이 가능하였다면 기망행위로 볼 수 없다.

⑤ **기타** : 위반행위의 내용이 적극적이어야 한다. 공시위반에 대해 사기적 부정거래를 적용한 경우는 모두 가장납입, 허위의 계약내역 기재, 분식회계 등 적극적인 기망행위가 혼재한 경우였다. 그러므로 법정관리 결정사실의 은폐, 매출액 과대계상 등 회계분식, 부정한 방법으로 신용등급 취득, 정기보고서 허위제출, 신용등급 하락 사실 은폐, 채무상환불능 사실 은폐 등이 있다면 적극적인 기망행위라고 할 수 있다. 또한 투자가능 신용등급 유지 여부, 투자자의 이의제기 여부도 기망을 판단하는 자료로 볼 수 있다.

이러한 요건들을 갖추었을 때는 사기적 부정거래에 해당한다고 볼 수 있고 동시에 사기죄에도 해당한다679).

(5) 상장법인의 증자 또는 감자에 대한 허위 공시 등

상장법인에서의 증자 또는 감자는 일반투자자들에게 있어서는 매우 중요한 투자 판단에 관한 사실이기 때문에 주가조작이나 부당한 이득을 얻으려는 작전세력들의 중요한 위계의 표적이 된다.

즉, 상장법인의 재무구조에 변경을 초래하는 증자 또는 감자에 관한 정보를 공표할 경우에는 그러한 정보는 주주의 지위 및 증권시장에서의 주가변동에 직접적이고 중대한 영향을 미칠 뿐만 아니라, 일반투자자들은 언론이나 투자분석가들의 예측 또는 전망과는 달리, 증자, 감자에 관한 사실은 충분히 신뢰할 만하다고 평가하는 것이 일반적이기 때문이다.

그러므로 상장법인 등의 임직원들은 투자자들이 오인이나 착각을 유발하지 않도록 합리적인 근거에 기초하여 성실하게 정보를 공표하여야 한다. 만일 이와 달리 상장법인 등이 객관적으로 보아 감자 등을 할 법적 또는 경제적 여건을 갖추고 있지 않거나 또는 증자 등을 진지하고 성실하게 검토·추진하려는 의사를

---

679) 검찰 실무례에서는 대부분 특정가법상의 '사기'로만 의율하여 기소하였고(웅진홀딩스, 동양그룹, GS건설), LIG건설의 경우만 사기죄와 자본시장법위반을 병합하여 기소하였음

갖고 있지 않으면서도 증자 등의 검토계획을 공표하면, 투자자들이 그 실현 가능성이 높은 것으로 판단하여 주식거래에 나서게 된다. 그리고 그로 인해 주가 변동이 초래될 것임을 인식하면서도 그에 따른 이득을 취할 목적으로 그 검토계획의 공표에 나아간 경우에는 투자자들의 오인·착각을 이용하여 부당한 이득을 취하려는 기망적인 수단, 계획 내지 기교로서 위계를 쓰는 행위에 해당한다[680].

감자나 증자계획에 대해서 이를 공시한 법인이나 개인이 이를 실현할 의사나 능력이 있었는지 여부는 직접 관련이 없다. 왜냐하면, 허위사실을 유포하거나 허위표시를 하였는지 여부는 공시내용 자체가 허위인지 여부에 의하여 판단해야 할 것이지 실제로 공시내용을 실현할 의사와 능력이 있었는지 여부에 의하여 판단할 것은 아니기 때문이다[681].

> 사례 : L펀드는 A은행 최대주주이고 B카드사는 A은행 자회사이며 피고인 갑은 A은행 사외이사인데, 2003. 11.중순 B카드사가 유동성 부족으로 부도위기에 직면하여 A은행과 합병하는 방안 외에 다른 방안을 찾을 수 없자, L펀드 측은 A은행과 B카드사의 합병을 통해 문제를 타개하기로 방침을 정하고 A은행 집행부가 11. 20.자 이사회를 앞두고 준비한 보도자료 초안 등에는 감자에 관한 내용이 없었으나, 이사회 도중 피고인 갑 등은 A은행 이사회에서 합병계획 발표 시 B카드사 감자문제를 검토할 것을 지시하고 그 논의가 이루어졌다는 사실을 보도자료에 포함시켜 11. 21. 보도자료 배포, 기자간담회를 통해 감자 가능성이 발표되자 B카드사 주가는 2영업일 연속으로 하한가를 기록하는 등 하락추세를 보였으나 11. 27. 감자 없이 합병이 이루어질 것이란 내부 정보가 유출되면서 상한가로 급반등하였다. 피고인 갑 등은 B카드사의 감자에 관한 검토를 지시한 바 없으며 L펀드측은 11. 27. 전격적으로 A은행 집행부에게 감자 없는 합병결의 이사회를 준비하라고 지시하여 11. 28. 합병결의를 하였는데 11. 27. 무렵에는 B카드사가 부도 위기 상황이 아니었다. 그렇다면, 피고인 갑 등은 객관적으로 보아 B카드사에 대한 합병 전 감자를 추진하는 데 필요한 경제적 여건을 갖추지 않았고 B카드사의 감자를 성실하게 추진할 의사가 없었음에도, A은

---

680) 대법 2011. 3. 10. 선고 2008도6335 판결. 김정수(2011), 1,157쪽에서는 이 판결을 가리켜 '자본시장 불공정거래 규제의 역사에서 기념비적인 판결'이라고 기술하였지만 그렇게 평가할 만한 것은 아니다.
681) 대법 2003. 11. 14. 선고 2003도686 판결

행 이사회에서 감자를 고려한다는 내용을 발표하면 B카드사 투자자들이 감자의 실현가능성이 높은 것으로 오인착각을 일으켜 주식투매에 나서 B카드사의 주가하락이 초래될 것임을 인식하면서 L펀드 측과 A은행에게 그에 따른 이득을 취하게 할 목적으로 발표를 감행한 것이며 피고인 갑 등의 행위는 유가증권 매매 기타 거래와 관련하여 부당한 이득을 얻기 위해 고의로 위계를 쓴 행위이다[682](**원심**[683])에서는 **"감자에 관해서는 추후에 결정될 것이고 그 가능성이 크지만 구체적인 내용이 확정된 것은 아니라고 발표하였다는 이유"** 로 무죄를 선고하였음)

라. 허위공시 - '위계'의 한 태양

(1) 개념

자본시장법상 상장회사나 등록된 주식회사들의 경영권 등과 관련된 주요한 사항은 공시를 하도록 되어 있고, 이와 같은 공시는 제178조 제1항 제2호에서 규정하고 있는 '중요한 사항'에 해당한다.

따라서 중요한 사항에 관하여 허위 또는 부실 표시된 문서를 증권선물거래소를 통하여 이미 공시한 상태에서 이를 단순히 시정하지 않고 방치하는 데 그치는 것이 아니라, 구체적인 상황에서 그 문서가 투자자의 투자판단에 영향을 미칠 수 있는 사항에 관하여 오해를 유발할 수 있는 상황임을 알면서도 이를 금전 기타 재산상의 이익을 얻는 기회로 삼기 위해서 유사한 취지의 허위 또는 부실 표시 문서를 계속 증권선물거래소에 보고하는 등의 방법으로 적극적으로 활용하는 행위는 위 조항에서 정한 문서의 이용행위에 포함될 수 있다고 해석한다[684].

공시와 관련된 내용은 실제로 누가 문제된 공시를 하였는가라는 점보다는 그로 인한 법률적 이익의 귀속주체가 누구이고 실제로 의사결정을 한 사람이 누구인가라는 점이 법률적으로 의미가 있으므로, 형식적으로 '최종 결재권자가 아니

---

682) 대법 2011. 3. 10. 선고 2008도6335 판결. 이른바 '외환은행-외환카드 합병' 시 외환은행 대주주였던 론스타 측에서 허위 감자정보를 유포하여 외환카드 주가를 떨어뜨려 주식매수청구권 가격을 낮춘 사안임
683) 서울고등 2008. 6. 24. 선고 2008노518 판결
684) 대법 2009. 7. 9. 선고 2009도1374 판결

라거나 공시업무를 직접 담당하지 않았다는 사정'은 면책사유가 될 수 없다685).

또한 각 개별 허위공시마다 1개의 사기적 부정거래를 구성하므로 수개의 허위공시가 있었을 경우에는 실체적 경합관계에 있다686).

사례1 : 피고인은 주식을 취득할 당시부터 주식취득자금을 마련하기 위해 차용한 금원을 반환하는 데 사용하고자 차명으로 취득한 주식을 곧 매도할 계획이었고 실제로 피고인은 차명으로 취득하였던 주식을 전부 매각하여 막대한 차익을 남겼는바, 최대주주가 보유 주식을 매도할 경우 주가에 부정적인 영향을 미치게 되므로 피고인은 대량보유보고서에 자신이 매수한 주식을 타인이 보유하는 것으로 기재함으로써 주가에 충격을 주지 않으면서 주식을 매도하는 이익을 도모할 수 있었던 것으로 인정되는 점, 주식 취득자금 중 일부는 차입금인데도 대량보유보고서에 자기자금으로만 주식을 취득한 것으로 기재한 것은 주식 양수를 통하여 A사를 인수하여 경영권을 획득한 피고인의 재무구조가 충실한 것으로 보이게 함으로써 인수한 회사의 신인도 제고라는 무형적 이득과 함께 주가 상승이라는 유형적 이득을 도모하기 위한 것이라고 볼 것인 점, 특히 피고인이 A사를 인수하고 경영권을 획득하자마자 회사 사업목적에 '정보통신관련 등' 사업 내용을 추가하는 정관변경을 하고 이를 공시한 점에 비추어 볼 때 주식 인수자금 중 상당부분을 단기 차입금에 의존할 정도여서 별다른 자금 여력이 없는 피고인이 주식취득자금이 전부 자기자금인 것으로 공시하여 정보통신 관련 분야의 사업을 추진할 만한 자금능력이 있는 것으로 보이게 함으로써 투자자들의 관심을 끌고 주가의 상승을 가져올 수 있을 것으로 보이는 점 등에 비추어 대량보유보고의무서에 허위의 표시를 하였으며 부당한 이익을 얻은 것이라고 판단하였음687)

사례 2 : 피고인은 A사의 재무구조는 건전하나 업종의 특성상 한계가 있자 ① 한국통신 자회사와의 사이에 단말기 유통 및 판촉계약을 체결하여 연간 150억 원 정도의 매출이 기재된다고 총판점 계약공시를 하였으나 실제로는 단말기를 외상구매가 가능하다는 여신거래약정을 작성하였을 뿐 연간 150억 원 매출은 과도하게 부풀려

685) 서울고등 2005. 10. 21. 선고 2005노684 판결
686) 서울고등 2007. 5. 10. 선고 2007노322 판결
687) 대법 2003. 11. 14. 선고 2003도686 판결. '보고의무위반'과 관련된 사기적 부정거래는 뒤에 다시 설명함

진 것으로 실현가능성이 없는 점, ② 대만업체 B사와 판매대행 협정을 체결하여 동남아 수출 기반이 마련되었다는 것을 공시하였으나 실제는 양사 간에 법적 구속력이 없는 의향서(MOU)만 체결된 점, ③ 대만의 오폐수처리 공사 중 30% 이상을 설계한 대만의 C사와 합작하여 동남아 공사를 공동으로 수주하여 시공에 참여할 것이라는 내용을 공시하였으나 실제로는 합작계약이 아니라 법적 구속력이 없는 합작비망록(memorandum)을 작성 받은 것에 불과한 점, ④ 신규사업으로 중국회사와 5년으로 친환경건축 석자재 물품공급계약을 체결하여 판매할 예정이며 연간 150억 원 정도의 매출이 발생할 것으로 예상된다는 내용으로 공시하였으나 실제로는 당시에 그 사업을 추진할만한 시스템을 갖추지 못한 상태였고 중국회사도 사업연기를 요청하는 등 결국 무산된 점 등에 비추어 사기적 부정거래행위에 해당한다[688]

(2) 일반적인 허위공시

위계에 의한 허위사실 유포는 불특정 투자자들에게 영향을 미치기 위한 것이기 때문에 주로 언론이나 파급력이 큰 인터넷 매체 등을 통해 이루어진다. 그렇지만 그 외에도 공시를 통해서 허위사실을 유포한 경우에는 허위공시로 처벌하는 외에 허위사실을 유포한 행위에 대해 '위계의 사용'으로 보아 처벌할 수도 있다.

여기서 공시된 내용이 객관적인 사실과 다르다면 일단 허위공시라고 볼 수는 있겠지만 공시내용이 객관적인 결과와 다르다고 해서 모두 허위공시는 아니다. 즉, 법률절차에 따라 공시하였을 경우에는 그 공시내용이 허위사실을 유포한 것인지 여부는 그 공시된 내용 자체가 허위인지 여부에 의하여 판단하여야 한다. 허위인지 여부는 객관적인 사실이 진실에 반하였을 경우에는 쉽게 판단할 수 있겠지만 회사 경영진 등의 주관적인 내심의 의사가 진실이었는지 여부는 객관적으로 판단하기는 어렵다. 그렇다고 할지라도 내심의 의사가 공표된 사실에 반할 경우에는 허위공시라고 보아야 한다.

그 행위자가 실제로 공시내용대로 사업을 진행할 '의사와 능력이 있었는지 여부'에 따라 범죄의 성부가 달라지는 것은 아니라고 판단한 사례[689]가 있다. 그

---

688) 서울고등 2007. 5. 10. 선고 2007노322 판결. 그 외에 각종 계약의 허위공시도 해당할 것이다.
689) 대법 2003. 11. 14. 선고 2003도686 판결

러나 '특정한 사업을 추진할 의사와 능력이 없는 자'가 특정 사업을 추진하겠다고 공시하였다면 허위공시라고 강하게 추정될 수는 있을 것이다.

실무상 허위공시에 대해 조사할 경우 당사자들은 1차 공시를 한 후 그 공시내용대로 진행하지 못하게 될 위험에 처하자 '불성실공시에 따른 제재를 피할 목적'으로 추가공시를 하였다는 변명을 하는 경우가 많다. 그러나 그러한 목적이 있었다고 할지라도 그러한 목적 이외에 허위공시와 같은 외관을 창출하여 매매거래를 유인할 목적이 별도로 있었다고 보이는 경우에는 허위공시로 인한 죄책을 면할 수 없다.

사례1 : "피고인은 일반투자자들의 정보통신 관련 사업에 대한 높은 관심을 이용하여 정보통신 관련 분야 사업을 추진할 만한 능력이나 의사가 없음에도 회사 사업목적에 '정보통신관련 등' 사업내용을 추가한다는 안건을 임시주총에 부의하여 주총에서 의결되었다며 이를 공시하고, 그 내용이 일간신문에 기사화되도록 하여 마치 A사가 향후 지속적인 투자를 할 것처럼 허위의 사실을 유포하거나 중요한 사항에 관하여 허위의 표시를 하였다"라는 공소사실에 대하여, A사가 공시내용과 같이 주총 결의를 거쳐 회사 사업목적에 '정보통신관련 등' 사업 내용을 추가하는 정관변경을 하였으므로 공시내용 자체가 허위라고 볼 수 없고, 구증권거래법에 의하면 사업목적의 변경에 관한 결의가 있은 때에는 그 사실을 반드시 공시하도록 되어 있으므로 가사 피고인이 처음부터 정보통신관련 등 사업에 투자를 할 의사와 능력이 없었다거나 공시를 한 후 실제로 사업을 추진하지 아니하였더라도 이를 공시하거나 기사화한 것이 허위사실을 유포하거나 허위의 표시를 한 것으로 볼 수는 없다[690]

사례2 : 피고인 갑은 1998. 3. A사와 홍콩 소재 B사 간에 A사가 미화 3,000만 불을 조달한다는 계약을 체결하는 과정에서 갑이 financial engineer인 것처럼 행세하는 바람에 A사 관계자들이 갑을 자금주선 능력을 갖춘 전문가로 오인하게 되었고, 한편 A사는 과도한 시설투자와 매출부진으로 1998. 8. 법원에 화의개시절차개시신청을 하게 된 상황이어서 해외자금조달이 회사 회생을 좌우하는 결정적 요인으로 작용하게 되어 갑에게 해외자금 조달을 의뢰하게 되자 1998. 10.경 역외펀드 C를 6,000불에 인수하여 대표이사로 등록하여 자금주선 능력을 갖춘 전문가로 외형을 갖춘 후 사

690) 대법 2003. 11. 14. 선고 2003도686 판결

실은 A사 전환사채를 인수하거나 해외인수자를 물색할 능력도 없어 전환사채가 정
상적으로 발행될 가능성이 없자 C 대표이사 자격으로 A사와 전환사채 인수계약을
체결하여 마치 A사가 정상적으로 전환사채를 발행하고 홍콩의 내실 있는 회사가 전
환사채를 인수한 것처럼 가장한 후, 1998. 11. 27. A사가 12. 17.까지 1,200만 불 상
당의 전환사채를 발행하고 C에서 이를 인수한다는 내용의 전환사채 인수계약을 체
결하고 12. 1. 협회중개시장을 통해 1,200만 불의 해외전환사채를 인수한다는 사실,
12. 17. 전환사채 발행이 12.말까지 연기될 예정이라는 사실 등 마치 실제로 C가 A
사에서 발행하는 해외전환사채를 인수할 것처럼 허위공시되도록 하는 한편, 11.하순
부터 을에게 전환사채인수계약서, 사업자등록증 등을 보여주면서 C는 미국 유명회
사가 지분 99%를 소유하고 있는 회사라는 등 마치 C가 대단한 회사인 듯 속여 C가
인수한 A사 발행 전환사채를 매수하는 형식으로 자금을 투자할 사람을 물색하여 달
라고 부탁하여, 을을 통해 소개받은 병 등에게 일주일 내에 A사에서 전환사채를 발
행하고 C에서 인수할 것이니 이를 담보로 자금을 투자하라고 거짓말하여 이에 속은
병 등과 전환사채 매입계약을 체결하고 대금 명목으로 49억 원을 교부받아 유가증
권매매 기타 거래와 관련하여 부당한 이득을 얻기 위하여 고의로 허위의 사실을 유
포하거나 위계를 사용한 것이다[691]

사례3 : 2000. 10. A사 대표이사인 피고인 갑은 병에게 정상적인 방법으로 해외채권
매매가 어려우니 외국인 투자자가 해외채권을 매수하는 형식을 취하되 실제로는 A
사가 해외채권을 재매입하는 방법으로 해외채권 발행 주간사를 맡아 달라는 부탁을
하고, 병은 C증권사와 접촉하여 A사가 해외채권 재매입을 해주는 조건으로 거래하
기로 약속하고, 10. 30.경 피고인 갑은 이사회를 개최하여 주간사를 B증권사로 하여
미화 1,300만 불 해외전환사채와 미화 700만 불 해외신주인수권부사채를 발행하기로
확정한 뒤 10. 31. B증권사와 해외채권발행 인수계약서를 체결하면서 위와 같은 이
사회 결의사항을 코스닥시장에 공시하고, 11. 2. A사는 국제금융결제기관인 유로크레
어를 통하여 해외채권을 C증권사에 매각함과 동시에 매각대금 미화 2,000만 불 중
해외채권 발행 수수료를 공제한 미화 19,569,500불을 A사 계좌로 송금 받은 후 11.
8. D증권사의 중개로 C증권사에게 해외채권 700만 불 신주인수권부사채와 미화 300
만 불 전환사채 총 미화 2,000만 불 해외채권을 재매입하여 처음부터 유로시장에서

---

691) 서울지법 2000. 2. 11. 선고 99고단13171 판결

해외채권을 발행하여 외자를 유치하는 것처럼 허위공시를 하여 유가증권의 매매에 있어서 중요한 사실에 관하여 고의로 허위의 표시 또는 오해를 유발하게 하는 표시를 하고, 피고인 갑은 11. 10. 미화 700만 불 상당 해외신주인수권부사채를 신주인수권과 사채로 분리하여 신주인수권 1개당 미화 6만 불씩 신주인수권 전체를 미화 420만 불에 A사로부터 매입함으로써 향후 주가 상승 시 그 신주인수권을 행사하는 방법으로 차익이나 대주주 지분을 확보하는 재산상 이득을 취득함으로써 부당한 이득을 얻기 위하여 미화 2,000만 불 상당 해외채권을 발행하여 외자를 유치한 것으로 공시하여 허위의 사실을 유포하였다[692]

사례4 : 피고인은 경영권 확보 및 자금조달을 목적으로 해외 BW를 발행하되 회사 신용도, 재무구조, 국내외 지명도 등에 비추어 실제로는 미화 1,500만 불만을 발행하고 나머지 1,500만 불에 대해서는 이면약정에 의해 형식적으로 모양새만 갖춘 것일 뿐이고 나머지 500만 불에 대해서도 실제로는 BW발행업무를 담당하는 B증권사의 자금부담을 덜어주기 위해서 1개월간 B증권사의 환매조건부채권에 가입하여 주었음에도 그러한 이면 약정 등에 관한 아무런 언급도 없이 단순히 A사의 해외 BW의 발행규모를 미화 3,000만 불로만 공시하였다면 매매거래를 유인할 목적이 있었던 것이다[693]

사례5 : 피고인은 B사 주식을 매수한 후 B사 자회사 10개 중 7개 회사는 임원인 피고인 등으로부터 B사가 그 지분을 인수하는 방법으로 인수한 것이므로 '최대주주 등과의 거래'로 공시하여야 함에도 이들로부터 인수하는 금액이 B사 자본금의 91%에 달해 이를 사실 그대로 공시할 경우 주가에 중대한 영향을 미칠 것으로 판단하여 이를 은폐하기 위하여 피고인 등의 지분명의를 제3자의 차명으로 전환하여 '타법인 출자'로 공시하였는데 이는 주식의 거래와 관련한 중요한 사항에 관하여 허위의 표시를 함으로써 타인에게 오해를 유발하게 한 것이다[694]

(3) 보유주식 보고 시 '취득자금 등'의 허위공시

주권상장법인의 주식 등을 대량보유하게 된 자는 그날부터 5일 이내에 그 보유상황, 보유 목적[695], 그 보유 주식 등에 관한 주요계약내용 등을 보고하여야

---

692) 대법 2002. 12. 10. 선고 2002도5407 판결
693) 대법 2004. 1. 27. 선고 2003도5915 판결
694) 대법 2006. 4. 8. 선고 2005도8643 판결

한다(제147조 제1항).

그러므로 5% 이상의 주식을 대량보유한 자가 '경영참여' 등을 목적으로 주식을 취득하였다는 사실은 일반투자자들의 입장에서 볼 때 경영권을 유지하려는 자와 새로이 경영권을 확보하려는 자 사이에 지분경쟁이 생겨서 주가상승이 예상되고 그 결과 일반투자자자들 사이에서는 그 법인의 주식을 취득하려는 투자결정이 많이 이루어질 수 있으므로 투자의 합리적인 의사결정에 큰 영향을 미친다.

여기서 '경영참여'란 객관적으로 '경영권을 확보할 만큼의 주식을 취득하여 주주총회에서 임원으로 피선되거나 자신이 원하는 임원을 선출하는 것'을 의미하는 것이지 '개인주주로서 적극적 소액주주를 연합하여 현 경영진에 대하여 주주의 권리를 행사하는 것'을 의미하지는 않는다.

그러므로 회사를 경영하거나 경영에 참여할 의사가 없음에도 주식 대량보유 보고서의 보유목적란에 '경영참여'라고 기재한다면 고의로 허위의 표시를 한 행위로 보아야 한다696).

따라서 대량보유(변동)보고서에 기재하는 '보유목적'이나 '변동사유, 취득자금 조성내용' 등은 '중요한 사항'에 해당한다고 본다. 왜냐하면, 5% 이상의 주식을 대량보유한 자가 '경영참여'를 목적으로 주식을 취득하였다는 사실은 일반투자자의 입장에서 볼 때 투자의 합리적인 결정에 큰 영향을 미치기 때문이다697).

또한, 경영참여로 취득목적을 공시한 사람들의 '취득자금이 본인자금인지 차입금인지 여부'는 그 정보가 단순한 것에 불과하여도 그 공시 등의 진정성, 추가 주식 취득의 가능성, 경영권 분쟁의 발생이나 M&A의 성공가능성과 그 후의 투자 적정성 등을 판단하는 기본적이고 중요한 자료가 될 뿐만 아니라 법령상 취득에 필요한 자금의 조성내역이 보고서에 기재되어야 하는 사항으로 명백히 정해져 있으므로 '중요한 사항'에 해당한다고 해석한다698)(이 판결의 1심699)에서는 '자금이 차입금인지, 본인 자금인지 여부만으로 주식투자에 중요한 정보를 얻을 수

---

695) 구증권거래법에서는 대량보유보고서상의 '보유목적'에 대해 사기적 부정거래의 '중요한 사항'이 아니라, 시세조종에서의 '중요한 사실'에 해당한다고 판단하였으나 자본시장법에서는 이러한 구분의 실익은 없어졌다.

696) 대법 2006. 2. 9. 선고 2005도8652 판결(서울고등 2005노1530 판결)

697) 서울중앙 2005. 7. 8. 선고 2005고합108 판결(대법 2006. 2. 9. 선고 2005도8652 판결로 확정)

698) 대법 2006. 2. 9. 선고 2005도8652 판결(서울고등 2005노1530 판결)

699) 서울중앙 2005. 7. 8. 선고 2005고합108 판결

있다고 보기 어려우므로 주식대량보유보고서 중 '취득자금 내역'은 투자자의 투자판단에 영향을 미칠 수 있는 사항이라고 보기 어렵다고 판단하였음).

그러므로 대주주가 주식취득자금을 '자기자금'이라고 공시하는 것은 시장에서 대규모 매도물량에 대한 공포심을 해소하고 향후 주가가 안정적으로 유지될 것이라는 기대를 불러옴으로써 일반투자자들의 투자판단에 영향을 미친다고 할 수 있고 설령 대주주가 회사로부터 자금을 차용했다고 할지라도 그 회사에 대한 변제의무가 면제되는 것은 아니기 때문에 주식취득자금 조성내역 등에 관한 공시는 일반투자자들의 투자판단에 영향을 미치는 중요한 사항이다[700].

사례1 : 2004. 8. 피고인이 관리하는 증권계좌들을 통해 A사 주식 365,000주를 보유하게 되어 대량보유보고를 하면서 보유목적을 "경영참가, 주가추이에 따라 추가매수 고려"라고 공시하고, 당일 09:03경부터 09:47경까지 보유한 주식을 전부 매도하여 1,500만 원 상당의 매매차익을 얻었다면 중요한 사실에 관하여 허위의 표시나 오해를 유발하게 하는 표시를 한 것이다[701]

사례2 : 피고인 갑은 A회사에 대한 주식대량보유보고서에 스스로 '경영권 확보'라는 표현을 사용하였고 소위 '박OO 펀드'를 결성하면서 공동피고인들에게 "M&A를 하겠다, 임원을 시켜주겠다."라는 말을 한 점, 소액주주운동이 목적이라면 5% 이상 주식을 취득할 필요가 없음에도 대량보유보고를 통한 공시가 목적이었던 것으로 보이는 점, 공동피고인 을과 함께 A사를 찾아가 회사 차원의 주가관리를 요구하고 대량의 주식을 매수하였다가 매도하는 행위를 반복하여 상당한 시세차익을 실현한 점, 피고인 갑이 기업분석을 통해 A사 합병이 불가능하다는 사실을 잘 알고 있었던 점 등에 비추어 시세조종행위에 해당한다[702]

사례3 : A사의 현황, 그 주식의 시세, 코스닥시장의 상황 등 제반 여건에 비추어 볼 때, 주식매매계약서상 27억 원의 지급채무이행의 담보를 위하여 취득주식 중 3만 주

---

700) 서울중앙 2009. 1. 22. 선고 2008고합567 판결
701) 부산지법 2005. 1. 25. 선고 2004고단6886 판결
702) 대법 2006. 2. 9. 선고 2005도8652 판결. 이 판례는, '중요한 사실의 허위 표시'와 관련하여, 대량보유목적 허위기재에 대하여는 시세조종에 해당한다고 판단하면서도, 대량보유보고서의 취득자금 내역 허위기재에 대하여는 사기적 부정거래를 적용하여 포괄일죄로 처벌하였음

를 담보로 제공한다는 내용을 누락한 채 투자조합의 대량보유 및 소유상황 보고 시
그 취득수량과 대금액을 고의적으로 축소하여 허위표시하거나 혹은 주식매매계약상
지급채무이행의 담보를 위해서 취득주식 중 일부를 담보로 제공한다는 내용을 누락
한 채 공시를 하였다고 하여 그것이 일반투자자의 투자판단에 영향을 미치는 중요
한 사항에 관한 것이었다고 단정하기 어렵다[703]

(4) 보유주식(지분공시) 허위공시

'주식대량보유 지분공시의무'에 위반한 경우 사기적 부정거래에 해당할 수
있다. 자본시장법에서는 그 보유 목적이나 보유 주식 등에 관한 주요계약내용 등
중요한 사항의 변경이 있는 경우에 보고하도록 의무를 규정(제147조 제1항)하고
있는데, 여기서 '중요한 사항의 변경'이란 제178조에서 말하는 '중요사항'과 동일
한 개념이다. 그러므로 그러한 공시의무에 위반하여 허위공시를 하였을 경우 사
기적 부정거래가 성립할 수 있다[704].

대주주의 주식보유지분 상황은 일반투자자들의 관심사항이고 투자판단에 영
향을 미칠 수 있는 내역에 속한다고 보는 것이 일반적이고, 차명으로 보유하고
있는 주식을 매도하는 상황은 주가에 부정적인 영향을 미친다는 것을 쉽게 예상
할 수 있다는 점에서 대주주의 주식취득명의(차명주식 보유 및 매수도 여부)는

---

703) 대법 2003. 9. 2. 선고 2003도3455 판결. 이 판결의 다른 이유에서 보면, 피고인들이 부
　　당한 이익을 우선적인 목적으로 하지 않았다는 점에 착안하여 무죄취지로 선고한 듯이 보
　　이지만, 여타의 판결과 비교해보면 논리적으로는 수긍하기 어려움. 이 판결의 논리대로라
　　면, 허위표시한 부분이 전체 공시부분에서 지극히 미미한 사실이거나 주식매매 등에 영향
　　을 미치지 않는 사실이라면 사기적 부정거래에 해당하지 않는다는 결론이 됨
704) 구증권거래법 제186조제1항 각호의 1에 해당하는 사실은 그 취지에 비추어 볼 때 원칙적
　　으로 증권거래법 제188조의4제4항제2호의 '중요한 사항'에 해당한다고 보았다. 왜냐하면,
　　증권거래법 제186조제1항제3호는 '법인의 경영·재산 등에 관하여 중대한 영향을 미칠 사
　　항으로서 대통령이 정하는 사실이 발생한 때'라고 규정하고 있고 그 경우는 '최대주주, 주
　　요주주 또는 계열회사의 변동이 있은 때'를 말하므로(시행령), 대량보유보고서에 기재된
　　최대주주 또는 주요주주에 관한 사항은 중요한 사항이기 때문이다(대법 2003. 11. 14. 선
　　고 2003도686 판결 등). 다만, 구증권거래법에서는 '중요한 사항에 관하여 허위의 표시를
　　하거나 필요한 사실의 표시가 누락된 문서'라고 규정하고 있어서 대량보유 보고의무 또는
　　소유상황 보고의무를 아예 '하지 않는' 경우는 문서의 이용에 해당하지 않으므로 사기적 부
　　정거래가 성립하지 않는다고 해석하였다(대법 2010. 12. 9. 선고 2009도6411 판결). 그러
　　나 자본시장법에서는 행위의 객체가 문서에 국한하지 않기 때문에 보유보고의무 있는 자가
　　이를 이행하지 않는 경우에는 사기적 부정거래행위가 성립할 수 있다.

일반투자자의 투자판단에 영향을 미칠 수 있는 '중요사항'이다[705].

그러므로 '최대주주를 허위로 표시하거나 또는 자신이 대주주로서 보유하고 있는 주식의 보유상황 등을 외부에 숨기기 위해서 자신이 차명으로 보유하고 있는 주식에 대해 이를 공시하지 않는 경우'에는 주가에 직접적인 영향을 미치는 내용이고, 유가증권의 공정거래와 투자자 보호를 위하여 필요한 사항으로서 투자자의 투자판단에 영향을 미칠 수 있는 중요사항에 저촉되므로 사기적 부정거래에 해당한다[706]. 동시에 '대량보유 및 변경보고의무를 위반'한 경우에 해당하므로 자본시장법 제147조 제1항의 범죄도 동시에 성립한다. 이와 같이 보고의무위반과 사기적 부정거래행위가 동시에 성립할 경우에는 상상적 경합관계[707]가 될 것이다.

그러나 단순히 차명주식을 보유하고 있다는 사실을 보고하지 않았다는 사실만으로는 사기적 부정거래행위에 해당하지는 않는다. 예를 들어, 타인의 이름을 빌려 유상증자에 참여하거나 시장에서 매수하는 방법으로 취득한 주식을 보유하다가 다시 시장에서 매도하였음에도 이에 대한 주식 대량변동 보고의무를 전혀 이행하지 않은 경우 차명으로 보유하게 된 동기나 목적이 회사 경영과 관련되어 제3자나 투자자들에게 오해를 불러일으키게 할 만한 경우가 아니라면 주식변동 상황에 대한 보고의무위반에 해당할 뿐 사기적 부정거래에 해당하지 않는다[708].

달리 말하면, 허위의 기재가 있다는 사유만으로 곧 자본시장법 제178조 제1항 제2호의 사기적 부정거래에 해당하는 것은 아니다. 그러므로 허위의 표시를 하거나 필요한 사실의 표시가 누락된 문서가 이용되었다고 해서 타인의 오해를 유발함으로써 금전 또는 재산상의 이익을 얻으려는 목적이 있다고 추정되지는 않는다[709]. 왜냐하면, 허위의 표시를 한 모든 경우가 반드시 타인에게 오해를 유발시킨다고 볼 수 없고, 필요한 사실의 표시가 누락된 문서를 이용하여 타인에게

---

705) 박정호 외(2012), 114쪽
706) 서울고등 2011. 6. 9. 선고 2010노3160 판결(대법 2011. 10. 27. 선고 2011도8109 판결로 확정)
707) 서울중앙 2007. 12. 21. 선고 2007고합569 판결. 이 사안은 '허위의 대량보유상황보고서 제출행위가 허위표시를 이용한 사기적 부정거래의 구성요건에 해당하는 경우'이다.
708) 서울고등 2008. 6. 4. 선고 2008노145 판결(대법 2011. 7. 28. 선고 2008도5399 판결로 확정)
709) 서울중앙 2010. 2. 5. 선고 2009고합690 판결(대법 2011. 6. 30. 선고 2010도10968 판결로 확정). 이는 구증권거래법의 해석에 있어서도 동일하였음

오해를 유발시켰다고 볼 수 없다면 부정거래로 볼 수 없기 때문이다710).

이는 마찬가지로 유상증자로 인한 신주배정 시 차명으로 일부 주식을 인수한 경우도 동일하다711). 다만, 그러한 차명으로 주식을 취득하거나 보유하고 있는 행위가 회사인수, 경영권 양수, 유상증자, 신규사업 진출 등 다른 사업 목적이나 다른 공시사항 등과 결합하여 일반투자자들에게 투자를 위한 중요한 판단요소가 될 수 있다면 허위표시에 해당한다.

보고의무 등과 관련된 공시위반행위를 독자적인 사기적 부정거래행위의 수단으로 보게 되면 그 적용범위가 지나치게 넓어진다는 비판이 있을 수 있다. 원칙적으로, 보고의무 위반행위가 M&A 등 경영권지분 확보를 위한 과정에서 이를 숨기거나 원활하게 하고자 할 목적으로 타인의 명의를 사용하는 등 허위 지분공시를 한 경우라면 지분공시의무위반으로만 조치하면 족하다. 그러나 주가변동을 통한 차익취득 등을 목적으로 허위의 경영권 변동 상황을 만들거나 그러한 목적으로 타인의 명의를 차용하였다면 이는 '부정한 계획'에 해당한다고 보아 사기적 부정거래로 의율하여야 할 것이다.

또한 중요사항에 관하여 허위 또는 부실 표시된 문서를 거래소를 통하여 이미 공시한 상태에서 이를 단순히 시정하지 않고 방치하는 데 그치는 것이 아니라, 구체적인 상황에서 그 문서가 투자자의 투자판단에 영향을 미칠 수 있고 오해를 유발할 수 있는 상황임을 알면서도 이를 금전 기타 재산상의 이익을 얻는 기회로 삼기 위해서 유사한 취지의 허위 또는 부실표시 문서를 계속 거래소에 보고하는 등의 방법으로 적극적으로 활용하는 행위는 위 조항에서 규정한 문서의 이용행위에 포함된다712).

실무상 ① M&A등 경영권 확보과정에서 이를 숨기거나 원활히 하기 위한 목적으로 타인명의를 사용하는 등 허위 지분공시가 이용된 경우에는 지분공시위반으로만 조치하면 충분하다. 왜냐하면 지분공시 제도 자체가 경영권 분쟁과 관련하여 지분 보유내역을 투명하게 공시하고자 하는 취지이기 때문이다. ② 주가변

---

710) 서울고등 2008. 6. 4. 선고 2008노145 판결(대법 2011. 7. 28. 선고 2008도5399 판결로 확정)

711) 서울고등 2011. 6. 9. 선고 2010노3160 판결(대법 2011. 10. 27. 선고 2011도8109 판결로 확정). 이 사안은 유상증자된 주식 중 소량의 실권주(1.6% 상당)를 실질 사주가 차명으로 인수한 사안임

712) 대법 2009. 7. 9. 선고 2009도1374 판결

동을 통한 차익취득 등을 목적으로 허위의 경영권 변동 상황을 만들거나 유력 인사의 지분참여를 가장하는 등의 일련의 부정한 계획(scheme)이 있고, 그러한 계획을 실행하는 과정에서 지분공시위반을 하나의 수단으로 사용한 경우에는 부정거래로 보고 있다.

사례1 : A사의 실질적인 경영자인 갑과 유명연예인이던 을은 함께 회사를 운영하면서 2005. 7. B프로덕션이 A사 주식 51만 주(5.25%)를 취득하여 최대주주가 변경되었다고 공시하였으나 사실은 A사 주식 51만 주는 명의만 B프로덕션으로 되어 있을 뿐 B프로덕션의 회사자금 및 자기자금이 전혀 투입되지 않았음에도 최대주주변경의 '인수자금 조달방법'란에 '회사자금', '인수자금조달내역'란에 '자기자금'이라고 허위기재하고, 마치 전체 주식이 코스닥시장에서 거래를 통해 매수된 것처럼 최대주주변경의 '변경사유'란에 '장내매수'라고 허위기재하고, 또한 사실은 갑이 B프로덕션에게 자신 소유의 보호예수분 주식 26만 주를 양도한 사실이 없는데도 갑이 7. 26.자로 B프로덕션에게 주식 26만 주를 2억6,000만 원에 양도한다는 허위의 주식매매계약서를 별도로 작성하여 금감원에 보고하고, '기타'란에 '상기 장내매수와 별도로 전최대주주 갑으로부터 보호예수분 26만 주도 별도로 인수함'이라고 허위기재하고, 2005. 7. 28.자 M, H경제신문에 을의 사진과 함께 "B프로덕션은 A사 주식 51만 주를 사들여 최대주주가 되었다."는 허위기사가 게재되게 하여, 투자자들로 하여금 유명연예인으로서 엔터테인먼트 업계 거물인 을이 B프로덕션 명의로 A사 경영권을 실질적으로 인수하고 엔터테인먼트 사업에 진출하는 것으로 오해를 불러일으켜 A사 주가를 상승시킨 뒤 보유하고 있던 A사 주식을 매도하여 고의로 허위사실을 유포하고, 중요한 사항에 관하여 허위의 표시를 한 문서를 이용하여 부당한 이득을 취하였다[713]

사례2 : 갑은 사채업자로부터 A사 주식을 담보로 자금을 조달하여 A사를 인수하면서 속칭 '유명인 테마주' 수법을 이용하여 A사 주가를 상승시킴으로써 자신이 취득한 주식의 담보가치를 높여 인수자금을 차질 없이 조달하여 A사 경영권을 원활하게 확보하거나 취득한 주식의 매도차익을 실현하기 위해서 경찰 주요부서 및 국가정보원 제2차장 등 요직을 두루 거친 피고인의 명의를 빌려 피고인이 자기자금 및 차입금으로 인수자금을 조달하여 A사를 인수하는 것처럼 최대주주 변경을 허위공시하고,

---

713) 서울고등 2009. 2. 5. 선고 2008노210 판결

피고인은 오랜 공직생활을 통해 쌓은 인적네트워크와 사회적 명망을 바탕으로 해외 투자자나 국내기관 등의 투자자금을 유치하여 신소재, 에너지, 미디어 등 새로운 사업을 신규로 추진하는 것처럼 허위사실을 언론보도 등을 통해 유포하였다면, 피고인이 유가증권매매 기타 거래와 관련하여 유형, 무형의 부당한 이익을 얻기 위해 고의로 허위사실을 유포하고 중요한 사항에 관하여 허위의 표시를 한 문서를 이용하여 부당한 재산상의 이익을 얻은 것이다714)

사례3 : 다단계판매업자인 갑이 실제 A사의 경영권 인수주체이면서도 경영진에 대한 이미지 제고를 위해 을의 학력, 경력을 내세워 을이 자신의 자금으로 안정적인 전문 경영을 할 것처럼 최대주주를 을로 허위공시하였다면 피고인들이 공모하여 매매거래를 유인할 목적으로 중요사실에 관하여 허위표시를 한 것이다715)

사례4 : 피고인은 '임원, 주요주주 소유주식 보고서'를 코스닥 상장과 유상증자 당시 보유하고 있던 A사 주식 중 실명주식만을 보고하고 임직원들 명의로 보유하던 차명주식은 보고하지 않은 사실, 그 차명주식을 매도했음에도 소유주식 상황변동보고를 하지 않은 사실, 피고인의 언론인터뷰 기사와 양해각서 등이 언론과 공정공시 등을 통해 공개된 후 A사 주가가 상승하기 시작하면서 본 계약 체결 여부와 경영자인 피고인의 의지와 전망 등에 대한 투자자들의 관심이 집중되고, 이에 따라 거래소의 조회공시요구가 있었던 사실 등에 비추어 피고인의 차명주식 보유 및 매도 여부는 투자자의 투자판단에 영향을 미칠 수 있는 '중요한 사항'이라고 판단하였고, 경영상황이 점차 악화되고 있던 A사가 새로운 사업으로 추진 중이라고 홍보한 규사광산 개발사업 계속 진행 의지와 전망 등에 대하여 투자자들의 관심이 집중된 상황에서 피고인이 임원, 주요주주 소유 주식 보고서의 내용을 바로 잡지 않고 여전히 차명주식을 누락한 추가보고서를 제출하는 방법으로 투자자들로 하여금 피고인이 보유 중이던 주식을 순차 처분하고 있다는 사정을 알지 못하게 함으로써 주가에 영향을 미치지 아니한 채 보유 주식을 처분하여 상당한 이익을 취한 행위는 허위 또는 부실 표시된 보고서들을 이용한 행위로서 구증권거래법 제188조의4 제4항 제2호에 해당한다716)(원심717)은 소유주식 상황보고 등을 이행하지 않고 집중적으로 매도한 사례에

---

714) 서울고등 2009. 2. 5. 선고 2008노210 판결
715) 수원지법 2010. 10. 20. 선고 2010고합65 판결
716) 대법 2009. 7. 9. 선고 2009도1374 판결, 서울고등 2013. 7. 4. 선고 2012노4066 판결도 '최대주주의 차명주식 보고누락'과 관련하여 동일하게 판단하였음

서 "이용 대상이 되는 허위, 표시 문서가 기존의 문서인지, 새로이 작출된 문서인지 여부는 범죄성립에 영향이 없으므로 피고인의 허위표시 문서 이용행위는 문서 제출 행위부터 차명주식 처분행위에 이르기까지 일정한 시간적 간격 내에 동일한 계획과 범의에 의하여 실현된 것이라면서 기존의 허위, 부실 표시 문서를 시정하지 않고 방치한 행위도 문서이용행위에 해당한다고 판단"하였으나 대법원에서는 이 부분에 대해 견해를 달리하였음)

사례5 : 피고인은 2006. 4. 합병신고서를 제출하면서 '투자자보호에 필요한 사항'란에 '합병전후 최대주주 및 주요주주의 주식변동현황'을 기재하면서 임직원들 명의의 차명주식 150만 주(전체 10%)를 누락하고 자신의 실명주식 370만 주만 보유하고 있는 것처럼 허위기재하였고, 합병 후 자신 및 차명으로 520만 주를 보유하고 있음에도 2006. 7. 최대주주변경 신고서를 제출하면서 차명주식 보유분을 누락하여 실명주식만 보유하고 있는 것처럼 허위 기재하고, 2006. 8. 임원주요주주 소유주식보고서를 제출하면서 차명주식 보유분을 누락하여 실명주식만 보유하고 있는 것처럼 허위기재하였다면, 피고인이 차명으로 보유하고 있어 오해를 유발할 수 있는 유통가능물량은 7%에 불과하고, 피고인은 시장 내 유통되는 주식의 수를 늘리기 위해 자신이 보유하던 주식을 시간외 대량매매를 하고 이를 공시하였을 뿐만 아니라 차명 보유주식이 아닌 자신의 주식변동상황에 대해서는 꾸준히 공시를 해왔고, 40~50% 이상의 주식을 계속 보유하면서 B사에 대한 확고하고도 지속적인 경영의사를 분명히 해왔으며, 피고인이 차명주식을 허위로 표시한 이외에 다른 허위사실을 유포하거나 위계를 사용하는 등의 행위를 하여 주가를 인위적으로 상승시키려고 하였다고 보기는 어려운 사정, 피고인이 차명주식 보유량 및 매각상황을 사실대로 공시하였다고 하여 일반투자자들의 입장에서 합병의 효과나 회사의 사업전망에 대하여 의구심을 가질 수 있었다거나 대주주 물량이 언제 매각될지 몰라 주가의 급등이 어려웠을 것이라고 단정하기 어려운 점에 비추어 타인의 오해를 유발하여 금전적 이득을 얻으려고 한 것이라고 볼 수 없다[718](이 판결은, **합병을 하면서 자신이 보유한 주식을 차명으로 의도적으로 숨겨 허위표시를 한 것이므로 결론을 수긍하기는 어려움**)

---

717) 서울고등 2009. 1. 23. 선고 2008노2564 판결
718) 서울중앙 2010. 2. 5. 선고 2009고합690 판결(대법 2011. 6. 30. 선고 2010도10968 판결로 확정)

마. 폭행 또는 협박

폭행 또는 협박에 관한 규정은 구증권거래법에는 없었던 내용으로서 다소 이례적인데, 이는 부정거래행위가 이루어질 수 있는 다양한 형태의 부정거래를 모두 포섭하고 적용범위에 있어서 공백이 없도록 하기 위한 것[719]으로 보인다.

폭행이나 협박은 형법상의 개념이 그대로 적용되지만 협의의 개념으로 국한할 것이다. 장내외의 주식시장에서 이루어지는 수많은 거래들 중에는 다소 과장되거나 강권하는 듯한 모습의 형태도 더러 존재하기 때문에 이러한 경우까지 폭행, 협박의 개념에 포함된다고 광의로 해석하는 것은 무리라고 하겠다.

금융투자상품의 매매 및 시세변동을 목적으로 행해지는 것이고 매매나 그 결과의 완성을 요건으로 하지 않기 때문에 폭행, 협박행위가 있었다면 형법상의 폭행, 협박과는 상상적 경합관계에 해당한다.

5. 매매, 그 밖의 거래

(1) 자본시장법 제176조, 제177조에서는 해당 상장증권 등의 '매매'행위에 한하여 이를 제한하고 있으나 제178조에서는 '매매(증권의 경우 모집·사모·매출을 포함), 그 밖의 거래'라고 규정하고 있으므로 매매는 물론이고 그 외에 담보제공, 증여, 교환 등과 같은 거래의 경우에도 적용된다[720].

'그 밖의 거래'인지 여부 등은 그 행위자의 지위, 발행회사의 경영상태와 그 주가의 동향, 그 행위 전후의 제반사정 등을 종합적으로 고려하여 객관적인 기준에 의하여 판단한다[721].

'매매, 그 밖의 거래'에 대해 행위자가 직접 매매거래를 하지 않고 제3자의 매매거래에 관여하였을 경우 제178조 위반행위로 볼 수 있느냐에 대한 논의[722]

---

719) 김정수(2011), 1,157쪽 ; 임재연(2012), 922쪽
720) 동일한 견해로는 김성준 외(2007), 313쪽
721) 대법 2003. 11. 14. 선고 2003도686 판결
722) 임재연(2012), 910쪽 이하 참고

가 있으나 형사상 공범에 관한 일반 이론에 의해 처리될 수 있으므로 의미 있는 논의는 아니다. 또한 "매매 기타 거래와 관련하여(제1항)", "매매 기타 거래를 할 목적으로(제2호)"라고 규정하고 있으므로 실제로 증권거래를 할 것을 요하지 않는다[723].

예를 들어, '흡수합병'은 관념적으로 소멸회사의 인격의 형식을 벗기고 인격의 실체를 계승하는 것이라고 할 수 있으나 그 경제적 실질은 존속회사가 소멸회사의 자산을 이전받고 그 대가로 소멸회사의 주주들에게 존속회사의 신주를 발행하는 것이므로 합병계약 또는 위 규정이 정한 '유가증권의 거래'에 포함된다고 볼 수 있다[724]. 이는 그 결과가 매매와 같은 형태이기 때문에 인정되는 것이므로 그와 유사한 형태인 신주인수권부 사채 발행의 경우도 '그 밖의 거래'에 해당한다.

사례 : 피고인 갑은 A회사 대표이사이고 피고인 을은 부사장으로서 2002. 8. 13. A사에서 신주인수권부사채를 발행하면서 사실은 전 대표이사 병이 2002. 2. 28.부터 신주인수권부사채를 발행하는 시기까지 60억 원 이상 회사자금을 횡령하여 2001. 12. 31. 기준 회사 자본금 이상의 손실을 입힌 사실을 알고 있었음에도, 투자자들의 투자에 관한 의사결정에 영향을 미치기 위하여 작성한 사채발행설명서에 A사의 2001. 12. 31. 기준 재무제표를 제시하고 그때부터 신주인수권부사채를 발행하는 시기까지 회사 재무상태에는 투자자에게 불리한 중대한 변경이 없음을 확인하는 방법으로 피해자 정으로부터 신주인수권부사채 매수대금 명목으로 미화 200만 달러를 교부받아 유가증권의 매매 기타 거래와 관련하여 중요한 사항에 관하여 허위의 표시를 하거나 필요한 사실의 표시가 누락된 문서를 이용하여 타인에게 오해를 유발하게 함으로써 부당한 재산상 이익을 얻었다[725]

(2) 나아가 실질적인 매매거래가 이루어지지 않았다고 할지라도 그러한 기타 거래로 인하여 이득을 얻었고, 그러한 거래와 재산상 이득 간에 상당인과관계에 있다고 인정될 경우에는 '그 밖의 거래'에 포함된다.

예를 들어, 허위의 감자정보를 유포하여 주가가 하락한 결과 그 주식회사를

---

723) 임재연(2008), 594쪽
724) 서울중앙 2008. 2. 1. 선고 2007고합71 판결
725) 서울중앙 2004. 4. 9. 선고 2004고합267 판결

인수하고자 하는 인수회사의 합병비율이 유리하게 되어 인수대상 주식회사의 주주들에게는 상대적으로 적은 수의 합병신주를 발행하게 됨으로써 인수회사의 최대주주는 지분비율이 상대적으로 덜 희석되는 재산상 이익을 얻게 되므로 이러한 경우도 '그 밖의 거래'에 포함되는 것으로 보아야 한다. 왜냐하면, 사기적 부정거래로 인하여 인수회사에 대한 아무런 매매거래를 하지 않았지만, 유가증권의 거래에 해당하는 인수회사와 피인수회사 사이의 흡수합병계약에 관련하여 지분희석 방지라는 이익을 얻었고, 위반행위로 얻은 이익 또는 회피한 손실액에는 실현이익뿐만 아니라 미실현이익, 즉 평가이익도 포함되는 것이기 때문이다726).

6. 주관적 구성요건

금융투자상품의 매매 등 거래에 있어서 부정한 수단, 계획, 기교를 사용하거나 중요한 사항에 관한 거짓 기재나 표시를 하거나 타인에게 오해를 유발시키지 않기 위해 필요한 중요사항의 기재 및 표시가 누락된 문서, 그 밖의 기재 또는 표시를 사용하는 등 재산상의 이익을 얻는 행위(객관적인 구성요건)를 하는 데에는 행위자의 내심의 의사인 '고의(범의)'라는 주관적 구성요건이 필요하다.

즉, 중요한 사항에 대한 허위표시를 하거나 필요한 사실이 누락된 문서를 이용하여 타인에게 오해를 유발하게 함으로써 재산상의 이익을 얻고자 하는 일련의 객관적 구성요건에 대한 피고인의 고의가 인정되어야 한다727).

따라서 허위공시를 하였더라도 그 허위로 공시한 내용이 중요사항에 관한 것이라는 증명이 미흡하였다거나 대량보유 시 취득수량 등을 고의적으로 축소하여 허위보고하였을 경우 보고의무위반죄에 해당하는 것은 별론으로 하고 그 사실만으로는 사기적 부정거래의 '고의'를 인정하기는 어렵다.

사례 : A사 유상증자 시 벤처업계의 선두주자 중 하나인 D사의 대주주 갑은 신주배정자 명의만 빌려주었고 유상증자대금도 갑이 아닌 타인의 자금으로 납입하였음에

---

726) 서울중앙 2008. 2. 1. 선고 2007고합71 판결
727) 대법 2002. 12. 24. 선고 2002도5662 판결, 2003. 9. 2. 선고 2003도3455 판결

도 갑이 A사 유상증자에 참여하여 신주를 배정받았다고 공시하였으나, 갑이 D사의 대주주라거나 그가 유상증자에 관여하였다는 사실 자체가 일반인의 투자판단에 영향을 미칠 만한 유명인사라는 점에 대한 증명이 부족하고 실제 공시 이후 오히려 3일 연속 하한가를 기록한 점, 유상증자 동기가 자본잠식상태를 해소하여 코스닥 등록이 취소되는 사태를 막고자 함이었으므로 피고인들에게 갑의 명의를 빌려 허위공시를 함으로써 투자자들에게 오해를 유발하여 재산상 이익을 얻으려는 고의가 있었다고 볼 수 없다[728]

---

728) 대법 2003. 9. 2. 선고 2003도3455 판결

제4절 벌칙 등

1. 벌칙

자본시장법에서는 사기적 부정거래 등 불공정거래행위를 하였을 경우에는 10년 이하의 징역 또는 5억 원 이하의 벌금에 처하고, 그 위반행위로 얻은 이익 또는 회피한 손실액의 3배에 해당하는 금액이 5억 원을 초과하는 경우에는 그 이익 또는 회피한 손실액의 3배에 상당하는 금액 이하의 벌금에 처하도록 규정하고 있다(제443조 제1항 제8호, 제9호).

2. 죄수론

가. 일반

사기적 부정거래에서도 시세조종과 마찬가지로 보호법익을 무엇으로 볼 것인지에 따라 죄수론에 대한 결론이나 법률적 취급이 달라진다. 일반투자자의 재산상 이익(재산권)을 보호법익으로 본다면 개별 피해자에 대해 모두 별도의 범죄가 성립된다고 하겠지만, 유가증권시장의 공정성 보호를 보호법익으로 본다면 피해 유무나 피해자의 다과를 불문하고 포괄하여 1죄로 보게 된다.

또한 수차례의 불공정행위가 일정기간 이루어졌을 경우에도 이를 포괄일죄로 볼 것인지, 아니면 그 기간 중 재산권의 침해를 받은 피해자별로 범죄가 성립할 것인지도 문제가 될 것이다. 그러나 시세조종과 마찬가지로 보호법익은 사회적 법익이라는 전제하에 포괄일죄로 보는 것이 일반적이다.

나. 제176조와 제178조와의 관계 - 법조경합

자본시장법 제178조 제1항 제1호는 1개의 행위가 외관상 수개의 죄의 구성
요건에 해당하는 것처럼 보이지만 실질적으로 일죄만을 구성하는 경우에는 '법조
경합'에 해당한다.

시세조종행위와 부정거래행위 등의 금지를 규정하고 있는 제176조와 제178
조의 보호법익은 주식 등 거래의 공정성 및 유통의 원활성 확보라는 사회적 법익
이고 주식의 소유자 등 개개인의 재산적 법익은 직접적인 보호법익이 아니므로
주식시세조종 등의 목적으로 자본시장법 제176조와 제178조에 해당하는 수개의
행위를 단일하고 계속된 범의 아래 일정기간 계속하여 반복한 경우, 자본시장법
제176조와 제178조 소정의 시세조종행위 및 부정거래행위 금지 위반의 포괄일
죄가 성립한다고 볼 수도 있고[729], 제178조는 제176조에 열거된 시세조종행위
와는 다르게 규제대상이 금융투자상품이므로 상장증권이나 장내파생상품으로 제
한되지 않고 거래장소도 거래소 시장으로 제한되지 않으며 매매 이외의 다양한
유형의 거래까지 규제대상으로 하고 있는 점, 위 각 죄의 보호법익은 모두 주식
등 거래의 공정성 및 유통의 원활성확보라는 사회적 법익인 점 등을 고려하면 위
두 개의 죄는 법조경합(특별관계)로 해석할 수도 있다[730].

판례는 시세조종행위로 주가를 끌어올린 뒤 부정거래를 한 사안(시세조종을
하면서 부정거래)에서 실체적 경합으로 판단한 바 있다[731].

사례 : 피고인 갑은 유사투자자문업체의 대표로서 인터넷에 A투자클럽이라는 주식추
천 사이트를 운영하는 자이고, 피고인 을은 위 회사에 소속된 사이버 애널리스트로
근무하면서, 피고인들은 2007. 4. 3.경부터 투자금을 교부받고 일임매매계약을 체결
한 투자자들 명의의 계좌들을 통하여 주식회사 B의 주식을 사전매입하여 시세조종
을 하여 주식을 고가로 끌어올린 후 A투자클럽 회원들을 상대로 위 주식이 유망한

---

729) 대법 2011. 10. 27. 선고 2011도8109 판결
730) 서울고등 2011. 6. 9. 선고 2010노3160 판결. 바로 위 각주의 대법원 판결의 원심 판단
    이었음
731) 서울남부 2011. 4. 6. 선고 2011고단365 판결(확정)

것처럼 추천하여 이들을 상대로 미리 매수한 주식을 고가에 팔아 부당한 이익을 얻을 것을 마음먹고, 2007. 4. 9.경부터 11.경까지 주식 24만 주를 매도하면서, A투자클럽 회원들에게 "1차 목표가 9,000원, 저점 매수준비" 등의 문자메시지를 발송하고 "동 종목은 다른 여타 급등주와 달리 매수기회를 제공한다"는 등의 매수추천을 하여 회원들로 하여금 주식을 매수토록 하면서 자신들은 매수한 주식을 고가에 매도함으로써 부당한 이익을 얻기 위해 위계를 사용하였다[732]

다. 제178조와 형법상 사기, 공갈죄와의 관계

부정거래행위의 범행수단인 '부정한 수단, 중요사항에 관한 거짓 기재나 표시, 중요사항의 기재 또는 표시 누락 문서, 풍문의 유포, 위계(僞計)의 사용, 폭행 또는 협박 등'은 재산이나 재산상 이득을 목적으로 하는 경우에는 당연히 사기나 공갈이 성립한다. 사기적 부정거래와 경합이 될 경우에는 각기 다른 요건의 범죄로 보아 실체적 경합이라고 볼 수도 있고, 1개의 행위로서 수개의 구성요건에 해당하는 것이라고 보아 상상적 경합으로 볼 수도 있다.

다른 한편으로는 부정거래행위를 규제하는 취지는 자본시장에서 이루어지는 복잡성, 발전 속도 등에 비추어 볼 때 일반법에서 요구하는 요건, 절차를 충족하기 어렵기 때문에 규제 기술상의 필요에 따라 특별규정을 둔 것이라는 점에 비추어 본다면 자본시장법상 부정거래행위 규제에 관한 규정은 사기죄에 대한 특별규정으로 볼 수도 있다[733].

이를 두고, 해당 조항은 불특정 다수를 대상으로 시장적 기능을 침해하여 부당한 이득을 얻는 경우를 말하므로 비상장주식의 가격을 기망하여 금원을 편취한 경우에는 사기죄는 성립하지만 자본시장법이 적용된다고 볼 수는 없다고 보는 견해와, 법문을 제한적으로 해석할 근거가 없으므로 제178조 사기적 부정거래행위와 사기죄가 함께 적용된다고 해석하는 견해로 나눌 수 있다.

구증권거래법에서는 "증권거래법은 … (중략) … 다중을 대상으로 주식에 대하여 일반적으로 적정하다고 보여지는 가격에 대하여 오해를 가지게끔 하는 행위를

---

732) 서울남부 2011. 4. 6. 선고 2011고단365 판결(확정)
733) 박정호 외(2012), 123쪽

금지하는 취지로 보아야 할 것이고 … (중략) … 적정가격과는 전혀 무관하게 어느 특정인이 제시하는 주식매도가격만을 허위로 알린 경우라거나 결정된 주식가격을 허위로 알렸더라도 특정한 개인에게만 이를 허위로 알린 경우에까지 이를 적용할 것은 아니다"라고 판시[734]한 사례가 있는데 자본시장법에서도 유사하게 해석할 수 있다.

사기적 부정거래는 법조문상 행위의 대상을 제한하고 있지 않으므로 두 개의 범죄는 상상적 경합관계에 있다고 해석한 판례[735]가 있다. 그러나 사기적 부정거래는 '거짓의 시세를 이용'하는 행위로서 범죄가 성립하지만 사기죄는 그 외에도 피해자의 착오 및 재산출연행위 등 별개의 구성요건사실이 필요하므로 실체적 경합관계에 있다고 보는 것이 타당하다.

사례1 : 피고인 갑은 2001. 8. 8.경 무로부터 A사 주식 3만 주를 매입해달라는 부탁을 받고, 사실은 을을 통해 정의 A사 주식을 주당 7만 원에 3만 주를 매입하기로 약정하였음에도 무에게 주식을 주당 77,000원에 3만 주를 매입하는 것으로 약정하였다고 허위의 시세를 말하며 A사 주식이 며칠 사이에 가격이 오르고 있으니 바로 매입하라고 거짓말하여 무로부터 매입대금 명목으로 23억1,000만 원을 입금 받아 그중 21억 원을 을 계좌로 송금하고 나머지 2억1,000만 원(7,000원×3만 주)을 편취하고, 피고인 을은 갑으로부터 A사 주식 3만 주를 매입해달라는 부탁을 받고 사실은 정의 주식을 1주당 61,000원에 매입하기로 약정하였음에도 갑에게 정을 설득하여 주식을 1주당 70,000원에 3만 주를 매입하는 것으로 약정되었다고 거짓말하여 허위의 시세를 말하여 이에 속은 갑으로부터 그 매입대금 명목으로 피해자 무 소유의 21억 원을 을 명의의 은행계좌로 입금 받아 그중 18억3,000만 원을 정에게 주식 3만 주의 대금으로 송금한 후 나머지 2억7,000만 원을 편취하였으므로 증권거래법위반 및 사기죄의 상상적 경합이 성립한다[736]

사례2 : 피고인 갑이 2000. 5.하순 을에게 비상장회사인 A사에서 유상증자하는 주식의 1주당 가격이 30,000원임에도 1주당 40,000원이라고 거짓말하고, 2001. 5.중순 병으로부터 A사 주식을 매수할 수 있게 도와달라는 부탁을 받고 A사 주식을 소유하고

---

734) 서울지법 2002. 10. 15. 선고 2002고단6347 판결
735) 서울지법 2002. 7. 3. 선고 2002노4911 판결, 2002. 10. 15. 선고 2002고단6347 판결
736) 서울지법 2002. 7. 3. 선고 2002노4911 판결

있던 A사 대표이사 정이 A사 주식을 1주당 28,000원에 매도하겠다고 하였음에도 병에게는 1주당 35,000원에 매도하겠다고 하였다고 거짓말한 사안에서 증권거래법위반 부분은 무죄에 해당하나 상상적 경합관계에 있는 사기죄는 유죄라고 판단하였음[737]

3. 부정거래행위의 부당이득액 산정[738]

부정거래행위에서의 부당이득액 산정방법은 시세조종행위에서의 부당이득액의 개념 및 산정방식과 기본적으로 동일하다.

'부정거래행위를 통해 주가를 상승'시키는 경우, '실현이익'은 부정행위가 개시된 시점부터 부정행위가 주가에 반영된 이후 최초형성 최고 종가일까지 매매된 주식에 대해 매수단가와 매도단가의 차액에 매매일치수량을 곱한 금액이 된다(매수단가는 부정행위 전 보유주식의 경우는 최초 부정행위 전일 종가를, 부정행위와 직접 관련성이 있는 주식은 실제 매수단가를 적용한다). 그러므로 기본 산식은, '(가중평균 매도단가 − 가중평균 매수단가) × 매매일치수량'이 된다.

'미실현이익'은 부정행위가 주가에 반영된 이후 최초 형성 최고 종가일까지 처분되지 않은 주식에 대하여 위 종가를 매도단가로 간주하여 실현이익 산정방식을 준용하여 산정한다. 그러므로 기본산식은 '(부정행위가 반영된 후 최초 형성 최고 종가 − 가중평균 매수단가) × 매매일치수량'이 된다.

'주가의 하락을 방어하거나 유도'한 경우에는 시세조종의 경우를 준용한다.

'모집·매출의 경우' 투자자의 투자 여부를 결정할 수 있는 사실에 관하여 부정행위를 하였다면 투자로 인한 모집·매출금액을 부당이득으로 산정한다. 예를 들어 증권신고서에 분식된 재무사항을 허위로 기재하는 경우를 말한다.

그 외에 부정거래행위에 대해서는 다른 불공정거래행위에 대한 부당이득 산정기준을 준용한다.

사례 : L펀드는 A은행 주식 51%를 보유한 최대주주이고 B카드사는 A은행의 자회사

---

737) 서울지법 2002. 10. 15. 선고 2002고단6347 판결
738) 금감원(2011a), 62쪽

이며, 피고인 갑은 L펀드의 추천에 따라 임명된 A은행의 사외이사인바, B카드사가 2003. 11.중순경 유동성 부족으로 부도위기에 직면하자 L펀드측은 A은행과 B카드사의 합병을 추진키로 결정하면서 감자 없는 합병을 결정하고도 합병발표 시 감자 검토계획을 발표하여 주가를 급락시킨 사안에서 (A은행의 이익액은) 감자 발표로 인해 B카드사의 주가가 하락한 결과 A은행은 B카드사의 합병 반대주주들에 대한 주식매수청구권 가격이 낮아진 만큼 합병비용을 절감하는 재산상 이익을 얻었다. (L펀드의 이익액은) 본건 부정거래행위로 인한 B카드사의 주가하락으로 A은행은 더 유리한 합병비율을 적용받게 되었고, 그 결과 B카드의 주주들에 대하여 상대적으로 더 적은 수의 합병 신주를 발행하게 됨으로써 B은행의 최대주주이던 피고인 L펀드는 A은행에 대한 지분율이 상대적으로 덜 희석되는 재산상 이익을 얻었다.[739]

[739) 서울고등 2011. 10. 6. 선고 2011노806 판결(대법 2011. 3. 10. 선고 2008도6335 판결의 파기환송심)

제4장 미공개 중요정보 이용행위

제1절 서론

1. 개념 및 목적

(1) 주식회사 임직원 등은 회사의 중요정보가 외부에 공개되기 전에 쉽게 접근할 수 있는데, 이를 이용한 주식매매를 방치한다면 주식거래가 불공정하게 이루어지거나 주식시장에 그 주식의 가치가 공정하게 반영되지도 못하게 된다. 그러므로 '주식시장의 공정성과 투명성 보호'를 위해서 미공개 중요정보를 이용한 주식거래 행위에 대해 일정한 규제를 가할 필요가 있다. 그렇게 함으로써 정직하고 공정한 증권시장에 대한 일반투자자의 정당한 기대(investing publics' legitimate expectation of honest and fair securities market)[740]를 보호할 수 있기 때문이다.

주식의 가치에 직접적으로 영향을 미칠 수 있는 정보 가운데 공개되지 않은 정보를 '미공개 중요정보(non-public information, undisclosed material information)'라고 하고, 이러한 미공개 중요정보를 이용하거나 이용하게 하는 행위를 금지하고 있다. 미공개 중요정보의 이용행위는 주로 회사 내부자 등 일정한 지위에 있는 자에 의해 이루어지기 때문에 '내부자거래'라고도 한다.

일반적으로 주식시장에서 일반투자자를 보호하는 방법은 첫째, 주식의 가치에 영향을 주는 정보를 공시하도록 강제하거나, 둘째, 시장의 가격형성기능을 저해하는 행위를 규제하는 것이다[741]. 후자는 시세조종에 대한 규제라고 할 수 있고 전자가 미공개 중요정보에 대한 규제에 해당한다.

---

740) 김정수(2011), 948쪽
741) 한국증권법학회(2009), 799쪽

(2) 판례도 "상장법인의 내부자가 당해 법인의 업무 등과 관련하여 공개되지 아니한 내부정보 중 유가증권의 투자판단에 영향을 미칠 수 있는 중요한 정보를 이용하여 유가증권의 거래에 관여할 경우에는 그 내부자에게 부당한 이익을 용이하게 취득하게 하고 그로 인하여 유가증권시장에서의 거래당사자의 평등을 해치게 되어 유가증권거래의 공정성과 유가증권시장의 건전성에 대한 일반투자자들의 신뢰를 손상시킴으로써 유가증권시장이 국민자금을 효율적으로 배분하는 기능을 저해하는 결과를 초래하게 되는 것이므로 유가증권시장이 그 기능을 다하여 국민경제의 발전에 적절하게 기여하도록 하기 위하여는 이와 같은 내부자거래에 대한 엄격한 규제가 필요불가결하기 때문에 법이 위와 같이 내부자의 거래를 금지하고 있는 것"이라고 보고 있다742). 여기서 '유가증권거래의 공정성'과 '유가증권시장의 건전성'이라는 표현은 주식시장의 공정성과 투명성 보호와 같은 의미이다.

헌법재판소도 "내부자거래로 인한 손실은 능력의 부족이나 부주의로 정보를 몰랐기 때문에 발생하게 되는 것이 아니라 내부자가 자신의 이득을 위하여 회사의 미공개 내부정보를 이용하였기 때문에 발생한다고 볼 수 있으므로 이러한 행위는 용납될 수 없다. 만일 이를 방치한다면 일반투자자로서는 그러한 증권시장에 불신감을 갖게 되어 투자를 주저하게 될 것이므로 증권시장을 통한 회사의 자금조달이 어렵게 될 것이고, 이로 인하여 증권시장의 건전한 발전이 저해될 것임은 물론 국민의 효율적 자산운영을 막는 결과를 초래할 것이다"라고 판단하여 주식시장의 건전성, 투명성 보호를 중요한 보호대상으로 삼고 있다743).

(3) 자본시장법에서는 주식거래의 투명성 및 주식시장의 공정성 확보를 위해 회사내부자에 대하여 당해 회사주식 등 유가증권의 매매를 규제하고 있다. 즉, 내부자의 단기매매차익을 반환하게 하거나 임원 등 특정증권 등 소유상황을 보고하게 하고 있으며, 이와는 별도로 상장법인의 미공개 중요정보를 이용한 주식 등의 매매 등을 금지하고 있다. 특히 미공개 중요정보를 이용하여 증권 등을 거래한 경우 민사상 손해배상뿐만 아니라 형사처벌의 대상으로 규정하고 있다.

어떤 행위가 미공개 중요정보의 이용행위(내부자거래)에 해당되는지를 판단

742) 대법 1994. 4. 26. 선고 93도695 판결
743) 헌재 2002. 12. 18. 선고 99헌바105, 2001헌바48(병합) 결정

하려면, 그 행위자가 내부자거래 규제 대상인지, 미공개 중요정보란 무엇을 말하는 것인지, 미공개 중요정보의 형성시기를 언제로 볼 것인지, 미공개 중요정보를 인지한 상태에서 유가증권 매매거래가 있었는지, 미공개 중요정보를 주식 매매거래에 이용하거나 이용하게 하였는지 등을 파악하여야 한다[744].

2. 규제 개관

가. 규제 범위 : 정보 접근의 평등성

(1) 일반투자자들 간에는 주식정보를 이용한 예측능력에 있어서 분명한 차이가 있으므로 정보이용의 결과까지 모두 평등할 수는 없다. 그러나 법인내부에서 생산된 미공개정보에 접근하거나 중요 정보를 입수하는 방법에 있어서는 회사 내부자인지 여부에 따라 분명한 차이가 존재하므로 정보 접근에 있어서 평등성이 보장이 되어야만 주식시장에 대한 공정성이나 투명성이 보호될 것이다[745].

따라서 '정보 접근의 평등성(Parity of Access to Information)'이란 정보를 입수(접근)할 수 있는 지위의 평등성을 의미한다. 그런데, 상장법인의 임직원 등 내부자와 일반투자자들 간에는 정보 접근 능력에 있어서 분명한 차이가 존재하므로 그 차별적 지위를 인정하지 않는다면 정보 접근의 불평등을 인정[746]하는 셈이 된다.

그러므로 회사 내부자에게는 거래상대방이 알지 못하는 중요정보를 공개하여야 하고 그렇지 않을 경우 거래를 단념해야 한다는 '공시 혹은 단념의 원칙(disclosure or abstain rule)'이 인정된다. 이 원칙은 첫째, 정보에 직간접적으로

---

744) 금감원(2011a), 354쪽
745) 김건식(2006), 252쪽
746) 임재연(2012), 783쪽 이하에서는 '효율적 자본시장가설'을 주가에 반영되는 정보의 범위에 따라 약형가설, 준강형가설, 강형가설로 구분되고 그중 준강형가설에 따라 '만일 공개되지 않은 중요한 내부정보가 공개되었으면 시장주가가 달라졌을 것이므로 이러한 정보를 공개하지 않고 증권거래를 내부자는 내부정보의 공개여부에 따른 차액상당의 이익을 얻거나 손해를 회피하게 된다.'고 설명한다.

접근할 수 있는 관계가 존재하는 경우 그러한 정보는 개인적 목적이 아닌 오로지 회사를 위해 사용되어야 하며, 둘째, 거래상대방에게는 접근이 불가능한 정보를 통해 이익을 얻게 된다면 이는 본질적으로 불공평하다는 것에 근거한다[747].

판례[748]도 "내부자 거래 규제의 취지는 증권매매에 있어 정보면에서의 평등성 즉, 공정한 입장에서 자유로운 경쟁에 의하여 공정한 거래를 하게 함으로써 증권시장의 거래에 참여하는 자로 하여금 가능한 동등한 입장과 동등한 가능성 위에서 증권거래를 할 수 있도록 투자자를 보호하고 증권시장의 공정성을 확립하여 투자자에게 그 신뢰감을 갖게 하려는 데 있다"라고 설명한다.

(2) 미국에서는 '정보소유이론, 신임의무이론, 정보유용이론'이 있다[749]. 정보접근평등이론(possession theory)은 정보를 소유한 자는 모든 정보를 공개하는 것이 평등하다는 것이고, 신임의무이론(fiduciary theory)은 정보소유이론이 책임범위를 지나치게 확대하므로 정보소유자일지라도 신임의무(충실의무)를 부담하는 경우에만 정보공개의무를 부담한다는 것이며, 정보유용(misappropriation)이론은 신임의무를 부담하는 경우 외에도 미공개 중요정보를 부정하게 이용하는 행위를 규제하자는 이론이다.

결국 정보접근의 평등을 강조하지만 신임의무이론을 통해 그 범위를 축소하고, 정보유용이론으로 일정한 경우 책임을 확대한다는 것을 골자로 한다[750]. 이러한 미국법에서 발전된 이론이 자본시장법 규정에 많은 영향을 주었다고 할 수 있다.

나. 규제 보장 : 공시제도

정보접근에 있어서 생길 수 있는 불균형을 해결하는 1차적인 방법은 '공시제

---

747) 금감원(2011a), 387쪽
748) 서울중앙 2008. 11. 27. 선고 2008고합236 판결
749) 한국증권법학회(2009), 800쪽 이하, 하은수(2009), 126쪽 참고
750) 이에 대해서는 금감원(2011a), 387쪽 이하 참고. 이론의 발전과 관련된 미국 판례에 대한 내용은, 하은수(2009), 127쪽 이하 참고. 동서에서는 '해킹에 의한 미공개정보이용'에 대해 자본시장법 제174조 적용 여부에 관한 주제로 언급하고 있으나, 현행법상 그 법리적 용이나 해석에 있어서 큰 문제점은 없다(제174조의 구성요건에 해당하지 않음).

도'이다. 상장법인은 법인의 중요 정보에 대한 공시의무가 있는데 이는 정보접근성의 불균형성, 비대칭성을 해결할 수 있는 보편화된 방법이다.

따라서 공시제도는 정보 접근성의 평등을 보장하는 방법이므로 공시규정을 위반하면 1차적으로 제재의 대상이고, 공시되기 전에 미공개 중요정보를 이용하여 주식을 거래할 경우에는 2차적인 제재의 대상이 된다[751].

다. 규제 대상

(1) 자본시장법에서는 미공개 중요정보 등을 이용한 '특정증권 등'의 매매를 금지하고 있는데, 여기서 '특정증권 등'이란, ① 주권상장법인이 발행한 증권, ② 주권상장법인이 발행한 증권과 관련된 증권예탁증권, ③ 그 법인 외의 자가 발행한 것으로서 ① 또는 ②의 증권과 교환을 청구할 수 있는 교환사채권, ④ ①부터 ③까지의 증권만을 기초자산으로 하는 금융투자상품 등을 말한다. 상장법인이 발행한 신주인수권부사채(BW), 전환사채(CB) 등을 모두 포함한 개념이다.

구증권거래법에서는 일반 상장법인과 코스닥상장법인 등이 발행한 유가증권으로 제한하였으나(제188조의2), 자본시장법에서는 주식 등 유가증권뿐만 아니라 특정증권 등으로 그 적용대상 및 범위를 확대하였고 그 대신 일반사채에 대해서는 이를 적용대상에서 제외하였다. 그러나 미공개정보 이용행위는 규제해야 한다는 이유로 반대하는 견해[752]가 있다.

구증권거래법에서는 ELS, ELW는 유가증권에는 해당하나, 증권회사가 발행주체이므로 기초증권을 발행한 회사의 내부자가 당해 회사의 중요정보를 이용하여 거래한 경우에는 내부자거래 규제대상에는 포함되지 않았다. 그러나 자본시장법에서는 당해법인에서 발행한 증권을 기초하는 금융투자상품도 규제대상으로 포함됨에 따라 미공개정보 이용행위로 규제가 가능하게 되었다[753].

장소적으로 보자면, 자본시장법의 법률적 효력이 미쳐야 하므로 국내에서 발

---

751) 공시규정 자체를 위반한 행위와 미공개 중요정보를 이용한 주식거래행위는 실체적 경합
   관계이다.
752) 임재연(2012), 805쪽
753) 금감원(2011a), 14쪽

행한 유가증권이 법상 대상이 되기 때문에 해외에서 국내 상장법인이 발행한 유
가증권예탁증서(DR) 등은 미공개 중요정보를 이용한 범죄의 대상이 아니다754).

'장내파생상품'도 그 대상이 된다. 자본시장법에서는 장내파생상품의 시세에
영향을 미칠 수 있는 정보를 업무와 관련하여 알게 된 자는 그 정보를 누설하거
나, 장내파생상품 및 그 기초자산의 매매나 그 밖의 거래에 이용하거나 타인으로
하여금 이용하게 하는 행위를 금지(제173조의2 제2항)하고 상장주식에 관한 미
공개 중요정보에 관한 해석이 준용된다755).

자본시장법의 '특정증권 등'의 개념에 포함되지 않는 금융투자상품을 거래하
는 대체적 내부자거래(substitute insider trading)도 규제대상에 포함되어야 한
다는 의견도 있지만 입법론상으로는 몰라도 현행법상은 명시적으로 그 대상으로
규정하고 있으므로 동의하기 어렵다756).

(2) '비상장주식'은 공식적인 주식시장이 존재하지 않으므로 미공개 중요정
보의 대상이 되지 않는다. 즉, 상장법인이 아닌 주식회사의 경우에는 비록 주식을
발행하고 그 주식이 장외에서 실제로 거래가 된다고 할지라도 자본시장법의 적용
대상이 아니다.

비상장주식은 내부자거래의 대상이 되지는 않지만, 미공개 중요정보 이용의
'거래장소'는 거래소 시장이나 협회중개시장뿐만 아니라 장외시장에서 이루어지
는 매매행위도 당연히 포함된다757).

만약 비상장주식 거래에 있어서 미공개 중요정보를 이용한 주식매매나 처분
이 있었고 그 법률행위에서 미공개 중요정보를 알지 못하였거나 허위 정보를 제
공함으로써 상대방에게 재산상 손실을 가하고 부당한 이득을 얻었다면 사기죄가
성립할 수는 있다758). 이에 대해서 장외시장에서 거래되는 비상장증권에 대해서
도 공시의무를 인정하여 내부자거래를 인정하는 것이 바람직하다고 보는 견
해759)도 있으나 법률적 근거가 없으므로 동의할 수 없다.

---

754) 김성준 외(2007), 222쪽 ; 임재연(2008), 543쪽
755) 자세한 내용을 소개한 것으로는, 김정수(2011), 1,012쪽
756) 임재연(2012), 807쪽
757) 김성준 외(2007), 237쪽
758) 동일한 견해로는 임재연(2008), 543쪽
759) 김정수(2011), 1,025쪽

(3) 자본시장법에서는 "상장법인의 업무 등과 관련된 미공개 중요정보를 특정증권 등760)의 매매 등에 이용해서는 안 된다."라고 규정하고 있고, '상장법인'이란 증권시장에 상장된 증권(상장증권)을 발행한 법인을 말하며 '주권상장법인'이란 '증권시장에 상장된 주권을 발행한 법인 또는 주권과 관련된 증권예탁증권이 증권시장에 상장된 경우에는 그 주권을 발행한 법인'이라고 규정하고 있다.

발행인은 원칙적으로 주권상장법인이므로 그 법인과 특정한 재산상 이해관계가 있다고 해도 이 법에 저촉되지 않고, 비상장법인이더라도 6개월 이내에 상장하는 법인은 그 대상에 포함되므로 규제대상증권도 '6개월 내에 상장하는 법인이 발행하는 증권'도 당연히 포함된다.

이처럼 아직 상장하지 않은 법인까지 내부자거래의 규제대상으로 포함시킨 것은 신규로 증권시장에 진입하고자 하는 경우 기업공개 또는 신규상장 과정에서 미공개 중요정보를 이용한 내부자거래를 규제하기 위한 것이다761). 그러나 상장법인과 일정한 관계가 있는 자회사나 계열회사일지라도 상장법인이 아니라면 주식을 발행한다고 해도 그 주식은 본 범죄의 객체가 될 수 없다.

그런데 사전에 미공개 중요정보를 입수하여 우회상장 대상인 법인의 증권이나 속칭 pearl인 비상장회사의 증권을 사전에 취득하고 상장기간 6개월이 지난 뒤 시세차익을 얻었을 경우에는 그 대상에는 해당하지 않는다. 그러나 비상장기업이 상장기업을 인수하되 상장기업을 존속회사로 하는 '우회상장(backdoor listing)'은 미공개 중요정보의 법률적인 규제를 회피할 가능성이 많다.

이러한 우회상장을 이용한 내부자거래의 경우에는 그 비상장기업이 상장하는 것은 아니기 때문에 '6개월 이내에 상장하는 법인'의 개념에는 포함되지는 않겠지만, 제174조 제1항 제4호의 상장법인의 인수에 관한 계약을 체결하는 자의 범위 내에 속한다고 해석하여 규제의 대상으로 보아야 한다762). 실무상은 해당 비상장법인(pearl)의 주식이 문제가 되는 것이 아니라 그 비상장법인을 인수하거나 합병하고자 하는 상장법인의 주식을 거래당사자들이 공시되기 전에 미리 매수

---

760) '특정증권'이란 "제1호 주권상장법인이 발행한 증권, 제2호 제1호와 관련된 증권예탁증권, 제3호 주권상장법인 외의 자가 발행한 것으로서 주권상장법인이 발행한 제1호 또는 제2호의 증권과 교환을 청구할 수 있는 교환사채권, 제4호 제1호부터 제3호까지의 증권만을 기초자산으로 하는 금융투자상품"을 말한다(제172조 제1항).
761) 김정수(2011), 1,026쪽
762) 김정수(2011), 1,027쪽

함으로써 미공개 정보이용의 문제가 발생한다.

(4) 자본시장법 제174조 제2항에서 규정하고 있는 '공개매수의 경우'에는 그 공개매수의 대상인 '증권'과 미공개 정보의 이용대상이 되는 증권은 개념적으로 구별하여야 한다. 자본시장법에서는 "주식 등에 대한 공개매수763)의 실시 또는 중지에 관한 미공개정보764)를 그 주식 등과 관련된 특정증권 등의 매매, 그 밖의 거래에 이용하거나 타인에게 이용하게 하여서는 안 된다."고 규정하고 있으므로 공개매수의 대상이 되는 '주식 등'과 그 주식 등과 관련된 '특정증권 등'에서 말하는 주식과는 명백히 구분하고 있다. 그러므로 그 범위가 달라질 수밖에는 없다.

'주식 등'은 일반적인 개념이므로 의결권이 있는 상장법인의 주식 등을 말하지만, 그 주식 등을 공개매수하게 될 경우 그 공개매수와 관련된 '특정증권 등'은 제172조에서 규정한 금융투자상품을 말한다. 대개의 경우 '주식 등'과 '특정증권 등'은 크게 다르지는 않겠지만, 개념상 후자는 미공개 정보를 이용하여 부당한 재산상 이익을 얻는 것을 규제해야 할 필요성이 있으므로 전자처럼 의결권 있는 주식에 국한하지는 않으므로 그 범위가 더 크고 의결권 있는 주식을 전제하지 않는다고 할 것이다765).

이러한 해석은 '주식의 대량취득·처분'에 관한 미공개 정보의 규제(제174조 제3항)에도 동일하다. 보통 경영권 인수 등을 위한 주식의 대량취득의 경우에는 '(그 해당법인의) 주식 등'을 자신의 명의로 취득하고 이를 공시하게 되지만, 차명으로 해당 주식을 취득할 경우에는 '특정증권 등'에서 말하는 해당 주식은 미공개중요정보를 이용하여 취득한 주식이 되는 것이다.

3. 법적 성질

(1) 단순히 미공개 중요정보를 알았다는 사실만으로는 증권시장의 공정성이

---

763) 자본시장법 제133조 제1항의 공개매수를 말함
764) 대통령령으로 정하는 방법에 따라 불특정 다수인이 알 수 있도록 공개되기 전의 것을 말함
765) 김정수(2011), 1,028쪽 ; 임재연(2012), 839쪽

나 투명성에 대한 사회일반의 신뢰에 어떠한 위험도 가져오지 않기 때문에 제재의 대상이 되기 위해서는 미공개 중요정보를 이용한 부당한 거래를 하거나 하도록 하여 그 거래를 통해 이익이 발생(또는 손실의 회피)해야 한다.

주식시장의 건정성이 보호법익이다. 그런데 일반투자자의 재산권(개인의 사적 법익)도 보호법익으로 보아야 한다는 견해가 있으나 동의하기는 어렵다. 개인의 재산권을 보호법익으로 본다면 미공개 중요정보를 이용한 행위로 인해 재산상 피해를 입은 피해자를 특정해야 하는데 이는 사실상 불가능하기 때문이다.

판례도 "자본시장법에 미공개 중요정보를 이용한 행위를 규제하는 규정을 둔 취지는 기업 내부의 정보에 접근하기 쉬운 내부자와 이로부터 정보를 전해들은 자가 당해 정보가 미공개된 점을 이용하여 이를 알지 못하는 자에 비해 상대적으로 유리한 위치에서 거래를 하게 된다면 이러한 거래는 정당한 거래라고 볼 수 없고 이러한 부당한 거래를 제한하지 않는다면 증권시장 전체를 불건전하게 할 수 있기 때문에 증권거래에 참가하는 일반투자자의 이익을 보호함과 동시에, 일반투자자들의 증권시장에 대한 신뢰를 보호하여 증권시장이 국민경제의 발전에 기여할 수 있도록 하기 위한 것"이라고 동일하게 보고 있다[766].

따라서 미공개 중요정보를 이용한 범죄행위를 유죄로 인정할 경우에는 '미공개 중요정보를 이용하여 언제 어떻게 매매거래에 이용하였다는 것인지에 관한 구체적인 범죄사실'이 적시되어야 한다. 마찬가지로 공소제기 시에는 공소사실에 그러한 미공개 중요정보를 이용한 구체적인 사실이 적시되어야 한다[767].

(2) 미공개 중요정보를 이용한 범죄는 '침해범'이다. 즉, 증권시장의 안정성이나 투명성(보호법익, 보호객체)에 대한 실질적인 침해를 요건으로 하기 때문에 단순히 보호법익(보호객체)에 대한 위험상태를 야기한 것만으로는 범죄를 구성하지 않는다. 그러므로 특정 주식에 대한 미공개 중요정보를 단순히 알고만 있었다는 사실만으로는 범죄를 구성하지 않고, 그러한 미공개 중요정보를 이용하여 주식거래를 하거나 제3자로 하여금 주식거래를 하게 함으로써 구체적인 위험이

---

766) 서울고등 2003. 2. 17. 선고 2002노2611 판결(대법 2003. 6. 24. 선고 2003도1456 판결로 확정, 원심은 서울중앙 2002. 9. 17. 선고 2001고합995 판결). 속칭 '이영호 게이트' 사건에 대한 판결임
767) 대법 2004. 3. 26. 선고 2003도7112 판결

발생하고 타인의 법익을 침해해야만 범죄가 성립한다.

판례 중에는 미공개 중요정보 이용행위를 추상적 위험범이라고 언급한 사례768)가 있으나 동의할 수 없다. 해당 판례는 미공개정보의 정보생성자 개념에서 규정한 '계약'과 관련해서 그 내용이나 종류, 계약형태, 이행시기, 계약기간의 장단 등 계약의 법률적 효력을 발생하기 위한 구체적인 절차적 요건을 갖추지 못하였더라도 규제의 대상이 된다는 사실을 강조하려던 중에 잘못 인용한 것으로 보인다.

(3) 미공개정보 이용행위는 주가를 인위적으로 조작하는 시세조종과는 달리 시장에서 형성된 주가에 순응하여 거래를 한다는 점에서 기업의 자발적인 공시가 있기 전까지는 조사기술상 단서포착이 어렵다.

또한 그 행위 유형도 과거 유무상 증자의 정보이용에서 부도발생, 합병, 신기술개발, 자사주취득 관련 정보로 다양화되고 있으며 행위자별로도 과거 임원 및 주요주주 일변도에서 M&A 관계자, 가족, 친지, 증권사직원, 기자 등 준내부자 또는 정보수령자로 확대되고 있는 추세에 있다769).

4. 연혁

(1) 증권거래법을 처음 제정할 당시(1962년)에는 미공개 중요정보를 이용한 주식거래나 내부자거래에 대해서 아무런 제한규정도 두지 않았다. 그러나 증권시장이 발달하고 거래규모가 확대되면서 1982년 법률 개정 시에 이를 일부 반영하였고, 그 이전에는 내부자거래를 간접적으로 제한하기 위한 단기매매차익 반환, 공매도 금지에 관한 규정만 있었다(1976년 법률 개정). 그러므로 넓은 의미의 내부자거래 규제라고 한다면, 공매도금지, 단기매매반환규정도 포함된다고 할 수 있다770).

768) 대법 2010. 5. 13. 선고 2007도9767 판결
769) 금감원(2011a), 354쪽
770) 한국증권법학회(2009), 811쪽

그 이후 1987년 11월 법률개정을 하면서 미공개정보를 이용한 행위를 금지하는 규정(구증권거래법 제105조 제4항)이 신설되었고, 1991년에 내부자의 범위를 확대하는 등 일반적인 불공정거래 규제규정인 제188조의2로 개정되었다.

자본시장법에서는 이러한 구증권거래법상의 미공개정보 이용행위에 대한 규제 규정들을 대부분 유지하고 있다[771]. 크게는 단기매매차익반환제도(제172조), 미공개중요정보 이용행위금지(제174조)를 두고 있으며, 임원이나 주요주주 등 특정 지위의 내부자에 대해서는 주식보유 및 변동상황을 공시하도록 규제하고 있다(제173조). 다만, 구증권거래법에서는 내부자에게만 적용하던 공매도금지규정은 일반인에게까지 확대하였으므로 내부자거래제한에 해당한다고 볼 수는 없다.

미국의 1933년 증권법 제17조, 1934년 거래법 제10(b)조와 1942년 제정된 SEC 규정 10b-5에 미공개정보 이용금지와 관련한 구체적인 내용이 없었다. 왜냐하면 그 배경에는 1929년 대공항 이후 증권규제에 대한 필요성으로 1934년 증권거래법 등 증권관련 법령을 제정하였고 이후 SEC는 주어진 규정제정 권한으로 Rule 10b-5를 채택하게 되었지만 그 당시 증권매매에 있어서 핵심적인 철학은 매수자주의원칙(caveat empor, Let the buyer beware)이었기 때문이다[772].

(2) 오늘날 주식시장을 규율하는 법령에서 미공개 중요정보를 이용한 주식처분 행위를 용인하거나 합법적인 것으로 취급하는 법령은 없다. 다만, 내부자거래, 미공개 중요정보 이용행위의 규제에 대해 미국의 학계 일각에서는 반대하는 의견(미공개정보 이용행위의 합법화)이 있다. 그 근거로서는 내부자거래가 시장에서 오히려 주식과 관련된 정보 확산에 기여하고, 내부자거래로 실질적인 손해를 보는 사람은 없으며, 내부자가 거래로 인하여 얻는 이익은 그 정보를 생산한 사람이나 정보생성에 관여한 사람들에 대한 일종의 보수로 보아야 하고[773], 미공개정보가 주가에 조기 반영되어 시장의 효율성 또는 금융자원분배의 효율성이 높아지며 내부자 거래가 이루어질 경우 정보가 공개된 경우에 비하여 주가의 급

---

771) 외국 입법례에 대해서는 김성준 외(2007), 206쪽 이하 참조. 미국의 내부자거래에 대한 내용에 대해서는 임재연(2012), 786쪽 이하 ; 김정수(2011), 937쪽 이하 ; 한국증권법학회(2009), 801쪽 이하 참조. 유럽, 일본, 중국에서의 규제내용 및 연혁에 대해서는 김정수(2011), 943쪽 이하 ; 한국증권법학회(2009), 805쪽 이하 참조

772) 하은수(2009), 124쪽

773) 임재연(2012), 784쪽 참고 ; 김건식(2006), 254쪽 참고

격한 변동 없이 완만하게 진정한 가격에 접근한다는 점을 근거로 한다[774].

그렇지만 증권시장에서의 공평성 문제는 훼손될 수 없는 가치이기 때문에 이러한 견해는 받아들이기 어렵고, 더군다나 우리나라처럼 주식의 투자가치보다 단기간의 시세차익을 노리는 일반투자자가 많은 경우에는 공평성의 문제는 반드시 유지되어야 할 절대적 원칙이기 때문에 이를 훼손하는 내부자들의 미공개정보를 이용한 행위는 어떠한 경우라도 용납할 수 없다. 따라서 대부분의 국가들은 미공개 중요정보 이용행위나 내부자거래를 어떤 식으로든 규제하고 있다[775].

---

774) 김성준 외(2007), 203쪽 참고
775) 이 주제에 대해 비교적 자세한 문헌으로는, 하은수(2009), 175쪽 이하 참고

제2절 내부자 및 정보수령자의 범위

1. 개념

(1) 자본시장법에서는 미공개 중요정보를 이용한 행위를 금지하면서 그 규제의 대상인 '행위 주체'는 주식회사나 그 회사의 임직원, 대리인, 주요주주 등으로 제한하고 있다. 그리고 이러한 지위에 있는 자를 통칭하여 '내부자(insider)'라고 한다. 이들은 직위나 직무와 관련하여 회사 내부정보를 용이하게 지득할 수 있는 자들로서 회사와의 관계로 인해 얻은 미공개 중요정보를 이용하여 거래를 하지 않을 신임의무를 부담한다776). 이러한 내부자의 주식 등 처분행위를 가리켜 '내부자거래(insider trading, insider dealing)'라고 하며 이러한 내부자 거래는 원칙적으로 금지된다.

그러나 미공개 중요정보를 이용한 모든 거래가 위법한 것은 아니므로 회사와 관계없는 사람이 회사 업무와 무관하게 우연히 미공개 중요정보를 알게 되어 이를 이용하여 증권을 매매하였다면 이는 불법이 아니다777). 예를 들어, 상장회사 직원을 매수하여 정보를 빼낸다든가, 회사 컴퓨터를 해킹한다든가 또는 전화통화를 도청한다든가 하는 방법으로 미공개 중요정보를 취득하였다면, 그러한 매수, 해킹이나 도청행위에 대해서는 별도의 법규정에 따라 처벌될 수는 있지만 미공개 중요정보의 이용행위로는 처벌할 수 없다.

내부자거래를 규제하는 데 있어서 일반적인 원칙은 회사의 정보에 접근하기 쉬운 내부자와 일반투자자가 동일한 조건에서 시장에 참여해야 하며 회사정보에 접근이 쉬운 회사 내부자가 우월한 지위에서 정보를 이용하여 주식을 매매하면 안 된다는 것이다778).

---

776) 김성준 외(2007), 211쪽. 동서에서는 이러한 자를 '고전적 의미의 내부자'라고 하였음.
777) 임재연(2008), 544쪽
778) 박정호 외(2012), 16쪽

(2) 미공개 중요정보를 규제하는 것이 법인의 내부자만을 대상으로 규제하는 것은 아니지만, 내부자거래라는 용어는 오랫동안 미공개 중요정보라는 개념과 동일하게 취급되어 왔다. 그러나 내부자거래라는 용어는 내부자거래 규제의 실질을 제대로 표현하는 적절한 용어라고 보기 어려우므로 법령에서는 미공개정보 이용행위로 표시하고 있다. 다만 오랜 관행에 따라 아직도 내부자거래라는 용어를 미공개정보를 이용한 불공정거래를 지칭하는 개념으로 사용하는 경향이 있다[779]. 사실 상장법인의 내부자가 그 회사와 관련된 공개되지 않은 중요한 정보를 이용하여 그 회사가 발행한 증권을 매매하는 경우 전형적인 미공개 중요정보 이용행위이기는 하지만, 그렇다고 해서 그 행위자가 반드시 법인의 내부자의 지위에 있어야만 하는 것은 아니다. 그러므로 '내부자'나 '내부자거래'라는 용어는 회사 내부의 임직원들 간의 은밀한 행위나 또는 계약당사자 간의 뒷거래라는 의미로 오해할 여지가 있고, 다른 한편으로는 동일 계열사 간의 부당 내부거래(intercompany dealing)의 개념과 혼동될 수도 있으므로 적절한 표현은 아니다.

예를 들어, A상장법인의 임원이 자신이 근무하는 회사가 외국계 투자법인을 통해 대규모 유상증자를 하게 될 것이라는 공개되지 않은 내부정보를 이용하여 A회사의 주식을 미리 매입하였을 경우에는 미공개 중요정보를 이용한 행위이기는 하지만, 내부자 간 거래가 없기 때문에 이를 가리켜 '내부자거래'라고 하는 것은 분명한 모순이다[780].

이러한 '내부자, 내부자거래'라는 용어의 모순을 회피하고자 내부자거래를 상대거래(상대방과 직접 거래하는 경우)와 시장거래(증권거래소에서 이루어지는 경우)로 구분하거나, 또는 유리정보거래(회사의 유리한 정보를 이용하여 주식을 매수하는 경우)와 불리정보거래(불리한 정보를 이용하여 주식을 매도하는 경우)로 구분하기도 한다[781].

내부자거래의 규제와 관련된 제도로는 미공개정보를 이용하는 행위 외에도 내부자 단기매매차익의 반환(제172조), 장내파생상품의 대량보유보고의무(제173조의2), 임원 등의 특정증권 등 소유상황보고(제173조) 등이 있는데 이러한

---

779) 금감원(2011a), 385쪽
780) 이를 가리켜 '외부자의 거래(outsider trading)'라고 하는 견해가 있음(김건식(2006), 253쪽).
781) 김건식(2006), 253쪽 참조

조치는 내부자거래를 사전에 방지하기 위한 예방적 장치라고 할 수 있다[782]).

(3) 자본시장법에서는 미공개 중요정보를 이용해서 유가증권 등의 거래를 해서는 안 되는 특별한 지위에 있는 행위자를 6개로 규정하고 있다(제174조). 6개 군 중에서 제1호 내지 제5호의 경우에는 상장법인에서 특별한 자격이나 지위에 있을 것을 요건으로 하고 있고, 6호에서는 이들 1호 내지 5호에 해당하는 사람으로부터 미공개 중요정보를 전달받은 사람(정보수령자)을 규정한다. 따라서 구증권거래법에서는 처벌하기 어려운 계열회사의 임직원 등의 모회사 정보 이용행위나 M&A 교섭 중인 자의 정보이용행위를 규제할 수 있게 되었다[783]).

자본시장법에서는 한정적 열거방식을 채택하고 있다. 물론 각항 제6호의 해석에 따라서는 특수한 지위에 있는 자로부터 정보를 수령한 '모든 사람'이 행위주체가 될 수도 있으므로 예시적인 것으로 볼 여지도 있지만, 해석상 1차 수령자에 국한하는 것이기 때문에 조문의 전체적인 취지는 한정적 열거방식을 취한 것으로 보아야 한다. 따라서 그 외의 지위에 있는 자는 이 조항으로 처벌할 수 없다.

내부자를 그 성격에 따라 '협의의 내부자(insider 상장법인, 상장법인의 임직원 및 대리인, 상장법인의 주요주주, 계열회사 임직원 등), 준내부자(quasi-insider 해당 법인에 대하여 법령에 따른 허가, 인가, 지도, 감독, 그 밖의 권한을 가지는 사람들로서 자신의 직무와 관련하여 알게 된 경우에만 규제대상이 됨), 정보수령자(tippe 매스컴 관계자, 애널리스트, 회사 임직원의 가족 또는 친구 등 내부자로부터 정보를 수령한 자)'로 구분하기도 하며[784]), 준내부자와 외부내부자로 구분하는 견해[785])도 있다.

(4) 내부자(정보수령자 제외)의 어느 하나에 해당할 경우에는 그 지위에 해당하지 않게 된 날로부터 1년 이내 기간 중에는 내부자로서의 지위를 가진 것으로 취급한다(제174조 제1항). 즉, 그러한 주요 임직원의 지위에 있는 동안에 취득한 미공개정보가 그 내부자의 지위를 벗어난 후 1년 이내에 현실화됨으로써 시

782) 김정수(2011), 986쪽
783) 금감원(2011a), 12쪽
784) 한국증권법학회(2009), 857쪽 ; 박정호 외(2012), 19쪽
785) 윤승한(2011), 752쪽

세차익을 얻게 되는 부당함을 방지하기 위한 것이다.

　물론 단순히 1년이라는 기간 내의 모든 주식처분을 미공개 중요정보 이용행위로 보자는 취지는 아니므로 주식처분에 이용한 미공개 중요정보는 내부자의 지위에 있는 동안에 직무와 관련하여 지득한 것이어야 하고 퇴임 후 다른 방법으로 취득한 경우에는 내부자가 아니라 정보수령자에 해당할 것이다[786].

　(5) 실무상 내부자로 파악하기 위한 방법으로서는, 실질주주명부 검토, 미공개중요정보 형성시점 또는 특정공시 직전, 직후 대량매매 계좌를 추적하는 매매분석방법, 증권계좌 관리대장 및 고객계좌부 원장 검토, 자금추적 및 주권조회, 온라인 거래 시에는 IP주소를 이용한 주문자 추적 등이 있다[787].

2. 상장법인 및 그 상장법인의 임직원 · 대리인(제1호)

가. 상장법인

　자본시장법에서는 '상장법인 및 상장법인의 임직원 · 대리인으로서 그 직무와 관련하여 미공개 중요정보를 알게 된 자'를 대상으로 하고 있다.

　상장법인 등은 1999년 증권거래법 개정 당시에 내부자거래의 주체에 포함되었는데 법인이 자기주식의 취득과 처분과정에서 미공개정보를 이용하는 것을 규제하기 위한 것이다[788]. 자연인이 아닌 법인이 행위 주체가 될 수 없음에도 법인을 내부자거래의 주체로 규정한 것은 배당가능이익의 범위 내에서 법인의 자기주식취득이 자유롭게 허용됨에 따라 해당 법인이 자기주식취득을 통한 내부자거래의 가능성이 제기되었기 때문이다[789].

　'상장법인'은 6개월 이내 상장이 예정된 법인과 그 계열회사도 포함하고 있

---

786) 임재연(2008), 547쪽
787) 금감원(2011a), 356쪽
788) 임재연(2008), 545쪽
789) 김정수(2011), 998쪽

으며 내부자의 지위를 상실한지 1년이 경과되지 않은 경우에도 내부자로 본다.
계열회사인지 여부는 독점규제 및 공정거래에 관한 법률(제2조 제3호)에 따라
판단하고, 둘 이상의 회사가 동일한 기업집단에 속하는 경우 계열회사에 해당한
다(자본시장법 제25조 제5항 제4호). 따라서 동일한 기업집단의 두 회사의 임직
원, 주요주주는 서로 상대방 회사의 내부정보를 이용할 수 없다790).

법인이 내부자거래를 하였을 경우에는 실제로는 법인의 대표자나 임원진들
이 범행을 실행하게 되는데, 그러한 지위에 있는 자들이 자신의 이익이 아니라
회사의 이익을 위해서 미공개 중요정보를 이용하였다면 법인에 대해서는 벌금형
을 선고할 수 있고, 그 행위자들은 양벌규정에 의하여 처벌하게 된다791).

자본시장법 제174조 제1항의 제1호와 제2호만 규제대상에서 '계열회사'를
포함하고 제3호와 제4호는 계열회사를 포함하지 않는다고 규정(제1호)하고 있으
므로 계열회사에 대하여 법령에 따른 인허가 등 권한을 가지는 자(제3호)와 계열
회사와 계약을 체결, 교섭 등을 하는 자(제4호)는 규제대상이 아니다792).

나. 상장법인의 임직원, 대리인

(1) 내부자거래의 규제대상이 되는 가장 기본적인 내부자로는 상장법인의
임원, 이사, 주요주주 그리고 직원이 있는데 이들을 가리켜 '고전적 내부자793),
전통적 내부자794)'라고 한다.

내부자는 회사에 고용되어 있는 기회에 얻은 미공개정보를 이용하여 거래를
하지 않을 신임의무를 부담하는 지위에 있는 자이므로 임원을 비롯한 고위직원은
당연히 내부자로 되고, 하위직원들도 고용되어 있는 기회에 정보를 얻게 되면 내
부자로 되어 규제의 대상이 된다795).

'상장법인의 임직원, 대리인'은 법인등기부 등재 여부, 법률적인 계약의 존속

---

790) 한국증권법학회(2009), 858쪽 ; 임재연(2012), 810쪽
791) 김정수(2011), 999쪽 ; 임재연(2012), 809쪽
792) 임재연(2012), 810쪽
793) 김정수(2011), 988쪽
794) 금감원(2011a), 392쪽
795) 한국증권법학회(2009), 858쪽 ; 임재연(2012), 811쪽

여부를 불문한다고 해석한다. '임원'은 이사와 감사를 말하고(제9조 제2항), 계열
회사796) 임원을 포함하며, 상법에서 규정하는 '업무집행 지시자'도 임원에 해당
한다(제401조의2 제1항). 업무집행지시자란 '회사에 대한 자신의 영향력을 이용
하여 이사에게 업무집행을 지시한 자, 이사의 이름으로 직접 업무를 집행한 자,
이사가 아니면서 명예회장·회장·사장·부사장·전무·상무·이사 기타 업무를
집행할 권한이 있는 것으로 인정될 만한 명칭을 사용하여 회사의 업무를 집행한
자'를 말한다.

　　그러므로 공식적으로 임원의 직함을 가지고 있지 않더라도 실제적으로 임원
의 기능을 수행한다면 임원에 포함시켜야 하지만 그 반대로 명예이사 등 실질적
으로는 아무런 역할을 수행하지 않는 경우에는 내부자에 포함되지 않는다797).
임원 직함은 없지만 실질적으로 임원으로서 기능하는 업무를 수행하는 자, 예를
들어 고문, 상담역 등에 대해서 죄형법정주의 원칙상 범죄주체가 될 수 없다는
견해798)가 있지만 이런 경우는 공범으로 처벌받을 것이고 자본시장법에서는 '임
직원'으로 규정하여 일반 직원들까지 그 범위를 넓혔기 때문에 이러한 논쟁은 큰
의미는 없다. 사외이사(제9조 제3항), 비상근감사도 당연히 임직원에 해당한다.

　　임직원의 미공개정보 이용행위는 그것이 자신의 이익을 추구할 목적으로 자
기의 계산으로 하는 것이든, 당해법인에 이익이 귀속될 자사주식의 처분처럼 타
인의 이익을 위하여 타인의 계산으로 하는 것이든 제한을 두지 않고 있으며, 양
벌규정에서 법인의 대표자 등이 그 법인의 업무에 관하여 이러한 행위를 한 때에
는 행위자를 벌하도록 규정하고 있으므로 당해 법인의 임직원 등이 미공개정보를
이용하여 법인의 업무에 관하여 주식을 매각하는 경우에도 그 임직원 등은 당연
히 처벌된다799).

　　사례 : A법인 대표이사와 재무담당임원 등은 1998. 8. 17.경 B재단 재무기획팀으로부
　　터 A법인에 대한 감자를 단행하라는 지시를 받고 8. 21. 감자에 관한 이사회 결의가
　　예정되어 있는 상황에서 회사운영자금 마련을 위해 보유하고 있는 A법인 주식을 감

---

796) 계열회사는 독점규제 및 공정거래에 관한 법률상의 계열회사를 말한다(제25조 제5항 제
　　4호)
797) 김정수(2011), 990쪽
798) 김성준, 증권형사법, 213쪽
799) 김성준, 증권형사법, 212쪽 ; 임재연(2008), 546쪽

자이사회결의 공시 전에 매각할 필요성이 있다고 판단하여 A법인 주식 100만 주 정도를 12억 원에 매각한 사건에 대해 … (중략) … 당해 법인의 임직원 또는 대리인이 미공개정보를 이용하여 법인의 업무에 관하여 자사의 주식을 매각하는 경우에도 그 법인의 임직원 또는 대리인은 당연히 형사처벌되는 것이다[800]

(2) '직원'은 고용계약의 종류에 관계없이 계약직, 임시직, 정규직, 비정규직을 불문한다. 왜냐하면, 하위직원이라고 하더라도 법인에 고용된 기회에 직무와 관련된 정보를 얻게 될 가능성은 충분히 있기 때문에 고용계약 관계를 불문하고 그 지휘, 명령하에 있으면 직원에 해당한다[801].

해당법인에서 타회사에 '파견되어 근무하는 경우'에는 해당법인의 내부정보 이용가능성이 없어 직원에 해당하지 않는다고 볼 여지도 있지만 본사 직원으로서의 지위 및 친분관계로부터 정보를 얻을 수도 있기 때문에 이를 제외할 이유는 없다[802].

상장회사 일반 직원들이 회사의 미공개 중요정보에 접근할 가능성은 적지만 비서실, 재무팀, 공시팀 등 특정 부서는 미공개 중요정보의 생성이나 결정과정에 접근할 개연성이 크고 업무처리과정에서 직간접적으로 다룰 수도 있으므로 당연히 내부자에 포함된다[803]. 계열회사의 직원도 내부자의 범위에 포함된다.

(3) 자본시장법에서는 법인의 대리인을 내부자의 범위에 포함시키고(1호), 제2호에서 제4호에 해당하는 자가 법인인 경우에는 그 임직원 및 대리인도 내부자에 포함한다(제5호). 여기서 대리인은 법률적으로 대리계약을 체결하든 않든 상관없이 실질적으로 대리 업무를 수행한 자를 모두 포함하고 그 법인의 사실적인 행위를 대리하는 경우도 해당한다. 또한 해당 법인업무에 관한 대리권을 부여받은 변호사, 회계사, 세무사 등도 포함된다[804].

구증권거래법에서는 대리인에 대해 명확한 규정을 두지 않아 임직원 등의 대리인을 내부자로 볼 것인지 여부에 대해서 논쟁이 있었으나 자본시장법에서는 이

---

800) 대법 2002. 4. 12. 선고 2000도3350 판결
801) 한국증권법학회(2009), 858쪽 ; 김성준, 증권형사법, 213쪽 ; 임재연(2012), 811쪽
802) 동일한 견해로는 박정호 외(2012), 21쪽, 반대견해로는 한국증권법학회(2009), 858쪽
803) 김정수(2011), 991쪽
804) 박정호 외(2012), 21쪽 ; 임재연(2012), 811쪽

를 법규정에 명시하였으므로 큰 의미가 없게 되었다.

공개매수의 경우(제174조 제2항)에는 공개매수자(그 계열회사를 포함) 및 그 임직원·대리인으로서 그 직무와 관련하여 공개매수의 실시 또는 중지에 관한 미공개정보를 알게 된 자를 말하고, 주식 등의 대량취득·처분의 경우(제174조 제3항)에는 그 대량취득·처분을 하는 자(그 계열회사 포함) 및 대량취득·처분을 하는 자의 임직원·대리인으로서 그 직무와 관련하여 대량취득·처분의 실시 또는 중지에 관한 미공개정보를 알게 된 자를 말한다.

이러한 대리인들은 내부자의 업무를 대리하는 과정에서 알게 된 미공개 중요정보를 이용할 개연성이 있으며 그 비난가능성도 동일하기 때문에 내부자의 범주에 포함하여 규제하고 있다[805].

3. 상장법인의 주요주주(제2호)

가. 개념

(1) 자본시장법에서는 상장법인의 주요주주로서 그 권리를 행사하는 과정에서 미공개 중요정보를 알게 된 자를 미공개 중요정보의 규제대상자로 명시하고 있다.

주요주주란 '① 누구의 명의로 하든지 자기의 계산으로 법인의 의결권 있는 발행주식총수의 10% 이상의 주식(그 주식과 관련된 증권예탁증권을 포함)을 소유한 자, ② 임원의 임면 등의 방법으로 법인의 중요한 경영사항에 대하여 사실상의 영향력을 행사하는 주주로서 대통령령으로 정하는 자'를 말한다(시행령 제9조 제1항 제2호)[806].

---

805) 김정수(2011), 1,000쪽에서는 임직원의 대리인에 대해서도 명문의 규정으로 내부자의 범위에 포함시켜야 한다고 주장한다.
806) 구증권거래법에서도 '주요주주란 누구의 명의로 하든지 자기의 계산으로 의결권 있는 발행주식 총수 또는 출자총액의 100분의 10 이상의 주식 또는 출자증권을 소유한 자와 임원의 임면 등 당해법인의 주요 경영사항에 대하여 사실상 영향력을 행사하고 있는 주주'를 말

'10% 지분'을 산정함에 있어서 특수관계인의 지분은 최대주주에 관하여는 합산하여야 한다고 명시적으로 규정하고 있지만 주요주주에 관해서는 명확한 규정이 없어 합산할 수 없다고 해석되므로 주주가 '주요주주'에 해당하는지 여부는 개별 주주 1인을 기준으로 판단하여야 할 것이다[807].

'사실상의 영향력을 행사하는 주주(사실상 지배주주)'란, 단독으로 또는 다른 주주와의 합의·계약 등에 따라 대표이사 또는 이사의 과반수를 선임한 주주 또는 경영전략·조직변경 등 주요 의사결정이나 업무집행에 지배적인 영향력을 행사한다고 인정되는 자를 말한다(시행령 제9조).

이처럼 10% 이상의 주요주주 이외에 사실상의 영향력을 행사하는 주주를 포함시킨 것은 우리나라 기업의 현실상 10% 미만의 소유주식을 가지고도 계열사 또는 친인척 등을 통해서 기업경영에 영향력을 행사하는 경우가 많으며 또한 이러한 여건을 이용하여 내부정보를 취득할 우려가 매우 높기 때문이다[808].

공개매수(제174조 제2항), 주식 등의 대량취득·처분(제174조 제3항)의 경우에는 그 공개매수나 주식 등의 대량취득·처분 행위를 하는 법인의 주요주주를 말한다.

주주가 되는 시점은, 단기매매차익 반환의무에 있어서는 계약체결일로 보는 것이 타당하고(민사상 채무이므로 발생시점을 기준), 미공개 중요정보 이용행위에 있어서는 실제로 증권을 인도받은 날을 기준으로 삼아야 한다는 의견[809]도 있지만, 법률상 주주의 지위를 갖게 되는 시점이라고 보아야 하므로 실제 증권을 인도받아야 되는 것은 아니다.

(2) 그 법인의 주요주주로서 "그 권리를 행사하는 과정에서" 미공개 중요정보를 알게 된 자를 대상으로 규정하고 있다[810].

본래 주주에게는 그 업무가 따로 있다고 볼 수 없으므로 "업무(직무)와 관련해서"가 아니라 '권리를 행사하는 과정'이라고 규정한 것이 더 정확한 표현이라고

한다고 해석하였으므로 자본시장법과 거의 동일한 개념이었다.

807) 서울고등 2008. 6. 24. 선고 2007노653 판결 (임재연(2012), 812쪽)

808) 김정수(2011), 990쪽

809) 임재연(2012), 812쪽

810) 구증권거래법에서는 당해법인의 주요주주가 상장법인 또는 코스닥상장법인의 "업무 등과 관련하여" 미공개 중요정보를 이용해서는 안 된다고 규정하고 있었는데(제188조의2), "업무와 관련해서"라는 개념이나 "주주로서 그 권리를 행사하는 과정에서"라는 개념은 큰 차이는 없다.

하겠다811). 반대해석상, 일단 주요주주일지라도 주주로서의 권리를 행사하는 과정에서가 아니라 다른 방법으로 미공개 중요정보를 입수하였을 경우에는 이를 규제의 대상으로 보지 않는다고 해석할 여지는 있으나 이는 구증권거래법에서도 달리 해석할 바는 아니었다812).

전환사채나 신주인수권부사채 등 주식과 관련된 채권을 보유한 경우 이러한 채권을 소유한 주주 역시 당해법인의 주요 경영사항에 대하여 사실상의 영향력을 행사할 수 있다고 보아야 하므로 주식으로 전환될 수 있는 채권을 주식으로 전환하였을 경우의 주식수와 현재 보유하고 있는 주식수를 합산하여 10%를 초과하는 경우 주요주주에 해당한다고 보는 견해813)와 이에 반대하는 견해814)가 있다. 그런데 '사실상의 영향력을 행사하는 주주'를 포함시킨 입법취지에 따르면 이들 주식이나 채권도 포함하는 것이 맞다고 보이지만 입법적으로 해결하는 것이 옳을 것이다.

사례 : A카드사건의 1심에서는, A그룹 측과 갑, 을 사이에 체결된 주주 간 계약서에 1% 이상의 지분을 보유한 A그룹 측 개인주주 13명이 주요주주로 특정되어 있고 위 13명에 피고인 병이 포함되어 있었던 사실이 인정되므로 A카드의 O씨, O씨 일가의 친인척 대주주 60명은 모두가 '집합적으로 의결권을 행사하면서 사실상 1대 주주로서 임원의 임면 등 당해법인의 주요 경영사항에 대하여 영향력을 행사'하고 있는 주요주주라고 봄이 상당하다고 판시하였다. 그러나 2심에서는 피고인 병을 비롯한 A카드의 대주주인 O씨, O씨 일가 60명이 집합적으로 의결권을 행사하면서 임원의 임면 등 당해 법인의 주요 경영 사항에 대하여 영향력을 행사하고 있다 하더라도 주요주주에 해당하는지 여부는 개별 주주 1인을 기준으로 판단해야 한다고 판시하였음815)

---

811) 임재연(2012), 812쪽
812) 권리를 행사하는 과정뿐만 아니라, 자신(주주)의 지위와 관련하여 내부정보를 알게 된 경우도 포함해야 한다는 견해로는, 김정수(2011), 991쪽
813) 김성준 외(2007), 214쪽
814) 김정수(2011), 990쪽
815) 서울고등 2008. 6. 24. 선고 2007노653 판결

나. 주요주주인 법인

자본시장법에서는 주요주주로서 상장법인과 그 법인의 계열회사를 포함하고 있는데 주요주주가 법인인 경우에는 그 주요주주인 법인의 '임원이나 대리인'도 당연히 미공개 중요정보 사용에 대한 규제대상이다(제174조 제5호). 이는 비록 법인이 주요주주로 되어 있다고 할지라도 그 법인의 임원 등이 법인의 중요정보를 이용한 행위를 규제하기 위한 것이다.

예를 들어, 은행 임원이 은행의 자회사인 신용카드회사에서 감자 없이 합병을 한다는 계획을 미리 알고 주식매매를 한 경우[816], A회사의 최대주주인 B개발회사의 임원이 A회사의 재무구조 개선을 위하여 A회사 소유의 공장부지를 매각하게 되었다는 정보를 입수한 경우[817] 등이 그런 예라고 할 수 있다.

그런데 주요주주가 법인일 경우, 예를 들어 상장법인 A의 주요주주를 B법인이라고 할 때 B법인의 '주요주주'는 법규정상 내부자의 범위에 포함되지 않지만 실제로는 B법인의 주요주주는 A법인의 미공개중요정보에 접근할 가능성이 매우 높기 때문에 이를 규제할 필요가 있다. 다만, 현행법에서는 내부자로 해석할 수 없으므로 결국 1차 정보수령자임이 확인될 경우에만 처벌이 가능하다[818].

사례1 : 창업투자지원회사인 A회사가 B회사의 주요주주인 경우에 A회사의 대표이사는 B회사와의 합작투자계약에 따라 정기 또는 수시로 확인하거나 보고를 통하여 B회사의 매출액 추이, 어음교환규모 등 회사 자금사정 및 경영전반에 관한 정보를 지득하여 왔으므로 미공개 중요정보의 규제대상자이다[819]

사례2 : 상장법인 A사의 주요주주인 B사의 대표이사로 근무하는 갑이 A사가 발행한 어음 등의 부도처리가 불가피하다는 사실을 알고 B사가 보유하고 있던 A사의 주식을 매도한 사실과, 갑의 위 주식매매가 끝난 다음날 A사가 최종 부도처리되어 공시된 사실이 있는바 … (중략) … 당해법인의 주요주주 등이 그 정보를 공시하기 전에 이를 이용하여 보유주식을 매각하였다면 미공개정보를 이용한 것이다[820]

---

816) 서울고등 2007. 6. 8. 선고 2007노402 판결
817) 서울동부 2006. 8. 18. 선고 2006고단1047 판결
818) 동일한 견해로는 임재연(2008), 546쪽
819) 대법 1994. 4. 26. 선고 93도695 판결

4. 법인의 허가 · 인가 · 지도 · 감독 등(제3호)

(1) 원래는 내부자가 아니지만 당해 법인과 인허가 등 일정한 관계에 있는 자로서 정보접근이 용이하거나 합법적으로 내부정보에 접근할 수 있는 사실상의 내부자를 가리켜 '**준내부자**(quasi-insider)'라고 하며 마찬가지로 규제대상이 된다[821]. 자본시장법에서는 '그 법인에 대하여 법령에 따른 허가 · 인가 · 지도 · 감독, 그 밖의 권한을 가지는 자로서 그 권한을 행사하는 과정에서 미공개 중요정보를 알게 된 자'를 말한다. 이러한 인허가에 관한 권한을 행사할 수 있는 지위에 있으면 해당 기업의 내부정보를 인지할 수가 있으므로 법령의 권한행사 과정에서 일반투자자에 비해 정보의 우위에 있을 가능성이 많아 이를 규제하는 것은 당연하다[822].

상장법인에 대해 인허가권을 가진 주무부서, 단체 및 그 소속 개인은 자신의 직무처리 과정에서 미공개 중요정보를 입수하거나 접근할 수 있는 유리한 지위에 있기 때문에 이를 규제할 필요가 있는데, 대개 인허가 및 감독의 권한을 가지는 공무원이나 감독기관의 임직원 등이 여기에 해당한다[823].

(2) '법령에 의한' 권한이기 때문에 당해기업과 계약관계에 의한 것이거나 사실적인 관계에서 우월한 지위에서 있는 것만으로는 여기에 해당하지 않는다. 다만, 계약관계에 의해 미공개 중요정보를 알았을 경우에는 이 규정에는 저촉되지 않고 제174조 제4호 내지 5호에 해당한다.

이러한 지위에 있는 내부자가 자신의 권한을 행사하는 과정에서 미공개 중요정보를 취득하는 것이 일반적이겠지만 그 취득한 정보의 내용이 자신의 법령상의 권한과 직접적인 관련이 없다고 할지라도 규제의 대상이 된다[824].

---

820) 대법 2000. 11. 24. 선고 2000도2827 판결
821) 구증권거래법 제188조의2에서 '당해 법인에 대하여 법령에 의한 허가 · 인가 · 지도 · 감독 기타의 권한을 가지는 자'를 규제한 것과 같은 내용이다.
822) 김정수(2011), 991쪽
823) 박정호 외(2012), 21쪽 ; 김성준 외(2007), 215쪽
824) 동일한 견해로는 김정수(2011), 992쪽

또한 허가·인가·지도·감독 이외에 '그 밖의 권한'이라고 명시하고 있으므로 그 대상은 비교적 광범위하다. 예를 들어, 상장기업에 대한 수사기관이나 국세청의 조사 과정에서 미공개 중요정보를 우연히 알게 되어 이를 이용하였다면 규제의 대상이 된다[825]. 그러므로 그러한 지위에 있었다고 할지라도 그 권한을 행사하는 과정이 아닌, 다른 방법으로 지득한 미공개 중요정보를 사용한 경우는 마찬가지로 이 요건에는 해당하지 않는다.

공개매수의 경우(제174조 제2항)에는 공개매수자에 대해 법령에 따른 인허가권자 등이 해당하고, 주식 등의 대량취득·처분(제174조 제3항)의 경우에는 그 대량취득·처분행위를 하는 자에 대하여 법령에 따른 인허가권자 등이 해당한다.

5. 당해법인과 계약을 체결하고 있는 자(제4호)

가. 개념

(1) 자본시장법은 '상장법인과 계약을 체결하고 있거나 체결을 교섭하고 있는 자로서 그 계약을 체결·교섭 또는 이행하는 과정에서 미공개 중요정보를 알게 된 자'가 그 정보를 이용하여 유가증권을 처분하는 행위를 규제하고 있다(제174조 각항 제4호).

이 경우도 앞서 인허가 감독자 등과 마찬가지로 크게 보아 '준내부자(quasi-insider)'로 구분한다. 예를 들어 감사계약에 의한 외부감사인, 특정증권의 모집이나 매출을 위하여 인수계약을 체결한 증권회사, 명의개서대행회사, 거래은행, 변호사 또는 회계사, 컨설팅회사 등이 여기에 해당한다[826]. 이들 내부자로서의 지위는 지속적인 것이 아니라 특정한 계약체결 기간 동안에만 유지된다[827].

구증권거래법에서는 '당해법인과 계약을 체결하고 있는 자'라고 규정(제188

---

825) '그 권한을 행사하는 과정'에서 미공개 중요정보를 지득할 것을 요건으로 하고 있으며 이는 구증권거래법의 '업무 관련성'이라는 요건과 맥을 같이 한다.

826) 김정수(2011), 991쪽 ; 임재연(2012), 814쪽

827) 김정수(2011), 992쪽

조의2 제1항 제4호)하여 계약체결을 위한 교섭단계에서 그 상대방이 회사의 미 공개 중요정보에 접하게 되더라도 법문상 준내부자로 보기는 어려웠다[828].

　다만, 판례는 본 계약이 체결되기 전이라도 본 계약의 진행과 관련한 상호 합 의사항에 대한 비밀유지합의를 한 경우에는 중요한 정보에 접근할 수 있는 계약 이므로 규제대상인 준내부자에 해당하고, 나아가 법인과 계약을 체결함으로써 그 법인의 미공개 중요정보에 용이하게 접근하여 이를 이용할 수 있는 지위에 있다 고 인정되는 자는 비록 그 계약이 그 효력을 발생하기 위한 절차적 요건을 갖추 지 않았다고 해도 '당해법인과 계약을 체결하고 있는 자'에 해당하는 것으로 보았 다[829]. 따라서 자본시장법은 이러한 법조문과 해석상의 모순점을 입법적으로 해 결한 셈이다[830].

> 사례 : 바이오벤처 기업인 A사의 대표이사 갑은 경영실적이 부진하여 을을 대리인으
> 로 내세워 A사 투자자금 유치에 나서 상장사인 B사 이사인 병과 투자협상을 시작했
> 으며, 2005. 5. B사와 갑 사이에 B사가 현물출자에 의한 제3자 배정방식으로 유상증
> 자를 하여 A사를 계열사로 인수하기로 하고 A사와 전략적 업무제휴협정을 맺기로
> 하는 합의를 하여 을은 B사와 계약을 체결하고 있는 자가 된 후 이 미공개정보를
> 이용하여 부당이득을 취득하였음[831]

　공개매수의 경우(제174조 제2항)에는 공개매수자와 계약을 체결하거나 체 결을 교섭하고 있는 자를 말하고, 주식 등의 대량취득·처분(제174조 제3항)의 경우에는 그 대량취득·처분행위를 하는 법인이나 자연인과 계약을 체결하거나 체결을 교섭하는 자를 말한다.

　이 규정의 입법취지는 회사와의 일정한 관계에서 비롯되는 지위로 인하여 내 부정보에 특별히 접근할 수 있기 때문에 이들이 정보 상의 이점을 이용하거나 남 용하여 증권거래를 한다면 이와 같은 정보를 알지 못하는 일반투자자의 희생 하 에 부당한 이득을 얻게 되므로 이를 방지하기 위한 것이다[832].

---

828) 서울중앙 2007. 7. 20. 선고 2007고합159 판결
829) 대법 2010. 5. 13. 선고 2007도9769 판결
830) 임재연(2012), 814쪽
831) 수원지법 2008. 8. 29. 선고 2008고합112 판결
832) 서울지법 2003. 6. 25. 선고 2002노9772 판결, 서울고등 2011. 7. 8. 선고 2011노441 판결

준내부자는 계약체결 과정에서 상대회사의 미공개 중요정보를 알 수 있는데 이를 이용하여 주식거래를 하게 되면 그 후 해당 법인과 진행되던 계약이 성립되지 않거나 무효였더라도 미공개 중요정보 이용행위는 성립한다833). 이러한 지위에 있는 것을 가리켜, 해당기업의 경영과 관련한 '특별한 비밀관계(special confidential relationship)'라고도 한다834).

다른 한편으로는, 법인과 계약을 체결하고 있는 자는 그 법인의 미공개 중요정보에 쉽게 접근할 수 있어 이를 이용하는 행위를 제한하지 않을 경우 거래의 공정성 내지 증권시장의 건전성을 해할 위험성이 많아 이를 방지하는 데에도 그 목적이 있다. 따라서 그 계약을 체결하고 있는 자를 정하는 기준은 정보에 대한 접근 가능성을 최우선적으로 고려함이 마땅하다835).

(2) 본조에서는 '계약을 체결하여 그 사실을 알고 있는 자'를 규제하는 것이 아니라, '계약을 체결하고 있거나 체결을 교섭하고 있는 자로서 그 계약을 체결·교섭 또는 이행하는 과정에서 미공개 중요정보를 알게 된 자'라고 규정하고 있다.

그러므로 계약체결이나 체결 교섭을 하는 자를 규제의 대상으로 하되 그자가 체결·교섭 또는 이행하는 과정에서 미공개 중요정보를 알게 된 경우를 규정하고 있다. 이 경우 그러한 최종 체결 전(前) 단계에서의 어느 시점에서 볼 때는 그 계약이란 파기되거나 계약내용이 변경될 수도 있으므로 반드시 미공개 중요정보라고 보기는 어렵지만, 적어도 그 시점까지 협의된 계약의 내용 자체는 미공개 중요정보로 보호할 가치가 있다고 할 것이다. 구법하에서는 계약체결을 교섭하는 단계에서 이미 상대방은 회사의 미공개정보에 접하게 되는 경우가 많기는 하지만, 이러한 경우에는 법문상 준내부자라고 볼 수는 없고 정보수령자에 해당한다고 해석하는 견해836)도 있었다.

판례837)는 "계약의 중요하고 핵심적인 부분이 당사자 사이에 법적 구속력이 있을 정도로 성립되어 있어 중요정보에 대한 접근가능성이 있다면" 이 규정에서 언급한 '계약'에 해당한다고 해석하지만 동의하기는 어렵다. 왜냐하면 계약체결의

833) 임재연(2012), 814쪽
834) 김정수(2011), 992쪽
835) 서울고등 2011. 7. 8. 선고 2011노441 판결
836) 임재연(2008), 547쪽
837) 서울고등 2011. 7. 8. 선고 2011노441 판결

선행단계에서 '법적 구속력이 있을 정도'로 성립되는 것이란 예상하기 쉽지 않기 때문이다. 오히려 그러한 구속력이 없는 단계일지라도 장차 계약이 최종 성립될 때에 '호재성 또는 악재성 정보'가 될 것이라고 충분히 예상할 수 있는 정도에 이르렀다면 미공개 중요정보가 성립된다고 보는 것이 합리적이다.

(3) 또한 '상장법인'과 계약을 체결하거나 체결을 교섭하는 자에 국한하므로 상장법인에 근무하는 임직원은 그 행위의 주체가 될 수가 없고(이 경우는 제174조 각호에 해당하게 될 것임), 그 상대방 법인(회사)에 근무하는 임직원이라면 누구나 그 지위에 해당할 수 있다.

다만, 그 계약 상대방 회사의 임직원일지라도 그 당해 계약의 체결이나 교섭 과정에 있지 않은 자는 여기에는 해당하지 않고 제5호의 임직원, 대리인에 해당할 경우에만 규제가 가능할 것이다.

대주주와 주식양수도 계약을 체결한 상대방 당사자는 해당법인과 계약을 체결한 자에 해당하지 않지만 양수도 지분이 10% 이상인 경우에는 제174조 제3항 제4호의 '대량취득·처분을 하는 자와 계약을 체결하거나 체결을 교섭하고 있는 자로서 그 계약을 체결, 교섭 또는 이행하는 과정에서 대량취득·처분의 실시 또는 중지에 관한 미공개정보를 알게 된 자'에 해당할 수 있다[838].

나. 계약의 성격, 유효성 등

'계약'에는 계약의 내용이나 종류, 계약형태, 이행시기, 계약기간의 장단 등은 불문한다. 그러므로 비밀유지합의라는 약정이 있었다고 해서 달리 취급할 것도 아니다. 또한 그 계약의 법률적 효력을 발생하기 위한 절차적 요건을 갖추지 않았더라도 규제의 대상이 되는데, 왜냐하면 미공개 중요정보 이용행위에 관한 증권거래법위반죄는 추상적 위험범으로서 거래의 공정성 등을 해할 우려가 있으면 족하기 때문이다[839].

따라서 법에서 말하는 '계약'은 법인과 계약을 체결함으로써 법인의 미공개

---

838) 임재연(2012), 813쪽
839) 대법 2010. 5. 13. 선고 2007도9767 판결

중요정보에 용이하게 접근하여 이를 이용할 수 있는 지위를 발생시키기만 한다면 그 계약의 형식, 내용, 종류, 이행시기, 계약기간의 장단 등을 묻지 않고, 서면으로 된 정식계약에 한하지 않으며, 계약의 법률적 효력을 발생하기 위한 절차적 요건을 갖추지 않았더라도 규제대상이 되는 점에서 구두계약이나 가계약도 당연히 '계약'에 포함된다[840]. 구두계약은 법에서 말하는 계약에 해당되지 않는다는 견해[841]가 있으나 근거 없는 주장이다.

'양해각서'는 법적인 구속력이 없기 때문에 '계약체결자'로 볼 수는 없겠지만[842], '계약체결을 교섭하고 있는 자'의 범위에 속하고 이러한 지위에 있는 자를 범행주체로 열거하고 있으므로 계약체결자인지 여부는 구분할 실익이 없다[843].

사례1 : 비상장회사의 전무 갑이 회사를 대표하여 상장회사와 주식의 매수, 회사 간 합병 등에 관한 정보제공 및 비밀유지, 본 거래의 진행과 관련된 상호합의 사항에 대한 비밀유지합의의 계약을 체결하였다면 비밀유지합의 계약도 A&D추진이라는 중요한 정보에 접근할 수 있는 계약에 해당하므로 갑은 당해 법인과 계약을 체결하고 있는 자의 임원에 해당한다[844]

사례2 : B바이오는 신주발행을 통한 유상증자를 계획하고 A제약이 신주인수 의사를 밝혀옴에 따라 B바이오 대표이사는 2005. 7. 1. B바이오를 대표해서 A제약과 신주인수에 관한 잠정적인 구두합의를 한 사실, B바이오 이사는 이사들에게 제3자 배정 유상증자에 관한 이사회의 서면 결의를 요구하는 이메일을 송부하였고 이에 대하여 이사들의 이의제기가 없었던 사실, B바이오는 2005. 7. 4. A제약과 신주인수계약을 체결한 다음 2005. 7. 6. 이사회를 개최하여 신주발행 및 제3자 배정을 결의하였다면 B바이오의 대표이사는 "당해법인과 계약을 체결하고 있는 자"에 해당한다[845](원심[846]은 "신주의 발행에 관한 사항은 이사회의 결의가 없는 상태에서 대표이사가 상

---

840) 서울고등 2011. 7. 8. 선고 2011노441 판결
841) 김정수(2011), 993쪽
842) 김정수(2011), 993쪽
843) 구증권거래법에서는 '계약체결 교섭 중인 자'는 규제의 대상이 아니었음
844) 서울지법 2003. 6. 25. 선고 2002노9772 판결
845) 대법 2010. 5. 13. 선고 2007도9767 판결
846) 서울중앙 2007. 7. 20. 선고 2007고합159 판결, 서울고등 2007. 10. 26. 선고 2007노
     1733 판결

대방과의 사이에 신주인수계약을 체결하는 것은 특별한 사정이 없는 한 무효이고, 이사회 결의는 이사 과반수 출석, 출석이사 과반수로 하는 것이 원칙이므로 당사자 간 신주인수계약은 효력이 없으므로 계약을 체결하고 있는 자의 지위에 있지 않다" 라고 판단하였음)

6. 대리인 · 사용인 기타 종업원의 범위(제5호)

(1) 자본시장법에서는 '제2호부터 제4호까지의 어느 하나에 해당하는 자의 대리인 · 사용인, 그 밖의 종업원으로서 그 직무와 관련하여 미공개 중요정보를 알게 된 자'를 규제의 대상으로 한다. 왜냐하면 이들은 직접 해당 업무를 담당하지는 않는다고 할지라도 정보에 용이하게 접근할 수 있으므로, 규제대상으로 보는 것이 합리적이기 때문이다[847]. 이는 구증권거래법 제188조의2 제1항 제5호 소정의 '대리인 · 사용인 기타 종업원'의 개념과 같다.

상장법인의 임직원, 대리인에 대해서는 제1호에서 규정하고 있으므로 제5호에서는 제1호를 제외하고 있다. 그러므로 제1호의 대리인이 '다른 법인'인 경우에는 그 다른 법인의 임직원 및 대리인은 규제대상에 포함되지 않는다.

제2호 내지 제4호에 해당하는 자의 대리인이 법인인 경우에는 그 임직원 및 대리인만 규제대상이다. 그러나 그 법인의 주요주주는 규제대상이 아니다[848].

'종업원'의 개념에서 제174조 제2호부터 제4호까지의 어느 하나에 해당하는 자가 법인인 경우에는 그 법인의 임직원 및 대리인도 모두 포함하는 개념이다. 주요주주가 법인인 경우(제2호)에도 그 법인의 사용인이나 대리인들도 미공개 중요정보의 규제대상이다.

'대리인 · 사용인, 그 밖의 종업원'이라고 함은 정식으로 고용계약을 체결한 사람뿐만 아니라 사실상 자기의 보조자로 사용하고 있으면서 직접 또는 간접적으로 자기의 통제 · 감독하에 있는 사람도 포함한다[849]. 그러므로 법인 또는 개인의

---

847) 임재연(2012), 815쪽
848) 임재연(2012), 815쪽. 동서에서는 "주요주주에 대한 문제점으로 인해 제5호를 개정해야
   한다."고 설명한다.
849) 서울중앙 2007. 2. 9. 선고 2006고합332 판결

업무에 관하여 사실상의 사용인 내지 대리인으로서의 역할을 수행해왔다면 규제 대상이 되며 그 법인 또는 개인은 양벌규정에 의하여 처벌된다[850].

또한 대리인·사용인 등이 직무와 관련하여 공개매수의 실시 또는 중지(제 174조 제2항), 주식 등의 대량취득·처분의 실시 또는 중지(제174조 제3항)에 관한 미공개 정보를 알았을 경우에도 해당한다.

사례 : L그룹의 회장인 갑은 임원의 임면 등 L카드의 주요 경영사항에 대하여 사실 상 영향력을 행사하고 있는 주주이고, 피고인은 K명예회장의 지시를 받아 주요주주 에 해당하는 갑회장의 사실상 사용인 내지 대리인으로서의 역할을 수행하여 왔다면 피고인이 주요주주인 갑의 대리인으로 일하면서 L카드의 중요한 정보를 취득한 다 음 L카드의 주식을 매도하면서 그 정보를 이용할 경우 규제의 대상이 된다[851]

(2) 실무상으로는 계약체결의 당사자나 그 당사자의 대리인이 미공개 중요 정보를 이용하여 부당거래를 하는 경우가 많이 발견되는데, 해당 상장기업의 경 영, 재무상태에 관한 내용을 직접 확인할 수 있는 컨설팅계약, 경영자문 계약 또 는 M&A 계약을 체결한 경우가 일반적인 계약체결 당사자의 모습이라고 할 수 있고 그 대리인이 법인인 경우 그 임직원은 규제대상이 된다.

사례1 : 기업컨설팅업체 B사 대표 갑은 코스닥상장법인 A회사 대표이사 을을 만나 M&A 및 컨설팅 계약을 체결하고, 을로부터 '회사에서 가장 시급한 것은 자금'이라는 말을 듣고 주변 지인들을 통해 제3자배정 유상증자를 추진하기로 합의한 후 유상증 자 준비가 완료되었으므로 공시하도록 하라는 통보를 한 뒤 공시 전에 미리 A회사 주식을 매수해둔 경우[852]

사례2 : B회사 경영권 인수를 추진하던 A회사 대표이사 갑은 B회사 주주총회 의결 정족수를 충족시키기 위하여 A회사 계산으로 4억 원 상당의 주식 200만 주를 매수 하고 A사는 경영권을 인수하기 위한 컨소시엄을 구성한 후 제3자배정 액면미달 발 행방식에 의해 250억 원을 유상증자한 다음 B회사의 경영상황을 개선하고 A회사의

---

850) 서울고등 2008. 6. 24. 선고 2007노653 판결
851) 서울고등 2008. 6. 24. 선고 2007노653 판결
852) 서울고등 2009. 3. 19. 선고 2008노2314 판결

경영권인수를 위한 차등 무상감자를 실시하기로 하는 내용의 신주인수계약을 체결하였으며 B회사는 이사회를 개최하여 감자계획을 확정하고 이를 공시한 경우 갑은 공시 이전에 A회사 주식을 전부 매각하여 손실 회피한 경우[853]

사례3 : B회사와 자금유치에 관한 자문계약을 맺고 있던 A회사 부사장이 B회사가 외자유치를 한다는 이야기를 전해 듣고 B회사의 직원과 외국투자고문인 병이 B회사의 광주공장 등에 실사를 가는 것으로 보아 B회사의 외자유치가 확실시되는 것으로 판단하고 외자유치가 성사되면 B회사의 현금유동성 부족문제를 해결할 수 있어 향후 자금조달에 긍정적 영향을 미칠 뿐 아니라 외자유치사실이 공시되면 B사 주식이 급등할 것을 예상하고 미리 주식을 매수한 경우[854]

사례4 : B컨설팅의 대표이사 갑은 A회사와 투자유치자문업무 계약을 체결하였는데 A회사가 연예관련업체와의 포괄적인 주식교환 등을 통한 신규사업진출을 모색하고 있다는 사실, TV드라마 외주제작 회사인 C회사가 D회사와 우회상장을 논의 중인데 A회사가 C회사와 기업결합을 추진 중이며 B회사 사무실에서 A회사 사장과 C회사 사장이 기업결합과 관련된 긍정적인 계약체결의사를 확인하였으므로 C회사와 A회사가 포괄적 주식교환계약을 체결할 것으로 전망되므로 A회사의 주식이 급등할 것을 예상하고 미리 A회사의 주식을 매수한 경우[855]

사례5 : A회사가 B회계법인과 컨소시엄을 구성하여 상장법인으로서 정리회사인 C회사와의 사이에 M&A 업무용역계약을 체결하게 되어 C회사의 M&A업무를 담당하던 A회사의 직원인 갑은 관련 당사자들이 모여 C회사의 M&A와 관련한 매각일정 및 절차를 확정하면서 그 내용을 담은 "C회사 project 추진계획"이라는 보고서가 작성되어 정리법원인 서울지방법원에 보고하고 Invitation Package를 잠재투자자들에게 발송하기로 예정되어 있는 사실 등을 잘 알고 있던 상태에서 미리 C회사의 주식을 매입해 둔 경우[856]

(3) 상장회사의 경영, 재무와 관련된 정보를 직접 다루게 되는 계약을 체결

---

853) 대법 2007. 7. 26. 선고 2007도4716 판결
854) 대법 2007. 7. 12. 선고 2007도3782 판결
855) 성남지원 2007. 10. 24. 선고 2007고단1954 판결
856) 서울북부 2004. 9. 2. 선고 2004노484 판결

하는 경우가 일반적이라고 하겠지만, 그 외에 기본계약에 따라 '부수적으로' 미공개 중요정보를 입수하게 되는 경우에도 규제대상이 된다. 다음 사례에서 보는 것처럼 상장회사에 투자하거나 대출한 은행이나 금융회사가 그런 경우에 해당한다.

> 사례1 : A회사에 투자한 B은행은 A회사가 타회사와의 합병 후 3개월 이내에 B은행이 정하는 수익률을 유지하지 못하면 그 차액을 A회사 대표이사 갑이 보상하기로 약정하였으나, 예정된 기간 내에 A회사 주가가 오르지 않자 B은행은 갑에게 차액보상을 요구하였고, B은행 직원 을은 갑으로부터 A회사가 자금난을 겪고 있다는 말을 듣고 이를 이용하여 A회사 주식을 매각한 경우[857]

> 사례2 : A은행의 여신관리팀장 갑과 자금운용팀장 을은 공모하여 2003. 8. 7. A은행 여신관리팀 사무실에서 A은행과 2002. 2. 27. 경영정상화 약정을 체결한 B회사의 여신관리담당자로부터 B회사의 예상 감자비율 및 감자에 대한 이사회 결의 예정일 등이 기재된 'B회사 채권금융기관 운영위원회 서면결의 안건 및 사전회의 자료'를 전달받자 즉석에서 A은행이 보유한 B회사 주식의 매매거래를 담당하고 있는 A은행의 자금운용팀장 을에게 그 자료를 팩스로 송부하였고 을은 팩스를 받은 즉시 B회사의 주식을 매도하여 손실을 회피하였음[858]

7. 직무관련성 등

가. 개념

(1) 자본시장법에서는 미공개 중요정보를 입수한 모든 정보를 규제대상으로 삼는 게 아니라 '직무관련성이 인정되는 경우'로 국한하고 있다. 그러므로 내부자일지라도 직무와 무관한 방법으로 중요정보를 알았다면 문제가 되지 않는다.

내부자(준내부자 포함)는 직무와 관련해서 미공개 중요정보를 입수해야 하

---

857) 서울중앙 2006. 8. 18. 선고 2006노1559 판결
858) 대구지법 2005. 7. 22. 선고 2005노1343 판결

고, 자본시장법에서도 내부자가 '그 직무와 관련하여' 미공개 중요정보를 알게 되었을 것을 요건으로 하고 있다. 다만, 정보수령자(제6호)는 그 개념상 직무관련성이 요구되지 않는다.

직무관련성이 필요한 이유는 상장법인 임직원들의 주식투자를 법상 금지하고 있지 않으므로 설령 소속 회사의 주식을 거래했다고 해서 미공개 중요정보를 이용한 거래라고 추정되지 않기 때문이다. 다만, 그 임직원들이 자신들의 직위, 직무와 관련하여 미공개정보를 취득하였다면 그 정보를 이용한 주식거래는 제한되는 것이 마땅하다.

그러므로 해당 임직원들의 직무 내용과 미공개정보의 입수경위가 서로 밀접한 관련이 있다면 직무관련성이 있다고 추정된다. 그러므로 그 정보를 얻기 위한 직무상 구체적인 작업이 존재할 필요도 없고 각각의 직무행위의 내용과 구체적인 연관관계가 있을 필요도 없다. 다만, 실무상 주식거래와 관련하여 상당한 시세차익을 얻었고 그 거래가 미공개정보의 공시 전에 이루어졌다면 범의가 강하게 추정될 것이다.

(2) 자본시장법 제174조에 규정된 직무관련성은 다양하다. 즉, 법인이나 그 임직원, 대리인의 경우에는 "그 직무와 관련하여" 정보를 알게 된 경우(1호)[859], 법인의 주요주주는 "그 권리를 행사하는 과정에서" 알게 된 경우(2호), 법인에 대하여 허가·인가·지도·감독, 그 밖의 권한을 가지는 자는 "그 권한을 행사하는 과정에서" 알게 된 경우(3호), 그 법인과 계약을 체결하고 있거나 체결을 교섭하고 있는 자는 "그 계약을 체결·교섭 또는 이행하는 과정에서" 알게 된 경우(4호), 위 사람들에 대한 대리인·사용인, 그 밖의 종업원은 "그 직무와 관련하여" 알게 된 경우(5호)로 규정하고 있다.

법문상 표현은 모두 다르지만 그 지위에 따른 업무내용을 직무 관련성이 있는 것으로 보고 있기 때문에 각각의 지위에서 갖는 직무나 권리를 수행하던 중에 정보를 입수한 경우에만 규제의 대상이 된다.

직무관련성을 인정하지 않고 직무 외에 다른 사정과 관련된 정보도 포함된다고 해석하면 지나치게 범위가 넓어져 부당하므로 직무와 직간접적으로 관련된 정

---

859) 구증권거래법에서는 '업무 등과 관련한' 정보라고 규정하였으나 의미는 같다.

보로 국한된다고 해석해야 한다[860]. 예를 들어, 경리부서에 있는 직원이어서 기획부서의 업무를 직접 접하지는 않았더라도 회사의 경리업무를 수행하던 중에 기획부서로부터 우연이든 고의든 미공개 중요정보를 입수하였다면 직무관련성이 인정된다고 볼 수 있다.

그러므로 법인의 주요주주일지라도 주주총회 참석 등 주주로서의 권리를 행사하던 중이거나 주주로서 경영에 직간접적으로 관여하지 않은 이상, 그 지위와는 무관하게 정보를 입수했다면 이는 규제대상이 아니다. 다만, 정보입수 방법이 직무와 관련되어 있을 필요는 없으므로 직무 외적인 방법으로 입수하였다고 할지라도 그 정보가 직무와 관련된 것이라면 범죄혐의에서 벗어나기는 쉽지 않을 것이다.

직무관련성이 있어야 하기 때문에 기업의 '내부정부'에 국한하고 외부정보(시장정보)는 해당하지 않는 것이 원칙이겠지만[861], 외부정보일지라도 내부정보와 결합하여 기업의 업무에 직접적으로 영향을 미치거나 주식의 시세에 영향을 미치는 경우에는 직무관련성이 인정되는 경우도 있다.

(3) 직무와 '**관련하여**'라는 의미는 임직원 등이 직무상 그 정보에 접근할 수 있는 특별한 지위에 있는 것을 의미하며 정보의 내용과 직무내용과의 연관성은 요구되지 않는다. 이에 관한 명시적인 판례는 없으나 정보의 내용과 직무내용과의 직접적인 연관성은 없더라도 직무관련성의 범위를 비교적 넓게 인정한다.

사례 : 생산본부장인 피고인이 구내식당에서 기술이전계약 담당임원으로부터 기술이전계약에 관한 중요정보를 전해들은 경우[862], 총무과 대리였던 피고인이 사무실에서 주식담당직원이 기안하였다가 파기한 이사회결의서(안)에 기재되어 있는 중요정보를 우연히 알게 된 경우[863], 투자사업관리팀 과장인 혐의자가 같은 사무공간 내 책상 1, 2개 거리에 위치한 경영기획2팀 실무자의 이사회 개최 정보를 이용하여 주식을 매매한 사례[864], 소프트웨어개발 담당자인 혐의자들이 같은 사무공간 내 약 2m 거

---

860) 임재연(2008), 554쪽
861) 한국증권법학회(2009), 866쪽
862) 수원지법 2007. 8. 10. 선고 2007고단2168 판결
863) 서울지법 2002. 1. 23. 선고 2001고단10894 판결
864) 2015. 12. 9. 증권선물위원회 의결

리에 위치한 공시업무담당자의 최대주주 변경을 수반하는 주식양수도 계약체결 정
보를 이용하여 주식을 매매한 사례[865]

직무관련성이 인정되는 직무의 범위는 각각의 임직원들이 맡은 주된 업무 외
에도 그 업무에 부수적이고 연관된 업무를 모두 포함한다. 즉, 직무관련성은 포괄
적인 개념이므로 직접 처리하는 직무 외에 간접적으로라도 관련된 것이면 그 대
상이 될 수 있고 그러한 업무수행 중에 얻은 정보이어야 한다[866].

마찬가지로, 권리나 권한을 행사하던 중에 알게 된 경우도 직무관련이 있는
것으로 보아야 한다. 예를 들어, 상장법인에 대한 주무관청의 공무원이 그 직무를
수행하는 과정에서 상장법인의 미공개정보를 알게 되었다면 이는 규제 대상이다.

(4) 실무상 이러한 사실들을 증명하기란 쉽지 않고 '직무관련성'의 개념도
명확한 것은 아니므로 결국 개별 사안에 따라 판단할 수밖에는 없다.

임직원이 그 법인과 관련된 미공개정보를 이용하여 주식거래를 하였다면 직
무관련성을 부인하거나 이를 증명하기란 거의 불가능하지만 대기업이라든가 그
임직원이 회사에서 맡고 있는 직무의 내용상 미공개 중요정보에 접근할 수 없음
이 분명하고 자신이 유가증권의 처분에 사용한 미공개정보는 다른 '방법'에 의해
서 입수한 것임을 명확히 증명할 수 있다면 면책이 될 것이다.

사실, 직무관련성은 자신이 담당하고 있는 구체적인 업무가 미공개정보와 직
접적인 관련이 없다고 해서 면책되기는 어렵지만, 그렇다고 해서 임직원의 지위에
있다는 이유만으로 그러한 사실이 추정되는 것도 아니다. 아래 사례에서 보듯이 미
공개 중요정보를 실제로 입수할 만한 지위에 있었거나 그럴 개연성만으로는 부족
하고 실제로 미공개 중요정보를 입수하였음을 증명할 정도의 증거가 필요하다.

특히 사례4의 사안에서, 1심에서는 교육연수사업실장인 피고인의 업무가 나
노 이미지센서의 개발이나 홍보업무와 전혀 무관한 점을 들어 직무관련성을 인정
하지 않았으나, 2심에서는 "피고인이 나노 이미지센서 개발 및 홍보업무에 직접
관여하지 않았더라도 일반투자자에게는 접근이 허용되지 아니하는 연구소 업무
회의를 통해 정보를 취득하였으므로 직무관련성이 인정된다"고 판단하였다. 이런

---

865) 2016. 6. 30. 증권선물위원회 의결
866) 임재연(2012), 816쪽

점에 비추어 직무의 범위는 포괄적이라고 보아야 한다.

사례1 : A약품의 신약개발 등 지원업무에 종사하는 A약품 이사가 구내식당에서 A약품 중앙연구소장이면서 기술이전계약 담당임원으로부터 A약품이 개발한 위궤양 치료제의 전 세계 판매를 위하여 다국적 제약회사인 B회사와 조만간 기술이전 계약을 체결할 예정이라는 중요정보를 전해들은 경우[867]

사례2 : A회사 총무과 직원인 피고인이 총무과 사무실에서 회사의 주식담당 직원이 기안하였다가 파기한 이사회 결의서에 이틀 후에 개최 예정인 이사회에서 사업목적에 전자상거래 및 인터넷 사업을 추가한다는 내용이 있는 것을 보고 그 내용의 이사회 결의사항이 증권거래소를 통하여 공시되기 이전에 회사의 주식을 매입한 경우[868]

사례3 : 피고인은 주식회사A의 영업담당 상무로 근무하던 중 2005. 10. 10.경 회사 사무실에서 회사가 발행한 신주인수권증권 1,280만 주 중 1,000만 주 정도를 소각 목적으로 매입할 것이라는 미공개 중요정보를 직무상 지득하고 그 정보가 증권시장에 알려질 경우 주가가 상승할 것을 예측하여 그 정보가 공개되기 이전에 차명으로 회사의 주식을 대량으로 매입하였는데, 피고인이 단기간에 대량으로 회사 주식을 매수하였고, 피고인이 회사의 재무관련 업무를 처리하는 공동피고인들과 같은 사무실에서 근무하였으므로 사전에 미공개 정보를 알고 주식을 매입하였을 개연성은 크지만, 공동피고인들이 이 사건 정보를 대표이사와 자신들만이 알고 있었고 피고인에게 알려주지 않았다고 진술하는 점, 피고인은 '영업담당 상무보'로서 신주인수권부증권의 소각과 관련된 업무를 담당하는 자가 아니라는 점 등을 이유로 무죄를 선고[869]

사례4 : A회사는 B연구소와 기술이전계약을 체결하고 B연구소가 수행하고 있는 개발과제인 '나노기술을 이용한 초고감도 이미지센서'에 관한 기술을 기술료 50억 원 및 향후 매출액의 2%를 지급하는 조건으로 인수하기로 약정하였는데 B연구소의 교육연수사업실장인 피고인이 수차례 주간업무회의 등에 참석하면서 위 미공개 중요정보를 지득하고 주식을 매수하여 부당이득을 본 사례[870]

---

867) 서울중앙 2007. 12. 26. 선고 2007노3274 판결
868) 서울중앙 2002. 1. 23. 선고 2001고단10894 판결
869) 수원지법 2008. 7. 30. 선고 2008노1134 판결. 사실관계에 비추어 수긍하기 어려운 결론임
870) 서울고등 2009. 5. 15. 선고 2008노3397 판결(원심 서울중앙 2008. 11. 27. 선고 2008

나. 계약체결자의 직무관련성

자본시장법 제174조 제4호에서는 그 법인과 계약을 체결하고 있거나 체결을 교섭하고 있던 자가 '그 계약을 체결·교섭 또는 이행하는 과정에서 (미공개정보를) 알게 된 경우'를 직무관련성의 요건으로 규정하고 있다.

또한 계약의 체결, 교섭, 이행과정이라는 시간적 범위가 명시되어 있으므로 계약을 체결, 교섭, 이행하는 과정에서 알게 된 미공개정보이면 충분하므로 그것이 계약과 직접적인 관련이 없는 정보일지라도 직무관련성이 인정된다.

한편, 계약의 내용이 '시간적 계속성 내지 연속성'을 필요로 하는 것이라면 (회사들 간의 장기간 납품공급계약, 기업자문계약 등), 그 계약이 종결되지 않는 한 직무관련성의 지위는 계속해서 인정된다. 물론 이렇게 해석하면 범위를 과도하게 넓힌다는 비판이 있을 수 있지만, 그와 같은 계약상의 지위를 갖지 않은 주주나 일반투자자들과 비교해보면 부당하다고 할 수 없다.

사례1 : 피고인이 대표이사로 재직 중인 B상장회사가 A회사와 기업경영 등의 **자문계약을 체결**하였는데, 그 무렵 A회사 대표이사와 A회사 연구원들이 다른 회사의 기술을 훔친 뒤 허위매출로 코스닥에 등록한 혐의로 검찰 내사를 받다가 A회사 대표이사가 긴급체포되고 회사도 압수수색되자 B회사 사무실에서 A회사 직원으로부터 "사장과 자금부장이 오전에 검찰에 긴급체포되었다"라는 전화를 받고 피고인이 평소 알고 지내던 변호사에게 범죄혐의를 알아봐달라고 부탁한 뒤 그날 저녁 변호사로부터 A회사 대표이사 등이 기술을 훔친 혐의사실로 긴급체포되어 조사받고 있음을 전해듣자 향후 회사 경영 등이 순탄치 않고 이러한 사실이 알려질 경우 주식이 급락할 것이라고 예상하고 보유하고 있던 주식을 매각한 사안871)

사례2 : A금고 사주로서 주식투자 및 사채알선 등을 하는 피고인이 B텔레콤에 자금을 대여하고 그 회사 발행의 당좌수표를 교부받아 사채업자에게 할인하여 사용하는 내용으로 B회사와 **자금대차 계약관계에 있던 중** 위 회사의 수표가 부도났다는 사실

고합236 판결)
871) 수원지법 2003. 7. 25. 선고 2003고단1044, 1999 판결

을 알게 되자 그 부도사실이 일반인에게 알려지면 주가가 급락할 것을 예상하여 보유하고 있던 주식을 미리 매도하여 손실을 회피한 사안[872]

사례3 : A사는 B연구소와의 사이에 **기술이전계약을 체결**하여 B연구소가 수행하고 있는 개발과제인 '나노기술을 이용한 초고감도 이미지센서'에 관한 기술을 기술료 50억 원 및 향후 매출액의 2%를 지급하는 조건으로 인수하기로 약정하였다. B연구소의 행정연구원인 피고인은 일반투자자들에게는 접근이 허용되지 않는 사내전산망에 'A회사 기술시연회(10/24)'라고 게시된 주간업무보고를 보고 '나노 이미지센서칩 개발완료 및 시연회 개최'라는 미공개정보를 취득한 뒤 주식을 미리 매입하여 부당이득한 사안[873](이 판결은 전항의 사례4에서 언급된 사건의 공동피고인인데, 사례4에서는 피고인이 '**교육연수사업실장**'이라는 이유로 1심에서 무죄를 선고받았으나, 이 피고인은 "**B연구소 내의 전산망을 통해서 이 사건 정보를 취득하였으므로 이는 피고인이 B연구원에 근무한다는 지위를 이용하여 불공정하게 정보를 취득한 때에 해당한다**"라고 판단하였고 결국 두 피고인은 모두 유죄를 선고받았음)

8. 정보수령자(제6호)

가. 개념

정보생성자, 즉 내부자로부터 상장법인의 업무와 관련된 미공개 중요정보를 전달받은 제3자를 가리켜 '정보수령자(tippee)'라고 한다. 내부자의 미공개 중요정보 이용행위뿐만 아니라 그 정보를 수령한 제3자가 이를 이용하여 거래를 하는 경우도 내부자 거래와 동일한 차원의 위험성 있는 행위이기 때문에 정보수령자도 내부자[874]의 범위에 포함하여 규제의 대상으로 삼고 있다.

자본시장법 제174조 제6호에서는 '제1호부터 제5호까지의 어느 하나에 해당

---

872) 서울지법 2000. 7. 6. 선고 2000고단2425 판결
873) 서울중앙 2008. 11. 27. 선고 2008고합236 판결
874) 김정수(2011), 993쪽

하는 자로부터 미공개 중요정보를 받은 자'를 '정보수령자'로 규정하고 있으며[875], 제1호 내지 제5호에 열거한 자를 '정보생성자 또는 내부자'라고 한다. 정보생성자는 그러한 지위로부터 해당하지 않게 된 날로부터 1년이 경과하지 아니한 자를 포함한다[876].

정보수령자가 내부자 등으로부터 정보를 제공받고 미공개정보임을 인식하면서[877] 주식거래 등에 이용하였다면 규제의 대상이 된다[878]. 즉, 일반투자자들에 비해 내부자의 정보 우위는 불공정한 것이고, 그것이 제3자에게 이전된 경우에도 불공정하기는 마찬가지이므로 정보수령자의 이용행위를 금지한 것이다[879].

나. 정보수령자의 범위

(1) 자본시장법에서는 미공개 중요정보를 전달받은 모든 사람을 규제하는 것이 아니라, '제1호 내지 제5호에 해당하는 자'로부터 미공개정보를 전달받은 자, 즉 '제1차' 정보수령자만을 규제한다.

따라서 1차 정보수령자로부터 다시 정보를 얻은 2차 이후의 정보수령자(tippee's tippee)들은 정보수령자에 해당하지 않고[880], 2차 정보수령자가 그 정보를 직접 이용하지 않고 제3자에게 전달하여 이용하게 한 경우에는 제1차 정보수령자는 처벌대상이 되지 않는다[881]. 또한, 제1호 내지 제5호에 해당하는 자로부터 정보를 전달받을 것을 구성요건으로 하기 때문에 그 외의 자로부터 미공개정보를 전달받았을 경우에는 정보수령자가 아니다.

판례도 "1차 정보수령자가 유가증권의 매매 기타 거래와 관련하여 그 정보를 이용하거나 다른 사람으로 하여금 이를 이용하게 하는 행위만을 금지하고 있을

---

875) 구증권거래법 제188조의2 제1항에서도 동일한 내용을 규정하였음
876) 구증권거래법 제188조의2 제1항에서도 거의 동일한 규정을 두고 있었다.
877) 이를 인식하지 못하였을 경우에는 '간접정범'의 법리가 적용될 수가 있다.
878) 임재연(2008), 548쪽. 미국 증권법상의 정보수령자에 대한 내용은 임재연(2012), 819쪽 이하 참고
879) 한국증권법학회(2009), 862쪽
880) 한국증권법학회(2009), 862쪽
881) 임재연(2012), 817쪽 ; 김성준 외(2007), 219쪽. 구증권거래법에서는 1차 정보수령자나 2차 정보수령자나 처벌에 차이를 둘 이유가 없고 미공개정보가 전전하더라도 소문 수준으로 변질되지도 않는다는 등의 이유로 처벌해야 한다는 견해도 있었음

뿐 1차 정보수령자로부터 미공개내부정보를 전달받은 2차 정보수령자 이후의 사
람이 유가증권의 매매 기타 거래와 관련하여 당해 정보를 이용하거나 다른 사람
으로 하여금 이를 이용하게 하는 행위를 금지하지는 않는다"라고 동일하게 해석
한다[882]. 물론 이렇게 해석하면, 내부자나 미공개정보를 제공받은 사람이 직접
자신의 명의로 미공개정보를 이용한 거래를 하지 않고 다른 사람이나 차명으로
거래를 하는 경우에는 공모 관계가 밝혀지기 전에는 처벌하기 어렵다는 문제점이
있지만 현행법상 죄형법정주의의 원칙상 1차 정보수령자의 범위를 벗어나 규제
대상으로 삼을 수는 없다[883]. 따라서 1차 정보수령 후에 미공개정보를 전달받아
이용한 행위가 일반적인 형법 총칙상의 공모, 교사, 방조에 해당한다고 하더라도
2차 정보수령자를 1차 정보수령자의 공범으로 처벌할 수는 없다[884].

여기서 '(정보를 전달) 받은 자'라는 개념은 '의식적으로' 정보를 주고받는 행
위를 전제하기 때문에 '우연히 알게(입수하게) 된' 정보의 경우에는 정보전달이
라는 행위 자체가 없었으므로 정보수령자라고 볼 수 없다. 그러므로 운전기사가
대표이사의 전화통화 내용을 운전 중에 우연히 엿들은 경우, 술집 종업원이 법인
대표이사의 취중 자랑삼아 말한 사실을 듣고 해당 회사의 주식을 매매하였을 경
우에는 '정보전달행위'가 없었기 때문에 처벌하기는 어렵다[885]. 반대로 내부자
등으로부터 정보를 알게 되었다고 할지라도 그 내부자가 정보를 전달할 의사가
없었다면 마찬가지로 정보전달행위가 있었다고 볼 수 없다[886].

또한, 정보수령자의 개념은 해당 정보를 유가증권 거래에 이용할 의사를 가
진 경우를 말하므로 정보를 이용할 의사가 없이 단순히 사실행위를 대리하거나
보조하는 경우에 불과하다면 정보수령자나 공범이 아니라 간접정범에 불과하다.
예를 들어 갑이 자신의 회사와 계약을 체결하고 있는 A사의 자금사정이 궁금하
여 A사의 퇴직직원인 을에게 A사의 자금사정에 대해 확인을 요청하고, 을로부터
A사의 자금사정이 악화되었다는 사실을 전해들었다면, 을은 갑의 부탁을 받아 A
사에 대한 정보를 전달한 것이어서 을은 2차 정보수령자라고 볼 수 없다[887].

---

882) 대법 2001. 1. 25. 선고 2000도90 판결
883) 임재연(2012), 818쪽
884) 대법 2001. 1. 25. 선고 2000도90 판결
885) 박정호 외(2012), 58쪽에서는 이러한 경우 모두 처벌받는다고 설명하고 있으나 동의하
   기 어렵다.
886) 한국증권법학회(2009), 864쪽

(2) 1차 정보수령자만을 처벌하는 이유는 전전유통하는 모든 단계의 정보를 전부 규제대상으로 하는 것은 현실적으로 가능하지 않고, 정보라는 것은 그 성격상 전달과정에서 상당히 변질되기 마련이어서 전달과정이 많아지고 시간이 경과하면 할수록 단순한 풍문(rumor) 수준으로 그치는 경우가 많기 때문에 적절한 범위로 규제대상을 제한할 필요가 있기 때문이다[888].

판례도 "처벌범위가 불명확하게 되거나 법적 안정성을 해치게 되는 것을 막기 위하여 2차 정보수령자 이후의 정보수령자의 미공개정보 이용행위를 처벌범위에 넣지 않았다"고 보고 있다[889].

이에 대해서는 정보통신기술이 발달하고 다양한 매체를 통해 빠른 속도로 정보전달이 가능하기 때문에 투자자 사이의 정보 불평등을 막고자 하는 내부자 거래의 취지에도 맞지 않고, 단순히 2차 이후의 정보수령자들의 범의 입증이 어렵다는 이유만으로 무조건 면책하는 것은 입법적으로 잘못된 것이라는 견해[890]도 있다. 그렇지만 과연 2차 이후 어느 단계까지 인정할 것인가라는 점, 범의입증의 어려움으로 인한 입법적인 제한은 아니라는 점에서 전적으로 동의하기는 어렵다.

(3) 법규상으로 보면, 1차 정보수령자만 처벌대상이 되고 2차 이후의 정보수령자는 처벌 대상이 아니지만 사기적 부정거래의 '부정한 수단(제1호)'에 해당한다는 견해가 있으나 구성요건의 내용에 비추어 수긍할 수 없다.

사례 : A신문사 대표이사 갑과 상무 을은, 기존의 B신문사로부터 독립을 추진하였으나 B신문사에서 밀린 채무금을 변제하지 않을 경우 A신문사 사무실 이전업무를 방해할 태세를 갖추자, 그 채무금 변제자금을 마련하고자 100억 원 상당의 유상증자를 계획하고 C경제신문으로부터 30억 원 정도, D소프트로부터 10억 원 상당 유상증자에 각 참여하겠다는 약속을 받았고 E일보와는 유상증자 참가의 큰 틀을 잡은 상태에서 계속 호의적인 세부 협상과정을 거쳐 2003. 7. 11.경 60억 원 참여하기로 타결되어 A신문사는 유상증자를 실시하기로 공시한 후 7. 15. 바로 유상증자를 실시하였

---

887) 서울중앙 2006. 8. 18. 선고 2006노1559 판결
888) 임재연(2012), 817쪽
889) 대법 2001. 1. 25. 선고 2000도90 판결
890) 김정수(2011), 994쪽 ; 한국증권법학회(2009), 864쪽

는데 그 유상증자 사실이 공개되기 전에 미리 A신문사 주식을 차명계좌로 매수하여
부당이득을 취하였음[891]

다. 정보제공 및 정보수령 행위

(1) 정보수령자를 규제하는 근거는 정보제공이나 정보수령이 위법하기 때문
이다. 그러므로 정보제공은 '내부자가 정보수령자에게 미공개정보를 이용하게 하
려는 범의를 가지고 미공개정보를 제공'하는 것이고, 정보수령은 '내부자가 직무
와 관련하여 알게 된 미공개정보라는 점을 인식하면서 정보를 제공받는 것'을 요
건으로 한다[892]. 그러므로 그러한 '범의'나 '인식'이 없다면 정보제공도 아니고,
정보수령이라고 볼 수도 없다.

정보수령자와 정보생산자에 대해서는 범죄사실에서 명백히 구별해야한다[893].
그러므로 그러한 행위가 명확하지 않으면 범죄혐의를 인정하기 어렵다.

판례 중 "전달받은 정보가 'B회사가 A강업의 주식 290만 주를 피고인에게
양도하여 A강업에 대한 경영권을 양도한다.'라는 것이라면 피고인은 당해 정보를
B회사로부터 전달받은 자가 아니라 B회사와 주식 양수계약을 체결한 계약 당사
자이기 때문에 B회사와 공동으로 당해 정보를 생산한 자에 해당하므로 당해법인
과 계약을 체결하고 있는 자 또는 당해정보를 받은 자에 해당하지 않는다"고 판
단한 사안이 있다. 이 사안에서 경영권을 양수받으려는 피고인은 상장법인의 임
직원도 아니고 A회사와 계약 체결 중인 당사자도 아니므로(B회사와 계약 체결
중) 검찰은 부득이하게 정보수령자로 기소한 것으로 보인다.

(2) 정보수령자는 자신이 직접 미공개정보를 이용하여 특정증권 등의 매매
등의 거래를 하거나 또는 제3자에게 그 정보를 이용하게 해서는 안 된다. 물론
이 경우 정보수령자로부터 미공개정보를 넘겨받은 제3자는 처벌대상은 아니다.

'제3자에게 이용하도록 한 행위'는 형사상 교사범을 규정한 것이 아니라 '이

---

891) 서울고등 2005. 6. 30. 선고 2005노566 판결
892) 김정수(2011), 997쪽 ; 한국증권법학회(2009), 862쪽
893) 대법 2003. 11. 14. 선고 2003도686 판결

용하게 한 행위'가 독자적인 구성요건이기 때문에 정보수령자는 '정범'에 해당한다[894]. 그리고 그 제3자가 그 미공개정보를 이용한 행위가 없었다면 범죄가 성립되지 않는다.

1차 정보수령자가 제3자(2차 정보수령자)에게 정보를 제공하는 행위가 '타인에게 이용하게 한 행위'에 해당한다면 그 제3자가 이용하게 한 행위에 나아감으로써 실행의 착수가 있으며 그 기수시기는 2차 정보수령자가 당해정보를 이용하는 행위를 한 시점이다. 따라서 1차 정보수령자는 정보를 제공하고 2차 정보수령자가 실제로 당해 정보를 이용하여야만 처벌대상이 된다[895].

(3) 실무상, 미공개정보가 특정되어 전달되었는지에 관한 '직접증거가 없는 경우'에 증거법상 문제가 될 수 있다(대개 이러한 경우는 당사자가 미공개정보를 전달하지 않았다고 범행을 부인하는 경우일 것임). 판례에서는 정보의 특정 및 전달경로에 관해 직접적인 증거가 없는 경우일지라도 '간접사실 및 정황'만으로도 이를 인정할 수 있다고 보고 있다[896].

또한 단순히 정보생성자 또는 내부자의 지위를 가지고 있는 제3자가 "현재 가지고 있는 OO회사의 주식을 처분하라."라는 사실만 전달된 것으로 증명되었더라도 그 사실을 전달받은 자가 주식을 처분하였다면 왜 그 주식을 매각하여야 하는지 구체적인 이유나 내용을 알지 못한다고 할지라도 그 주식을 처분해야 하는 이유를 인식하였을 경우 미공개 중요정보의 1차 정보수령자로서 처벌을 받는다고 해석한다[897].

라. 공범 관계

(1) 공범 이론에 따르면 1차 정보수령자가 그 정보를 순차적으로 제3자에게 미공개정보를 전달하여 이들 모두가 그 정보를 이용하여 주식거래를 하였다면 공

---

894) 임재연(2008), 549쪽
895) 임재연(2008), 551쪽
896) 직접적인 증거가 없는데도 이를 인정한 판결로는 대법 2010. 2. 25. 선고 2009도4662 판결(속칭 플래닛82 사건)을 들 수 있다
897) 대법 2014. 2. 27. 선고 2011도9457 판결

범이 성립되겠지만 자본시장법에서는 이러한 공범이론이 적용되지 않고 1차 정보수령자만 내부자로서 처벌될 뿐이다.

정보제공자와 정보수령자가 미공개 정보를 입수하면 이를 이용하기로 사전에 모의하였다면 정보 수령의 시간적 순서는 큰 의미는 없다. 예를 들어, 기자인 갑이 취재 및 기사작성 과정에서 알게 된 상장기업의 미공개정보를 언론에 보도되기 전에 을에게 알려주면 을은 이 정보를 이용하여 주식을 저가로 매수한 후 고가에 매도함으로써 이익을 취득하기로 공모하고, 갑이 A회사로부터 모사전송 받은 보도자료 등을 통하여 A회사에서 신제품을 개발하여 시연회를 한다는 사실을 알게 되자 그 기사가 보도되기 전에 을에게 전화로 그 사실을 알려주고 을은 미리 A회사 주식을 매수하였다가 언론보도에 따라 주가가 오르자 매각하여 부당이득을 취한 사안이 있다[898].

원심에서는 갑, 을을 모두 공범이라고 판단하였으나 상고심에서는 "갑이 직접 정보를 수령하여 그 정보를 거래에 직접 이용한 행위에 을이 가담한 것인지 또는 갑이 정보를 입수하여 을로 하여금 2차로 정보를 제공함으로써 주식을 매입한 것인지에 대한 심리 및 판단을 먼저 하여야 한다"며 파기환송하였다. 여기서 상장법인 A회사는 정보생성자이지만 보도자료를 신문사에 보낸 행위는 정보를 이용하게 하려는 행위가 존재하지 않았으므로 별 문제가 없다. 그런데 ① 갑이 그 미공개정보를 보도자료로 알게 된 후 그 사실을 을에게 단순히 알려만 주었는데 을이 그와 같이 지득한 미공개정보를 이용할 범의를 비로소 갖추게 되자 갑이 그 사실을 알고 미공개정보 이용행위에 뒤늦게 가담하였다면 갑의 최초 행위는 '미공개정보를 이용하게 하려는 행위'에 대한 범의가 없었으므로 을이 1차 정보수령자가 되며 갑은 그 공범이 된다고 구성하게 된다. 그러나 ② 갑이 미공개정보를 취득하고 을에게 이를 이용하게 하려고 정보를 제공했다면 갑은 1차 정보수령자로서 처벌되지만 을은 2차 정보수령자에 불과하게 된다[899]. 물론 ③ 원심처럼 갑, 을이 상장법인 A에 대한 미공개정보를 입수하기 이전에 앞으로 미공개정보를 취재과정에서 알게 되면 정보를 넘기기로 서로 약속하고 갑, 을이 범행을 사전에 모의하였다면, 갑, 을의 행위는 모두 1차 정보수령의 공범으로 처벌받을

---

898) 대법 2002. 1. 25. 선고 2000도90 판결
899) 갑은 제3호의 법령에 따른 인허가 등 그 밖의 권한을 가진 자로서 그 권한을 행사하는 과정에서 정보를 지득한 자라고 할 수 있음

것이다. 그러므로 정보제공행위와 정보수령행위 및 범행의 고의는 서로 밀접한 관련이 있으므로 범죄사실을 명확히 적시하여야 하고 각 행위자의 범위도 분명히 구분하여야 한다.

사례1 : 갑은 A회사의 대표이사로부터 "저가형 플라스틱 무선전파인식장치와 관련된 기술개발을 거의 완료하였다."는 정보를 전해 듣고 그 사실이 발표되면 A회사 주가가 상승할 것이라고 예측하고 을에게 기술개발 현황을 알려주면서 갑의 돈으로 A회사 주식을 매입한 후 주가가 오르면 이를 매도하여 이익을 분배하기로 협의한 후 은행에서 예금을 인출하거나 대출받아 마련한 돈을 을에게 전달하고, 을은 그 돈 및 자신의 돈으로 A회사 주식을 매수하였다가 그 후 공시가 이루어지고 주가가 급등하자 이를 매각하여 7억 원 상당의 부당이익을 취득하였다. 원심은 을이 2차 정보수령자라는 이유로 무죄를 선고하였으나 갑이 을에게 내부정보를 전달하자 을이 그 정보를 이용하여 주식을 매매한 후 그 수익을 분배하자고 제안하였고 갑이 이를 승낙하여 범행을 공모한 후 주식을 매매하였다는 것이므로, 비록 1차 정보수령자인 갑이 주식거래를 직접 실행한 바 없다 하더라도 갑은 공범인 을의 주식거래행위를 이용하여 자신의 범행의사를 실행에 옮긴 것으로 보아야 할 것이고 여기에 주식 매수자금 대부분을 갑이 제공한 점, 주식매매를 통해 얻은 매매차익의 60% 정도가 갑에게 귀속된 점 등의 사정까지 종합해 보면, 을과 갑의 주식거래는 1차 정보수령자인 갑이 1차로 정보를 받은 단계에서 그 정보를 거래에 막바로 이용한 행위에 해당하고, 을은 갑의 행위에 공동 가담한 것으로 보아야 한다900)

사례2 : A사의 경영지원부장으로 재직 중인 을은 A사가 B사 발행주식 전부를 인수하고 그 대금은 제3자배정 유상증자를 할 것이라는 미공개정보를 확인하고 갑에게 A사 주식을 갑 이외의 타인명의 계좌로 매입해달라고 부탁하고, 갑은 이를 승낙한 뒤 자신의 명의 계좌와 병 명의의 차명계좌를 이용하여 을이 송금한 돈으로 A사 주식을 매입하여 부당이익을 본 사안에서, 갑을 정보수령자로 기소하여 1심 유죄판결을 받는데 항소심에서는 공소장변경을 통하여 갑의 법률상 지위를 방조범으로 변경하였음901)(사실 갑의 행위를 방조범으로 보기보다는 '1차 정보수령자'로 보는 것이

---

900) 대법 2009. 12. 10. 선고 2008도6953 판결
901) 서울남부 2004. 10. 15. 선고 2004노948 판결

사실관계 인정상 맞는 것으로 보이나 아마도 항소심 재판부에서는 갑의 행위는 을의 행위에 따른 소극적이었던 것으로 판단한 것으로 추정됨)

사례3 : 비상장회사 A의 전무 갑은 상장회사 B의 상무 을과 합병 관련 협의를 하던 중 전환사채 인수와 관련해서 병을 접촉하면서 "A사가 상장회사B와 합병한다. B사 주가가 많이 오를 테니 B사에서 발행한 전환사채 1구좌를 인수해 달라."고 부탁하고, 갑의 사무실에서 을, 병과 만나 전환사채 1구좌를 10억8,500만 원에 인수하기로 하는 계약을 체결하고 병은 B사로부터 C기금이 보유하고 있던 전환사채 중 일부(권면액 10억 원)를 12억6,000만 원에 인수하기로 하되 인수금액 모두 B사에서 보장하기로 하는 계약을 체결하여 전환사채를 입고시킨 후 주식으로 전환하여 10억 원의 차익을 취득한 사안에서 갑, 을은 공모하여 병과 접촉하면서 B사의 A&D를 위하여 계약을 체결하고 있는 A사 임원으로서 B사 업무 등과 관련하여 직무상 알게 된 정보를 병에게 알려주어 그로 하여금 B사 유가증권 거래와 관련하여 이용하게 하였음902)

사례4 : 상장법인 A회사 전무이사인 갑은 2001. 12. 회사가 1999년경 워크아웃 대상 기업으로 선정되었다가 경영수지 개선으로 워크아웃을 조기 졸업하는 등 거액의 누적된 미처분 이익이 발생하였으나 보유현금자산이 없어 미처분 이익을 주주들에게 현금배당하지 않고 무상증자할 것이라는 내부정보를 거래처 업자인 거래처 업자인 을에게 설명하면서 A회사 주식을 거래할 수 있는 증권계좌를 개설하여 주식거래를 하자고 제의하여 을로부터 승낙을 받고 주식거래를 통하여 시세차익을 올리기로 모의한 후, 을 명의의 증권계좌를 개설하여 갑이 마련한 자금으로 부당이득을 보았음903)

(2) 정보제공자가 1차 정보수령자를 특정하여 미공개정보를 제공하였다기보다는 어느 특정 회사, 집단, 단체를 대상으로 정보를 제공하였을 경우에 그 특정 회사, 집단, 단체 내에서의 순차적 정보수령행위는 1개로 보아, 그 정보를 공유한 회사, 집단, 단체 내의 모든 수령자들은 공범으로 해석하자는 이론이 있다.

예를 들어, 상장법인 직원이 자산운영사의 펀드매니저에게 그 자산운영사에서 보유한 그 회사 주식을 매각하도록 내부정보를 제공하였을 경우에, 실제로 그 증권회사의 펀드 매니저들 모두 그 정보를 공유할 것이라는 점을 예상하였다면

---

902) 대법 2006. 5. 11. 선고 2003도4320 판결
903) 창원지법 2003. 8. 14. 선고 2003고단951 판결. 공동정범에 해당함

내부 펀드매니저 간의 정보제공행위는 시간적인 순서에도 불구하고 하나의 1차 정보수령자로 보아야 한다는 이론이다.

이러한 이론은 악의적이고 가벌성이 충분한 2차 정보수령자의 범위를 제한적으로 해석할 이유가 없다거나, 이러한 경우에는 사전에 혐의자들 간에 미공개정보를 공유한다는 인식이 있었으므로 공모관계를 인정할 수 있다는 법률적인 근거에서 비롯된 것으로 보이고 어느 정도 설득력은 있으나 이를 적용함에 있어서는 매우 제한적으로 해석하여야 할 것이다.

그러므로 정보제공자가 특정회사, 집단, 단체 등에 정보를 제공한다는 명시적인 의사가 있어야 하고, 정보를 제공받은 그 특정회사 등의 1인이 그 정보를 회사 내 업무적으로 연결된 직원들과 공유할 것이라는 점을 인식하여야 하며 실제로 정보를 제공받은 1인이 사전에 업무적으로나 사실적으로 미공개정보를 '공유'하겠다는 인식과, 실제로 그런 인식하에 정보를 제공해야할 것이다. 따라서 그 정보를 자신의 부서가 아닌 타부서 또는 사전에 의사의 연락이 없는 사람이나 부서에 전달한다는 인식이었다면 그 수령자는 2차 정보수령자로 보아야 한다.

마. 스튜어드십 코드904)와 미공개 중요정보

스튜어드십 코드는 2010년 영국이 최초로 도입한 후 네덜란드, 캐나다, 일본 등 10여개 국이 도입하였고 자율규제 형태의 연성규범(soft law)으로 운용 중이다. 영국은 제도를 도입하였지만 기관투자자 300여 개 중 코드를 충실하게 준수하는 투자자들은 10%에 불과하다. 일본은 2014년 제도를 도입하여 214개 기관이 채택(2016년 말 기준)하여 배당 및 자기자본이익률(roe)905)증가의 효과를 본 것으로 전해지며 우리나라는 2017년부터 본격적인 도입을 준비 중이다.

스튜어드십 코드는 기관투자자에게 투자대상기업과의 적극적인 대화나 협의

---

904) 스튜어드십 코드(stewardship code). 주요기관투자자자들의 의결권 행사를 적극적으로 유도하기 위한 자율지침으로서 기업들의 배당확대와 지배구조 개선을 통해 주주들의 이익을 극대화하자는 취지에서 도입되었으나 실패한 정책이라는 의견도 있다(최준선, 성균관대 법학전문대학원 명예교수).

905) 자기자본이익률(return of equity). 자기자본 대비 이익의 비율을 의미하며, 기업의 이익 창출능력을 측정하는 지표로 사용함

등을 요구(관여활동 engagement)하고 있어서 기관투자자가 투자대상기업과 협의하는 과정에서 미공개정보 이용행위를 지득할 수 있으므로 이를 방지하기 위한 방안이 필요하다.

투자대상기업으로서는 기관투자자에게 미공개중요정보를 이용하게 할 의사를 가지고 대화에 응했다고 볼 수는 없지만, 선별적 공시로 인한 미공개중요정보 제공행위를 면하기 위해서는 기관투자자의 스튜어드십 관여행위로 인한 정보제공과 동시에 시장에 관련 내용을 공시할 필요가 있다.

기관투자자는 관여활동 과정에서 투자자의 투자판단에 영향을 미치는 중요한 미공개정보를 지득하거나 생성함으로써 일반투자자와의 정보비대칭 상태가 발생하는 경우가 있다. 이 경우 정보비대칭 상태가 해소되기 전까지는 이를 증권 또는 관련 파생상품의 매매 등에 이용하거나 타인에게 이용하게 하지 않도록 해야 하며 일정기간 매매 등을 중단하거나 해당정보를 상장법인 또는 기관투자가 공개(공정공시)한 뒤 처분을 해야 할 것이다. 따라서 투자대상기업의 주식매매정지 등 내부자거래를 방지하기 위한 조치를 강구할 필요가 있다.

제3절 미공개 중요정보

1. 개념

가. 의의

(1) 미공개 중요정보(undisclosed material information)란 주식회사와 관련된 정보 중 '공개되지 않는 것'을 말한다[906]. 재무, 회계, 경영 등 회사의 운영과 관련된 정보에만 국한하는 것이 아니라 해당 주식회사의 주가, 즉 재산적 가치에 직간접적으로 영향을 줌으로써 일반투자자들의 해당 법인에 대한 '투자판단에 영향을 미칠 수 있는 정보'를 모두 포함한다. 미공개정보 중 특히 투자가치로서 중요한 의미를 지닌 경우 '미공개 중요정보'라고 한다.

(2) 미공개정보는 '내부정보(Inside information)'와 '시장정보(market information)'로 구분할 수 있다[907].

'내부정보'란 주식의 발행인에 관한 정보를 말하지만 내부정보라는 표현은 당해 정보의 생성이 그 주식의 발행인에 의해 생성된 경우만을 국한하는 것처럼 보이므로 정확한 것은 아니다. 즉, 그 주식의 발행인에 의해 생성되는 경우뿐만 아니라 외부에서 생성되는 정보, 예를 들어 발행인에 관하여 상계관세결정이 내려졌다거나, 대규모 특별이익이 발생하는 소송에서 승소하게 되었다는 정보도 직접적으로 주식 발행인과 관련된다는 점에서 내부정보에 해당하기 때문이다.

'시장정보'란 특정 주식 자체에 관한 정보로서 시장에서 형성된 것을 말하는데, 예를 들어 특정세력이 어느 주식을 대규모로 매집할 계획이라든가 공개매수

---

906) 박정호 외(2012), 19쪽에서는 이를 '중요성, 비공지성, 직무관련성'이라고 표현하였다.
907) 금감원(2011a), 383쪽 이하

를 계획하고 있다는 정보 등 주식의 수급에 관한 것들을 말한다. 법인 내부에서 생성된 정보가 아니라 주식시장에서 생성된 주가에 영향을 줄 수 있는 사건이나 경제신문이나 방송 또는 애널리스트들의 경제동향이나 주가에 관한 예측 등 주식 상황에 관한 시장정보를 말하며 미공개 정보로서의 지위를 갖지 못한다. 다만, 시장질서 교란행위(제178조의2) 중 '정보이용형' 시장질서 교란행위로서 과징금의 대상이 될 수 있다.

나. 자본시장법에서의 미공개 중요정보

(1) 개념

자본시장법에서는 미공개 중요정보의 개념을 따로 정의하고 있지는 않지만 각 개별조항에서 미공개 중요정보를 규정하고 있다. '상장법인의 업무 등과 관련된 미공개 중요정보를 이용한 행위(제17조 제1항), 공개매수의 실시 또는 중지에 관한 미공개정보를 이용한 행위(제174조 제2항), 주식 등의 대량취득·처분의 실시 또는 중지에 관한 미공개정보를 이용한 행위(제174조 제3항)' 등 3개로 나누어 구별하고 있다.

제174조에서 규율하고 있는 내용들은 일반적으로 중요정보라고 분류할 수 있는 것을 예시적으로 설명한 것[908]이다. 그러므로 그러한 내용 이외의 것도 투자자의 투자판단에 중대한 영향을 미칠 수 있는 정보라면 중요정보가 될 수 있으므로 중요정보인지 여부는 사안별로 판단하여야 한다.

통상적으로는 주식가격에 직접적으로 영향을 미칠 만한 사항뿐만 아니라 기업 CEO의 교체나 새로운 영업방식의 채택 등 주식가격에 간접적으로 영향을 줄 만한 정보라면 모두 미공개 중요정보가 될 수 있다.

(2) 내부정보

미공개 중요정보는 그 내용이 법인과의 '업무관련성'이 있어야 하고, 당해 법

---

908) 대법 2000. 11. 24. 선고 2000도2827 판결. 그러므로 구증권거래법상의 '제한적 열거주의인지, 예시주의인지 여부 논란'은 자본시장법에서는 문제가 되지 않는다.

인의 재산상태나 경영 또는 영업실적 등과 직접적 또는 간접적으로 관련된 것으로서 법인 내부에서 생성된 '내부정보'를 말한다. 대표적으로는 기업의 의사결정에 관한 정보, 실적의 예상이나 결산에 관한 정보, 기타 기업의 운영 또는 재산에 관한 정보 중 투자판단에 중대한 영향을 미칠 수 있는 정보를 들 수 있다[909].

따라서 해당기업의 경영 또는 주가에 영향을 미칠 수 있는 정보라 하더라도 기업내부에서 생성되지 않은 정보, 즉 상장법인의 업무와 관련성이 없이 외부에서 생성되는 시장정보나 정책정보(policy information) 등 '외부정보'는 내부자거래의 규제대상에서 제외된다.

그러나 '시장정보가 법인 내부에서 결정한 정보와 함께 결합할 경우'에는 비록 시장정보가 포함되어 있다고 하더라도 전체적으로 보아 당해 법인의 재산상태나 경영 또는 영업실적 등에 직간접적으로 영향을 미칠 수 있기 때문에 미공개 중요정보라고 보아야 한다[910]. 영국 등 일부 국가에서는, 주가는 기업의 내재가치는 물론 당해 유가증권의 수요 및 공급에 관한 정보인 시장정보와 정부의 정책, 금리결정 등 정책정보에 의해서도 좌우되므로 시장정보를 포함시켜야 한다는 견해도 있다[911].

한편, 법인이 직접 결정한 사항(결정정보)만이 미공개 중요정보가 되는 것이 아니라, 외부적 요인에 의해 생성되거나 발생한 정보(발생정보), 예를 들어 제3자로부터 법인의 대표이사가 고소를 당하거나 중요한 소송에 피소되었다는 등 법인의 의사와는 무관하게 발생하는 정보도 미공개 중요정보의 개념에 포함될 수 있다[912].

(3) 미공개 중요정보(제1항)

일정한 지위에 있는 자는 '상장법인의 업무 등'과 관련된 미공개 중요정보를 특정증권 등의 매매, 그 밖의 거래에 이용하거나 타인에게 이용하는 행위를 규제하고 있다(제1항). 여기서 미공개 중요정보란 '투자자의 투자판단에 중대한 영향을 미칠 수 있는 정보로서 일정한 방법[913]에 따라 불특정 다수인이 알 수 있도록

909) 김정수(2011), 1,003쪽
910) 서울고등 2011. 7. 8. 선고 2011노441 판결
911) 한국증권법학회(2009), 867쪽 참조
912) 임재연(2012), 829쪽

공개되기 전의 것'이라고 규정하고 있다. 상장법인이란 6개월 이내에 상장하는 법인을 포함한다.

투자자의 투자판단에 중대한 영향을 미칠 수 있는 정보란 합리적인 투자자가 당해 유가증권을 매수 또는 계속 보유할 것인가 아니면 처분할 것인가를 결정하는 데 있어서 중요한 가치가 있는 정보, 바꾸어 말하면 일반투자자들이 일반적으로 안다고 가정할 경우 당해 유가증권의 가격에 중대한 영향을 미칠 수 있는 사실을 말한다[914].

(4) 공개매수 등에 관한 미공개 정보(제2항)

공개매수란, 불특정 다수인에 대하여 의결권 있는 주식 등의 매매의 청약을 권유하고 증권시장 밖에서 그 주식 등을 매수하는 것을 말한다(제133조). 그러므로 오로지 유가증권시장 또는 코스닥시장 등 증권시장 밖에서 이루어지는 사적 교섭매수의 경우에만 성립할 수 있다. 이러한 제도는 대상기업의 경영권을 확보하기 위한 기업인수의 일환이라고 할 수 있다.

이러한 공개매수정보는 내부정보이기는 하겠지만 그 규제대상 주식은 대상기업의 주식이므로 공개매수정보의 경우에는 전형적인 내부자 거래와는 구조가 달라 공개매수자의 내부자 등이 대상기업의 주식을 매수하는 것을 금지해왔다.[915]

구증권거래법은 공개매수관련 정보를 이용한 내부자거래만을 규제하였으나, 자본시장법에서는 주식 등의 공개매수뿐만 아니라(2항) 일반적인 기업인수를 포함하여 주식 등의 대량취득·처분의 실시 또는 중지에 관한 미공개정보를 이용하거나 이용하게 하는 행위를 모두 금지하고 있다[916].

여기서 미공개 정보란 일정한 방법에 따라 공개매수의 실시 또는 중지에 관한 정보 중 불특정 다수인이 알 수 있도록 공개되기 전의 것을 말한다[917]. 다만, 공개매수자(계열회사 포함)가 공개매수를 목적으로 거래하는 경우에는 규제의

---

913) '공개' 방식은 일정한 방식에 따라 일반투자자들이 알 수 있는 상황을 말하므로 반드시 모든 주식 투자자들이 그 공개를 직접 들어서 알거나 정보로서 접해야만 하는 것은 아니다.
914) 대법 1995. 6. 29. 선고 95도467 판결
915) 김정수(2011), 1,004쪽
916) 한국증권법학회(2009), 877쪽
917) 구증권거래법 제188조의2 제3항에서 공개매수 대상기업의 주식을 거래하는 행위도 제188조의2 제1항, 제2항을 준용토록 규정하고 있었음

대상에서 제외하고 있다. 이는 공개매수에 관한 미공개 중요정보를 공개매수자 본인이 이용하거나 타인에게 이용하게 하는 행위를 금지하고, 오직 공개매수를 목적으로 거래하는 경우만 허용하기 위한 것이다[918].

비상장법인이 상장법인을 공개매수하는 경우에 내부자거래에 해당하는지에 대해 구증권거래법상 논란이 있었으나, 자본시장법에서는 공개매수자가 법인인 경우 상장회사 여부를 묻지 않기 때문에 비상장기업이 상장기업을 공개매수하는 경우에 비상장기업의 내부자가 대상기업의 주식을 매매하면 미공개정보 이용행위에 해당한다[919].

제1항에서는 미공개 '중요'정보라고 표현하였지만 제2항에서는 '미공개 정보'라고 표시하였는데 이는 '공개매수의 실시 또는 중지' 등에 관한 정보는 비록 그 영향이 미미하거나 아무런 영향이 없는 것으로 보인다고 할지라도 그 자체를 상장법인의 업무 중에서 중요한 정보임을 전제한 것이라고 볼 수 있다. 그러나 이에 대해 공시되지는 않았지만 널리 알려진 경우에는 '투자자의 투자판단에 중대한 영향을 미칠 수 있는 정보'가 아니므로 중요성이 결여되어 규제대상에서 제외해야 하는데, 그 중요성이라는 요건에서 누락되어 규제 대상이 된다는 모순점이 발생한다는 이유를 들어 별도로 중요성 요건을 갖추어야 한다고 보는 견해[920]도 있다. 그러나 법규정상 요건을 명확히 구별하였으므로 입법론적으로는 몰라도 해석론상 이러한 주장은 수긍하기 어렵다.

따라서 공개매수의 실시 또는 중지와 관련된 정보라면 그 정보가 중요한 것이 아니라 사소한 것일지라도 공개되지 않은 정보를 이용한 주식처분은 모두 미공개 중요정보를 이용한 것으로 간주하게 된다. 다만, 실시 또는 중지와 관련된 정보에 국한하기 때문에 공개매수자가 공개매수를 목적으로 거래하는 경우에는 해당하지 않는다.

---

918) 임재연(2012), 837쪽. 동서에서는 '공개매수자'의 개념은 법상 '공개매수공고를 한 자'에 국한하고 있으므로 입법론상 단서 조항의 공개매수자는 '공개매수를 하려는 자'로 개정해야 한다고 설명한다.
919) 김정수(2011), 1,009쪽
920) 한국증권법학회(2009), 878쪽 ; 임재연(2012), 839쪽

(5) 주식 등의 대량취득 등에 관한 미공개 정보(제3항)

(가) 일정한 지위에 해당하는 자는 '주식 등의 대량취득·처분의 실시 또는 중지'에 관한 '미공개 정보'를 그 주식 등과 관련된 특정증권 등의 매매, 그 밖의 거래에 이용하거나 타인에게 이용하게 하는 행위는 금지된다.

여기서 '미공개 정보'란 일정한 방법에 따라 주식 등의 대량취득·처분의 실시 또는 중지에 관한 정보 중 불특정 다수인이 알 수 있도록 공개되기 전의 것을 말한다. '주식 등'의 개념은 공개매수 적용대상 증권인 '의결권 있는 주식 등'의 개념과 동일하다(시행령 제139조).

구증권거래법에서는 '공개매수'의 경우 제재대상으로 규정하였지만 합병이나 다양한 형태로 발생하는 기업인수와 관련한 해당기업의 주식을 매매하는 별도의 행위에 대해서는 내부자거래로 규제하지 않았다. 그러나 자본시장법에서는 기업 인수와 관련한 미공개정보 이용행위를 차단하기 위해 이러한 규정을 신설하였다고 설명[921]한다.

연혁적으로 보면, 구증권거래법에서 이를 내부자거래로 규율하지 않았던 이유는 '경영권의 변동을 가져오는 대량취득·처분'은 그 자체가 미공개중요정보에 해당하기 때문에 별도의 규정이 필요 없다고 해석했기 때문이다. 그런데 당해법인과 계약을 체결하는 당사자가 아니라, 당해법인의 경영권을 갖고 있는 최대주주와 경영권양수를 포함한 대량매수를 하는 계약 당사자의 경우에는 그 자신이 정보생성자이기 때문에 계약의 체결·교섭의 지위(준내부자)에 있지도 않고 '1차 정보수령자'의 지위에 있지도 않는 모순이 생겨 자본시장법 제정 시 이러한 점을 고려하여 규정을 신설하게 된 것으로 보인다(아래 판례 참조).

사례 : 피고인과 주식 290만 주에 대한 매매 및 회사인수계약을 체결한 계약의 상대방은 A회사 주식의 40%를 보유하고 있던 B회사이고, A회사와 B회사가 실질상 동일한 회사라거나 B회사의 대표이사가 A회사를 대리하여 계약을 체결하였다고 볼 수 없으며, 피고인이 B회사로부터 전달받았다는 "B회사가 피고인에게 A회사 주식 290만 주를 양도하여 A회사의 경영권을 양도한다."는 정보는 B회사가 스스로 생산한 정보이지 직무와 관련하여 알게 된 정보가 아니고, 피고인은 당해 정보를 B회사로부터

---

921) 김정수(2011), 1,011쪽 ; 한국증권법학회(2009), 879쪽

전달받은 자가 아니라 B회사와 주식 양수계약을 체결한 계약 당사자로서 B회사와 공동으로 당해 정보를 생산한 자에 해당한다. 따라서 피고인은 "당해 법인과 계약을 체결하고 있는 자" 또는 "당해 정보를 받은 자"에 해당하지 아니한다[922]

(나) '주식 등의 대량취득·처분'이라 함은 모든 주식 등의 대량취득·처분의 실시 또는 증자가 해당되는 것이 아니라 ① 임원의 선임·해임 등 목적[923]일 것, ② 100분의 10(발행주식 등의 총수에 대한 취득·처분하는 주식 등의 비율), ③ 취득·처분을 통하여 최대주주 등이 되거나(발행주식 등의 총수를 기준으로 누구의 명의로 하든지 특수관계인 및 자기의 계산으로 소유하는 주식 등을 합하여 그 수가 가장 많게 되는 경우), 되지 않게 되는 경우 그 변동비율 중 낮은 비율을 충족하는 취득·처분에 국한한다[924].

따라서 주식시장에서 대량의 주식일지라도 경영권에 영향을 줄 가능성이 없거나 10% 미만의 주식에 대한 처분이라면 미공개 정보에 해당하지 않는다. 반대로 해석하면, 10% 이상의 주식처분일지라도 경영권에 영향을 줄 가능성이 없는 경우(최대주주의 지분비율이 50% 이상일 경우)에는 대량취득·처분에 해당하지 않는다. 그러나 이러한 조건에 대해서 "요건이 엄격하여 실질적으로 내부자거래 규제에 여전히 한계가 있다."고 반대하는 견해[925]도 있다.

'대량취득·처분의 실시 또는 중지' 등에 관한 정보는 비록 그 영향이 미미하거나 아무런 영향이 없었다고 할지라도 그 자체를 상장법인의 업무 중에서 중요한 정보임을 전제로 한 규정이라고 할 수 있다. 따라서 대량취득·처분의 실시 또는 중지와 관련된 정보라면 그 정보가 중요한 것이 아니라 사소한 것일지라도 공개되지 않은 정보를 이용한 주식처분은 모두 미공개 중요정보를 이용한 것으로

---

922) 대법 2003. 11. 14. 선고 2003도686 판결
923) 경영권에 영향을 줄 가능성이 있는 대량취득·처분을 말한다. 시행령 제154조 제1항에서는 '임원의 선임·해임 또는 직무의 정지 / 이사회 등 회사의 기관과 관련된 정관의 변경 / 회사의 자본금의 변경 / 회사의 배당의 결정(예외 있음) / 회사의 합병·분할과 분할방법 / 주식의 포괄적 교환과 이전 / 영업전부의 양수·양도 또는 금융위가 고시하는 중요한 일부의 양수·양도 / 자산 전부의 처분 또는 금융위가 정하여 고시하는 중요한 일부의 처분 / 영업전부의 임대 또는 경영위임, 타인과 영업의 손익 전부를 같이 하는 계약, 그 밖에 이에 준하는 계약의 체결, 변경 또는 해약'을 규정하고 있다.
924) 시행령 제201조 제3항. 조사업무규정 제54조
925) 김정수(2011), 1,011쪽

간주하는 것이다. 다만, 대량취득·처분을 하는 자가 대량취득·처분을 목적으로 거래하는 경우에는 해당하지 않는다.

(다) 여기서 대상인 주식은 '(대량취득 및 처분하게 되는) 그 주식 등과 관련된 특정증권 등'으로서, 이러한 주식에 대한 매매 등 거래는 금지된다. 그러므로 경영권 취득 등을 목적으로 하는 대량취득의 대상인 주식은, 비록 그 대량취득의 목적인 행위가 공시되기 전일지라도 이를 취득하는 행위는 미공개정보 이용이 아니다. 이는 대량취득제도가 경영권 양수를 받기 위한 것이거나 주식 자체를 대량으로 인도받는 것을 목적으로 만들어진 제도라는 점을 생각하면 쉽게 알 수 있다.

그러므로 그 대량취득의 목적대상인 주식 이외에 당해법인의 '주식 등과 관련된 특정증권 등'에 대해서는 미공개정보 이용행위가 문제된다. 여기서 '특정증권'이란 당해법인에서 발행한 주식부터 증권예탁증권, 신주인수권부사채 등이 있다(제172조 제1항). 실무상은, 경양권 양수 등을 목적으로 대량으로 취득한 주식은 대외적으로 드러나게 되므로 상관없으나, 경영권 양수라는 호재성 정보를 이용하여 부당한 이득을 얻을 목적으로 차명이나 제3자에게 관련주식을 취득하게 하는 형태로 나타난다.

그러나 당해 주식이라고 할지라도 경영권 양수를 목적으로 하는 것으로 보기는 어려운 차명으로 취득하거나 의도적으로 타인명의로 취득하고 대량보유 보고 의무를 누락하였다면 미공개 정보를 이용하여 부당한 이득을 보려는 행위로 볼 것이다.

다. 정보의 생성주체

자본시장법에서는 미공개 중요정보의 생성자는 자신들의 직무와 관련하여 '알게 된 자'로 규정하면서 그 유형을 예시하고 있고, 그와 같이 미공개 중요정보를 '알게 된 자'로부터 정보를 '받은 자'도 함께 규제하고 있다.

물론 이 경우 '알게 된 자'와 '받은 자'는 적용법규뿐만 아니라 개념도 다르다. 그런데 정보를 '알게 된' 경우에는 당해 정보를 '받은' 경우의 해석과는 달리 그 문언 및 입법취지에 비추어 볼 때 이미 생성되어 존재하는 정보를 수동적으로 알게 된 경우 외에 그 정보의 생성 과정에 적극적으로 관여하거나 공동으로 생성하는 과정에서 알게 된 경우도 포함된다고 해석한다. 즉, 미공개 중요정보는 당해 정보를 생성한 사람뿐만이 아니라 그와 같이 생성된 정보에 쉽게 접근할 수 있는 자가 이를 이용하는 행위도 제한하고 있다.

　판례도 "정보에 쉽게 접근할 수 있는 자가 이를 이용하는 행위를 제한하지 않을 경우 거래의 공정성 내지 증권시장의 건전성을 해할 위험성이 많으므로 그 규제 대상이 되는 법인의 '업무 등과 관련된 정보'에 포함된다고 봄이 상당하다" 고 판시하였다926).

　사례 : 경영전문 A회사의 공동대표이사 피고인 갑, 을은 2008. 7. 4. B사의 주식 5.24%를 취득하여 2대 주주가 되자 법원에 7. 30. B사의 대표이사 직무집행정지가처분신청 등을 하여 경영권 분쟁사항을 공시할 의무가 있는 B사로 하여금 이를 공시하도록 하였다. 경영권에 위협을 느낀 B사 대표이사의 위임을 받은 피고인 병이 갑, 을에게 합의를 제안하여 피고인들은 8. 24.경 A사와 B사를 대표하여 "B사에 독립적인 투자위원회를 설치하고 A사가 지정하는 2명이 투자결정 시 자문을 하며 A사 측 인사를 이사로 선임하고, A사는 적대적 인수합병을 중지한다. B사는 A사가 지정하는 날에 합의된 내용의 취지를 경영합의공시의 형태로 공시한다."라는 내용의 '주주계약서'를 작성하는 등 A사가 B사의 경영자문계약의 대가로 적대적 인수합병을 중단할 것을 구두로 약정하였고, 피고인 갑, 을은 8. 25.과 8. 26. 7주를 남기고 B사 주식을 전부 처분하여 1,298,946,867원의 손실회피금액을 실현한 다음 위 주주계약서에 "A사는 지분율을 시가총액 5% 미만으로 한다."라는 조항을 추가하여 8. 27.자 계약서를 작성한 후 B사에 8. 27. 계약서를 공시해달라고 요구하여 B사는 그날 공시하였다. 이 경우, 8. 24.경 A사와 B사 사이에 적대적 인수합병 중단 및 그와 관련된 조건에 관한 구두계약이 있었던 이상, 피고인들이 8. 25. 및 그 다음날 주식 매도에 이용한 정보를 A사가 독자적으로 생성한 정보라고 볼 수는 없고, 당해법인인 B사와 함께 그 정보의 생성과정에 적극적으로 관여하거나 공동으로 생성한 정보라고 할 것이다927)

---

926) 서울고등 2011. 7. 8. 선고 2011노441 판결
927) 서울고등 2011. 7. 8. 선고 2011노441 판결

2. 정보의 미공개성

가. 개념

정보는 미공개된 것이어야 한다. 즉, 투자자의 투자판단에 중대한 영향을 미칠 수 있는 정보로서 대통령령으로 정하는 방법에 따라 불특정 다수인이 알 수 있도록 '공개되기 전(미공개)'의 것이어야 한다. 그러므로 일반투자자들에게 공개되어 공개시장에서 광범위하게 유포되기 전의 미공개 중요정보를 말한다[928]. 여기서 '공개'라는 방식은 일정한 방식에 따라 일반투자자들이 알 수 있는 상황을 말하므로 반드시 모든 주식 투자자들이 그 공개를 실제로 들어서 알거나 정보로서 손수 접해야만 하는 것은 아니다.

따라서 '미공개(공개되지 아니한)' 중요정보여야 하므로, 이미 공개된 정보라면 이에 해당하지 않는다. 비록, 그 공개된 정보가 일반 주식보유자에게 잘 알려지지 않았다거나 일반투자자들에게는 관심사항이 아니었다고 할지라도 일단 적법한 방식으로 공개되었다면 미공개 정보라고 할 수 없다. 그러므로 중요한 정보가 공개된 이후에는 비밀정보(confidential information)가 공개된 정보(public information)로 바뀌게 되는 것이다[929].

또한 그 정보의 형태나 내용 등에는 아무런 제한이 없지만, 공개 방식에는 일정한 요건을 필요로 하고 공개에도 일정한 원칙들이 있다. 특히 미공개 중요정보를 공시하면서 일부 중요한 사실을 의도적으로 숨기고 공시하는 '불완전공시'는 허용되지 않으며, 특정인에게만 공개하는 '선택적 공시'도 또한 불법이고 불명료한 공시도 원칙적으로 금지된다. 예를 들어 '협의 중, 논의 중, 검토 중'이라는 것과 같이 장차 그 결론이 성사될 것인지 여부가 확실치 않은 '불확정적인 공시'도 원칙적으로 규제 대상이다[930].

---

928) 임재연(2012), 823쪽
929) 김정수(2011), 1,022쪽
930) 자세한 내용은 김정수(2011), 1,022쪽

나. 정보 공개의 방법 및 절차

(1) 일반

일정한 방법에 따라 공개된 것은 미공개 중요정보에 해당하지 않는다. 즉, 그 정보가 외부인들에게 공개되었다면 다른 투자자들에 비해 더 유리한 지위에 있지 않기 때문에 미공개 정보로서 규제의 대상이 되지 않는다. 다만 그 공개 방식에 관해서는 법령에서 '일정한' 방법으로 공개된 것만을 제한하므로 그러한 방식에서 벗어났다면 공개된 정보가 아니다[931].

구증권거래법에서도 '재무부령이 정하는 바에 따라 다수인으로 하여금 알 수 있도록 공개하기 전의 것'이라고 규정하였었는데, 이를 두고 구성요건사실인 미공개 중요정보의 개념을 재무부령에 포괄 위임한 것으로서 위헌이라는 견해가 있었다. 그러나 법률에서 위임하고 있는 사항은 해당 법인이 다수인으로 하여금 알 수 있도록 일반인에게 정보를 공개하는 방법과 그 방법에 따라 그 정보가 공개된 것으로 보게 되는 시점에 관한 것뿐이므로 이를 위헌이라고 볼 수는 없다[932].

미공개 중요정보에서 말하는 '정보의 공개'란 해당 법인 또는 그 법인의 자회사가 '정해진 방법'으로 정보를 공개하고 그 정해진 방법에 따른 정한 기간이나 시간이 지나야만 공개된 정보로 취급하게 된다(시행령 201조).

그러므로 일정한 방식 및 절차에 따라 공개되지 않고, 단순히 해당 정보가 신문, 방송 등을 통하여 보도가 되었다든가, 인터넷 등을 통해 널리 알려졌다거나 또는 외부인이라면 누구나 쉽게 알 수 있었던 것이었다고 할지라도 그러한 사실만으로는 공개된 것으로 보지 않는다.

간행물에 '보도'된 내용이 추측이든 사실을 적시한 것이든 당해법인이 직접적인 의사로 발표하지 않았다면 공개된 것으로 보지 않는다. 왜냐하면 '당해법인'이 다수인으로 하여금 알 수 있도록 공개할 것을 요건으로 하기 때문이다.

따라서 당해법인의 공보실 등에서 기자들의 질문에 대해 브리핑을 통해 사실관계를 밝혔을 경우에는 법률상 '당해법인이 직접' 공개한 것은 아니므로 공개된

---

931) 임재연(2008), 564쪽
932) 헌재 1997. 3. 27. 선고 94헌바24 결정

것에 해당하지 않는다고 보는 것이 원칙이다. 그러나 이 부분은 좀 더 긍정적인 방향으로 검토할 필요가 있다[933].

실무에서는 미공개 정보를 이용한 자가 그러한 상황(제3자가 알고자 하였으면 쉽게 알 수 있었을 만한 사정이나 언론 등에 널리 공개되었다는 사실)을 주장하면서 '미공개'된 정보가 아니었다고 주장하는 경우가 많지만, 법령에서 정한 절차와 방식에 따른 정보공개가 아니므로 정상참작의 사유가 될 뿐이다.

그런데 사실, 주식보유자나 매수하고자 하는 자는 법령에서 정한 절차와 방법에 의해 공개된 정보를 입수하는 것보다는 신문이나 방송, 인터넷, SNS 등으로부터 정보를 입수하는 것이 훨씬 신속할 뿐만 아니라 또한 그 파급력이 뛰어나기 때문에 무조건 이를 변명에 지나지 않는다고 배척할 것은 아니고 범의에 관한 자료로서 고려하는 것이 실체적 진실에 부합할 수도 있다. 물론 중요한 정상참작의 자료가 된다고 볼 경우에도 '공개 시점, 공개 방식'에 대해 명확한 기준을 유지하지 않는다면 오히려 이러한 점을 수사 및 재판과정에서 악용할 가능성이 높기 때문에 신문, 방송, 인터넷, SNS 등을 통해 공개된 정보를 달리 취급하더라도 원칙을 벗어나서는 안 될 것이다.

이러한 실무와 법령과의 괴리에 대해 "인터넷 등에 의하여 정보가 공개되는 경우 실질적으로는 법령이 정한 방법보다 더욱 공개의 폭이 넓다고 하겠지만, 오히려 통신에 의하여 알게 된 정보를 이용한 거래자가 정보수령자로 책임질 가능성도 있으므로 이 부분에 대해서 입법적 보완이 필요하다는 견해"도 있다[934].

(2) 정보공개의 주체

정보를 공개하는 주체는 미공개 중요정보(제174조 제1항)와 미공개정보(제2, 3항)의 경우 각각 다르다. 제174조 제1항의 '미공개 중요정보'는 그 정보를 생성한 '해당 법인 또는 그 법인의 자회사'가 법령에서 정한 방법으로 정보를 공개하도록 되어 있다. 해당 법인의 개념에는 그 해당 법인으로부터 공개권한을 위임받은 자를 포함하고, 자회사의 개념은 상법 제342조의2 제1항에 따른 자회사이며 그 자회사로부터 공개권한을 위임받은 자도 당연히 정보공개의 주체에 포함된

---

933) 이러한 사안이라면, 최소한 양형참작에서는 적극적으로 반영될 수 있을 것임
934) 임재연(2012), 826쪽

다(시행령 제201조 제1항).

　제174조 제2항의 미공개정보는 '공개매수자'가 공개 주체이며 공개매수자로부터 공개권한을 위임받은 자를 포함한다(시행령 제201조 제2항).

　제174조 제3항의 미공개정보는 '대량취득·처분을 할 자'가 공개 주체이며 그로부터 공개권한을 위임받은 자를 포함한다(시행령 제201조 제4항).

　따라서 정보가 공개되더라도 그 주체가 제3자(예를 들어 언론사)라면 그 정보는 적법한 절차에 따라 공개된 것은 아니다.

(3) 공개 방법과 기간(시간)

　정보공개의 방법과 공개기간 등은 자본시장법에서 정한 절차에 따라 불특정 다수인으로 하여금 알 수 있는 상태로 공개하는 것을 말한다(시행령 제201조 제1항). 그 내용 중 정보 공개(비치 등) 후 일정한 기간(시간)이 지난 후에 그 효과가 발생한 것으로 규정하고 있는데 이를 '**주지기간(대기기간)**'이라고 한다[935].

　공시가 이루어진 후에도 일정 시간의 경과를 요구하는 것은, 내부자들은 이미 정보를 입수하고 투자 여부를 결정할 충분한 시간적 여유가 있는 반면, 일반투자자들에게는 그러한 시간적 여유가 없으므로 내부자와 동등하게 그 정보에 접근할 기회와 정보의 가치를 판단할 충분한 시간을 부여해주기 위함이다(정보의 공정성)[936]. 예를 들면, 미리 주식의 처분이나 매매를 준비한 상태에서 중요정보를 공개하게 되면 사전에 준비하지 않은 제3의 주식보유자 등은 이미 미공개 중요정보를 이용하여 주식시장에서 변동된 주식가격을 이용할 수 없으므로 상대적으로 손해를 보게 되기 때문이다.

　이러한 대기기간(주지기간)은 다음과 같다.

　① 법령에 따라 금융위 또는 거래소에 신고 되거나 보고된 서류에 기재되어 있는 정보 : 그 내용이 기재되어 있는 서류가 금융위 또는 거래소가 정하는 바에 따라 비치된 날부터 1일

　② 금융위 또는 거래소가 설치·운영하는 전자전달매체를 통하여 그 내용이 공개된 정보 : 공개된 때부터 3시간

---

935) 김정수(2011), 1,023쪽 ; 임재연(2008), 554쪽 ; 박정호 외(2012), 32쪽
936) 김정수(2011), 1,023쪽 ; 임재연(2012), 824쪽

③ '신문 등의 진흥에 관한 법률'에 따른 일반일간신문 또는 경제 분야의 특수일간신문 중 전국을 보급지역으로 하는 둘 이상의 신문에 그 내용이 게재된 정보 : 게재된 날의 다음 날 0시부터 6시간. 다만, 해당 법률에 따른 전자간행물의 형태로 게재된 경우에는 게재된 때부터 6시간

④ '방송법'에 따른 방송 중 전국에서 시청할 수 있는 지상파방송을 통하여 그 내용이 방송된 정보 : 방송된 때부터 6시간

⑤ '뉴스통신진흥에 관한 법률'에 따른 연합뉴스사를 통하여 그 내용이 제공된 정보 : 제공된 때부터 6시간

기간의 계산에 있어서 달리 정한 바가 없으며 민법의 규정(제155조)에 의하므로 기간을 시, 분, 초로 정한 때에는 즉시로 기산하고, 기간을 일, 주, 월, 년으로 정한 때에는 역법적 계산법을 채택하며 초일 불산입의 원칙이 적용된다[937].

'비치된 날로부터 1일'의 대기기간이란 의미는 24시간을 의미하는 것이 아니기 때문에 당일을 제외한 익일 24:00이 경과되어야 대기기간이 지난 것으로 해석되고, 반면에 '공개된 때부터 3시간'이란 공개된 시점부터 정확히 3시간의 경과로 효과를 발한다고 할 것이다.

여기서 규정하고 있는 '1일, 3시간, 다음날 0시부터 6시간, 뉴스제공 이후 6시간' 등은 임직원 등 사전에 미공개 정보를 접한 사람들의 경우에 그 정보를 개시 이후 바로 주식을 처분할 경우에 얻게 되는 부당한 이득을 배제하기 위한 필요 요건이다. 따라서 그러한 시간(대기기간)이 지나기 전에 이를 이용한 주식처분행위는 그 중요정보가 공개되기는 하였지만 미공개 정보를 이용한 행위에 해당한다.

(4) 신문 및 언론보도와 관련한 문제점

정보공개는 법령에 정한 정보공개의 '주체'가 법령에서 정한 방법으로 이를 공개해야 비로소 공개된 정보가 된다고 앞서 설명하였다. 그러므로 신문 및 언론에서 그 정보가 보도되었다고 할지라도 법에서 정한 정보공개의 주체가 발표한 것이 아니라면 그 정보는 공개된 정보가 아니다[938].

---

937) 임재연(2008), 555쪽
938) 김정수(2011), 1,024쪽

게재된 시점은 각 신문의 초판을 기준으로 하겠지만, 비록 초판이 아닌 호외로 발행된 경우에는 그 호외 발행시점을 기준으로 해야 한다(시행령 제201조 제1항 제3호). 또한 그 신문이 최초 배포된 지역을 기준으로 해야 하므로 비록 시차로 인해서 늦게 배달이 되었다든가 배포되었을지라도 늦게 보았다고 해서 그 시점을 기준으로 할 수는 없다.

일정한 절차에 따라 공개되기 전의 정보는 금지의 대상이 되는 정보이기 때문에 어떤 정보가 당해 법인의 의사에 의하여 법령에서 정하는 바에 따라 공개되기까지는 그 정보는 여전히 미공개정보 이용금지의 대상이 되는 정보에 속한다. 따라서 일부 언론에 추측 보도된 바 있는 사실이라고 하더라도 관계법령에 따라 일반인에게 공개된 바 없는 이상 미공개 정보에 해당한다939).

언론에 추측 보도된 내용이 해당 법인이나 주무관청에서 이를 확인한 것일지라도 법에서 정한 절차에 의해 이루어진 공개가 아니라면 공개된 정보가 아니다. 물론 단순히 '신문'만을 말하는 것이 아니라 신문, 방송 등 언론보도와 인터넷 언론매체 등을 통한 보도의 경우도 모두 동일하게 해석된다.

다만, 인터넷 등 여러 매체를 통해 해당 정보가 일반에게 널리 상세하게 공개된 경우에는 정보의 '중요성'이라는 요건이 결여될 가능성이 클 것이다940).

사례1 : 상장회사의 추정 영업실적이 전년도에 비해 대폭 호전되었다는 사실은 그 회사의 유가증권의 가격에 중대한 영향을 미칠 것이므로 중요정보에 해당하나, 비록 그 사실이 일간신문 등에 그 추정 결산결과와 유사한 내용으로 추측 보도된 사실이 있다고 하더라도 그러한 사실만으로는 그 회사의 추정 결산실적이 일반인에게 공개된 정보라거나 또는 그로 인하여 그 회사가 직접 집계하여 추정한 결산 수치가 중요한 정보로서의 가치를 상실한다고 볼 수 없다941)

사례2 : 회사가 발행한 어음 등의 부도사실이 불가피하다는 사실을 공개한 사실이 없는 이상 비록 경제신문 등에서 그 유사한 내용으로 추측 보도된 사실이 있다고 하더라도 그러한 사실만으로 일반인에게 공개된 정보라고 할 수 없다942)

---

939) 대법 2000. 11. 24. 선고 2000도2827 판결
940) 임재연(2008), 556쪽
941) 대법 1995. 6. 29. 선고 95도467 판결
942) 대법 2000. 11. 24. 선고 2000도2827 판결

사례3 : 갑회사와 을회사 사이의 인수 후 개발(A&D) 추진사실이 비록 일부 언론에 추측 보도된 바 있다고 하더라도 관계 법령에 따라 일반인에게 공개된 적이 없는 이상 미공개 정보에 해당한다[943]

사례4 : 이 사건 정보가 A사의 공정공시를 통해 2005. 11. 10. 일반에 공개되었고, 2005. 8. 24.자 B경제신문 및 9. 20.자 C일보에 나노 이미지센서의 개발이 완료되었다는 취지의 기사가 게재된 사실을 인정할 수 있다. 그러나 변호인들이 제출하고 있는 위 각 기사가 A사의 의사에 의해 게재된 것으로는 보이지 않는 점, 위 각 기사에 시연회 개최에 관한 언급이 전혀 없었던 점 등을 고려하면, 결국 나노 이미지센서의 개발이 완료되어 시연회를 개최한다는 정보가 당해법인인 A사의 의사에 의해 전국을 보급지역으로 하는 신문에 게재되었다고 할 수 없다(6. 23.자 D신문의 기사를 제출하였으나 D신문은 정기간행물의 등록 등에 관한 법률이 정한 일반일간신문 또는 경제분야의 특수일간신문에 해당하지 않고, 그 기사 역시 A사의 의사에 의해 게재된 것으로 보이지 않음). 따라서 나노 이미지센서의 개발이 완료되어 기술시연회를 개최한다는 내용의 정보는 미공개정보에 해당한다[944]

시행령 제201조 제1항 제4호에서 '방송법에 따른 방송 중 전국에서 시청할 수 있는 지상파방송을 통하여 그 내용이 방송된 정보'의 경우에는 '방송된 때부터 6시간'을 요건으로 한다. 이 경우에 실제로 각 개별 주식보유자가 방송 시청이 가능한 상황이었는지는 고려하지 않으므로 일반 주식보유자가 그 시간대에 다른 방송을 보고 있었다거나 정전이 되어 시청을 할 수 없었다거나 난시청지역이어서 제대로 보지 못하였든가 하는 특수한 사정은 참작이 되지 않는다.

여기서는 '지상파 방송'에 국한하므로 비록 케이블방송이나 위성방송을 통해 보도가 되었다고 할지라도 이는 방송시점의 기준으로 볼 수는 없지만 입법론상 검토할 필요가 있다. 그러나 해당 방송이 일단 지상파방송이었다면 비록 그것이 지역방송에 국한하여 제한적으로 방송되었다고 할지라도 해석상 이는 기준시점이 된다고 할 수 있다.

---

943) 대법 2006. 5. 12. 선고 2004도491 판결
944) 서울중앙 2008. 11. 27. 선고 2008고합236 판결

(5) 신고 의무 있는 사항과 미공개 정보

미공개 정보(중요정보)의 개념을 '법인의 경영·재산 등에 관하여 중대한 영향을 미칠 사실들 가운데에서 합리적인 투자자가 그 정보의 중대성 및 사실이 발생할 개연성을 비교평가하여 판단할 경우 유가증권의 거래에 관한 의사결정에서 중요한 가치를 지닌다고 생각하는 정보를 의미'945)하므로 그러한 정보에 해당하는지 여부는 당해 사실이 법령에서 규정하거나 위임한 시행령 등에 정한 '신고의무사항'에 해당하는지 여부와는 직접적인 관계가 없다946). 이는 즉, 미공개 정보(중요정보)에 대한 법령의 규정이 예시적이라는 데에서 쉽게 추단할 수 있다.

그러므로 주식시장에 주식이 상장되기 전에 이미 발생한 정보여서 법의 규정에 따른 신고의무가 없었던 경우, 어떤 정보가 법인내부의 범죄나 비리에 관련된 것이어서 법규정에 의한 신고의무의 이행을 기대하기 어려운 경우라고 할지라도 그 정보가 일반투자자들의 투자판단에 중대한 영향을 미칠 수 있는 것이라면 미공개 중요정보에 해당한다고 보아야 한다947).

따라서 법규정상에 '일반인에게 공개되지 아니한 중요한 정보'라고 규정되어 있는 것은 내부자거래의 규제대상이 되는 정보에 해당하기 위한 요건 중 '미공개'에 관한 것이지 '중요한' 정보의 요건을 규정한 것은 아니다.

사례 : "A제약이 자기자본금의 3.07%에 해당하는 자금을 출자하여 B바이오의 신주를 인수함으로써 B바이오의 출자지분 10.24%를 보유하게 된다는 내용의 사실"은 '자기자본의 100분의 5 이상의 타법인의 주식 및 출자증권의 취득 또는 처분에 관한 결정이 있는 때'를 신고의무사항으로 정하고 있는 '유가증권의 발행 및 공시 등에 관한 규정'에서 정한 신고의무사항에 해당하지 않고 법령에 의한 공개가 예정된 것도 아니었으나, 법원은 "국내 주식시장에서는 바이오 붐이 일기 시작하였고, 황우석 교수가 난치병 환자의 체세포를 복제해 치료용 배아줄기세포를 만드는 데 성공했다고 발표한 이후에는 그 열기가 더욱 치솟아 바이오와 관련된 테마주가 형성되었던 사실, B바이오는 국내 최초의 바이오 장기 개발 전문회사로서 국내 최초로 형질전환 복제돼지 '형광이'를 탄생시킨 사실이 이미 주식시장에 알려져 있었던 사실, A제약

---

945) 대법 2008. 11. 27. 선고 2008도6219 판결 등
946) 대법 2010. 5. 13. 선고 2007도9769 판결
947) 대법 1994. 4. 26. 선고 93도695 판결

은 B바이오의 전체 지분 중 10.24%를 보유한 3대 주주가 되었으며 B바이오가 추진
하는 바이오 의약품 연구, 제조 및 판매 사업에 있어서 최우선적인 협의권을 인정받
게 된 사실, A제약은 B바이오와 신주인수계약을 체결한 후 그 사실을 공시하는 한
편 언론사에 보도자료를 배부하여 홍보한 사실" 등에 비추어 미공개 중요정보이
다948)(원심에서는 중요한 정보에 해당하기 위해서는 장차 법령의 규정에 의하여 공
개될 것으로 예정되어 있는 정보일 것을 요구한다고 판시하였음)

(6) 직접적이고 명시적인 공개

공개된 정보는 그 내용이 결론을 유추하거나 쉽게 추리할 수 있다고 하더라
도 그 결론 자체가 명시적으로 공시되지 않았거나 직접적인 내용을 담고 있지 않
았다면 공개된 정보에 해당한다고 볼 수 없다.

예를 들어, 상장법인 등이 발행한 어음 또는 수표가 부도처리된 경우뿐만 아
니라, 은행이 부도처리하기 전에 도저히 자금조달이 어려워 부도처리될 것이 거
의 확실시되는 경우에 그러한 사정은 당해 법인의 경영에 중대한 영향을 미칠 수
있는 사실로서 합리적인 투자자라면 누구든지 당해 법인의 주식의 거래에 관한
의사를 결정함에 있어서 상당히 중요한 가치를 지니는 것으로 판단할 정보에 해
당한다. 따라서 이러한 상황을 알고 있는 당해 법인의 주요주주 등이 그 정보를
공시하기 전에 이를 이용하여 보유주식을 매각하였다면 이는 불법이다. 그러므로
지급보증을 한 방계회사들의 부도처리와 은행거래정지 등으로 인하여 방계회사
들의 부도가 불가피하게 되었다면 그 방계회사의 주식을 가지고 있는 다른 상장
회사의 경우, 그 방계회사의 부도사실이 공시되지 아니한 이상 비록 경제신문 등
에서 그 유사한 내용으로 단순히 추측 보도된 사실이 있다고 하더라도 그러한 사
실만으로는 공개된 정보라고 할 수 없다949).

또한, 원칙적으로는 관련 정보 '전체'를 공개해야 하고 관련 정보의 '일부분'
만을 공개하였을 경우에는 비록 공개되지 않은 나머지 정보를 공개된 정보로부터
유추할 수 있다거나 또는 공개되지 않은 나머지 정보가 미확정적이거나 확실치
않다는 이유로 공개하지 않았다면 이는 적정한 공시라고 볼 수 없다. 따라서 '사

---

948) 대법 2010. 5. 13. 선고 2007도9769 판결
949) 대법 2000. 11. 24. 선고 2000도2827 판결

업검토 중'이라든가 '장차 추진할 계획'이라든가 하는 추상적인 내용의 공시는 적
절한 공시가 아니다950).

사례1 : 피고인이 A회사의 대표이사이고 A회사는 B회사의 주요주주인데, B회사는 C
회사에 217억 원의 지급보증을 해주었고, C회사는 D회사에 240억 원을 지급보증하
고, 위 각 회사들은 상호출자하고 형제들이 경영하고 있는 회사들인 관계로 C, D회
사가 부도가 나면 그 여파로 B회사도 부도를 피할 수 없는 연관성이 있었다. 그런데
C, D 회사가 1차 부도를 당하고 D회사가 금융기관에 70억 원 자금 융자를 신청하였
으나 거부당하는 등 B회사의 부도가 불가피한 상황이었는데도 피고인은 A회사가 보
유한 B회사의 주식을 매각하였다. 그 당시 B회사는 "B회사 관계회사 부도설이라는
제목으로 C, D회사의 부도사실은 언급하지 않은 채 관계회사인 C, D회사는 현재 정
상적인 은행거래와 영업 및 생산활동 중에 있음을 알려드립니다."라는 내용을 공시
하였지만 문제된 B회사의 부도설에 대해 공시를 하지 않은 이상, 피고인이 대표이사
로 재직 중인 A회사가 보유한 B회사의 주식매각행위는 미공개 중요정보를 이용한
것이다951)

사례2 : 유상증자 시도가 2007. 9. 이사회 결의를 거쳐 공시절차를 통해 일반에 공개
된 바 있었으나 2007. 10. 법원의 신주발행금지가처분결정에 의해 더 이상 진행되지
못하고 무산되었으므로 2008. 1. 공시된 이건 내부정보(유상증자)의 주요부분이 종전
의 것과 일정 부분 유사하다고 하더라도 그러한 사정만으로는 미공개 중요정보에
해당하지 않는다고 볼 수 없다952)

사례3 : 2009년도 1분기 기준 회사의 자본잠식률이 50%를 초과한다는 사실은 2009.
5. 15. 이미 공시되었고 그 후 아무런 영업실적이 없는 상황이었으므로 2009년도 반
기 말 기준으로 자본잠식률이 50%를 초과할 것이라는 점은 일반투자자들도 예상할
수 있었으므로 공개된 정보라고 피고인은 주장하나, 2009년도 반기 말 기준 자본잠
식률이 50% 이상이라는 사실을 공개한 적이 없는 점, 1분기 자본잠식률이 50% 이
상이라는 사실이 공시되었더라도 그러한 사정만으로는 관리종목으로 지정된다고 단

---

950) 동일한 견해로는 김성준 외(2007), 224쪽
951) 대법 2000. 11. 24. 선고 2000도2827 판결
952) 서울중앙 2011. 10. 27. 선고 2010고단12 판결

정할 수 없는 점…(중략)…일반투자자들은 회사의 재무구조가 개선되리라고 기대하고 있던 점을 종합하면 반기 말 기준 회사의 자본잠식률이 50% 이상이라는 사실은 공개된 정보라고 할 수 없다[953]

사례1에서 볼 수 있는 것처럼, 문제된 B회사가 부도위험에 직면한 사실을 직접적으로 공시하지 않은 이상, 비록 관계회사인 C, D회사의 부도사실과 그 사실에 대한 보도 및 B회사의 공시(부도 위험이 없다는 취지) 등으로 인해 부도에 직면할 수도 있다는 결론을 쉽게 추론할 수 있었다고 할지라도, 'B회사의 부도위험'이라는 직접적이고 명확한 표현에 의한 공시가 없었다면 B회사의 부도라는 사실은 공개된 정보가 아니다.

다. 미공개 정보의 인식

(1) 미공개 정보의 이용을 규제하는 이유는 일반투자자들을 보호하고 시장의 건전성 보호를 위한 것이기 때문에 '주식 거래당사자들이 증권시장에서의 거래가 아니라 직접 협상에 의한 거래를 하면서 서로 미공개 중요정보를 인지하고 있던 상황에서의 거래를 하였을 경우'에는 정보의 불균형이라든가 일반투자자들에게 손해를 야기하거나 주식시장의 가격결정 기능을 침해할 가능성이 없으므로 미공개 정보를 이용한 행위라고 볼 수 없다.

따라서 미공개 정보를 이용한 행위가 성립하려면 '**정보의 비대칭성**'이 요구되며 이러한 거래를 가리켜 '상대거래(미공개 정보의 등가성)'라고 한다. 그러므로 미공개 정보를 알고 있는 상대방이 아닌 제3자와 주식거래를 할 경우에는 당연히 정보의 비대칭성이 인정되므로 규제의 대상이 되는 것이다.

사례 : 갑은 병 은행에 900만 달러 상당의 A실업 해외전환사채를 발행한 후 이를 재매입하기로 약정하였으나 이행하지 못하던 중 병 은행의 변제독촉을 받자 "금괴발굴사업을 추진하고 있으므로 해외전환사채 매입을 할 수 있을 것이다"라면서 금괴발굴

---

953) 서울중앙 2013. 7. 26. 선고 2013고합12 판결

사업 내용을 전해주었다. 그리고 갑은 본격적인 금괴발굴사업을 구체적으로 추진하였으며 그로 인해 A실업의 주가가 급등하였다. 그리고 갑은 을에게 해외전환사채를 추가로 매입하도록 한 후 이를 주식으로 전환하게 한 뒤, 사업추진 공시 등으로 A실업의 주가가 급등하자 을은 그 주식을 매각하여 시세차익을 얻었고 병은행도 해외전환사채를 매각하여 이득을 얻은 사안에서, 을이 병은행으로부터 해외전환사채를 매수할 당시 금괴발굴사업 추진 여부가 공시되지는 않았지만 이미 병은행 직원들로부터 A실업이 금괴발굴사업을 추진하고 있다는 정보를 전해 들어 잘 알고 있었고, 더욱이 해외전환사채는 금괴발굴사업을 시행하기 이전인 발행 당시부터 갑이 매수해 오기로 약정이 되어 있었던 점에 비추어 보면, 거래 당사자인 병은행과 을 사이에 정보가 불평등한 상태에서 거래가 이루어졌다고 볼 수 없으므로 갑이 을에게 미공개 정보를 이용하게 하였다고 볼 수 없다[954)

그런데, 주식거래를 하는 과정에서 당사자들 사이에 해당 주식에 대한 미공개 정보를 서로 알고 있지만 그 주식에 대한 이익의 귀속 주체는 그 사실을 모르는 상태에서 거래를 하였을 경우에 그 이익의 귀속주체에 대한 미공개 중요정보를 이용한 행위로 볼 것인지 문제가 된다.

이러한 형태의 거래는 일단 그 거래 상대방도 관련 정보를 알고 있으므로, 그로 인해 손해가 발생할 것을 예상하였다면 그 손해를 감수하고도 주식거래를 하는 경우이기 때문에 주식시장의 건전성을 왜곡하는 것도 아니고 피해자의 승낙에 의한 재산상 손실이기 때문에 비난가능성도 없다. 사실 이러한 경우 금전적인 손익만을 두고 본다면, 거래상대방은 손실을 고의로 수인하고 대신 다른 종류의 이익을 꾀할 것이기 때문에 주식시장의 투명성이나 형평성을 왜곡하지는 않는다. 그러므로 원칙적으로는 미공개 중요정보의 규제대상이라고 할 수는 없다. 다만 그러한 이득을 얻게 함으로써 당사자 외의 법인 등이 손실을 보게 된다면 '배임'의 문제가 생길 수는 있을 것이다.

물론, 거래 당사자가 해당 주식에 대한 정보를 잘 알고 있는 상태에서 거래를 하였으므로 미공개 정보를 이용한 것은 아니지만, 거래당사자인 법인의 담당 직

---

954) 서울고등 2003. 2. 17. 선고 2002노2611 판결(대법 2003. 6. 24. 선고 2003도1456 판결로 확정). 이 사안은 정보생성자인 갑이 을에게 정보를 제공한 사실도 없고, 을이 병으로부터 정보를 전해들었다면 2차 정보수령자여서 역시 미공개정보가 성립하기는 어렵다.

원이 거래 상대방으로부터 그 유가증권 관련 내부정보를 전해 들었음에도 이를 정식으로 법인(이익의 귀속주체)의 의사결정권자에게 보고하거나 지시를 받지 않고 거래 상대방으로부터 거래 성사를 위한 부정한 청탁금을 받고서 법인에 대한 배임적 의사로 거래가 이루어지도록 한 경우에는 거래당사자에 대하여 내부정보의 완전한 공개가 이루어졌다고 볼 수 없을 것이다[955].

당연히 이 경우는 이익의 귀속주체가 거래당사자가 아니기 때문에 미공개정보의 등가성이 인정될 수 없다. 왜냐하면, 법인에 손실이 발생할 것이라는 사실, 또는 거래상대방이 부당한 이득을 얻을 것이라는 사실을 잘 알고 있으면서도 이를 묵인한 채 자신들이 얻게 되는 이득을 위해 거래를 진행하였기 때문이다. 물론 그 미공개 정보의 취득방법에 있어서 다르고 지득한 정보의 수준에 있어서도 차별적이었기 때문에 정보의 등가성이 인정될 수 없으므로 이러한 상황하에서 이루어진 거래는 그 자체로서 미공개 중요정보를 이용한 불법행위가 될 것이다.

그러므로 미공개 중요정보에 대해서 비록 내부자거래에서 그 정보의 등가성이 인정될지라도, 그 거래로 인한 이익의 귀속주체의 동일성이 인정되는 경우가 아니라면 미공개 중요정보를 이용한 행위로 규제의 대상이 된다고 해석하는 것이 옳다. 동시에 이러한 행위는 그 내부자거래의 행위자와 이익의 귀속주체 간의 법률상 관계에 따라 배임죄의 죄책을 부담하는 경우도 있을 것이다. 이렇게 해석하는 것은 전적으로 그러한 주식거래로 인한 이익의 실질적 귀속주체를 법률적으로 보호하는 것이 타당하기 때문이다.

사례 : A회사 이사인 피고인은 A회사와 B회사 사이의 A&D를 추진하면서 A회사가 발행한 전환사채 40억 원 상당을 인수한 C회사의 자산운용사인 D회사의 승인 문제 등이 대두되자, C회사 업무 담당직원 갑에게 사례금을 주는 대가로 A회사가 D회사로부터 전환사채 발행가액 그대로 조기상환요청을 받을 수 있는 빌미를 만들도록 한 후 D회사가 이를 이유로 전환권 행사 없이 A회사에게 전환사채의 상환을 요구하고 A회사는 그 기회에 개인들로 하여금 이를 상환, 인수하도록 하는 방법을 사용하기로 갑과 합의하고, 이에 따라 갑이 지시하는 대로 피고인이 A회사 주식 30,000주를 C회사의 서면동의 없이 장내 매도하자 갑이 A회사의 약정위반에 따른 기한이익

---

955) 대법 2006. 5. 11. 선고 2003도4320 판결

상실을 이유로 C회사의 자산운용사인 D회사로 하여금 전환사채의 조기상환을 요구하도록 유도하여 결국, 피고인 측이 전환사채를 발행가액 그대로 인수, 매각하여 전매차익을 취득하고, 그 대가로 피고인은 갑에게 상당한 금원을 지급한 사안에서, 비록 피고인이 전환사채 거래에 앞서 갑에게 내부정보를 미리 알려 주었더라도 그것만으로는 거래 당사자인 C회사 혹은 그 자산운영사인 D회사에게 내부정보가 공개된 것으로 볼 수는 없다고 판단하였다[956](재판과정에서 피고인들은 내부자거래 중 '상대거래'에 해당하고 정보의 등가성이 인정되므로 거래당사자들 사이에 '미공개'된 정보가 아님을 주장하면서 무죄를 주장하였지만, 판례는 상대거래의 경우에도 거래당사자 사이에서 정보의 비대칭성을 인정하고 그러한 피고인들의 변명을 배척하였음. 그렇지만 이 경우는 C회사라는 이익의 귀속주체가 다름을 들어 정보의 비대칭성을 인정하는 것이 더 논리적인 판결이 아닐까 생각됨)

3. 정보의 중요성

가. 중요성과 개연성

(1) 미공개정보를 이용한 행위를 처벌하기 위해서는 그 정보가 '중요한' 정보여야 한다. 미공개정보가 중요한 내용이 아니고 발생할 가능성이 희박한 것이라면 이를 이용한 주식거래행위는 규제할 필요가 없다. 중요하지 않은 사소한 정보나 발생할 가능성이 거의 없는 정보(소문, 풍문 등)를 가지고 주식거래에 이용하여 입는 불이익은 모두 일반투자자들의 부담이기 때문이다. 그러므로 허위정보를 진정한 것으로 믿고 이를 이용한 거래를 하더라도 미수범 처벌규정이 없는 이상 미공개 중요정보 이용행위가 아니므로 형사상 처벌대상이 되지 않는다[957].

따라서 미공개정보에 있어서는 그 정보가 '**중대성**(magnitude)'과 '**현실 가능성**(개연성 probability)'의 2가지 요소를 갖춰야 하고 이 두 가지를 합하여 '중요

---

956) 대법 2006. 5. 11. 선고 2003도4320 판결
957) 한국증권법학회(2009), 866쪽

성'이라고 설명한다. 그러므로 포함된 사실이 현실화될 수 있는 개연성이 있어야 하고, 그 정보가 주가에 중대한 영향을 미치는 것이어야만 중요하다고 평가될 수 있으므로 중대성은 정보의 중요성을 판단하는 요소이다958).

판례도 "법인의 경영·재산 등에 관하여 중대한 영향을 미칠 사실들 가운데 합리적인 투자자라면 그 정보의 중대성과 사실이 발생할 개연성을 비교평가하여 유가증권의 거래에 관한 의사를 결정함에 있어서 중요한 가치를 지닌다고 생각하는 정보"를 미공개정보로 보고 있다959).

또한 '현실가능성(개연성)'을 요건으로 하므로 미공개정보는 명확하거나 확실할 것을 요하지는 않지만, 해당 정보를 알았을 경우에 그 주식을 보유한 소유자가 동일한 처분을 택할 것임을 예견할 수 있어야 한다. 만약에 해당 정보를 입수하고도 그 주식의 보유자가 동일한 처분을 하지 않는다면(예를 들어, 한쪽은 처분하고, 한쪽은 매입한다면) 그 정보가 주식 처분의 개연성에 영향을 미칠 만한 중대성이 있다고 보기는 어려울 것이다.

자본시장법에서는 '투자자의 투자판단에 중대한 영향을 미치는 정보'를 중요정보라고 규정하고 있다(제174조 제1항). 제2, 3항에서는 '중요'라는 용어가 생략되어 있지만 이는 그 자체로 중요한 정보임을 내재한 것으로 보아야 한다.

(2) 중요정보는 자본시장법상의 주요사항보고서상의 항목을 포함할 수 있지만 이에 제한받지는 않는다. 즉, 자본시장법상 주요사항보고서상의 보고사항과 내부자거래의 규제대상인 중요정보는 개념상 분리되어 '투자자의 투자판단에 중대한 영향을 미칠 수 있는 정보'라고 명시적으로 규정하였으므로 구증권거래법과는 다르지만960) 판례 해석상은 별 차이가 없다961). 구증권거래법에서는 그 유형을 개별적으로 예시하면서 '법인의 경영·재산 등에 관하여 중대한 영향을 미칠 사항'이라는 포괄적인 규정을 설시함으로써 '한정적 열거주의'가 아닌 '예시주의'

---

958) 김성준 외(2007), 233쪽
959) 대법 2006. 5. 11. 선고 2003도4320 판결
960) 구증권거래법 제188조의2 제2항에서는 '제186조 제1항 각호의 1에 해당하는 사실 등에 관한 정보 중 투자자의 투자판단에 중대한 영향을 미칠 수 있는 정보'라고 규정하였었다. 여기서 제186조 제1항에서 열거한 내용들은, 주권상장법인 또는 코스닥 상장법인의 경영에 관한 중대한 영향을 미칠 수 있는 사실들로서 그 사실 또는 이사회의 결의내용을 지체없이 금융감독위원회와 거래소에 신고해야 하는 사실들로 한정되어 있었다.
961) 김정수(2011), 1,016쪽 ; 임재연(2012), 829쪽

를 채택하였었다962).

판례도 "법률이 내부자거래의 규제대상이 되는 중요한 정보에 관하여 규정하는 방법에는 규제대상이 되는 정보를 구체적으로 열거하여 그 열거된 정보만을 규제대상으로 삼는 제한적 열거주의 방법과 중요한 정보의 개념만 정의하여 두고 구체적인 사건에 대하여 법원으로 하여금 중요성의 해당 여부를 가리게 하는 포괄주의 방법의 두 가지가 있을 수 있는데 '구증권거래법 제186조 제1항 각호의 1에 해당하는 사실 등에 관한 정보 중'이란 표현을 사용하고 있더라도 이는 위 사실들만을 내부자거래의 규제대상이 되는 중요한 정보에 해당하는 것으로 제한하고자 하는 취지에서가 아니라 중요한 정보인지 여부를 판단하는 기준인 투자자의 투자판단에 중대한 영향을 미칠 수 있는 정보를 예시하기 위한 목적"이라고 보았다963)(이와 반대되는 하급심판결964)이 있었음).

이러한 법원의 해석이나 자본시장법의 규정은 증권시장 및 기업환경의 빠른 변화로 인해서 입법 당시에는 중요한 사실로 인식하지 못했다가, 그 후 중요한 정보로 간주되거나 새로운 중요한 정보의 유형들이 계속하여 발생할 수 있다는 상황을 염두에 둔 것965)이다. 다만, 실무상은 주요사항보고서상의 보고의무대상 항목이라면 대부분 '중요한 정보'로 보고 있다.

나. 중요성 판단 기준

중요한 정보인지를 판단하는 데 필수적인 요건은 '(주식 등) 투자자의 투자 판단에 중대한 영향을 미칠 수 있는 것'이다. 즉, 합리적인 투자자라면 그 사실의 중대성과 사실이 발생할 개연성을 함께 고려하여 특정증권 등의 거래에 관한 의사를 결정함에 있어서 중요한 가치를 지니는 정보를 가리킨다966).

반대로 해석하면, 해당 상장법인의 경영, 영업 등에 관한 정보가 투자판단에 영향을 미칠 만한 내용의 것이 아니라면 미공개 중요정보라고 볼 수는 없다. '상

---

962) 한국증권법학회(2009), 868쪽
963) 대법 1995. 6. 29. 선고 95도467 판결, 2000. 11. 24. 선고 2000도2827 판결 등
964) 이 하급심 판결은 대법원에서 파기환송되었음(대법 2010. 5. 13. 선고 2007도9769 판결)
965) 김정수(2011), 1,015쪽
966) 임재연(2012), 830쪽

장법인의 업무 등과 관련된 것'을 모두 미공개 중요정보로 보지는 않기 때문에 관련업무들 중에서 주식의 권리나 재화로서의 가치에 직접적인 영향을 미칠 수 있는 것으로서 투자자의 투자판단에 중대한 영향을 미칠 수 있는 정보가 '중요정보'에 해당한다. 그러므로 상장법인의 업무 중 직접적은 아니지만 간접적으로 회사 경영에 영향을 미칠 수 있는 정보(예를 들어 중요 임직원의 인사, 새로운 CEO의 선임 등)는 중요정보라고 단정할 수는 없더라도 일률적으로 판단할 수 있는 것은 아니므로 개별 사안에 따라 달라질 수 있다.

법률적으로는 극히 일부의 예외를 제외하고는 내부자거래의 규제대상이 되는 정보는 주요사항보고서의 대상 중에서 나온다고 할 수 있고, 판례967)도 중요정보라고 판단한 사례들을 보면 대부분 주요보고 대상이거나 수시공시대상이므로 공시대상인지 여부는 중요한 기준이라고 할 수 있다.

'투자자의 투자판단에 중대한 영향을 미칠 수 있는 정보'968)라 함은 합리적인 투자자가 당해 유가증권을 매수 또는 계속 보유할 것인가 아니면 처분할 것인가를 결정하는 데 있어서 중요한 가치가 있는 정보, 바꾸어 말하면 일반투자자들이 일반적으로 알고 있다고 가정할 경우에 당해 유가증권의 가격에 중대한 영향을 미칠 수 있는 사실을 말한다969). 그러므로 법인경영에 관하여 중대한 영향을 미칠 사실들 가운데, 합리적인 투자자라면 그 정보의 중대성과 사실이 발생할 개연성을 비교평가하여 판단할 경우 유가증권의 거래에 관한 의사를 결정함에 있어서 중요한 가치를 지닌다고 생각하는 정보를 중대한 정보라고 해석한다970).

간단히 설명하면, 그 정보가 일반투자자들에게 알려졌을 경우에 그 일반투자자들이 그 해당 주식을 매도, 매수하는 등의 행위를 하도록 결정하게 할 만한 가능성이 높다면 그 정보는 '중요'한 정보라고 할 수 있다.

실무상은, 정보공개 전후의 주가흐름, 거래량 변화 등을 종합적으로 고려하여 일반투자자의 입장에서 주식매매 여부를 결정할 수 있을 정도의 정보인지 여부에 대해 개별적으로 판단한다971).

---

967) 김정수(2011), 1,016쪽
968) 이 부분을 '중요정보'라고 할 수 있음
969) 대법 1995. 6. 29. 선고 95도467 판결
970) 대법 1994. 4. 26. 선고 93도695 판결. 임재연(2012), 830쪽에서는 이러한 해석을 '미국 증권법상의 가능성-중대성 기준과 실질적 개연성 기준을 함께 채택한 것'이라고 설명한다.
971) 박정호 외(2012), 28쪽

예를 들어, 상장기업 A전자의 자회사 직원이 A전자 제품을 납품받는 업무를 수행하면서 A전자 제품에 결정적인 결함이 발견되어 대규모 리콜이 발생할 수도 있다는 사실을 예상하고 자신이 보유하던 A전자 주식을 전량 매도하였을 경우[972], 단순히 그러한 결함이 발견된 것만으로 리콜에 이를 것이라고 보기는 어렵기 때문에 미공개정보를 이용한 것이라고 보기 어렵고, 실제로 리콜 결정이 내려질 것이 확실시된 이후에야 비로소 미공개 중요정보가 된다고 할 것이다. 그러므로 실무상 '정보의 생성시기'가 언제인가 하는 사실은 매우 중요한 쟁점이다.

정보의 중요성을 '일반투자자의 마음에 영향을 미치는 부분'의 면에서 보지 않고 '가격민감도(가격에 영향을 미칠 수 있는 내용의 정보여야 한다는 의미)'에 따라 결정해야 한다는 견해도 있다. 그러나 주식가격이란 일반투자자의 판단에 중요한 요인이기는 하지만 결정적인 요인은 아니므로 동의하기는 어렵고, 판례에서도 시세에 영향을 주는 정보라는 면보다는 일반투자자의 투자의지에 영향을 미치는 쪽을 중요성의 기준으로 보고 있다[973].

다. 중요성의 상대적 평가

정보의 중요성이란 각 개별정보에 따라 불변의 가치를 지닌 것은 아니다. 그러므로 증권시장 및 기업환경의 변화에 따라 처음에는 중요한 정보가 아니었다고 해도 그 후 중요한 정보로 평가받을 수도 있고 그 반대의 경우도 있을 수 있다[974]. 또한, 동일한 정보일지라도 호재성 정보가 될 수도 있고 악재성 정보가 될 수도 있다. 예를 들어 대주주나 주요 임직원의 주식처분행위는 그 행위 자체만으로 중요정보임을 의미하는 것은 아니므로 그 처분주식의 양, 주식시장에서의 해당 주식의 주가, 주식처분 전후 해당 상장법인의 상황 등을 종합적으로 고려해야만 중요정보인지, 호재성 정보인지 여부를 판단할 수 있을 것이다. 이러한 성격을 가리켜 **'중요정보의 상대성'**이라고 한다[975].

---

972) 박정호 외(2012), 61쪽. 동서에서는 이 경우 내부자거래로서 직무상 중요정보를 취득하였으므로 처벌받을 가능성이 있다고 설명하고 있다.
973) 김정수(2011), 1,017쪽 참고
974) 김성준 외(2007), 231쪽
975) 박정호 외(2012), 30쪽

또한, 주식시장에 주식이 처음 상장되기 전에 이미 발생한 사실에 관한 것이어서 그 전까지는 법령의 규정에 따른 신고의무가 없었던 경우이거나 또는 어떤 정보가 법인내부의 범죄나 비리에 관련된 것이어서 법령에 의한 신고의무의 이행을 기대하기 어려운 경우라고 할지라도 그 정보가 일반투자자들의 투자판단에 중대한 영향을 미칠 수 있는 것이기만 하면 그 정보가 일반인에게 공개되기 전의 내부자거래는 역시 금지되는 것으로 보아야 한다[976].

그러므로 결국 중요성에 대한 판단은 어떤 절대적인 기준이 있는 것이 아니라 구체적인 사안에 따라 상대적일 수밖에는 없다.

언론 등을 통해 보도된 후 주지기간(대기기간)이 완료되기 전에 미공개정보를 이용한 경우나, 인터넷 등에 해당 정보에 관한 내용이 널리 퍼진 경우에는 미공개정보이기는 하지만 '중요한' 정보인가라는 점에 대해서는 좀 더 검토가 필요하다.

라. '일반투자자'의 기준

(1) 일반투자자란 특정시점에서 투자자집단을 대표할 만한 표준적인 투자자로서 투자자의 주관적인 특성은 무시하고 합리적인 투자자(reasonable investor)를 가정하여 객관적으로 판단해야 한다.

또한 합리적인 투자자란 어떤 특정정보를 입수했을 때 당해 법인의 주식 거래에 관한 의사를 결정함에 있어서 상당히 중요한 가치를 지니는 것인지 여부를 판단할 수 있는 자를 말한다[977].

그러므로 일반투자자만을 가리키는 것이 아니라 전문적인 투자자도 합리적인 투자자의 범위에 포함된다[978]. 따라서 일반투자자들이란 합리적인 투자자인 동시에 평균적인 투자자(보통의 투자자, ordinary investor)라고 볼 수 있다[979].

그러므로 아주 특수한 극소수의 사람들만이 '중요한 정보'라고 판단하고 투자에 나아갔다면 그런 경우를 가리켜 미공개 중요정보라고 보기는 어렵다. 왜냐

976) 대법 1994. 4. 26. 선고 93도695 판결
977) 대법 2000. 11. 24. 선고 2000도2827 판결
978) 임재연(2012), 829쪽
979) 임재연(2008), 562쪽

하면 그러한 극소수의 사람들을 가리켜 세련된 투자자라고 할 경우 그러한 특수하고도 전문적인 지식에 따른 뛰어난 정보판단능력은 그 재능으로 보호되겠지만, 법에서 일반적인 의미로 보호해야 하는 투자자는 바로 평범한 일반투자자들이기 때문이다. 따라서 기관투자자의 투자행태나 판단은 일반투자자의 그것과 동일한 지위에서 판단할 수는 없다980).

(2) 판례는 "합리적인 투자자라면 정보의 '중대성'과 사실이 발생할 '개연성'을 비교평가하여 판단할 경우 유가증권의 거래에 관한 의사를 결정함에 있어서 '중요한 가치를 지닌다고 생각하는 정보'의 경우에는 중요정보라고 할 수 있으며, 그러한 정보는 반드시 객관적으로 명확하고 확실할 것까지는 필요로 하는 것은 아니다"라고 보고 있다981).

반대로 그 미공개정보가 어느 정도 중요한지를 따져보고, 그 정보가 유가증권의 재산적 가치에 미칠 영향을 비교평가하여 유가증권을 보유하는 자라면 해당 미공개정보를 알았을 경우에 그 유가증권에 대한 거래를 하였을 개연성이 높다면 이는 미공개정보라고 보게 된다. 달리 말하면, 해당 정보가 당해 주식을 매수 또는 계속 보유할 것인지 아니면 처분할 것인지 여부를 결정하는 데 있어서 중요한 가치982)가 있어야 하고, 당해 정보를 그처럼 가치판단을 할 수 있는 자를 가리켜 일반투자자라고 할 수 있다.

4. 정보의 진실성(구체성)

(1) 주식매매에 사용된 미공개 정보는 진실한 것이고 특정할 수 있는 것이어야 한다. 단순한 추측 정보와 같이 정확성이 결여되거나 추상적이어서는 안 되며 완전 허구의 사항이라면 정보라고도 할 수 없다.

따라서 정확성이 어느 정도는 인정되어야 하지만 그렇다고 해서 반드시 객관

---

980) 김정수(2011), 1,021쪽
981) 대법 1994. 4. 26. 선고 93도695 판결, 1995. 6. 30. 선고 94도2792 판결, 2006. 5. 11.
    선고 2003도4320 판결 등
982) 대법 1995. 6. 29. 선고 95도467 판결

적으로 명확하고 확실할 필요는 없으므로 미공개 중요정보의 일부가 허위라든가 과장된 부분이 있다고 할지라도 전체적으로 보아 진실하다면 미공개 중요정보에 해당한다[983].

정보자체가 특정할 수 있는 것이어야 하므로 '구체성'이 없는 정보는 앞서 말한 '중요성'이라는 요건이 결여된 것이다. 또한 정보수령자는 정보를 이용하는 과정에서 정보가 어느 정도 구체적이냐에 따라서 투자판단에 상당히 영향을 받기 때문에 구체적인 정보제공이 없는 추상적인 정보제공은 미공개 중요정보에 해당하지 않는다. 그러므로 단순하게 종목을 추천하는 정도의 행위는 규제대상이 아니다[984]. 다만, 전달된 정보 자체만으로는 구체적인 사실이 특정되지 않았다거나 명확하지 않더라도 전체적으로 보아 일반투자자들에게 있어 유용한 정보일 수 있다면 미공개정보라고 보아야 한다.

사례1 : 실제로는 세계 최초로 나노기술을 이용한 초고감도 이미지센서칩의 기술개발이 완료되지 않았음에도 마치 완료되어 곧 제품생산이 가능하고 매출을 올릴 수 있을 것처럼 허위사실을 유포하거나 위계를 사용하여 주가를 조작하였다고 기소된 사안에서 허위사실유포에 대해서는 무죄를 선고하였으나 미공개 중요정보 이용에 대해서는 유죄를 선고하였다. 즉, "나노이미지센서가 상용화 단계에 이르지 못했더라도 일부 저조도 특성이 발견되는 등 그 기술적 특성이 인정되므로 이를 전혀 허구의 기술이라고 단정할 수는 없는 점, 일반투자자의 관점에서도 나노 이미지센서의 개발완료라는 정보가 상당히 개연성 있는 정보로 인식되었을 것이라는 점, 더욱이 시연회 개최라는 정보는 객관적 사실에 부합하는 점 ⋯ (중략) ⋯ 이 사건 정보에 일부 허위 또는 과장된 부분이 포함되어 있다 하더라도 그를 이유로 정보 자체의 중요성을 부정할 수는 없다"고 판시하였다[985]

사례2 : ○○에 대한 기술이 상용화되기 위해서는 화소수가 약 30만 화소급이 되어야 하는데 기술이전계약 당시 1,024화소급 시제품이 개발된 단계에 불과했고, 기술의

---

983) 대법 2003. 9. 5. 선고 2003도3238 판결, 1994. 4. 26. 선고 93도695 판결, 서울중앙 2008. 11. 27. 선고 2008고합236 판결(대법 2010. 2. 25. 선고 2009도4662 판결로 확정)
984) 임재연(2012), 818쪽
985) 대법 2010. 2. 25. 선고 2009도4662 판결(원심 서울중앙 2008. 11. 27. 선고 2008고합 236 판결)

상용화가 이루어지지 않을 경우 계약금을 반환하겠다고 약속하는 등 상용화에 대한 성공가능성 여부가 불확실하였던 사안에서 OO은 신물질 또는 신기술로서 이에 관한 특허권 취득은 중요한 정보에 해당하므로 투자자의 투자판단에 중대한 영향을 미칠 수 있는 정보라고 할 수 있다[986)

(2) 정보의 진실성, 객관성이 반드시 구체적이거나 전적으로 확인될 필요는 없고 오히려 그러한 정보 내용이 투자자의 투자판단에 중대한 영향을 미칠 수 있는 정도의 정보라면 정보의 진실성 여부보다 앞서는 판단기준이 될 것이다.

그 정보가 확정적이고 진실한 것이라고 믿고 미공개정보를 이용한다는 고의가 있었을지라도 실제로는 진실성이나 객관성이 없는 것이었다면 미공개정보 이용행위로 볼 수는 없다. 사실 이러한 경우에는 주식매매로 이득보다는 손실을 볼 가능성이 높기 때문에 불공정거래행위로 적발될 가능성도 낮을 것이다.

이와는 반대로, 자신은 그 정보가 불확실하고 허위라고 믿었더라도(대개 수사나 재판 과정에서 무죄 취지로 주장하게 될 것임) 공개되지 않은 정보로써 결과적으로 주식매매로 이득을 보았다면 비록 범의가 확정적이 아니었다고 할지라도 그 중요정보의 지득경위나 실질적으로 주식매매의 동기가 되었다는 점이 증명이 된다면 처벌받을 가능성이 높다.

또한, 회사가 다른 의도로 허위정보를 생성한 경우 이를 지득한 내부자가 거래를 한 후 그 허위내용이 공시되면 시세에 영향을 주겠지만 내부자거래는 공시의무를 전제로 한다는 점에서 공시대상이 아닌 허위사실까지 규제 대상으로 삼을 수는 없다. 다만, 비록 허위정보도 합리적인 투자자의 투자판단에 중대한 영향을 줄 수는 있겠지만, 이러한 경우에는 미공개 정보이용보다는 시세조종이나 사기적 부정거래에 의율하여야 할 것이다[987).

---

986) 서울고등 2008. 11. 13. 선고 2007노1034 판결(대법 2009. 5. 28. 선고 2008도11164 판결로 확정)
987) 동일한 견해로는 임재연(2012), 833쪽

5. 중요정보의 생성시점

가. 개념

(1) 미공개 중요정보가 언제 생성된 것으로 볼 것인지 하는 문제는 범의와 관련하여 중요한 의미가 있다. 정보가 어느 시점에 확정되고 그 시기가 명확하다면 그 시점을 시작으로 해당 정보가 공개되기 전까지 그 정보를 가지고 주식거래를 한 사람은 미공개정보의 범의를 가진 사용자로 보게 되기 때문이다.

중요정보라고 볼 수 있는 시점은 해당 정보가 중대성, 개연성을 갖춘 시점부터라고 할 수 있다. 그러므로 일단 정보가 가지는 내용이 중요한 주제이어야 하고, 그 주제가 확정적일 필요까지는 없으나 성립할 개연성은 있어야 하므로 어느 정도 구체화되었다면 중요정보라고 볼 수 있다[988].

그런데 어느 한 시점을 기준으로 볼 때 확정되지 않는 정보이거나 정보가 미완성일 경우 그러한 정보를 이용하여 주식 거래를 한 자에 대해 미공개 중요정보의 이용자로 볼 수 있는지 여부는 논의가 필요하다. 아직 생성되지도 않은 정보를 이용하였으므로 문제를 삼을 수 없다고 보는 견해[989]가 있으나 그렇게 일률적으로 단정할 수는 없다. 왜냐하면, 결정된 정보나 발생된 정보만 미공개 중요정보라고 보아야 하는 것이 아니라, 결정이 예정된 정보 또는 발생할 예정인 정보도 주식거래에 있어서 중요한 정보가 될 수 있기 때문이다[990].

예를 들어, A회사가 영업부진으로 회생절차에 들어간 뒤 전액 자본잠식 상태에 이르러 상장폐지가 되었을 경우를 들 수 있다. 즉, 상장폐지가 될 수 있는 자본전액잠식 상태에 도달한 시점이 미공개 중요정보의 생성시점일 수도 있지만 이미 자본의 일부잠식이 시작된 시점에서 미공개정보가 생성되었다고 볼 수도 있기 때문이다.

---

988) 이 기준에 대해서는, 김정수(2011), 1,018쪽 이하 참조
989) 박정호 외(2012), 32쪽
990) 임재연(2012), 831쪽

또한, 주식발행에 대한 결정은 의사결정기관이 주식발행 자체나 주식발행을 위한 작업 등을 회사의 업무로서 하겠다는 결정을 한 것을 말하며(그 시점에 정보가 생성), 그러한 결정이 있다고 보기 위해서는 주식발행의 실행을 의도할 것을 요하지만 당해 주식의 발행이 실행된다는 예측이 반드시 성립될 것을 요건으로 하지는 않는다991).

사례 : 피고인은 2009. 1.경 2008회계연도 결산을 진행하는 과정에서 A사의 자본잠식 사실을 직무와 관련하여 알게 되자 B회사에서 보유하고 있던 A사의 주식을 매각하여 손실을 회피하였다는 공소사실에 대해, 2009. 1.경 자본'전액'잠식에 관한 정보가 생성되었다거나 피고인이 이를 인식하였다고 볼 수 없으나 피고인은 B사의 전임 경영진의 분식회계 사실을 알게 되었고, 분식회계 금액을 회계장부에 계상할 경우 50%에 가까운 자본잠식이 발생하게 될 것이라는 점을 인식하였는바, 코스닥상장기업의 경우 자본잠식률이 50% 이상인 일부잠식은 관리종목 지정사유가 되는 점 등을 고려할 때 50%에 가까운 자본잠식상태에 이르렀다는 점은 일반투자자의 판단에 중대한 영향을 미칠 수 있는 요소임992)(이 판결은 우선 형사소송법상 중대한 하자가 있다. 공소사실에서는 '자본전액잠식' 사실을 미공개 중요정보로 명시하였음에도 그와 법률적인 효과(자본전액잠식은 상장폐지 대상임)가 전혀 다른 '자본일부잠식' 사실을 공소장변경도 없이 유죄의 범죄사실로 인정하였기 때문이다. 피고인은 아마도 전액자본잠식 사실을 몰랐다고 주장하였을 것이기 때문에 판결 이유에서 인정한 자본일부잠식 사실에 대한 변명을 할 기회조차 없었을 것으로 보이고, 또한 자본일부잠식 사실에 대한 정보 생성시점도 판결문상 분명하지 않는 등 판결은 실체법상으로나 절차법상으로 문제가 많은 판결임)

(2) '부도나 법정관리'가 미공개 중요정보라면 자금수급상황이나 법정관리 절차에 필요한 변호사선임시기 등을, '유무상 증자'가 미공개 중요정보라면 대주주에게 보고된 시점을, '자본감소'가 미공개 중요정보라면 채권자협의 시기 등을, '합병'이 미공개 중요정보라면 그 진행과정에서 작성된 문서 확보 등이 중요하

---

991) 일본 최고재판소 1996. 6. 10. 선고 1998년 제1146호, 제1229호 판결
992) 서울동부 2011. 12. 30. 선고 2011고합221 판결

다993). 그러므로 실무상 그 미공개 중요정보의 형성시기에 대해서는 당해 사실의 발생시점을 증명하는 자료를 찾기보다는 그 사건과 연관된 내용이나 자료를 파악하는 것이 더 중요한 의미가 있을 수 있다.

나. 법인 내부에서 생성된 경우

기업 내부에서 생성되는 정보는 한 번에 생성되는 경우는 드물고 여러 절차를 거쳐 구체화되기 마련이다994). 그러므로 정보란 일정한 시간적 경과, 절차적인 순서에 따라 점차 구체화되는 것이므로 반드시 객관적으로 명확히 확정된 것만 미공개 중요정보라고 할 수는 없다.

판례도 "일반적으로 법인 내부에서 생성되는 중요정보란 갑자기 완성되는 것이 아니라 여러 단계를 거치는 과정에서 구체화되는 것으로서 중요정보의 생성시기는 반드시 그러한 정보가 객관적으로 명확하고 확실하게 완성된 때를 말하는 것이 아니라, 합리적인 투자자의 입장에서 볼 때 그 정보의 중대성과 사실이 발생할 개연성을 비교평가하여 유가증권의 거래에 관한 의사결정에 있어서 중요한 가치를 지닌다고 생각할 정도로 '구체화'되었을 때 그 정보가 생성된 것이다"라고 해석한다995).

따라서 그 정보의 내용이나 중요성에 따라 생성시점을 정하게 되므로, 비록 그 정보가 반드시 객관적으로 명확하고 확실할 것까지 필요로 하지는 않는다996). 미국에서도 "중요성 판단기준은 합리적인 사람이 증권거래에 있어서 그 정보를 중요하다고 판단하느냐에 달려 있다"고 보고 있다997).

---

993) 금감원(2011a), 357쪽 이하
994) 임재연(2012), 831쪽
995) 대법 2008. 11. 27. 선고 2008도6219 판결, 2009. 11. 26. 선고 2008도9623 판결, 2009. 7. 9. 선고 2009도1374 판결
996) 대법 1994. 4. 26. 선고 93도695 판결
997) SEC v. Texas Gulf Sulphur Co.401F.2d833(2d Cir.1968). TGS사는 1963. 11. 8. 시험적으로 광물을 시추한 결과 상업적 가능성이 좋다고 판단하여 다른 사람들에게 알리지 않고 1964. 3. 27. 동 지역을 매수하고 탐사팀과 임직원들은 회사의 주식과 스톡옵션을 취득한 후 1964. 4. 12. 광물 발견 사실을 부인하는 공시를 하였다가 1964. 4. 16.에 이르러 이를 인정하였으며, 주가는 1963. 11. 8. 17.5\$, 1964. 4. 12. 32\$, 1964. 5. 15. 58\$로 상승한 사안에서, 1심에서는 1964. 4. 9. 이전에는 중요정보가 생성되지 않았다고 보았으나, 주

사례1 : A회사 사장이 2003. 7. 21. A그룹 부회장 등에게 '수정사업계획 및 주요 경영현안'이라는 대외비 문건을 보고하였는데 그 보고서에는 2003년 연간 적자액이 1조2,893억 원에 이를 가능성이 있으며 경영정상화를 위해서는 약 4,000억 원 규모의 자본확충을 검토하여야 한다는 내용이 포함되어 있었다. 이 정보는 비록 객관적으로 명확하거나 확실하게 완성되지 않은 상태이기는 하지만, 합리적인 투자자라면 이 정보는 유가증권의 거래에 관한 의사결정에 있어서 중요한 가치를 지닌다고 판단할 정도로 구체화되었다고 보기 때문에 이 정보의 최초 생성시점은 2003. 7. 21.로 보는 것이 타당하다[998]

사례2 : 갑은 2004. 1.중순경부터 2. 9.경까지 사이에 A회사의 주가가 액면가 대비 40% 미만인 상태로 지속되자, A회사가 관리종목으로 지정될 것을 우려하여 그 주가를 부양하기 위해 A회사의 자사주를 매입한 후 이를 이익소각하는 방안을 검토하면서 '자사주 취득 후 이익소각'이라는 중요정보를 을에게 제공하여 정보가 공개되기 전에 매각하여 부당이득을 보았다. 이 사안에서 회사의 주가부양이 필요하다는 막연한 사실에 관한 주식시장의 인식과 회사내부에서 실제로 그 방안을 구체적으로 검토하고 있다는 사실의 확인은 정보로서의 가치가 다르다고 할 것이므로 2004. 1.중순경 자사주 취득 후 이익소각의 방안이 확정되지는 않았지만 합리적인 투자자라면 이 정보를 A회사의 주식거래에 관한 중요자료로 판단할 것이므로 2004. 1.중순경에 미공개 중요정보가 생성된 것으로 판단하였다[999]

사례3 : A회사의 재정부장 갑은 A회사의 대표이사와 회장이 회사의 자산재평가 적립금을 재원으로 무상증자를 실시하기로 하여 회사 재경부를 총괄하는 감사로부터 무상증자를 위한 이사회를 소집하고 무상증자 일정과 안건을 작성하라는 지시를 받고 무상증자 계획을 수립하는 등 무상증자 실시가 확실시되자 A회사의 주식을 매수한 후 무상증자 공시일 이후에 이를 매각하여 부당이득을 보았다. 이에 대해 수사 및 재판과정에서 갑은 무상증자 합의 및 이사회 개최 지시만으로는 무상증자의 실시가 확정되었다고 볼 수 없다고 주장하였으나 A회사의 이사회의 무상증자에 관한

식 투자 경험이 없는 피고인들이 많은 수의 주식을 매수한 점을 고려하면 통상의 투자자들도 그 정보를 알았더라면 투자결정에 중요한 정보로 삼았다고 볼 수 있다면서 1963. 11. 8. 을 정보생성시점으로 보았음.

998) 대법 2008. 11. 27. 선고 2008도6219 판결
999) 대법 2009. 11. 26. 선고 2008도9623 판결

의결이 곧 이루어질 것이라는 정보는 회사의 중요한 내부정보라 하지 않을 수 없고, 또 대표이사와 회장 겸 대주주 사이에 이사회의 의결을 거쳐 무상증자를 하기로 합의한 사실만으로도 무상증자의 실시에 관한 정보라고 봄이 상당하다[1000)]

다. 법인 외부에서 생성된 경우

(1) 법인 내부의 의사결정 과정에서 생성된 정보가 아니라, 법인 외부에서 정보가 생성되거나 외부의 요인에 의해서 또는 외부 인자와 결합해서 결정되는 정보의 경우에는 그 정보의 생성시점이 명확하지 않은 경우가 많다.

그렇지만 이러한 경우에도 앞서 설명한 것처럼 정보생성시점을 특정하여야만 미공개정보를 이용한 행위에 착수했는지를 따질 수 있으므로 합리적인 투자자의 입장에서 그 정보의 중대성과 사실이 발생할 개연성을 비교·평가하여 주식거래에 관한 의사결정에 있어서 중요한 가치를 지닌다고 생각할 정도로 구체화되었다고 할 시점에 그 정보가 생성된 것으로 보아야 한다.

(2) 회사가 다른 회사나 개인과 중요한 계약이나 협약 등을 체결할 경우에는 그 계약이 서면으로 작성되어 체결된 시점을 정보생성시점이라고 볼 것이 아니라, 그 계약을 체결하고자 서로 협의하고 논의하는 과정 중의 어느 한 시점이 정보 생성의 시점이 된다고 해석해야 한다. 그렇지 않으면 계약서가 작성되기 이전에 미리 주식을 매입하였다가 계약체결 사실이 공시된 이후 매각하여 이득을 취한 행위를 처벌할 수 없기 때문이다.

따라서 일반인에게 공개되지 않은 상장법인의 계약 또는 협약 등과 관련한 중요정보는 계약서가 작성되어야만 생성되는 것이 아니라 그 교섭이 상당히 진행되거나 계약사항의 주요부분에 대한 합의가 이루어진 경우[1001)]에 정보가 생성된 것으로 보아야 한다.

이와 같이 다른 회사 등과 계약 등을 체결할 경우에는 어느 정도 교섭이 진행되거나 중요한 계약사항에 대한 합의가 이루어진 단계에 비로소 정보가 생성된

1000) 서울중앙 2008. 12. 10. 선고 2008노3093 판결
1001) 수원지법 2008. 8. 29. 선고 2008고합112 판결

것으로 보게 되겠지만 그 생성시점을 특정한 일시로 확정하기는 쉽지 않다. 그렇기 때문에 계약이나 협상이 이루어지는 기간 중의 어느 한 시점을 정보생성시점으로 특정하게 될 것이다. 물론 그 계약의 협상 체결과정이 장기간이 될 경우, 그리고 그 기간 중에 주식을 일부라도 처분한 것이 있었을 경우에는 정보가 생성된 시점을 특정하기란 쉽지는 않다.

사례1 : A회사는 구조조정 전문회사인 B회사에서 도어록생산 업계 1위를 차지하고 있는 C회사를 기업인수합병 시장에 매물로 내놓은 것을 알고 B회사에 지분인수의향서를 제출한 후, 2003. 10.중순경 구체적인 매각조건 등에 대하여 협상하게 되어 이때 사실상 A사는 최종인수자로 확정되기에 이르렀고, 동 지분인수 협상에 참여하여 이러한 사실을 알게 된 A사 관리이사 갑은 지인인 을에게 그 정보를 전달하여 정보가 공개(2003. 11. 5)되기 전에 을이 중요한 정보를 이용하였다[1002]

사례2 : A회사와 B회사 사이에 2007. 9.초순 폴리실리콘 공급가격에 대한 합의가 이루어진 점, B회사가 2007. 11. 6. A회사에 정식제안서를 제출한 후 공급물량 및 선급금 비율에 관한 협의를 하였지만 이는 양사의 입장을 조율하는 정도에 불과할 뿐 이견이 있어 계약체결이 무산될 가능성은 사실상 없었던 사안에서 B회사가 2007. 11. 6. A회사에 정식 제안서를 제출한 시점에는 두 회사 간에 장기공급계약체결이 임박하였던 것으로 보이므로 2007. 11. 6.경에는 B회사의 장기공급계약 체결 정보가 일반투자자의 입장에서 유가증권의 거래에 관한 의사결정에서 중요한 가치를 지닌다고 생각할 정도로 구체화되었다고 보아야 한다[1003]

사례3 : A회사 대표와 B회사 대표가 2008. 7. 16.경부터 수차례 논의한 끝에 늦어도 8. 24.경에는 적대적 인수합병을 중단하는 대신 경영자문용역계약을 체결하기로 하는 구두계약을 체결하였고 실제로 그 중요한 일부를 서면화한 계약도 체결하였으므로 그 무렵에는 합리적인 투자자라면 A회사의 유가증권 거래에 관한 의사결정에서 중요한 가치를 지닌다고 생각할 정도로 구체화된 정보가 생성되었다고 보아야 한다[1004]

1002) 대법 2005. 9. 9. 선고 2005도4653 판결. 정보생성시점을 구체적인 날짜로 특정하지 않고 지분인수협상이 이루어진 시점(2003. 10. 10.부터 15. 사이)을 정보생성시점으로 판단하였음
1003) 서울중앙 2011. 4. 7. 선고 2010고합775 판결(서울고등 2011. 12. 2. 선고 2011노1043 판결로 확정)

사례4 : 2008. 10.경 직원 급여 및 차입금 이자를 지급하지 못하고 있었고, 9. 30. 기준 누적 분식규모는 710억 원에 이르러 2008. 12.경부터는 금감원으로부터 회계감리 자료를 제출하라는 요청까지 받았고 … (중략) … 2009. 4. 13. 한국거래소는 상장폐지를 공시하였고 4. 23. 상장이 폐지되었다. 이처럼 분식회계와 관련된 금감원의 조사가 진행되고 더 이상 분식회계를 지속할 수 없게 되었다면 2009년도 상반기에 상장폐지가 될 것이 2008. 12.말경에는 사실상 확정되었다[1005]

6. 미공개 중요정보의 결과에 따른 구분

가. 개념

(1) 주식시장에서의 정보를 그 정보의 가치에 따라 법인경영에 관하여 중대한 영향을 미칠 사실로서 장차 주가에 어떠한 영향을 미칠 것인지에 따라 '악재성 정보'와 '호재성 정보'로 구분할 수 있다. 물론 이러한 구별은 법률상 개념은 아니고 일반 거래상 통칭되는 개념이다. 당연히 두 개의 정보 모두 상장기업의 중요정보로서 합리적인 투자자라면 투자판단에 중대한 영향을 미칠 만한 사실이어야 하고 그 사실이 공개되지 않았다면 미공개 중요정보로서 규제 대상이 될 것이다.

물론 이와 같이 개념을 구분할 수는 있지만, 미공개 중요정보를 규제한다는 자본시장법의 입법취지에 의하면 법률상 취급에 있어서는 아무런 차이가 없다. 즉, 호재성 정보를 이용하여 부당한 이득을 얻는 행위나 악재성 정보를 이용하여 부당하게 손실을 회피하는 행위나 법률상 효과는 동일하다. 다만, 그 부당이득액이나 회피손실액을 계산하는 데에 있어서는 계산방법에 차이가 있다.

1004) 서울고등 2011. 7. 8. 선고 2011노441 판결(대법 2014. 2. 27. 선고 2011도9457 판결로 확정)
1005) 서울중앙 2011. 1. 28. 선고 2010고합1459 판결

(2) '악재성 중요정보'는 상장기업 내부의 재무구조나 경영악화 등으로 장차 그러한 사실이 공개되었을 때 주가의 하락을 가져올 것이라는 사실을 일반적인 투자자라면 누구나 판단할 수 있는 정보를 말한다.

그 외에도 상장기업의 대주주나 경영진의 회사 자금 횡령 등과 같은 불법행위나, 회계법인의 의견거절 등과 같은 회사경영이나 재무구조 등과 직접적인 관계가 없는 외부사실들이라도 그 사실의 인과관계에 따라 회사 경영에 중대한 영향을 미치는 사실들도 악재성 중요정보라고 할 수 있다. 예를 들어 '당기 순손실 시현, 적자전환, 대규모 적자발생, 회계감사인의 의견거절, 관리종목 지정, 자본잠식, 감자결정, 회생절차 개시신청, 계열사 발행어음부도, 회계분석, 대표이사 횡령' 등을 들 수 있다[1006].

'호재성 중요정보'는 악재성 중요정보와는 반대되는 경우를 말한다. 즉, 회계연도나 분기별 결산실적이 예상 외로 호전되었다든가 하는 경영실적이나 재무구조의 긍정적인 결과를 가져오는 정보, 또는 기업인수, 합병 등과 같이 회사의 지배구조가 개선되거나 회사자산이나 이익이 증가하는 결과를 가져올 수 있는 정보, 회사 중요정책, 계약 등으로 장차 그러한 정책이나 계약 등으로 인해 회사의 경영이익이 예상되는 정보 등을 말한다. 예를 들어 '주가부양을 위한 무상증자, 자사주취득, 신규사업 진출, M&A, 해외 대규모 건설 수주, 신약개발, 특허권취득 등'을 들 수 있다[1007].

나. 개별 사례

(1) 악재성 중요정보

상장법인의 재무구조가 악화되었다든가, 악화될 것이라든가 또는 수익성 악화나 대규모 적자가 발생할 것이라는 등의 정보는 대표적인 악재성 정보라고 할 수 있다. 그런 정보가 공시되기 전에 미리 주식이나 유가증권을 처분함으로써 공시 이후 입게 될 재산적 손실을 회피하고자 하는 목적으로 사용하게 된다. 당연

1006) 금감원(2011a), 13쪽
1007) 금감원(2011a), 13쪽

히 그와 같은 정보를 부당하게 이용하는 행위는 주식시장의 공평성을 깨는 행위이기 때문에 허용되지 않는다.

일반적으로 기업의 실적변동에 관한 사항은 중요한 정보일 가능성이 높다. 실무상 주요사항보고서의 대상이나 주요 경영사항으로 거래소 공시의무가 있는 '매출액 또는 손익구조의 30% 이상 변동[1008]'이나, 관리종목 지정 사유가 되는 '일부 자본잠식' 또는 상장폐지 사유가 되는 '전액 자본잠식'이나 '매출 미발생' 등 회사에 법률상 또는 규정상 공시의무 부과 또는 불이익이 있을 정도의 중대한 규모의 실적변동에 한하여 '중요정보'로 해석해왔다. 대개 위와 같은 경우 정보의 공시 당일에 대부분의 주가가 큰 폭의 하락을 보이게 되고 이는 중요정보로서의 의미로 보게 된다.

사례1 : A회사의 적자가 누적됨에 따라 자본 부족 문제로 인하여 재무구조가 급속히 나빠져 회사의 경영상황이 악화될 것이라는 정보 및 상반기에 1차 유동성 위기 해소를 위해 실시된 1조 원 상당의 자본 확충이 끝났음에도 계속적인 재무구조의 악화 등으로 A회사에서는 추가 자기자본 확충을 위하여 조만간 수천억 원 이상 규모의 유상증자가 이루어져야 하는 상황이라는 정보를 이용하여 손실을 회피한 사례[1009]

사례2 : A회사는 계열사인 B회사의 계속적인 자금요청을 받자 B회사의 지분을 100% 인수하기로 계획을 추진하던 중 B회사의 경영실태를 실사하였더니 재무상황이 심하게 악화되어 회복이 어렵고 주 사업의 수익성이 없다는 사실이 파악되자 B회사의 인수를 포기하기로 결정하여 B회사가 사실상 파산에 이르게 되었다는 정보[1010]

사례3 : 피고인이 경영하던 주식회사는 자본금이 101억여 원인바, 자회사에서 화재가 발생하여 약 20억 원의 손실을 입은 것을 비롯하여 결산결과 약 35억 원의 적자가 발생한 사실[1011]('**대규모 적자 발생**'이라는 사실은 전형적인 악재성 정보임. 부실

1008) 금감원 처리례 중 영업실적의 변동이 30% 미만인 경우 중요정보로 본 사례는 없지만 이는 절대적인 기준은 아니다. 중요정보로 본 사례로는 '매출액 또는 손익구조가 전년동기 대비 30% 이상 변동, 자기자본의 10% 이상의 파생상품 손실 발생, 영업실적전망, 자기자본의 50%를 초과하는 세전 손실이 최근 3년 중 2년간 발생, 일부 자본잠식(잠식률 50% 이상), 전액자본잠식, 매출액 30억 원 미달, 매출 미발생(주된 영업정지)' 등이 있음

1009) 대법 2008. 11. 27. 선고 2008도6219 판결
1010) 서울지법 2003. 5. 14. 선고 2003노1891 판결
1011) 대법 1995. 6. 30. 선고 94도2792 판결

채권으로 인한 대규모 영업손실이 발생하였다는 사실[1012])도 그 사례에 해당함)

사례4 : A회사의 대표이사는 무리한 사업확장으로 극심한 자금압박에 시달리고 있어 회사발행 어음금조차 정상적으로 결제하지 못하는 상황에 이르게 되어 B회사와 A회사에 대한 매각협상을 벌이던 중 B회사로부터 매각협상 최종결렬을 통보받고 사실상 화의개시신청을 할 수밖에 없던 상황[1013])

사례5 : A회사 이사회에서 신규사업진출을 위한 자금조달 목적으로 100억 원 규모의 무보증 전환사채를 발행하기로 결의한 사실[1014])

사례6 : 자신이 운영하는 회사에 대한 금감원의 자산부채 실사에 앞서, 회사 직원들이 내부적으로 자체 실사한 결과 회사의 순자산액이 320억 원 상당 부족하여 금감원으로부터 실사를 받을 경우 자신의 회사가 부실금융기관으로 지정될 가능성이 높다는 사실[1015])

사례7 : A회사에서는 B회사의 경영권 양수를 추진하던 중 경영권 양도에 관한 B회사 주주총회 결의의 정족수를 충족시키기 위하여 A회사 계산으로 4억 원 상당의 B회사 주식 200만 주를 매수하였고, A회사는 경영권을 인수하기 위해 제3자배정 액면미달 발행방식에 의해 250억 원을 유상증자한 다음 B회사의 경영상황을 개선하고 A회사 측의 경영권 인수를 위하여 차등 무상감자를 실시하기로 하는 내용의 '신주인수계약'을 B회사와 체결하였음. B회사는 2004. 12. 이사회를 개최하여 감자계획을 확정, 공시하였는데 A회사 대표이사는 B회사의 주가가 2004. 11.부터 210원으로 상승하자 감자결정 공시 이전인 2004. 11. 23.부터 30.까지 수회에 걸쳐 A회사 소유의 주식 전부를 매도하였음[1016])

사례8 : A회사는 경영악화에 따른 부실로 인하여 재무구조를 개선할 상황이었는데 임원 간담회에서 감자 후 유상증자를 하기로 임원들 간 의견의 일치를 보고 본격적으로 계획을 추진하게 된 사실[1017]). A회사 대표이사는 감자계획이 공시되기 전에 주

1012) 수원지법 2010. 4. 23. 선고 2010고합72 판결
1013) 청주지법 2008. 5. 7. 선고 2008노195 판결
1014) 서울고등 2008. 5. 1. 선고 2008노334 판결
1015) 서울지법 2002. 6. 11. 선고 2002고단4430 판결
1016) 대법 2007. 7. 26. 선고 2007도4716 판결
1017) 서울고등 2007. 7. 5. 선고 2007노782 판결. 일반적으로 '감자결정'은 악재성 정보임 (고양지원 2009. 11. 6. 선고 2009고단1319 판결)

식을 매도하여 손실을 회피하였음

사례9 : A은행과 경영정상화 약정을 체결한 B회사의 여신관리담당자로부터 B회사의 예상 감자 비율 및 감자에 대한 이사회 결의 예정일 등이 기재된 'B회사 제11차 채권금융기관 운영위원회 서면결의 안건 및 사전회의자료'를 전달받은 사실[1018]

이러한 회사 재무구조 악화나 매출축소, 자금사정 악화 등과 같은 내용 이외에 회사 경영진이 형사사건으로 고소, 고발되거나 수사기관에 체포, 구속되는 경우, 회사자금을 불법으로 횡령하거나 부도를 낸 경우, 회계법인에서 회계감사 의견을 거절하는 경우 등과 같이 회사 경영진의 불법행위 등도 악재성 정보에 해당한다.

사례1 : A회사와 기업경영 등의 자문계약을 체결한 B회사의 대표이사가 C회사의 기술을 훔친 뒤 허위매출로 코스닥에 등록한 사실로 검찰 내사를 받던 중 A회사가 압수수색을 당하고 대표이사가 긴급체포된 후 구속된 사실[1019]. A회사의 대표이사는 그러한 사실이 공시되기 전에 평소 알고 지내던 변호사를 통해서 수사내용을 파악한 뒤 보유하고 있던 A회사의 주식을 매각하여 손실을 회피하였음

사례2 : A회사의 실질적인 경영주가 회사자금 27억 원을 횡령하고 도주한 사실[1020]. A회사의 감사는 그 사실을 사전에 미리 알고 주식을 매각하여 손실을 회피하였음

사례3 : A회사의 주요주주인 B가 보유하던 A회사 발행 어음 등의 부도처리가 불가피하다는 사실[1021]. 실제로 부도처리가 되었을 때뿐만 아니라, 은행이 부도처리하기 전이라도 자금조달이 어려워 부도처리될 것이 거의 확실시 되는 사정도 당해 법인의 경영에 중대한 영향을 미칠 수 있는 사실임

사례4 : A회사의 회계감사기관의 이사로부터 A회사에 대해 감사의견이 '의견거절'로 결정되었음을 미리 통보받은 사실[1022]. 해당 감사의견이 공시되기 전에 매도하여 손

1018) 대구지법 2005. 7. 22. 선고 2005노1343 판결
1019) 수원지법 2003. 7. 25. 선고 2003고단1044 판결
1020) 서울고등 2007. 5. 10. 선고 2007노322 판결, 서울지법 2003. 12. 17. 선고2003노
     5398 판결
1021) 대법 2000. 11. 24. 선고 2000도2827 판결
1022) 서울지법 2003. 12. 17. 선고2003노5398 판결

실을 회피하였음

사례5 : 자신이 재무제표 제출에 협조하지 않을 경우 감사인의 검토의견 거절 및 반기검토보고서 미제출로 인한 관리종목으로 지정될 수밖에 없음을 알고 정보공개시점 이전에 보유주식을 매도하여 손실을 회피하였음[1023]

(2) 호재성 중요정보

일반적으로 호재성 정보는 상장법인의 순이익이 증대된다든가, 다른 회사를 인수·합병[1024], 우회상장[1025] 또는 재무구조가 개선되거나 수익이 발생한다든가 하는 정보 등을 예로 들 수 있다.

구체적인 사례로는, 해외전환사채 60억 원 가량을 인수하기로 협의하고 포괄계약이 체결되었다는 정보[1026], 주가부양을 위해 자사주를 취득할 것이라는 정보[1027], 치료제의 전 세계 판매를 위해서 다국적 제약회사와 조만간 기술이전계약을 체결할 것이라는 정보[1028], 회사가 특허기술에 관한 지적재산권을 미국 회사에게 1,000만 달러에 매출하기로 합의하였다는 정보[1029], 전년도 사업연도의 결산실적을 추정한 결과 전년대비 총매출액이 70%, 순이익이 131% 증가하였다는 정보[1030], 중국의 영상전화기 공급업체로 선정되어 그 제품을 대량 공급하게 된 사실과 회사 사옥 매각으로 재무유동성을 확보하였다는 정보[1031], 러시아 유

1023) 성남지원 2012. 11. 23. 선고 2011고단1945 판결
1024) 서울중앙 2007. 1. 26. 선고 2006고합1411 판결, 합병 사례로는 수원지법 2007. 12. 26. 선고 2007고단4009 판결, 서울고등 2007. 6. 7. 선고 2007노495 판결(주식교환을 통한 합병), 서울고등 2007. 6. 8. 선고 2007노402 판결(감자 없이 자회사 흡수합병) 등이 있음
1025) 우회상장의 예로는, 서울고등 2007. 10. 19. 선고 2007노1819 판결, 성남지원 2007. 1. 24. 선고 2006고단2108 판결, 서울중앙 2007. 7. 27. 선고 2007고합245 판결, 성남지원 2007. 10. 24. 선고 2007고단1954 판결
1026) 서울지법 2003. 8. 26. 선고 2003고합94 판결. 해외CB발행 정보를 이용한 사례는 서울중앙 2007. 6. 21. 선고 2007고합433 판결
1027) 대법 2004. 3. 26. 선고 2003도7112 판결
1028) 서울중앙 2007. 12. 26. 선고 2007노3274 판결. 유사 사례로는 대법 2009. 5. 28. 선고 2008도11164 판결(시제품개발단계에서 기술이전 계약체결 정보이용), 서울지법 2001. 11. 9. 선고 2000고단6720 판결(대체에너지 전용실시권 양수합의 정보이용) 등
1029) 서울중앙 2004. 3. 18. 선고 2004고합147 판결
1030) 대법 1995. 6. 29. 선고 95도467 판결(회사의 추정영업실적이 전년도에 비해 대폭으로 호전되었다는 사실)

전개발에 투자한다는 정보[1032] 등도 호재성 정보라고 할 수 있다. 이 경우 실제로 특허계약이 최종체결될 필요도 없고 실제로 유전이 개발될 필요도 없다. 즉, 정보의 내용과 같은 실질적인 이득이 발생할 필요는 없다. 다만, 그 사실이 처음부터 불가능하였다면 사기적 부정거래가 성립할 것이다.

이러한 호재성 정보가 공시되기 전에 미리 주식이나 유가증권을 매입한 이후 주가가 오른 뒤 이를 매도함으로써 시세차익을 목적으로 하는 경우 미공개 중요정보를 이용한 불공정거래행위에 해당된다. 당연히 그와 같은 정보를 부당하게 이용하는 행위는 주식시장의 공평성을 깨는 행위이기 때문에 허용되지 않는다.

사례1 : 약 100억 원 상당의 유상증자를 계획하고 참여회사를 물색하던 중 2003. 6. 하순경 A회사로부터 30억 원 상당, B회사로부터 10억 원 상당 유상증자에 참여하겠다는 약속을 받았고 C회사와는 유상증자 참가의 큰 틀을 잡은 상태에서 계속 호의적인 세부협상 과정을 거쳐 7. 11.경 60억 원 참여하기로 협상이 타결된 사실(제3자 배정 유상증자)[1033]. 7. 15. 유상증자를 실시하였는데 7. 2.부터 14.까지 10억 원을 마련하여 차명계좌로 회사의 주식을 매입하고 주가가 급등하자 매수주식 전량을 매도하여 9,300여만 원의 부당이득을 취한 사례

사례2 : 회사 부사장으로부터 유동성확보 등을 위하여 무상증자 계획을 수립하라는 지시를 받고 300% 무상증자안을 입안하여 대표이사의 결재를 받고 본부장 회의를 통하여 당시 개발 중이던 온라인 게임의 고객 호응도가 높을 경우 예정대로 무상증자를 실시하기로 재차 결의되고, 2003. 7. 9. 그 게임이 출시되자 시장이 폭발적인 반응을 보여 무상증자가 확정적으로 된 사실[1034]. 피고인은 7. 9.부터 주식을 매입한 후 무상증자 이사회 결의 공시일 이후 대량매각하여 5억7,000만 원 상당의 부당이득을 취함

사례3 : A사가 화의절차 진행 중이었으나 기업의 계속기업가치가 청산가치보다 월등히 높고 공인회계사의 감정결과보고서, 정리위원의 의견서도 같은 취지로 작성되어

1031) 서울동부 2005. 12. 7. 선고 2005고정1942 판결
1032) 서울중앙 2010. 1. 19. 선고 2009고단7160 판결
1033) 서울고등 2005. 6. 30. 선고 2005노566 판결, 유사 사례로는 서울남부 2005. 5. 19. 선고 2004고단926 판결
1034) 대법 2005. 4. 29. 선고 2005도1835 판결

있고, 채권자들에게 유리한 내용으로 화의조건의 변경을 신청하고, 법원도 화의조건 변경을 허가하였으므로 채권자들 중 3개 금융회사가 동의를 유보하고 있으나 결국 법원의 화의인가결정이 내려질 가능성이 매우 높다는 정보[1035] 등을 이용하여 1억 5,000만 원 정도의 부당이득을 취함

사례4 : 미국 소재 B회사에 대해 200만 달러 상당 대규모 수출계약을 체결하기 직전이며, 곧 실시할 유상증자에 B회사와 독일 회사가 각 30% 지분을 인수, 참여하기로 예정되었다는 정보[1036]

사례5 : 사업회사인 A사 주가가 지주회사인 B사 주가보다 낮게 형성되어 회사분할을 통한 외부투자유치라는 당초 목적을 달성하기 어렵게 되자, 2008. 8.말경 B사가 사업자회사인 A사 주식 100%를 공개매수하여 A사의 상장폐지를 추진하기로 결정하고 B사의 A사 주식 공개매수신청 사실이 공개되면 A사 주가가 상승할 것을 예상하고 이를 이용한 사안[1037]

그런데, 이러한 호재성 정보를 이용하여 주식을 매입한 후 주가가 오른 뒤 반드시 처분해서 이득을 얻을 것을 요건으로 할 것인가. 우선 그와 같이 주가가 오르기 전에 주식을 매입한 행위가 사전에 미공개 중요정보를 이용한 행위라는 것을 추정하게 하는 것은 주식매각으로 인한 이득이 발생했다는 결과이기 때문에 그와 같이 주가상승 후 주식을 매각하지 않을 경우에는 호재성 정보를 이용한 행위인지 여부를 사후에 포착할 수가 없다는 실무적인 문제가 있다. 왜냐하면 대개 사후 주가가 상승하여 시세차익을 얻었다는 사실은 호재성 정보임과 동시에 미공개 중요정보였음을 증명하는 것이기 때문이다.

또한, 미공개 중요정보를 이용한 주식처분행위는 주식매매 등으로 인한 이익의 발생이나 손실의 회피를 전제로 하기 때문에 재산상 이득이나 손실이 발생하지 않을 경우에는 사실상 주식시장의 공정성을 훼손하였다고 보기는 어렵다.

그러나 자본시장법에서는 '상장법인의 업무 등과 관련된 미공개 중요정보를 특정증권 등의 매매, 그 밖의 거래에 이용하거나 타인에게 이용하게 한 자'라고

1035) 서울중앙 2005. 2. 16. 선고 2004고정2896 판결
1036) 수원지법 2005. 1. 14. 선고 2004고단2946 판결
1037) 서울중앙 2011. 8. 10. 선고 2011노1250 판결

명시되어 있기 때문에 미공개정보를 이용한 1차적인 매매가 있으면 바로 기수에 이르는 것으로 보아야 한다.

또한 악재성 정보의 경우에는 개념상 그 정보를 이용한 1차적인 매도만이 있을 뿐이므로 반드시 재산적 손실회피가 필연적으로 발생할 수밖에 없다. 그러나 호재성 정보를 이용한 경우에는 주식매입이라는 1차적인 매매가 이루어지면 바로 범죄가 성립하기 때문에 그 주식의 처분과 이로 인한 재산상 이득의 발생이라는 2차적인 매매를 필수요건으로 하지는 않는다. 물론 이 경우 이미 보유하고 있던 주식을 호재성 정보를 이용하여 매각하면 1차적인 매매만으로 곧 재산상 이익이 발생하므로 범죄성립을 증명하는 데에는 큰 어려움이 없다.

제4절 정보의 이용행위

1. 개념

(1) 자본시장법에서는 미공개 중요정보를 이용한 '특정증권 등의 매매, 그 밖의 거래에 이용하거나 타인으로 하여금 이용하여 거래하도록 한 행위'를 모두 규제한다.

문언상 '거래'와 관련하여 미공개 중요정보를 '이용'하는 행위를 금하고 있기 때문에 이를 처벌하기 위해서는 단순히 미공개 중요정보를 '인식'하고 있는 상태에서 주식거래를 한 것만으로는 부족하고 그것을 적극적으로 '이용'하여 거래하여야 한다.

일반적으로, 미공개 중요정보를 인식한 상태에서 주식거래를 한 경우에는 특별한 사정이 없는 한 미공개정보를 이용하여 거래한 것으로 추정되고, 또한 주식거래를 하게 된 다른 요인이 있을지라도 미공개 중요정보를 이용한 것이 하나의 요인이 된 경우에는 미공개 중요정보를 이용한 거래로 본다[1038].

미공개정보를 이용하였는지 여부를 판단하는 기준은 당해 정보의 중요성과 확실성 정도, 정보 인식시점과 거래시점 사이의 시간적 간격, 거래시점과 정보공개시점 사이의 시간적 간격, 주가의 동향, 행위 전후의 제반 사정 등을 종합하여 판단할 수밖에 없고, 법인의 내부자가 미공개 중요정보를 인식하고 그 직후 또는 그와 근접한 시기에 조만간 공시 등을 통해 일반인에 대한 정보공개가 이루어질 것을 예상하면서 주식거래를 한 경우에는 특별한 사정이 없는 한 미공개 중요정보를 이용하여 거래한 것으로 보게 된다[1039].

(2) '이용행위'는 범죄구성요건 중 범의와도 관련이 있다. 즉, 미공개 중요정

1038) 서울중앙 2007. 7. 20. 선고 2007고합159 판결(대법 2010. 5. 13. 선고 2007도9769 판결로 확정)
1039) 서울고등 2011. 12. 2. 선고 2011노1043 판결

보를 알게 된 후에 주식을 처분하는 행위가 있었다면 미공개정보를 이용하여 부당이득을 보려는 '범의'가 있었던 것으로 추정된다.

따라서 미공개 중요정보를 인식한 상태에서 이를 이용하였다면 범의가 있었다고 인정되므로 그러한 범의에는 '미공개 중요정보의 구체적인 내용'까지 보유, 인식하고 있을 필요는 없으며, 나아가 정보를 수령하는 자가 그 정보를 가지고 그 정보에 해당하는 주식의 거래에 이용하려는 한다는 사실을 알면서 그에게 정보를 제공하는 정도이면 족하다. 그러므로 반드시 정보수령자가 그 미공개정보를 이용하여 주식거래를 권유하도록 하는 추가적인 단계까지는 필요하지 않다. 물론 그 경우 주식거래를 하지 않았다면 단순히 정보를 제공한 행위만으로 처벌할 수는 없다.

2. 이용행위의 성립요건

가. 규제대상 행위

미공개 중요정보의 규제대상 행위는 '매매, 그 밖의 거래에 이용하거나 타인에게 이용하게'하는 행위다(제174조 제1항). 그러므로 '매매, 그 밖의 거래행위'와 '정보이용행위' 및 '타인에게 이용하게 하는 행위'의 3가지 행위가 존재한다.

'매매'란 장내거래 및 장외거래를 모두 포함한다[1040]. '그 밖의 거래'는 매매 이외에 경제적인 이익을 얻기 위한 모든 행위를 말한다. 예를 들어 증권과 현금의 거래뿐만 아니라 증여, 담보제공 등 모든 양도, 양수행위를 포함하는 개념이다. 다만 그러한 경제적인 이익을 얻고자 했지만 결과적으로 이익이 발생하지 않았거나 손실을 회피하고자 했는데 손실이 발생했다는 등의 결과는 요건이 아니다. 그러므로 그러한 재산적인 거래 외의 명목으로 이용하였을 경우, 예를 들어 미공개정보를 이용하여 주식 관련 기사를 작성하거나 논문을 작성하는 등의 행위

1040) 구증권거래법에서는 민법상의 개념인 '매매'와 거래소시장의 특이한 '매매거래'의 2가지 개념이 있었다고 해석한다(김정수(2011), 1,028쪽 ; 한국증권법학회(2009), 872쪽 참고).

를 하였을 경우에는 미공개정보의 '이용행위'에 해당하지 않는다. 그러므로 이를 가리켜 '거래 관련성'을 '금지행위'의 요건이라고 설명하기도 한다[1041].

정보이용행위에 대해서 '정보를 이용한 거래행위'를 규제대상으로 할 것인지 아니면 '정보를 거래에 이용하는 행위'를 규제대상으로 할 것인지를 두고 전자를 거래행위설, 후자를 이용행위설로 개념을 구분하여 전자를 지지하는 견해[1042]가 있지만, 자본시장법에서는 '매매, 그 밖의 거래에 이용하거나'라고 명시적으로 규정되어 있으므로 굳이 따진다면 '이용행위설'이 맞다고 하겠다.

나. 정보이용 행위

(1) 개념

미공개 중요정보를 이용한 범죄가 성립하려면 '정보이용행위'가 반드시 존재해야 한다. 따라서 정보를 입수하여 보유만 하였을 뿐 정보를 이용하지 않았다면 미공개 중요정보를 부당한 방법으로 입수했다고 해서 처벌할 수 없다. 그러므로 그러한 정보를 직접 이용했다는 것을 증명할 직접적인 증거가 있어야 하므로 객관적으로 미공개 중요정보를 일반적으로 취득·이용할 지위에 있지 않은 경우, 정보를 취득·이용하였다는 직접적인 증거는 없고 혐의를 인정하기에는 합리적인 의심이 존재한다면 정황만으로 공소사실을 유죄로 인정할 수는 없다[1043].

미공개정보를 '이용'한다고 함은, 미공개 내부정보를 지득한 상태에서 주식거래를 함에 있어 그 정보가 주식의 거래여부, 거래시점, 거래량, 가격 등 거래조건의 결정에 하나의 요인으로 작용하여 만일 그러한 정보를 알지 못했더라면 내렸을 결정과는 다른 결정을 내리게 함으로써 영향을 미침을 의미한다고 해석한다[1044].

정보이용행위에 대해 단순히 미공개 중요정보를 소유하고 있는 상태에서 증권 거래를 한 것만으로는 부족하고, 그것을 이용하여 적극적으로 증권 거래를 해야 한다고 설명하는 견해[1045]도 있다. 그러나 정보를 입수한 상태에서 주식을 처

1041) 임재연(2012), 843쪽
1042) 임재연(2012), 845쪽 이하 참고
1043) 대법 2008. 11. 27. 선고 2008도6219 판결
1044) 서울중앙 2007. 2. 9. 선고 2006고합332 판결

분했다면 '적극적으로 이용'했다고 추정될 것이고 판례도 같은 입장이다[1046].

그러한 정보를 입수하였다고 할지라도 다른 동기에 의해 거래를 하였다는 것이 증명된다면 범죄가 성립되지는 않는다는 견해[1047]가 있으나, 그 다른 동기가 정보생성시점 이전부터 존재하는 등 결정적인 동기라는 사실이 증명되지 않는 한은, 단지 여러 동기들 중의 하나였다면 실무상 혐의를 벗어나기는 어렵다.

정보이용자의 주식처분행위가 전적으로 미공개정보 때문에 이루어졌음을 요건으로 하는 것이 아니라, 단지 거래를 하게 된 하나의 요인이기만 하면 당해 정보의 '이용'이라는 요건을 충족하는 것으로 해석한다. 그러므로 문제된 매매(미공개 정보를 이용한 매매)를 전후하여 그 주식을 매매한 다른 사실이 있었다고 할지라도 그러한 별도의 사정만으로 피고인의 평소 주식거래 형태와 문제된 매매와의 사이에 별다른 차이점이 없다고 단정할 수는 없다[1048]. 이러한 판례의 입장은 '하나의 요인(a factor)'이면 족하다는 것이지만 미공개정보가 해당 주식의 거래에 있어서 어느 정도 기여를 해야 하는가를 두고 각국의 입법례는 차이가 있다[1049].

대개 미공개 정보를 인식한 상태에서 주식거래를 한 경우에는 특별한 사정이 없는 한 그것을 이용하여 거래한 것으로 봄이 상당하고 또한 주식거래를 하게 된 다른 요인이 있더라도 미공개 내부정보를 이용한다는 것이 하나의 요인이 된 경우에는 미공개정보를 이용하여 주식거래를 한 것으로 봄이 상당하다고 해석한다[1050]. 이렇게 해석한다면, 내부정보를 입수한 후 그 내부정보가 거래에 결정적인 역할을 하지 못했다고 해도 규제의 대상이 된다고 할 것이므로 실무상 인과관계를 입증하기는 쉬울 것이다.

대개, 정보를 지득한 후의 주식매매 형태가 이전 매매형태와는 달리 대량매매라든가 투매의 성격이 강하다면 그 이후의 매매 등의 이용행위는 규제의 대상[1051]으로 보게 되므로 자신이 미공개정보를 이용하였다는 혐의를 벗어나려면 그러한 정보가 해당 주식의 거래에 전혀 무관한 것이었음을 소명해야 할 것이다.

1045) 김정수(2011), 1,029쪽
1046) 서울중앙 2007. 7. 20. 선고 2007고합159 판결
1047) 임재연(2012), 845쪽
1048) 서울고등 2009. 5. 15. 선고 2008노3397 판결
1049) 한국증권법학회(2009), 873쪽 참조
1050) 서울중앙 2011. 4. 7. 선고 2010고합775 판결
1051) 동일한 견해로는 임재연(2008), 567쪽

그 예로서 ① 내부정보를 알게 되기 전에 증권매매에 관한 구속력 있는 계약을 체결하였거나 타인에게 매매의 체결을 지시하였거나 매매를 위한 서면계약을 채택할 것, ② 이러한 계약, 지시, 계획에 구체적으로 그 수량, 가격, 일자 등이 특정되어 있거나 이를 도출하는 공식이 서면으로 특정되어 있거나 내부자가 사후에 그 내용을 변경하는 것이 불가능하고, ③ 내부자가 내부정보를 알게 된 후 이러한 계약, 지시, 계약의 변경이나 불이행이 없었음을 입증하면 면책될 수 있을 것이다[1052].

사례1 : A회사는 B연구원과 기술이전계약을 체결하여 B연구원이 수행하고 있는 개발과제인 '나노기술을 이용한 초고감도 이미지센서'에 관한 기술을 기술료 50억 원을 지급하는 조건 등으로 인수하기로 약정하였는데, 갑은 B연구원에서 교육연수사업실 실장으로 근무하면서 수차례 주간업무회의 등에 참석하면서 이 사건 정보를 지득하고 사전에 A회사 주식을 매수하여 부당이득을 취했다고 기소된 사안. 1심에서는 이전에도 갑이 A회사 주식을 매도처분한 사실이 있는 점 등을 들어 갑의 행위는 미공개 정보를 '보유'한 상태에서의 처분이기는 하지만 이를 '이용'한 처분은 아니라는 이유로 무죄를 선고하였으나[1053], 2심에서는 그러한 주식매도 처분이 전적으로 미공개정보에 의한 것이 아닐지라도 그중 하나의 요인이라면 '이용'이라는 요건을 충족한 것임[1054]

사례2 : A회사의 사업총괄 부사장겸 등기이사인 갑은 재무담당 상무인 을로부터 A회사의 폴리실리콘 제조설비의 추가 증설 목적의 1,600억 원 투자 관련 정보가 기재된 폴리실리콘 투자금액 증액 관련 공시 및 기업설명회 대응방안이라는 문건을 보고받고, A회사가 위 정보를 공시하기 전에 A회사 주식을 집중적으로 매수하여 부당이득을 취하여 기소되었는데 갑은 공시 이전에도 5차례에 걸쳐 A회사 주식을 매수한 사실이 있고 기소된 공소사실의 내용과 같이 A회사 주식을 매입한 것에 대해서도 헤어진 여자친구에게 지급할 합의금을 마련하기 위해 보유 중인 주식을 매각하여 현금으로 전환하였다가 합의금을 지급할 필요가 없어 A회사 주식을 매입한 것이라고 변명하였으나 법원은 그 주장을 배척하면서, 가사 피고인이 위와 같은 경위로

1052) 한국증권법학회(2009), 874쪽. 미국법의 내용을 소개한 것임
1053) 서울중앙 2008. 11. 27. 선고 2008고합236 판결
1054) 대법 2010. 2. 25. 선고 2009도4662 판결

A회사 주식을 재매수하였다고 하더라도 위 시설투자에 관한 정보는 그 내용의 중대성에 비추어 갑이 A회사 주식을 매수하게 된 하나의 중요 원인으로 작용한 것으로 봄이 상당하다고 판단하였음[1055]

(2) 이용행위의 종류

미공개정보 이용행위를, 호재성 정보로서 특정증권 등을 매수하거나 악재성 정보로서 특정증권 등을 매도하는 데 이용하는 '적극적 이용행위'와, 특정증권 등을 매도하려다가 호재성 정보에 기하여 매도를 유보하거나 특정증권 등을 매수하려했으나 악재성 정보에 기하여 매수를 유보하는 '소극적 이용행위'로 구분한 뒤, 소극적 이용행위는 증권시장에 호가가 표시되지 않으므로 증권시장의 공정성, 투명성이 침해되지 않는 등의 이유를 들어 미공개 중요정보의 '이용행위'에 해당하지 않는다고 보는 견해[1056]가 있다.

미공개정보의 이용이란 매도나 매수의 개념을 요건으로 하기 때문에 그와 같은 처분행위로 나아가지 않은 경우는 '(미공개정보의)이용행위'라는 구성요건사실을 충족하지 못한 것이다. 그러므로 위와 같이 '소극적 이용행위'라는 개념으로 이를 구분하여 설명할 수도 있겠지만 별로 의미 없는 설명이다.

(3) 정보 입수로 보지 않는 경우

미공개 중요정보의 이용행위에는 시간적으로 '정보입수' 행위가 선행되어야 한다. 그리고 그러한 정보입수행위는 구성요건 사실이므로 직접증거에 의한 엄격한 증명을 필요로 한다. 그러므로 주식을 처분한 행위가 결과적으로 재산상의 이익을 가져왔다고 할지라도 그러한 처분행위가 미공개 중요정보를 이용한 것으로 추정되지는 않는다.

또한, 일반적으로 미공개 중요정보의 생성, 보고, 결재에 관여하는 지위에 있었다면 미공개 중요정보를 일반적으로 취득, 이용할 지위에 있던 것으로 보게 되지만, 그러한 지위에 있었다는 사실만으로 곧 미공개 중요정보를 이용했다고 단

1055) 서울중앙 2011. 4. 7. 선고 2010고합775 판결(서울고등 2011. 12. 2. 선고 2011노
　　 1043 판결로 확정)
1056) 임재연(2012), 851쪽

정할 수도 없다. 다만, 그러한 지위에 있는 자가 해당주식을 매매하는 행위가 있었다면 위와 같은 혐의를 벗어나기는 쉽지 않을 것이다.

사례1 : 갑은 L화학 재무관리팀장으로서 회장의 지시에 따라 L그룹 대주주 및 특수관계인 100여 명이 보유하고 있는 L그룹 계열사 주식을 관리하던 중 L카드의 적자가 누적됨에 따라 자본 부족 문제로 인해 재무구조가 급속히 나빠져 회사 경영상황이 악화될 것이라는 정보 및 상반기에 1차 유동성 위기 해소를 위해 실시된 1조 원상당의 자본 확충이 끝났음에도 재무구조 악화 등으로 추가 자기자본 확충을 위하여 조만간 수천억 원 규모의 유상증자가 있어야 하는 상황이라는 미공개 중요정보를 이용하여, 갑이 관리보유하고 있던 L그룹 계열사가 아닌 D사의 대주주 겸 경영자인 병의 주식을 처분하여 불공정거래를 하였다고 기소된 사안. ① 갑이 대주주 및 특수관계인의 주식을 관리하여 왔을 뿐, L카드사의 직원도 아니고 이사회, 감사위원회 등의 구성원도 아니며 위 중요정보의 생성, 보고, 결재에 관여할 수 없어서 위 중요정보를 일반적으로 취득, 이용할 지위에 있지 않았고, ② 위 정보는 대외비 문건으로 분류되어 L그룹 핵심 경영자 사이에서만 은밀하게 보고가 이루어진 것으로 보이며, ③ 자신이 관리하고 있던 L카드 대주주 약 60명의 보유주식 중에서 오로지 병 보유 주식만을 매도하였고, ④ 병이 운영하는 D사의 부채비율을 낮추고 자금난 해소를 위해 500억 원 규모의 유상증자를 추진하면서 그 자금 마련을 위해 갑에게 주식의 환가를 부탁하였고 그 매도자금은 모두 D사의 유상증자자금으로 투입된 사실 등을 인정하여 '미공개 중요정보의 취득, 이용행위'를 인정할 직접적인 증거가 없다고 판단하였음[1057]

사례2 : 을이 관리하던 L카드 주식의 실제 소유자는 W사모투자펀드인데 L그룹과는 협력하면서도 견제하는 관계였기 때문에 비록 을이 L카드의 사외이사겸 감사위원의 지위에 있었더라도 L그룹 측에서는 중요정보를 제공할 이유가 없었고, 실제로 그 내용을 담은 문서들은 대외비 등으로 분류되어 핵심 경영자만 접근할 수 있도록 관리되었으며 감사위원회, 이사회에서 중요정보를 을에게 전달되었음을 인정할 직접증거가 없고, 이사회에서 정보를 취득하였다면 굳이 1개월 반 정도가 경과한 후에서야 L카드 주식을 매도하기 시작할 이유가 없고 손실회피를 목적으로 주식을 매각한 것

1057) 대법 2008. 11. 27. 선고 2008도6219 판결

이라면 유상증자 공시 이전에 서둘러 많은 물량을 매도하지 않은 이유, 공시 이후 주가가 떨어진 다음에도 꾸준히 매도를 진행하여 보유 주식 전량을 매도한 이유를 합리적으로 설명하기 어려우며 비록 일부 의문스러운 점이 있기는 하지만 미공개 중요정보를 이용하였음을 인정할 직접적인 증거가 없다고 판단하였음[1058]

다. 타인에게 이용하게 하는 행위

(1) 미공개 중요정보를 '타인에게 이용하게 하는 행위'도 법에서 금지하는데, 여기서 '타인'은 1차 정보수령자를 말하므로 결국 내부자(정보제공자)와 1차 정보수령자만 처벌된다. 그러므로 반대해석상, 정보수령자인 그 타인은 자신에게 정보를 제공한 사람이 내부자(정보제공자)라는 사실을 인식해야 하지만, 그 정보제공자가 직무와 관련하여 그 정보를 입수하였다는 사실을 인식할 필요는 없다[1059]. 또한 마찬가지로 내부자(정보제공자)는 타인(정보수령자)이 특정증권 등의 매매 기타 거래에 이용하게 하려는 의사를 가지고 있어야 한다.

만약 그 정보수령자가 이를 인식하지 못하고 오로지 '인식 있는 도구'로서 사용되었을 경우에는 간접정범의 법리에 따라 처리된다[1060]. 그러므로 내부자(정보제공자)가 타인의 매매 기타 거래를 통하여 이익을 얻을 목적으로 미공개정보를 이용한 거래임을 알지 못하는 타인에게 매매 기타 거래를 하도록 사주하여 그 타인이 매매 기타 거래를 하는 경우에는 그 타인은 처벌할 수 없다. 이는 단지 사람을 범행의 도구로 사용한 것에 불과하므로 정보수령자나 내부자가 미공개정보를 직접 이용한 행위와 다를 바 없기 때문이다.

(2) '이용하게 하는 행위'가 성립하기 위해서는 내부자가 정보를 제공하는 것으로 족하고 그 정보를 특정증권 등의 매매 기타 거래에 이용하도록 적극적으로 권유하는 것까지 필요하지는 않다[1061].

1058) 위 각주와 같이 선고된 사안임
1059) 직무관련성을 인식해야 한다는 견해로는, 김정수(2011), 1,031쪽
1060) 임재연(2012), 848쪽 이하 참고
1061) 임재연(2012), 851쪽

　타인에게 정보를 제공하는 행위에 대해서 어떠한 '대가나 경제적인 이득'이 존재할 필요가 없으므로 단순히 제3자와의 친분관계나 개인적인 호의에서 비롯된 것이라고 할지라도 범죄성립에는 지장이 없으며 그 제3자가 경제적인 이익을 얻었는지 여부도 마찬가지로 따질 부분이 아니다.

　그러나 예를 들어, 기자들에게 기사거리를 주기 위한 목적 등 단순히 정보제공행위만을 목적으로 하고 그 정보를 이용한 '처분행위'를 의도하지 않았거나 그 타인이 그 정보를 이용한 '처분행위'로 나아가지 않았다면 미수범 처벌규정이 없고 미공개정보 이용행위라고 볼 수 없으므로 처벌할 수 없다[1062]. 정보수령자인 타인이 그 정보를 이용하여 거래행위를 하지 않았더라도 정보제공자의 범죄가 성립된다는 견해[1063]도 있으나 법문상 '거래'할 것을 명시적인 요건으로 하고 있기 때문에 인정할 수는 없다.

　사례1 : A회사가 B연구소와 기술이전계약을 체결하여 B연구소가 개발하고 있던 '나노기술을 이용한 초고감도 이미지센서'에 관한 기술을 기술료 50억 원 등을 지급하는 조건으로 인수하기로 약정하였는데, B연구소의 행정연구원인 갑은 사내전산망에서 'A회사 기술시연회'라고 게시된 주간업무보고를 보고 '나노 이미지센서칩 개발완료 및 시연회 개최'라는 미공개정보를 지득한 뒤, 그때부터 A회사 주식을 매수하여 부당이득을 취득하였다고 기소된 사안에서 갑은 평소 A회사 주식을 거래하여 오던 중 일간신문에 게재된 보도를 통해서 나노 이미지센서 개발이 완료되었음을 알게 되었고 주가 추이를 주시하다가 A회사 주식을 매수하였다고 주장하였으나, 갑이 A회사 주식을 거래한 것은 본 사건 이전에 1회뿐이고, 공시 이후 집중적으로 주식을 매각한 점, 갑의 종전 투자방식(분산투자)과 다른 점, 상당금원이 마이너스 통장에서 돈을 모아 주식을 매입한 점(이러한 주식투자형태는 기존의 방식에 비해 매우 이례적인 것으로서 다른 특별한 정보가 없는 이상 이러한 형태의 투자를 하기는 어려웠을 것으로 보임), 회사 내부전산망에 게시된 내용을 확인하였을 것으로 보이는 점 등을 들어 혐의를 인정하였음[1064]

1062) 한국증권법학회(2009), 874쪽 ; 임재연(2012), 854쪽 ; 김성준 외(2007), 238쪽.
1063) 김정수(2011), 1,031쪽
1064) 서울중앙 2008. 11. 27. 선고 2008고합236 판결(대법 2010. 2. 25. 선고 2009도4662 판결로 확정됨)

사례2 : 사례1에서 B연구소의 홍보담당 선임행정원인 을은 시연회 개최업무를 담당하면서 미공개정보를 지득하고 B연구소의 계약직인 병에게 미공개정보를 제공하여 병이 A회사 주식을 매수하게 하고, 또한 친구인 정에게 미공개정보를 제공하여 A회사 주식을 매수하도록 한 사안에서, 을, 병, 정은 각자의 판단에 따라 주식거래를 한 것이고 을이 병, 정에게 정보를 제공한 사실이 없다고 주장하였으나, 을, 병은 직장동료거나 옛 직장동료로서 서로 금전거래를 할 정도로 가까운 사이였던 점, A회사 주식을 집중적으로 매수한 시점이 일치되는 점, 공시 이후 대량으로 매도한 점, 1년 이상 주식투자를 하지 않다가 공시직후 미수거래로 주식을 대량으로 매수하거나 신용카드 대출로 금원을 조달하고 그 2달 후 병은 을에게 1억 원을 송금한 점 등을 고려하여 이들의 변명을 배척하였음

라. 인과관계

미공개 중요정보의 취득과 주식처분행위(타인에게 이용하게 하는 행위) 사이에는 인과관계가 존재해야 한다. 보통, 미공개 중요정보의 생성자 또는 내부자가 직접 주식거래를 했다면 정보제공행위와 이용행위 사이에 인과관계를 여부를 따질 필요는 없을 것이다. 그러나 미공개 중요정보를 취득한 자와 그와 같이 취득한 정보를 이용한 자가 다르다면 '정보제공행위'와 '처분행위' 사이의 인과관계의 존재 여부를 따져볼 필요가 있다.

판례도 "특정회사에 호재성 정보가 신문에 보도되어 이미 그 회사의 주식을 매수하기 시작한 상태에서 그 회사 내부자로부터 정보를 들은 경우에는 타인으로 하여금 이를 이용하게 하는 행위는 타인의 이용행위를 전제로 하고 그 이용행위가 없다면 정보를 제공하는 행위만으로 증권시장의 공정성에 대한 사회일반의 신뢰에 어떠한 위험을 가져오지 않으므로 그 행위에 해당하기 위해서는 정보제공행위뿐만 아니라 정보수령자의 이용행위 및 정보제공행위와 그 이용행위 사이의 인과관계까지 인정되어야 한다. 따라서 정보수령자가 이미 그 정보를 다른 경위로 알고 있는 경우에는 정보제공행위와 정보수령자의 이용행위 사이에 인과관계가 인정되지 않으므로 다른 사람으로 하여금 이를 이용하게 하는 행위에 해당하지 않는다"라고 판단한 바 있다[1065].

만약 주식 등 처분행위가 '정보제공행위'와 무관하게 이루어졌거나 또는 다른 경로를 통해 미공개 중요정보를 이미 입수하고 있었다면, 정보제공행위와 그 이용행위 사이에 인과관계가 존재하지 않기 때문에 전자의 주체는 미공개 중요정보의 '이용자(또는 이용하게 한 자)'로서의 책임을 지지 않는다. 또한, 타인에게 미공개 중요정보를 이용하도록 하는 행위에 해당하려면 정보제공행위뿐만 아니라 그 정보를 이용한 정보수령자의 처분행위도 존재해야 한다.

미공개 중요정보의 '이용행위'에 있어서 인과관계가 필수적이지만 이를 엄격히 적용하면 실무상 악용되거나 증명이 곤란한 경우가 있다[1066]. 그러므로 정보제공행위와 이용행위 사이에 인과관계의 단절을 인정할 정도의 '다른 경위나 다른 방법으로 미공개정보를 입수한 사실'은 명백하고도 직접적인 증거에 의한 경우로 한정해야 하며 그에 상응한 사실을 소명해야 한다. 그러나 미공개 중요정보를 입수할 지위에 있거나 이를 인지할만한 상황이 인정되고 그 후 일련의 주식 처분행위가 있었음이 인정된다면 '미공개 중요정보를 이용한 것'으로 간주될 것이다[1067].

따라서 이러한 혐의에서 벗어나려면 ① 자신이 다른 방법이나 다른 과정을 거쳐 미공개 중요정보를 입수하였다는 사실을 증명하거나, ② 그 해당 유가증권을 처분하거나 매입한 것은 전혀 우연이었거나 다른 사유에 의한 것이었음을 증명해야 할 것이다.

사례 : 갑은 A회사 최대주주이던 B회사와 A회사 주식 740만 주에 관하여 매매계약을 체결하고 그 대금 전액을 지급하고 주권을 교부받아 A회사의 주요주주가 된 뒤, A회사가 음반제작사인 C회사를 포괄적 주식교환 방법으로 우회상장시키고 그 사업목적을 변경하여 음반제작 등을 포함한 종합적인 엔터테인먼트 회사로 탈바꿈할 것이라는 미공개정보를 을로 하여금 병에게 전달하게 하여 병으로 하여금 공시되기 전에 주식을 매수하도록 한 사안에서, 병의 미공개정보 이용행위에 대해 을은 갑이

1065) 서울중앙 2007. 12. 21. 선고 2007고합569 판결
1066) 예를 들어, 해당 정보 생성 회사에 근무하는 내부공모자를 만들어 낼 수도 있고, 언론이나 정보기관 등 제3의 기관을 조작하여 다른 방법으로 미공개 중요정보를 취득하였다고 변명할 수도 있음
1067) 정보의 보유를 인식한 것만으로 족한지, 실제로 정보를 이용하여야 하는지에 대한 미국법상 논의에 대해서는, 임재연(2008), 567쪽 참조

A회사를 정식으로 인수하기 전에 갑의 지시로 병에게 C회사의 우회상장 계획을 알려주며 주식을 사전매도한 사실(다만, 당시에는 대상회사가 A회사라는 것을 알려주지 않음), 그 뒤 갑은 A회사의 최대주주 지분을 인수하는 본계약을 체결한 다음 이를 공시하였고 그 무렵 이 사실이 언론에 보도된 사실, 이를 통해 병은 C회사의 우회상장 대상회사가 A라는 사실을 알게 되었고 이에 따라 장내에서 A회사 주식을 매수하였는데 그 직후 을은 병에게 C회사의 주권을 전달하면서 C회사의 우회상장 대상 회사가 A회사인 것을 알려준 사실이 인정된다. 그렇다면 병은 을로부터 미공개정보를 받기 전에 이미 그 정보를 알고 있었다고 봄이 상당하므로 '다른 사람으로 하여금 미공개정보를 이용하게 하는 행위'에 해당한다고 볼 수 없다[1068]

마. 주관적 요건사실 : 미공개 중요정보의 인식

미공개 중요정보를 이용한 불공정행위에도 그에 대한 범의가 반드시 있어야 한다. 단순히 주식을 매입한 직후 예상외로 대폭 상승하여 시세차익을 얻었다는 이유만으로는 미공개정보를 이용한 행위로 추정하는 것은 곤란하다.

따라서 불공정행위로 인정하기 위해서는 '그 행위자가 미공개 중요정보라는 사실을 인식하고, 그 미공개 중요정보를 이용한다는 의사(범의)'가 존재하여야 한다. 그리고 이러한 주관적인 요건사실은 직접증거에 의하며 그 사실이 인정되어야 한다. 그러한 범의 외에 별도 목적이 필요한 것은 아니므로 이익을 얻을 목적이라든가 손실을 회피할 목적 등이 필요하지도 않다. 자신이 재정적으로 급박한 사정이 있었다거나 하는 등의 특별한 사정이 있었다고 할지라도 미공개정보 등을 이용한다는 인식과 행위만 있으면 그 자체로 범죄가 성립된다.

또한, 미공개 중요정보를 타인에게 이용하게 하는 '정보제공자'의 경우에도 정보제공에 대한 명백한 범의가 인정되어야만 한다. 우연히 정보를 제공한 결과, 정보수령자가 미공개 중요정보를 이용하여 불공정거래를 하였다는 결과만을 두고 그 '이용행위'의 공범 내지 본범으로 무조건 인정될 수 있는 것은 아니다.

물론, 정보제공자의 제공행위의 행태가 정보이용자의 요구나 요청에 대해서

1068) 서울중앙 2007. 12. 21. 선고 2007고합569 판결

'수동적이거나 소극적으로 대응'한 것에 불과하다면 정보제공의 범의를 인정하기는 어려울 것이지만, 반드시 그러한 행태만으로 범의가 결정되는 것은 아니고 정보수령자의 지위, 직업이나 정보제공자와의 관계 등 제반 사실을 종합적으로 고려하여 판단하여야 할 것이다.

달리 보면, 주식시장에 참여하는 합리적인 일반투자자의 입장에서 정보를 전달하였을 당시에 그와 같은 정보의 전달로 정보수령자가 주식을 매매할 것이라고 예측할 수 있는가에 따라 범죄성립 여부가 결정된다. 그러나 정보를 전달하였을 때 직접적으로 주식을 매수하라고 권유하지 않았다고 해도 그 정보를 들은 자라면 누구라도 주식거래를 하려고 하는 마음을 일으킬 정도의 정보라면 그 정보의 전달자는 미공개정보를 이용하게 한 것으로 보는 것이 타당하다[1069]. 또한, 다른 사람에게 정보를 제공하는 행위는 그 정보수령자가 그 정보를 당해 주식거래에 이용하려 하는 점을 알면서 그에게 정보를 제공하는 정도면 족하고, 꼭 그 정보를 이용하여 주식거래를 하도록 권유할 필요까지는 없는 것으로 해석한다[1070].

그러므로 원칙적으로는 정보이용자뿐만 아니라 정보제공자에게도 고의(범의)의 주관적 요건을 필요로 하며 이러한 요건은 직접증거에 의하여 증명되어야 한다.

또한 주식을 매도한 행위가 다른 합리적인 이유가 있는 경우에는 외형상 미공개정보 이용행위와 같은 형태를 갖추었더라도 미공개정보 이용행위로 보지 않을 수 있다[1071].

사례1 : 갑은 A회사 최대주주인 을과 15억 원 규모의 주식담보 대출약정을 체결하고 을로부터 주식 50만 주를 담보로 받아 보유하던 중, 인터넷 등에 회사의 횡령설이 언급되자 을에게 전화하여 사실관계를 확인하는 과정에서 을이 갑에게 "병이 회사자금을 횡령하여 해외로 도피하였다."라는 사실을 전달하였고 그 사실을 들은 갑은 보유하던 주식 50만 주 전체를 매도한 사안에서 갑은 미공개정보 이용행위로 기소되었지만, 을의 정보제공행위에 대해서는 범의를 인정하지 않았음[1072]

1069) 박정호 외(2012), 27쪽
1070) 서울중앙 2007. 12. 21. 선고 2007고합569 판결
1071) 서울동부 2011. 12. 30. 선고 2011고합221 판결
1072) 천안지원 2011. 5. 25. 선고 2010고합228 판결

사례2 : 갑은 B회사 상무이사로서 1992.12.하순 회사의 합계잔액시산표 등에 따라 1992사업년도의 결산실적을 추정하여 총매출액과 순이익이 전년대비 70.1퍼센트와 131.2퍼센트 증가하였음을 확인하였는데 그 후 증권회사 영업부장으로 근무하던 친구 을이 자기 증권회사에서 B회사 1992사업년도의 매출액을 900억 원, 당기순이익을 1억1,000만 원으로 추정하고 있는데 맞느냐고 묻자, 갑은 을에게 그 수치가 거의 맞다고 확인하여 주어 을이 이를 가지고 부당이득을 보았으며, 결국 갑은 일반인에게 공개되지 아니한 중요정보인 자기 회사의 1992사업년도의 추정 결산실적을 이용하게 하였다[1073](이 사례는 사례1처럼 소극적, 수동적으로 사실관계를 확인하여 주었을 뿐이지만, 정보수령자가 증권회사 직원인 점에 비추어 갑으로서는 자신이 수동적으로라도 알려준 정보가 주식거래에 이용될 것임을 충분히 예상할 수 있었으므로 판례의 결론은 수긍할 수 있음)

사례3 : 을은 A약품의 생산본부장으로 근무하다가 퇴직하였는데, 그 후 A약품의 생산본부장으로서 A약품의 신약개발 등을 지원하는 업무에 종사하는 갑으로부터 위궤양 치료제와 관련하여 "A약품이 개발한 위궤양 치료제의 전 세계 판매를 위하여 다국적 제약회사인 B회사와 조만간 기술이전계약을 체결할 예정이다."라는 내용의 중요정보를 전해 듣고 그 정보를 이용하여 A약품의 주식을 매수하여 부당이득을 보았음[1074]. 이 사건에서 을은 미공개 중요정보 이용행위로 기소되어 유죄가 선고되었으나, 갑에 대해서는 '전·현직 생산본부장으로서 가끔 안부 전화를 하는 사이였고, 을이 먼저 전화를 하는 사이였는데 당시 을이 먼저 전화를 하여 기술이전계약의 진행 상황 등 회사 근황에 대하여 문의하자 갑이 기술이전계약 체결 가능성이 높아졌다는 사실을 알려준 것으로 을에게 동 정보를 알려준 갑의 행위는 단순한 유선통화 내용 중의 일부분으로 의도적인 행위가 아닌 것으로 판단하여 무혐의 처분을 하였음

사례4 : A사가 B증권사로부터 10억 원을 대출받으면서 C사 주식을 담보로 제공하였고 그 후 담보로 제공받은 주식을 처분하여 대출금상환에 우선적으로 변제한다는 취지의 상환이행계약서를 작성하였는데, 그 후 A사 임직원이 C사의 자본잠식사실을 알고 있는 상황에서 B증권사에 주식을 처분하여 대출금 상환에 우선적으로 변제하도록 하였다면 이는 대출금상환이행계약에 따른 행위로서 미공개정보 이용행위에

1073) 대법 1995. 6. 29. 선고 95도467 판결
1074) 서울중앙 2007. 12. 26. 선고 2007노3274 판결

해당하지 않는다1075).

3. 부당이득액의 산정

(1) 미공개 중요정보를 이용하여 '얻은 이익 또는 회피한 손실액'의 산정은 시세조종으로 인한 이득액 산정방법과 원칙적으로 동일하고 가중처벌 규정도 다르지 않다. 그러므로 앞서 언급한 시세조종에서의 산정방법에 관한 설명이 여기에도 해당한다. 물론, 미공개 중요정보를 이용하여 불법적으로 취한 이득액이나 회피한 손실액의 산정 기준이나 방법에 관한 명문의 규정은 없다.

산술적으로 산정방법을 간단히 설명하면 '미공개 중요정보를 이용하여 주가가 상승한 주식의 총 매도대금에서 그 주식을 매입한 총 매입대금 및 비용을 공제한 금액'이다1076). 즉, 정보공개 후 최초 형성 최고 종가일까지 매도한 주식에 대하여 매수단가와 매도단가1077)의 차액에 매매일치수량을 곱한 금액을 말하고 정보공개일 다음날의 종가가 정보공개일의 종가와 같거나 낮은 경우는 정보공개일의 주가를 최고 종가로 보는데 기본산식은 '(가중평균 매도단가 − 가중평균 매수단가) × 매매일치수량'으로 표시할 수 있다1078).

판례는 시세조종행위와 관련하여 얻은 이익과 회피한 손실액의 산정방법에 관하여 어느 정도 구체적인 기준을 제시하고 있지만, 미공개 중요정보를 이용한 행위에 관해서는 별다른 산정기준을 두고 있지 않다1079). 그러나 시세조종에 관한 이득액 계산에 관한 해석이 준용되고, 기본적으로 '피고인에게 가장 유리한 방법'으로 이익을 계산할 것을 요구한다1080).

1075) 서울동부 2011. 12. 30. 선고 2011고합221 판결
1076) 대법 2004. 3. 11. 선고 2002도6390 판결, 2002. 6. 14. 선고 2002도1256 판결, 2003. 12. 12. 선고 2001도606 판결 등
1077) 2회 이상 매수(매도)한 경우에는 매수(매도)수량으로 가중평균한 매수(매도)단가를 말한다.
1078) 금감원(2011a), 59쪽
1079) 한국증권법학회(2009), 876쪽
1080) 대법 2006. 5. 12. 선고 2004도491 판결

(2) 미공개 중요정보를 이용하여 얻은 이익, 즉 '위반행위로 얻은 이익'이라 함은 거기에 함께 규정되어 있는 '손실액'에 반대되는 개념으로서 당해 위반행위로 인하여 행위자가 얻은 이윤, 즉 그 거래로 인한 총수입에서 그 거래를 위한 총비용을 공제한 차액을 말한다. 따라서 미공개정보 이용행위로 얻은 이익은 그 행위와 관련된 유가증권 거래의 총 매도금액에서 총 매수금액 외에 그 거래를 위한 매수수수료, 매도수수료, 증권거래세(농어촌특별세 등 포함) 등의 거래비용도 공제한 나머지 순매매이익을 의미한다[1081].

미실현 이익의 산정방식은 정보공개 후 형성된 일일종가 중 최초 형성된 최고가를 '가중평균매도단가'로 간주하여 실현이익 산정방식으로 산정하고, 호재성 정보가 공개된 후 오히려 주가가 하락하는 경우의 최초형성 최고가는 이미 정보가 공개되기 전에 주가에 반영되었다고 볼 수 있으므로 공개시점의 종가를 최초로 형성된 최고가로 본다. 만일 공개 후 하루 정도 하락하다가 연일 상승하는 경우에는, 상승 원인을 분석하여 공개된 정보와의 관련성이 높다고 판단될 경우 상승 이후의 종가 중 최초 형성된 최고가를 '가중평균 매도단가'로 간주한다[1082].

이와 같은 '이익의 산정'에 있어서는 행위자의 이익실현행위를 기준으로 하여 그에 따른 구체적 거래로 인한 이익, 아직 보유 중인 미공개정보 이용 대상 주식의 가액, 미공개정보 이용행위와 관련하여 발생한 채권 등이 모두 포함되어야 하고, 이 경우 특별한 사정이 없는 한 아직 보유중인 주식의 가액은 그와 동종 주식의 마지막 처분행위 시를 기준으로 주식양도를 목적으로 하는 채권의 가액은 그 약정이행기를 기준으로 산정함이 상당하다고 해석한다[1083].

또한, 미공개정보를 이용한 주식처분행위와 발생한 이득액(회피한 손실액) 사이에 인과관계가 있어야 한다. 그러므로 미공개정보를 이용하여 얻은 이익을 '(공시 이후 최초 형성된 최고가일 종가 - 가중평균 매수단가) × 매수 주식 수'로 산정할 경우, 미공개정보를 이용하여 주식거래를 한 시점(시일)과 공시 후 최초 형성된 최고가일 사이에 '주가에 중대한 영향을 미칠 수 있는 요인'이 추가로 발생하였다는 등의 특별한 사정이 없는 한 위 산정방식에 의한 이익액은 미공개

1081) 시세조종에 관한 판례 등 참조. 대법 2002. 6. 14. 선고 2002도1256 판결, 2004. 5. 28. 선고 2004도1465 판결 등
1082) 금감원(2011a), 51쪽
1083) 대법 2006. 5. 12. 선고 2004도491 판결

정보 이용행위와 인과관계가 인정되는 이익액으로 볼 수 있다[1084].

물론 이러한 이익은 반드시 그 위반행위와 '직접적인' 인과관계가 있는 것만을 의미하는 것은 아니고, 그 위반행위가 개입된 거래로 인하여 얻은 이익에 해당하는 것이면 이에 해당한다[1085]. 또한 '주가에 중대한 영향을 미칠 수 있는 다른 요인'이 개입되었다면 그 추가 개입된 요인 이후의 주가상승분은 산정하지 않아야 할 것이다.

'위반행위로 인한 손실회피액'은 당해 위반행위로 인하여 행위자가 회피하게 된 손해액을 말하고 따라서 행위자가 정보공개 이전에 매도한 주식의 총 매도금액에서 거래수수료, 증권거래세 등 그 거래를 위한 총비용을 공제한 나머지 금액과 정보공개 이후에 최초로 형성된 최저가에 따라 산정한 총 매도금액에서 거래수수료, 증권거래세 등 그와 같은 거래를 위하여 행위자가 지출하였을 것으로 예상되는 총비용을 공제한 나머지 금액의 차액을 의미한다[1086]. 다만, 정보공개일 다음날의 종가가 정보공개일의 종가와 같거나 높은 경우는 정보공개일의 주가를 최저 종가로 보며, 정보공개 직후 매매거래가 정지된 경우는 매매거래 재개 이후 종가를 기준으로 판단하게 된다[1087].

즉, 가중평균매도단가에서 중요정보가 공개된 후 형성된 일일종가 중 최초로 형성된 최저가를 차감한 가격에 매매일 치수량을 곱한 금액이 되므로 기본산식은 '(가중평균 매도단가 − 최초형성 최저종가) × 매매일 치수량'으로 표시할 수 있다[1088].

사례1 : 피고인은 10. 6. A사 재무담당 상무로부터 A사의 폴리실리콘 제조설비 추가 증설목적의 1,600억 원 투자 관련 정보가 기재된 폴리실리콘 투자금액 증액 관련 공시 및 기업설명회 대응방안이라는 문건을 보고받고, A사가 위 정보를 10. 12. 17:08경 공시하기 전 10. 10.부터 12.까지 평소 관리하던 차명계좌로 A사 주식 8,000주를 집중적으로 매수하였는바 ① 피고인이 위 정보를 이용하여 A사 주식을 매수한 것은 10. 10.부터 12.까지고 위 정보는 10. 12. 17:13경 공시되었으며 이후 A사 주가는 10. 17. 299,000원까지 상승하였다가 이후 하락한 점, ② 주식매수 시점과 최초 형성 최

1084) 서울중앙 2011. 4. 7. 선고 2010고합775 판결
1085) 대법 2004. 9. 3. 선고 2004도1628 판결, 서울중앙 2008. 9. 19. 선고 2008고합475 판결
1086) 서울고등 2007. 5. 30. 선고 2007노346 판결
1087) 금감원(2011a), 60쪽
1088) 금감원(2011a), 51쪽

고가일인 10. 17.까지 A사 주가에 중대한 영향을 미친 것으로 볼 만한 A사의 호재성 또는 악재성 정보, 제3자의 개입이나 증권시장의 변동이 없었던 것으로 보이는 점, ③ A사 주가는 10. 17. 이후에도 대체로 상승세를 이어가 B회사가 태양광발전소재 산업에 진출한다는 기사가 나오기 전날인 11. 1. 364,000원까지 상승한 점에 비추어 피고인이 시설투자 정보를 이용하여 얻은 이익액을 공시 후 최초 형성된 최고가일의 주가인 299,000원을 기준으로 산정한 것은 적정하다[1089]

사례2 : A제약 주가는 A제약이 B바이오의 유상증자에 참여한다는 사실이 공시된 7. 11. 이후 급등하기 시작하여 7. 18. 8,200원에 이를 때까지 계속 상승했으나 위 사실이 공시된 뒤인 7. 12. B바이오가 세계 최초로 인간 유전자를 가진 형질전환 복제돼지를 생산하는 데 성공하여 7. 13. 이후 언론에 대대적으로 보도된 점, 당시 A제약과 마찬가지로 B바이오의 유상증자에 참여했던 C사와 D사의 경우 주가가 공시 당일은 상한가를 기록했으나 그 다음날에는 하락했던 점 등에 비추어 위 상승분 중 7. 13. 이후 부분은 미공개정보로 인한 것이라기보다는 오히려 B바이오가 복제돼지 생산에 성공했다는 사실이 언론에 대대적으로 보도된 것에 기인한 것으로 봄이 상당하므로 A제약 주가 상승분 중 7. 13. 이후 부분은 이익액에 포함해서는 안 된다. 그렇다면 평균매도단가는 B바이오의 복제돼지 생산 소식이 A제약의 주가에 반영되기 전인 2005. 7. 12. 종가인 5,080원을 기준으로 산정하는 것이 합리적이다[1090]

(3) 어느 정보가 공개되어 그 영향으로 주가가 상승 또는 하락함으로써 이익을 얻거나 손실을 회피하였는지 여부는 해당 정보가 충분히 시장에 공개된 이후 주가가 안정화된 시점을 기준으로 판단하여야 한다[1091].

일반적으로 미공개정보를 인지한 이후 그 정보를 이용한 주식의 취득이나 처분행위로 얻은 금액을 이득액으로 보게 될 것이므로 미공개정보를 알게 된 이후 그 정보를 이용하여 해당 주식을 매입 또는 처분하였다면 그 차액 상당을 이득액으로 보는 것에는 큰 문제가 없다. 또한, 미공개정보를 알기 전에 이미 보유하고 있던 주식일지라도 미공개정보를 인지한 후 매각하였다면 그 차액 상당의 금액을 이득액으로 볼 것이고, 이 경우는 그 미공개정보를 알게 된 시점의 주식가격을

1089) 서울중앙 2011. 4. 7. 선고 2010고합775 판결
1090) 서울중앙 2007. 7. 20. 선고 2007고합159 판결
1091) 서울고등 2008. 6. 24. 선고 2007노653 판결

기준으로 차액을 계산해야 한다.

사례1 : 시세조종행위와 관련된 주식 매매거래의 총 매도금액은 24,879,623,980원이고 총 매수금액은 24,702,867,360원으로서 거래비용을 감안하지 아니한 시세차익은 176,756,620원이지만, 여기에서 거래비용(매수수수료, 매도수수료, 증권거래세) 합계 88,521,970원을 공제하면 순매매차익은 88,234,650원인바, 원심에서 거래비용을 공제하지 않은 것은 위법하다[1092)

사례2 : 피고인은 A사가 무상증자를 실시한다는 사실을 알고 2006. 10. 31.부터 11. 7.까지 주식 639주를 매수하고 A사의 무상증자 실시에 관한 내용이 공시된 이후인 11. 10. 334주를, 11. 13. 620주를 각 매도한 사실, 무상증자의 실시에 관한 내용이 고시된 후 주가가 큰 폭으로 상승한 사실을 인정할 수 있으므로 피고인이 무상증자 사실을 알고 주식을 매수한 후 무상증자 실시에 관한 내용이 공시된 후 주식을 매도함으로써 얻은 차액을 위반행위로 얻은 이익으로 봄이 상당하다[1093)

사례3 : 유상증자에 관한 내용이 2003. 10. 30. 공시된 이후 주가가 10. 31.에 12,050원(-2,100원), 11. 3.에 11,300원(-750원)으로 급격하게 하락하였으나, 주가가 하락한 이후 곧바로 상승하기 시작하여 불과 4일 만에 거의 유상증자에 관한 내용이 공시되기 이전의 수준으로 회복한 다음 약 8일 동안 거의 같은 수준을 유지함으로써 실적악화로 인한 유상증자를 중요정보로 인정하면서도(악재성 정보를 이용한 손실회피가 성립되지 않으므로) 이러한 정보를 이용한 혐의에 대해 무죄를 인정하였음[1094)

사례4 : 피고인은 A사에 대한 회계법인 실사결과 상당한 규모의 분식회계가 있음을 확인하고 그 정보가 공개되기 전에 보유주식을 매각하여 1억5,000만 원 정도의 손실을 회피한 사안에서 … (중략) … 한국거래소는 2011. 9. 6. 분식회계 등을 이유로 주식거래를 정지시켰고 9. 7. 분식회계 사실이 공개된 사실, 12. 7. 분식회계를 이유로 상장폐지결정이 된 사실, 주식거래가 2012. 7. 11. 재개되었고 그 후 형성된 일일종가 중 최초로 형성된 최저가는 2012. 7. 18.자로 8,400원인 사실이 인정되므로 2012. 7. 18. 기준으로 최초 형성된 최저가인 8,400원을 기준으로 회피손실액을 산정한 것은

1092) 대법 2002. 6. 14. 선고 2002도1256 판결
1093) 서울중앙 2008. 12. 10. 선고 2008노3093 판결
1094) 서울고등 2008. 6. 24. 선고 2007노653 판결

분식회계 관련 정보가 충분히 시장에 공개된 후 상당한 기간이 지난 시점을 기준으로 한 것이어서 타당하다[1095]

1095) 창원지법 2013. 5. 30. 선고 2012고합558 판결

제5절 벌칙 등

1. 벌칙

자본시장법 제443조에서는 제174조 제1, 2, 3항의 위반행위에 대해 10년 이하의 징역 또는 5억 원 이하의 벌금에 처하고, 그 위반행위로 얻은 이익 또는 회피한 손실액의 3배에 해당하는 금액이 5억 원을 초과하는 경우에는 그 이익 또는 회피한 손실액의 3배에 상당하는 금액 이하의 벌금에 처하도록 규정하고 있다.

또한, 미공개정보 이용행위로 얻은 이익 또는 회피한 손실액이 5억 원 이상인 경우에는 가중처벌규정을 두었다. 첫째, 이익 또는 회피한 손실액이 50억 원이상인 경우에는 무기 또는 5년 이상의 징역에 처하고, 둘째 이익 또는 회피한 손실액이 5억 원 이상 50억 원 미만인 경우에는 3년 이상의 유기징역에 처하도록 규정하였다(제443조 제2항). 또한 징역에 처하는 경우에는 10년 이하의 자격정지를 병과할 수 있는 임의규정을 두고 있다(제443조 제3항).

2. 공범과 죄수

형사상 공범에 관한 일반 규정이 적용되므로 미공개정보를 이용하여 주식을 처분하는 행위는 수인이 공동하여 할 수 있지만, 정보수령자의 경우에는 1차 정보수령자에 국한한다는 점은 이미 언급한 바 있다.

미공개정보를 이용하기 위해서 별도의 범행을 하는 경우, 예를 들어 미공개정보를 이용하여 시세차익을 얻을 목적으로 풍문을 유포하거나 위계를 사용하는 등의 행위를 한다면 부정거래행위나 시세조종행위와 경합될 수 있다. 이 경우 그러한 별개의 행위가 미공개정보 이용행위에 속하는 것이라면 상상적 경합관계에 있겠지만 그러한 이용행위의 범위를 벗어난다면 실체적 경합관계에 해당할 수도 있다.

미공개정보를 이용하여 공매도를 한 경우 공매도 금지의무 위반 외에 미공개 정보 이용 금지에 관한 죄가 별도로 성립하며 공매도행위가 미공개정보 이용행위 에 포함되므로 상상적 경합관계에 있다고 보아야 한다[1096].

3. 단기매매차익 반환의무

가. 개념

단기매매차익 반환의무 제도는 회사의 미공개정보를 이용할 개연성이 있는 지위에 있는 내부자로서 그 회사의 유가증권에 대한 단기매매를 통해 이익을 얻 었을 경우에 해당법인이 그 이익을 법인에게 반환할 것을 청구할 수 있는 제도를 말한다. 물론 미공개정보를 이용하여 부당한 이익을 얻었을 경우에는 미공개중요 정보를 이용한 불공정거래행위에 해당한다.

따라서 이 제도의 목적은 '증권시장의 건전성을 수호하고 내부자 거래로 인 한 일반투자자들의 피해를 방지하며 주권발행회사를 보호하고 중요정보의 조기 공시 촉진을 통한 증권시장의 효율성을 제고하는 것'이다[1097]. 이에 대한 형사상 처벌규정은 없으나 금감원 조사과정에서 단기매매차익이 확인될 경우에는 필요 한 조치를 취하게 된다.

자본시장법에서는 "주권상장법인의 임원, 직원 또는 주요주주가 다음 각호의 어느 하나에 해당하는 금융투자상품을 매수한 후 6개월 이내에 매도하거나 특정 증권을 매도한 후 6개월 이내에 매수하여 이익을 얻은 경우에는 그 법인은 그 임 직원 또는 주요주주에게 그 이익을 그 법인에게 반환할 것을 청구할 수 있다."라 고 규정하고 있다(제172조 제1항)[1098]. 구증권거래법에서도 동일한 규정이 있

1096) 김성준 외(2007), 241쪽
1097) 서울고등 2001. 5. 9. 선고 2000나21378 판결 등
1098) 이 제도에 대해 국민의 재산권을 침해하는 위헌적 규정이라는 주장이 있었으나 헌법재 판소에서는 합헌이라고 판단하였다(헌재 2002. 12. 18. 선고 99헌바105, 2001헌바48(병

었다.

이 제도는 미공개정보를 이용할 것을 요건으로 하지 않지만, 발생한 이익을 당해법인에 반환하도록 함으로써 개개인에게 부당한 이익을 남기지 않아 일반투자자를 보호하려는 것이 목적이다[1099]. 따라서 내부자가 실제로 미공개 정보를 이용하였는지 여부나 내부자에게 미공개정보를 이용하여 이익을 취득하려는 의사가 있었는지를 묻지 않고 내부자로 하여금 그 거래로 얻은 이익을 법인에 반환하도록 하는 엄격한 책임을 인정함으로써 내부자가 미공개정보를 이용하여 법인의 주식을 거래하는 행위를 간접적으로 규제하는 셈이다[1100].

나. 단기매매차익 반환의무자

(1) 차익의 반환 의무자는 '주권상장법인의 임직원 및 주요주주'이다. '주권상장법인'은 증권시장에 상장된 주권을 발행한 법인, 주권과 관련된 증권예탁증권이 증권시장에 상장된 경우에는 그 주권을 발행한 법인을 말한다(자본시장법 제9조 제15항 제3호).

단기매매차익의 반환의무자는 주권상장법인의 임원, 직무상 미공개중요정보를 알 수 있는 직원 및 주요주주 등이다(법 제172조 제1항). 이러한 내부자들이 반환의무자이므로 자신들이 계산주체로서 거래하였다면 명의가 차명일지라도 모두 단기매매차익 반환의무가 발생한다. 즉, 그 내부자가 그러한 거래의 직접적인 주체이거나, 그 주체가 아닌 경우에는 그 주체의 행위를 그 내부자의 행위와 동일시할 수 있는 경우에 해당하여야 한다[1101].

미공개중요정보 이용행위에서의 1차 정보수령자는 여기서 말하는 반환의무자가 아님은 법규 해석상 분명하다.

(2) '임원'은 이사, 감사를 말하며 사외이사도 포함되고, 업무집행관여자(상법 제401조의2 제1항)도 임원에 해당한다. '업무집행관여자[1102]'는 소위 비등기

합) 결정 등).
1099) 동일한 견해로는 임재연(2012)과 불공정거래, 184쪽
1100) 대법 2008. 3. 13. 선고 2006다73218 판결
1101) 대법 2007. 11. 30. 선고 2007다24459 판결

임원들로서 회사의 업무집행에 영향력을 실질적으로 행사하기 때문에 '이사'와 같은 책임을 지도록 한 것이다.

'직원'이란 해당법인의 임원을 제외한 모든 피고용인으로서 정규직이든 비정규직이든 모두 포함한다. 다만, 직원의 경우 담당한 부서에 따라 미공개정보에 접근할 수 있는 정도에 차이가 있으므로 정보접근성에 따라 최소한도의 범위 내의 직원만이 반환의무자에 해당한다고 보는 것이 형평에 맞는다고 할 수 있다.

따라서 자본시장법에서도 "직무상 제174조 제1항의 미공개중요정보를 알 수 있는 자로서 대통령령으로 정한 자에 한한다."라고 규정하여 '미공개중요정보를 알 수 있는 일정한 범위의 직원'에 한하여 적용대상으로 규정하고 있다. 열거된 직원으로는 '① 그 법인에서 주요사항 보고서 제출사유에 해당하는 사항의 수립·변경·추진·공시, 그 밖에 이에 관련된 업무에 종사하고 있는 직원, ② 그 법인의 재무·회계·기획·연구개발에 관련된 업무에 종사하고 있는 직원'들이다.

임원과 직원은, 증권을 매도하거나 매수한 어느 한 시기에 임원이나 직원의 지위에 있으면 반환의무가 있다(주요주주와는 다름).

'주요주주'도 반환의무자의 범위에 포함된다. 주요주주란 '누구의 명의로 하든지 자기의 계산으로 법인의 의결권 있는 발행주식총수의 10% 이상의 주식(그 주식과 관련된 증권예탁증권 포함)을 소유한 자'와 '임원의 임면 등의 방법으로 법인의 중요한 경영사항에 대하여 사실상의 영향력을 행사하는 주주로서 ① 단독으로 또는 다른 주주와의 합의·계약 등에 따라 대표이사 또는 이사의 과반수를 선임한 주주, ② 경영전략·조직변경 등 주요 의사결정이나 업무집행에 지배적인 영향력을 행사한다고 인정되는 임원(상법 제401조의2 제1항 각호의 자를 포함)인 주주로서 의결권 있는 발행주식총수의 1% 이상을 소유하는 자'를 말한다(금융투자업규정 1~6조)를 말한다[1103].

발행주식 총수의 10% 이상의 주식에는 '전환사채나 신주인수권부사채'는 해석상 포함되지 않는다[1104]. 주요주주에 대한 특수관계인의 지분은 명문의 규정

1102) ① 회사에 대한 자신의 영향력을 이용하여 이사에게 업무집행을 지시한 자, ② 이사의 이름으로 직접 업무를 집행한 자, ③ 이사가 아니면서 명예회장·사장·부사장·전무·상무·이사 기타 업무를 집행할 권한이 있는 것으로 인정될 만한 명칭을 사용하여 회사의 업무를 집행한 자

1103) 자본시장법 제9조 제1항 제2호, 시행령 제9조

1104) 동일한 견해로는 임재연(2012)과 불공정거래, 191쪽. 그러나 대량보유보고의무 등의

이 없으므로 합산할 수 없다고 해석된다(최대주주의 개념에 관해서는 합산을 명문으로 규정하고 있는 것과는 다름).

또한, 매도·매수한 시기 중 어느 한 시기에 있어서 주요주주가 아닌 경우에는 반환의무를 부담하지 않는다(법 제172조 제6항). 또한 그 주식을 매도한 바로 그 시점부터 주요주주의 요건을 상실하게 되었다고 하더라도 그 반환의무는 인정된다고 해석하여야 할 것이다.

'투자매매업자'에게도 단기매매차익 반환의무를 인정하고 있다. 이는, 투자매매업자가 인수업무 수행 중 취득한 정보를 이용하여 이익을 얻는 것을 방지하기 위한 것이다[1105]. 즉, 주권상장법인이 모집·사모·매출하는 특정증권 등을 인수한 투자매매업자가 인수계약을 체결한 날로부터 3개월 이내에 매수 또는 매도하여 그날부터 6개월 이내에 매도 또는 매수하는 경우에 단기매매차익 반환의무에 관한 규정을 준용한다(법 제172조 제7항). '모집·사모·매출하는 특정증권 등의 인수에 따라 취득하거나 인수한 특정증권 등을 처분하는 경우'는 제외하므로(시행령 제198조 제4호) 인수계약을 체결한 투자매매업자가 별도로 매매한 경우에 적용하고, 투자매매업자가 안정조작이나 시장조성을 위하여 매매하는 경우에는 해당 안정조작이나 시장조성기간 내에 매수 또는 매도하여 그날부터 6개월 이내에 매도 또는 매수하는 경우에도 준용한다.

다. 적용대상 거래

(1) 반환의무가 있는 적용대상인 금융투자상품은, 주권상장법인이 발행한 증권(제1호), 증권예탁증권(제2호), 교환사채권(제3호), 위 1호 내지 3호의 증권만을 기초자산으로 하는 금융투자상품(제4호) 등이다(제172조 제1항).

반환의무가 발생하는 거래는 '매매(매도, 매수)'이다. 따라서 증여, 상속, 담보제공, 주식배당 등의 경우에는 반환의무가 발생하지 않는다. 그러나 증여, 상속이나 담보제공의 외관을 갖추었지만 실질적으로는 손익의 귀속을 목적으로 하는

경우와는 다름

1105) 이러한 규정은 다른 나라에서는 없는 입법례로서 우리나라 증권업계의 문제점을 반영한 규정이라고 보고 있다.

것이라면 매매에 해당한다고 보아 반환의무가 있다고 해석하여야 할 것이다.

이러한 거래가, 특정증권 등을 매수한 후 '6개월 이내'에 매도하거나 특정증권 등을 매도한 후 '6개월 이내'에 매수하여 이익을 얻은 경우이어야 한다. 매도나 매수는 최종 결제일이나 잔금지급일이 아니라 그 매매계약의 '체결일'로 보아야 한다[1106].

(2) 다만, 단기매매차익의 요건을 갖추었지만 다음과 같은 특수한 경우에는 반환의무를 인정하지 않는다(제172조 제6항).

1. 법령에 따라 불가피하게 매수하거나 매도하는 경우
2. 정부의 허가·인가·승인 등이나 문서에 의한 지도·권고에 따라 매수하거나 매도하는 경우
3. 안정조작이나 시장조성을 위하여 매수·매도 또는 매도·매수하는 경우
4. 모집·사모·매출하는 특정증권 등의 인수에 따라 취득하거나 인수한 특정증권 등을 처분하는 경우
5. 주식매수선택권의 행사에 따라 주식을 취득하는 경우
6. 이미 소유하고 있는 지분증권, 신주인수권이 표시된 것, 전환사채권 또는 신주인수권부사채권의 권리행사에 따라 주식을 취득하는 경우
7. 증권예탁증권의 예탁계약 해지에 따라 증권을 취득하는 경우
8. 교환사채권 또는 교환사채권의 권리행사에 따라 증권을 취득하는 경우
9. 모집·매출하는 특정증권 등의 청약에 따라 취득하는 경우
10. 근로복지기본법에 따라 우리사주조합원이 우리사주조합을 통하여 회사의 주식을 취득하는 경우
11. 주식매수청구권의 행사에 따라 주식을 처분하는 경우
12. 공개매수에 응모함에 따라 주식 등을 처분하는 경우
13. 그 밖에 미공개중요정보를 이용할 염려가 없는 경우로서 증권선물위원회가 인정하는 경우

등을 들 수 있다(시행령 제198조).

시행령에서 정한 예외사유는 한정적으로 열거방식으로 기재되어 있으나, 이

1106) 대법 2011. 3. 10. 선고 2010다84420 판결

러한 예외사유에 해당하지 않더라도 객관적으로 볼 때 '**내부정보를 부당하게 이용할 가능성이 전혀 없는 유형의 거래**'에 대하여는 단기매매차익의 적용을 배제할 수는 있다[1107).

위 예외사유 중 제1호 '**법령에 따라 불가피하게 매매하는 경우**'란 당사자의 임의가 아닌 법에 의해서 강제되는 경우를 말한다. 그러므로 주식의 포괄적 이전에 의한 취득이 '주주총회의 결의'를 요하는 조직법적 행위라면 비자발적 취득에 해당하므로 단기매매차익에 해당하지 않는다[1108). 그러나 워크아웃기업의 주요 주주인 채권은행이 채권단의 결의에 따라 주식을 매도·매수한 경우에 그 절차나 과정이 비록 기업구조조정촉진법에 따라 이루어졌다고 할지라도 이는 '강제적'으로 이루어진 절차가 아니라 주채권은행의 '임의'의 선택에 의한 것이므로 예외사유에 해당한다고 볼 수 없다.

제13호 '**미공개중요정보를 이용할 염려가 없는 경우**'란 객관적으로 볼 때 내부자가 임의로 거래하였는지 여부 및 그가 내부정보에 접근할 수 있는 가능성이 있었는지 여부를 고려하여야 한다[1109).

사례 : 단기매매차익이 통상적인 주식매매에서 발생한 것이 아니라 합병을 위한 매수, 기업지배권을 획득하기 위한 공개매수 또는 적대적 M&A를 방어하기 위한 매수 등 비통상적인 매매와 관련하여 발행한 경우에 그 매매가 비자발적인 것이어서 내부중요정보의 이용과 상관없는 것이라면 이는 단기매매차익 반환대상에서 제외한다[1110)

라. 반환

증권선물위원회는 단기매매차익의 발생사실을 알게 된 경우에는 해당법인에 이를 통보하여야 하고, 그 법인은 통보받은 내용을 지체 없이 공시하여야 한다

1107) 대법 2004. 5. 28. 선고 2003다60396 판결
1108) 서울중앙 2008. 6. 20. 선고 2007가합92062 판결
1109) 대법 2008. 3. 13. 선고 2006다73218 판결
1110) 서울중앙 2008. 6. 20. 선고 2007가합90062 판결

(제172조 제3항). 실무상은, 금감원 조사국에서 이를 조사한 후 자조심을 거쳐 증선위에 안건을 부의하여 증선위 의결로 이를 처리한다. 그러므로 증선위의 의결이 있으면 금감원은 그 사실(단기매매차익 발생 및 청구권 행사)을 해당법인에 통보한다.

단기매매차익에 대해 해당법인은 그 반환을 청구할 수 있고, 해당법인의 주주도 반환청구를 요구할 수 있다.

제5장 주식 등 보고의무 위반

제1절 의의

1. 개념

누구든지 상장법인의 주식을 제한 없이 자유롭게 보유할 수 있다. 다만, 공개된 주식시장에서는 어느 특정인이 보유하고 있는 주식의 현황은 그 특정인의 지위나 보유하고 있는 주식의 양에 따라 당해 회사나 일반투자자들에게 중요한 정보가 될 수 있기 때문에 이를 보고하도록 정하고 있다.

이러한 보고제도는 '공시제도'와 밀접한 관련이 있다. 즉, 주식의 보유, 거래 등에 관한 정보를 공시를 통해 일반투자자들이나 회사 경영진들이 투자나 회사 경영을 하는 데 필요한 정보를 얻게 함으로써 주식시장에서의 정보수집의 공평성 및 기업운영의 합리성을 도모할 수 있기 때문이다.

기업공시[1111]에는 주식시장이나 1차 투자자들에게 주식을 처음 공급하는 단계에서 모집 또는 매출되는 주식과 그 발행기업에 관련된 제반사항들을 공시하는 '발행시장 공시'와 이미 증권시장에서 공급된 유가증권의 매매와 관련해서 투자판단에 유용한 제반정보를 제공하는 '유통시장 공시' 및 일반적인 매매거래 외에 법인 실체의 변동 또는 기업의 소유구조 변경과 관련된 내용을 공시하는 '특수공시'로 구분[1112]한다. 그리고 임원이나 주식의 대량보유에 관한 보고의무는 특수공시에 해당한다.

1111) 공시에는 자본시장법상 규정된 공시로서 금감원 DART시스템에 공시하는 것과 한국거래소의 KIND시스템에 공시하는 것이 있으며 법률적인 효과에 있어서 차이가 있음
1112) 박정호 외(2012), 128쪽

2. 자본시장법에서의 보유 보고의무

(1) 자본시장법에서는 "누구든지 주권상장법인이 발행한 주식 등을 5% 이상 대량보유하게 된 자는 그 보유한 날로부터 5일 이내에 그 보유상황, 보유 목적, 그 보유 주식 등에 관한 주요계약내용, 그 밖에 주요한 사항을 금감원 등에 보고" 하도록 규정하고 있다(제147조). 이를 가리켜 '(주식 등의) 대량보유상황 보고의무'라고 한다. '5% 변동'을 요건으로 하므로 속칭 '5% rule'이라고도 한다[1113].

상장법인은 회사 지분이 공개시장에서 거래되는 특성상 주식의 분산도가 높은 것이 일반적이다. 따라서 5% 정도의 지분을 가지고 있는 자의 움직임은 충분히 기업의 지배권변동에 영향을 줄 수 있으므로 경영권을 유지하려고 하는 자에게는 매우 가치 있는 정보라고 할 수 있다[1114].

보고의무는 첫째, 대량보유상황보고, 둘째, 1% 이상 변동 시 보유비율 변동보고, 셋째, 보유목적 등 주요사항 변경보고의 3가지가 있다[1115].

(2) "주권상장법인의 임원 또는 주요주주는 임원 또는 주요주주가 된 날부터 5일 이내에 누구의 명의로 하든지 자기의 계산으로 소유하고 있는 특정증권 등의 소유상황을 보고하여야 하고, 그 특정증권 등의 소유상황에 변동이 있을 경우에는 그 변동이 있는 날부터 5일까지 그 내용을 금감원 등에 보고"하도록 규정하고 있다(제173조). 이를 가리켜 '(임원 등 특정증권 등) 소유상황 보고의무'라고 한다. 이는 미공개중요정보 이용 등의 불공정거래를 감시하기 위한 규정이다.

(3) 이러한 보고의무를 지키지 않는 위반 사례는 고의든 과실이든 실무상 상당히 많이 적발된다. 이는 주식의 보유 형태가 반드시 본인 명의로 보유한 것에 대한 의무 외에도 제3자 명의 등 차명으로 보유하거나 특수한 관계에 있는 사람들이 보유한 주식에 대해서도 보고의무가 있기 때문이기도 하고, 보유지분 비율

1113) 김건식(2006), 200쪽. '5% 보고제도'라고 표현하기도 함(한국증권법학회(2009), 633쪽)
1114) 한국증권법학회(2009), 633쪽
1115) 윤승한(2011), 555쪽

을 외부에 노출시키기를 꺼려하는 데서도 기인하기도 한다.

　예전에는, 이러한 위반행위에 대해 단순한 행정절차 위반으로 간주하여 경미하게 취급하였으나 최근에는 그 중요성에 따라 엄하게 처벌하는 경향이 있다.

제2절 주식 등의 대량보유상황 보고의무 위반

1. 개요

가. 개념

(1) 상법에서는 주식의 보유, 처분 및 주권행사에는 별다른 제한을 두고 있지 않다(상법 제335조 제1항[1116]).

그렇지만 주식보유, 처분 등이 해당 법인의 경영권과 밀접하게 관련되어 있거나, 시장에서 주가에 변동을 가져올 만큼 대량의 주식을 보유하고 있다는 사실은 법인의 경영진이나 해당 주식의 보유자 및 일반투자자들에게는 법인의 경영권 및 해당 주식의 재산적 가치와 밀접한 관련이 있으므로 매우 중요한 정보라고 할 것이다. 따라서 그러한 중요한 정보가 침해되지 않도록 하기 위하여 보고의무를 법률로 규정하였고, 그 결과 특정인의 경영권 위협 가능성, 제3자의 적대적 경영권 인수 의도 및 주식의 장래 가치도 예측 가능하게 되었다.

회사 경영의 입장에서는 대량보유 보고제도는 시장의 불공정행위를 금지하는 취지 외에 기존 경영자에게 기업지배권의 이전 가능성이 있는 대량주식의 매집행위에 대하여 효과적인 대응책을 강구할 수 있게 하며[1117], 적대적 M&A에 대해서는 경영진에게는 방어의 시간을 부여하는 동시에 잠재적인 인수기업에게는 인수에 나설 시간을 부여하는 의미가 있다(정책촉진기능)[1118].

일반투자자의 입장에서는, 주요 정보를 제공함으로써 주식가치의 판단에 도

[1116] 상법 제335조 제1항. 주식은 타인에게 양도할 수 있다. 다만, 회사는 정관으로 정하는 바에 따라 그 발행하는 주식의 양도에 관하여 이사회의 승인을 받도록 할 수 있다.

[1117] 대법 2009. 1. 22. 선고 2008고합567 판결

[1118] 지분율 변동은 중요한 관심의 대상이고 누가 지분을 얼마나 가지고 있고, 어떻게 변동되고 있는지를 신속하게 공시하도록 하는 것은 '기업의 인수합병' 관련 제도의 핵심이라고 설명하기도 한다(윤승한(2011) 556쪽).

움을 주고(정보제공기능), 외부에서 경영권 획득계획을 수립하는 데 참고자료를 제공한다(경영권 취득정보 제공).

금융감독당국 입장에서는 단기매매차익 반환의무 또는 미공개정보 이용 등과 같은 불공정거래를 감시하는 수단으로도 기능한다(불공정거래 감시수단)[1119].

(2) 이 제도는 주식의 취득·변동을 신속히 공시함으로써 적대적 M&A를 목적으로 하는 음성적인 주식매집을 방지하여 경영권을 보호하고, 증권시장의 투명성과 공정성을 확보하여 일반투자자를 보호하기 때문에[1120] 일반투자자의 재산권이 보호법익이라고 보는 견해[1121]도 있지만, 회사지배에 관한 거래의 투명성을 위한 제도[1122]라고 보는 것이 옳다. 그렇기 때문에 이 제도는 해당 기업의 지배권 경쟁 당사자들 중에서 누구에게만 유리한 제도가 아니며, 공격자와 방어자 모두 지분상황을 공시하도록 하는 중립적인 제도라고 할 수 있다[1123].

나. 연혁

(1) 주식의 대량보유상황 보고제도는 1968년 미국 Williams Act에서 처음 도입되었는데[1124] 그 내용은 공개매수를 하려는 자에게 공개매수와 관련한 정보를 완전히 공시할 것을 요구함으로써 잠재적인 공개매수에 대한 예고차원의 5% rule을 규정한 것이었다. 그리고 이 제도를 세계 각국에서 도입하였다[1125].

상법에서는 주주명부의 열람 및 등사에 관해 규정(제396조)하고는 있지만 주주명부에 기재된 내용만으로는 실제 주식보유상황을 알기 어렵고, 주주명부에 명의개서를 하지 않으면 주식 양수인이 주주권을 행사할 수 없을 뿐이지 양수인이 명의개서를 해야 할 의무가 없어 적대적 인수합병 등에 효과적이지 못하였다.

1119) 김건식(2006), 198쪽 ; 박정호 외(2012), 130쪽. 동서에서는 정책촉진기능을 '경영권 방어수단'이라고 함
1120) 임재연(2012), 513쪽
1121) 김성준 외(2007), 347쪽
1122) 김건식(2006), 200쪽 ; 한국증권법학회(2009), 633쪽
1123) 한국증권법학회(2009), 633쪽
1124) Willianms Act에 대한 자세한 설명은, 김정수(2011), 739쪽
1125) 김성준 외(2007), 348쪽 참고

상법에서는 "회사가 다른 회사의 발행주식총수의 10분의 1을 초과하여 취득한 때에는 그 다른 회사에 대하여 지체 없이 이를 통지"하도록 규정(제342조의3)하고 있으므로 대량보유보고상황을 공개하는 측면이 있다. 그러나 이는 대상회사에 통지할 뿐이지 대외적으로 공개되는 것이 아니며, 회사에 대해 의무를 부과하고 있으므로 개인이 주식을 취득하였을 경우에는 그러한 의무도 없고, 10분의 1이라는 제한을 회피하기 위해서 차명으로 보유한다거나 2개 이상의 회사가 공동으로 취득한 경우에도 통지의무를 회피할 수 있다.

이러한 상법상 통지의무제도는 회사 아닌 조합이나 개인이 취득하는 경우에는 적용되지 않고 또한 상법에서는 특별관계자라는 개념도 없어 회사가 단독으로 취득한 경우에만 적용된다[1126]. 그러므로 대량보유 보고상황의 중요성에도 불구하고 상법 규정만으로는 규율하기에 불가능하거나 매우 제한적이었다.

(2) 그래서 구증권거래법(1991. 12. 31.개정)에 5% 룰이 처음 도입되었고, 1997. 4. 1. 지금과 같은 형태의 주식 대량보유보고의무를 도입하게 되었다(제200조의2).

즉, 상장법인 주식을 5% 이상 보유하게 된 자 및 그 1% 이상의 변동사유가 있을 경우에는 5일 이내에 이를 보고하도록 하였다. 이 규정(5% rule)으로 10% 대량주식취득 금지조항(구증권거래법 제200조)이 폐지되었으므로 이 조항은 적대적 기업인수에 대한 사전 대비 제도로서의 기능도 있고, 장차 대상기업의 경영권이나 주가변동예측과 관련해서도 중요한 의미를 갖게 되었다. 그 후 수차례의 개정을 통해서 초기의 형식적인 5% rule이 아니라 회사지배권, 경영권 등의 변동가능성, 주가의 변동가능성을 반영하는 실질적인 공시제도로서 발전해왔다.

그러므로 "초기에는 단순히 대량보유주식의 보유상황을 시장에 공시한다는 1차원적인 수준을 벗어나지 못했었는데 그 이후 '사실상 영향력, 공동보유자 및 보유'와 같은 실질적으로 주식을 보유하는 자를 모두 포함시키는 것으로써 미국의 'beneficial owner'의 개념을 도입한 것"이라고 설명[1127]하기도 한다.

이러한 증권거래법의 규정에 이어 자본시장법 제147조(주식 등의 대량보유 등의 보고)에서도 동일한 내용을 규정하였다. 다만, 증권거래법은 허위 보고를

1126) 임재연(2012), 514쪽
1127) 김정수(2011), 740쪽 참고

하거나, 보고를 하지 않은 경우 모두 동일한 법정형으로 제재하였으나, 자본시장법에서는 허위보고(제444조 제18호)와 미보고(제445조 제20호)를 구분하여 전자의 경우 법정형이 더 중하게 규정되어 있는 점이 다르다. 전자를 '부실보고형'이라 하고 후자를 '기한위반형'으로 구분하여 보고의무위반자에 대한 제재(의결권 제한 및 주식처분명령)에 차이가 있다고 설명하기도 한다[1128].

2. 보고의무의 내용

가. 대량보유보고

(1) 개념

주권상장법인의 주식 등을 대량보유하게 된 자는 그날부터 5일 이내에 그 보유상황, 보유 목적, 그 보유 주식 등에 관한 주요계약내용 등을 금융위와 거래소에 보고하여야 한다(제147조 제1항 전단).

'대량보유'란 본인과 그 특별관계자가 보유하게 되는 주식 등의 수의 합계가 그 주식 등의 총수의 5% 이상인 경우를 말한다. 그리고 보유주식비율[1129]이 5%가 된 날로부터 5일 이내에 보고하여야 한다(단, 공휴일, 근로자의 날, 토요일은 불산입). 보유목적은 발행인의 경영권에 영향을 주기 위한 목적 여부를 말하는 것으로서 '경영참여' 목적인지, 단순 '투자목적'인지에 따라 보고양식이 다르다.

(2) 주식 등의 수

발행주식 총수 중 자신이 보유한 주식의 비율을 말하는데, 대량보유 계산방법은 다음과 같다(제147조 제2항, 규칙 제17조).

① 주권인 경우에는, 그 주식의 수

1128) 김건식(2006), 209쪽 이하 참고

1129) 보유비율 $= \dfrac{\text{보유주식수}}{\text{발행주식총수(자기주식 제외)}}$

② 신주인수권이 표시된 것인 경우에는 신주인수권의 목적인 주식의 수. 신주인수권의 목적인 주식의 발행가액총액 및 발행가격이 표시되어 있는 경우에는 해당 발행가액총액을 해당 발행가격으로 나누어 얻은 수를 말한다.

③ 전환사채권인 경우에는 권면액을 전환에 의하여 발행할 주식의 발행가격으로 나누어 얻은 수. 이 경우 1 미만의 단수는 계산하지 않는다.

④ 신주인수권부사채권인 경우에는 신주인수권의 목적인 주식의 수

⑤ 교환사채권인 경우인 경우에는 다음 중의 어느 하나에 해당하는 수

　　가. 교환대상 증권이 위 ①부터 ④까지, ⑥ 및 ⑦에 따른 증권인 경우에는 교환대상 증권별로 ①부터 ④까지, ⑥ 및 ⑦에서 정하는 수

　　나. 교환대상 증권이 교환사채권인 경우에는 교환대상이 되는 교환사채권을 기준으로 하여 교환대상 증권별로 ①부터 ④까지, ⑥ 및 ⑦에서 정하는 수

⑥ 파생결합증권인 경우에는 다음 중의 어느 하나에 해당하는 수

　　가. 기초자산이 되는 증권이 ①부터 ⑤까지 및 ⑦에 따른 증권인 경우에는 기초자산이 되는 증권별로 ①부터 ⑤까지 및 ⑦에서 정하는 수

　　나. 기초자산이 되는 증권이 파생결합증권인 경우에는 기초자산이 되는 파생결합증권을 기준으로 하여 기초자산이 되는 증권별로 ①부터 ⑤까지 및 ⑦에서 정하는 수

⑦ 증권예탁증권인 경우 : 그 기초가 되는 증권별로 ①부터 ⑥에서 정하는 수

(3) 주식 등의 총수

대량보유 주식 등의 총수는 의결권 있는 발행주식 총수와 대량보유를 하게 된 날에 본인과 그 특별관계자가 보유하는 주식 등의 수를 합하여 계산한 수로 하게 된다. 그러나 주권, 교환사채권의 교환대상이 되는 주권, 파생결합증권의 기초자산이 되는 주권 및 증권예탁증권의 기초가 되는 주권은 제외한다(규칙 제17조 제2항).

주식매수선택권을 부여받은 경우에는 위 대량보유 주식 등의 총수에 해당 주식매수선택권의 행사에 따라 매수할 의결권 있는 주식을 각각 더하면 된다. 다만, 자기주식을 대상으로 하는 주식매수선택권의 경우에는 주식총수에 더하지 않는

다(규칙 제17조 제3항).

규칙 개정 전1130)에는 발행주식총수에서 '자기주식'은 제외하였었다. 그러나 보유비율을 산정함에 있어서 발행주식총수에서 '자기주식'을 제외하게 되면 당해 법인이 자기주식을 추가로 매수하거나 처분하는 경우에는 주식보유자는 본인의 의사와 무관하게 그 보유비율이 수시로 변동할 수 있고, 그럴 경우에는 주식 보유자가 사전이나 사후에 자기주식 보유비율을 수시로 체크해야 한다는 비현실적인 문제점이 있었다.

나. 1% 변동보고

(1) 주식대량보유 사실을 신고한 자는 '그 보유주식 등의 수의 합계가 그 주식 등의 총수의 1% 이상 변동된 경우'에는 그 변동된 날로부터 5일 이내에 그 변동내용을 보고하여야 한다.

다만, 그 주식수의 변동이 없는 경우에 다른 요인에 의해 1% 이상 변동이 된 경우와, 주식수의 변동이 있더라도 주주배정 신주발행 등 예외적인 경우에는 이를 보고대상에서 제외하였다. 왜냐하면, 대량보유 보고제도는 잠재적인 적대적 M&A나 그 밖에 경영권에 영향을 줄 수 있는 주식보유상황의 조기경보 체제로서의 의미를 갖고 있으므로1131) 보유주식수가 변동되지 않고 그 보유비율만 변동되는 경우에는 보고의무를 부과할 필요가 없기 때문이다.

즉, ① 주주가 가진 주식수에 따라 배정하는 방법으로 신주를 발행하는 경우로서 그 배정된 주식만을 취득하는 경우, ② 주주가 가진 주식수에 따라 배정받는 신주인수권에 의하여 발행된 신주인수권증서를 취득하는 것만으로 보유 주식 등의 수가 증가하는 경우, ③ 자기주식의 취득 또는 처분으로 보유 주식 등의 비율이 변동된 경우, ④ 자본감소로 보유 주식 등의 비율이 변동된 경우, ⑤ 신주인수권이 표시된 것(신주인수권증서 제외), 신주인수권부사채권·전환사채권 또는 교환사채권에 주어진 권리행사로 발행 또는 교환되는 주식 등의 발행가격 또는 교환가격 조정만으로 보유 주식 등의 수가 증가하는 경우이다(시행령 제153조

1130) 2017. 3. 31. 규칙 개정
1131) 김성준 외(2007), 356쪽

제5항).

(2) 1% 이상 변동이 된 경우라도 그 보유 목적이 발행인의 '경영권에 영향을 주기 위한 것'이 아닌 경우에는 보고내용 및 보고시기 등을 달리 정할 수 있다. 예를 들어 국가, 지방자치단체, 한국은행 및 전문투자자들의 경우에는 보고시기, 보유상황, 변동내용의 보고에 관해서 특례를 두고 있다(시행령 제154조 제4항).

다. 중요사항 변경보고

(1) 개요

대량보유 보고를 한 자(제147조 제1항의 보고자)는 대량보유 보고의무 시 보고하였던 그 보유목적이나 그 보유주식 등에 관한 주요계약내용 등 '중요한 사항의 변경'이 있는 경우에는 5일 이내에 이를 보고하여야 한다(제147조 제4항). 구증권거래법에서는 1% 이상의 지분이 변동되지 않는 한 이러한 변동내용에 대해 추가보고를 요구하지 않았으나, 자본시장법은 보유목적의 변경은 물론 5% 취득과 관련된 주요계약내용에 중요한 변경이 있는 경우에도 보고하도록 새롭게 의무를 규정하였다[1132].

중요한 사항이란 첫째, 보유목적의 변경, 둘째, 보유주식 등에 대한 신탁·담보계약, 그 밖의 주요계약 내용(해당계약의 대상인 주식 등의 수가 그 주식 등의 총수의 1% 이상인 경우), 셋째 소유와 소유 외의 보유 간에 변경이 있는 경우로서 그 보유형태가 변경되는 주식 등의 수가 그 주식 등의 총수의 1% 이상인 경우를 말한다(시행령 제155조).

이에 대해서는, 시행령의 내용은 법률규정을 반복한 것이거나 불명확한 내용을 규정하고 있어 실제 사례에서 주요계약 여부는 법원의 판단에 맡겨질 것으로 보인다. 또한 보유형태의 변경도 소유와 소유 이외의 보유 간에 변경이 있는 경우에 한한다고 규정하고 있어 극히 제한적인 경우에 한정되고, 보유의 개념을 인정하여 소유의 형태를 확장한 법률의 취지와는 다른 입장을 취한 것으로 보는 견해[1133]도 있다.

1132) 김정수(2011), 742쪽

(2) 경영권에 영향을 주기 위한 보유목적

여기서 '보유목적'은 '발행인의 경영권에 영향을 주기 위한 목적 여부'를 말한다(제1항). 그러므로 경영권에 영향을 주기 위한 목적에서 그렇지 않은 경우로의 변경 또는 그 반대의 경우로서 양자 모두 보고의무가 발생한다[1134].

법령에 의하여 5% 이상의 주식을 대량보유한 자가 **'경영참가목적'**으로 주식을 취득하였다는 사실은 매우 중요한 의미가 있다. 왜냐하면 경영권을 유지하려는 자와 새로이 경영권을 확보하려는 자 사이에 지분 경쟁이 생기면 주가상승이 예상되므로 일반투자자들의 합리적인 투자 의사 결정에 영향을 미치기 때문이다. 또한, 주식발행회사들의 경우 보유목적을 통하여 향후 예상되는 경영권 분쟁에 대한 방어를 준비할 기회를 보장하게 되는 등 그 보유목적의 영향력이 크며, 적대적인 M&A의 증가로 기업 경영권에 대한 위협이 증가하고 있으므로 이를 제도적으로 보호할 필요도 있기 때문이다. 이러한 이유 때문에 2005. 1. 17. 증권거래법 개정 당시 보유목적을 보유상황과 변동내용을 구별하여 별도로 규정하고, 그 보유목적에 따라 보고사항을 달리 정한 취지에 비추어 보면 대량보유(변동)보고서에 기재하는 '보유목적'은 법에서 정한 중요한 사항에 해당한다[1135].

발행인의 '경영권에 영향을 주기 위한 행위'란 "1. 임원의 선임·해임 또는 직무의 정지, 2. 이사회 등 회사의 기관과 관련된 정관의 변경, 3. 회사의 자본금의 변경, 4. 회사의 배당 결정[1136], 5. 회사의 합병, 분할과 분할합병, 6. 주식의 포괄적 교환과 이전, 7. 영업전부의 양수·양도 또는 금융위가 정하여 고시하는 중요한 일부의 양수·양도, 8. 자산 전부의 처분 또는 금융위가 정하여 고시하는 중요한 일부의 처분, 9. 영업전부의 임대 또는 경영위임, 타인과 영업의 손익 전부를 같이하는 계약, 그 밖에 이에 준하는 계약의 체결, 변경 또는 해약, 10. 회사의 해산" 등의 업무 및 주주제안권(상법 제363조의2)이나 임시총회 소집청구권(상법 제366조)의 업무[1137]에 해당하는 것을 위하여 회사나 그 임원에 대하여 사실상 영향력을 행사하는 것을 말한다(시행령 제154조).

1133) 한국증권법학회(2009), 642쪽
1134) 임재연(2012), 529쪽 ; 한국증권법학회(2009), 641쪽
1135) 서울행정 2008. 9. 5. 선고 2008구합23276 판결
1136) 시행령 제10조제3항제12호에 해당하는 자가 하는 경우에는 적용하지 않음
1137) 주주제안권이나 임시총회 소집청구권은 직접 행사하거나 제3자로 하여금 행사하도록 하는 것을 포함한다

'**회사나 그 임원에 대한 사실상 영향력의 행사**' 여부는 주주활동 당시의 종합적 정황을 고려해서 판단하여야 하고, 경영참가목적이 확정적인 경우만을 의미하는 것이 아니라 적어도 향후 거래실정에 따라 경영참가목적의 행위를 하겠다는 의사를 가지고 단순투자목적과 대등한 정도의 경영참가목적을 가지고 주식을 취득하게 되는 경우도 포함된다[1138].

그러나 대량보유자가 회사나 그 임원에게 자신의 입장을 단순히 전달·설명 또는 표명하거나 회사나 그 임원에게 설명 또는 입장표명을 요구하거나 자신의 요구사항을 전달하는 것 등에 대해서는 특단의 사정이 없는 한 사실상 영향력 행사로 보기는 어렵다.

경영권에 영향을 주기 위한 보유목적의 경우에는 그 내용을 자세히 기재한 '**일반보고**'를 하여야 한다(제147조, 령 제153조). 그러나 보유목적이 경영권에 영향을 주기 위한 것이 아닌 경우, 단순 투자 목적인 경우에는 '**약식보고**' 등 절차 등에 있어서 특례가 인정된다.

이러한 보유목적의 변경은 보고의무자의 내심의 의사에 관한 문제이므로 언제든지 자유롭게 변경할 수 있지만, 보고된 보유목적과 실제 그 이후의 행위 간에 일관성이 없거나 모순될 경우에는 허위보고의 문제가 발생한다[1139].

보유목적의 변경 시 '의결권이 제한'되는데, 이는 뒤에 다시 언급한다.

한편, '**스튜어드십 코드**'의 내용 중 단순투자 목적으로 보유하는 기관투자자일지라도 투자대상기업의 경영권에 영향을 주기 위한 활동을 허용하고 있는데 이러한 활동이 결과적으로 경영참여 목적으로 지분공시를 해야 하는 것이 아닌가라는 의문점이 있다.

해석상, 스튜어드십 코드에 따른 주주활동의 이행 형태는 다양하므로 스튜어드십 코드에 참여 중이라는 이유만으로 '경영권에 영향을 주는 위한 것'으로 볼 수는 없기 때문에 보고의무가 있다고 보지는 않는다. 또한 사실상 영향력 행사의 의도가 없는 배당요구 및 의견전달은 경영참여에 해당하지 않는다고 본다. 다만, 5% 이상의 대량보유자의 요구가 주주제안권이나 임시주총소집 등에 이르지는 않았다고 하더라도 구체적인 사정을 종합적으로 볼 때 향후 주주제안권이나 임시주총 소집청구권 등의 권한행사로 이어지는 이전 단계로서 이루어진 것으로 판단

1138) 서울행정 2008. 9. 5. 선고 2008구합23276 판결
1139) 한국증권법학회(2009), 641쪽

된다면 이는 사실상 경영권에 영향력을 행사한 것으로 볼 가능성이 높다.

특히 "보유비율 한도 설정이 없이 경영참여 목적이 없는 모든 대량보유자"에 대해 보고기한 유예 등 대량보고 특례를 적용할 경우, 사실상 경영권을 확보할 만큼 대규모 지분을 보유한 기관투자자의 의결권 행사시에 경영참여 해당여부에 대한 판단이 불명확할 소지가 있다. 왜냐하면 이러한 기관투자자의 적극적인 의결권행사는 회사 경영에 제약요소로 작용하고 대규모 지분을 보유한 기관투자자에 의해 기업 경영권이 침해될 가능성도 상존하므로 주식 등 보유비율이 10% 미만이면서(10% 이상 소유주주는 경영권에 영향을 줄 수 있는 주요주주로 보고의무가 있음), 경영참여 목적이 없는 자로 특례적용을 법규상 명확히 규정할 필요가 있어 보인다1140).

사례 : 원고들은 A회사 경영에 참여하여 회사 가치를 제고하고 수익율 극대화를 위해 익명조합을 설립하였고, 투자자들에게 A회사에 대한 M&A를 시도하여 회사의 실질적 가치 및 시장에서의 관심 제고를 투자금 회수전략으로 설명하여 익명조합계약을 체결하고 투자금을 지급받았으며, 원고들이 2007. 4. 23. 4차 보고 이전까지 변호사로부터 대상 회사의 경영에 참가하는 것을 전제로 하여 법률자문을 하는 등 대상 회사의 경영참가를 위하여 준비하여 온 과정, 원고들이 A회사 주식을 매수하기 시작한 2007. 3. 22.부터 경영참가목적으로 보고한 2007. 4. 23. 4차 보고 당시까지의 약 1개월에 불과한 짧은 기간, 원고들이 일반투자자들의 관심 등을 피하기 위해 5개 계좌를 이용하여 A회사 주식을 매수한 주식취득방법 등 원고들이 A회사의 주식을 취득한 제반사정을 고려하면, 원고들이 2007. 4. 5.까지 A회사 주식 98,322주(3차 보고 당시까지 매수한 부분)를 확정적인 경영참가목적으로 매수하였다고 할 것이고, 따라서 원고들은 3회에 걸쳐 보고를 함에 있어 중요한 사항인 보유목적을 허위로 보고하였다1141)

1140) 일본은 주식 등 보유비율이 10% 미만이고 경영참여 목적이 없는 기관투자자에게 보고기한 유예 등 특례를 적용하고 있고, 미국은 경영참여 목적이 없는 기관투자자가 보유비율 20% 미만 시에 일상적 영업활동과정에서 주식 등을 취득한 경우 특례를 인정함
1141) 서울행정 2008. 9. 5. 선고 2008구합23276 판결

(3) 사기적 부정거래와의 관계

대량보유 보고의무 제도는 시세조종이나 사기적 부정거래와는 그 규제의 목적, 대상, 행위태양이 완전히 다른 별개의 범죄이다. 따라서 보고의무를 위반하고, 그러한 행위를 근거로 별도 행위로 사기적 부정거래를 하였을 경우에는 두 개의 범죄가 모두 성립하기 때문에 실체적 경합관계에 해당한다.

허위의 대량보유상황보고서의 제출행위가 허위표시문서를 이용한 사기적 부정거래의 구성요건에 해당될 경우에는 허위의 사실을 기재하거나 은폐한 보고서를 제출함으로써 보고의무위반의 범행은 기수에 이르지만, 부정거래는 그러한 행위 이외에 실제로 주식의 매매 등 거래와 관련한 추가적인 행위가 필요하므로 상상적 경합이 아니라 실체적 경합관계라고 보아야 한다. 즉, 2개의 범행이 모두 성립하기 위해서는 단순히 허위보고나 미보고라는 행위 이외에 사기적 부정거래의 범의 및 별도의 사기적 부정거래행위를 필요로 한다고 보아야 하기 때문이다. 판례1142)는 상상적 경합으로 보고 있으나 동의하기 어렵다.

대량보유나 소유주식보유상황을 허위로 보고하거나 제대로 하지 않았을 경우에는 그러한 보고위반행위의 결과, 일반투자자들에게 정상적인 투자나 지분변동이 있는 것과 같은 오해를 유발한 것으로 볼 수도 있지만, 이러한 보고의무 위반행위가 반드시 문서의 이용에 관한 것이라고 볼 수는 없으므로 문서이용 오해유발에 의한 주식매매 등 거래와 관련행위가 있어야 하는 사기적 부정거래행위에 당연히 포함되지는 않는다1143). 따라서 중요한 사항에 관하여 거짓의 기재나 허위표시를 하였다고 할지라도 그것이 재산상 이득을 얻기 위한 행위가 아니었을 경우에는 보고의무 위반행위만이 인정된다.

이러한 보고의무를 위반한 경우 그 보고의무자가 당연히 형사책임을 부담하게 되고, 나아가 보고의무자가 아닐지라도 그 범죄에 가공한 제3자는 공범관계가 성립한다1144).

1142) 서울중앙 2009. 1. 22. 선고 2008고합567 판결(서울중앙 2007. 12. 21. 선고 2007고합569 판결)

1143) 대법 2010. 12. 9. 선고 2009도6411 판결

1144) 서울고등 2004. 12. 16. 선고 2004노1743 판결. 원심(서울중앙 2004. 7. 2. 선고 2004고합490 판결)에서는 "보고의무는 주식의 대량보유자에게 있으며 이러한 보고를 하지 않은 경우 보고의무자에게 책임을 물을 수 있을 뿐이므로 보고의무위반에 대한 책임도 보고의무자의 일신에 속한다. 이러한 보고의무위반은 타인을 이용하여 범할 수 없고 보고의무

사례 : 갑이 주식대량보유 보고의무 위반행위를 함에 있어 동생인 을이 자신의 이름을 빌려주어 허위의 주식 등의 대량보유상황 보고서를 제출하게 한 행위는 갑의 범죄행위에 대하여 본질적인 기여를 한 것이어서 공동정범으로 기소된 사안에서, 갑이 다른 사람의 이름을 빌려 주식을 매수함에 있어 을이 차명주주를 물색하고 대금 지급을 위한 자금을 마련하고 자금을 이체하는 행위를 하는 등의 실무적인 업무를 담당한 사실이 인정될 뿐 공모를 인정할 수 없다고 판단함[1145](**판결이유에서 인정한 정도의 사실관계에 비추어 보면 을에게도 공동정범의 의사가 있었다고 인정하는 것이 옳을 것임**)

3. 보고의무자(대량보유자)

가. 본인과 특별관계자

보고의무가 있는 사람은 주권상장법인의 주식 등을 대량으로 보유하게 된 자이다. 대량의 기준은 본인과 그 특별관계자가 보유한 주식 등의 수의 총수가 100분의 5 이상인 경우를 말한다(제147조 제1항). 그러므로 자신의 명의로 보유하고 있는 주식수 외에도 본인과 특별관계자가 보유한 주식수도 합산하여 5% 이상을 보유한 자가 보고의무를 부담한다.

여기서 특별관계자의 개념 및 범위는 공개매수에 관한 규정에서 정의하고 있는데(제133조 제3항), 특별한 관계가 있는 자란 '특수관계인과 공동보유자'를 말한다(영제141조 제1항)[1146].

가 없는 자가 정범으로 범할 수 없다"라고 판단하였으나 항소심에서 이를 배척하였다.
1145) 서울고등 2008. 6. 4. 선고 2008노145 판결(대법 2011. 7. 28. 선고 2008도5399 판결로 확정)
1146) 미국법상의 실질적 소유자(beneficial ownership)의 개념에 대한 설명은, 김정수(2011), 753쪽 참고

나. 특수관계인

(1) 자본시장법에서는 본인과 특수한 법률적 관계에 있는 자를 '특수관계인'이라고 규정하고 있다. 특수관계인의 범위에 대해서는 '금융회사의 지배구조에 관한 법률'에서 규정하고 있다(동법 시행령 제3조)[1147].

첫째, 본인이 개인인 경우에는 배우자(사실상의 혼인관계에 있는 사람을 포함), 6촌 이내의 혈족, 4촌 이내의 인척, 양자의 생가(生家)의 직계존속, 양자 및 그 배우자와 양가(養家)의 직계비속, 혼인 외의 출생자의 생모, 본인의 금전이나 그 밖의 재산으로 생계를 유지하는 사람 및 생계를 함께 하는 사람, 본인이 혼자서 또는 위의 관계에 있는 자와 합하여 법인이나 단체에 30% 이상을 출자하거나 그 밖에 임원[1148]의 임면 등 법인이나 단체의 중요한 경영사항에 대하여 사실상의 영향력을 행사하고 있는 경우에는 해당 법인 또는 단체와 그 임원[1149], 본인이 혼자서 또는 그와 위의 관계에 있는 자와 합하여 법인이나 단체에 30% 이상을 출자하거나 그 밖에 임원의 임면 등 법인이나 단체의 중요한 경영사항에 대하여 사실상의 영향력을 행사하고 있는 경우에는 해당 법인 또는 단체와 그 임원[1150]을 말한다.

둘째, 본인이 법인이나 단체인 경우에는 임원, 독점규제 및 공정거래에 관한 법률에 따른 계열회사 및 그 임원, 혼자서 또는 위 첫째의 관계에 있는 자와 합하여 본인에게 30% 이상을 출자하거나 그 밖에 임원의 임면 등 본인의 중요한 경영사항에 대하여 사실상의 영향력을 행사하고 있는 개인[1151] 또는 법인(계열회사 제외), 단체와 그 임원, 본인이 혼자서 또는 본인과 배우자[1152]나 6촌 이내의 혈족이나 4촌 이내의 인척 관계에 있는 자와 합하여 다른 법인이나 단체에 30%

1147) 동법에서 은행, 금융지주회사, 상호저축은행의 경우 특수관계인에 대해 추가로 규정하고 있다(시행령 제3조제2항)
1148) 업무집행책임자는 제외
1149) 본인이 혼자서 또는 그와 가목부터 사목까지의 관계에 있는 자와 합하여 임원의 임면 등의 방법으로 그 법인 또는 단체의 중요한 경영사항에 대하여 사실상의 영향력을 행사하고 있지 않음이 본인의 확인서 등을 통해 확인되는 경우에 그 임원은 제외
1150) 위 각주 내용과 동일
1151) 그와 위 첫째의 관계에 있는 자 포함
1152) 사실상의 혼인관계에 있는 사람을 포함

이상을 출자하거나, 그 밖에 임원의 임면 등 다른 법인이나 단체의 중요한 경영 사항에 대하여 사실상의 영향력을 행사하고 있는 경우에는 해당 법인, 단체와 그 임원을 말한다.

다만, 은행, 금융지주회사, 상호저축은행의 특수관계인은 개별 특별법의 규정에 따르도록 하고 있다(시행령 제3조제2항).

기본적인 법문의 취지는 주식을 보유함으로써 실질적으로 해당 법인을 지배하거나 임원의 임면 등 법인이나 단체의 중요한 경영 사항 등에 대하여 법률적인 면 외에도 사실상의 영향력을 미칠 수 있는 지위에 있으면 모두 특수관계인으로 본다는 것이다.

이에 대해서, 특수관계인의 범위는 다소 확장되었으나 동시에 그 추상적 개념을 도입함으로써 그 범위가 상당히 불명확하게 되었다면서[1153] '사실상 영향력'이란 개념은 이미 공정거래법에서 채용된 바 있는 '사실상 지배'와 유사한 개념이기 때문에 공정거래법의 운용경험이 앞으로 그 해석에 참고가 될 수 있을 것이라는 의견[1154]도 있다. 그러나 주식을 대량으로 보유하여 사실상의 영향력을 미치고 있더라도 해당 법인을 실질적으로 '지배'하지 못하는 경우도 있기 때문에 동의하기 어렵다.

(2) 시행령에서는 특수관계인 중에서 2가지 예외를 인정하고 있다(제141조 제3항).

첫째, 특수관계인이 소유하는 주식 등의 수가 1,000주 미만일 경우이다. 이는 1,000주 미만의 주식을 보유한 경우에는 해당 법인에 대해 사실상의 영향력을 행사하는 것이 불가능하고, 그러한 양의 주식보유는 단순히 투자목적을 가진 것이라고 해석되기 때문이다. 그러나 공동보유자가 아님을 소명하여 특별관계자 합산의무 규정을 회피하는 예가 많고, 특히 그룹계열의 금융기관이 계열사 주식을 보유하면서 기관투자자임을 내세워 공동보유자가 아님을 소명하는 예가 많아 악용의 소지가 있다고 보는 견해[1155]도 있다.

둘째, 공동보유자에 해당하지는 않는다는 것을 증명하였을 경우에는 특수관

1153) 김정수(2011), 752쪽
1154) 김건식(2006), 202쪽
1155) 임재연(2008), 894쪽

계인으로 취급하지는 않는다1156). 이는 지극히 당연한 것으로서 소송법적으로 무의미한 규정이다.

(3) 본인이 30% 이상 출자한 법인의 '임원'은 본인의 특수관계인에 해당한다. 여기서 임원이란 이사, 감사 및 상법상 집행임원을 말하며 미등기임원 등 업무집행책임자는 제외된다.

'집행임원'이란 대표이사를 갈음하여 회사의 업무집행과 회사대표에 관한 권한을 행사할 수 있는 기관(상법 제408조의2제1항, 제408조의4)을 말하며, '업무집행책임자'란 이사가 아니면서 명예회장, 회장, 전무, 이사 등 업무집행 권한이 있는 것으로 인정할 만한 명칭을 사용하여 법인의 업무를 집행한 자를 말한다.

상법상 이사와 감사는 주주총회의 선임 결의를 거쳐 임명하고 그 등기를 하여야 하며, 이사와 감사의 법정 권한은 위와 같이 적법하게 선임된 이사와 감사만이 행사할 수 있을 뿐이고 그러한 선임절차를 거치지 아니한 채 다만 '회사로부터 이사라는 직함을 형식적·명목적으로 부여받은 것에 불과한 자'는 상법상 이사로서의 직무권한을 행사할 수 없다1157). 따라서 '사실상 임원'은 특수관계인에 해당하지 않는다.

다. 공동보유자

(1) 공동보유자란 본인과 합의 또는 계약 등에 따라 일정한 행위를 공동으로 하는 경우를 말한다.

일정한 행위란 첫째, 주식 등을 공동으로 취득하거나 처분하는 행위, 둘째, 주식 등을 공동 또는 단독으로 취득한 후 그 취득한 주식을 상호양도하거나 양수하는 행위, 셋째, 의결권(의결권의 행사를 지시할 수 있는 권한을 포함)을 공동으로 행사하는 행위를 말한다(시행령 제141조 제3항)1158). 공동보유자를 특별관

1156) 이는 구증권거래법 시행령 제10조의3 제4항과 동일한 내용임
1157) 대법 2003. 9. 26. 선고 2002다64681 판결
1158) 미국법상의 파트너쉽(partner ship), 유한 파트너쉽(limited partner ship), 신디게이트(syndicate), 기타 그룹(group)에 대한 설명에 대해서는, 김정수(2011), 753쪽 참고

계인의 범주에 포함한 것은 1인이 아닌 복수의 투자자로 구성된 집단이 적대적 M&A에 나서는 경우에 대비하기 위한 것이다[1159].

(2) 공동보유자가 되기 위해서는 주식을 보유하는 당사자 간에 합의나 계약이 있어야 한다. 합의는 명시적이든 묵시적이든 서면이든 구두에 의하든 상관없다. 다만 묵시적인 합의를 인정하려면 엄격하게 해석해야 할 것이다. 즉, 주식을 공동으로 보유한다는 점과 주식과 관련된 의결권 등을 공동으로 행사한다는 점에 대한 합의를 말하며, 이러한 합의에는 일정한 형식은 없고 확정적인 의사의 일치를 요구하지도 않는다.

그러므로 공동보유자라는 사실의 증명은 정황적인 증거만으로도 충분하지만, 우연하게 결과적으로 동일한 의결권을 행사하였다든가 공동의 목적이 있었다고 할지라도 그 사실만으로는 공동보유자라고 볼 수는 없다. 민사상은 보고의무가 없다고 주장하는 쪽에서 공동보유자가 아님을 증명해야겠지만 형사사건에서는 시행령 제141조 제3항에도 불구하고 공동보유자임을 검사가 증명하여야 한다.

의결권을 공동으로 행사할 것을 합의한 경우에는 공동보유자에 해당하므로 지배권을 행사하기에 충분한 주식을 보유한 기존 주주들이 그러한 사실을 알면서 공동으로 지배권을 행사하기로 합의만 하고, 주식을 추가로 매도하거나 매수하지 않고 단지 기존 보유주식을 계속 보유하는 경우에도 공동보유자로서 보고의무가 있다[1160]. 특별관계가 해소되어 자신의 지분이 변경되는 경우(대개 지분비율이 낮아질 것임)에 대하여 특별한 규정이 없으므로 5% 룰이 적용되지 않아 신고의무가 없다는 견해[1161]가 있지만 그러한 변동의 경우도 예외를 인정하지 않으므로 신고의무가 있다고 보아야 한다.

이러한 공동보유자 요건이 너무 포괄적이어서 기업지배구조 개선을 위한 기관투자자 간 협력(의결권 공동행사) 활동이 저해될 수 있다는 이유로, 의결권 공동행사의 범위를 '경영권에 영향을 미칠 목적으로 의결권을 공동행사하는 경우, 계속적, 반복적으로 의결권을 공동행사하는 경우'만으로 제한하자는 견해[1162]가

1159) 임재연(2012), 518쪽
1160) 임재연(2012), 519쪽
1161) 임재연(2012), 519쪽
1162) 경제개혁연대에서 이러한 주장을 하고 있으나, 스튜어드십 코드에서 기관투자자 간 집단적 관여(의결권 공동행사)를 명문화하고 있지도 않는데, 시행령에서 공동보유자 요건을

있다. 그러나 의결권 공동행사의 목적 및 지속성 여부를 공동보유 요건에 포함할 경우 제도 해석 및 적용의 불확실성이 증폭될 수 있다. 실제로 이러한 불확실성으로 인해 유사한 규정을 두었던 EU는 관련 기준을 수차례 수정·보완하고 있으며, 공동보유자 해당 여부는 EU 각국의 감독당국이 구체적 사실관계를 고려해 최종적으로 판단하도록 하고 있고, 우리나라와 유사한 제도를 가진 미국이나 일본의 경우도 현행법과 크게 다르지 않으므로 이러한 견해는 수긍하기 어렵다.

공동보유자인지 아니면 한쪽이 명의만을 빌려준 차명주식인지 여부는 사실관계에 따라 달라질 것이지만 차명주식의 경우에는 공동보유자가 아니라 본인의 보유물량으로 보게 된다.

라. 민법상 조합과 투자조합

(1) 민법상 조합은 법인격이 없으므로 사법상 권리의무의 주체가 될 수 없으므로 주주가 될 수 없다. 그러므로 조합 단독 명의의 지분보고는 원칙적으로 적법하다고 볼 수 없다. 또한 민법상 조합의 재산은 조합원 합유이므로 조합원 상호 간에는 조합 재산인 주식에 대해서는 상호 공동보유 관계로서 조합원 전원은 조합의 특별관계자에 해당한다. 따라서 민법상 조합 관련 보고의무는 '대표조합원(업무집행조합원)'이 연명보고해야 하며[1163], 위반 시에는 당해 대표조합원을 조치한다.

이 경우, 조합 구성원 상호 간 지분이동만 있는 경우에는 특별관계자인 조합원 상호 간 거래는 합산 보유비율의 변동이 없으므로 보고의무위반은 성립하지 않으나 다른 조합원에게 지분 전부를 양도하는 경우 등 조합 구성원이 변동되었다면 보고의무가 있다. 조합구성원 합산 보유비율이 1% 이상 변동하였다면 당연히 보고의무가 있으며, 조합 구성원(인원수)의 변동 시[1164]에는 지분 증감을 불

개정한다는 것은 법체계상 비논리적임

1163) 조합원 상호 간에는 조합의 재산인 주식에 대해 상호 '공동보유' 관계에 있다. 따라서 원칙적으로 개별 조합원 각각의 입장에서 다른 조합원 모두 공동 보유자에 해당한다. 이 경우 대표보고자(업무집행조합원)는 연명보고 대상인 전체 조합원들의 위임장을 첨부해야 한다.

1164) 구성원 감소 시에는 보유주식을 0으로 하여 특별관계자 제외에 따른 변동보고임을 기재하고, 구성원 추가 시 추가되는 구성원의 위임장을 첨부하여 연명보고한다.

문하고 보고의무가 발생한다.

(2) 그런데 대량보유상황 보고 시 '**투자조합**'으로 보고하는 경우가 있다. 이 경우 투자조합의 명칭만 공시하고 실질적인 투자조합의 출자자인 '조합원'은 노출되지 않으면서 조합원이 배후에서 불공정거래를 할 개연성이 있다[1165]. 또한, 투자조합은 조합원 간 상호출자를 통하여 상장사 등에 투자를 목적으로 모인 임의단체로서 대부분 민법상 조합의 형태를 갖추고 있어서 설립이 용이하고 조합의 성격, 조합원 구성, 재무현황 등 구체적 정보가 공시되지 않아 실체 파악도 불가능하다.

그러나 민법상 조합일지라도 국세기본법에서 **법인으로 의제하고 있는 단체**[1166]('법인격 없는 사단·재단 기타 단체)에 대해서는 주식 등 대량보유상황 보고 시 법인으로 의제[1167]하고 조합의 대량보유상황 보고는 업무집행조합원이 대표보고자로서 조합 등을 연명하여 보고하여야 한다. 일반조합원은 조합의 임원도 아니고 사실상 영향력을 행사한다고 볼 수 없어 원칙적으로는 특별관계자로 보지는 않는다. 다만, 일반조합원이 투자조합과 주식 등을 공동으로 취득하기로 합의한 사실이 있는 경우에는 공동보유자에 해당하여 연명보고를 해야 한다. 이러한 '법인의제 조합'의 경우 조합원이 노출되지 않아 불공정거래에 악용될 수 있다는 점을 들어 입법적으로 해결해야 한다는 의견도 있다.

(3) 투자조합에 관한 법령을 개정한다면, 'PEF 대량보유 보고방법'의 예를

1165) 불공정거래 혐의자가 과거 범죄전력을 숨기고 조합을 설립하여 배후에서 시세조종을 주도하거나, 조합의 주식양수도 계약체결과 같은 미공개중요정보를 이용하여 조합원이 개별적으로 선행매매하는 등 불공정거래를 시도하는 경우가 증가하고 있음

1166) 기업구조조정조합(산업발전법), 중소기업창업투자조합(중소기업 창업 지원법), 한국벤처투자조합(벤처기업육성에 관한 특별조치법 제4조의3제1항), 개인투자조합(벤처기업육성에 관한 특별조치법 제13조) 등이 해당

1167) 국세기본법 제13조 제1항에서는 "주무관청의 허가·인가를 받아 설립되거나 법령에 따라 주무관청에 등록한 단체나 공익재단의 경우 법인으로 의제"하고, 제1항에 해당하지 않더라도 다음 요건을 모두 갖춘 것으로서 **관할세무서장의 승인을 받은 경우**도 법인으로 의제한다(제2항). ① 사단, 재단, 그 밖의 단체의 조직과 운영에 관한 규정을 가지고 대표자나 관리인을 선임하고 있을 것, ② 사단, 재단, 그 밖의 단체 자신의 계산과 명의로 수익과 재산을 독립적으로 소유·관리할 것, ③ 사단, 재단, 그 밖의 단체의 수익을 구성원에게 분배하지 아니할 것

참고할 수 있을 것이다.

PEF(Private Equity Fund, 경영참여형 사모투자집합기구)란, 기업에 대한 경영권 참여 목적의 투자(투자대상 회사의 주식·출자지분 10% 이상 보유 또는 이사 임면 등 실질적 경영참여가 가능한 투자)를 통해 경영참여, 사업구조 또는 지배구조 개선의 방법으로 투자기업의 가치를 높여 그 수익을 사원에게 배분하는 것을 목적으로 하는 상법상 합자회사 형태의 사모집합투자기구(자본시장법 제9조 제19항)를 말한다. PEF는 최소 출자금액의 제한(업무집행사원의 임원 및 운용인력 1억 원. 그 외는 3억 원)이 있는 유한책임사원과 제한이 없는 무한책임사원으로 구성되어 있다. 참고로 공모펀드를 운용하는 자산운용사처럼 PEF의 운용을 지시하는 업무집행사원을 일반적으로 PE(Private Equity)라고 부르는데 법률상 용어는 아니다. PE는 다시 무한책임사원인 GP(general prartner)와 유한책임사원인 LP(limited partner)로 구분한다. 다만, 실무적으로는 사모펀드, 벤처캐피탈 또는 PEF 그 자체 등을 통칭하는 개념으로 혼용되기도 한다.

PEF의 5% 보고에서 GP는 PEF의 특수관계인으로서 PEF의 대량보유상황 보고 시 지분을 합산해서 보고하고, LP는 PEF 출자지분 30% 이상인 경우 특수관계인으로서 합산보고의무가 발생한다. 다만, 30% 이상 출자한 LP라도 PEF 의 결권 행사에 영향을 미치지 못한다는 사실을 소명하는 경우에는 의무를 면제할 수 있다.

사례1 : 을이 공동보유자인 갑, 정과 공모하여 주식 대량보유 보고의무 위반행위를 하였다고 기소되었으나 법원은 을이 2004년 B사 주식거래와 관련하여 5% 룰을 위반하여 금감원으로부터 지적을 받은 적이 있어서 이 사건 당시 5% 룰에 대해 어느 정도 알고 있었던 사실, 을이 갑, 정의 차명 인수 실무를 담당한 사실이 인정될 뿐, 나아가 갑, 정의 대량보유 보고의무 위반행위 자체에 공모하여 가담하였다고 볼 만한 증거가 없다고 판단하였고, 항소심에서도 을이 차명주주를 물색하고 대금 지급을 위한 자금을 마련하고 자금을 이체하는 행위를 하는 등의 실무적인 업무를 담당한 사실이 인정될 뿐, 갑, 정이 매수한 주식에 관하여 대량보유보고의무 위반행위를 함에 있어 을이 이를 공모하였다거나 대량보유상황 보고서 제출 행위 중 일부 업무를 담당하였다고 볼 만한 증거가 없다고 판단하였음1168)(이 건에서는 '보고의무 회피의 범의'가 있었는지가 쟁점인데 무죄 이유인 '주식거래와 관련하여 금감원 지적을 받은 바 있어서 5% 룰에 대해 어느 정도 알고 있었던 사실'은 오히려 범의를 인정하는 자료라고 할 것임)

사례2 : 갑은 을, 병과 공모하여 을, 병이 자신들의 계산으로 갑, 정 및 지인 명의의 총 38개 계좌를 이용하여 A사 주식을 5% 이상 대량보유한 후 보고의무를 하지 않은 사안에서 갑은 주식의 계산 주체가 아니고 을, 병의 지시에 따라 단지 갑 내지 그 지인들 명의의 계좌를 이용하여 주식거래를 할 뿐이었다면 갑에게는 보고의무가 없다1169)

마. 보유의 의미

(1) 대량보유 보고의무에서의 '보유'란 민사상 소유의 개념보다는 더 범위를 넓게 보아야 한다. 즉, 대량보유사실을 보고할 의무를 법률적으로 부과한 것은 그러한 대량보유의 상태를 공개하여 주식시장에서의 일반투자자 등의 보호를 위한 것이기 때문에 당사자가 직접 매입한 주식 이외에 다른 주식에 대해서도 사실상의 영향력을 행사할 수 있다면 그러한 주식도 마찬가지로 보유한 것으로 취급해야 하기 때문이다.

자본시장법에서는 '보유'의 개념에 대해 '소유, 그 밖에 이에 준하는 경우'라고 규정(제133조 제3항)하면서 그 유형을 열거하고 있다(시행령 제142조1170)).

형식적 및 실질적으로 주식 등을 보유하는 경우뿐만 아니라 향후 소유권을 취득할 수 있는 경우도 보유의 개념에 포함시키고 있다1171).

① 누구의 명의로든지 자기의 계산으로 주식 등을 소유하는 경우

1168) 서울고등 2011. 6. 9. 선고 2010노3160 판결(대법 2011. 10. 27. 선고 2011도8109 판결로 확정)
1169) 수원지법 2013. 6. 26. 선고 2013노1182 판결(대법 2013. 9. 26. 선고 2013도8537 판결로 확정)
1170) 구증권거래법 시행령 제19조의4(소유에 준하는 보유)와 거의 동일한 규정임
1171) 김정수(2011), 750쪽

② 법률의 규정이나 매매, 그 밖의 계약에 따라 주식 등의 인도청구권을 가지는 경우

③ 법률 규정이나 금전의 신탁계약·담보계약, 그 밖의 계약에 따라 해당 주식 등의 의결권(의결권의 행사를 지시할 수 있는 권한을 포함)을 가지는 경우

④ 법률의 규정이나 금전의 신탁계약·담보계약·투자일임계약, 그 밖의 계약에 따라 해당 주식 등의 취득이나 처분의 권한을 가지는 경우

⑤ 주식 등의 매매의 일방예약을 하고 해당 매매를 완결할 권리를 취득하는 경우로서 그 권리행사에 의하여 매수인으로서의 지위를 가지는 경우

⑥ 주식 등을 기초자산으로 하는 계약1172)상의 권리를 가지는 경우로서 그 권리의 행사에 의하여 매수인으로서의 지위를 가지는 경우

⑦ 주식매수선택권1173)을 부여받은 경우로서 그 권리의 행사에 의하여 매수인으로서의 지위를 가지는 경우

우선 ①은 명의대여를 통하여 주식을 보유하는 경우로서 '차명주식'이 일반적으로 여기에 해당한다. '자기의 계산'이라 함은 손익의 귀속주체가 동일인에게 속하는 경우를 뜻하지만1174), 자기가 실질적인 지배력을 가지고 있는 모든 주식을 의미하는 것은 아니다1175).

그러므로 주식보유자가 금전대부업 등 별도의 영업적 지위를 가지고 있다면 비록 전주로부터 빌린 돈으로 주식을 보유하게 되었고, 그 주식에 관한 실질적인 처분권한은 전주들에게 있다고 할지라도 금전대부업을 하는 독립적인 법률상 지위로 인해 자기의 계산으로 하는 자에 해당할 것이다1176).

차명으로 매입한 주식일지라도(심지어 매입자가 자산운영사일지라도) 그 보

1172) 자본시장법 제5조 제1항 제2호에 따른 파생상품계약을 말함
1173) 주식매수선택권이란 자본시장법 제189조의4의 규정에 의한 주식매수선택권을 말한다.
1174) 서울중앙 2009. 1. 22. 선고 2008고합567 판결
1175) 대법 1997. 5. 13. 자 97라51 결정. 이 결정은 1997. 1. 개정되기 전의 구증권거래법 제200조 제1항에 규정된 주식소유상황에 관한 것이지만 보고의무에서도 같은 취지로 해석하여야 할 것이다(임재연(2008), 950쪽).
1176) 서울중앙 2006. 7. 27. 선고 2005고합1056 판결

유자는 자금의 처분결과에 따른 실질적인 손익의 귀속주체라고 할 것이다[1177]. 그러므로 차명주식일 경우에 명의차용자와 명의대여자와의 사이에 주식을 공동 보유하는 관계로 보지 않는다[1178].

또한, 주식을 명의이전한 것이 실제로 소유권을 양도하기 위한 것이 아니라 단지 빌려준 것에 불과하다고 할지라도 이러한 주식대차거래는 민법상 소비대차계약 으로서 소유권이 이전된 것이기 때문에 보고의무는 주식보유명의자에게 있다[1179].

② 내지 ⑦의 경우에는 해당 주식에 관한 권리를 본인이 직접 행사할 수 있 는 '사실적 영향력'을 가진 경우의 형태로 구분할 수 있고, 이러한 7가지를 가리 켜 **'소유에 준하는 보유'**라고 규정하고 있다(시행령 제142조). 이는 현재 주식을 소유하지 않았더라도 장래 주식을 소유할 수 있거나 소유하지 않더라도 의결권을 행사할 수 있는 경우를 보유의 의미에 포함한 것이다[1180].

④에서의 '처분의 권한'이라 함은 주식의 매매행위와 같은 사실행위를 할 수 있는 권한을 의미하는 것이 아니라 주식의 매매행위로 인한 법률적 효과를 자신 에게 귀속시킬 수 있는 권한을 의미한다[1181].

그러므로 주식을 담보로 제공받은 채권자의 경우에는 담보권자로서의 지위 를 갖게 된 시점에는 보고의무가 없겠지만, 담보권을 실행하게 된 시점(대개 담 보가치가 일정 수준 이하로 떨어지면 채권자가 즉시 담보를 처분할 수 있도록 약 정을 하므로 주식가치의 하락으로 채권자가 그 처분권을 취득하게 된 시점)에 이 르러서는 보고의무가 발생한다. 그런데 채권자는 대개 처분권 취득 시에는 보고 를 하지 않고 처분을 실행한 후에 보고를 하는 예가 많은데 엄밀하게는 처분권 취득 시에도 보고를 하여야 한다[1182]. 물론 주식을 담보로 제공받은 자에게는 그 사실만으로는 보고의무가 발생하지 않는다.

다만, 은행 등의 금융기관이 일상적인 업무과정에서 취득한 담보주식에 대해 취득 등 처분권한이 발생한 경우, 은행 등 금융기관이 담보주식을 이용한 기업지

1177) 서울중앙 2009. 1. 22. 선고 2008고합567 판결, 2009. 8. 14. 선고 2008고합1308 판결
1178) 서울중앙 2007. 12. 21. 선고 2007고합569 판결
1179) 서울중앙 2012. 10. 19. 선고 2011고합1440, 1623 판결
1180) 임재연(2012), 517쪽 ; 김성준 외(2007), 350쪽
1181) 서울중앙 2009. 1. 22. 선고 2008고합569 판결(대법 2010. 12. 9. 선고 2009도6411
　　　판결로 확정)
1182) 임재연(2012), 517쪽

배의 목적이 없는 경우에는 '약식' 양식에 따른 보고를 허용할 필요가 있다는 견해1183)가 있다.

주식이 처분되었을 경우에는 주식담보 제공자는 주식보유 변동으로 인한 보고의무가 발생한다. 이 경우 주식담보 제공자는 주식담보 처분사실을 뒤늦게 알게 되므로 주식보고의무가 지연될 가능성이 높기 때문에 본죄가 성립하지 않는다는 견해1184)가 있으나 주식담보계약의 내용에 비추어 근거 없는 주장이고 다만 실무상 그러한 정황이 참작될 뿐이다1185).

이러한 소유에 준하는 보유는 추상적인 지위가 아니라 법률적으로 구체적인 권한을 요건으로 한다. 그러므로 ③, ④에서 금전대여자가 주식을 '담보'로 갖고 있다고 할지라도 채무불이행 등 담보권실행의 요건이 되지 않는다면 해당 주식의 처분권한을 갖지 않으므로 보고의무의 대상이 되지 않는다1186).

마찬가지로 ⑤, ⑥, ⑦에서도 '매매완결권' 등 구체적인 권리 행사를 통하여 '매수인으로서의 지위'를 가져야 비로소 보고의무가 발생한다. 그러나 이에 대해서 ⑤, ⑥의 경우에 그 종국적인 권리를 **'행사'**하여야만 보유로 보는 것이 아니라 권리의 종국적 행사 이전에 그와 같은 권리의 **'취득'** 자체를 보유로 규정한 것이라고 보는 견해1187)가 있다. 그 근거로 판례에서 "계약서의 문언과 같이 피고인이 주식에 대한 소유권을 취득하지 못하였더라도 이는 소유에 준하는 보유의 개념을 정한 증권거래법의 '법률의 규정 또는 금전의 신탁계약·담보계약 등에 의하여 당해 주식 등의 취득 또는 처분권한이나 의결권을 갖는 경우'에 해당한다"고 판시1188)한 것을 근거로 동일한 해석(④에 대한)이 필요하다고 설명한다. 그러나 자본시장법의 규정과는 명백히 모순된 해석이므로 수긍할 수 없다.

1183) 김정수(2011), 751쪽

1184) 김성준 외(2007), 352쪽

1185) 임재연(2012), 517쪽

1186) 자본시장법이 제정되기 전에도 금감원에서는 담보로 제공된 주식에 대해 담보권실행의 요건이 되어야 비로소 보고의무가 있는 것으로 실무상 처리하였다.

1187) 임재연(2012), 517쪽

1188) 서울중앙 2004. 4. 29. 선고 2004고합114 판결. 피고인은 자신이 A사 주식을 소유한 것이 아니라 을에게 대출을 해주면서 병 소유의 주식을 담보로 잡고 있었을 뿐이어서 주식 보유사실을 보고해야한다는 인식을 하지 못했다는 취지로 주장하나 증권거래법에 의하면 '금전의 담보계약 기타 계약에 의하여 주식을 취득한 경우' 역시 증권거래법상 보고의무대상인 주식의 '보유'의 개념에 해당된다고 판시함

사례1 : 갑이 을의 원리금 보장 약정하에 A사 유상증자 대금으로 30억 원을 납입하고 A사 주식을 취득하였다면 갑이 자기의 계산으로 취득하여 보유한 주식일 뿐 을과 공동으로 취득한 것이 아니며, 을이 원리금 보장을 약정하고 병으로부터 금전을 차용함에 있어 병은 자신이 관리하는 계좌로 A사 주식을 매수하여 담보를 취득하고, 을은 병이 취득한 주식에 대하여는 위임을 통하여 의결권 등을 행사하였으며 병으로부터 병이 주식을 매수한 당일이나 다음날 그 매수내역을 보고받는 등 구체적인 매수내역을 지속적으로 확인한 사실이 인정되는 경우에 있어 병이 취득한 A사 주식은 을이 자기의 계산으로 취득하여 보유한 주식일 뿐 병과 합의하여 주식을 공동으로 취득하였다고 인정할 수 없다1189)

사례2 : 피고인은 회사정리절차 중이던 A사의 M&A를 하는 과정에서 발행되는 신주 2천만 주를 인수하게 되자 갑, 을, 병과 인수하기로 한 신주물량을 고가로 처분하여 매매차익을 취득하기로 하고, 그 방법으로 구주의 주가를 높이기로 하여 피고인과 갑은 주식처분을 담당하고 을과 병은 시세조종 자금 마련 및 구주의 가격을 상승시키는 매매주문을 실행하는 한편, 지인 등을 통해 시세조종 주문을 실행할 관리계좌를 동원하기로 하는 등 갑, 을, 병 등과 순차 공모하여, 2003. 4. 25.부터 8. 18.까지 사채업자 등으로부터 주식담보대출로 마련한 52억9,000만 원 상당의 자금으로 20개의 관리계좌를 이용하여 A사 주식 2,946,261주를 매수하고, 1,132,539주를 매도하는 과정에서 2003. 7. 2. 피고인은 갑, 을, 병과 공동으로 A사 주식을 59,670주를 취득함으로써 그동안 보유하고 있던 주식을 포함하여 374,160주(5.15%)를 보유하게 되어 보고사유가 발생하였음에도 11회에 걸쳐 주식대량보유 보고의무를 이행하지 않은 사실이 인정된다. …(중략)… 설사 주식매매를 직접 하지 않았다고 하더라도 피고인이 정 등과 주가를 조작하기로 공모하여 주식매매에 사용될 자금을 피고인의 명의로 대출받아 이를 주식을 매매하는 데 사용한 이상 이는 '자기의 계산으로 주식 등을 소유하는 경우'에 해당하므로 보고의무자에 해당한다1190)

사례3 : 갑과 을 사이에 체결된 약정에 의하면 을이 일단 자신의 자금으로 A주식을 취득하고 처분하되 주가 하락으로 인하여 을이 보유하는 A주식의 총액이 매수대금

1189) 서울고등 2011. 6. 9. 선고 2010노3160 판결(대법 2011. 10. 27. 선고 2011도8109 판결로 확정)

1190) 서울고등 2006. 5. 11. 선고 2005노326 판결(대법 2005. 1. 28. 선고 2004도6805 판결의 파기환송심 판결)

에 미치지 못하는 경우 그 부분에 한하여 A사(최대주주 갑)에 모자란 금원의 지급을 청구할 수 있는 민사상 권리를 취득하는 것에 불과하고, 을은 스스로의 판단에 따라 시점과 가격, 물량을 정하여 주식을 처분할 수 있고 단지 위 약정에 따라 1달간 A 주식을 보유할 의무를 부담하는 것에 불과하며 주식처분대금은 을이 전부 취득하도록 되어 있으므로 갑, 을은 공동보유자의 관계가 아니다[1191]

(2) 구증권거래법에서는 그러한 '권한을 행사할 수 있는 지위(장래 주식을 소유할 것이 예상되거나, 소유하지는 않지만 주식에 대한 의결권을 가지거나 의결권 행사를 지시할 수 있는 권한을 가지는 경우)'만을 갖게 되면 곧바로 보유의무가 있었다고 규정[1192]하여 보고의무의 범위가 과도하게 확대된다는 비판이 있었다.

이에 대해 자본시장법에서는 '권리의 행사로서 매수인이 된 경우'라고 명확히 규정함으로써 그러한 논란의 여지를 없앴다. 그러나 매수인의 지위가 생겨야 비로소 보고의무가 발생한다고 규정한 취지는 논리적으로 타당하지만 다소 악용할 소지는 있다.

판례도, 구증권거래법상 소유에 준하는 '보유'에 대한 개념에 대해서, 장래 주식을 소유할 것이 예상되거나 또는 소유하지는 않지만 주식에 대한 의결권을 갖거나 의결권의 행사를 지시할 수 있는 권한을 가지는 경우를 '보유'라고 판단하였다[1193].

사례1 : 피고인들이 2005. 4. 18. 각자 자신들 명의로 갑과 사이에 A투자사 주식 250만 주(총 발행주식의 7.35%)씩을 담보로 각 6억 원을 대여하기로 하는 내용의 주식담보 대여계약을 체결하였고, 대여계약상 담보약정에 따라 피고인들이 각자 담보로 받은 주식 각 250만 주에 대한 처분권한을 취득한 사실이 인정되는바, 그렇다면 피고인들은 갑과의 관계에서는 대외적으로 담보로 받은 각 250만 주에 대한 처분권한을 취득하였다고 할 것이고, 주장내용과 같이 피고인들이 각자의 전주들로부터 위탁받은 돈으로 갑에게 위와 같이 대여하였고 또 각 담보주식을 곧바로 전주들에게 위

1191) 서울중앙 2012. 5. 4. 선고 2011고합440 판결
1192) 구증권거래법 제200조의2 제1항, 시행령 제10조의4 제3호
1193) 대법 2002. 7. 22. 선고 2002도1696 판결

탁받은 금액 비율에 따라 분배해주었으며 전주들의 요청에 따라 담보주식을 처분한 것이어서 실질적으로는 전주들이 담보주식의 처분권한을 행사한 것이라 하더라도 이는 어디까지나 피고인들과 전주들 간의 내부적인 관계에서 피고인들이 가지는 담보주식 처분권한이 제한되었음을 의미할 뿐이므로 피고인들은 주식 등을 대량보유하게 된 자에 해당한다[1194]

사례2 : A종금은 갑을 거쳐 A파이낸스에 200억 원을 대출하는 것으로 계약서를 작성하고, A파이낸스는 다시 200억 원을 E창투에 대출하되 그 대여금의 변제는 A종금 주식 620만 주로서 대물변제할 수 있도록 약정하였으며, E창투는 갑에게 200억 원에 4억 원을 더한 204억 원을 변제기는 대여일로부터 30일 후, 이자율 연 10%로 하여 대출하면서 갑은 E창투에게 대여금 204억 원에 대한 담보로 A종금 주식 620만 주(실제는 A종금 소유)를 제공하되 담보주식의 주권은 교부하나 명의개서는 하지 않고, 담보주식에 기한 의결권 기타 일체의 권리는 대주(E창투)가 행사하며 대여금 채무의 변제는 대주(E창투)가 담보 주식의 소유권을 대주에게 귀속시키거나 이를 처분하여 대여금 채무의 변제에 충당하는 방법으로 하고, 따로 차주에게 금전적 의무의 이행을 요구하지 않는 것으로 약정하였고, 주식의 양도계약 당시 A종금의 주식을 차명으로 가지고 있던 갑은 사실상 주식을 종국적으로 E창투 측에 귀속시킨다는 의사였고, 단지 E창투는 A파이낸스 측에 200억 원의 대출을 갚는 방법으로 주식으로의 대물변제 방법을 남겨둔다는 의사였던 사실이 인정되는바, 그렇다면 피고인이 대출금의 담보로 주식을 제공받으면서 주식의 명의개서는 하지 않았으나 주권을 교부받았고 의결권을 포함한 주주로서의 모든 권리를 피고인이 행사하며 대출금의 변제도 담보주식의 소유권을 피고인에게 귀속시키거나 이를 처분하여 충당하는 방법으로 하기로 약정하였다면 피고인은 형식적인 계약서의 문언에도 불구하고 주식의 소유권을 확정적으로 취득하였고, 그렇지 않다 하더라도 담보계약에 의하여 의결권을 가지는 경우로서 사실상 피고인이 2000. 4. 19.경 계약시점에서 620만 주의 소유권을 확정적으로 취득하였다고 봄이 상당하므로 주식대량보유상황의 보고의무가 있다[1195]

사례3 : '보유'란 누구의 명의로든지 자기의 계산으로 주식 등을 소유하는 경우를 의미하고, '자기의 계산'이라 함은 손익의 귀속주체가 동일인에게 속하는 경우를 의미

1194) 서울중앙 2006. 7. 27. 선고 2005고합1056 판결
1195) 대법 2002. 7. 22. 선고 2002도1696 판결

하므로 A사 명의로 매수한 주식 또는 A사가 자산운용회사로 되어 있는 주식이라고 하더라도 피고인 갑이 자금의 계산 주체이므로 그 주식의 처분결과 손익의 귀속주체는 피고인 갑이 명백하다[1196]

(3) 스튜어드십 코드에서 기관투자자들이 특정 주제에 대해 의결권을 공동으로 행사하였을 경우 '**주식 공동보유**'에 해당하는지 여부가 문제될 수 있다.

예를 들어, 기관투자자 간 투자대상기업에 대한 특정 주제에 대해 협의를 하거나 공동으로 경영진 면담을 한 뒤 각자 판단에 따라 주총에서 투표한 결과 동일한 방향으로 투표결과가 나온 경우, 기관투자자들이 스튜어드 코드 원칙7의 안내지침[1197]에서 제시한 형태의 포럼에 참석한 경우, 여러 기관투자자들이 동일한 자문기관을 이용하고 동일한 방향으로 의결권이 행사된 경우 등을 들 수 있다.

이러한 경우에는 원칙적으로는 주식공동보유에 해당하지 않는 것으로 해석한다. 우선, 코드 원칙7의 포럼에 참석한 사정만으로는 참석자 간 주식의 공동보유관계에 있다고 볼 수는 없다. 또한, 투자대상기업 경영진 면담이나 동일한 자문기관을 이용하는 등의 경우에는 기관투자자 상호 간 의결권 공동행사에 대한 명시적, 묵시적 합의 없이 각자의 판단에 따라 독립적으로 의결권을 행사하였다면 결과적으로 동일한 방향으로 투표결과가 나오더라도 의결권 공동보유 관계가 성립되었다고 볼 수는 없다. 다만, 의결권행사로 인한 분쟁 발생 시 반대주주들로부터 공동보유라는 공격을 받을 수 있고 이 경우 공동보유가 아님을 증명하기란 쉽지 않을 것이다.

4. 대상 유가증권

(1) 대량보유보고의무가 적용되는 대상은 '상장법인의 주식 등'(제147조 제1항)[1198]으로서 일반적인 주식 외에도 사실상 의결권 있는 주식으로 전환, 교환,

1196) 서울중앙 2009. 1. 22. 선고 2008고합567 판결
1197) 스튜어드십 코드 원칙7 안내지침 : 기관투자자는 논의와 토론을 활성화하고 **공동의 이해관계를 추구하기 위한 포럼 등을 설립**하여 성공적인 주주활동 사례 등에 대한 경험과 의견을 나누고 학습함으로써 주주활동의 질을 향상시킬 수 있다.

인도할 수 있는 권리가 부여된 모든 증권(신주인수권부 사채, 전환사채 등)이 '주식 등'의 개념에 포함된다[1199]. 이러한 증권을 잠재적 증권(underlying securities)이라고도 한다[1200].

따라서 당연히 '비상장' 법인의 주식이나 의결권이 없는 주식은 해당하지 않는다. 왜냐하면 법규에 명시적으로 규정되어 있을 뿐만 아니라 비상장법인이라면 주식이 분산되어 있지 않으므로 거의 대부분 5% 룰에 저촉될 것이 예상되고, 보고의무의 강제가 적대적 기업인수에 대한 조기경보체계로서의 역할이 크기 때문인데 비상장기업은 그럴 가능성이 없기 때문이다[1201].

본래 증권시장이란 유가증권시장과 코스닥시장을 합하여 통칭하는 개념이고 (제9조 제13항), 상장법인이란 그 증권시장에 상장된 증권을 발행한 법인을 말하며(제9조 제15항 제1호), 주권상장법인은 '증권시장에 상장된 증권을 발행한 법인 및 주권과 관련된 증권예탁증권이 증권시장에서 상장된 경우에는 그 주권을 발행한 법인'을 말한다(제9조 제15항 제3호).

따라서 증권시장의 개념에 포함되어 있는 코스닥시장에서 발행한 증권 등도 당연히 주권상장법인에서 발행한 주식에 해당한다[1202]. 당연히, 주권비상장법인은 '주권상장법인을 제외한 법인'을 말한다(제9조 제15항 제4호).

(2) '주식 등'의 개념은 공개매수에 관한 제133조 제1항에서 '의결권 있는 주식, 그 밖에 대통령령으로 정하는 증권'을 가리켜 '주식 등'이라고 표기하고 있으므로 제147조에서 말하는 '주식 등'은 당연히 위 공개매수에 관한 개념이 적용된다. 그러므로 공개매수의 적용대상 증권은 '의결권 있는 주식 및 대통령령으로 정하는 주식'을 말한다. '그 밖의 증권'은 다음과 같다(시행령 제139조)[1203].

   1. 주권상장법인이 발행한 증권으로서 다음 각 목의 어느 하나에 해당하는

1198) 구증권거래법에서는 주권상장법인과 코스닥상장법인의 주식 등이라고 규정하였음(제200조의2).
1199) 동일한 견해로는 박정호 외(2012), 136쪽
1200) 임재연(2008), 956쪽
1201) 김정수(2011), 756쪽
1202) 구증권거래법 제200조의2 제1항에서 주권상장법인 외에 '코스닥상장법인'도 명시하였으나 자본시장법에서는 증권시장의 개념에서 이미 코스닥시장에서 포함하므로 이를 삭제하였음
1203) 구증권거래법 제21조 제1항 같은 규정임

증권

　　가. 주권

　　나. 신주인수권이 표시된 것

　　다. 전환사채권

　　라. 신주인수권부사채권

　　마. 가목부터 라목까지의 증권과 교환을 청구할 수 있는 교환사채권

　　바. 가목부터 마목까지의 증권을 기초자산으로 하는 파생결합증권(권리
　　　의 행사로 그 기초자산을 취득할 수 있는 것만 해당한다)

2. 제1호에 따른 주권상장법인 외의 자가 발행한 증권으로서 다음 각 목의
　어느 하나에 해당하는 증권

　　가. 제1호에 따른 증권과 관련된 증권예탁증권

　　나. 제1호에 따른 증권이나 가목의 증권과 교환을 청구할 수 있는 교환
　　　사채권

　　다. 제1호에 따른 증권이나 가목·나목의 증권을 기초자산으로 하는 파
　　　생결합증권(권리의 행사로 그 기초자산을 취득할 수 있는 것만 해
　　　당한다)

　앞서 언급한 것처럼, 의결권 있는 주식을 말하므로 의결권이 없는 주식은 제
외하기 때문에 무의결권 우선주도 당연히 포함되지 않는다. 상법상의 신주인수권
증서(제420조의2)는 위에서 언급한 '신주인수권이 표시된 것'에 포함되는 것으
로 보아야 하고, 분리형 신주인수권부 사채에서 분리된 신주인수권증권도 '신주
인수권이 표시된 것'에 포함되는 것으로 해석한다. 주식예탁증서(DR)[1204]는 대
상유가증권으로 명시되어 있지 않지만 대상 주식에 포함하는 것으로 본다[1205].

1204) 기업이 자신이 상장되어 있는 시장이 아니라 해외에서 주식을 발행하고자 할 경우 외국
　　의 예탁기관으로 하여금 해외 현지에서 증권을 발행·유통함으로써 원주와 상호 전환이 가
　　능하도록 한 주식대체증서(Depositary Receipts, DR)를 말한다. 발행회사로서는 안정적인
　　외화조달이 가능하고 투자자들은 낮은 거래비용으로 외국 기업에 직접 투자하는 효과를 얻
　　을 수 있다. 미국시장에서만 발행유통되는 ADR(American DR), 미국을 포함한 기타 해외
　　시장에서 발행유통되는 GDR(Global DR)로 구분한다.

1205) 동일한 견해로는 김건식(2006), 205쪽

5. 보고의무의 내용

가. 보고 주체 등

(1) 보고의 주체, 즉 보고의무가 있는 사람은 '주식 등을 대량보유하게 된 자'로서 대량보유를 하게 된 본인과 그 특별관계자이다.

본인과 그 특별관계자가 함께 보고하는 경우에는 주식 등의 수가 가장 많은 자를 대표자로 선정하여 연명으로 보고할 수 있다(시행령 제153조 제4항). 이를 '대표자 연명보고'라고 하는데 연명보고를 하는 경우에는 특별관계자는 그 대표자에게 보고를 위임한다는 뜻을 기재한 위임장을 제출하고, 대표자는 제출받은 위임장사본을 최초연명보고 시 주식 등의 대량보유 및 변동보고서에 첨부하여 금융위에 제출하여야 한다.

최초보고를 한 이후 대량변동 또는 보유목적에 변경이 있는 때에는 연명보고를 한 대표자가 대량변동보고를 하여야 한다[1206]. 다만, 대표자가 변경되는 경우에는 변경된 대표자가 보고를 하여야 하며 이 경우에도 방법은 같다. 만약 대표자가 선정되어 있지 않을 경우에는 보고의무위반행위에 대해서는 주식보유자 모두가 본죄의 주체가 될 것이지만, 대표자가 선정되어 대표자가 중요사항에 관하여 허위로 보고하거나 누락한 경우 원칙적으로 행위자는 대표자이므로 대표자에게만 본죄가 성립한다고 해야 할 것이고 다른 보고의무자가 대표자의 범행에 가담하였다면 공범으로의 책임을 부담한다[1207].

보고는 금융위와 거래소에 하여야 하고, 금융위 및 거래소는 위와 같이 제출받은 보고서를 3년간 비치하고, 인터넷 홈페이지 등을 이용하여 공시하여야 한다(제149조)[1208].

1206) 증권의 발행 및 공시에 관한 규정 제3~11조(연명보고의 방법)
1207) 김성준 외(2007), 357쪽
1208) 보고서의 서식과 작성방법은 금융위에서 고시한다(시행령 제153조 제6항).

(2) 대량보유 보고의무나 중요사항의 변동사항을 법률의 절차에 따라 보고한 자는 지체 없이 그 사본을 해당 주식 등의 발행인에게 송부해야 한다(제148조). 다만 주권 이외의 증권의 경우에는 다음의 사람들에게 송부하면 된다(시행령 제156조). 발행인에 대한 송부의무규정은 자본시장법에서 신설된 내용이다.

① 교환사채권의 경우에는 교환의 대상이 되는 주식 등의 발행인

② 파생결합증권의 경우에는 그 기초자산이 되는 주식 등의 발행인

③ 증권예탁증권의 경우에는 그 기초가 되는 주식 등의 발행인

이러한 송부의무는 대량보유상황보고(최초보고), 보유비율변동보고, 중요한 사항의 변경보고의 경우 모두에 해당한다.

나. 보고기한 등

(1) 본인과 그 특별관계자가 그 주식 등의 총수의 100분의 5 이상의 주식을 보유하게 된 경우에는 '그 보유하게 된 날로부터 5일 이내[1209]'에 이를 보고하여야 하고 그 보유하고 있는 주식이 그 주식 등의 총수의 100분의 1 이상 변동된 경우에도 '그 변동된 날로부터 5일 이내'에 보고하여야 한다. 단, '공휴일, 근로자의 날, 토요일'은 위 기간에 산입하지 않는다(시행령 제153조 제1항).

'대량보유하게 된 날, 변동된 날'로부터 5일 이내이므로 그 당일은 5일 기간에 산입하지 않는다(초일불산입의 원칙[1210]).

(2) 보고의무가 발생하는 기준일, 즉 '주식 등을 대량보유하게 된 날, 100분의 1 이상의 변동된 날'은 다음과 같다(시행령 제153조 제3항).

① 주권비상장법인이 발행한 주권이 증권시장에 상장된 경우에는 그 상장일

② 흡수합병인 경우에는 합병을 한 날, 신설합병인 경우에는 그 상장일

③ 증권시장에서 주식 등을 매매한 경우에는 그 계약체결일[1211]

1209) 미국은 10일 이내에 보고할 것을 요구한다(임재연(2008), 957쪽).

1210) 금감원, 기업공시 실무안내 "의무발생일을 제외하고 그 다음날부터 5일간의 기간을 계산하는 초일불산입 원칙을 적용한다."고 설명(박정호 외(2012), 139쪽)

1211) 구증권거래법에서는 결제일을 보고기준일로 하였으나 자본시장법에서 이를 개정하였음

④ 증권시장 외에서 주식 등을 취득하는 경우에는 그 계약체결일

⑤ 증권시장 외에서 주식 등을 처분하는 경우에는 대금을 받는 날과 주식 등을 인도하는 날 중 먼저 도래하는 날

⑥ 유상증자로 배정되는 신주를 취득하는 경우에는 주금납입일의 다음날

⑦ 주식 등을 차입하는 경우에는 그 차입계약을 체결하는 날, 상환하는 경우에는 해당 주식 등을 인도하는 날

⑧ 주식 등을 증여받는 경우에는 민법에 따른 효력발생일, 증여하는 경우에는 해당 주식 등을 인도하는 날

⑨ 상속으로 주식 등을 취득하는 경우로서 상속인이 1인인 경우에는 단순승인이나 한정승인에 따라 상속이 확정되는 날, 상속인이 2인 이상인 경우에는 그 주식 등과 관계되는 재산분할이 종료되는 날

⑩ 제1호부터 제9호까지 외의 사유로 인하여 보고하여야 하는 경우에는 민법·상법 등 관련 법률에 따라 해당 법률행위 등의 효력이 발생하는 날

여기에서 ③, ④의 경우 증권시장 내외에서 매매로 취득한 때에는 그 주식 등의 취득일이 아니라 계약체결일이 기준일이 된다는 점, ⑤의 경우 기준일이 양자 중 1개일 수 있다는 점, ⑥의 경우 기준일이 취득한 날이나 주금납입일이 아니라 '주금납입일의 다음날'이라는 점에 유념하여야 한다.

(3) 일단 대량보유 보고의무가 발생하거나 변동보고의무가 발생한 이후 보고하려는 날의 전일까지, 즉, 보고기준일로부터 5일 이내에 새로이 1% 이상 변동사항이 발생하였을 경우에는 이미 발생했던 보고의무가 변동되어 소멸되는 것이 아니기 때문에 기존의 주식 변동 전의 사항도 보고하여야 하므로 당초 보고서에 변동내용까지 포함하여 기재하여야 한다[1212].

그러므로 주식 등의 대량보유상황·보유 목적 또는 그 변동내용을 보고하는 날 전일(前日)까지 새로 변동내용을 보고하여야 할 사유가 발생한 경우 새로 보고하여야 하는 변동내용은 당초의 대량보유상황, 보유 목적 또는 그 변동내용을 보고할 때 이를 함께 보고하여야 한다(제147조 제3항)[1213].

1212) 미국 1934년도 SEC법에서 10일의 보고기한을 규정하면서 기한 내 변동에 대한 보고의무를 규정하지 않아 문제가 있었다고 한다. 이 부분에 대한 연혁적 설명에 대해서는, 김정수(2011), 744쪽

다. 보고 내용

(1) 보고할 내용은 '보유상황, 보유 목적, 그 보유 주식 등에 관한 주요 계약 내용과 그 밖에 대통령으로 정하는 사항'이다.

'보유 목적'이란 '발행인의 경영권에 영향을 주기 위한 목적 여부'를 말하므로 (제147조 제1항 전단) 경영권에 영향을 주기 위하여 주식 등을 보유한 것인지 여부를 밝혀야 한다.

'보유주식 등에 관한 주요계약 내용'은 제도의 취지상 보유지분의 변동이나 보유목적의 변경을 야기할 수 있는 계약을 의미하고 보유주식 등에 대한 담보권 설정계약, 의결권 행사와 관련된 계약 등이 이에 해당한다[1214].

'그 밖의 대통령령으로 정하는 사항'은 ① 대량보유자와 그 특별관계자에 관한 사항, ② 보유 주식 등의 발행인에 관한 사항, ③ 변동 사유, ④ 취득 또는 처분 일자·가격 및 방법, ⑤ 보유 형태, ⑥ 취득에 필요한 자금이나 교환대상물건의 조성내역(차입인 경우에는 차입처를 포함한다)[1215], ⑦ 위 제①호부터 제⑥호까지의 사항과 관련된 세부사항으로서 금융위가 정하여 고시하는 사항(시행령 제153조 제2항) 등을 말한다.

①과 관련해서 대량보유나 그 특별관계자가 투자신탁이나 투자익명조합의 집합투자업자 또는 투자회사·투자유한회사·투자합자회사 및 투자조합(통틀어 '집합투자기구'라고 함)인 경우에는 해당 집합투자지구와 해당집합투자업자 각각에 대하여 이를 기재하여야 한다[1216].

당해주식을 담보로 제공받은 경우에는 원칙적으로 주식을 보유한 것이라고 볼 수는 없으므로 그 질권자나 유치권자, 담보권자 등에게 보고의무가 없다. 그러나 그 담보권자 등이 질권, 유치권, 담보권을 실행하여 해당 주식 등을 보유하게 되었다면 그와 같이 담보권 실행일을 기준일로 하여 5일 이내에 보고해야 한다.

1213) 이는 구증권거래법 제 202조의2 제3항의 내용과도 동일하다.
1214) 임재연(2012), 524쪽
1215) 이처럼 대량보유자 등의 신용관련 정보가 일반에게 모두 공개되는 것은 지나친 것이라는 비판도 있다(김건식(2006), 207쪽 참고).
1216) 증권의 발행 및 공시 등에 관한 규정 제3~10조(보고서의 기재사항)

(2) 보고서에 첨부할 서류로는 ① 매매보고서 그 밖에 취득 또는 처분을 증빙할 수 있는 자료, ② 보유주식 등에 관한 주요 계약서 사본 등이다1217).

다만 '국가 또는 한국은행, 자본시장법시행령 제10조 제2항1218), 자본시장법시행령 제10조 제3항 제1호부터 제4호1219), 그 밖에 이에 준하는 법인으로 금감원장이 정하는 법인'에 해당하는 법인이 증권시장을 통하여 주식 등을 취득 또는 처분한 경우에는 매매보고서 또는 그 취득 또는 처분에 관한 증빙서류의 제출을 생략할 수 있다. 이 경우 외국법인인 경우에는 대량보유보고서를 신규로 제출하는 때에 해당 외국금융투자감독기관의 인가, 허가 또는 등록확인서 등 해당업무를 영위하는 법인임을 확인할 수 있는 서류를 제출하여야 한다.

1217) 증권의 발행 및 공시 등에 관한 규정 제3~12조(보고서의 첨부서류 등)
1218) 법 제9조제5항제3호에서 '대통령령으로 정하는 금융기관'이란 다음 각 호의 금융기관을 말한다. 1. 은행법에 따른 은행, 2. 한국산업은행법에 따른 한국산업은행, 3. 중소기업은행법에 따른 중소기업은행, 4. 한국수출입은행법에 따른 한국수출입은행, 5. 농업협동조합법에 따른 농업협동조합중앙회 및 농협은행, 6. 수산업협동조합법에 따른 수산업협동조합중앙회, 7. 보험업법에 따른 보험회사, 8. 금융투자업자[법 제22조에 따른 겸영금융투자업자(이하 '겸영금융투자업자'라 한다)는 제외한다], 9. 증권금융회사, 10. 종합금융회사, 11. 법 제355조제1항에 따라 인가를 받은 자금중개회사, 12. 금융지주회사법에 따른 금융지주회사, 13. 여신전문금융업법에 따른 여신전문금융회사, 14. 상호저축은행법에 따른 상호저축은행 및 그 중앙회, 15. 산림조합법에 따른 산림조합중앙회, 16. 새마을금고법에 따른 새마을금고연합회, 17. 신용협동조합법에 따른 신용협동조합중앙회, 18. 제1호부터 제17호까지의 기관에 준하는 외국 금융기관
1219) 법 제9조제5항제5호에서 '대통령령으로 정하는 자'란 다음 각 호의 자를 말한다. 다만, 제12호부터 제17호까지의 어느 하나에 해당하는 자가 금융투자업자와 장외파생상품 거래를 하는 경우에는 전문투자자와 같은 대우를 받겠다는 의사를 금융투자업자에게 서면으로 통지하는 경우만 해당한다. 1. 예금자보호법에 따른 예금보험공사 및 정리금융기관, 2. 금융기관부실자산 등의 효율적 처리 및 한국자산관리공사의 설립에 관한 법률에 따른 한국자산관리공사, 3. 한국주택금융공사법에 따른 한국주택금융공사, 4. 한국투자공사법에 따른 한국투자공사 4의2. 한국정책금융공사법에 따른 한국정책금융공사, 5. 협회, 6. 법 제294조에 따라 설립된 한국예탁결제원, 7. 법 제373조에 따라 설립된 한국거래소, 8. 금융위의 설치 등에 관한 법률에 따른 금감원, 9. 집합투자기구(금융위가 정하여 고시하는 것은 제외한다), 10. 신용보증기금법에 따른 신용보증기금, 11. 기술신용보증기금법에 따른 기술신용보증기금, 12. 법률에 따라 설립된 기금(제10호 및 제11호는 제외한다) 및 그 기금을 관리·운용하는 법인, 13. 법률에 따라 공제사업을 경영하는 법인, 14. 지방자치단체

라. 보고기한, 보고방법의 완화

(1) 경영권에 영향을 줄 목적이 없는 경우

5% 보고의무제도는 투자자보호의 목적도 있지만 경영권지배와 직접적인 관련이 있으므로 5% 이상 취득하는 경우라도 경영권에 영향을 미칠 목적이 아님이 분명하다면 굳이 엄격한 공시절차를 밟도록 할 필요는 없다. 따라서 그 '보유 목적이 발행인의 경영권에 영향을 주기 위한 것이 아닌 경우'에는 그 법인의 경영권에 대한 침해라든가 일반투자자의 법익을 침해할 가능성이 없다고 추정되므로 보고시기를 달리 정할 수 있도록 규정하고 있고(제147조 제1항 후단) 약식보고서를 사용하게 된다.

이는 이러한 기관투자자들의 경우에는 해당법인의 경영권에 영향을 줄 목적이 없는 것으로 간주되기 때문이고, 업무상 실제로 빈번하게 주식을 매매하는 기관투자자들의 업무부담을 경감하기 위한 목적이다. 따라서 반대로, 이러한 기관투자자들이 경영권에 영향을 줄 의도로 주식을 취득하거나 주식보유상황이 변동되었다면 원칙대로 보고의무를 부담한다.

이러한 기관투자자들은 '① 보유 상황, ② 대량보유자와 그 특별관계자에 관한 사항, 보유 주식 등의 발행인에 관한 사항, 취득 또는 처분 일자·가격 및 방법1220), ③ 주식 등의 보유기간 동안 경영권에 영향을 주기 위한 행위를 하지 아니하겠다는 확인'의 사항을 기재한 보고서로 보고할 수 있다. 그 보유 상황에 변동이 있는 경우에는 그 변동이 있던 달의 다음 달 10일까지 보고할 수 있다1221).

(2) 국가, 지방자치단체 등 보고의무 완화

전문투자자 중에서 '국가, 지방자치단체, 한국은행, 그 밖에 그 보고내용과 보고시기 등을 달리 정할 필요가 있는 자로서 금융위가 정하여 고시하는 자1222)'의 경우1223)에도 보고내용, 보고시기 등을 완화하고 있다(제147조 제1항 후단).

1220) 시행령 제153조 제2항 제1, 2, 4호
1221) 시행령 제154조 제2항
1222) 증권의 발행 및 공시 등에 관한 규정 제3~14조(보고특례적용 전문투자자). 시행령 제
　　　10조 제2항 9호(증권금융회사) 및 제3항의 회사들을 말함

국가나 지방자치단체, 한국은행 등에 대해서 구증권거래법에서는 5% 보고의무를 면제하였으나 자본시장법에서는 이들에게도 보고의무를 부여[1224]하면서 보고의 특례(약식보고)를 인정한다. 이는 일반투자자 중 경영참여 목적이 없는 단순투자목적의 경우와 경영참여의 가능성이 매우 낮은 전문투자자에 대하여 공시부담을 줄여주기 위한 것이다[1225].

이러한 규정은 국내기업에 대한 외국인 투자자들의 적대적 M&A 등 경영권 위협에 대처할 목적으로 경영권 관련 공시를 구증권거래법에서 2005년도 이후 강화하면서 추가되었다[1226]. 구증권거래법에서는 기관투자자들의 경우에는 경영권침탈의 목적이 없는 것으로 간주하여 특례를 인정하였으나 자본시장법에서는 이를 폐지하였다. 왜냐하면 국가, 지방자치단체 등은 경영권 분쟁과 관련이 없지만 주식 등의 대량보유정보는 경영권 관련 당사자뿐 아니라, 주식 등의 시장가격에도 영향을 주므로 일반투자자에게도 중요한 정보이기 때문이다[1227].

이러한 국가 등 전문투자자는 '① 보고하여야 할 사유가 발생한 날의 보유 상황 및 변동 내용, ② 대량보유자와 그 특별관계자에 관한 사항, 보유 주식 등의 발행인에 관한 사항[1228]'을 모두 기재한 보고서로 주식 등의 보유 또는 변동이 있었던 분기의 다음달 10일까지 보고할 수 있다.

(3) 변동보고의무의 면제

대량보유자의 보유주식비율이 1%의 변동이 있을 경우에는 원칙적으로 보고하여야 하나 1% 이상의 변동에도 불구하고 주식보유자의 임의적인 처분에 의한 것이 아닌 변동일 경우 등에는 보고의무를 면제한다.

보고위무가 면제되는 경우는 '① 주주가 가진 주식수에 따라 배정하는 방법으로 신주를 발행하는 경우로서 그 배정된 주식만을 취득하는 경우, ② 주주가 가진 주식수에 따라 배정받는 신주인수권에 의하여 발행된 신주인수권증서를 취득하는 것만으로 보유 주식 등의 수가 증가하는 경우, ③ 자기주식의 취득 또는

1223) 시행령 제154조 제2항
1224) 제147조 제1항 후단, 시행령 제154조 제2항
1225) 금융위, 기업공시서식작성기준 별표. 윤승한(2011), 565쪽 참조
1226) 김건식(2006), 207쪽
1227) 임재연(2012), 521쪽
1228) 시행령 제153조제2항 제1, 2호

처분으로 보유 주식 등의 비율이 변동된 경우, ④ 자본감소로 보유 주식 등의 비율이 변동된 경우, ⑤ 신주인수권이 표시된 것(신주인수권증서는 제외), 신주인수권부사채권·전환사채권 또는 교환사채권에 주어진 권리행사로 발행 또는 교환되는 주식 등의 발행가격 또는 교환가격 조정만으로 보유 주식 등의 수가 증가하는 경우' 등도 보고대상이 아니다(시행령 제153조 제5항). 그러나 주식의 가액 조정으로 인한 주식수 변동 시에는 보고의무가 있다.

이 제도는 잠재적인 적대적 M&A나 그 밖에 경영권에 영향을 줄 수 있는 주식보유상황의 '조기경고체제'로서의 의미를 가지고 있으므로[1229] 보유주식수 등의 수가 변동되지 않고 그 보유비율만 변동되는 경우에는 보고의무를 부과할 필요가 없으므로 1% 이상 보유상황이 변동하더라도 보고의무를 면제한 것이다. 다만 이러한 변동된 상태가 공시되지 않아 결과적으로 일반투자자자들에게 정확하지 않은 보유정보를 제공할 가능성은 존재하지만, 그렇다고 해도 보유자의 귀책이 없는 부분까지 보고의무를 부담하게 하는 것은 합리적이 아니기 때문에 이러한 면제의무는 수긍할 수 있다.

변동보고의무가 면제되는 경우라 하더라도 대량보유보고의무가 새로이 발생하는 것까지 자동적으로 면제되는 것은 아니다. 예를 들어, 전환사채의 행사가격 조정으로 4.9%에서 5.1%가 되는 경우에는 신규보고의무가 발생한다.

사례 : 피고인이 2000. 11. 13.부터 12. 18.까지 사이에 을 등의 차명계좌로 A사 발행의 전환사채 300만 달러 상당을 매수하여 보유하고 있었던 사실, 피고인이 보유하고 있던 전환사채는 2000. 12. 26. A사에서 전환가액을 3,304원으로 조정하기 이전에는 그 전환예정 주식수가 A사의 주식 총수의 100분의 5 이상을 넘지 않았는데, 위와 같이 전환가액이 조정됨으로써 전환예정 주식수가 1,024,757주가 되어 그 보유비율이 12.24%에 이르게 된 사실, 그럼에도 피고인이 그 보유상황을 2001. 1. 2.까지 보고하지 않은 사실이 인정되므로 이처럼 전환가액의 조정으로 말미암아 처음으로 보유비율이 발행 주식 등의 5%를 초과하게 된 경우도 주식 등을 대량보유한 때에 해당하므로 그 상황을 보고할 의무가 발생하고 변동보고의무의 면제자에 관한 규정이나 보유상황 등의 보고의무가 면제되는 경우에 해당하지 않는다[1230]

1229) 김정수(2011), 755쪽 ; 김성준 외(2007), 356쪽
1230) 대법 2004. 6. 17. 선고 2003도7645 전원합의체 판결

6. 보고의무위반에 대한 제재

(1) 대량보유 보고의무위반에 대해서는 형사상 제재 외에 민사상 손해배상 책임 및 다양한 행정상 제재가 있다. 일반적으로 고발 또는 수사기관 통보, 과징금, 경고 또는 주의 등 일반적인 제재를 가할 수 있고, 대량보유 보고의무의 대상 주식에 대한 주식처분명령, 의결권 제한과 같은 특별 제수단도 규정하고 있다.

사례 : 미국 법원에서는 보고의무위반 등을 이유로 의결권을 제한하거나 주식을 처분하도록 결정하는 경우란 거의 없다. 미국 사례[1231]에서, 갑이 A회사 주식을 5% 초과하여 취득하였는데 부주의로 3개월 이상 이를 보고하지 못하자 A회사에서는 갑에 대한 의결권 제한을 구했고 원심에서는 A의 청구를 인용하여 보고의무를 위반한 시점부터 현실적으로 제출한 시점까지 사이에 취득한 주식에 대해 5년간 의결권행사를 금지하였다. 그러나 연방대법원은 이러한 금지결정을 얻는데 필요한 '회복할 수 없는 손해(irreparable harm)'에 대한 입증을 하지 못했다는 이유로 원심판결을 파기하였다. 이 판결은 부주의로 인한 보고의무위반과 의결권 제한이 문제된 사안이지만 일반적으로 하급심에서는 대량보유보고의무위반에 대한 구제수단으로 의결권 제한이나 주식처분은 허용되지 않는 것으로 이해한다.

(2) 대량보유 및 중요사항의 보고(제147조 제1, 3, 4항)를 하지 않거나 중요한 사항을 거짓으로 보고하거나 중요한 사항의 기재를 누락한 자는 일정한 기간 의결권 있는 발행주식총수의 100분의 5를 초과하는 부분 중 위반분에 대하여 그 의결권을 행사해서는 안 되며 금융위는 6개월 이내의 기간을 정하여 그 위반분의 처분을 명할 수 있다(주식처분명령)(제150조 제1항).

'중요한 사항'이란 '① 대량보유자와 그 특별관계자에 관한 사항, ② 보유 목적, ③ 보유 또는 변동 주식 등의 종류와 수, ④ 취득 또는 처분 일자, ⑤ 보유 주식 등에 관한 신탁·담보계약, 그 밖의 주요계약 내용' 등을 말한다(시행령 제158조).

1231) Rondeau v. Mosinee Paper Corp. 판결(422US1975)

'일정한 기간'이란 '① 고의나 중과실로 법 제147조제1항·제3항 또는 제4항에 따른 보고를 하지 아니한 경우 또는 제157조 각 호의 사항을 거짓으로 보고하거나 그 기재를 빠뜨린 경우에는 해당 주식 등의 매수 등을 한 날부터 그 보고(그 정정보고를 포함)를 한 후 6개월이 되는 날까지의 기간, ② 법 및 이 영, 그밖의 다른 법령에 따라 주식 등의 대량보유상황이나 그 변동·변경내용이 금융위와 거래소에 이미 신고되었거나, 정부의 승인·지도·권고 등에 따라 주식 등을 취득하거나 처분하였다는 사실로 인한 착오가 발생하여 법 제147조제1항·제3항또는 제4항에 따른 보고가 늦어진 경우에는 해당 주식 등의 매수 등을 한 날부터그 보고를 한 날까지의 기간'을 말한다(시행령 제158조).

(3) 경영권에 영향을 주기 위한 목적으로 주식을 취득한 경우뿐만 아니라, 처음에는 단순투자목적으로 보유목적을 보고하였다가 그 후 경영권에 영향을 주기 위한 목적으로 보유목적을 변경하는 경우 모두 보고사유 발생한 날로부터 보고한 날 이후 5일까지 그 발행인의 주식 등을 추가로 취득하거나 보유주식 등에대한 의결권이 제한된다(제150조 제2항).

이러한 의결권 제한기간을 가리켜 '냉각기간(cooling off period)'이라고 하는데, 5일의 보고기한을 이용하여 추가로 주식 등을 취득하거나 이미 보유주식의보유목적을 경영권에 영향을 주기 위한 것으로 변경한 후 즉시 의결권을 행사함으로써 경영진의 방어기회를 박탈당하거나 예고도 없이 경영권에 간섭을 받게 되는 것을 방지하기 위하여 만든 제도다[1232]. 5% 룰이 적대적 인수에 대한 일종의사전경고적인 성격을 갖고 있는 점에 비추어 보면 당연한 제한이다[1233]. 구증권거래법에서도 의결권제한에 관한 규정이 있었지만 주식 추가취득금지는 자본시장법에서 신설한 내용이다.

1232) 임재연(2012), 530쪽
1233) 김정수(2011), 742쪽

7. 벌칙1234)

(1) 대량보유보고의무자 중 '중요한 사항에 관하여 거짓의 기재 또는 표시를 하거나 중요한 사항을 기재 또는 표시하지 아니한 경우'에는 5년 이하의 징역 또는 2억 원 이하의 벌금에 처하도록 규정하고 있다(제444조 18호). 또한 대량보유보고의무에 반하여 '보고를 하지 아니한 경우'에는 3년 이하의 징역 또는 1억원 이하의 벌금에 처하도록 규정하고 있다(제445조 제20호).

구증권거래법에서는 '허위(부실)보고'와 '미보고(보고지연)'를 구분하지 않았지만 자본시장법에서는 이를 구분하면서 법정형을 더 높였다.

보고의무자가 되기 위해서는 본인이 보고의무자에 해당한다는 사실을 인지하고 있어야 한다. 또한 본인 외에 특수관계자가 있을 경우에는 특수관계자의 주식을 합하여 주식 총수의 5% 이상을 본인을 포함한 특수관계인들이 보유하고 있는지를 알고 있어야 하므로 자신들이 어느 정도 주식을 매입하였는지 알았다고 인정할 수 없을 경우에는 보고의무가 있다고 볼 수 없다1235). 그러나 자신이나 특수관계자의 정확한 보유나 변동 비율을 알고 있을 것을 요건으로 하는 것은 아니다.

다만, 실무에서는 일반투자자들이 법령에 대해 제대로 알지 못해 위반하는 경우가 많으며, 고의성이 인정되지 않는 단순한 과실이나 법령의 무지에서 비롯된 경우에는 대개 경고에 그치고 고발하는 경우는 거의 없다.

(2) 대량보유보고제도는 시세조종 등 불공정거래행위의 보호법익과는 다르기 때문에 대량보유보고의무 위반행위와 시세조종 등 불공정거래행위는 법조경합관계가 아니라 실체적 경합관계라고 보아야 한다1236).

공소시효의 기산점을 보고의무가 발생한 시점으로 보는 견해1237)도 있으나,

1234) 형사적인 벌칙 외에 사안이 경미한 경우 과징금을 부과할 수도 있으며(제429조 제4항), 그 요건은 동일하다.
1235) 서울중앙 2012. 12. 28. 선고 2011고합414 판결
1236) 서울중앙 2009. 1. 22. 선고 2008고합567 판결. 동 판결에서는 '허위의 대량보유상황보고서의 제출행위가 허위표시문서를 이용한 사기적 부정거래의 구성요건행위가 해당될 경우에는 상상적 경합관계'라고 판단하였음
1237) 임재연(2012), 536쪽

보고의무가 발생한 사실만으로는 실행의 착수에 들어간 것이라고 볼 수 없으므로 5일이 경과한 날을 기산점으로 보아야 한다.

(3) 양벌규정(제448조)이 적용되고 이미 앞서 설명한 양벌규정의 법리가 여기에도 동일하게 적용된다.

사례 : 상장법인 A사 대표이사이자 B특허법인의 대표자인 갑이 A사 주가를 관리하고 주가폭락에 따른 손실을 만회하고자 을, 병과 공모하여 시세조종을 하는 과정에서 2007. 8. 1.경 주권상장법인인 A사 주식 1,757,590주(41.16%)를 보유하여 주식을 대량보유하게 되었음에도 보고의무일인 2007. 8. 8.까지 그 주식보유상황과 보유목적을 보고하지 않았을 뿐만 아니라, 2007. 5. 30.경 A사 대표이사로서 회사 주식 1,630,926주(38.19%)를 소유하여 주요주주가 된 후 2007. 7. 31.경까지 회사 주식을 추가로 매수하여 같은 날 기준으로 회사 주식 1,757,590주(41.16%)를 소유하게 됨으로써 그 소유상황에 변동이 있었음에도 보고의무일인 2007. 8. 10.경까지 주식소유상황을 보고하지 않은 사안에서 A사 대표이사인 갑이 A사 업무에 관하여 보고의무를 위반하였다고 보아 갑뿐 아니라 A사에게도 양벌규정을 적용하였음[1238]

1238) 서울남부 2010. 9. 7. 선고 2010고단1400 판결

제3절 임원 등 특정증권 등 소유상황 보고의무 위반 등

1. 개념

(1) 주식 등의 대량보유보고 제도와 유사한 제도로서 '임원 등의 특정증권 등 소유상황보고'와 '장내파생상품의 대량보유보고'가 있다. 이 제도는 기업의 경영권이나 지배권에 대한 영향력과도 직접적인 관련이 있기도 하지만 미공개 중요정보와 더 밀접한 관련이 있다.

전자는, 주권상장법인의 임원 또는 주요주주는 임원 또는 주요주주가 된 날부터 5일 이내에 누구의 명의로 하든지 자기의 계산으로 소유하고 있는 특정증권 등의 소유상황을, 그 특정증권 등의 소유상황에 변동이 있는 경우에는 그 변동이 있는 날부터 5일까지 그 내용을 보고하도록 하는 제도이다(제173조)[1239].

후자는, 장내파생상품을 일정 수량 이상을 보유(누구의 명의로든지 자기의 계산으로 소유하는 경우를 말함)하게 된 자는 그날부터 5일 이내에 그 보유 상황을, 그 보유 수량이 일정 수량 이상으로 변동된 경우에는 그 변동된 날부터 5일 이내에 그 변동 내용을 보고하도록 하는 제도이다(제173조의2). 다만, '5일 이내에 보유 및 변동상황을 보고하지 않거나 거짓 보고하였을 경우'에는 형사처벌의 대상은 아니고 과태료만이 부과될 뿐이다(제449조 제1항 제8의2호)[1240].

이러한 제도의 목적은 상장법인의 임직원 등 해당법인의 주식과 관련된 정보에 쉽게 접근하고 주가를 움직일 수 있는 개연성이 높은 사람들로 하여금 자신들

1239) 구증권거래법에서도 "주권상장법인 또는 코스닥상장법인의 임원 또는 주요주주는 그 지위를 취득한 날로부터 10일 이내에 자사주식의 소유상황을 시행령이 정하는 바에 따라 증선위와 거래소에 보고하여야 한다"라고 동일한 취지의 제도를 규정하고 있었다(제188조 제6항). 다만, 구증권거래법은 주식만을 대상으로 하고 있었으나 자본시장법은 단기매매차익반환의 대상이 되는 증권과 동일하게 규정하고 있다.

1240) 형사처벌이 아니라 과태료부과대상에 불과하므로 이하에서 언급하지 않음. 참고로, 제173조의2 제2항을 위반하여 파생상품시장에서의 시세에 영향을 미칠 수 있는 정보를 누설하거나, 장내파생상품 및 그 기초자산의 매매나 그 밖의 거래에 이용하거나, 타인으로 하여금 이용하게 한 자의 경우에는 형사처벌을 받는다(제445조 제22의2호).

이 보유하고 있는 그 상장법인의 주식 보유현황 등을 공개하게 함으로써 불공정
거래행위를 사전에 차단하고 투명성을 높임으로써 부당한 내부자거래의 가능성
을 제한하고 일반투자자들로 하여금 공정한 거래를 가능하게 하는 기능을 하게
된다. 이와 같이 주식거래의 투명성을 제고함으로써 투자판단자료를 제공하여 일
반투자자의 보호도 동시에 목적으로 한다고 볼 수 있다1241).

(2) 이 제도는 '주식 등의 대량보유보고의무' 제도와 비슷하기는 하지만 구
성요건상 차이가 있다. 즉, 특정시점으로부터 5일 이내에 특정증권 등의 보유상
황이나 변동상황을 보고해야하는 것은 동일하지만 그 보고의 주체, 시기 및 보고
대상 주식 등의 범위가 다르다. 그러므로 두 개의 의무는 별개의 것이므로 주권
상장법인의 임원의 경우에는 5% 이상 주식을 보유할 경우에는 그 보고 외에 특
정증권 등의 보유상황도 보고할 의무가 있고1242) 그러므로 양자의 관계는 실체
적 경합관계이다1243).

즉, 대량보유보고의무 제도는 시장투명성과 정보효율성의 제고를 위하여 국
가, 지방자치단체, 정부기금 등을 불문하고 금융위와 거래소에 보고하는 외에 해
당 법인에 대해서도 5% 이상 보유사실을 통보하도록 하고 있고, 그 보고도 금융
위에 하도록 되어 있으나 이 제도는 증권선물위원회에 하도록 되어 있고 신고주
체 등에 차이가 있으므로 실체적 경합으로 보아야 한다1244).

2. 구성요건

가. 보고의무자

(1) 특정증권 등의 소유상황을 보고해야 하는 자는 주권상장법인의 임원 또

1241) 김정수(2011), 987쪽 ; 김성준 외(2007), 248쪽 ; 한국증권법학회(2009), 848쪽
1242) 동일한 견해로는 윤승한(2011), 763쪽
1243) 임재연(2012), 780쪽
1244) 한국증권법학회(2009), 850쪽

는 주요주주이다. 임원이라 함은 자본시장법을 통틀어 보통 '이사 및 감사'를 말하지만(제9조 제2항), 상법 제401조의2 제1항에서 규정한 '업무집행지시자'를 포함한다. 업무집행지시자는 '① 회사에 대한 자신의 영향력을 이용하여 이사에게 업무집행을 지시한 자, ② 이사의 이름으로 직접 업무를 집행한 자, ③ 이사가 아니면서 명예회장·회장·사장·부사장·전무·상무·이사 기타 업무를 집행할 권한이 있는 것으로 인정될 만한 명칭을 사용하여 회사의 업무를 집행한 자'로서 그가 지시하거나 집행한 업무가 상법 제399조[1245]·제401조[1246] 및 제403조[1247]에 적용될 때에는 이사로 간주하게 된다. 상법상의 업무집행관여자를 포함함으로써 종래 집행임원도 이에 포함된다고 해석된다.

'임원'에 관한 규정은 내부자거래와 동일한 개념이고, 이사 중에서는 대표이사나 사외이사도 당연히 포함된다. 다만, 일반 '직원'은 원칙적으로는 임원에 해당하지 않으므로 이러한 보고의무를 부담하지 않는다.

그 회사의 직급이나 직위, 명칭에 따르지 않고 실질적으로 처리하는 업무의 내용을 기준으로 해야 하므로 예를 들어 '고문'이라는 명칭을 사용할지라도 '본사 및 공장에 매일 출근하여 공장 신축관리업무를 총괄하고, 회사 인사기록카드에도 임원으로 취급되고 있거나 회사의 주요한 의사결정에 관여했다면 임원이라고 보아야 한다.

다만, 이에 대해서는 현실적으로 외부에 드러나지 않는 업무집행지시자, 특히 회사에 대한 자신의 영향력을 이용하여 이사에게 업무집행을 지시한 자나 이사의 이름으로 직접 업무를 집행한 무권대행자 또는 이사가 아니면서 회사의 업무를 집행할 권한이 있는 것으로 인정될 만한 명칭을 이용하여 회사 업무를 집행한 표현이사 등은 그 지위상 보고의무를 이행하는 것이 현실적으로 불가능하다는 점에서 무리한 규제라고 보는 견해[1248]도 있다.

1245) 상법 제399조(회사에 대한 책임) ① 이사가 고의 또는 과실로 법령 또는 정관에 위반한 행위를 하거나 그 임무를 게을리한 경우에는 그 이사는 회사에 대하여 연대하여 손해를 배상할 책임이 있다. ② 전항의 행위가 이사회의 결의에 의한 것인 때에는 그 결의에 찬성한 이사도 전항의 책임이 있다. ③ 전항의 결의에 참가한 이사로서 이의를 한 기재가 의사록에 없는 자는 그 결의에 찬성한 것으로 추정한다.

1246) 상법 제401조(제삼자에 대한 책임) ① 이사가 고의 또는 중대한 과실로 그 임무를 게을리한 때에는 그 이사는 제3자에 대하여 연대하여 손해를 배상할 책임이 있다. ② 제399조 제2항, 제3항의 규정은 전항의 경우에 준용한다.

1247) '주주의 대표소송'에 관한 규정

미공개 중요정보를 알 수 있던 직원1249)들은 내부자로 간주되지만(제172조 제1항), 그러한 지위에 있었다고 해도 보고의무를 부담시킬 수는 없다. 왜냐하면, 제172조 제1항에서 '직원'의 개념을 해당 조항에만 국한하고 있기 때문이다(임원의 경우에는 해당 내부자거래에 관한 전체 규정에 적용하고 있음)1250).

(2) 주요주주라 함은 첫째, 누구의 명의로 하든지 자기의 계산으로 법인의 의결권 있는 발행주식총수의 100분의 10 이상의 주식(그 주식과 관련된 증권예탁증권을 포함한다)을 소유한 자, 둘째, 임원의 임면(任免) 등의 방법으로 법인의 중요한 경영사항에 대하여 사실상의 영향력을 행사하는 주주로서 '단독으로 또는 다른 주주와의 합의·계약 등에 따라 대표이사 또는 이사의 과반수를 선임한 주주 또는 경영전략·조직변경 등 주요 의사결정이나 업무집행에 지배적인 영향력을 행사한다고 인정되는 자로서 금융위가 정하여 고시하는 주주1251)'를 말한다.

따라서 10% 이상의 증권을 보유한 경우에는 대량보유보고의무 외에도 주요주주에 해당하여 보고의무가 존재한다. 2개의 보고의무는 별개의 제도에 의한 것이므로 어느 한쪽의 보고로써 다른 쪽의 보고의무에 갈음할 수는 없다.

나. 보고대상 증권

(1) 보고대상이 되는 '특정증권 등'은 내부자거래에서 규정한 개념과 동일하다. 즉, 다음과 같은 증권 등을 말한다(제172조 제1항). 즉, 상장법인의 일반적인 주식뿐만 아니라 이를 바탕으로 한 파생금융상품들도 여기에 포함된다. 그러므로 주식관련 예탁증권(DR), 주가연계증권(ELS), 주식연계워런트(ELW)를 포함한 파생금융상품까지 포함하는 넓은 개념이다1252).

1248) 한국증권법학회(2009), 848쪽 ; 임재연(2012), 778쪽
1249) ① 그 법인에서 자본시장법 제161조 제1항 각 호의 어느 하나에 해당하는 사항의 수립·변경·추진·공시, 그 밖에 이에 관련된 업무에 종사하고 있는 직원, ② 그 법인의 재무·회계·기획·연구개발에 관련된 업무에 종사하고 있는 직원 등을 말한다(시행령 제194조).
1250) 반대의 견해도 있음(참고 김건식(2006), 287쪽 각주1 참조)
1251) 시행령 제9조
1252) 한국증권법학회(2009), 848쪽 ; 박정호 외(2012), 146쪽

① 그 법인이 발행한 증권. 다만 '채무증권1253), 수익증권, 파생결합증 권1254)'은 제외

② ①의 증권과 관련된 증권예탁증권

③ 그 법인 외의 자가 발행한 것으로서 ① 또는 ②의 증권과 교환을 청 구할 수 있는 교환사채권

④ ①부터 ③까지의 증권만을 기초자산으로 하는 금융투자상품

(2) 누구의 명의로 하든지 자기의 계산으로 소유하는 특정증권 등을 말한다. 이 보고의무를 부과하는 이유는 일반투자자들이나 상장기업의 경영자들에게 주 식지분의 변동에 관한 정보를 제공하는 데 목적(대량보유보고의무의 경우)이 있 는 것이 아니라 주식 내부자거래를 규제하기 위한 데에 목적이 있으므로 의결권 없는 주식도 대상 주식에 포함된다고 해석하는 견해1255)도 있다.

다. 보고 시기

(1) 자본시장법에서는 보고의 시기는 최초보고(소유상황의 보고)의 경우 그 기준일(임원 또는 주요주주가 된 날 등)로부터 5일 이내에, 그리고 소유상황의 변동보고는 그 변동이 있는 날(변동일)부터 5일까지 보고를 해야 한다고 규정하 고 있다(제173조 제1항). 다만, 이 경우 '공휴일, 근로자의 날, 토요일'은 산입하 지 않는다1256). 여기서 5일 '이내'와 5일 '까지'는 모두 같은 개념이다.

(2) 주권상장법인의 임원 또는 주요주주가 특정증권 등의 소유상황을 보고 하여야 하는 경우에 그 보고기간의 기준일은 다음과 같다1257).

1253) 다음 증권들은 제외한다(시행령 제196조 제1호 단서). 가. 전환사채권, 나. 신주인수권 부사채권, 다. 이익참가부사채권, 라. 그 법인이 발행한 지분증권(이와 관련된 증권예탁증 권을 포함) 또는 가목부터 다목까지의 증권(이와 관련된 증권예탁증권을 포함)과 교환을 청구할 수 있는 교환사채권
1254) 법 제172조제1항제4호에 해당하는 파생결합증권은 제외한다(시행령 제196조 제3호).
1255) 동일한 견해로는 김건식(2006), 286쪽
1256) 시행령 제200조, 제153조 제1항
1257) 시행령 제200조 제3항

① 주권상장법인의 임원이 아니었던 자가 해당 주주총회에서 임원으로
선임된 경우 : 그 선임일

② 상법 제401조의2제1항 각 호의 자인 경우 : 해당 지위를 갖게 된 날

③ 주권상장법인이 발행한 주식의 취득 등으로 해당 법인의 주요주주가
된 경우 : 그 취득 등을 한 날

④ 주권비상장법인이 발행한 주권이 증권시장에 상장된 경우 : 그 상장일

⑤ 주권비상장법인의 임원 또는 주요주주가 합병, 분할합병 또는 주식
의 포괄적 교환·이전으로 주권상장법인의 임원이나 주요주주가 된
경우 : 그 합병, 분할합병 또는 주식의 포괄적 교환·이전으로 인하여
발행된 주식의 상장일

(3) 주권상장법인의 임원이나 주요주주가 그 특정증권 등의 소유상황의 변
동을 보고하여야 하는 경우의 그 변동일은 다음과 같다[1258].

① 증권시장이나 매매한 경우에는 그 결제일

② 증권시장이나 매수한 경우에는 대금을 지급하는 날과 특정증권 등을
인도받는 날 중 먼저 도래하는 날

③ 증권시장이나 파생상품시장 외에서 특정증권 등을 매도한 경우에는
대금을 수령하는 날과 특정증권 등을 인도하는 날 중 먼저 도래하는 날

④ 유상증자로 배정되는 신주를 취득하는 경우에는 주금납입일의 다음날

⑤ 특정증권 등을 차입하는 경우에는 그 특정증권 등을 인도받는 날, 상
환하는 경우에는 그 특정증권 등을 인도하는 날

⑥ 특정증권 등을 증여받는 경우에는 그 특정증권 등을 인도받는 날, 증
여하는 경우에는 그 특정증권 등을 인도하는 날

⑦ 상속으로 특정증권 등을 취득하는 경우로서 상속인이 1인인 경우에
는 단순승인이나 한정승인에 따라 상속이 확정되는 날, 상속인이 2
인 이상인 경우에는 그 특정증권 등과 관계되는 재산분할이 종료되
는 날

⑧ 위 ①부터 ⑦까지 외의 경우에는 민법·상법 등 관련 법률에 따라 해

1258) 시행령 제200조 제4항

당 법률행위 등의 효력이 발생하는 날

대량보유 보고의무와 비교하면, 주식을 매매하거나 취득할 경우(①, ②의 경우에 해당)에는 '계약체결일'이 변동일이라는 점이 다르고, 증여받는 경우(⑥의 경우)에도 '민법에 따른 효력발생일'이라는 점이 다르다.

라. 보고 내용

보고내용은 소유주식에 관한 최초보고와 그 주식에 대한 변동보고를 모두 포함한다. 즉, 임원 또는 주요주주가 된 날로부터 5일 이내에 누구의 명의로 하든지 자기의 계산으로 소유하고 있는 특정증권 등의 소유상황을 보고하여야 하고, 그 특정증권 등의 소유상황에 변동이 있는 경우에는 그 변동내용을 보고하여야 한다. 각 보고서에는 '① 보고자, ② 해당 주권상장법인, ③ 특정증권 등의 종류별 소유현황 및 그 변동에 관한 사항'을 기재하여야 한다[1259).

구증권거래법에서는 주식수의 변동('주식소유비율'로 규정하였다가 개정되었음)의 경우 보고하도록 되어 있었으나 자본시장법에서는 소유'상황'이라고 규정하고 있어 비율의 변동도 포함되는 것으로 볼 여지가 있지만 소유상황이란 상대적인 개념이 아니라 절대적인 개념이므로 '주식수'의 변동의 경우에만 보고한다고 해석하여야 할 것이다.

3. 보고내용의 공시

증권선물위원회(금감원)와 한국거래소는 위 보고서를 3년간 갖추어 두고, 인터넷 홈페이지 등을 이용하여 공시하여야 한다(제173조 제2항). 이러한 내용을 공시함으로써 내부자거래 규제의 실효성도 담보할 수 있을 것이다[1260).

1259) 시행령 제200조 제2항
1260) 동일한 견해로는 김건식(2006), 287쪽

4. 벌칙

제173조 제1항을 위반하여 보고를 하지 않거나 거짓으로 보고한 자에 대해서는 1년 이하의 징역 또는 3,000만 원 이하의 벌금에 처한다(제446조 제31호)[1261].

주식을 대량보유하게 된 자가 보유상황보고의무를 위반한 행위와 주요주주 등이 주식소유상황 등의 보고의무를 위반한 행위는 보고의 주체, 요건, 시기 및 내용 등을 달리하므로 실체적 경합범으로 보아야 한다[1262].

1261) 구증권거래법에서는 1년 이하의 징역 또는 500만 원 이하의 벌금에 처하도록 규정되어 있었다.
1262) 대법 2007. 4. 12. 선고 2007도1149 판결

제6장 시장질서 교란행위

제1절 서론

1. 도입 목적

(1) 주식시장은 역동적이어서 기존 법령에서 예상하지 못한 시장의 공정성과 투명성을 해치는 행위가 출현하기도 하고, 과거에는 처벌이 미약했던 행위에 대해 더 중한 제재가 필요하거나 신속한 규제가 필요한 경우도 많아졌다. 이러한 필요에 부응하기 위해 2015. 7. 1.부터 자본시장법에 '시장질서 교란행위(Market Abuse)'에 대한 제재규정이 신설되었다.

자본시장법상의 형사처벌만으로는 효과적인 대응이 이루어지지 않는 점1263), 형사재판에서 요구하는 엄격한 증명으로 인해 규제대상행위나 대상자 범위가 협소하게 되어 주식시장을 침해하는 행위가 있었더라도 구성요건 미충족으로 처벌할 수 없었던 점1264) 등이 입법의 배경이라고 할 수 있다.

(2) 시장질서 교란행위는 '정보이용형 교란행위(제178조의2 제1항)'와 '시세관여형 교란행위(제178조의2 제2항)'로 구분하고 과징금을 부과할 수 있다.

'정보이용형 교란행위'는 기존 미공개정보 이용행위에서 규제하지 않던 2차 이후정보수령자를 모두 규제대상에 포함하였고, 주식매매의 조건 등에 영향을 줄 수 있는 정보를 생성하거나 해킹·절취 등 부정한 방법으로 습득하는 경우도 규제대상에 포함하였다. 또한 상장법인의 업무와 관련된 미공개 중요정보 외에도 외부에서 생성된 정책정보·시장정보도 규제대상에 포함시켰다.

1263) 예를 들어, 미공개중요정보 이용행위를 하였지만 2차, 3차 정보수령자로서 처벌할 수 없었던 사안

1264) 예를 들어, 허수주문·통정매매 등 시세조종성 주문사실은 인정하지만, 시세조종의 '목적'이 입증되지 않아 무혐의 또는 무죄가 선고된 사례들이 있음

'시세관여형 교란행위'는 시세조종의 목적이 없더라도 시장질서를 교란하는
행위의 존재만으로도 처벌이 가능하도록 규정하고 있다.

2. 입법례

미국은 1934년 증권거래법 제10조(b)항과 증권거래위원회규정(SEC rule)
10b-5로 다양한 불공정거래 유형을 포괄적으로 규정하여 처벌을 용이하게 하였
다. 또한 2, 3차 정보수령자도 규제 대상에 포함하였으며 시세조종행위의 '목적'
을 요건으로 하지 않을 뿐만 아니라 허수주문 등을 광범위하게 규제하였다. 불공
정거래에 대해서는 형사제재뿐만 아니라 증권개혁법(Securities Enforcement
Remedies and Penny Stock Reform Act, 1990) 제정을 계기로 민사제재금을 부
과할 수도 있다. 그러므로 동일한 위반행위라도 행위양태, 비난가능성, 시장에 미
친 영향 등이 중대하다고 판단되면 형사처벌을, 경미하다고 판단되면 민사적·행
정적 제재를 하는 이원화된 체제라고 할 수 있고 일본 금융상품거래법이 이와 유
사하다.

영국은 2000년 금융서비스 및 시장법(Financial Services and Market Act,
2000)에 시장남용행위 안에 형사범죄로서 불공정거래행위가 포함되어 있고, 그
중 시장남용행위에 대해서는 민사적·행정적 제재를, 불공정거래행위에 대해서는
형사처벌을 하는 이원화된 구조로 되어 있다[1265]. 특히, 미공개정보 관련 시장남
용행위의 경우에는 이용주체나 대상정보가 회사와 관련이 없어도 된다는 점, 시
세관여를 통한 남용행위의 경우 목적성 요건이 없다는 점에서 우리법에서 참고한
것으로 보인다.

EU는 시장남용규제 관련 지침(Market Abuse Directive, 2003)을 통해 독

1265) 동법 제118조에서는 고의, 과실, 목적이 없는 경우 제재할 수 있는 시장질서 교란행위
(market abuse)를 규정하고 있다. 그 유형으로서, 일반투자자가 입수하였다면 투자행위의
조건을 결정하는 데 영향을 주거나 줄 가능성이 있다고 판단되는 정보에 기한 행위(정보오
용), 투자상품의 수급 또는 가격에 대하여 일반투자자에게 잘못된 인상 또는 오해를 초래
할 인상을 줄 가능성이 있는 행위(오해유발), 시장을 왜곡하거나 왜곡할 가능성이 있는 행
위로 보이거나 또는 보일 가능성이 있는 행위(시장왜곡)로 구분한다.

일, 프랑스 등 회원국은 시장남용행위를 2004년부터 법제화하여 내부자 외에도 내부정보를 보유한 자나 시세조종의 목적이 없는 행위도 과징금으로 규제하고 있다. 적용대상 시장에 대체거래시스템(MTF, OTF), 장외시장 일부(OTC)가 포함되어 있고, 규제대상 상품의 범위도 모든 장외파생상품, 현물, 탄소배출권까지 포함되어 있다. 과거에는 가격에 영향을 미치는 정보만을 내부정보로 정의하였으나 최근에는 미국이나 우리와 같이 투자자의 투자판단에 영향을 미칠 수 있는 시장정보 등도 내부정보에 포함하였고, 시장교란의 폐해와 위험성이 있는 알고리즘 매매와 고빈도 거래 중 일부 유형을 금지하고 있으며 시세조종 미수행위도 처벌하고 있다.

호주는 금융서비스개혁법(Financial Services Reform Act, 2001)에서 시장질서 교란행위(Misleading or deceptive conduct)를 금융상품이나 금융업과 관련하여 허위 또는 오해를 유발하거나 사기적인 행위로 규정하였다. 시장질서 교란행위를 탄력적으로 운영하고자 행위유형을 포괄적으로 규정하였고, 2, 3차 정보수령자 및 정보도용자들도 내부자에 포함시켰으며 형사제재가 아닌 행정제재로 규제하고 있다.

현행 자본시장법 개정안은 해외 입법사례 중 영국의 입법례를 참고한 것으로 보인다[1266].

1266) 불공정거래행위와 시장질서교란행위 비교

구분	기존 불공정거래행위	시장질서 교란행위
규제목적	증권 범죄 방지	시장의 건전성 보호
주관적 요건	목적 등 요구	목적 요건 불요
범죄의 성격	형사범	행정범
제재	징역 또는 벌금	과징금
최종 제재기관	법원	행정기관(금융위)

제2절 시장질서 교란행위 유형

1. 정보이용형 시장질서 교란행위

가. 개념

자본시장법상 미공개정보 이용행위는 회사의 '내부자'가 상장법인의 업무와 관련한 미공개 중요정보를 '직무와 관련하여' 취득하여 이를 이용하거나 이용하게 하는 행위를 요건으로 한다.

그리고 '정보이용자'는 회사 내부자, 준내부자 및 그들로부터 직접 정보를 전달받은 '1차 정보수령자'로 제한하였기 때문에 2차 이후 정보수령자의 미공개정보 이용행위를 규제할 수 없었다. 그런데 2차 이후의 정보수령자 중에서는 내부자나 1차 수령자와 행위정도, 부당이득 등에서 별반 차이가 없는 경우가 흔히 있었으므로 2차 이후 전득자에 대한 제재의 필요성은 항상 존재한다.

또한 미공개정보도 기존 규정에서는 상장회사의 업무와 관련한 정보에 한정하였지만, '회사 외부'에서 생성된 정보 중에서는 주가에 크게 영향을 미치는 정보도 흔히 발견되므로 이러한 정보의 이용행위도 제한할 필요성이 있다.

또한, 회사 내부의 정보를 해킹하거나 절취하여 이용한 경우 이는 '직무와 관련하여 취득'한 정보가 아니지만 마찬가지로 미공개정보 이용행위와 상응한 제재를 가할 필요성도 있다.

이러한 미공개정보 이용행위와 관련된 규제의 사각지대를 해소하고 투자자 보호를 위해 자본시장 참여자 간의 불공정한 정보격차를 해소하기 위해서 미공개정보의 범위를 확대하고 2, 3차 정보수령자에 대해서도 규제하거나 구성요건을 완화할 필요성이 있었다. 다만, 구성요건을 지나치게 포괄적이고 추상적으로 규정하게 되면 죄형법정주의의 원칙에 반하고, 제재대상의 범위가 지나치게 확장될

우려가 있으며, 과징금 부과 여부가 행정기관의 자의적 판단에 좌우될 수도 있어
법적 안정성을 침해할 우려도 예상된다.

나. 구성요건

(1) 시장정보, 정책정보

(가) 개념

기존 자본시장법상 미공개중요정보 이용행위에서의 정보는 상장법인의 업무
등과 관련된 정보로서 투자자의 투자판단에 중대한 영향을 줄 수 있는 공개되지
않은 정보를 의미하였다. 따라서 상장법인의 주가에 영향을 미칠 수 있는 정보지
만 상장법인의 업무와 관련하여 내부에서 생성된 정보가 아니면 규제대상이 아니
었다.

'시장질서 교란행위의 정보'는 미공개중요정보 이용행위 규제대상 정보 외에
도 '그 정보가 지정 금융투자상품의 매매 등 여부 또는 매매 등의 조건에 중대한
영향을 줄 가능성'이 있는 모든 공개되지 않은 정보를 대상으로 한다. 그러므로
해당법인에 관한 정보 외에도 '시장정보, 정책정보'를 이용하는 행위도 규제한다.
'중대한 영향을 줄 가능성'의 판단기준은 상장법인 등의 내부정보는 기존 미공개
중요정보 이용과 동일한 기준을 적용하되 공개매수나 대량취득·처분 이외의 외
부정보는 당시 주가흐름, 거래량 등을 종합적으로 고려하여 사안별로 판단한다.
따라서 공개매수나 대량취득·처분 요건에 미달하는 경우[1267]에도 지정 금융투
자상품의 매매 여부나 조건 등에 중대한 영향을 줄 가능성이 있다고 판단되면 규
제대상인 정보에 해당한다.

예를 들어, 구조조정, 민영화 등 산업합리화 정책이나 정부보조금 지급, 해당
법인 주식에 대한 연기금 등의 투자종목 편입 또는 제외 사실 등 상장법인 외부
의 정보 일반까지 규제 대상에 모두 포함될 수 있다. 즉, '지정 금융투자상품의 매
매 등 여부 또는 매매 등의 조건에 중대한 영향을 줄 가능성이 있는 정보로서 투
자자들이 알지 못하는 사실에 관한 정보이고 불특정 다수인이 알 수 있도록 공개

[1267] 대량취득 요건인 10%에 미달하는 증권 등의 취득을 말함

되기 전'일 것을 요건으로 한다(동조 제1항 제2호).

 그러므로 그러한 정책 등을 결정하는 공직자들이 정책 발표 직전에 해당 정책정보를 이용하여 주식 등 거래를 하거나, 연기금 등 기관투자자 소속 펀드매니저가 특정 종목의 편입·제외 등 운용관련 전략 정보를 제3자에게 알려주고 그 제3자가 해당정보를 이용하여 거래를 한 경우는 시장질서 교란행위에 해당한다.

 그렇지만, 합리적 근거 없이 시장에 떠도는 소문은 지정 금융투자상품의 매매 등 여부 또는 조건에 중대한 영향을 미칠 수 있는 정보로 볼 수 없다. 따라서 특별한 사정이 없는 한 떠도는 소문을 기관에 전달하거나 시장대응 차원에서 빠르게 매매한다고 해서 시장질서 교란행위 규제의 대상이 되지는 않는다.

	미공개정보 이용 금지	시장질서 교란행위
정보	① (내부정보) 상장법인 업무관련 중요정보 (ex. 신사업추진, 신제품개발) ② (외부정보) 공개매수자의 상장법인에 대한 공개매수정보 ③ (외부정보) 대량취득·처분자의 상장법인 주식에 대한 대량취득·처분정보	지정 금융투자상품의 매매 등 여부 또는 매매 등 조건에 중대한 영향을 줄 가능성이 있는 정보로서 공개되지 아니한 것 ① 제174조의 정보 외에도 ② 상장법인 내부, 외부에서 생성된 모든 정보
적용 대상	① 내부자(준내부자) ② 공개매수자 ③ 대량취득처분자 ┐ +'1차' 정보 수령자	① 미공개정보규제에 있어 '2차'이상 정보수령자 ② 해킹·절취 등 정보도용(盜用)자 +정보 수령자 ③ 생성정보 누설자+정보 수령자
공개 시점	공개 후 일정시간 경과 후 공개 전환 (법상 공개수단 및 주지기간 명시)	사실상 공개된 경우 공개 전환 (공개수단 및 주지기간 미규정)
제재 수단	형벌 (징역형, 벌금형)	행정제재 (과징금)

(나) 애널리스트 등의 조사분석보고서 등

기존 미공개중요정보 이용행위에 비해 제재대상이 되는 정보의 범위가 넓어
져 증권사나 자산운영사의 펀드매니저들이 자신들의 실력이나 노하우로 얻은 정
보를 이용하는 것이 시장질서 교란행위에 해당하는지가 문제가 된다.

예를 들어, 애널리스트가 블룸버그나 공시된 정보 등 공개된 자료를 기초로
전문가적 식견을 더해 특정 종목에 대한 조사분석자료를 작성하고 그 자료를 공
개하기 전에 펀드매니저 등 제3자에게 제공하였을 경우를 들 수 있다. 이러한 경
우, 조사분석자료의 기초가 된 정보들이 모두 공개된 자료로서 애널리스트의 '전
문적 식견에 따른 분석 내용'이라면 주관적인 의견으로서 객관적 사실인 정보라
고 볼 수 없다. 그러한 분석의 결과가 '과거'의 실적에 대한 어느 시점의 평가이
든, 그 분석의 결과 '장래' 어떤 결과를 가져올 것이라는 분석이든 다르지 않다.

물론 소위 '영향력 있는 애널리스트'가 조사분석자료를 통해 특정 종목에 대
한 매도·매수 의견을 공표할 경우 조사분석자료에 미공개중요정보 등 특별한 내
용이 포함되어 있지 않더라도 의견을 공표하는 자체로 주가에 영향을 줄 수가 있
다[1268]. 그러나 금융투자상품의 가치에 대한 예측을 담은 일상적인 조사분석자
료를 관련 절차에 따라 작성·유통하는 것은 애널리스트들의 일상적인 활동이므
로 이는 시장질서 교란행위에 해당하지 않는다. 다만, 애널리스트가 본인의 매도·
매수 의견이 공표되었을 때 시장에 미치는 영향력을 매매에 이용할 목적으로 조
사분석자료를 작성하고, 공모한 펀드매니저 등에게 사전 제공하는 등 위법행위의
의도나 계획이 명백하다면 위계에 의한 부정거래행위에 해당할 것이다.

또한 공개되지 않았다고 할지라도 애널리스트가 기업탐방이나 상장법인 IR
담당자나 실적발표회 등을 통해 알게 된 자료를 근거로 주가에 영향을 줄 수 있
는 분석자료를 공표했다면 그 취득방법이나 자료가 회사의 중요 정보에 해당하지
않고 적법한 방식으로 취득한 정보일 경우라면 마찬가지로 미공개정보로 볼 수

1268) Wells Fargo 증권사 소속으로서 기관투자자 대상 업종 베스트 애널리스로 선정되는 등
  영향력 있는 애널리스트인 Bolan은 같은 회사 트레이더에게 6종목에 대한 등급변경 정보
  를 공표직전 지속 제공하고 그 트레이더는 해당종목을 공표직전 미리 매수, 매도하여 약
  12만 달러의 이득을 실현한 사건에서, Bolan의 등급변경조정 보고서는 해당 종목의 주가
  및 거래량에 의미 있는 변화를 야기했던 점을 참작하여, SEC는 Bolan에게 증권거래에 있
  어 포괄적 사기수단 이용금지(Securities Act §17(a)(3) 위반을 이유로 과징금 75,000달
  러를 부과하였음

없다1269).

쉽게 말하면 '발품 팔아서 얻은 정보'는 누구나 발품을 팔면 얻을 수 있는 정보(정보접근이 공개되어 있는 정보)로서 미공개정보가 될 수 없다. 그러나 그 기업탐방으로 얻은 정보가 '미공개정보'라는 사실을 알았거나 알 수 있었다면 규제대상이 될 것이다.

애널리스트가 작성하는 조사분석자료는 반드시 불특정다수인에게 공표될 필요가 없으므로 특정인에 대한 제공을 목적으로 할 수도 있다. 조사분석자료의 내용 중에 지정 금융투자상품의 매매 등 여부 또는 조건에 중대한 영향을 줄 수 있는 공개 전 정보가 포함되어 있지 않다면 애널리스트가 일상적인 조사분석자료를 특정고객에게만 유상이든 무상이든 제공하는 것은 시장질서 교란행위에 해당하지 않는다.

펀드매니져들이 애널리스트로부터 넘겨받은 조사분석자료에 근거해서 투자를 하였다면 그 행위만으로는 시장질서 교란행위에 저촉될 가능성은 없다. 다만, 그 분석자료에 미공개정보가 포함되어 있다는 사실을 인지하고 있었다면 시장질서 교란행위의 책임을 면하기는 어려울 것이다.

이와 같이 분석보고서에 관해 제한적으로 해석한다고 할지라도 과연 시장정보인지 여부가 확실하지 않은 사항들도 있다. 예를 들어 금융회사의 모델 포트폴리오의 변경정보(특정 종목의 편입 등)나 외국인 투자자의 매매동향은 금융투자상품의 매매 등 여부 또는 조건에 중대한 영향을 미칠 수 있는 정보라고 할 수 있으나 그와 동일한 영역의 모든 정보가 중요정보에 해당한다고 보기는 어렵다. 따라서 이러한 정보를 이용하여 분석보고서를 작성하거나 그 정보 자체를 이용한 행위를 시장질서 교란행위로 취급하여 제재하는 것은 신중한 접근이 필요하다.

그러나 애널리스트가 상장법인 내부자로부터 제공받은 정보가 미공개중요정보에 해당한다는 사실을 알면서도 정보를 사내 전산망에 게시하거나 SNS(폐쇄든 아니든)를 통해 정보를 공유하였다면, 직접적인 권유행위가 없다고 할지라도 다른 사람들이 그 정보를 거래에 이용하도록 할 의도성이 추단된다. 따라서 실제 다른 사람들이 그 정보를 거래에 이용하였다면, 정보를 사내 전산망에 게재하거나 SNS를 통해 정보를 공유한 애널리스트는 제1차 정보수령자로서 기존 미공개

1269) 이에 대해서는 반대의견이 있을 수 있음

중요정보 이용행위로 형사처벌될 수 있다.

그러므로 사내 전산망에 게시된 정보나 SNS 등을 통해 공유한 정보가 미공개중요정보라는 점을 인식하고 이를 이용한 사람들은 미공개중요정보 이용으로 형사처벌을 받거나 시장질서 교란행위로 과징금을 부과 받게 될 것이다.

법인의 향후 실적에 대한 추정치 등 공시대상 정보를 알게 되었을 경우에는 그 대상정보가 투자판단에 중대한 영향을 미칠 수 있는 중요한 정보라면 공시 시점으로부터 3시간이 경과하기 전까지는 법상 공개되지 않은 것으로 보아 미공개중요정보에 해당하지만 미공개중요정보에 해당하지 않는 공시 대상정보를 제공받았다면 공시가 이루어진 시점부터 바로 적법하게 이용할 수 있다고 본다[1270].

(2) 2차 이후 정보수령자

자본시장법 제174조 각항 각호의 어느 하나에 해당하는 자로부터 나온 미공개중요정보 또는 미공개정보인 정을 알면서 이를 받거나 전득한 자는 시장질서 교란행위의 제재대상이 된다(제178조의2 제1항 제1호 가목).

기존 미공개정보 이용행위에서는 회사 내부자(임직원, 주요주주 등), 준내부자(인허가권자, 계약체결자 등) 및 그로부터 정보를 직접 전달받은 1차 수령자만이 처벌대상이었으나 그 대상범위를 더 확대한 것이다. 그러므로 회사 내부자로부터 미공개중요정보를 직접 제공받은 1차 정보수령자 외에도 1차 정보수령자로부터 정보를 제공받은 2차 수령자나 이를 다시 전달받은 3차 수령자, 그 이후 여러 단계를 거쳐 간접적으로 정보를 전달받은 다차 수령자(전득자)일지라도 내부자 등으로부터 나온 미공개중요정보 또는 미공개정보라는 정을 알면서 이를 받거나 전득하여 주식거래를 하거나 다른 사람으로 하여금 이용하게 한다면 시장질서 교란행위에 해당한다.

제174조 각항 각호 중 제6호에서는 1차 정보수령자를 규정하고 있고 그 1차 정보수령자로부터 '이를 받은 자'는 2차 정보수령자가 되는 셈이다.

1차 정보수령자로부터 정보를 직접 지득한 2차 정보수령자는 '받은 자'라고 하고, 3차 이상 정보수령자는 '전득자'라고 한다. '받은 자'가 되기 위해서는 정보

1270) 뒤에 보는 바와 같이 미공개정보의 '주지기간'규정이 준용되지 않으므로 반대의견이 있을 수 있음

를 '주는 자'가 '받은 자'에게 정보를 전달한다는 인식이 있어야 하고, 이러한 인식이 없는 경우에는 '받은 자'가 아닌 '알게 된 자'에 해당한다. 즉, 일상생활에서 자신의 의도와는 무관하게 내부자 등으로부터 정보를 우연히 듣게 된 자는 미공개정보를 '받은 자'가 아니라 '알게 된 자'인데 '받거나 전득'이라는 구성요건에 해당하지 않기 때문에 본인이 정보를 이용하거나 타인에게 이용하게 하더라도 교란행위가 성립하지는 않는다. 그러나 우연히 정보를 알게 된 자로부터 정보를 '받거나 전득'한 자는 그 정보가 내부자 등으로부터 나온 신빙성 있는 정보라는 사정을 알면서 이를 이용하거나 이용하게 한 경우에는 교란행위에 해당한다고 해석하여야 할 것이다.

'미공개중요정보 또는 미공개정보인 정'을 알아야 하므로 그러한 사실을 알지 못하였다면 제재할 수 없다. 그러므로 단순히 전해 들었다거나 우연히 알게 되었다는 사실만으로는 2차 수령자 등으로 처벌할 수 없다.

(3) 정보 공개의 시기

자본시장법 제174조 미공개중요정보 이용행위에서는 정보가 법령(시행령 제201조 제2항)에 따른 방법에 따라 공개되고 일정한 기간(주지기간)이 경과하지 않으면 공개된 것으로 보지 않는다.

물론 시장질서 교란행위도 '그 정보가 투자자들이 알지 못하는 사실에 관한 정보로서 불특정다수인이 알 수 있도록 공개되기 전'이어야 하겠지만, 자본시장법에서는 공개에 관한 명확한 규정을 두고 있지 않다. 그러므로 미공개중요정보의 공시방법에 관한 위 규정이 적용되지는 않는다.

따라서 '미공개성'의 판단기준이 필요한데, 구체적인 개별사안에서 정보의 정확성이나 접근성 등을 종합적으로 고려하여 개별적으로 판단할 수밖에는 없다. 가령 정보생성자가 일반투자자의 접근이 용이한 인터넷 홈페이지나 SNS 등 전자전달매체를 통해 정보를 공개한 경우, 일간지나 무가지 등에 게재하였을 경우에는 사실상 공개된 것으로 보아야 한다.

반면 팍스넷이나 네이버 등과 같은 인터넷 게시판에 출처 불명 또는 루머나 추측성 글이 게재된 경우에는 공개된 것으로 단정되기는 어렵지만 사실상 공개된 것으로 볼 만한 특별한 사정이 있고 그 정보를 이용한 행위라면 규제대상으로 삼기는 어렵다.

(4) 행위자

자신의 직무와 관련하여 정보를 생산한 자 및 그 정보를 알게 된 자를 대상으로 하며 그 지위에 있는 자들로부터 나온 정보인 정을 알면서 이를 받거나 전득한 자도 행위자의 개념에 포함한다(제178조의2 제1항 제1호 라목).

우선 '직무관련성'을 요건으로 한다. 직무 자체에 미공개정보를 생산하거나 이를 알 수 있는 고유한 특성이 있고 직무 관련 정보를 이용하지 않아야 할 책무가 있는 경우가 주된 규제대상이다. 따라서 미공개중요정보의 생산 또는 지득과 필연적인 연관성이 없는 직무에 종사하고 있다면 우연한 지득에 불과하므로 규제의 대상이 아니다.

정보를 생산하는 직무는 정보와 관련하여 최종 결정권한을 가진 경우뿐만 아니라 최종 결정 전(前) 단계에서 정보생성의 개연성이 높아짐을 구체적으로 알 수 있는 직무면 충분하고 정보생성 및 결정가능성, 접근가능성 등을 종합적으로 고려하여 판단한다.

여기서 "정을 알면서"라는 의미는 내부자 등으로부터 생성된 신빙성 있고 정확한 정보라는 사정을 알았다는 것을 의미하며, 실제로 미공개중요정보를 알고 있는지, 지득한 정보가 얼마나 구체적인지, 거래양태·규모·횟수·시점, 정보전달자와 내부자 등과의 연계성, 정보전달자의 지위·신인도·정보수령자와의 신뢰관계 등을 종합적으로 고려하여 판단하여야 한다.

원칙적으로 정보전달자가 누구인지 밝혀야겠지만 이용자가 정보의 내용을 상당히 구체적으로 알고 거래한 점이 객관적으로 입증되면 전달자가 확인되지 않는 경우에도 행위자가 될 수도 있다. 왜냐하면 "정보제공자가 누구인지"에 따라 정보수령자가 정해지는 것이 아니라, '정보 자체가 내부자 등으로부터 나온 정보'라는 사실을 알았다면 행위자에 해당하기 때문이다(제178조의2 제1항 라목).

그러므로 '기자'로부터 아직 발표되기 전의 정책정보를 전달받았고 그 정보가 지정 금융투자상품의 매매 등 여부나 조건에 중대한 영향을 미칠 수 있는 정책정보라면 시장질서 교란행위에 해당한다.

(5) 부정한 방법으로 정보를 취득한 자

기존 미공개정보 이용행위는 '직무와 관련하거나, 권한(권리)을 행사하거나, 계약의 체결 과정 중에 취득한 정보'에 국한하고 있었으므로, 그 외의 방법으로 취득한 미공개정보를 이용한 경우는 자본시장법위반에 해당하지 않았다. 그러나 시장질서 교란행위에서는 '해킹, 절취, 기망, 협박, 그 밖의 부정한 방법으로 정보를 알게 된 자'도 제재대상으로 규정하였다(제178조의2 제1항 제1호 다목).

이 경우 부정한 방법을 사용하여 정보를 알게 될 당시에 해당정보를 매매, 그 밖의 거래에 이용할 의도가 사전에 없었어야 한다. 만약에 사전에 그렇게 이용할 의도가 있었다면 부정거래가 성립할 것이다.

한편, 정보를 얻을 목적으로 해킹 등 부정한 방법을 사용한 경우뿐만 아니라 해킹 등 부정한 방법을 사용하는 과정에서 우연히 정보를 알게 된 경우도 제재대상에 포함된다. 예를 들어, 유상증자 풍문을 듣고 진위를 확인하기 위해 해킹한 경우, 상장법인 내부전산망에 중요정보가 있을 것이라는 막연한 기대로 해킹한 경우, 특정인의 웹하드를 해킹하는 과정에서 우연히 미공개 중요정보를 취득한 경우 등을 들 수 있다.

'해킹, 절취, 기망, 협박'이란 부정한 방법에 관한 예시일 뿐이므로 일반적으로 해당 정보에 접근할 권한이 없는 자가 정상적이지 않은 방법을 사용하여 정보를 취득하는 등 사회통념상 부정한 방법으로 정보를 알게 된 모든 경우가 규제 대상에 포함된다. 따라서 강취, 갈취 등 다른 방법으로 정보를 취득한 경우에도 시장질서 교란행위에 해당한다. 각각의 해킹행위, 절취, 기망, 협박행위는 형법이나 기타 법규에 의해 별도로 처벌될 수 있다. 그러므로 부정한 방법이 개입되지 않은, 순전히 우연한 사정으로 제3자가 그러한 정보를 알게 되는 경우는 규제 대상에서 제외된다.

범행동기에 따라서 '사기적 부정거래'의 성립 여부를 우선 검토한 뒤에 부정거래가 성립하지 않는 경우에 한하여 시장질서 교란행위 성립 여부를 판단하게 된다. 앞서 언급한 것처럼 처음부터 정보를 거래에 이용할 의도를 갖고 해킹 등 부정행위를 하고 이를 통해 얻은 정보를 이용하였다면 부정거래행위가 성립할 것이다. 다만, 그러한 '사전 고의'를 입증하지 못할 경우에는 시장질서 교란행위에 의율하게 된다.

다. 대상

시장질서 교란행위의 대상은 '증권시장에 상장된 증권[1271]이나 장내파생상품 또는 이를 기초자산으로 하는 파생상품'을 대상으로 한다. 이를 가리켜 '지정 금융투자상품'이라고 한다.

라. 행위

지정 금융투자상품에 대한 매매, 그 밖의 거래에 이용하거나 타인에게 이용하게 하는 행위를 규제한다. 자신이 직접 매매나 거래에 이용하는 경우 외에 자신이 그 정보를 이용하지 않더라도 제3자에게 이용하도록 하는 행위도 규제 대상이다.

매매란 당사자 일방이 재산을 넘기는 대가로 상대방으로부터 일정급부를 지급받기로 하는 약정하는 것을 의미한다. 그 밖의 거래란 매매를 제외한 대부분의 거래(질권설정, 양도담보, 대차, 신용거래, 교환 등)를 의미한다. 다만, 사기적 부정거래(제178조)와는 달리 매매 개념에 '증권의 사모·모집·매출'을 포함한다는 명시적인 문구가 없어 해석상 의문이 되지만 제178조에서 말하는 매매의 개념과 제178조의2에서 규정한 매매를 달리 해석할 이유는 없어 보인다[1272].

미공개정보를 지득한 자가 타인에게 정보를 이용하게 할 의도가 없었다면 정보전달자의 교란행위는 성립하지 않는다. 정보를 이용하게 할 의도가 있었더라도 정보수령자가 실제로 이용하지 않았다면 마찬가지로 규제할 수 없다.

판례도 "이용하게 하는 행위란 그 이용행위가 없었다면 정보제공행위만으로 증권시장의 공정성에 대한 일반의 신뢰에 위험을 가져오지 않으므로 다른 사람의

[1271) 제174조 제1항에 규정된 상장 예정법인 등이 발행한 증권을 포함
[1272) 사모, 모집, 매출은 매매를 수반하거나 매매와 같은 계약에 해당하므로, 제178조에서만 매매에 포함된다고 규정한 법을 반대해석하게 되면 제178조의2에서는 이를 매매의 범위에서 제외하여야 한다고 해석할 여지가 있다. 그러나 제178조에서 "증권의 경우 모집, 사모, 매출을 증권의 경우 모집, 사모, 매출을 포함한다. **이하 이 조 및 제179조에서 같다.**"라고 규정하고 있는 점에 비추어 보면 달리 해석할 바는 아니다.

이용행위를 전제한다"라고 해석하고 있다1273).

2. 시세관여형 시장질서 교란행위

가. 개념

(1) 시세조종 범죄가 성립하려면 제3자의 매매를 유인하거나 타인에게 거래 상황을 오인하도록 할 목적을 가지고 행위를 하여야 한다. 그런데 이러한 목적은 내심의 의사로서 수사 및 재판과정에서 입증하기가 쉽지 않고1274) 그런 이유로 시세조종행위인데도 제재하지 못하는 경우가 있었다.

다른 한편으로는, 과학기술의 발달로 시간과 장소에 구애받지 않고 쉽고 간 단하게 주식시장에 접근할 수 있고 주식시장의 처분행위도 신속히 이루어져 기존 에는 생각하지 못했던 새로운 형태의 시장침해행위도 등장하게 되었다.

따라서 시세조종의 목적이 없더라도 외형·객관적으로 보아 공정한 가격형성 을 방해하여 시세에 부당한 영향을 주거나 시장의 수요·공급이나 가격을 왜곡할 우려가 있는 행위를 제한하는 규정을 신설하였는데 이를 '시세관여형 시장질서 교란행위'라고 한다(제178조의2 제2항).

예를 들어, 스캘핑1275)을 비롯한 과다시세관여행위, 거래성립 가능성이 희박 한 허수주문 제출 및 반복적 취소·정정행위 등 과다 허수호가 제출행위, 통정· 가장거래행위, 과다 종가관여행위, 금융상품과 그 기초자산의 가격 또는 권리행 사 등에 영향을 미쳐 시장질서를 저해하는 행위 등을 들 수 있다. 이러한 행위는 분석하기에 따라서는 시세조종의 목적이 있다고 볼 수도 있지만 그러한 목적이

1273) 서울중앙 2007. 12. 21. 선고 2007고합569 판결(대법원 판결로 확정)
1274) 시세조종으로 기소된 사건에서 원심은 시세조종 목적이 인정된다고 보아 유죄로 판단하
   였으나, 대법원은 목적이 입증되지 않은 것으로 보아 무죄를 선고한 적도 있음(대법 2008.
   11. 27. 선고 2007도6558 판결)
1275) 스캘핑이란 단기 매매기법(day trading)의 유형 중 가장 속도감 있는 극초단기 주식매
   매기법으로서, 주식 보유시간을 통상적으로 2~3분 단위로 최대한 짧게 잡아 하루에 수십
   번 또는 수백 번씩 주식거래를 하면서 박리다매 식으로 매매차익을 얻는 기법임

불분명할 경우에는 비정상적인 주문이나 거래가 분명하더라도 제재할 수 없었다. 이와 같이 종전의 규정으로는 처벌할 수 없었던 '시세관여형 시장질서 교란행위'를 제재하게 됨으로써 시세조종과 관련된 규제의 사각지대를 해소할 수 있게 되었다.

이러한 입법례는 EU 및 영국의 입법례와 유사하며 미국에서 '종가의 질서 있는 거래체계를 방해하는 행위'와 '허수 주문'을 규제하는 별도 법률을 마련[1276] 한 것과 궤를 같이 한다. 한편, 외국자본의 국내시장 참여 증가 및 투자기법의 고도화에 따라 다양한 상품을 활용한 연계시세조종의 개연성이 높아지는 상황에서 투자자보호를 위해 이러한 행위 유형을 제재하는 것은 수긍할 만하다.

다만, 기존 시세조종행위와 신설된 시장질서교란행위(제2항)는 단지 '목적'의 유무만이 다를 뿐 사실상 같은 행위인데 행정제재인 과징금 부과로 종결하게 되면 형사처벌을 회피할 목적으로 사용될 수도 있고, 3대 불공정거래행위인 시세조종, 미공개정보이용, 부정거래를 모두 포섭하는 형태로 규정함으로써 사실상 기존 불공정거래에 대한 형사처벌규정을 모두 형해화할 개연성도 있다.

한편, '시세에 부당한 영향을 주거나 줄 우려가 있는 행위, 가격이나 수급에 대해 잘못된 판단을 하게 하거나 가격을 왜곡할 우려가 있는 행위'라는 객관적 사실이 증명된다면 사실상 그러한 행위로부터 기존 시세조종의 요건인 '불법 목적'이 추정되므로 '목적성의 유무'를 중요한 차이점으로 설시한 합리적인 근거를 찾기 어렵다는 비판도 있을 수 있다. 다른 한편으로는, 불공정거래의 '목적'이 없는 주문이라고 해서 모두 제재 대상으로 삼는 것도 실제 거래관행에 따르면 무조건 옳다고 보기도 어렵다.

결국, 실무운영 과정에서 적정한 기준을 찾는 게 관건이라고 하겠고, 그 기준을 시장에 미치는 영향이 경미한 경우와 무거운 경우로 구분하여 금감원 조사과정에서 후자의 경우에는 가능한 형사절차를 밟도록 노력해야 할 것이다. 그렇지 않다면 형사사건으로 제재를 받아야 할 사건들이 입증의 어려움을 회피할 목적으로 가벼운 행정제재로 그칠 수 있기 때문이고, 이는 불공정거래행위로 적발되더라도 과징금이라는 '돈'으로 피해갈 수 있다는 나쁜 인상을 줄 수 있기 때문이다.

1276) Dodd-Frank법, SEC.747, 상품거래법 4c(a) 개정

(2) 대상은 '상장증권 또는 장내파생상품'이다. 법문에서는 '누구든지' 시장
질서 교란행위를 해서는 안 된다고 규정하였지만, 신분범이 아니므로 '누구든지'
라는 용어는 법률상 무의미하다.

시세조종에서는 금융투자업자의 수탁책임 등을 물어 매매의 위탁·수탁행위
로 인한 시세조종도 금지하고 있다. 하지만 시세관여형 시장질서 교란행위가 될
수 있는 주문의 위·수탁에 대해서는 명시적인 규정은 없다. 그러나 금융투자업
자는 자본시장법상 신의성실의 원칙에 따라 공정하게 금융투자업을 영위하여야
할 의무를 부담하고 있고(제37조), 실제로 시장질서 교란행위임을 인지한 상태
에서 수탁행위를 하였다면 공모의 책임을 면하기는 어려울 것이다.

상장증권 또는 장내파생상품에 관한 '매매 등과 관련하여'라고 규정하고 있
으므로 통정매매, 가장매매, 풍문유포나 위계 등의 행위가 존재하면 충분하고 실
제로 매매가 성립될 필요는 없다.

나. 행위 유형

시세관여형 시장질서 교란행위가 성립하기 위해서 매매체결이나 호가제출
행위가 반드시 있어야 하는 것은 아니다. 단순히 풍문을 유포하거나 거짓으로 계
책을 꾸미는 등 상장증권 또는 장내파생상품의 수요·공급 상황이나 그 가격에
대하여 타인에게 잘못된 판단이나 오해를 유발하거나 가격을 왜곡할 우려가 있는
행위만으로 족하다. 자본시장법은 4가지 행위유형을 규정하고 있다.

① 거래 성립 가능성이 희박한 호가를 대량으로 제출하거나 호가를 제출한
후 해당 호가를 반복적으로 정정·취소하여 시세에 부당한 영향을 주거나
줄 우려가 있는 행위

② 권리의 이전을 목적으로 하지 아니함에도 불구하고 거짓으로 꾸민 매매를
하여 시세에 부당한 영향을 주거나 줄 우려가 있는 행위

③ 손익이전 또는 조세회피 목적으로 자기가 매매하는 것과 같은 시기에 그
와 같은 가격 또는 약정수치로 타인이 그 상장증권 또는 장내파생상품을
매수할 것을 사전에 그자와 서로 짠 후 매매를 하여 시세에 부당한 영향
을 주거나 영향을 줄 우려가 있는 행위

④ 풍문을 유포하거나 거짓으로 계책을 꾸미는 등으로 상장증권 또는 장내파생상품의 수요·공급 상황이나 그 가격에 대하여 타인에게 잘못된 판단이나 오해를 유발하거나 상장증권 또는 장내파생상품의 가격을 왜곡할 우려가 있는 행위

위와 같이 4가지 유형을 명시적·한정적으로 열거하였으므로, 그 외의 주문방식(예를 들어 고가매수주문, 물량소진주문, 시종가관여주문 등)이 있었다면 시세조종으로 의율하는 것은 몰라도 시장질서 교란행위로 의율할 수는 없다.

다. 대량 허수호가 제출 등 부당 시세관여 금지(1호)

(1) 개념

체결가능성이 희박한 허수성 호가를 대량으로 제출하거나 이미 제출한 호가를 지속·반복하여 취소하거나 정정하는 행위는 전형적인 시세조종 양태 중 하나라고 할 수 있다. 일반투자자들에게는 이러한 인위적인 호가조작으로 인한 변동내역이 증권시장에서 정상적으로 매매가 성황을 이룬 결과라고 오인하게 된다. 이러한 인위적인 행위가 '유인의 목적, 거래성황의 오인' 등이 존재하게 되면 시세조종에 해당하지만, 그러한 '유인의 목적' 등이 없더라도 과다한 허수호가 제출 또는 반복적인 호가 정정·취소행위가 시세에 부당한 영향을 주거나 줄 우려가 있는 경우에는 시세관여형 시장질서 교란행위에 해당한다.

예를 들어, 채권선물시장에서 장 시작이나 종료 시 동시호가시간대에 체결가능성이 희박한 주문을 대량으로 제출하는 행위는 시장질서 교란행위에 해당한다. 비록 매매 유인 등의 목적이 없더라도 체결가능성이 희박한 주문을 대량으로 제출하고, 이로 인해 시세에 부당한 영향을 주거나 줄 우려가 있다면 장 시작이나 종료 시와 같은 시간대를 불문하고 시장질서 교란행위에 해당하기 때문이다.

시장에서의 주문이나 매매행위의 '의도(목적)'가 합법적인 것이라면 시장질서 교란행위에 해당하지는 않는다. 예를 들어, ETF, ELW, ETN 관련 유동성공급자(LP)의 매매나 인덱스 펀드, ETF의 추적오차 조정을 위한 매매일지라도 허수성 주문을 대량 제출하거나 가장매매를 하는 등 시세에 부당한 영향을 줄 수 있

다면 시장질서 교란행위에 해당할 수 있지만, LP의 유동성 공급이나 괴리율 조정을 위한 매매였음이 소명된다면 시장질서 교란행위에 해당하지 않는다. 또한, 신용만기에 따른 반대매매를 피하기 위한 의도가 분명한 경우, 동일물량을 동일가격에 매매하는 과정에서 타인과 모의하지 않았다거나 손익이전, 조세회피의 목적이 없는 경우, 투자상담사가 관리하는 동일 계산주체의 계좌 간 매매가 아니라 시장에서 정상적으로 타인과 실제 매매를 한 경우 등이라면 시장질서 교란행위에 해당하지 않는다.

(2) 구성요건

(가) 거래 성립 가능성이 희박한 호가를 대량으로 제출

거래성립 가능성이 희박한 호가, 즉 허수호가를 대량으로 제출하여야 한다. '허수호가'를 1호가와 몇 호가 차이라고 단정적으로 말할 수는 없으므로 거래 성립 가능성이 희박한지 여부는 호가 대량제출의 경우는 주문 당시 행위자의 자금상황, 매매양태, 과거 전력, 해당 종목의 보유주식 수량, 주가 추이나 거래량 등을 종합적으로 고려하여 판단한다.

즉, 기존 시세조종과 동일하게 1호가에서 10호가 사이에 있을 경우에 당시 시장상황 등을 종합적으로 고려하여 허수호가 여부를 판단할 수밖에는 없다. 다만, 10호가 밖의 주문으로서 매매유인의 효과가 없어 보일지라도 시장상황에 따라 그 주문이 10호가 안으로 들어오는 빈도를 고려하여 시세에 영향을 줄 우려가 있는 경우에는 허수호가로 볼 수 있다.

'대량제출'은 주문횟수 기준이 아니라 주문된 주식수량 전체를 기준으로 판단하되 해당종목의 전체주문 대비 허수호가 비중을 고려하여야 할 것이다. 다만, 과징금 부과기준에 따르면 3% 이상이 일응의 기준이 되겠지만, 3% 미만인 경우라도 매매양태 등으로 보아 조치 필요성이 상당하다면 대량제출로 볼 수도 있을 것이다.

파생상품의 경우 판단기준은 데이 트레이딩(day trading) 등 파생상품시장 특성을 감안하여 구간 호가관여율을 활용하고 3% 이상 기준이 적용되지는 않을 것이다.

(나) 호가 제출 후 반복적으로 정정 · 취소

반복적인 호가 정정·취소의 판단기준도 명확하게 설정할 수는 없으므로 위 '대량'과 마찬가지로 해당종목 전체주문과 대비해서 허수호가비중을 고려하여 일응의 기준을 설정하는 것이 타당할 것으로 보인다.

호가제출 후 실제로 호가를 반복적으로 정정·취소한 경우에는 호가 차이에 관계없이 허수허가로 추정될 수 있겠지만 정정·취소 없이 전량이 체결되었다면 허수허가로 볼 수는 없다. '반복적'의 기준도 일률적으로 횟수나 비율을 말하기는 어려우나 허수호가비중 3%가 일응의 기준이 될 수 있을 것이다.

파생상품의 경우에는 앞서 설명한 것과 동일하게 구간 호가관여율을 활용하여야 하고 특히, 빈번하게 소량의 주문을 분할 및 정정·취소하는 알고리즘 매매 등의 경우에는 정정·취소 주문횟수나 빈도도 추가로 고려해야 한다.

(다) 시세에 부당한 영향을 주거나 줄 우려

실제로 시세에 영향을 주었다면 상관없으나 시세에 부당한 영향을 주었는지 여부는 기존 시세조종 여부의 판단과 유사하게 거래량, 호가의 빈도·규모, 시장 상황 및 기타 사정을 종합적으로 고려하여 정상적인 수요·공급 원칙에 따른 가격 결정을 저해하거나 저해할 우려가 있는지 여부에 따른다.

따라서 매매 유인의 목적이 없더라도 체결가능성이 극히 희박한 고가매도 및 저가매수를 대량으로 제출하거나 이러한 고가매도나 저가매수를 수시로 정정·취소하였다면 시세에 부당한 영향을 미치거나 미칠 우려가 있는 경우라고 보게 된다. 다만, 그러한 행위의 횟수가 지극히 적거나 착오에 의한 것이라면 과실에 의한 행위 또는 의도하지 않은 행위로서 시장질서 교란행위로 규율할 수는 없을 것이다.

라. 가장매매를 통한 부당 시세관여 금지(제2호)

(1) '거짓으로 꾸민 매매'는 가장매매를 말한다. 가장매매는 매매거래의 외형을 갖추고는 있으나 실질적으로는 권리의 이전을 목적으로 하지 않는 동일주체가

매매의 양 당사자가 되는 매매를 말한다. 그러므로 서로 다른 거래 당사자가 서로 짠 후 매수·매도의 상대방이 되는 통정매매와는 개념상 구별된다.

가장매매와 통정매매가 시세조종이 성립되려면 일반투자자들에게 매매가 성황을 이루고 있는 듯이 오인하게 하기 위한 '목적'이 있어야 하지만 시장질서교란행위에서는 이러한 목적을 요건으로 하지 않는다. 예를 들어 같은 회사에 소속되어 회사의 고유자금을 운용하는 다수의 트레이더 상호 간 또는 알고리즘을 통해 작동되는 다수의 거래시스템 간 거래하는 과정에서 기 제출한 호가 중 취소하지 못해 남아있는 미체결 호가 등이 신규로 제출한 호가와 교차적으로 체결되어 가장매매의 결과를 발생시킨 경우라 하더라도 이러한 결과가 시세에 부당한 영향을 미치거나 미칠 가능성이 있다면 시장질서 교란행위에 해당한다.

(2) 시세에 부당한 영향을 주거나 줄 우려가 있어야 한다. 이 개념은 앞서 언급한 바와 같으나 가장매매의 경우 일정금액 이상, 일평균 위반횟수 등의 기준을 설정할 것이지만 '우려'라는 요건을 만족하는 기준은 만들기는 쉽지 않다.

마. 손익이전·조세회피 목적의 통정거래를 통한 부당 시세관여 금지(3호)

'자기가 매매하는 것과 같은 시기에 그와 같은 가격 또는 약정수치로 타인이 그 상장증권 또는 장내파생상품을 매수할 것을 사전에 그자와 서로 짠 후 매매'는 '통정매매'를 말하고 '손익이전이나 조세회피 목적이 없는 통정매매'는 주가변동폭이나 호가관여율을 고려하여 시세조정 여부를 검토하여야 한다.

이러한 손익이전이나 조세회피를 목적으로 하는 통정매매는 가장매매와 마찬가지로 타인을 오인케 할 목적이 없더라도 시세에 부당한 영향을 주거나 영향을 줄 우려가 있는 경우에는 시세관여형 시장질서 교란행위에 해당한다. 가장매매와 마찬가지로 통정매매도 일반투자자들에게 매매가 성황을 이루고 있는 듯이 오인하게 하기 위한 '목적'을 가지고 통정매매를 한다면 시세조종에 해당한다.

예를 들어, 고객의 위탁계좌를 관리하던 증권사 직원이 특정 계좌의 손실을 보전하고자 해당 계좌에서 주식을 현재가보다 높은 가격으로 매도 주문을 내고 다른 고객의 계좌에서 이를 매수하는 통정매매를 반복적으로 하여 계좌 간 손익을 이전시켰다면 이는 타인을 오인케 할 목적이 없는 통정매매지만, 시세에 부당한 영향을 줄 우려가 있는 경우 시장질서 교란행위에 해당할 수 있다.

또한 조세회피를 목적으로 거래가 상대적으로 뜸하여 적정가격을 알기 어려운 금융투자상품을 매도자와 매수자 간에 터무니없이 높거나 낮은 가격에 서로 짜고 반복적으로 거래함으로써 대량의 자금을 이전하는 경우도 시장질서 교란행위에 해당할 수 있다.

물론 '손익이전 또는 조세회피 목적' 이외의 다른 목적을 가지고 매매를 하였다면 일반적인 주식거래행위로서 제재대상이 아니다.

종래에는 손익이전거래가 시장의 가격형성 기능을 왜곡하거나 일반투자자의 이익을 부당하게 침해할 위험이 있다면 '부정거래'로 규율하였으나 이러한 행위를 시장질서 교란행위에 해당함을 명시적으로 규정하여 이를 해결한 셈이다. 다만, 손익이전의 목적 이외에 다른 부정한 수단이 개입된다면 부정거래가 적용될 것이다.

통정거래에 관한 시세조종규정(제176조)와 비교해보면, 시장질서 교란행위 규정은 '매도자'에 대해서만 규제하고 있다. 따라서 통정매수인에 대해서는 규제할 수가 없다[1277].

시세에 부당한 영향을 주거나 줄 우려의 기준은 앞서 설명한 바와 동일하다. 다만, '손익이전이나 조세회피를 위한 통정매매'는 계약이 체결될 경우 시세에 영향을 줄 가능성이 있기 때문에 그 목적이 입증된다면 '특별한 사정이 없는 한' 시세에 영향을 줄 우려가 있다고 추정된다.

바. 풍문유포, 위계 사용 등을 통한 부당 시세관여 금지(4호)

자본시장법에서는 '매매 유인의 목적으로 시세조작 사실 유포행위 및 중요한 사실에 관하여 거짓 또는 오해를 유발하는 표시행위(제176조 제2항 제2호, 제3호)'는 시세조종행위의 한 유형으로 '매매·시세변동 목적으로 풍문 유포, 위계 사용, 폭행 또는 협박'은 부정거래(제178조)로 금지하였지만, 시장질서 교란행위

1277) 통정거래 행위자의 법률상 행위책임은 차별적으로 제재할 이유가 없으므로 입법의 불비로 보임

를 규정함으로써 위와 같은 '목적'이 없더라도 '풍문 유포, 위계 사용 등으로 동일한 우려가 있는 행위 등'을 한 경우에는 시세관여형 시장질서 교란행위로 제재할 수 있게 되었다.

'풍문의 유포'란 정확하지 않은 사실을 마치 사실인 것처럼 유포하는 경우로서 '시장에 알려짐으로써 주식 등 시세의 변동을 일으킬 수 있을 정도의 사실로서 합리적인 근거가 없는 것'을 말한다[1278]. 따라서 합리적인 근거가 없는 사실이라고 인식하면서 이를 유포한 경우 사후적으로 우연히 풍문이 진실에 부합하더라도 풍문유포에 해당할 수 있다[1279]. '유포'란 불특정 다수인에게 전파하는 행위를 말하지만 특정인에게 전파하는 경우도 포함[1280]될 수 있으며, 유포의 수단은 전화, 인터넷, 휴대폰 문자, 전자우편 등 제한이 없다.

따라서 유포자가 동일성(ID)을 밝히고 주가전망 등에 관한 단순한 예측이나 의견인 점을 혼선의 여지없이 명확히 한 경우 또는 공시, 보도자료를 그대로 전재(全載)한 경우는 특별한 사정이 없는 한 규제의 대상이 되지 않는다[1281].

'거짓으로 계책을 꾸미는 것'은 부정거래의 '위계'에 해당하는 개념이라고 할 수 있다. 그러므로 예를 들어 매매유인 등 목적이 없더라도 증권 포털게시판이나 인터넷 메신저 등에서 거짓 소문을 퍼뜨린 경우에도 그 게시물이나 소문 등이 일반투자자를 오인하게 하거나 가격을 왜곡할 우려가 있다면 시장질서 교란행위에 해당한다.

'수요·공급 상황이나 그 가격에 대하여 타인에게 잘못된 판단이나 오해를 유발하거나 가격을 왜곡할 우려'는 앞서 설명한 것과 동일하다.

1278) 서울고등 2013. 3. 22. 선고 2012노3764 판결
1279) 서울중앙 2012. 9. 21. 선고 2012고합662 판결
1280) 서울고등 2009. 1. 22. 선고 2008노2315 판결
1281) 서울중앙 2012. 9. 21. 선고 2012고합662 판결

제3절 제재

1. 개요

시장질서 교란행위에 대하여는 과징금을 부과한다. 이는 기존 불공정거래행위에 비해 시장질서 교란행위가 위법성의 정도가 낮다는 것을 전제로 한 것이다.

시장질서 교란행위에 대해 과징금 부과가 가능하게 되면 다양한 유형의 불공정거래행위에 대해 탄력적인 규제가 가능해질 것으로 기대되고, 복잡한 형사절차를 거쳐야 하는 형사처벌이 아니라 과징금으로 규율함에 따라 신속한 사건처리 및 효과적인 부당이득 환수가 가능해질 수 있다는 점에서 개정안을 긍정적으로 보는 견해도 있다. 그러나 벌금으로 할 것인가, 과징금으로 할 것인가라는 기준은 순전히 형사정책적인 것으로서 어떤 것이 더 효과적인 제재수단인지는 단언하기 어렵고, 실무적으로도 금융위 절차가 그다지 신속하지도 않다. 또한 몇 개의 규정만으로 신종수법의 범죄를 포섭할 수 있다고 설명하는 것도 논리적은 아니다.

과징금의 대상은 시장질서 교란행위를 한 '행위자'이다. 그러므로 금융투자업자의 고유재산, 신탁재산, 일임 및 집합투자재산 등 운용과 관련해서 시장질서 교란행위가 있다고 해도 그 금융투자업자가 행위자일 뿐이므로 신탁재산, 일임재산 등에 과징금을 부과하는 것은 아니다.

2. 과징금 액수

(1) 시장질서 교란행위를 한 자에 대하여는 5억 원 이하의 과징금을 부과할 수 있다. 다만, 그 위반행위와 관련된 거래로 얻은 이익(미실현 이익을 포함) 또는 이로 인하여 회피한 손실액의 1.5배에 해당하는 금액이 5억 원을 초과하는 경우에는 그 이익 또는 회피한 손실액의 1.5배에 상당하는 금액 이하의 과징금을

부과할 수 있다(제429조의2). 이는 불공정거래의 벌금상한(부당이득액의 3배 상한)을 감안하여 시장질서 교란행위가 위법성의 정도가 낮다는 것을 전제한 것으로 보인다.

예를 들어, 시장질서 교란행위와 관련된 주식거래로 2억 원의 이익을 얻었다면, 5억 원 이하의 과징금을 부과할 수 있다. 그런데 만일 해당 행위로 총 4억 원의 이익을 얻었다면, 그 1.5배인 6억 원이 5억 원을 초과하므로, 이 경우 6억 원 이하의 과징금을 부과할 수 있다. 이처럼 과징금 부과 금액은 부당이득 규모에 따라 그 상한액 없이 이익 또는 회피한 손실액의 1.5배의 금액 이하로 부과하도록 하여 행위의 중대성에 상응하는 제재와 부당이득의 효율적인 환수가 가능하도록 하였다.

다만, 과징금은 법상 의무이행을 강제하기 위해서 행정청이 그 의무위반자에 대하여 부과하는 금전적 제재이기 때문에 그 목적을 달성하기 위해서 일정범위 이내에서 적정한 과징금 액수를 정해야 할 것이다[1282].

(2) 행위자와 이를 교사, 공모만 하였을 뿐 실제 행위로 나아가지 않았을 경우, 예를 들어 정보를 제공하고 자신이 직접 이용하지 않았을 때 정보수령자만 정보를 이용한 경우에는 과징금 부과나 양정에 있어서 달리 취급할 것은 아니다. 다만, 실무상 실제로 부당한 이득을 본 행위자와 그 양정에 있어서 차이는 둘 수 있다.

1282) 과징금에 관한 입법례를 살펴보면, 과징금 상한을 부당이득액 등의 2배 이하부터 10배 이하까지 다양하다. 참고로 '하도급거래 공정화에 관한 법률'은 과징금의 상한을 하도급대금의 2배 이내로 규정하고 있고, '해양심층수의 개발 및 관리에 관한 법률'은 면허를 받지 아니한 취수행위에 대한 취수과징금의 상한을 취수행위로 얻은 수입 등의 2배 이내로 규정하고 있고, '환경범죄 등의 단속 및 가중처벌에 관한 법률'은 과징금을 특정오염물질 배출이익의 2배 이상 10배 이하에 해당하는 금액으로 부과하도록 규정하고 있고, '의료급여법'은 속임수나 그 밖의 부당한 방법으로 부담하게 한 급여비용의 5배 이하의 금액을 과징금으로 부과할 수 있도록 규정하고 있다.

3. 기존 불공정거래행위와의 관계

자본시장법상 기존 불공정거래행위에 해당하는 경우에는 시장질서 교란행위도 동시에 성립할 수 있는데, 이 경우 과징금 대상으로 처리할 것인지 형사처벌의 대상으로 할 것인지 여부가 문제가 될 수 있다. 이는 전적으로 형사정책적인 측면의 고려대상이거나 아니면 기준을 설정하여 사안이 경미하면 과징금, 중할경우 형사소추의 대상으로 할 수도 있다.

자본시장법 개정안에서는 시장질서교란행위에 해당하는 사건이 기존의 불공정거래행위 유형의 위반 혐의가 있다고 인정하는 경우에는 검찰총장에게 이를 통보하도록 규정하고 있다(제178조의3 제1항). 또한, 증권선물위원회는 검찰총장이 시장질서 교란행위를 위반한 자를 소추하기 위하여 관련 정보를 요구하는 경우에는 이를 제공할 수 있도록 규정하였다(제178조의3 제2항).

제7장 주금 가장납입

1. 개념

(1) 주금 가장납입이란 처음부터 진실한 주금납입으로 회사의 자금을 확보할 의사 없이 형식상 또는 일시적으로 주금을 납입하고 그 돈을 은행에 예치하여 납입의 외형을 갖춘 뒤 주금납입증명서를 교부받아 설립등기나 증자등기의 등기를 마친 다음 바로 납입한 돈을 인출한 행위를 말한다[1283].

이러한 주식가장납입은 주식회사의 설립 시에도 있을 수 있고, 설립 후 유상증자 단계에서도 있을 수 있다. 위장납입 또는 현금(見金)이라고도 하며 과거에는 납입은행과 사전에 모의해서 범행을 하는 '예합'이라는 형태의 범죄가 많았으나 최근에는 그런 형태는 거의 자취를 감추고 '위장납입'의 형태가 일반화되었다.

가장납입에 대해서는 상법에서 '제622조 제1항에 게기한 자[1284]가 납입 또는 현물출자의 이행을 가장하는 행위를 한 때'에 이를 처벌하고 있다(제628조). 또한 실제로 자본금이 증가하지 않았음에도 납입이 완료된 것처럼 허위신고를 한 것이므로 공정증서원본불실기재 등 죄가 성립한다.

이러한 납입가장죄는 회사의 자본충실을 기하려는 법의 취지를 침해하는 행위를 단속하려는 데 그 목적이 있으므로[1285], 주식회사 자본충실의 원칙을 지키는 데에 이 제도의 취지가 있다. 그러므로 회사의 자본금은 회사를 위해 사용되면 족한 것이기 때문에 단순히 주금으로 입금되었다가 그 즉시 인출되었다는 사정만으로는 주식가장납입행위로 처벌할 수는 없고, 그와 같이 인출된 자본금이나 주식대금이 회사의 설립 목적과 무관하게 사용되었을 경우 주식가장납입에 해당한다.

1283) 대법 2006. 9. 8. 선고 2004도6505 판결. '주식가장납입 또는 납입가장'이라고도 함
1284) 상법 제622조 제1항은 '회사의 발기인, 업무집행사원, 이사, 감사위원회 위원, 감사 또는 제386조 제2항, 제407조 제1항, 제415조 또는 제567조의 직무대행자, 지배인 기타 회사영업에 관한 어느 종류 또는 특정한 사항의 위임을 받은 사용인'의 특별배임죄를 규정하고 있음
1285) 대법 2006. 9. 8. 선고 2004도6505 판결

그러므로 납입가장인가의 여부는 자본금을 인출하였다는 그 행위의 외관형식만이 아니라 그 인출한 목적 및 사용처 등 실체를 파악하여 자본충실의 원칙을 해하고 있는지를 판단하여야 한다.

(2) 주식회사에서 자본금은 회사설립의 기초재산으로서 주식대금으로 구성된다. 따라서 주식을 발행하여 마련한 자금이 주식회사에 납입이 되지 않으면 그 주식회사는 자본금이 없는 회사라고 할 수 있다. 만약 주금납입이 제대로 되지 않아 자본금이 부실한 주식회사가 상장법인이라면 상장법인의 유가증권시장에서 일반투자자들에게는 결과적으로 큰 불이익을 가져올 수 있다.

다른 한편으로는 주금납입이 된 것처럼 가장함으로써 해당 상장법인의 재산적 가치가 상승한 것으로 꾸며 시세조종이나 부정거래의 수단으로 사용될 가능성도 있다. 이러한 불합리한 점을 방지하고자 상법에서는 납입기일에 있어서 전액 납입 또는 현물출자의 전부 이행, 현물출자 기타 변태설립사항의 엄격한 규제, 납입에 있어서의 상계금지, 발기인과 이사의 인수 및 납입담보책임, 주식의 할인발행 제한, 자기주식 취득 및 질취의 제한, 법정준비금의 적립, 이익배당의 제한 등 각종 제도를 통하여 '자본충실'이라는 대원칙이 실현될 수 있도록 규정하고 있을 뿐만 아니라 납입가장행위를 형사적으로 규제하고 있다[1286].

(3) 가장납입과 부정거래

금감원에서는 종래 가장납입에 대해 발행된 주권은 유효하다는 판례의 취지[1287]에 따라 주권의 매도과정에서 별도의 시세조종이나 허위표시 등이 있는 경우를 제외하고는 자본시장법상 조치를 취하지 않았다[1288].

그런데 금융투자상품의 거래와 관련하여 중요사항에 관하여 거짓의 기재를 함으로써 재산상의 이익을 얻고자 하는 행위는 사기적 부정거래에 해당하고, 가장납입으로 발행될 주권의 매도와 관련하여 그 주식의 매도를 통한 재산상의 이익을 얻기 위하여 증권신고서의 중요사항을 허위로 기재한 경우에는 사기적 부정

1286) 박정호 외(2012), 169쪽
1287) 대법 1997. 5. 23. 선고 95다5790 판결, 1998. 12. 23. 선고 97다20649 판결 등
1288) 다만, 불공정거래 조사과정에서 부수적으로 발견되는 가장납입행위에 대해서는 검찰에 '정보사항'으로 제공함

거래의 요건을 갖춘 것이다. 이는 증권신고서 허위기재, 가장납입으로 주권발행, 주권의 매도는 증자사기를 통해 재산상의 이익을 취득하려는 의사로 진행되는 일련의 행위에 해당한다. 따라서 허위사실이 기재된 증권신고의 사용은 가장납입으로 발행된 주권을 매도하기 위한 수단으로 사용된 것이므로 주권의 매매거래와 관련성이 있다[1289].

다만, 가장납입을 부정거래로 조치한 실무례가 거의 없어서 그 요건을 해석함에 있어서는 엄격해야 할 것이다. 즉, "금전적 이득취득 목적으로 가장납입을 하고, 가장납입으로 발행된 주권이 발행(또는 상장) 직후 대부분이 매도되는 등으로 현금화하고, 유상증자금 전액이 모두 가장납입되거나 횡령되는 등으로 회사의 실질적인 자본의 증가가 없어야" 할 것이다. 그러므로 가장납입의 목적이 증권매도를 통한 이익취득이 아니라 재무구조의 개선, 경영권 강화 등으로 매도 관련성이 인정되지 않는 경우는 증권신고서 허위기재에만 해당할 것이다.

가장납입으로 인한 부정거래가 성립할 경우에는, 납입주식 그 자체를 재산상 이득으로 보고 실현이익과 미실현이익을 산정하여 부당이득액을 계산하여야 한다(납입가액은 고려하지 않음).

2. 구성요건

가. 범행 주체 및 대상

(1) 주금가장납입행위는 일정한 주체에 한하여 범죄가 성립한다. 즉, 회사의 발기인, 업무집행사원, 집행임원, 감사위원회 위원, 감사 또는 그 직무대행자, 지배인 기타 회사영업에 관한 어느 종류 또는 특정한 사항의 위임을 받은 사용인 등이 범죄의 주체가 된다(제622조 제1항).

그러므로 형법상 '신분범'에 해당한다. 다만, 이러한 신분이 없는 비신분자는

1289) 가장납입으로 발행된 주권을 매도하는 행위는 가장납입 사실을 모르는 투자자의 부지를 이용하여 경제적 가치가 없는 주권을 매도하는 행위로서 위계에 해당할 수도 있음

단독으로 납입가장죄를 범할 수는 없으나 위와 같이 신분 있는 자에게 가공한 경우에는 납입가장죄의 공범(공동정범, 교사범 내지 방조범 포함)이 성립된다1290).

여기서 '이사'라 함은 상법상 회사의 적법한 이사나 대표이사의 지위에 있는 자를 의미하고1291), '기타 회사영업에 관한 어느 종류 또는 특정한 사항의 위임을 받은 사용인'이라 함은 적어도 회사 영업의 어떤 종류 또는 특정한 사항에 관하여 대외적으로 회사를 대리할 수 있는, 부분적이기는 하나 포괄대리권을 가진 자만을 말한다1292).

따라서 비록 그 회사의 영업에 관하여 어떤 사항을 위임받은 사용인이라 하더라도 그 위임받은 사항이 포괄적인 것이 아닌 개개의 구체적 사항에 불과한 경우에는 해당하지 않는다1293).

사례1 : 회사의 대주주로서 회사의 경영에 상당한 영향력을 행사해오다가 증자과정을 지시·관여한 사람은 상법 제401조의2에서 규정하는 업무집행지시자로 볼 수 있을지언정 회사의 사용인으로서 자본증자에 관한 사항을 위임받은 자라고 볼 수 없어 상법상 납입가장죄의 주체가 되지 않는다1294)

사례2 : 갑은 2004. 8. 2. A사 대표이사 을로부터 A사 주식 170만 주를 인수하면서 경영권을 넘겨받아 A사를 사실상 경영하던 자인바, B사를 갑과 공동으로 경영하던 병과 공모하여 2004. 8. 5. A사 유상증자를 실시함에 있어 정으로부터 35억 원을 차용하여 B사 명의로 증자대금을 납입하여 유상신주를 취득하기로 마음먹고, 정에게 주금가장납입에 사용할 자금대여를 요청하고 을은 갑에게 등기부상 대표이사인 자신 명의로 A사 유상증자에 관한 업무를 하도록 갑에게 위임하고, 2004. 8. 5. C은행에 개설된 별단예금 계좌에 35억 원을 B사 명의로 A사의 유상증자 납입금으로 입금하여 주금납입증명서를 발급받아 상법등기부에 보통주식 690만 주를 주당 500원에 발행하여 자본금 35억 원이 정상적으로 납입되었다는 취지로 등재한 후, 같은 날 유

1290) 대법 2006. 6. 2. 선고 2005도3431 판결, 1986. 9. 9. 선고 85도218 판결
1291) 대법 1986. 9. 9. 선고 85도218 판결
1292) 대법 2006. 6. 2. 선고 2005도3431 판결
1293) 서울고등 2007. 5. 17. 선고 2007노133 판결. 이 사안에서는 갑이 을로부터 경영권을 양도받아 유상증자 업무만을 수행한 것만으로는 갑을 대외적으로 회사를 대리할 수 있는 부분적이기는 하나 포괄대리권을 가진 사용인으로 볼 수 없다고 판시하였음
1294) 대법 2006. 6. 2. 선고 2005도3431 판결(대법 1986. 9. 9. 선고 85도218 판결 참고)

상증자 납입금중 인출한 30억 원을 정에게 반환하였다면, 가장납입이 이루어진 2004. 8. 5. 당시 갑이 A사의 발기인, 이사, 감사, 직무대행자, 지배인, 사용인의 지위에 있었다거나 A사 대표이사였던 을과 공모하였다는 점을 인정할 만한 증거가 없어 납입가장죄가 성립하지 않는다[1295]

(2) 주식을 발행해야 한다. 즉, 회사설립을 위해 주식을 발행하든 또는 유상증자를 위해서 주식을 발행하든 주식을 발행하여 그 주식발행대금이 발생해야 한다. 따라서 주식을 발행하지 않고 단순히 '회사채'를 발행하여 회사 유동성 자금을 확보한다든가 하는 경우에는 주식가장납입이 아니다(회사채 발행대금을 입금하지 않거나 인출하여 부당하게 사용하면 횡령, 배임 등이 문제될 것임).

자본충실의 원칙은 자본증가액 상당액의 적극재산이 현실로 회사에 들어와야 한다는 것만은 아니고 소극재산이 현실로 감소되는 경우에도 해당된다고 할 것이므로 유상증자와 채무의 변제로 사실상의 출자전환이 이루어진 경우에는 가장납입죄가 성립하지 않는다[1296].

전환사채는 발행회사의 주식으로 전환할 수 있는 권리가 인정된 사채(社債)이므로 주식으로의 전환을 예정하고 있더라도 그 본질은 사채다. 따라서 회사의 자본이 아닌 부채로 파악되기 때문에 자본충실의 원칙과 직접적인 관련이 없으므로 전환사채 납입금으로의 보관, 예치 및 인출과 관련된 행위는 가장납입죄가 성립하지 않는다[1297].

또한 신주발행의 실체가 존재하지 않고 신주발행으로 인한 변경등기만이 있는 경우와 같이 신주발행의 외관만이 존재하는 소위 '신주발행의 부존재'라고 볼 수밖에 없는 경우에는 처음부터 신주발행의 효력이 없고 신주인수인들의 주금납입의무도 발생하지 않으며 증자로 인한 자본충실의 문제도 생기지 않는 것이어서 그 주금의 납입을 가장하였더라도 가장납입이 성립하지 않는다[1298].

1295) 서울중앙 2007. 5. 22. 선고 2006고합1346 판결(서울고등 2007. 10. 8. 선고 2007노1239 판결로 확정)
1296) 대법 2006. 9. 8. 선고 2004도6505 판결
1297) 서울중앙 2007. 5. 22. 선고 2007노365 판결(대법 2008. 5. 29. 선고 2007도5206 판결로 확정)
1298) 대법 2006. 6. 2. 선고 2006도48 판결

(3) 납입한 자본금을 바로 인출해야 한다. 회사에 자본금으로 납입한 자금을 은행에서 인출하지 않을 경우에는 납입가장의 범의가 있는지 확인할 수 없기 때문에 인출하는 행위를 필요로 한다.

납입한 이후에 상당한 기간이 경과된 뒤 그 자본금을 인출하여 부당하게 사용하였다면 가장납입보다는 회사 자금 횡령에 해당할 가능성이 크다.

물론, 자본금으로 납입한 돈을 곧바로 인출하였다고 하더라도 그 인출한 돈을 회사를 위하여 사용한 것이라면 자본충실을 해친다고 할 수 없으므로 주금납입의 의사 없이 납입한 것으로 볼 수는 없다[1299]. 예를 들어, 그 인출금을 회사의 회계상에 나타나지 않은 회사 채무 등의 변제에 사용하거나 회사가 인수한 자산의 양수대금으로 사용하는 등 회사를 위하여 사용한 것이라면 자본충실을 해친다고 할 수 없으므로 납입가장죄가 성립하지 않는다[1300].

사례 : A상장회사 대표이사인 갑이 2001. 11. 20. 회사 주식 300만 주를 1주당 5,000원씩으로 하여 제3자 배정방식으로 150억 원을 유상증자하면서 주금 150억 원을 사채업자로부터 차용하여 50억 원은 B은행에 개설된 회사 통장에, 100억 원은 C은행에 개설된 회사 통장에 입금하였다가 모두 인출한 사안에서, A사가 병과 B은행에 대하여 부담하고 있었던 채무가 실제로 소멸하고 그 금액 상당이 A사의 자본금으로 전환된 이상, 자본과 부채의 합계로 이루어지는 회사의 자산에는 아무런 변동이 없으므로 갑이 회사의 자본충실을 해한 것이라고 할 수는 없고 … (중략) … 유상증자를 통하여 사실상의 출자전환을 하면서 채무조정을 하지 않았더라도 갑에 대하여 도덕적인 비난은 하거나 민사상 책임을 물을 수 있을지 몰라도 납입가장죄를 물을 수는 없다[1301]

나. 회사 설립 시 가장납입

본래 주식납입대금이 주식회사에 입금되어 그 회사의 자본금으로 사용되어

1299) 대법 1997. 2. 14. 선고 96도2904 판결, 2004. 6. 17. 선고 2003도7645 전원합의체 판결
1300) 대법 2001. 8. 21. 선고 2000도5418 판결
1301) 대법 2006. 9. 8. 선고 2004도6505 판결

야 하는 것을 원칙으로 하는데, 주식가장납입의 경우에는 주식대금이 납입된 것
처럼 가장하기 때문에 실제로는 주식대금이 회사에 입금이 되지 않거나 또는 입
금되었다고 할지라도 즉시 출금됨으로써 사실상 주식대금납입을 가장하는 경우
가 일반적이다. 예를 들면, 회사를 설립하면서 사채업자 등으로부터 고리로 돈을
빌려 주금을 납입하여 은행으로부터 주금납입증명서를 발부받아 주식회사의 설
립형태를 갖추고 법인설립등기 후에 그 돈을 즉시 인출하여 사채업자에게 변제하
는 경우를 들 수 있을 것이다.

그러므로 당초부터 진실한 주금납입으로 회사의 자금을 확보할 의사 없이 형
식상 또는 일시적으로 주금을 납입하고 이 돈을 은행에 예치하여 납입의 외형을
갖추고 주금납입증명서를 교부받아 설립등기나 증자등기의 절차를 마친 다음 바
로 그 납입한 돈을 인출한 경우에는 이를 회사를 위하여 사용하였다는 등의 특별
한 사정이 없는 한 실질적으로 회사의 자본이 늘어난 것이 아니어서 납입가장 및
공정증서원본불실기재 등 죄가 성립한다[1302].

다. 유상증자 시 가장납입

추식회사에서 제3자에게 주식을 배정하는 방식으로 유상증자를 하면서 그
주식납입대금을 회사에 입금하고 그 대금에 대한 담보를 위해서 납입된 대금으로
양도성예금증서(CD) 등을 발행하여 투자자에게 주고 이자를 지급하는 형태의 가
장납입이 있다. 이를 소위 '찍기'라고 한다.

그런데 '찍기'는 양도성예금증서 등을 사채업자에게 교부하므로 쉽게 적발될
가능성이 있어 이를 회피하기 위한 수단으로 양도성예금증서를 발행하여 이를 회
사에서 보관하고, 발행된 신주의 가격이 일정한 시세 이하로 떨어지면 부족한 담
보가치 상당을 양도성예금증서 등으로 교부하는 방식의 가장납입도 있다. 이를
소위 '꺾기'라고 한다. 이 경우는 주금을 양도성예금증서 등으로 회사에서 계속
보관하는 형태를 갖추므로 납입된 대금을 회사 밖으로 인출하지 않았고 그 대금
으로 주식회사의 부채를 변제하는 형식을 갖추었기 때문에 외형상 가장납입이 아

1302) 대법 2006. 9. 8. 선고 2004도6505 판결

닌 것으로 오해할 수 있다. 그러나 기본적으로 당사자의 범의가 가장 중요한 판단 요소이기 때문에 주식납입대금으로 회사에 납입할 의사가 처음부터 없었다면 마치 주식인수자들이 납입한 주식대금을 입금한 것처럼 하였더라도 가장납입죄에 해당한다고 해석한다[1303].

3. 효력

상법상 납입가장죄가 성립하게 되면 실제 자본금이 증가되지 않았음에도 납입이 완료된 것처럼 법인등기부에 허위의 사실을 신고하는 것이므로 형법상 공정증서원본불실기재 및 동행사죄가 성립한다. 그 외에도 가장납입의 의사로 실질적 자금조달에 의하여 유상증자를 할 것처럼 증권신고서를 작성하는 행위는 증권신고서 허위기재죄가 성립하고[1304], 가장납입으로 발행된 주식을 처분하는 경우에는 사기적 부정거래가 성립할 수 있다.

그렇지만 가장납입죄가 성립하더라도 단체법적 질서의 안정이라는 측면에서 금원의 이동에 따른 현실의 불입이 있었음을 이유로 가장납입에 의한 증자 및 주권의 발행 자체는 유효한 것으로 본다[1305].

4. 타죄와의 관계

일반적으로 회사 자본금 내지 재산을 회사 밖으로 무단인출하여 사용하는 행위는 회사에 대한 배임이나 횡령죄를 구성하게 된다. 이 경우 가장납입처럼 회사의 자본금으로 입금된 금원을 바로 인출하는 경우에 과연 배임이나 횡령이 성립할지 여부가 문제된다.

판례는 "유상증자의 형식을 취하였으나 주금가장 납입의 경우에 사실상 무상

1303) 대법 1988. 9. 9. 선고 85도2297 판결
1304) 대법 2006. 10. 26. 선고 2006도5147 판결
1305) 대법 1997. 5. 23. 선고 95다5790 판결, 1998. 12. 23. 선고 97다20649 판결 등

증자와 같은 결과를 초래하므로 무상증자 해당분의 주식을 기존 주주들에게 그 주식비율에 따라 배분하는 등의 조치를 취하여 기존 주주들이 그 유상증자로 인하여 손해를 입지 않도록 하여야 할 업무상 임무에 위배하여 손해를 가한 사안"을 배임죄로 기소한 사례에서 신주발행은 주식회사의 자본조달을 목적으로 하는 것으로서 신주발행과 관련한 대표이사의 업무는 회사의 사무일 뿐이고, 대표이사가 주주들에게 그들의 신주인수권과 기존 주식의 가치를 보존하는 업무를 대행한다거나 주주의 재산보전행위에 협력하는 자로서 타인의 사무를 처리하는 자의 지위에 있다고는 볼 수 없으며 납입을 가장하는 방법에 의하여 주금이 납입된 경우 회사의 재산에 대한 지분가치로서의 기존 주식의 가치가 감소될 수는 있으나 이는 가장납입에 의하여 회사의 실질적 자본의 감소가 초래됨에 따른 것이어서 업무상배임죄에서의 재산상 손해에 해당되지 않으므로 가장납입죄가 성립하는 경우에는 업무상배임죄를 구성하지 않는다고 판단하고 있다[1306].

또한, 횡령죄와의 관계에 있어서 "(가장납입은) 실질적으로 회사의 자본을 증가시키는 것이 아니고 등기를 위하여 납입을 가장하는 편법에 불과하여 주금의 납입 및 인출의 전 과정에서 회사의 자본금에는 아무런 변동이 없다고 보아야 할 것이므로 회사의 돈을 임의로 유용한다는 불법영득의 의사가 있다고 보기 어렵다고 할 것이고, 따라서 가장납입이 성립하는 이상 회사 자본이 실질적으로 증가됨을 전제로 한 업무상횡령죄가 성립하지 않는다"라고 해석한다[1307].

사례 : 상장회사 A의 대표이사인 갑은 을 명의로 인수한 A사에 대한 채권 150억 원을 출자전환 또는 채무변제하는 내용으로 유상증자를 실시하면서 위와 같이 출자전환되는 채권 50억 원의 가치가 A사 주식 300만 주의 가치에 훨씬 미치지 못함에도 채권의 가치에 대한 평가절차도 거치지 않은 채 현금출자를 가장하여 을 명의로 300만 주를 배정받음으로써 다른 주주들에게 소유주식 비율이 감소된 가치 상당의 재산상 손해를 가하였다는 사안에서 신주발행에 있어서 대표이사가 일반 주주들에 대하여 그들의 신주인수권과 기존 주식의 가치를 보존하는 임무를 대행하거나 주주의 재산보존 행위에 협력하는 자로서 타인의 사무를 처리하는 자의 지위에 있다고

1306) 대법 2004. 5. 13. 선고 2002도7340 판결
1307) 대법 2004. 6. 17. 선고 2003도7645 전원합의체 판결(횡령죄가 성립한다는 반대의견이 있음)

볼 수 없다1308)

(3) 실제로는 주금납입이 이루어지지 않았음에도 위조된 주금납입금보관증명서를 제출하여 증자등기가 경료되게 한 경우에는 비록 형식상으로는 유상증자의 외형을 갖추었다 하더라도 실질적으로는 자금을 조달할 의도나 목적이 없어 납입한 주금이 전혀 자본금으로 편입되지 않는다.

그러므로 주금의 가장납입 또는 위조된 주금납입금보관증명서에 의한 증자등기를 경료할 의도하에 마치 실질적인 자금조달에 의하여 유상증자를 할 것처럼 법상 유가증권신고서를 작성하여 관계기관에 제출하는 행위는 유가증권신고서의 중요한 사항에 관하여 허위의 기재를 한 경우에 해당하므로1309) 자본시장법 제178조의 사기적 부정거래행위에 해당한다고 볼 수 있다.

유상증자가 가장납입의 형태로 이루어지고 그 유상증자로 발행된 주식을 처분하였을 때 이를 위계에 의한 부정거래로 볼 것인가에 대해서는 반대의견이 있을 수 있지만 위계의 개념을 달리 좁게 해석하지 않는 한은 해당 주식의 매수인의 피해 및 주식시장의 교란이라는 점을 고려하면 사기적 부정거래가 성립한다고 보아야 한다.

5. 벌칙

상법에서는 납입가장죄라는 제목으로 '발기인, 이사 등이 납입 또는 현물출자의 이행을 가장하는 행위를 한 때'에는 5년 이하의 징역 또는 1,500만 원 이하의 벌금에 처하도록 규정하고 있으며 이에 응하거나 이를 중개한 경우도 동일하게 처벌하고 있다(상법 제628조).

1308) 대법 2006. 9. 8. 선고 2004도6505 판결
1309) 대법 2006. 10. 26. 선고 2006도5147 판결

판례색인

[고등법원 판례]

[서울고등법원]

[광주고등법원]

[대전고등법원]

[행정법원 판례]

[서울행정법원]

저자약력

조두영

연세대학교 법과대학, 대학원, 사법시험 제27회, 법무부(특수법령과), 대검찰청 중앙수사부
수사과장, 서울지검 등 부장검사, 검사(특수부, 금융조사부), 금융감독원 특별조사국 국장, 금
융감독원 공시, 조사담당 부원장보(기업공시/불공정거래 조사)
현) 변호사

증권범죄의 이론과 실무

초판발행   2018년 8월 30일

지은이   조두영
펴낸이   안종만

편 집   하정원
기획/마케팅   조성호
표지디자인   김연서
제 작   우인도·고철민

펴낸곳   (주) **박영사**
               서울특별시 종로구 새문안로3길 36, 1601
               등록 1959. 3. 11. 제300-1959-1호(倫)
전 화   02)733-6771
f a x   02)736-4818
e-mail   pys@pybook.co.kr
homepage   www.pybook.co.kr
ISBN   979-11-303-0608-7 93360

정 가   34,000원